水处理科学与技术

A^2/O 法污水生物脱氮除磷处理技术与应用

王晓莲　彭永臻 等　编著

科学出版社

北　京

内 容 简 介

本书从我国污水处理现状和水体富营养问题出发，提出加强当前城市污水处理厂广泛应用的 A^2/O 同步生物脱氮除磷工艺科学管理和运行优化的必要性和重要性。首先，系统介绍了 A^2/O 工艺的特点、影响因素、应用情况以及存在的问题。通过分析生物脱氮除磷新理论和新技术，提出开发 A^2/O 生物脱氮除磷新技术的思想。其次，详细介绍了 A^2/O 工艺系统性能及其运行优化的研究成果；A^2/O 工艺的数学模型及其模拟；A^2/O 工艺污水处理系统污泥的培养及调试、运行管理、常见故障处理、过程控制、在线仪表、工程设计，并列举了 A^2/O 工艺典型工程实例。最后，还给出了 A^2/O 变形工艺及其工程应用。

全书具有系统全面、内容新颖、实践性强的特点，可作为城市污水处理系统运行管理人员的指导用书，也可作为给水排水工程和环境工程专业的科研、设计人员及大专院校相关专业师生的参考书。

图书在版编目(CIP)数据

A^2/O 法污水生物脱氮除磷处理技术与应用 / 王晓莲，彭永臻等编著. —北京：科学出版社，2009

ISBN 978-7-03-022911-3

Ⅰ. A… Ⅱ. ①王…②彭… Ⅲ. A^2/O 法-污水生物-研究 Ⅳ. TU973

中国版本图书馆 CIP 数据核字(2008)第 149513 号

责任编辑：朱 丽 / 责任校对：张怡君

责任印制：张 伟 / 封面设计：铭轩堂

科 学 出 版 社 出版

北京东黄城根北街 16 号

邮政编码：100717

http://www.sciencep.com

北京中科印刷有限公司 印刷

科学出版社发行 各地新华书店经销

*

2009 年 1 月第 一 版 开本：B5 (720×1000)

2023 年 5 月第七次印刷 印张：25

字数：548 000

定价： 150.00元

(如有印装质量问题，我社负责调换)

前　言

近年来，虽然我国污水处理率不断提高，但是由氮磷污染引起的水体富营养问题不仅没有解决，而且有日益严重的趋势，为了防止水体富营养化，在城镇污水处理厂污染物的排放标准中对氮磷的排放提出了更高的要求。因此，对污水生物脱氮除磷的机理、影响因素及工艺特点等方面的研究是我国当前污水处理的一个热点，与此同时还出现了一些新工艺。另外对于生物脱氮除磷工艺，今后的发展要求不仅仅局限于较高的氮磷去除率，而且也要求处理系统运行稳定、可靠、控制调节灵活、投资和运行费用低。

A^2/O 工艺由于具有同时脱氮(N)和除磷(P)的功能，相对于其他同步脱氮除磷工艺具有构造简单、总水力停留时间短、运行费用低、控制复杂性小、不易产生污泥膨胀等优点，是传统活性污泥法污水处理厂改建为具有脱氮除磷功能的污水处理厂时最佳的备选工艺，目前 A^2/O 生物脱氮除磷工艺在我国拥有 50%以上的市场，是处理城市污水的主要工艺。

研究发现，生物脱氮除磷比较复杂，涉及硝化、反硝化以及释磷和吸磷等多个生化反应过程。上述每一个过程的目的不同，对微生物的组成、基质类型及环境条件的要求也各不相同。因此要在 A^2/O 系统中同时完成脱氮和除磷过程，不可避免地产生各过程间的矛盾关系，如碳源、污泥龄、pH 和碱度、硝酸盐、硝化和反硝化容量、释磷和吸磷的容量等问题，这些问题使得传统的 A^2/O 工艺在实际应用中其出水达到一级排放标准存在一定的难度和局限。

近年来我们一直在从事生物脱氮除磷方面的研究，其中包括 A^2/O 工艺，并获得了一些研究成果和实际工程应用经验。基于 A^2/O 工艺在我国城市污水处理中的广泛应用及其存在的问题，我们感觉很有必要出版一本这方面的书，和大家一起交流心得经验，希望对促进 A^2/O 工艺系统在我国污水处理事业中发挥更大的作用，也对该工艺系统的不断改进与完善有一些帮助。

本书的主旨是向读者介绍关于 A^2/O 工艺的特点、工程设计、运行、优化、管理、控制和实践应用等方面的知识。本书共分 6 章，第 1 章论述我国水环境和污水处理的现状、水体富营养化问题及其危害，A^2/O 工艺的特点、影响因素、应用情况以及存在的问题。第 2 章介绍传统生物脱氮理论、生物脱氮新理论和新技术，传统生物除磷理论以及反硝化除磷脱氮新理论和新技术。第 3 章介绍 A^2/O 工艺系统性能及其运行优化的研究，包括 A^2/O 工艺的反硝化除磷性能以及如何强化反硝化除磷性能，过量曝气、进水 C/N 比和 C/P 比、MLSS、SRT、污泥回流比、内循环回流比、缺氧区与好氧区容积比、分段进水等因素或变量对 A^2/O 工艺性能的影响及其优化。分析 A^2/O 系统内 DO、ORP 及 pH 的变化规律，二沉池内反硝化和磷释放以及微生物特性对系统性能和运行优化的影响。探讨生物脱氮除磷新理论和新技术如何在 A^2/O 工艺中实现。第 4 章介绍 A^2/O 工艺反硝化除磷代谢模型的建立、TUD 联合模型在 A^2/O 工艺中的应用以及 benchmark 控制策略仿真平台。第 5 章系统地介绍 A^2/O 污水处理系统调试及污泥的培养、运行管理、常见问题及其对策、过程控制及在线仪表、工程设计及在工业废水处理中的应用，最后列举了 A^2/O 工艺几个典型的工程实例。第 6 章介绍 A^2/O 的变形工艺及其工程应用，包括倒置 A^2/O 工艺、UCT 工艺、改良式 A^2/O 工艺、三环式 A^2/O 工艺等。

本书第 1 章和第 2 章由彭永臻和王晓莲负责编写，第 3 章、第 6 章由王晓莲负责编写，第 4 章和第 5 章由王晓莲和马勇负责编写。在本书的编写和校对过程中，还得到曹雪梅等的帮助，在此一并表示衷心的感谢！

本书内容涉及的研究工作得到了国家自然科学基金——海外青年学者合作研究基金项目（50628808）和国家“十一五”科技重大专项——水体污染控制与治理项目的资助，在此一并表示感谢！

本书的部分内容参考了国内外学者或工程师的研究成果或实际运行经验，在此向有关作者表示衷心感谢。由于作者水平有限，在诸多问题的研究和认识上还欠深刻，所以书中难免存在缺点和不妥之处，恳请读者批评指正。

作　者

2008 年 4 月

目　　录

第1章 绪 论

1.1 我国水环境与城市污水处理状况

“水是生命之源。没有水，就没有未来”，在2002年9月召开的第二届联合国可持续发展首脑会议上，水问题成为最热门的话题。近年来，水资源的合理开发和利用问题，更受到了全球的极大关注。各国政府都在采取积极的措施和对策，促进水资源的合理开发和利用，治理水环境污染，解决水资源短缺、保证水资源的质量，以适应人类可持续发展的需要。然而随着我国经济和城市建设的不断发展，城市规模的不断扩大，城市的用水量和排水量都在不断增加，加剧了城市用水的紧张和水质的污染程度，水环境问题日益突出，由此造成的水危机已经成为我国社会经济发展的重要制约因素[1-9]。

1.1.1 我国水环境现状

我国是一个干旱缺水严重的国家。淡水资源总量为28 000亿m^3，占全球水资源的6%，仅次于巴西、俄罗斯和加拿大，居世界第四位，但人均只有2300m^3，仅为世界平均水平的1/4、美国的1/5，在世界上名列121位，是全球13个人均水资源最贫乏的国家之一。扣除难以利用的洪水径流和散布在偏远地区的地下水资源后，我国现实可利用的淡水资源量则更少，仅为11 000亿m^3左右，人均可利用水资源量约为900m^3，并且其分布极不均衡。据统计，2006年我国669座城市中有400多个城市存在供水不足问题，其中比较严重的缺水城市达110个，全国城市缺水总量为60亿m^3。水利部预测，2030年中国人口将达到16亿，届时人均水资源量仅有1750m^3。在充分考虑节水情况下，预计用水总量为7000亿～8000亿m^3，要求供水能力比现在增长1300亿～2300亿m^3，全国实际可利用水资源量接近合理利用水量上限，水资源开发难度极大，已经达到了世界公认的缺水警戒线。另外我国水资源分布极其不均，我国水资源总量的81%集中分布于长江及其以南地区，其中40%以上又集中于西南五省区，就人均占有淡水资源而言，南方最高地区和北方最低地区相差数十倍，西部比东部甚至高出五、六百倍。

据监测，目前全国多数城市地下水受到一定程度的点源和面源污染，且有逐年加重的趋势。日趋严重的水污染不仅降低了水体的使用功能，而且进一步加剧了水资源短缺的问题，严重影响我国正在实施的可持续发展战略、严重威胁城市居民的饮水安全和身体健康。

作为世界人口第一大国和最大的发展中国家，我们在水资源使用和管理上，面临着水资源短缺与水浪费并存、洪涝灾害与生态失衡并存、水环境污染与水管理不善并存的突出矛盾。我国七大江河水系普遍受到不同程度的污染，其中尤以海河和辽河流域污染为重。据2002年中国环境状况公报，2002年，我国七大水系741个重点监测断面中，29.1%的断面满足Ⅰ～Ⅲ类水质要求，30%的断面属Ⅳ、Ⅴ类水质，40.9%的断面属劣Ⅴ类水质。2002年，全国工业和城镇生活废水排放总量为439.5亿m^3，比上年增加1.5%。其中工业废水排放量207.2亿m^3，比上年增加2.3%；城镇生活污水排放量232.3亿m^3，比上年增加0.9%。由于80%以上的污水未经处理就直接排入水域，已造成90%以上的城市水域严重污染，近50%的重点城镇水源不符合饮用水标准，就连城市地下水都有50%受到严重污染。水中有毒有害的有机物问题已经越来越突出，一些城市饮用水中已有20多种致癌物。水资源不合理的开发利用，尤其是水污染的不断加重，引起了普遍缺水及其他严重的生态后果。

近20年来，虽然我国污水的处理率不断提高，但污水的年排放量仍在大幅度增加，COD和氨氮的排放量也在增加。全国近年废水及主要污染物排放量见表1-1。

表1-1 全国近年废水及主要污染物排放量

	废水排放总量/亿 t			COD排放量/万 t			氨氮排放量/万 t		
	合计	工业	生活	合计	工业	生活	合计	工业	生活
2001	432.9	202.6	230.3	1404.8	607.5	797.3	125.2	41.3	83.9
2002	439.5	207.2	232.3	1366.9	584.0	782.9	128.8	42.1	86.7
2003	460.0	212.4	247.6	1333.6	511.9	821.7	129.7	40.4	89.3
2004	482.4	221.1	261.3	1339.2	509.7	829.5	133.0	42.2	90.8
2005	524.5	243.1	281.4	1414.2	554.8	859.4	149.8	52.5	97.3
2006	527.0	239.5	297.5	1428.2			141.3	42.1	99.2

在我国，主要江、河、湖、库等水域已检测出数百种有机物，有些水域已经受到严重的有机物污染。全国水源污染呈发展趋势，有90%以上的城市水域污染严重，近50%的重点城镇水源水质不合标准。水污染正从东部向西部发展，从支流向干流延伸，从城市向农村蔓延，从地表向地下渗透，从区域向流域扩散。根据国家环境保护总局2006年的统计，我国河流主要污染物为有机物、氨氮和石油类物质等。辽河、海河污染严重，松花江、黄河、淮河中度污染，珠江、长江水质总体良好。对七大水系的197条河流408个监测断面分析表明，Ⅰ～Ⅲ类、Ⅳ类、Ⅴ类和劣Ⅴ类水质的断面比例分别为46%、28%和26%。据专家介绍，工业污染是黄河

水污染的主要原因,占废水排放总量的73%,但水污染又反过来给工业经济造成巨大损失。据测算,黄河流域每年因水污染导致工业用水成本增高、产品质量下降带来的损失约23亿~32亿元。农业是黄河上的用水大户,占黄河总用水量的90%,黄河水污染给农业造成的损失每年最高达33亿元。黄河水污染每年造成的经济损失约115亿~156亿元。我国的湖泊污染也很严重,多数湖泊水体富营养化。在几大湖泊中,尤以太湖、巢湖和滇池(简称"三湖")污染最为严重。多年来,随着经济的迅速发展和人口数量的增加,由陆地非点源污染和工厂废水排入湖内的污染物质不断增多,致使"三湖"的水环境问题日益突出。除此以外,还有许多靠近城镇等人口密集区的湖泊已退化成为流域中的污水库,特别是农村水塘、溪沟污浊不堪,令人担忧。

水体污染的根源来自工业排放的污水、城镇生活污水以及农业化肥、农药流失等。大部分未经处理直接排入水体,增加了水体的污染负荷。在农业方面,化肥、农药的低效利用,使大量营养物质随地表径流进入水体,更加重了水体污染。目前全世界有20%左右的人群用不到安全的饮用水,其主要原因是饮用水污染。大量资料表明,水体中的有机物86%是由于人为的生产和生活活动产生的,只有14%的有机物来源于自然环境。在人为来源中,城市工业、矿业以及其他工业引起的有机物占57%,沉淀物中有毒化合物释放引起的有机物占16%,农业操作过程中的有机物流失占12%,其他为14%。

农村饮用水源大多受到污染。根据水利部农水司对饮水安全的调查,目前,全国农村有3亿多人口仍饮用不合格的水,其中约有1.9亿人的饮用水有害物质含量超标。河北涉嫌、河南沈丘县、天津北辰区、陕西华县、江苏阜宁县等地区出现的"癌症村",无不和饮用水污染有关。

1.1.2 我国水污染特征及其对策

1. 我国水污染特征

当前我国的水污染已经发展到非常严重的地步,呈现出复合性、流域性和长期性,并处在急剧的转型过程中,其主要转型特征包括以下六个方面[10]:

(1) 从单一污染向复合型污染转变

近年来,我国的水环境污染已从陆地蔓延到近海水域,从地表水延伸到地下水,从单一污染发展到复合性污染,从一般污染物扩展到有毒有害污染物质,已经形成点源与面源污染共存、生活污染和工业排放彼此叠加、各种新旧污染与二次污染形成复合污染的态势,在区域和流域范围(特别是长江、珠江三角洲以及环渤海地区)已出现大气、水体、土壤污染相互影响的格局,对食品安全、人体健康构成了日益严重的威胁。

同时,由于随着城乡生活垃圾的迅速增长,大部分没有得到妥善处置,垃圾围城和随意堆放现象严重,污水渗漏直接影响到城乡地下水。大量的、分散的养殖业废物排放倾倒,农村生活污水增加,以及面源污染的不断扩大,在东部沿海地区,面源污染已开始超越点源污染,成为主要的水污染源,导致中国各流域支流、河网以及地下水的水质持续快速恶化,复合型水环境污染程度不断加重。尽管当前受经济大环境的影响,乡镇企业增长速度放缓,但大量在城市难以生存的重污染行业和企业开始向农村地区转移,加上农村生活污染的比重也有一定幅度的攀升,这些因素导致了农村的水污染呈现出不断加剧的趋势。

(2) 从工业污染为主向生活污染为主转变

随着工业结构的不断调整和优化,政府管理部门加强了对工业污染的控制,使得工业废水的排放量和污染负荷呈现逐年下降的趋势。与此同时,随着城市人口的增加和生活质量的提高,生活污水的排放数量和污染负荷正以较快的速度上升。从 1999 年开始,生活污水的排放量和 COD 排放量一直超过工业废水排放量。从 2001～2006 年,生活污水的氨氮排放量明显超过工业废水氨氮排放量,并且比工业废水氨氮排放量多一倍左右。

(3) 地表水进入富营养化阶段

我国从 20 世纪 80 年代初开始,大力推广化肥的施用,化肥总消费量迅猛增长,与此同时,农作物播种面积没有明显变化,所以单位播种面积的化肥使用量呈现出快速增长的势头。目前,我国的化肥年使用总量已跃居世界之首。但是由于传统的施肥和灌水技术相当落后,致使化肥利用率偏低,氮肥的单季利用率仅为 30%左右。由此造成大量的化肥通过不同的损失途径进入环境,不仅导致地表水富营养化和地下水硝酸盐富集,而且还造成巨大的经济损失。

除了化肥污染外,农药是农田水土面源污染的另一个污染源。一般来说,只有 10%～20%的农药附着在农作物上,而 80%～90%流失于土壤、水体和空气中。过量的化肥和农药在灌溉与降水的淋溶与迁移作用下,使得农田水土资源受到严重污染,农田生态环境日趋恶化。另外,生活中以表面活性剂为主要成分的洗涤用品的广泛使用、集约化养殖业快速发展带来的废物急剧增加以及管理的落后,也使得面源污染的范围和程度日趋升级,从而导致内陆湖泊和近海水域富营养化程度的进一步加重,给局部区域带来灾难性的后果。

(4) 流域性水污染问题严重

近年来,水污染的影响早已超越局部和“点源”的范围,发展成为流域性污染问题。2006 年,长江、黄河、珠江、松花江、淮河、海河和辽河等七大水系的 197 条河流 408 个监测断面中,Ⅰ～Ⅲ类、Ⅳ、Ⅴ类和劣Ⅴ类水质的断面比例分别为 46%、28%和 26%。主要污染指标为高锰酸盐指数、石油类和氨氮。总体上看,我国流域污染状况是干流水质好于支流,一般河段强于城市河段,污染从下游地区逐步向上游转移，湖泊水库富营养化严重。

(5) 水污染事故进入高发期

近几年频繁发生的水污染事故给地方的经济和居民健康构成了重大危害。据统计，近年来，我国水污染事故频繁发生，仅2001～2004年就发生水污染事故3988件。尤其是因企业违法排污和事故而引发的重大水污染事件也是接连发生。2005年底～2006年初不足3个月的时间，就发生了3起重大水污染事件。2005年11月，吉林石化公司双苯厂发生爆炸，造成松花江部分江段污染，导致沿江居民用水发生困难。2005年12月，广东一家企业超标排放含镉废水，导致下游10万人无法饮用北江水。2006年1月，湖南省株洲市霞港湾因水利工程施工不当，导致含镉废水流入湘江。国家环境保护总局①副局长潘岳2006年9月10日在“2006年中国企业高峰会”上指出，自2005年底松花江水污染事故以来，中国共发生130多起与水有关的污染事故，达到平均每两至三天一起。未来一个时期，随着我国经济快速发展，水污染治理旧账未还、又欠新账，水污染事故将进入一个高发期。

(6) 水污染导致水资源短缺进一步加剧，并引发一系列水生态和水灾害问题

由于水污染程度的加剧，导致区域水质性缺水，引发水资源短缺。同时，严重的水污染还会导致水体中和周围地区动植物大量死亡，使水域的生态物种退化、生物多样性减少，并产生一系列的水生态问题，导致严重的生态系统健康风险。另外，如果当地的水污染问题严重，而且治理难度较大或者成本太高，就可能转而超采地下水、采取调水或大规模建设水源地保护工程等措施。这一方面没有解决污染问题，另一方面，这些水利工程建设若处理不当，就会影响区域生态环境，如大坝、河闸等工程建设就可能影响河流的连续性，阻断回游性鱼类的通道；河流的渠化也会使水文条件均一化，各种生物丧失其所需的多样化水流，进而有可能引发其他的水生态灾害(如泥石流等)，造成进一步的人员、财产和生态服务功能损失。

2. 水污染加剧的原因

造成我国水污染的最直接的原因是工业废水和城市生活污水的治理速度赶不上产生和排放速度。这其中包括工业点源污染仍没有得到很好地控制、城市生活污水处理率低和越来越严重的面源污染问题。从管理和预防的角度来看，造成水污染主要有以下四个方面原因：

(1) 快速的经济发展导致污染物产生量的增加，污染治理能力不足

对于一个发展中的经济而言，在发展过程中降低污染物的产生量是非常困难的，即使是产业的生态化改造或发展循环经济，对绝对排放量的削减还需要依赖于末端治理，况且转变也需要时间。

---

① 国家环境保护总局已于2008年升级为国家环境保护部。

(2) 水污染防治存在有法不依，执法不严

地方环境保护行政主管部门受制于地方发展经济目标的需要，对水污染违法事件往往是大事化小，小事化了。环保部门的制度安排和治理结构存在突出问题。

(3) 对水污染事件的估计和准备不足，尚未建立和健全水污染事件应急机制和应急预案

目前，很多具有严重潜在污染危害的工厂布局在河流两岸、城市区域内或者水源地附近的环境敏感区，但却没有完善的污染处理设施和系统的应急预案，形成巨大的风险和安全隐患，一旦发生事件，往往处理不当，有可能进一步扩大事态和引起连锁效应。

(4) 对水污染治理的严峻形势认识不足，政府政策导向存在一定偏差

目前国家对环境监测等技术方面的硬件建设比较重视，相比之下，对相关的政策制定和制度安排重视不足，特别是对现在污染的特征和规律缺乏认识，不能从流域和系统的角度进行统筹安排、综合防治。各级政府的环境财政投资导向主要集中在城市，对农村地区投资不足；对流域下游投资较多，上游投资明显不足；对末端治理投资较多，对源头预防重视不够；对调水、水库等工程措施考虑较多，对水污染治理问题关注不够，从而无法做到标本兼治。

3. 解决水污染问题的政策建议

《国务院关于落实科学发展观加强环境保护的决定》(国发[2005]39 号)提出，到 2010 年，全国设市城市污水处理率不低于 70%。要完成这一规划目标，城市污水处理率要从 2005 年的 52%提高到 2010 年的 70%以上。从目前我国经济发展态势和产业结构调整的进展来看，要在“十一五”期间要完成城市污水处理率的规划目标，困难很大，为此提出以下四个方面政策建议：

(1) 重新评估污染物减排目标，采用适应性管理方法

实现“十一五”主要污染物排放总量减少 10%的目标面临相当大的难度，在一个快速的经济发展中设定这样的目标是对环境有益的，但代价也是高昂的。建议对“10%”的污染物减排目标(特别是 COD)进行重新评估，提出适当的调整方案。一方面要论证完成该目标所需要的各项条件，包括配套投资方案、污水处理费的调整、点源和面源污染控制政策等；另一方面，寻找更加科学的替代方案，比如建立基于水体环境容量(或水体最大排放负荷)和流域基础上的总量控制指标。

有鉴于此，在完成“10%”减排目标的相关条件并不具备或可能付出过高代价的情况下，建议采取适应性管理的方法，即利用动态的渐进的多目标的管理来实现污染综合防治。具体做法是：①优先控制点源污染，这是目前最实际的也最成熟的污染防治手段。②城市生活污水进行治理。③建立新的基于水体最大污染负荷(或环境容量)基础上的总量控制。在我国需从试点开始，从基础数据收集和监测

入手,评估区域和过程层面的水体质量,寻找简单有效的模型进行污染负荷测算,积累经验后再行推广。

(2) 加快污水处理企业改革的步伐

当前,我国传统的城镇排水、污水处理单位改制不彻底、不到位,难以适应市场经济发展的需要,必须加快体制改革和机制创新的力度,建立现代企业制度,改变企业长期依靠财政补贴的状况,降低企业运营成本,提高经营效率。今后,要进一步理清思路,明确目标,深入推进城市排水包括污水处理行业的改革,要从有利于企业和行业长远发展的大局出发,着重在政府水管理体制改革、企业制度改革及企业经营机制的转换上下工夫。我国城镇污水处理单位都要改制成为企业法人,实行政企分离,建立企业自我激励和自我约束的机制,提高企业的管理水平和服务水平。同时,鼓励企业规模化经营,支持企业跨区域投资运营,培育一批具有一定实力的大型企业集团。

(3) 发挥价格杠杆作用

要充分利用价格这个经济杠杆的作用,建议尽快在全国城市全面征收污水处理费,逐步提高污水处理收费标准,以减少污水排放、促进节约用水及加快水污染的治理,同时吸引社会资本参与污水处理设施的建设和运营。要合理确定水资源费与城市供水价格和污水处理费及再生水价格之间的比价关系,推动水资源的保护和节约用水工作。

(4) 建立多元化的投融资机制

未来一个时期,我国水业将处于快速发展时期,据估计至2010年整个中国水务市场年增长率将保持在15%左右。“十一五”期间,我国在供水、污水处理、中水回用和排水、水污染防治等方面的总投资将超过一万亿元人民币,这为全球水行业提供了很大的机遇和广阔的市场。应建立政府、企业、社会的多元化投入机制,扩宽融资渠道,以中央预算的基本建设资金、地方资金以及企业自筹资金为基础,积极争取国家政策性贷款、国际金融机构贷款、商业银行贷款和社会资金,鼓励国内大型企业集团(包括民间资本)介入水务产业,鼓励产权多元化和投资多元化。

发行市政债券投资城市环境基础设施建设是发达国家的通行做法。在美国的水务公共事业领域,每年建设性投资的85%来自市政债券;在日本,城市污水处理设施建设投资的20%~40%来自地方债券。鉴于未来我国水处理需要巨额资金支持,应考虑引入这一融资工具,根据相关国际经验和现实可行性,将发行市政债券作为新的融资渠道。当前,可以根据城市综合开发计划的需要,选择资信高、还贷能力强的城市水工业企业(或者政府建设行政部门)作为发债主体。

1.1.3 我国城市污水处理现状及存在的问题

城市污水是造成水体污染的重要污染源,对城市污水进行妥善收集、处理和排放是减轻或防止水体污染的十分重要的一项对策，城市污水处理厂在这一过程中扮演了重要的角色。近年来，我国在城市污水处理方面加大了一些工程建设投入，全国各地陆续建设了一批污水处理厂，这些污水处理厂对削减污染物、减少排污总量、控制环境质量起到良好的作用[11-14]。

1. 我国城市污水处理现状

(1) 城市污水处理厂建设情况

近年来，城市污水处理事业发展迅速，在水污染治理中发挥了越来越重要的作用。到2004年底，全国661个设市城市建有污水处理厂708座，处理能力为4912万 m^3/d，是2000年的两倍多。全年城市污水处理量162.8亿 m^3，比2000年增加了43%，城市污水处理率达到45.7%。但是，各地发展很不平衡，截至2005年6月底，全国31个省（自治区、直辖市）中还有297个城市没有建成污水处理厂。其中，地级以上城市63个，包括人口50万以上的大城市8个。位于重点流域、区域"十五"规划范围内的城市54个。

总体看，东部地区污水处理厂建设情况较好，东北和西部地区建设相对缓慢。2004年，吉林省城市污水处理率为23.6%，全省28个设市城市中有22个城市没有建成污水处理厂；贵州省城市污水处理率为12%，全省13个城市中有9个城市没有建成污水处理厂。一些重点流域、区域城市的污水处理工程未能按"十五"计划建成。如：根据三峡库区及其上游地区水污染防治"十五"计划要求，四川省的23个城市在"十五"期间要建成污水处理厂，但截至2005年6月底，该省还有11个城市没有按计划建成；根据海河流域水污染防治"十五"计划要求，河北省的24个城市在"十五"期间要建成污水处理厂，但截至2005年6月底，该省还有16个城市没有按计划建成污水处理厂。

(2) 城市污水处理厂运行情况

到2004年底，全国城市污水处理厂运行负荷率平均为65%，比2001年提高了5个百分点。但是，一部分建成的污水处理厂没有充分发挥效益。截至2005年6月底，全国364个建有污水处理厂的城市中，仍有38个城市的污水处理厂运行负荷率低于30%（包括17个已建污水处理厂未投入运行的城市）。其中，地级以上城市17个，包括2个人口50万以上的大城市。位于重点流域、区域"十五"规划范围内的城市有6个。

根据各地上报的情况分析，目前已建成的污水处理厂，除了正在调试运行的以外，不能正常运行的原因主要有：①有的城市对污水处理工作重视不够，组织管理不力，致使有的污水处理厂已建成半年甚至近一年仍未运行；②一些已建成污水处理厂的城市仍未开征污水处理费，或收费标准和征缴率低，污水处理设施运行经费难以保障；③污水收集管网建设滞后，污水处理厂运行负荷率低，甚至难以运行；

④地方配套资金不落实，影响污水处理厂调试运行，如吉林省四平市。另外，还有部分城市污水处理厂设计规模偏大，过度超前，造成设施能力部分闲置不能充分发挥效益。

(3) 污水处理费开征情况

截至2005年6月底，全国有475个城市实行了污水处理收费制度，还有186个城市没有开征污水处理费。没有开征污水处理费的城市中，地级以上城市28个，其中50万以上人口的大城市2个，位于重点流域、区域"十五"规划范围内的城市22个。有的省城市污水处理收费开征率较低，如黑龙江省的31个城市中有21个城市，广西壮族自治区的21个城市中有15个城市，尚没有开征污水处理费。

目前，已开征污水处理费的城市普遍存在收费标准低、征缴率低的问题。全国约有1/4开征污水处理费的城市收费标准不足0.3元/m^3(居民收费标准)，如江西省9个开征污水处理费的城市，其收费标准基本上都在0.3元/m^3以下，最低为0.10元/m^3；贵州省已开征污水处理费的12个城市中，有11个收费标准在0.2～0.3元/m^3；山西省因亏损企业和经济条件较差的居民长期拖欠水费，致使全省城市污水处理费征缴率仅为35%左右；河南、辽宁等地部分城市的自备水用户污水处理费管理体制不顺，污水处理费漏收、拖欠严重。

但是直到目前，我国城市污水处理率仍然较低，仅为45.7%，并且分布不均，好多地区没有污水处理厂，另外部分污水处理厂处于半运行状态，使得出水不达标。发达国家污水处理率可达90%以上，美国有污水处理厂18 000座，英国、法国、德国各有污水处理厂约8000座。美国平均每1万人拥有1座污水处理厂，法国和瑞典每5000人拥有一座，英国和德国每7000～8000人拥有一座，而我国城市每150万人才拥有一座污水处理厂。

2. 我国城市污水处理存在的问题

我国污水处理事业的实际情况是污水处理率低，很多老城区的排水管网甚至不成系统。城市污水处理能力增长缓慢和污水处理率低是造成我国水环境污染的主要原因，由此导致了水环境的持续恶化，并严重地制约了我国经济与社会的发展。我国城市污水处理存在以下主要问题。

(1) 资金短缺，投资力度不够

城市污水处理系统是城市的重要基础设施之一，也是防止水污染、改善城市水环境质量的重要手段，为发展我国的城市污水处理，使水环境污染得到有效的控制。资金是个根本问题。我国经济水平相对于发达国家还比较落后，用于水污染治理的资金还很紧缺，不可能完全照搬国外的技术和模式，依靠大规模建设城市污水处理厂来改善水环境在现阶段实现的可能性不大。即使修建了城市污水处理厂，其高昂的运行维护管理费用也是城市污水处理率低，水体污染严重的主要原因之一。据清华大学紫光顾问公司调查:我国污水处理设备运行状况是1/3运行正常、1/3不正常、1/3处于闲置状态,污水处理厂的实际运转率只能达到50%,我国污水的实际处理率远远低于污水处理设施的处理能力。

统计资料表明:2010年要增加6722万t的污水处理,约需1344亿元的环保资金投入。按目前日处理能力2685万t,运行费用0.5元/m^3计算,需运行费用49亿元/a,到2010年则需171.7亿元,资金不足十分突出。虽然近几年国家对污水处理投资有所增加,但与国外相比还差距甚远,远远不能满足需要。据有关资料统计:发达国家包括美国、德国、日本、法国、英国等国家用于排水设施与污水处理方面的投资约占国民经济总产值的0.53%~0.88%。而我国在20世纪90年代用于排水设施与污水处理方面的投资仅占国民经济总产值的0.02%~0.03%。所以我国应通过宏观调控调整投资结构,加大对城市排水和城市污水处理设施的投入。

(2) 管理水平低、污水处理的运行机制不合理

污水处理技术较复杂,我国目前操作人员的技术素质及管理水平不能适应,这样就造成了即使已建成的污水处理厂也不能正常运行,严重制约了已建城市污水处理厂的正常运行。

我国污水处理的建设、运行、管理体制是从新中国成立以来形成的计划经济体制条件下的建设、运行、管理机制。污水处理的全部费用都由政府全部承担,而污水处理又是纯公益事业,这就造成了一般建不起,建起了也养不起的局面。

(3) 污水处理厂运行经费不能到位

全国目前能够满负荷运行的污水处理厂不到1/3,没有满负荷运行的原因:大多数均是由于运行经费不能到位造成的,有的省市没有收取污水处理费,有的是只收工厂、企业的,不收居民的,有的是工厂、企业、居民的都收了,但收费标准定得很低,远远不能满足污水处理厂正常运行所需的最低费用,使一些污水处理厂出现了能得到多少经费就处理多少吨污水的实际问题。这样既发挥不了建设污水处理厂应有的效益,也会使仪表、设备受损,同时也无法发挥污水处理厂专业管理人员的作用。

(4) 污水处理技术和运行设备相对落后

城市污水处理技术是城市污水处理设施能否高效运转的关键;长期以来,我国的污水处理技术都是沿袭了欧美国家近百年来的路线和处理技术,在吸收、消化国外技术的同时也形成了自己的技术,城市污水处理技术有了很大的发展,但是我国现阶段采用的污水处理技术与同期国外的技术水平相比依然还很落后,存在效率低、能耗高、维修率高、自动化程度低等缺点。

由于大批的进口设备进入污水处理行业,经过几年的运转后,设备陆续会出现大小不等的损坏,特别是索赔期后的维修和正常的大修。这就需要有专业技能的

技术人员来进行，聘请国外的专家来维修，维修成本将会大幅度增高实在难以接受，或使进口设备能够维持正常运转，必须培养对进口设备维修保养的国内专业人员，使其掌握维修技能达到进口设备的维修标准。有了维修的专业人才还得有充足的备品配件，特别是一些将要淘汰的设备被引进中国，备品配件国外也不会再生产了，就需要国内自行测绘、加工制造，只有这样才能使进口设备发挥出它的作用，否则设备的损坏，配件的缺乏会影响污水处理厂的正常运行。

（5）污水处理工艺选择有一阵风的现象，不结合本地区的实际情况选择工艺

我国很多地区在选择污水处理工艺时，出现单纯追求工艺新，时髦的工艺，不考虑本地区的进水水质、处理水量以及出水用途的问题。在我国已建成的一些污水处理厂中，本来进水水质都比较低，还要选择AB法，结果不能得到充分的利用，造成设施设备的闲置。有的地区经处理的再生水直接用于农业灌溉，还过分强调除磷脱氮，增大了建设投资也提高了日常运转成本，还有一些个别地区在建设污水处理厂时，看当时风刮什么工艺就采取什么工艺。

（6）污泥没有真正达到无害化，没有最终处置的途径

污水经过各种不同工艺处理后，出水达到了国家规定的排放标准，但是在污水处理过程中产生的污泥如未得到妥善的处置，会给环境造成二次污染。有些地区污泥不经过无害化处理，将污泥堆放在场外，任意取走不知下落。有的地区将污泥进行干燥用作农肥，重金属含量是否达标考虑的很少，对农作物有多大的危害分析不足。国家环保部门禁止将污泥作为菜田、稻田的肥料，作为旱田的农肥需要对污泥的成分进行分析，重金属及有毒物质不超标方能使用。污泥作为绿地用肥要有园林部门认可，有监测部门跟踪分析方能使用，总之污泥若没有最终处置的途径，是给环境带来再次污染的隐患。

（7）污水处理厂没有除臭装置

污水处理厂的进水池、格栅间、沉砂池、初沉池及污泥处理系统的储泥池、脱水机房（除离心机外）都会产生严重的臭气，既影响操作人员的身体健康，也给周围居民生活环境带来污染，特别是一些建设较早，周围过去是农田、水池、远离市区的污水处理厂，目前成为市区，污水处理厂周围盖起了民宅，形成了居民区，污水处理厂的周边百姓身受其害，应该多渠道解决除臭装置，因为污水处理厂本身就是消除污染保护环境的企业。

随着我国城市化进程的加快，中小城市（镇）的发展十分迅速，全国19 200多个建制镇绝大多数都没有污水处理设施。目前，中小城市（镇）的污水排放量约占全国污水排放总量的一半以上，随着未来50年小城镇建设的快速发展，生活污水和工业废水的排放量将会数倍、甚至十几倍的增加，势必加剧水环境的恶化。中小城市（镇）和大城市在水系上是相通的，而且往往处于大城市的上游，中小城镇的污水治理工作做不好，大城市污水处理率即使达到一个很高的水平，水环境的质量也

不会有明显改善。因此,要改善我国水环境被污染和继续恶化的状况,保护我国紧缺的水资源,除了要刻不容缓地对大城市的城市污水进行处理外,中小城市(镇)污水也应该引起足够的重视。由于这些中小城市(镇)和大城市经济发展水平、排水体制、基础资料、融资渠道等有很大的不同,因此不可能也不应该把大城市的污水治理工艺、技术装备等搬用到中小城市(镇)的污水处理厂中去。就目前的发展状况来看,在中小城市污水处理方面,尚缺乏适合我国实际国情的污水处理技术和设备,缺乏资金和管理经验。因此,探索和发展适合我国国情的中小城市(镇)污水处理工艺,掌握一批在中小城市(镇)具有代表性的污染源的治理技术和城市污水处理技术,就势在必行。

1.2 水体富营养化问题及其危害

1.2.1 国内外水体富营养化状况

1. 国外水体富营养化状况

来自联合国环境规划署(UNEP)的一项水体富营养化调查结果表明[15-16]:在全球范围内30%～40%的湖泊和水库遭受不同程度的影响,各地区受影响的情况相差悬殊。世界上大部分的大型湖泊未受影响,水质良好,如贝加尔湖、苏必利尔湖、马拉维湖、坦噶尼喀湖、大熊湖、大奴湖等;而在气候干燥地区,水体富营养化情况相对严重,如西班牙的800座水库中,至少有1/3是处于重富营养化状态,在南美、南非、墨西哥及其他一些地方都有水库严重富营养化的报道,加拿大湖泊众多,发生富营养化的湖泊则主要集中在加拿大南部人口稠密地区,其大部分湖泊(约3/4)处于贫营养状态。

近些年来世界各国普遍重视湖泊环境的演变,目前欧洲湖泊面临的最大问题是湖泊富营养化问题,在统计的96个湖泊中有80%的湖泊不同程度地受到氮、磷的污染,呈现出富营养化状态。在北美洲最受人关注的五大湖泊中,苏必利尔湖水质最好,属贫营养湖泊,休伦湖和密执安湖处于中营养状态,而伊利湖和安大略湖则水质相对较差,属富营养型湖。亚洲湖泊水质南北差异较大,北部湖泊水质较好,而南部湖泊水质较差;亚洲湖泊水质的主要特点是水中氮、磷含量偏高。亚洲南部大部分湖泊富营养化问题突出,适宜的自然条件和湖中营养盐容易引起水华。此外,亚洲大部分城市湖泊接受生活污水较多,高锰酸盐指数(COD_{Mn})和化学需氧量(COD)均超标严重[17]。河流富营养化程度一般不如湖泊、水库等静止水体严重,而且河流水体中水生植物的增长还可有利于提高水体的自净能力。但也有河流出现过富营养化问题的报道,如由于建造阿斯旺大坝使尼罗河水文发生变化而使开罗市的供水水源受到水体富营养化的影响;法国里昂的报道说其下游地区的河流中叶绿素值极高。

2. 我国水体富营养化状况

我国湖泊富营养化发展速度相当快。20世纪80年代对湖泊(水库)水体富营养化调查结果表明[18]:在中国东部地区,调查湖泊大多数已进入富营养化状态(如巢湖、太湖、洪泽湖、南四湖等),少数水库处于富营养化边缘,众多的城市湖泊已达严重富营养化(如南京玄武湖、杭州西湖、九江甘棠湖、广州的东山湖、武汉的墨水湖等),形成一个宽带状分布,洞庭湖和鄱阳湖已具备了发生富营养化的营养盐条件;云南高原地区的湖泊一般滞留时间长,水交换能力弱,一旦入湖营养盐负荷超标,则富营养化发展速度快,是中国湖泊富营养化的易发区和敏感区,如滇池、异龙湖、杞麓湖的营养状态相当高,特别是滇池富营养化问题更为严重;东北、蒙新、青藏地区的湖泊富营养状态相对较低,一般处于中营养状态。多年以来的调查结果表明,富营养化湖泊个数占调查湖泊的比例由20世纪70年代末至80年代后期41%发展到80年代后期61%,至20世纪90年代后期又上升到77%,我国湖泊富营养化的发展趋势十分严峻。在26个国控重点湖泊中,水质一般较差,低于《地面水环境质量标准》(GB3838-3838) Ⅴ类标准,氮、磷污染较高,相当一部分湖泊还发生了“水华”灾害[19]。

水库富营养化的问题也较严重,根据对全国39个大、中、小型水库的调查结果表明[19]:在所调查的水库中,处于富营养状态的水库个数和库容分别占所调查水库的30.8%和11.2%,处于中营养状态的水库个数和库容分别占所调查水库的43.6 %和83.1 %。总体而言,水库水质是良好的,但是濒临城市和作为水源的水库也有不少出现了向富营养化演变的趋势,特别是邻近城镇的水库富营养化程度较高,如北京的官厅水库、天津的于桥水库、石河子市的蘑菇水库等几近达到富营养化程度。近年来,除湖泊的富营养化产生大范围“水华”外,河流的富营养化也在我国很多地区出现,如长江最大的支流汉江就曾多次出现“水华”;上海海域近岸水域多次出现“水华”,范围之大、频次之高、持续时间之长,都属罕见。

我国的水体富营养化尤以太湖、巢湖和滇池(简称“三湖”)污染最为严重。太湖在20世纪80年代初期水质以Ⅱ类为主,所占比例为69%;80年代后期水质由Ⅱ类向Ⅲ类过渡,Ⅱ类水质所占比例下降为59.4%,Ⅲ类水质所占比例增加到36.6%,并开始出现了Ⅳ类水质,即轻污染;90年代中期以Ⅲ类水质为主,所占比例增加到70%,并且Ⅳ类水质也增加到14%,开始出现了Ⅴ类水质,即重污染。2006年监测表明太湖水质为劣Ⅴ类。巢湖流域目前仍属富营养状态,11个水质监测点中,7个属Ⅴ类和劣Ⅴ水质。2006年监测表明巢湖水质为Ⅴ类。滇池在20世纪70年代水质良好,生物多样性丰富。到了90年代,出现严重的富营养化,滇池草海水体发黑发臭，水质超出Ⅴ类水标准，特别是氮、磷浓度很高，曾分别达到7.5mg/L和9.19mg/L，生物多样性破坏严重，鱼虾稀无。滇池外海水质恶化，已超过Ⅳ类水标准，特别是氮、磷浓度分别达到1.5mg/L和0.14mg/L，导致滇池外海原有极为丰富的水生植物，从种类、分布、数量、演替上发生了极大的变化。2006年监测表明滇池水质为劣Ⅴ类。2006年我国10个重点大型淡水湖泊水质状况见表1-2[5]。

表1-2　2006年我国10个重点大型淡水湖泊水质状况

湖库名称	营养状态指数	营养状态	水质		主要污染指标
			2006年	2005年	
洱海	42	中营养	Ⅲ	Ⅲ	—
洞庭湖	58	轻度富营养	Ⅴ	Ⅴ	总磷
洪泽湖	56	轻度富营养	劣Ⅴ	劣Ⅴ	总氮
南四湖	56	轻度富营养	Ⅴ	Ⅳ	总磷
鄱阳湖	47	中营养	Ⅳ	Ⅳ	高锰酸盐指数
达赉湖	67	中度富营养	劣Ⅴ	劣Ⅴ	pH、高锰酸盐指数、总氮
白洋淀	89	重度富营养	劣Ⅴ	劣Ⅴ	总氮、氨氮、总磷
兴凯湖	—	项目不全未计算	Ⅱ	Ⅱ	—

1.2.2　水体富营养化现象

“富营养化”是湖泊分类与演化方面的概念。湖沼学家认为天然富营养化是水体衰老的一种表现。过量的植物性营养元素氮、磷排入水体会加速水体的富营养化过程。所谓的水体富营养化现象指的是富含磷酸盐和某些形式的氮素的水。在光照和其他环境条件适宜的情况下，水中所含的这些营养物质足以使水体中的藻类过量生长，在随后的藻类死亡和随之而来的异养微生物代谢活动中，水体中的溶解氧很可能被耗尽，造成水体质量恶化和水生态环境结构破坏的现象。大多数水质富营养化实质上是水体生态系统受污染造成的。生态系统在尚未受到污染的情况下，系统内的生物群体中存在着多种多样的种群。各个种群之间关系密切，而又各有自己的特性，例如，有的微生物是致病菌，有的是捕食的，也有被食的，有共生的，也有自生的，每个种群的个体数量不会太多，但较为稳定。因此，可以认为在未受污染的系统中，生物群体的特点之一是种类多而每个种的个体少。生态系统受到污染以后，群体中的种数便逐渐减少，而能存活下来的每个种的个体数却在增加。当污染极严重时，往往只能看到少数几种生物，它们的个体数目急剧增加。在富营养化的水体中所看到的正是这种生物群体种类减少，个体剧增的现象。生态系统受污染程度越高，系统中的种就越少。藻类所需要的无机营养与植物相同，需求量大的元素包括碳、氮、磷、氢、氧。CO_2 是最主要的碳源，氮源是氨氮和硝酸盐，磷源是溶解性磷酸盐类，氢和氧由水提供。藻类需要的微量元素有锰、硫、氯、铁、铜和其他许多金属元素，这类元素一般在水中都是大量存在的。许多藻类不能合成一些称为生长因子的必要的代谢物。在实验室培养时，需要人工加入这些物质，而在天然水域中，这类生长因子则由其他生物有机体的分泌物或降解产物提供，如大部分海生的硅藻需要 B_{12}，海水中存在的这类维生素是由细菌所产生并分泌出来的[20]。

藻类生长的限制因素是氮和磷。其含量通常决定着藻类的收获量，所以水体中氮、磷营养盐类的增加，也就成为藻类过度生长的主要原因。藻类在氮、磷利用上存在一定的相关性，当磷含量处于低浓度时，氮浓度对藻类生长的影响比之磷处于高浓度时的影响为低。从藻类对氮、磷需要的关系看，磷的需要往往更为重要，生产力受磷的限制更为明显。这是因为水中氮的缺乏，可以由许多固氮的微生物（如某些固氮细菌和蓝藻）来补充，尤其是浅水型封闭水体，光照充足，生物固氮作用活跃。据估计，在一些湖泊中固氮微生物从大气中所固定的氮量，可达需氮量的50%。人们发现藻类的过度繁殖程度与磷酸盐含量之间存在着某些平行关系，出现过度繁殖的那些藻类往往积累大量磷酸盐。藻类对有机氮的摄取比无机氮缓慢，但有机物可以作为代谢物或维生素的来源促进藻类的生长；有机氮也可以通过促进细菌的生长，增加水体中的溶解性 CO_2 量，为藻类光合作用提供充足的碳源。总的来讲，富营养化是水体受到磷氮的污染，营养物质进入水体并造成藻类和其他微生物异常增殖的结果。

1.2.3　水中氮磷的来源

进入水体的氮磷营养来源是多方面的，其中人类活动造成的氮磷来源主要有以下几个方面[20]：

(1) 工业和生活污水未经处理直接进入河道或水体

这类污水的氮、磷含量高，如进入江湖和海洋，造成藻类过度生长，危害最大。例如 1977 年 8 月在我国天津近海区发生的因富营养化引起的赤潮，历时 20d，过度生长的主要生物为微型腰鞭毛目生物，分析原因认为与赤潮发生前近两个月内受纳了大量污水，致使海中氮、磷和 COD 增高有关。大量污染物流入近海水域，破坏了原有的生物群落结构，再在其他条件的配合下，造成一些腰鞭毛目生物的过度生长。

(2) 污水处理厂出水

采用常规城市污水二级处理工艺的污水处理厂，其排放水都含有相当数量的氮、磷和硫。这是因为有机物被微生物氧化分解产生的氨氮、硝酸盐、硫酸盐和磷酸盐，除构成微生物细胞的组分外，剩余部分都随出水排入河道，成为藻类合适的营养料。

(3) 面源性的农业污染物

包括肥料、农药和动物粪便等。我国太湖水质富营养化的重要成因就是面源性的农业污染。肥料和农药从农田中流失，包括通过雨水冲淋、农业排水和地表径流带入河道和水体，成为直接的营养源。人工合成的化学肥料和农药是水体中氮磷营养元素的主要来源。施入农田的氮肥只有一部分被农作物吸收，未被农作物吸收的氮肥超过50%，有的甚至超过80%。为了增加农作物产量，农田用肥量越来越高，加上科学施肥及其推广问题尚未得到有效解决，进入水体的流失肥料数量也必然越来越大。有机肥料也可能经微生物分解，成为可溶性无机盐，然后进入地下水或江河湖泊。此外畜禽养殖业废料和水中野生动物的排泄物，氮磷含量相当高，也会大量进入水体。

1.2.4 水体富营养化的危害

在富营养化水体中出现的生物，主要是微型藻类，这些藻类的光合作用强度随水中磷氮含量的增加而成比例地增加，温度、光照强度、有机物、毒物和捕食性生物等许多其他因素也以复杂的方式相互影响，其中一个因素的变化，又会引起整个群体广泛的连锁反应。这些影响微型藻类生长的因素，也是影响水体富营养化的因素。在富营养化时，大量发展的微型藻类，在分类学上可分成好几类，其中最重要的一类是蓝藻(*Cyanopnyceae*)，或称蓝细菌(*Cyanobacteria*)。蓝藻是含有光合色素的原核生物，但其光合作用的方式却不同于光合细菌，而与植物和真核藻类相同。富营养化的危害很大，影响深远，它不仅在经济上造成损失，而且危害人类健康[20]。

1. 使水味变得腥臭难闻

处于富营养化状态的水体会出现许多藻类(蓝藻)的过度繁殖，使饮用水产生霉味和臭味。在储水箱中即使含有少量这类藻类，也会感到有霉味。鲜生束藻(*Symploca muscorum*)和弱细颤藻(*Oscillatoria tenuis*)能产生有泥土味的有机物质。有一些藻类能够散发出腥味异臭，影响水体水质和周围的空气。现在已经知道，如蓝藻门的束丝藻属 (*Aphanizomenon*)和鱼腥藻属(*Anabaena*)都散发出类似猪圈中令人难闻的臭味，腔球藻属(*Coelosphaerium*)则散发出令人讨厌的青草腐烂时的臭味，绿藻门的空球藻属 (*Eudorina*) 散发出的气味则像鱼腐烂时的腥臭。此外，硅藻门中某些藻属如针杆藻属 (*Synedra*)也能发出腐质恶臭。在春末和夏季，秋天温度较高的时期，水藻大量增殖，成团的藻类死亡分解腐烂时，经过放线菌等微生物的分解作用，使这些水藻散发出更加浓烈的使人恶心的腥臭。

2. 降低水体的透明度

在富营养水体中，生长着以蓝藻、绿藻为优势种类的大量水藻。这些水藻浮在湖水表面，形成一层“绿色浮渣”。经过风吹，水面这层绿色浮渣被密集、浓缩，看上去就像一湖绿色的“豌豆汤”。在我国的巢湖，这种情况相当典型。由于表层水体悬浮着密集的水藻，使水质变得浑浊，透明度明显降低，富营养严重的水质透明度仅有0.2m，湖水感官性状大大下降。城郊湖泊水体在现代城市生态系统中处于非常重要的地位，在文明、舒适的城市生态环境建设中，湖泊日益发挥重要作用。水味腥臭和透明度下降，将会使大量的城市和郊区湖泊水体在功能、用途和经济效益方面大大降低。

3. 消耗水体的溶解氧

富营养湖泊的表层，藻类可以获得充足的阳光，并从空气中获得足够的CO_2进行光合作用而放出O_2，因此表层水体有充足的溶解氧。但在富营养湖泊的深层，情况就不同了。首先，由于表层有密集的藻类，使得阳光难以透射进入湖泊深层，而且阳光在穿射水层的过程中，被藻类吸收而衰减，所以深层水体的光合作用明显地受到限制而减弱，因而溶解氧的来源也就随之减少。其次，湖泊藻类死亡后不断地向湖底沉积，不断地腐烂分解，也会消耗深层水体大量的溶解氧，严重时可能使深层水体的溶解氧消耗殆尽而呈厌氧状态，使得需氧生物难以生存。这种厌氧状态可以触发或者加速底泥积累的营养物质的释放，造成水体营养物质的高负荷，形成富营养水体的恶性循环。

4. 向水体释放有毒物质

富营养化对水质的另一个影响是许多藻类能够分泌、释放有毒有害物质，不仅危害动物，而且对人类健康产生严重影响。在好几个国家中已发现蓝藻使人和家畜得病的情况。蓝藻中的丝状藻类如微囊藻属、鱼腥藻属和束丝藻属等过度繁殖后，产生内毒素进入供水中，使人体出现胃肠炎和严重的变态反应。

除了蓝藻能产生对人有危害的毒素外，其他一些藻类，如海生腰鞭毛目生物的过度繁殖，能使海水呈红色或褐色，即俗称“赤潮”。这类生物的大量繁殖，能使鱼类和其他生物死亡。值得注意的是，它们所产生的毒素在为贝壳类动物食后往往看不出明显影响，但当人们食用这种贝壳类动物后，就会引起严重的胃病，甚而死亡。

5. 影响供水水质并增加制水成本

湖泊和水库是重要的城市供水水源，约占我国城市日供水量的四分之一。随着生产发展和人民生活水平的提高，城市和工矿区对饮用和工业供水的水质水量需求与日俱增。然而，由于水体富营养化问题日趋严重，富营养水作为水源时，会给净水厂带来一系列问题，不少水厂发生制水困难，水质不佳，令人厌恶。我国的太湖、巢湖和滇池等地尤为严重。在夏日高温季节，藻类增殖旺盛，过量的藻类会给净水厂的过滤过程带来障碍，水藻经常堵塞滤池。为了消除堵塞现象，需要改善或者增加过滤措施。其次，富营养水体在一定条件下由于厌氧作用而产生硫化氢、甲烷和氨气等有毒有害气体，而且在制水过程中水藻本身及其产生的某些有毒物质增加了水处理的技术难度。既影响净水厂的产水率，又加大了制水费用，有的甚至导致水厂关闭。

6. 对水生生态的影响

在正常情况下，湖泊水体中各种生物都处于相对平衡的状态。但是，一旦水体受到污染而呈现富营养状态时，水体的这种正常的生态平衡就会被扰乱，生物种群量就会显示出剧烈的波动；某些生物种类明显减少，而另外一些生物种类则显著增加。这种生物种类的演替就会导致水生生物的稳定性和多样性降低，破坏了湖泊生态平衡。

7. 对渔业的影响

从渔业角度来看，在贫营养和富营养水体之间的选择的界限是很小的。在富营养水体，水质较肥，浮游生物丰富，以吞食浮游生物和碎屑为主的鲢鱼、鳙鱼、鲤鱼、鲫鱼可以获得充足的食料，从而有利于这些鱼类的生长，有助于提高产鱼量。因此一定程度的富营养对渔业来说，并不意味着弊。但不少种类的蓝藻含有胶质膜或有毒，不适于作鱼的饵料。藻类的大量过度繁殖使水中溶解氧急剧变化，到8月中旬以后，因大量藻类衰败，沉入水底，而在水底被异养微生物分解，使氧气耗尽，这就使鱼卵的孵化和鱼类的生存受到严重影响。从而严重影响鱼的生存和渔业生产。在贫营养水体中，因为浮游生物稀少，这对以吞食浮游生物为主的喜肥鱼类的生长，显然是不利的，但是，贫营养水体对某些需氧量高的冷水鱼，例如鳟鱼、鲑鱼等鱼类的生长是有利的。如果贫营养水体演变成为富营养，则这样一些冷水鱼的生长就会受到明显的抑制。而其他一些相应鱼种甚至一些杂鱼可能相机而繁殖起来，于是鱼的种群结构发生变化，影响鱼的质量。原来非常有价值的那些鱼类种群可能被价值小得多的种群所替代，从而导致经济效益的明显下降。

8. 氮对水环境质量的危害

地面水体和地下水中氮污染物的增加会引起生态以及健康方面的有害影响，最直接的有害影响是城市污水处理厂出水所含的氨氮，由于硝化作用而消耗地面水体中的溶解氧。此外氨还对水生动物有毒性。氨氮消耗水体中的溶解氧。一般城市污水经二级处理后,含氮化合物主要以氨氮形式存在于污水中。含氨氮的污水排入水体后,在硝化细菌的作用下氧化成亚硝酸盐和硝酸菌,完全氧化 1mg 氨氮需 4.57mg 溶解氧。在典型的二级处理出水中,含 20～40mg/L 氨氮,需氧量为 90～180mg/L,这对水体环境质量以及鱼类的生存是十分不利的。

游离氨对鱼类是有毒物质。由于鱼类对游离氨非常敏感,即使水体中游离氨的含量很低,也会影响鱼鳃中氧的传递。对大部分鱼类而言,水体中游离氨对鱼的致死量为 1mg/L,美国环境保护局对保护淡水生物的水质标准规定水体中游离氨的含量不应超过 0.02mg/L。因此需要对城市污水的氨氮排放加以控制,以避免游离氨对鱼类的毒性作用。

硝酸盐的公共卫生问题。一般地面水中硝酸盐含量不大于 10mg/L,亚硝酸盐含量极少超过 1mg/L。美国生活饮用水水质标准中规定饮用水中硝酸盐含量不大于 10mg/L,我国生活饮用水水质标准中规定硝酸盐含量不大于 20mg/L。然而,近 20 年来多数国家的地面水和地下水中的硝酸盐含量呈稳步上长趋势,其重要原因是各种来源的氨氮的氧化。在发达国家,20 世纪 70 年代和 80 年代主要强调污水的硝化处理,没有强调硝态氮的反硝化,因此污水处理厂的出水也是重要的硝酸盐来源。在美国中部大片农业地区的一些受排放影响的河流中硝酸盐浓度升高,在某些小河流中,硝酸盐浓度有时超过 45mg/L。日本东京玉川河的硝酸盐浓度在 1951～1965 年从 7.9mg/L 升高到 9.1mg/L;同一时期内,亚硝酸盐的浓度由 0.049mg/L 升高至 0.53mg/L,即增加了 10 倍左右。我国部分地区也出现了硝酸盐含量超标问题。在正常的健康人体中硝酸盐和亚硝酸盐能很快地被肠胃吸收。被吸收的亚硝酸盐能与人体中的血红蛋白起反应形成高铁变性血红蛋白。对于成年人,可以通过还原系统(如辅酶 I (NADH)的作用消除毒害作用。但不满三个月的婴儿以及年幼的动物这种酶系统发育尚不完全。在这种情况下变性血红蛋白增加可导致一种特殊的临床症状——变性血红蛋白血症。食物和婴儿胃肠中的微生物可使硝酸盐转化为亚硝酸盐,从而使这个年龄组的问题更为突出。此外,硝酸盐在人体中会转化成亚硝胺,这是一种致变、致畸、致癌物,对人体有严重的潜在威胁。

1.2.5 水体富营养化的治理

控制水体富营养化最根本的措施是加强对环境生态的管理,制定法规,对污水排放一定要严格控制,一般应达到二级处理排放标准,并逐渐达到深度处理标准,以去除 N 和 P。如果水体一旦发生了富营养化,应采取以下方法加以治理[21]:

(1) 化学药剂控制

采用化学药剂来控制藻类的生长,对于水体面积小的水域、蓄水池、池塘等是很适用的。在化学除藻方面，应用较广泛的是用硫酸铜来防止藻类的过度生长。硫酸铜对蓝藻尤其有效。使用硫酸铜须在春天藻类生长繁殖之前及早加入，抑制藻类的生长，否则水体中的鱼类会大量死亡。这是因为，大量的藻类死亡细胞悬浮在水体中，被异养性微生物分解而造成水体缺氧，同时藻类释放毒素也会毒死鱼类。杀死藻类所需要的硫酸铜浓度应对人体和鱼类都是无毒的。

(2) 生物学控制

可利用藻类病原菌抑制藻类生长。有人设想在湖、河中接种寄生于藻类的细菌，以抑制藻类生长。现已发现藻类的病原菌主要属于黏细菌，它专一性小，寄生范围较广，能使藻类的营养细胞裂解，但对异形胞无效。也有人考虑利用蓝细菌的天然病原真菌，主要是壶菌来控制蓝细菌，但该菌寄生范围很窄，有时甚至只局限于寄生在某一特定结构。也可以利用病毒来控制藻类的生长。据报道，侵蚀蓝细菌的病毒已分离出来，从形态上看，这种病毒类似于细菌的噬菌体，称为蓝细菌噬菌体。试验表明，蓝细菌接种病毒后能明显降低藻类个体的数量。

(3) 搅动水层

在天然湖泊中，水体有分层现象。夏季由于阳光照射，表层水为暖水区，水温可达25℃以上。底层水为冷水区，水温一般不超过9℃。表层水为藻类生长区，可以通过人工搅动破坏水体的分层现象，来控制藻类生长。一般可通过强烈通气达到搅动的目的。在破坏水体分层过程中，表层水温降低，同时使水体变浑浊，影响了表层水的透光度，藻类的生长也受到了影响。经过人工搅动，也可改变藻类在湖泊中的优势种群，如经搅动后，使蓝细菌群体减少，而绿藻数目相对增加。

(4) 对二级生化处理的排出水进行脱氮和除磷

经二级生化处理后的排放水体所存在的氮与磷是藻类生长的重要因素，因此，对排放水体应做进一步的深度处理，去除氮与磷，可限制藻类生长。

(5) 采收藻类，综合利用

有人设想利用富营养化的水体来养殖藻类，并加以采收利用，同时达到了控制富营养化的目的。但在实际工作中会遇到了一定的困难。首先是如何大规模地采收这些藻类，若利用离心机收集，则量太大，难以实现，如果利用微孔过滤器，则滤膜容易堵塞；其次，如何才能克服藻类存在毒性代谢物的有害影响，这些问题尚待深入探讨。

(6) 生态防治法

生态防治法是指运用生态学原理，利用水生生物吸收利用氮、磷元素进行代谢活动的过程，以达到去除营养元素的目的。其优点是投资少，有利于建立合理的水生生态循环。如，在浅水型富营养湖泊，种植高等植物；根据鱼类不同的食性，放养以浮游藻类为食的鱼种，有效地去除氮和磷。

1.2.6 我国控制氮磷污染的水环境标准

我国的环境标准工作是从1973年开始,有水环境质量标准和水污染物排放标准。表1-3列出水环境质量标准对氮磷均作出规定,其中地表水和海水的水质标准对不同功能区类别的水域的氮磷标准值均提出了明确要求。为控制湖泊水库的富营养化,根据我国湖泊水库目前的水质状况,参照美国的基准和经合组织(OECD)的TSI综合指数,湖库项目标准规定了总氮、总磷、透明度、叶绿素a等四项特定项目。表1-4列出各类水污染物排放标准,以不同行业的水污染物处理技术为依据,分别规定了氮磷的最高允许排放浓度[22]。

表1-3 控制氮磷的水环境质量标准

序号	标准名称及标准号	氮磷控制指标		实施日期
1	《渔业水质标准》(GB11607-89)	氨氮、凯氏氮	总磷	1990-3-1
2	《农田灌溉水质标准》(GB5084-92)	凯氏氮	总磷	1992-2-1
3	《地下水水质标准》(GB/T14848-93)	硝酸盐氮、亚硝酸盐氮、氨氮	—	1994-10-1
4	《海水水质标准》(GB3097-1997)	无机氮、氨氮	活性磷酸盐	1998-7-1
5	《地表水环境质量标准》(GHZB1-1999)	硝酸盐氮、亚硝酸盐氮、氨氮、凯氏氮,总氮,透明度,叶绿素a	总磷	2000-1-1

表1-4 控制氮磷的水污染物排放标准

序号	标准名称及标准号	氮磷控制指标		实施日期
1	《纺织染整工业水污染物排放标准》(GB4287-93)	氨氮	—	1992-7-1
2	《钢铁工业水污染物排放标准》(GB13456-92)	氨氮	—	1992-7-1
3	《肉类加工工业水污染物排放标准》(GB13457-92)	氨氮	—	1992-7-1
4	《合成氨工业水污染物排放标准》(GB13458-92)	氨氮	—	1992-7-1
5	《航天推进剂水污染物排放标准》(GB14374-93)	氨氮	—	1993-12-1
6	《磷肥工业水污染物排放标准》(GB15580-95)	—	磷酸盐	1996-7-1
7	《污水综合排放标准》(GB8978-1996)	氨氮	总磷	1998-1-1
8	《城镇污水处理厂污染物排放标准》(GB18918-2002)	总氮,氨氮	总磷	2003-7-1

1.3 A^2/O生物脱氮除磷工艺

近年来,虽然我国污水处理率不断提高,但是由氮磷污染引起的水体富营养问题不仅没有解决,而且有日益严重的趋势。因此水体富营养化问题的加剧对氮、磷的去除提出了严格要求,可见,污水处理的主要矛盾已由有机污染物的去除转变为氮、磷污染物的去除。另外中国城镇污水处理厂污染物排放标准(GB18918-2002)对污水处理厂的出水标准越来越高,特别提高了氮磷的标准,如要求所有排污单位最后出水氮磷的含量据接纳水体的等级分别为TP小于1mg/L，氨氮小于5mg/L，总氮小于15mg/L(一级A标准)[23]。因此已建城镇污水处理厂需要改建，增加设施去除污水中的氮、磷污染物，达到国家规定的排放标准，新建污水处理厂则须按照新标准进行建设。目前，对污水生物脱氮除磷的机理、影响因素及工艺等方面的研究已是一个热点，并已提出一些新工艺及改革工艺。对于脱氮除磷工艺，今后的发展要求不仅仅局限于较高的氮磷去除率，而且也要求处理效果稳定、可靠、工艺控制调节灵活、投资运行费用节省。目前，生物除磷脱氮工艺正是向着这一简洁、高效、经济的方向发展。

A^2/O工艺由于具有同时脱氮(N)和除磷(P)的功能，相对于其他同步脱氮除磷工艺具有构造简单、总水力停留时间短、运行费用低、控制复杂性小、不易产生污泥膨胀等优点，是传统活性污泥污水处理厂改建为具有脱氮除磷功能的污水处理厂时最佳的备选工艺，目前A^2/O及其变形脱氮除磷工艺在我国拥有50%以上的市场，是处理城市污水的主要工艺[24-25]。

1.3.1 A^2/O工艺的发展

1932年，Wuhrmann首先提出了以内源代谢物质为碳源的单级活性污泥脱氮系统，称为Wuhrmann工艺，也是最早的脱氮工艺(见图1-1)，该工艺流程由两个串联的活性污泥生化反应器组成，污水首先在好氧反应器内进行含碳有机物、含氮有机物的氧化及氨氮的硝化反应，产生的NO_3^--N进入缺氧反应器内利用前面好氧反应器中微生物内源代谢物质作为碳源有机物发生反硝化反应，尽管不需要投加甲醇作为外加碳源，但由于以微生物内源代谢物质作碳源，NO_3^--N反硝化速率很低，势必使缺氧区容积变大，另外在缺氧池中微生物内源呼吸将有机氮和NH_4^+-N释放到污水中，并被出水带出，降低脱氮效率，导致该工艺在工程上不实用，但它为以后脱氮除磷工艺的发展奠定了基础[20,25]。

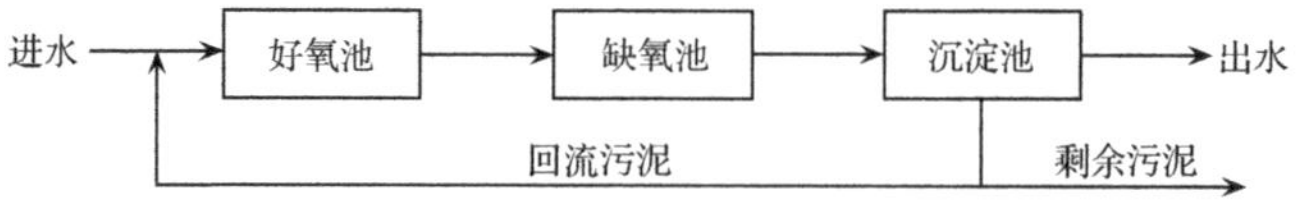

图1-1 Wuhrmann脱氮工艺流程

1962年，Ludzack和Ettinger首次提出利用进水中可生物降解的物质作为脱氮能源的前置反硝化工艺，解决了碳源不足的问题，但由于两个反应器间的液体交换缺乏控制，影响脱氮效果。1973年，Barnard在开发Bardenpho工艺时提出改良型Ludzack和Ettinger脱氮工艺，即广泛应用的A/O工艺(见图1-2)。A/O工艺中，大量硝酸盐回流到缺氧区后，可以从原污水得到充足的有机物，使反硝化脱氮得以充分进行。A/O 工艺不能达到完全脱氮，因为好氧反应器总流量的一部分没有回流到缺氧反应器而是直接随出水排放。

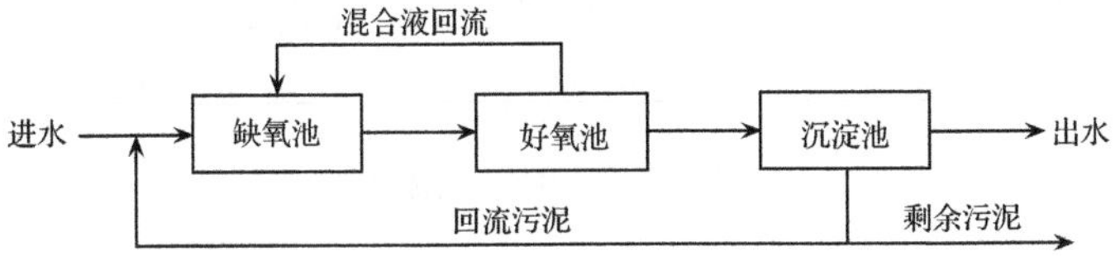

图 1-2　改良型 Ludzack-Ettinger 脱氮工艺流程

为了克服 A/O 工艺不完全脱氮的缺点，1973 年 Barnard 提出把此工艺与 Wuhrmann 工艺联合，并称之为 Bardenpho 工艺（见图 1-3）。Barnard 认为，一级好氧反应器的低浓度硝酸盐排入二级缺氧反应器会被脱氮，而产生相对来说无硝酸盐的出水。为了除去二级缺氧反应器中产生的、附着于污泥絮体上的微细气泡和污泥停留时间释放出来的氨，在二级缺氧反应器和最终沉淀池之间引入了快速好氧反应器。Bardenpho 工艺在概念上具有完全去除硝酸盐的潜力，但实际上是不可能的。1976 年，Barnard 通过对 Bardenpho 工艺进行中试研究发现在 Bardenpho 工艺的初级缺氧反应器前加一厌氧反应器就能有效除磷（见图 1-4）。该工艺在南非称 5 阶段 Phoredox 工艺，或简称 Phoredox 工艺，在美国称之为改良型 Bardenpho 工艺。1980 年，Rabinowitz 和 Marais 对 Phoredox 工艺的研究中，选择 3 阶段的 Phoredox 工艺，即所谓的传统 A^2/O 工艺（见图 1-5）。

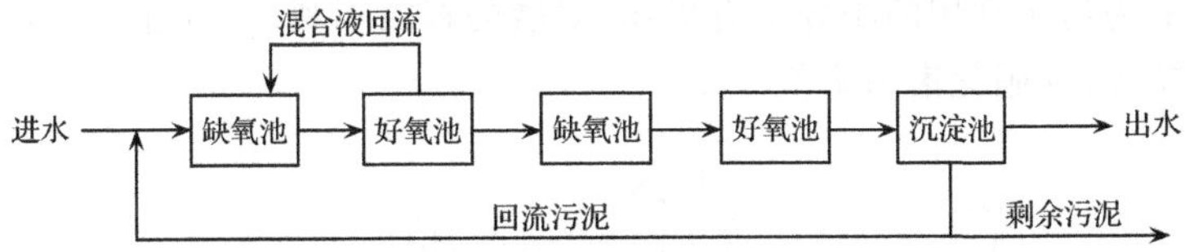

图 1-3　Bardenpho 脱氮工艺流程

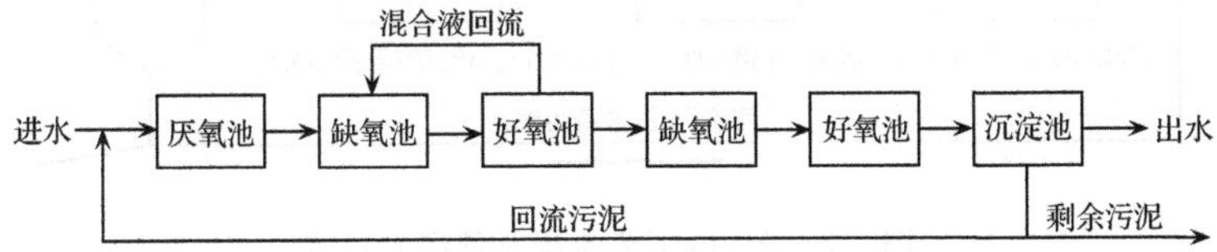

图 1-4　Phoredox 工艺流程（改良型 Bardenpho 工艺）

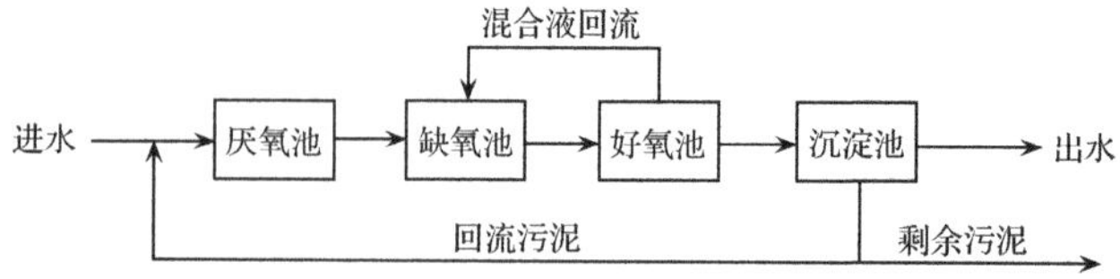

图 1-5　A^2/O 工艺流程

1.3.2　A^2/O 工艺生物脱氮除磷的原理

图 1-6 为传统 A^2/O 工艺流程及其各部分功能图。首段为厌氧池，本池主要功能为释放磷。原污水与同步进入的二沉池回流的含磷污泥二者混合后在兼性厌氧发酵菌的作用下部分易生物降解的大分子有机物被转化为小分子的挥发性脂肪酸(VFA)，聚磷菌吸收这些小分子有机物合成 PHB 并储存在细胞内，同时将细胞内的聚磷水解成正磷酸盐，释放到水中，释放的能量可供专性好氧的聚磷菌在厌氧的压抑环境下维持生存，结果污水中的溶解性磷浓度升高，部分或全部溶解性有机物被利用而使污水中 BOD 浓度下降；另外，NH_4^+-N 因细胞的合成而被去除一部分，同时回流污泥的稀释作用使污水中 NH_4^+-N 浓度下降；另外，回流污泥中的 NO_3^--N 进入厌氧池后迅速利用原水中的快速降解有机物而被还原为氮气释放，会部分去除进水中的有机物，该池出水几乎不含 NO_3^--N。回流污泥中 NO_3^--N 的引入，尤其是大量引入将减少了聚磷菌释放所获得的溶解性有机物的量，不能使该池形成较好的兼性厌氧条件，不仅不利于聚磷菌的放磷反应，而且也不利于大分子的厌氧发酵为易于利用的小分子有机物，对磷的释放不利，同时进入缺氧反应器的外碳源量减少，反硝化潜力降低[26]。

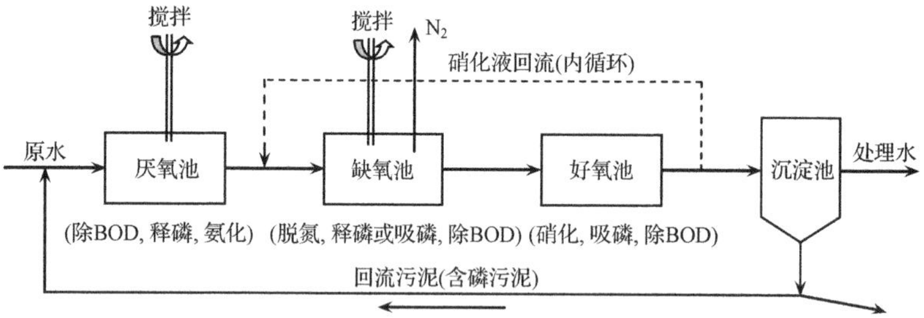

图 1-6　A^2/O 工艺流程及各部分功能

废水经过厌氧池进入缺氧池，缺氧池的首要功能是反硝化脱氮，硝态氮通过内循环回流由好氧池送来，循环的混合液量较大，一般为 2～3Q(Q 为原废水流量)。混合液进入缺氧段后，反硝化菌利用污水中的有机物将回流混合液中的硝态氮还原为氮气释放到空气中，有效地完成反硝化反应，因此有机物浓度和硝态氮浓度都大幅降低。其次在该段可能发生磷的释放或吸收反应,或二者同时存在。

混合液从缺氧池进入好氧池,曝气池这一反应单元是多功能的,去除BOD、硝化和吸收磷等项反应都在本反应器内进行。混合液中有机物浓度已经很低,聚磷菌主要是靠分解体内储存的PHB来获得能量供自身生长繁殖,同时超量吸收水中的溶解性正磷酸盐以聚磷酸盐的形式储存在体内,经过沉淀,将含磷高的污泥从水中分离出来,达到除磷的效果。有机物被微生物生化降解,继续下降;有机氨被氨化继而被硝化,NH_4^+-N浓度显著下降。随着硝化过程的进行,NO_3^--N浓度增加,消耗碱度。

1.3.3 A^2/O工艺的特点及影响因素

1. A^2/O工艺的特点

(1) 该工艺将厌氧段放在工艺的第一级,充分发挥了厌氧菌群承受高浓度、高有机负荷能力的优势,处理效果好,产生的污泥较一般的生物法少;

(2) 该工艺将脱氮除磷统一在一个系统中,即简化了污水处理的操作,又增加了处理工艺的功能。本工艺在系统上可以称为最简单的同步脱氮除磷工艺,总的水力停留时间少于其他同类工艺;

(3) 该工艺可用于处理工业废水比重较大的城市污水;

(4) 该工艺是在普通活性污泥法的基础上发展起来的,因而也较易用于生物法处理的老污水处理厂的改造;

(5) 该工艺在厌氧、缺氧、好氧交替运行条件下,丝状菌不能大量增殖,不易发生污泥膨胀,SVI值一般均小于100;

(6) 该工艺污泥中含磷浓度高,具有很高的肥效;

(7) 该工艺为污水回用和资源化开辟了新的途径,具有良好的环境效益和经济效益[24,25]。

2. A^2/O工艺的影响因素

(1) 污水中可生物降解有机物的影响

可生物降解有机物对脱氮除磷有着十分重要的影响,它对A^2/O工艺中的三种生化过程的影响是复杂的、相互制约甚至是相互矛盾的[26,27]。

在厌氧池中,聚磷菌本身是好氧菌,其运动能力很弱,增殖缓慢,只能利用低分子的有机物,是竞争能力很差的软弱细菌。但由于聚磷菌能在细胞内贮存PHB和聚磷酸基,当它处于不利的厌氧环境下,能将贮藏的聚磷酸盐中的磷通过水解而释放出来,并利用其产生的能量吸收低分子有机物而合成PHB,在利用有机物的竞争中比其他好氧菌占优势,聚磷菌成为厌氧段的优势菌群。因此,污水中可生物降解有机物对聚磷菌厌氧释磷起着关键性的作用。所以，厌氧池进水中溶解性磷与溶解性有机物的比值(SP/SBOD)应在0.06之内，且有机物的污泥负荷率应＞0.10kgBOD_5/(kgMLSS·d)。在缺氧段，异养型兼性反硝化菌成为优势菌群，反硝化菌利用污水中可降解的有机物作为电子供体，以硝酸盐作为电子受体，将回流混合液中的硝态氮还原成N_2而释放，从而达到脱氮的目的。污水中的可降解有机物浓度高，则C/N比高，反硝化速率大，缺氧段的水力停留时间HRT短，一般为0.5～1h即可。反之，则反硝化速率小，HRT需2～3h。可见污水中的C/N比值较低时，则脱氮率不高。通常只要污水中的COD/TKN＞8时，氮的去除率可达80%。

在好氧段，当有机物浓度高时污泥负荷也较大，降解有机物的异养型好氧菌超过自养型好氧硝化菌，使氨氮硝化不完全，出水中NH_4^+-N浓度急剧上升，使氮的去除效率大大降低。所以要严格控制进入好氧池污水中的有机物浓度，在满足好氧池对有机物需要的情况下，使进入好氧池的有机物浓度较低，以保证硝化细菌在好氧池中占优势生长，使硝化作用完全。对此，好氧段的污泥负荷应＜0.18kgBOD_5/(kgMLSS·d)。

由此可见，在厌氧池，要有较高的有机物浓度；在缺氧池，应有充足的有机物，而在好氧池的有机物浓度应较小。

(2) 污泥龄的影响

A^2/O工艺污泥系统的污泥龄受两方面的影响。首先是好氧池，因自养型硝化菌比异养型好氧菌的最小比增殖速度小得多，要使硝化菌存活并成为优势菌群，则污泥龄要长，经实践证明一般为20～30d为宜。但另一方面，A^2/O工艺中磷的去除主要是通过排出含高磷剩余污泥，剩余污泥排放量太少，达不到较高的除磷效率。同时过高的污泥龄会造成磷从污泥中重新释放，更降低了除磷效果。所以要权衡上述两方面的影响，A^2/O工艺的污泥龄一般宜为10～15d。

(3) DO的影响

1) 对好氧段的影响：DO升高，硝化速度增大，但当DO＞2mg/L后其硝化速度增长趋势减缓。同时，好氧池过高的溶解氧会随污泥回流和混合液回流分别带至厌氧段和缺氧段，影响厌氧段聚磷菌的释放和缺氧段的NO_X^--N的反硝化，对脱氮除磷均不利。相反，好氧池的DO浓度太低也限制了硝化菌的生长率，其对DO的忍受极限为0.5～0.7mg/L，否则将导致硝化菌从污泥系统中淘汰，严重影响脱氮效果。所以根据实践经验，好氧池的DO为2mg/L左右为宜，太高太低都不利。

2) 对缺氧池的影响：由于溶解氧与硝酸盐竞争电子供体，同时还抑制硝酸盐还原酶的合成和活性，影响反硝化脱氮。为此，缺氧段DO＜0.5mg/L。

3) 对厌氧池的影响：在严格的厌氧环境下，聚磷菌才能从体内大量释放出磷而处于饥饿状态，为好氧段大量吸磷创造了前提，从而才能有效地从污水中去除磷。但由于回流污泥将溶解氧和 NO_X^--N 带入厌氧段，很难保持严格的厌氧状态，所以一般要求 DO<0.2mg/L，这对除磷影响不大。

(4) 混合液回流比 R 的影响

从好氧池流出的混合液，很大一部分要回流到缺氧段进行反硝化脱氮。混合液回流比的大小直接影响反硝化脱氮效果，回流比 R 大、脱氮率提高，但回流比 R 太大时，则混合液回流的动力消耗太大，造成运行费用大大提高。根据 A^2/O 工艺系统的脱氮率 η 与混合液回流比 R_N 的关系式 $\eta=R/(1+R)(\%)$ 可以得到二者之间相互关系，如表 1-5 所示。

表 1-5　R 与 η 的关系

混合液回流比 R/%	100	200	300	400	500	600	700	800	900	1000
脱氮率 η/%	50	67	75	80	83.3	85	87.5	90.0	90.9	90.9

(5) 污泥回流比 r

回流污泥是从二沉池池底回流到厌氧池，靠回流污泥维持各段污泥浓度，使之进行生化反应。如果污泥回流比 r 太小，则影响各段的生化反应速率，反之回流比 r 太高，A^2/O 工艺系统中硝化作用良好，反硝化效果不佳，导致回流污泥将大量 NO_X^--N 带入厌氧池，引起反硝化菌和聚磷菌产生竞争，因聚磷菌为软弱菌群，所以反硝化速度大于磷的释放速度，反硝化菌抢先消耗掉快速生物降解的有机物进行反硝化，当反硝化脱氮完全后聚磷菌才开始进行磷的释放，这样虽有利于脱氮但不利于除磷。据报道，厌氧段 NO_X^--N<2mg/L，对生物除磷没有影响，当 COD/TKN>10，则 NO_X^--N 浓度对生物除磷也没有多大影响。

相反，如果 A^2/O 工艺系统运行中反硝化脱氮良好，而硝化效果不佳，此时虽然回流污泥中硝态氮含量减少，对厌氧除磷有利，但因硝化不完全造成脱氮效果不佳。权衡上述污泥回流比的大小对 A^2/O 工艺的影响，一般采用污泥回流比 r=(60～100)%为宜，最低也应在 40%以上。

(6) TKN/MLSS 负荷率的影响

好氧段的硝化反应，过高的 NH_4^+-N 浓度对硝化菌会产生抑制作用，实验表明 TKN/MLSS 负荷率应<0.05kgTKN/(kgMLSS · d)，否则会影响氨氮的硝化。

(7) 水力停留时间 HRT 的影响

根据实验和运行经验表明，A^2/O 工艺总的水力停留时间 HRT 一般为 6～8h，而三段 HRT 的比例为厌氧段：缺氧段：好氧段=1：1：(3～4)。

(8) 温度的影响

好氧段，硝化反应在 5～35℃时，其反应速率随温度升高而加快，适宜的温度范围为 30～35℃。当低于 5℃时，硝化菌的生命活动几乎停止。有人提出硝化细菌比增长速率 μ 与温度的关系为：

$$\mu = \mu_0 \theta^{(t-20)}$$

式中，μ_0 为 20℃时最大比增长速率；θ 温度系数，对亚硝酸菌 θ 为 1.12、对硝酸菌为 1.07。

缺氧段的反硝化反应可在 5～27℃进行，反硝化速率随温度升高而加快，适宜的温度范围为 15～25℃。厌氧段，温度对厌氧释磷的影响不太明显，在 5～30℃除磷效果均很好。

(9) pH 的影响

在厌氧段，聚磷菌厌氧释磷的适宜 pH 是 6～8；在缺氧反硝化段，对反硝化菌脱氮适宜的 pH 为 6.5～7.5；在好氧硝化段，对硝化菌适宜的 pH 为 7.5～8.5。

1.3.4　A^2/O 工艺在国内外的应用现状

1. A^2/O 工艺在国外的应用现状

A^2/O 是在 A/O 工艺的基础上增设 1 个缺氧区，并使好氧区中的混合液回流至缺氧区使之反硝化脱氮。1978 年美国进行了 A^2/O 系统的生产性试验。20 世纪 70 年代末用于生产，规模为 6 万 m^3/d。日本为解决霞开浦湖等地区的富营养化，70 年代进行脱氮的变型活性污泥法研究，并进行了生产性试验。80 年代改造了几个较大规模的污水处理厂，将活性污泥系统改造成 A^2/O 系统达到除磷脱氮的目的。前西德 70 年代后期也开展了 A^2/O 系统的研究，并进行了生产性改造。

根据 A^2/O 工艺的原理，美国建造了许多污水处理厂。以美国密歇根州 Pontiac 废水处理厂为例，该厂原有的活性污泥系统共有 4 组推流式曝气池，采用鼓风曝气，进水含生活污水和汽车制造厂的工业废水。由于处理后的出水排放到易发生富营养化的密歇根湖，出水中磷的浓度控制放在首位，最初采用化学沉淀法除磷。20 世纪 80 年代初，该厂氮的排放也受到控制，因此该厂决定采用 A^2/O 工艺进行除磷脱氮。考虑到 A^2/O 工艺原先仅应用于气候温暖的地区，他们将其中的 2 组池子改成 A^2/O 工艺，与常规活性污泥处理系统进行比较。按工艺要求将原有的曝气池分成几格，在厌氧区和缺氧区的侧面池壁安装水下搅拌器，提供混合。一年的试验结果表明，A^2/O 工艺在寒冷气候条件下进行生物除磷是可行的。

2. A^2/O 工艺在国内的应用现状

在我国，由于水资源短缺及水污染问题日趋严重，尤其是众多内陆湖泊的富营养化已到了造成严重危害的程度，因此，污水的除磷脱氮工艺及实际应用也显得尤为重要。

我国于 20 世纪 80 年代初开始进行污水脱氮、除磷工艺的研究，污水脱氮除磷技术列入国家及省市重大科技攻关项目。一方面为防治水环境污染，另一方面为北方缺水地区探索污水处理与回用的新流程，使污水处理出水达到回用水的标准。目前，对污水生物脱氮除磷的机理、影响因素及工艺等的研究已是一个热点，研究获得了满意效果，近年来，A^2/O 工艺相继用于处理城市生活污水、石油化工废水、食品加工废水等方面，具有典型意义的见表 1-6。这些污水治理项目已经在水体污染、改善水体环境等方面发挥了突出的作用，推动了我国城市污水处理技术的发展，为同行业积累和提供了大量的建设管理经验[22]。

表 1-6　A^2/O 工艺在国内部分应用实例

编号	厂名	规模/(万 m^3/d)	编号	厂名	规模/(万 m^3/d)
1	广州市大坦沙污水处理厂	15.0	18	广州西朗污水处理厂	20.0
2	桂林市东区污水处理厂	4.0	19	广州沥滘污水处理厂	20.0
3	淀山湖风景区水厂	0.12	20	青岛团岛污水处理厂	10.0
4	昆明市第一污水处理厂	5.5	21	常州北城污水处理厂	15.0
5	邯郸市东污水处理厂	6.6	22	无锡市芦村污水处理厂	30.0
6	山东泰安市污水处理厂	5.0	23	深圳市罗芳污水处理厂	10.0
7	大连市春柳河污水处理厂	6.0	24	中山市污水处理厂	10.0
8	大连市经济开发区污水处理厂	6.0	25	厦门市杏林污水处理厂	3.0
9	太原市北郊水厂	1.5	26	青岛李村河污水处理厂	17.0
10	上海金山石化污水处理厂	13.88	27	北京清河污水处理厂	40.0
11	福州市祥杭污水处理厂	6.0	28	天津纪庄子污水处理扩建	28.0
12	昆明市第二污水处理厂	10.0	29	成都第三污水处理厂	10.0
13	长沙市第二污水处理厂	14.0	30	北京小红门污水处理厂	60.0
14	萧山市污水处理厂	8.0	31	杭州七格污水处理厂	40.0
15	西安邓家村污水处理厂	16	32	重庆鸡冠石污水处理厂	60.0
16	保定市污水处理总厂	8	33	洛阳涧西污水处理厂	20.0
17	珠海市香洲污水处理厂	3.0	34	深圳市南山污水处理厂	73.6

1.4　A^2/O 工艺存在的问题及其对策

随着水体“富营养化”问题的日渐突出，污水排放标准不断严格，污水处理技术已从单一去除有机物为目的的阶段进入既要去除有机物又要脱氮除磷的深度处理阶段，以控制富营养化为目的的脱氮除磷已成为当今污水处理领域的研究热点之一。A^2/O 工艺虽然是目前我国城市污水处理厂中应用最广泛的同步生物脱氮除磷工艺。然而氮磷的去除比较复杂，涉及硝化、反硝化以及释磷和吸磷等多个生化反应过程。上述每一个过程的目的不同，对微生物的组成、基质类型及环境条件的要求也各不相同[28]。因此要在一个系统中同时完成脱氮和除磷过程，不可避免地产生了各过程间的矛盾关系，如碳源、泥龄、硝酸盐、硝化和反硝化容量、释磷和吸磷的容量等问题[29]，这些问题使得传统的A^2/O工艺在实际应用中达到一级排放标准存在一定的难度和局限[30]。

1.4.1 传统A^2/O工艺存在的主要问题

A^2/O系统内部的微生物群体受营养条件与环境条件影响而不断变化，因此其群体种类及种群规模总是处于不断变化的动态平衡之中，不同细菌群体会互相竞争食料和生存空间，从而形成不同的优势菌群，而不同的优势菌群会导致工艺处理功能的差异。在传统A^2/O工艺中，由于多种功能细菌群体共存于同一个污泥系统，各种细菌所要求的最适宜的条件各不相同，因此系统不能同时满足不同细菌的最佳需求，必然会造成功能菌群之间的竞争，并最终达到对立统一，以满足系统的脱氮除磷要求。这种功能菌群对环境、营养物质和生存空间的竞争就构成了A^2/O系统固有的不足。

1. 污泥龄

反硝化细菌和聚磷细菌均为短污泥龄微生物，污泥龄越短则反硝化速率越快，而除磷的效果也越好[31]。反之，污泥龄过长会使得排泥量降低，除磷率下降，并且会造成上述菌种的老化，影响其活性；而硝化细菌繁殖速度慢，世代周期较长，长污泥龄有利于提高硝化效果，过短的污泥龄会使系统中硝化细菌不能在系统中称为优势菌群，从而影响系统的硝化。因此在单污泥系统中，硝化细菌和聚磷细菌、反硝化细菌之间存在着污泥龄的矛盾。实际生产中，A^2/O系统常采用10～15 d的长污泥龄以满足硝化功能，因此也就造成系统在一定程度上牺牲了部分有机物降解和除磷效率。

2. 碳源

废水脱氮除磷过程中反硝化细菌和聚磷细菌之间的矛盾主要是由碳源的竞争引起的。厌氧条件下，聚磷细菌可以利用挥发性脂肪酸（VFA）合成体内PHB，同时完成释磷的过程。进水中VFA含量越高，释磷速度越快，除磷效果也越好，因此，厌氧条件下磷释放的程度和合成的PHB量是随后好氧条件下过量摄磷的必要条件和决定性因素[32]。但是在A^2/O工艺中聚磷细菌与反硝化细菌是混合生长的，并且反硝化细菌可先于聚磷细菌吸收和利用VFA进行反硝化脱氮，在废水中VFA含量过低时，必然会影响聚磷细菌对PHB的合成，并导致聚磷菌释磷程度降低，最终影响聚磷细菌在好氧条件下的聚磷作用。

因此,在城市污水生物脱氮除磷系统中,反硝化和聚磷速率与废水中 VFA 含量的关系最大[33],系统中反硝化与聚磷细菌对有机碳源中 VFA 的竞争矛盾也显得尤为突出。一方面,碳源的不足会给系统的稳定运行造成较大困难,另一方面,过量碳源对系统脱氮效果会产生负面作用,因为好氧硝化段有机质浓度不宜过高,否则过高的有机物浓度会促使异养细菌快速生长,从而抑制硝化细菌,降低系统硝化功能。

由此可见,脱氮除磷工艺中聚磷细菌和反硝化细菌之间存在着因争夺易生化降解的低分子有机物碳源的矛盾,而硝化过程又排斥过量的碳源,所以脱氮除磷工艺中易形成碳源需求不平衡的矛盾关系。

3. 硝酸盐

由于反硝化速度快于释磷速度,因此厌氧条件下存在硝酸盐时,反硝化会抢先消耗易降解 COD,如 VFA 等,造成聚磷细菌难以获得充足的有机物,使释磷作用受到抑制,处于非常缓慢的释放状态[34],从而也影响了后续好氧条件下的摄磷过程。而在生物脱氮除磷工艺中,硝酸盐的存在是系统硝化脱氮的先决条件,因此为提高系统脱氮能力,废水中含氮有机物必须充分硝化,这样就不可避免地使得部分硝酸盐随好氧段回流的污泥进入厌氧池,严重地影响了聚磷细菌的释磷效率。研究表明,当厌氧区内硝态氮浓度在 1.5mg/L 以上时,释磷会受到抑制[35]。

硝酸盐的问题归根结底是碳源的竞争问题,解决此问题仍属于碳源分配的问题。解决的方法有两种:一是在实际工程中应严格控制从缺氧区向厌氧区回流的污泥中硝酸盐的含量。要做到这一点就要求回流污泥必须充分反硝化。二是采用厌氧区和缺氧去按比例分区仅原污水的方法来调节碳源的分配,使碳源达到合理的分配。为达到此目的需要对工艺做进一步改进,比如改良型 UCT 工艺就比较好地解决了回流污泥中硝酸盐的问题。

4. 系统的硝化和反硝化容量问题

硝化和反硝化是生物脱氮除磷系统密不可分的两个过程。硝化不充分,出水氨氮必然升高,反硝化能力也发挥不出来;反硝化不充分出水硝酸盐就会上升。配置恰当的硝化和反硝化容量,充分发挥它们的潜力,是脱氮除磷工艺设计和运行的一个重要问题。系统的硝化和反硝化能力首先是决定于各自相应区域的水力停留时间(或有效容积)。对于城市污水来说,一般夏季的反硝化和硝化分别需要 1~2h 和 3~4h,考虑冬季低温的影响常确定反硝化时间为 2~3h,硝化时间为 5~6h(结合 BOD 的去除考虑)。决定硝化和反硝化能力的第二个因素是工艺布置形式。例如和常规 A^2/O 工艺相比,缺氧区前置的倒置 A^2/O 工艺可明显提高系统反硝化能力,减少反硝化区容积。而有些工程在好氧区适当投放填料则会提高系统的硝化能力。通过改变运行参数也可以对系统的硝化和反硝化能力进行调整。延长泥龄，加强曝气和搅拌，有利于提高好氧区的硝化能力；适当缩短泥龄，降低溶解氧水平，则有利于提高系统的反硝化能力。

5. 释磷与吸磷的容量问题

释磷和吸磷是相互关联的两个过程。一般认为，聚磷菌只有经过充分的厌氧环境并释磷才能更好地吸磷，也只有吸磷良好的聚磷菌才会在厌氧条件下大量释磷。对于运行良好的城市污水生物脱氮除磷系统来说，一般夏季的释磷和吸磷时间分别需要 1.5～2.5h 和 2～3h，冬季低温环境下两者所需的时间均应适当延长。在 A^2/O 工艺中，吸磷和硝化是同步进行的，而硝化时间较长，故吸磷容量通常不成问题。从系统的角度看，微生物的厌氧释磷过程更为关键。但是，释磷并不是处理系统的最终目的，当把释磷和吸磷过程以及最终的除磷效果联系起来进行考察时就会发现，单纯按照上述设定时间来确定厌氧区的 HRT 是不充分的。脱氮除磷工艺厌氧区的 HRT 还应进一步延长，建议夏季采用 2～3h，冬季采用 3～4h。

综上所述，A^2/O 工艺将厌氧、缺氧和好氧三种不同的环境条件交替运行和不同种类微生物菌群如聚磷菌(PAO)、反硝化菌、硝化菌共存于同一活性污泥系统中，由于好氧段中要实现硝化作用，必然维持较高的硝化菌数量，需要在较长泥龄下运行，而聚磷菌属短世代微生物，生物除磷是通过排泥实现，这就要求采用短泥龄来增加剩余污泥排放量，泥龄的选择必须控制在较窄的范围内，以兼顾除磷与脱氮的要求[36]。另外，一方面，反硝化反应是脱氮的重要过程，该反应顺利进行的前提就是充足的碳源以提供足够的电子供体，相比之下，磷的去除必须由碳源提供足够的能量完成 PHB 的合成和糖原的降解过程，在 A^2/O 系统中，混合液首先进入厌氧段，然后进入缺氧段，PAO 释磷几乎消耗进水中约 70%的易生物降解有机物，而到缺氧段，仅剩约 10%的慢速生物降解有机物用于反硝化反应，导致反硝化潜力不能充分发挥，脱氮效果差，产生了内部基质竞争[37]；另一方面，传统生物除磷机制认为：在厌氧环境下，聚磷菌只能利用污水中易生物降解物质，其他都要经过水解、发酵后转化为乙酸等 VFA 后才能被聚磷菌利用，当好氧段回流来的混合液中硝酸盐与聚磷菌接触时，反硝化菌先于聚磷菌利用这类有机物进行脱氮，导致 PAO 释磷程度降低，随后的好氧吸磷不充分，除磷效果差[38]。正是由于实现不同功能的三种菌种均不能在各自最佳的条件下生长，不同的微生物均参与到系统的循环中，因此在系统内要达到所有微生物的最佳生长条件是不可能的，这种相互制约作用，导致该工艺的脱氮除磷效率不可能很高[39]。

除内在的矛盾之外，A^2/O 生物脱氮除磷工艺污水处理厂的运行费用高、管理水平低，另外城市污水水质、水量的波动性也导致了工艺难以实现稳定可靠的运行效果，加上部分污水处理厂仍由人工操作员手动设定参数来实现控制，并没有根据进水水质和处理目标的变化对系统进行相应调节，系统远非优化[40]。目前我国污水处理厂脱氮除磷普遍存在着能耗高、效率低以及运行不稳定的缺点，与发达国家相比，我国在污水处理的基本理论、工艺流程和工程设计等方面并不明显落后，但是在运行管理与过程控制方面却存在着较大的差距[41]。目前，我国城市污水处理厂的吨水耗电量是发达国家的近两倍，而运行管理人员数又是其若干倍，大部分已建的污水处理厂仍处于人工操作状态，这严重影响了城市污水处理的质量，带来了不可预料的后果。

因此，如何对现有采用 A^2/O 工艺的污水处理厂进行优化运行，更好地解决和处理 A^2/O 工艺中存在的矛盾关系和弊端，提高其脱氮除磷效果，使其经济高效运行就显得尤为重要。尤其是针对碳源严重不足的城市污水处理厂，具有更深远的意义。同时也是目前解决我国日益严重的水污染问题，解决目前和今后可持续的城市污水脱氮除磷技术的可行途径和亟待攻关的课题。

1.4.2 A^2/O 工艺的改进措施

自 20 世纪 70 年代以来被应用并逐渐成为生物脱氮除磷主流工艺且在环境保护方面发挥了巨大贡献的 A^2/O 工艺，因其构成复杂，受污泥龄、碳源、硝酸盐等因素的影响，造成脱氮与除磷的功能之间相互制约，其处理废水的效率受到一定限制，不能发挥最有效的作用，因此多年来对于传统 A^2/O 工艺的优化和改造一直是环保工作者研究和探讨的重点和热点[42−44]。

1. 工艺改造

针对传统 A^2/O 工艺存在的自身矛盾，各国学者根据在传统生物脱氮除磷理论基础上调整厌氧、缺氧、好氧等池子的大小、排列、数量增减以及混合液循环和回流方式的变化开发出一系列的同步脱氮除磷工艺，如 Bardenpho、Phoredox、A/O 除磷工艺、UCT、MUCT、JHB、VIP、DEPHANOX、BCFS、ENBNRAS、OCO、Biodenipho、A_2N、SBR、MSBR、CAST 等，其中很多工艺由 A^2/O 工艺改进而来，这些工艺克服了 A^2/O 工艺部分固有缺陷，优化和提高了其处理能力。

针对基质竞争矛盾，研究者提出了各种解决措施，丹麦科技大学针对交替式同步脱氮除磷 Biodenipho 工艺，通过投加外碳源来提高反硝化速率，提高脱氮效率，并对外碳源投加开发了各种控制策略；Comeau 运行的一系列生物除磷装置中，投加乙酸盐和丙酸盐组成的 VFA，结果表明每投加 6.4mgVFA 可增加 1mg 除磷能力；加拿大 Kelowna 的生产性 Bardenpho 装置也出现了类似的结果，但这种解决方式大幅度增加了运行成本[45]；鉴于初沉污泥中含有大量有机碳源，采用初沉污泥水解发酵将慢速降解有机碳源部分转化为快速降解有机碳源可大大提高脱氮除磷效率，同时减轻污泥处理负荷[42]，基于这一设想，有些污水处理厂设立初沉污泥发酵池，利用发酵池上清液来补充原水 VFA 含量不足，南非和加拿大已实现工程化。国内学者也在研究利用生物技术高速高效的转化这些慢速有机碳源。但由于初沉污泥水解发酵需较长停留时间，发酵池体积较大，而且有机物降解过程也不易控制在水解发酵阶段，同时聚糖菌和产甲烷菌的增殖也会消耗掉相当一部分由厌氧水解发酵菌产生的 VFA，使得这一弥补碳源不足的方法难于收到预想的效果[46]；强化反硝化除磷现象是目前解决碳源不足的研究热点，因为研究者发现一种兼性厌氧反硝化除磷菌(DPB)，该细菌可以在缺氧条件下，利用硝酸盐作为电子受体氧化胞内贮存的 PHA，并从环境中摄磷，实现同时反硝化和超量摄磷，在很大程度上缓解了聚磷菌与反硝化菌在缺氧条件下对碳源的竞争，克服污水水质特征的不足，提高脱氮除磷效果。与传统 A^2/O 工艺相比，在保证系统对营养物去除的条件下，对 COD 的需求可减少 50%左右，氧的消耗和污泥产量可分别下降 30%和 50%。DEPHANOX 工艺是为满足 DPB 所需的环境要求而开发的一种强化生物除磷工艺，也是将硝化与除磷在空间分开的一种工艺[47]。该工艺在厌氧池与缺氧池之间增加了沉淀池和固定膜反应池，固定膜反应池的设置可以避免由于氧化作用而造成有机碳源的损失和稳定系统的硝酸盐浓度。污水在厌氧池中释磷，在沉淀池中进行泥水分离，含氨较多的上清夜进入固定膜反应池进行硝化，污泥则跨越固定膜反应池进入缺氧池，完成反硝化和摄磷，尤其适用于处理 COD/TKN 较低的污水。由于进水中氮和磷的比例很难恰好满足缺氧摄磷的要求，给系统的控制带来了难题，而且这种从生物学研究方面改进脱氮除磷效果的研究尚处于初期阶段，对生物特性的认识尚不太清楚。从工艺改革方面，JHB 和下面提到的 A+A^2/O 工艺是在 A^2/O 工艺厌氧区污泥回流线路中增加一个缺氧区，以减少回流污泥中硝酸盐对厌氧条件的影响，但增加的缺氧区只能以内源代谢物作为反硝化碳源，反硝化速率很慢[48]。南非开普敦大学开发的 UCT 工艺，将污泥回流至缺氧区，并增加了从缺氧段至厌氧段的缺氧混合液回流，使污泥经缺氧反硝化后再回流至厌氧区，减少了回流污泥中的硝酸盐含量，同时在研究中发现系统中存在反硝化除磷现象。但是当进水 TKN/COD 较高时，缺氧区难以实现完全脱氮，仍有部分硝酸盐进入厌氧区，因此又提出了改进 UCT 工艺，将缺氧段分为两大部分：前一个接受二沉池回流污泥，后一个接受好氧区硝化混合液，进一步减少硝酸盐进入厌氧区的可能。UCT 工艺的另一种改进型为 VIP 工艺，其厌氧、缺氧和好氧三个反应器都是由多个完全混合反应器串联组成，分格方式形成了有机物浓度梯度分布，提高了厌氧释磷和好氧摄磷的速度，但是增加了一个循环系统，增加运行能耗。目前系统中对泥龄的矛盾通常采用将活性污泥法与生物膜相结合，培养短泥龄的悬浮态活性污泥菌群和长泥龄的生物膜附着菌群，以便将泥龄控制在较窄的范围内，兼顾除磷和脱氮的需要[49-51]；另外通过改进工艺将除磷和脱氮在空间或时间上分开以解决硝化菌和聚磷菌在泥龄上的矛盾[52]。目前这些工艺大多处于研究和开发阶段，尤其是各种工艺的运行特征和控制策略的开发以及系统运行的稳定性、可靠性尚待进一步探索。

我国从工艺改革方面开展了多方面的试验研究及大规模生产应用，如昆明第二污水处理厂和汕头东区污水处理厂采用的多点回流的传统 A^2/O 工艺，该工艺将小部分污泥回流到厌氧池，大部分则回流到缺氧池，从而减轻硝酸盐对释磷的影响。由于大部分污泥没有经过厌氧阶段就直接进入缺氧和好氧环境，反而对除磷不利；同济大学对 A^2/O 工艺进行改良，开发了取消混合液回流的 A^2/O 工艺、倒置型 A^2/O 工艺，两种改进措施都是通过加大污泥回流比，缺氧段位于工艺之首，反硝化可优先获得碳源，反硝化充分，同时消除了硝酸盐对除磷的不利影响，并且所有回流污泥均经历严格的厌氧－好氧环境，除磷效果好。目前采用传统 A^2/O 工艺的常州市城北污水处理厂二期工程以取消内回流的形式运行一年，出水可达到现行的《污水综合排放标准》(GB8978-1996)。上述改进工艺是针对我国只要求硝化除磷而不要求脱氮提出的，对于排放水体等级低的污水处理厂易于采用，但其加大污泥回流比的经济性还值得进一步考虑、比较；中国市政工程华北设计研究院在山东泰安污水处理厂设计中采用的 $A+A^2/O$ 工艺，其基本结构同 JHB 工艺，目的都是消除硝酸盐对厌氧释磷的影响。该工艺简便易行，目前采用较多[42]。但是，这些工艺的推广应用还处于进一步考虑、比较阶段，不同的污水水质特征、出水水质要求、场地限制和经济性的权衡都限制了这些工艺的大范围推广应用。

2. 基于微生物学发展的生物脱氮除磷新技术

现有的生物脱氮除磷组合工艺主要是建立在传统生物脱氮除磷理论基础上进行构架组合的。其主要缺点是：较大差别的微生物在同一系统中相互影响，制约了工艺的高效性和稳定性；较多的工艺流程中包含多重污泥和混合液回流，增加了系统的复杂性，提高了基建和运行费用；脱氮除磷过程中对能源（如氧，COD）消耗较多；剩余污泥富含磷，处理量大，这些都不符合环境的可持续发展的要求。随着近代生物学的发展以及人们对生物技术的掌握，同时硝化反硝化脱氮技术、反硝化除磷技术、短程硝化反硝化脱氮技术、厌氧氨氧化技术的发现和研究，使脱氮除磷技术由以单纯工艺改革向着以生物学特征研究、促进工艺改革的方向发展，以达到高效低耗[53]。从根本上提高污水脱氮除磷效率就是开发污水生物脱氮除磷新理论和新技术，有效解决传统脱氮除磷工艺中存在的矛盾。如上述脱氮除磷新理论和新技术能在 A^2/O 工艺中实现，那么必将提高该系统氮磷去除效果，同时大大降低系统运行费用。

3. 提高系统运行管理水平、研发高效的过程控制策略

与发达国家相比，我国在污水处理的基本理论、工艺流程和工程设计等方面并

不明显落后，但是在运行管理与过程控制方面却存在着较大的差距。目前，我国城市污水处理厂的吨水耗电量是发达国家的近两倍，而运行管理人员数又是其若干倍，大部分已建的污水处理厂仍处于人工操作状态，这严重影响了城市污水处理的质量，带来了不可预料的后果[1]。

由于A^2/O工艺生物脱氮除磷工艺较之传统活性污泥法远为复杂，用传统经验方法来运行脱氮除磷的污水处理厂已越来越不能满足工艺过程的要求。而连续地测定曝气池中的溶解氧浓度、氨氮浓度、硝酸盐浓度、磷酸盐浓度并据此调节供氧强度和内回流流量以及硝化区和反硝化区的大小等控制变量从而对整个工艺过程进行控制已成为保证A^2/O工艺良好处理效果、降低运行费用的重要手段。

对系统进行过程控制具有以下主要优点：①可以提高污水处理厂的性能、可靠性、灵活性和运行效率；②可降低污水处理厂改造或扩建所需的基建费用，在现有污水处理厂反应器容积下，通过优化控制可以增大污水处理厂的处理负荷；③可降低污水处理厂的运行费用；④可提高和促进污水处理厂运行管理人员的水平。

参考文献

[1] 马勇，彭永臻. 城市污水处理系统运行及过程控制. 科学出版社，2007：1-10

[2] 房晨月. 我国水资源开发利用现状与对策. 2007，7：102-105

[3] 庞鹏沙，董仁杰. 浅议中国水资源现状与对策. 水利科技与经济，2004，10(5)：267-268

[4] 全国环境统计公报（2005年）. http://www.sepa.gov.cn/plan/hjtj/qghjtjgh/200606/t20060612_77318.htm

[5] 国家环境保护总局. 2006年中国环境状况公报. 2007年6月

[6] 国家发展改革委会、建设部、国家环保总局. "十一五"全国城镇污水处理及再生利用设施建设规划. 2006年4月

[7] 陈红书. 浅析我国水资源与水污染治理现状. 云南环境科学，2003，22(3)增刊：66-69

[8] 史丹. 我国湖泊富营养化问题及防治对策. 资源开发与市场. 2005，21(1)：17-19

[9] 中国科学院可持续发展战略研究组. 2007中国可持续发展战略报告. 北京：科学出版社. 2007

[10] 袁志彬. 中国水污染的形势和出路.《科学决策》，2007，9：28-29

[11] 中国环保网. 建设部关于全国城市污水处理情况的通报. http://www.chinaenvironment.com，2005-9-7

[12] 卜秋平，陆少鸣，曾科. 城市污水处理厂的建设与管理. 北京：化学工业出版社，2002

[13] 陈卫，张金松. 城市水系统运营与管理. 北京：中国建筑工业出版社，2006

[14] 田文龙 刘瑶环. 我国污水处理事业的现状和发展趋势. 中国科技信息，2006，3：110-111

[15] 马经安，李红清. 浅谈国内外江河湖库水体富营养化状况. 长江流域资源与环境，2002，11(6)：575-578

[16] 苏玲. 水体富营养化. 世界环境. 1994，42 (1)：23-26

[17] 蒋火华，吴贞丽，梁德华. 世界典型湖泊水质探研. 世界环境，2000，(4)：35-37

[18] 金相灿,刘树坤,章宗涉. 中国湖泊环境(第一册). 北京:海洋出版社,1995
[19] 国家环保总局科技标准司. 中国湖泊富营养化及其防治研究. 北京:中国环境科学出版社,2001
[20] 郑兴灿,李亚新. 污水除磷脱氮技术. 北京:中国建筑工业出版社,1998
[21] 任南琪,马放. 水污染控制微生物学. 哈尔滨:哈尔滨工业大学出版社,2002
[22] 王秀蘅,李楠,任南琪等. 中国城市污水处理厂脱氮除磷工艺的应用与运行现状. 中国城镇水网,www. china citywater. org/xsdt/xslw/shjaq/download/6. doc
[23] 马世豪,何星海.《城镇污水处理厂污染物排放标准》浅释. 给水排水, 2003,29(9): 89-94
[24] 李圭白, 张杰, 彭永臻, 崔福义等. 水质工程学. 北京:中国建筑工业出版社, 2005
[25] 王晓莲. A^2/O 工艺运行优化及其过程控制的基础研究:[博士论文]. 北京:北京工业大学工学,2007
[26] 郝红元, 郝红英, 王伟. A^2/O 工艺影响因素的研究. 给水排水, 2003, 29(4):12-14
[27] 娄金生,谢水波. 提高 A^2/O 工艺总体处理效果的措施. 中国给水排水,1998,14(3):27-30
[28] 华光辉, 张波. 城市污水生物除磷脱氮工艺中的矛盾关系及对策. 给水排水, 2000, 26(12):1-4
[29] 郝晓地, 刘壮, 刘国军. 欧洲城市污水处理技术新概念——可持续生物除磷脱氮工艺(上). 给水排水, 2002,28(6):6-11
[30] 张杰, 臧景红,杨宏,刘俊良. A^2/O 工艺的固有缺欠和对策研究. 给水排水, 2003, 29(3): 22-26
[31] 毕学军,赵桂芹,毕海峰. 污水生物除磷原理及其生化反应机制研究进展. 青岛理工大学学报, 2006,27(2):9-13
[32] Carucci A, Kuhni M, Brun R, et al. Microbial competition for the organic substrates and its impact on EBPR system under conditions of changing carbon feed. Wat. Sci. Tech, 1997, 36 (12):19-27
[33] Gerber A, Villiers R H, et al. Interactions between phosphate, nitrate and organic substrate in biological nutrient removal processes. Wat. Sci. Tech, 1987, 19:183-194.
[34] Kuba T, Van Loosdrecht MCM, Heijnen, J J. Phosphorus and nitrogen removal with minimal COD requirement by integration of denitrifying dephosphatation and nitrification in a two-sludge system. Wat. Res, 1996, 30(7): 1702-1710
[35] 李捷, 熊必永, 张树德. 亚硝酸盐对聚磷菌吸磷效果影响. 环境科学, 2006, 27(4):701-703
[36] Rensink J H, Donker G W, Simons S J. Phosphorus removal at low sludge loadings. Wat. Sci. Tech, 1985,17 (11/12):177-186
[37] Warangkana Punrattanasin. Investigation of the effects of COD/TP ratio on the performance of a biological nutrient removal system. Master, Dissertation. Virginia Polytechnic Institute and State University, Virginia, USA, 1997
[38] Carucici A, Kuhni M, Brun R, et al. Microbial competition for the organic substrates and its impact on EBPR system under conditions of changing carbon feed. Water Science & Technology. 1996, 35(12): 19-27

[39] 王英，陈泽军. 生物脱氮除磷工艺的研究进展. 环境污染与防治，2002,24 (3)：180-183
[40] Manesis S A，Sapidis D J，King R E. Intelligent control of wastewater treatment plants. Artificial Intelligence in Engineering. 1998，12(3)：275-281
[41] 高大文，彭永臻，王淑莹，高景峰. 污水处理智能控制的研究、应用与发展. 中国给水排水，2002,18(6):35-39
[42] 万年红. A^2/O 工艺的改良与设计应用. 中国给水排水，2003，19(8)：81-83
[43] 李勇，吕炳南，黄勇. 改进 A^2/O 法的设想. 中国给水排水，2001,17(8):31-33
[44] 高岩，戴兴春，黄民生. A^2/O 工艺的改进. 上海化工，2007，32(7):1-5
[45] Isaacs S H，Henze M. Controlled carbon source addition to alternating nitrification-denitrification wastewater treatment process including biological P removal. Water Research，1995，29(1):77-89
[46] Gerakd M. Stevens，James L. Barnard，Barry Rabinowitz. Optimiazing biological nutrient removal in anoxic zones. Water Science & Technology，1999，39(6):113-118
[47] Bortone G，Saltarelli R，Alonso V，et al. Biological anoxic phosphorus removal-the DEPH-ANOX process. Water Science & Technology，1996，34(1):119-128
[48] 刘章富，熊杨，候铁. 同步生物除磷脱氮的几种实用新工艺. 中国给水排水，18(9):65-68
[49] Chuang S H. effects of SRT and DO on nutrient removal in a combined AS-Biofilm process. Water Science & Technology，1997，36(12):19-27
[50] Nam H U，Lee J H，Kimm C W，et al. Enhanced biological nutrient removal using the combined fixed—film reactor with bypass flow，Water Research，2000，34(5):1570-1576
[51] Koji Mishima，Takahiko Nishimura，Masahide Goi，et al. Charateristic of nitrification and denitrification of the media-anaerobic-anoxic-oxic process，Water Science & Technology，1996，34(1-2):137-143
[52] Zhi-rong Hu，Sotemann S，Moodley R，et al. Experimental investigation of the internal nitrification biological nutrient removal activated sludge(ENBNRS) system，Biotechnology and bioengineering，2003，83(3):260-273
[53] 叶建锋. 废水生物脱氮处理新技术. 北京：化学工业出版社，2006

第 2 章　生物脱氮除磷的新理论与新技术

传统 A^2/O 生物脱氮除磷工艺是基于传统生物脱氮除磷理论基础上进行构架组合的。随着近代生物学的发展以及人们对生物技术的掌握，使脱氮除磷技术由以单纯工艺改革向着以生物学特征研究、促进工艺改革的方向发展。因此，研究和开发高效、经济的基于生物脱氮除磷新理论与新技术的工艺成为当前城市污水处理技术研究的热点。

2.1　传统生物脱氮理论

污水生物处理中氮的转化包括同化、氨化、硝化和反硝化作用。但是从化合态氮到气态氮进而从根本上去除氮污染物质的转化过程主要通过硝化和反硝化过程起作用。硝化作用是指在好氧条件，将氨氮氧化为亚硝酸盐氮和硝酸盐氮的生化反应；反硝化作用是指在缺氧条件下，将亚硝酸盐氮和硝酸盐氮还原成气态氮（N_2）或 N_2O、NO 的作用。废水生物脱氮是在硝化和反硝化菌参与的反应过程中，将氨氮最终转化为氮气而将其从废水中去除的。硝化和反硝化反应过程中所参与的微生物种类不同、转化的基质不同、所需要的反应条件也各不相同[1-3]。

2.1.1　硝化反应

1. 硝化过程的生化反应

硝化作用实际上是由种类非常有限的自养微生物完成的，该过程分两步：氨氮首先由亚硝化单胞菌（*Nitrosomonas*）氧化为亚硝酸盐氮，继而亚硝酸氮再由硝化杆菌（*Nitrobacter*）氧化为硝酸盐氮。然而从生物化学角度看，硝化过程并非仅仅上述的两个过程，它涉及多种酶和多种中间产物，并伴随着复杂的电子（能量）传递，具体生物硝化反应过程如图 2-1 和图 2-2 所示[3]。在整个氨氮的转化过程中，氨的羟化相对比较困难，但它一旦转化为羟氨就很容易被进一步氧化。

亚硝酸菌将氨氮氧化为亚硝酸盐的反应和硝酸菌将亚硝酸盐氧化为硝酸盐的反应可用式(2-1)和式(2-2)表示：

$$2NH_4^+ + 3O_2 \rightarrow 2NO_2^- + 2H_2O + 4H^+ \tag{2-1}$$

$$\Delta G^0(W) = -270kJ/(molNH_4^+\text{-}N)$$

$$NO_2^- + 0.5O_2 \rightarrow NO_3^- \tag{2-2}$$

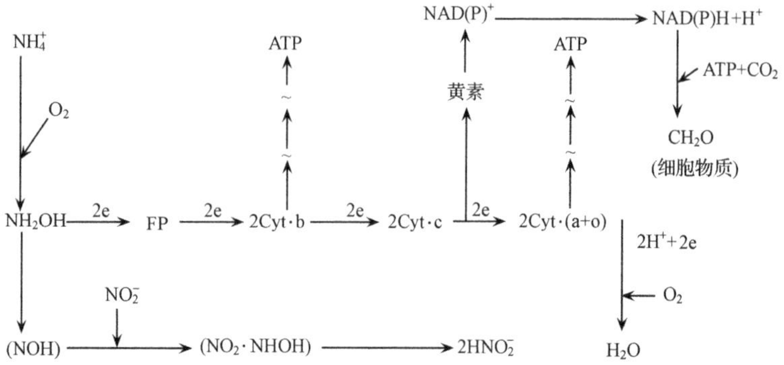

图 2-1　亚硝化过程

FP—黄素蛋白；Cyt—细胞色素；NAD+—烟酰胺腺嘌呤二核苷酸；～—高能中间体

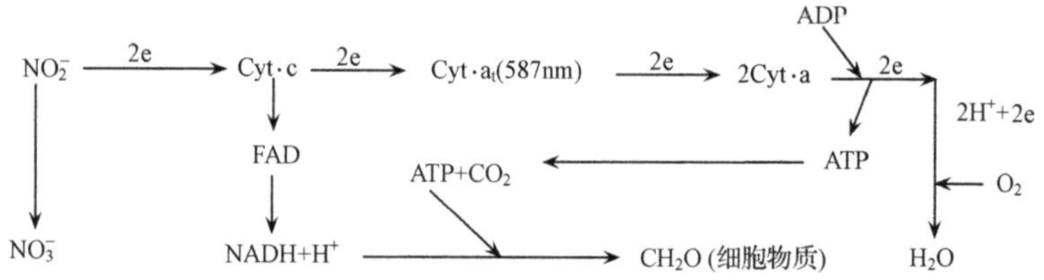

图 2-2　硝化过程

FAD—黄素腺嘌呤二核甘酸

$$\Delta G^0(\mathrm{W})=-80\mathrm{kJ/(molNO_2^--N)}$$

总反应为：

$$NH_4^+ + 2O_2 \rightarrow NO_3^- + H_2O + 2H^+ \quad (2\text{-}3)$$

硝化菌多为化能自养型，革兰氏染色阴性，不生芽孢的短杆状细菌和球菌，广泛存在于土壤中，这类细菌以 CO_2 为碳源，从无机物的氧化中获得能量。硝化细菌的主要特征是生长速率低，这主要是由于氨氮和亚硝酸氮氧化过程产能速率低所致。在成为细胞组分之前，CO_2 被还原，这种还原是通过生物体对氮源的氧化来实现的。对氨氮氧化而言，生长可以表示为：

$$13NH_4^+ + 15CO_2 \rightarrow 10NO_2^- + 3C_5H_7NO_2 + 4H_2O + 23H^+ \quad (2\text{-}4)$$

对亚硝酸氮而言，其生长可以表示为：

$$NH_4^+ + 5CO_2 + 10NO_2^- + 2H_2O \rightarrow 10NO_3^- + C_5H_7NO_2 + H^+ \quad (2\text{-}5)$$

利用碳酸系统的平衡，总反应为：

$$80.7NH_4^+ + 114.55O_2 + 160.4HCO_3^- \rightarrow 79.7NO_3^- + C_5H_7NO_2 + 82.7H_2O + 155.4H_2CO_3 \quad (2\text{-}6)$$

自养型硝化菌的增殖与底物去除的动力学可用 Monod 方程表示：

$$\mu = \mu_{max} \frac{S}{K_S + S} \tag{2-7}$$

式中，μ 为微生物的比增长速率，d^{-1}；μ_{max} 为微生物的最大比增长速率，d^{-1}；K_S 为饱和常数，mg/L；S 为底物浓度，mg/L。

由式(2-1)和(2-2)可知，NH_4^+-N 氧化为 NO_2^--N 时所产生的能量，大约为 NO_2^--N 氧化为 NO_3^--N 时所产生能量的 4～5 倍。因此要想获得相同的能量，所氧化的 NO_2^--N 也必须相当于氧化 NH_4^+-N 的 4～5 倍。所以在稳态条件下，生物处理系统中不会产生亚硝酸盐的积累，对于亚硝化反应和硝化反应 Monod 方程中的饱和常数 K_N 都小于 1mg/L(温度＜20℃时)。所以硝化反应中速率限制步骤是亚硝化菌属将 NH_4^+-N 氧化为 NO_2^--N 的过程。

2. 硝化反应的影响因素

(1) 温度

生物硝化可以在 4～45℃的范围内进行，最佳温度大约是 30℃。温度不但影响硝化细菌的比增长速率，而且影响硝化菌的活性。硝化细菌的最大比增长速率 μ_N 与温度的关系遵从 Arrhenius 公式，温度每增加 10℃，μ_N 值增加一倍。在 5～30℃范围内，随着温度增高，硝化反应速率也增加；温度超过 35℃，硝化反应速率降低。当温度低于 4℃时，硝化菌的活性基本停止。对于同时去除有机物和进行硝化反应的系统，温度低于 15℃时，发现硝化速率急剧下降。低温对硝酸菌的抑制作用更为强烈，因此在低温条件下(12～14℃)常常会表现出亚硝酸氮的积累。

(2) 溶解氧(DO)

硝化细菌有强烈的好氧性，硝化反应必须在好氧条件下才能进行。DO 浓度还会影响硝化反应速率和硝化细菌的生长速度，为了满足正常的硝化反应，在活性污泥系统中，DO 的浓度要大于 2mg/L，一般应为 2～3mg/L；生物膜系统 DO 则应大于 3mg/L。当 DO 低于 0.5～0.7mg/L 时，硝化过程将受到限制。

(3) 碱度和 pH

由式(2-1)可知，硝化反应每氧化 1g 氨氮要消耗碱度 7.14g(以 $CaCO_3$ 计)，因此如果污水中没有足够的碱度，随着硝化的进行，pH 会急剧下降，而硝化细菌对 pH 非常敏感，亚硝酸细菌和硝酸细菌分别在 7.0～7.8 和 7.7～8.1 时活性最强，pH 超出这个范围，其活性就会急剧下降。pH 是影响硝化速率的重要因素。在实际生物处理构筑物中，硝化反应的适宜 pH 范围要相对宽一些。并且一些研究表明，硝化细菌经过一段时间驯化后，低 pH 的影响比起突然降低 pH 的影响要小得多。经过驯化后，硝化细菌可以在低 pH 条件下进行(如 pH=5.5)，但是突然降低 pH，则会使硝化反应速度骤降，当 pH 升高后，硝化反应速度又会很快恢复。

(4) C/N比

尽管硝化细菌几乎存在于所有的污水生物处理过程中，但是一般情况下，其含量很小。除了上述温度、pH等对硝化细菌的生长有影响以外，导致硝化细菌在好氧生物处理的微生物中所占的比例较低的因素还有两个：①硝化细菌的比增长速率要比生物处理中的异养型微生物的比增长速率小一个数量级。对于活性污泥系统来说，如果污泥龄较短，排放的剩余污泥量大，将使硝化细菌来不及大量繁殖。若欲实现良好的硝化系统，就需要延长泥龄。②原污水中的含碳物质与未氧化含氮物质的浓度比值一般较高(COD/TKN=10～15)。可生物降解含碳物质与含氮物质浓度之比，是影响生物硝化速率的重要因素。因为产率不同，活性污泥系统中异养菌与硝化菌竞争底物和溶解氧，导致硝化菌的生长受到抑制。一般认为处理系统的BOD负荷小于0.15BOD_5/(g MLSS·d)时，处理系统的硝化反应才能正常进行。

(5) 有毒物质

某些重金属、络合离子和有毒有机物对硝化细菌有毒害作用。游离氨和亚硝酸氮也会对硝化反应产生抑制作用。因为只有未水解的氨和亚硝酸才对硝化菌具有抑制与毒害作用，因此pH就决定了这两种无机物质是否对硝化菌有毒害和抑制作用。污水处理厂污泥消化池上清液回流到生物处理系统也将使硝化速度减少约20%。

2.1.2 反硝化反应

1. 反硝化反应原理

反硝化反应是由一群异养型微生物完成的生物化学过程。在缺氧(不存在分子态溶解氧)条件下，将亚硝酸氮和硝酸氮还原成气态氮(N_2)或N_2O、NO。参与这一生化反应的主要微生物是反硝化细菌，这种细菌属兼性菌，在自然界中几乎无处不在。污水处理系统中的主要反硝化细菌有变形杆菌、假单胞杆菌、小球菌等等。这类细菌在有氧存在的条件下，利用氧进行呼吸，氧化分解有机物。在不存在分子氧，但存在硝酸氮和亚硝酸氮时，以硝酸氮和亚硝酸氮作为电子受体进行生物反硝化反应。生物反硝化反应可以用如下反应式表示：

$$NO_2^- + 3H(\text{电子供体有机物}) \rightarrow 0.5N_2 + H_2O \tag{2-8}$$

$$NO_3^- + 5H(\text{电子供体有机物}) \rightarrow 0.5N_2 + H_2O \tag{2-9}$$

反硝化的生化反应过程及电子传递模式可以用下图2-3表示[4]：

反硝化过程中的NO_x-N是通过反硝化菌的同化作用(合成代谢)和异化作用(分解代谢)来完成的。同化作用是NO_x-N被还原成NH_3-N，用以微生物细胞的合成，氮成为细胞质成分。异化作用是NO_x-N被还原成NO、N_2O和N_2等气体，

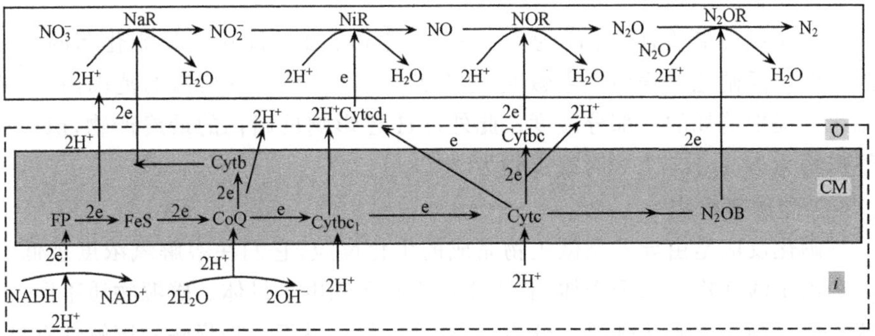

图 2-3　反硝化的生化反应过程及电子传递模式

CM-细胞质膜；O-细胞膜外部；i-细胞膜内部；NaR-硝酸盐还原酶；NiR-亚硝酸盐还原酶；NOR-一氧化氮还原酶；N_2OR-一氧化二氮还原酶；Cyt-细胞色素；NAD-烟酰胺腺嘌呤二核苷酸；FP-黄素蛋白；FeS-非血红蛋白铁；CoQ-辅酶 Q

主要是 N_2。异化作用去除的氮约占总去除量的 70%～75%。硝酸氮的反硝化还原过程基本可以表示为：

$$NO_3^- \xrightarrow{\text{硝酸还原酶}} NO_2^- \xrightarrow{\text{亚硝酸还原酶}} NO \xrightarrow{\text{NO 还原酶}} N_2O \xrightarrow{N_2O\text{ 还原酶}} N_2$$

2. 反硝化反应的影响因素

(1) 温度

温度对反硝化反应速率的影响遵从 Arrhenius 公式，可以用下式表示：

$$q_{D,T} = q_{D,20}\theta^{(T-20)} \tag{2-10}$$

式中，$q_{D,T}$ 为温度 T℃ 时的反硝化速率，g NO_3^--N/(g VSS · d)；$q_{D,20}$ 为温度 20℃ 时的反硝化速率，g NO_3^--N/(g VSS · d)；θ 为温度系数，1.03～1.15，设计时，可取 1.09。

温度对反硝化速率的影响与反硝化设备的类型（微生物悬浮生长型或固着型）、硝酸盐负荷率等因素有关。温度对生物流化床反硝化的影响比生物转盘和悬浮活性污泥法明显要小得多。硝酸盐负荷较低时，温度对反硝化反应速率的影响较小；当负荷率较高时，温度的影响较大。

(2) 溶解氧

溶解氧抑制反硝化过程。这里所指的是生物膜或絮体内部的氧浓度，而不是通常所测的液相氧浓度。溶解氧对反硝化过程的抑制主要是因为氧会与硝酸盐竞争电子供体，同时分子态氧也会抑制硝酸盐还原酶的合成及其活性。在悬浮性活性污泥法中，溶解氧应该保持在 0.5mg/L 以下。而在附着生长系统中，由于生物膜对氧的传递阻力较大，可以允许较高的溶解氧浓度。

(3) 碱度和 pH

反硝化过程最适宜的 pH 为 7.0～7.5，不适宜的 pH 影响反硝化菌的增殖和酶的活性。反硝化过程会产生碱度，这有助于把 pH 维持在所需的范围内，并补充在硝化过程中消耗的一部分碱度。此外，pH 还影响反硝化的最终产物，pH＞7.3 时终产物为 N_2；pH＜7.3 时终产物为 N_2O。

(4) 碳源有机物

反硝化反应是由异养型微生物完成的生化反应，它们在溶解氧浓度极低的条件下利用硝酸盐作为电子受体，有机物作为碳源和电子供体。碳源物质不同，反硝化速率也不同。反硝化碳源可分为三类：第一类是易于生物降解的溶解性有机物，如甲醇、乙醇、挥发性有机物和糖蜜等；第二类是慢速生物降解的有机物，如淀粉、蛋白质、大部分城市污水等；第三类是用内源代谢产物作为反硝化碳源，但是其反硝化速率远远低于甲醇作碳源时的反硝化速率，从而增大反硝化池容积，同时还会由于溶菌作用释放 NH_4^+-N，降低脱氮率。

(5) C/N 比

理论上将 1g 硝酸氮还原为氮气需要碳源有机物(以 BOD_5 表示)2.86g。如果用实际污水作为碳源，因为其中只有一部分快速可生物降解的 BOD 可以作为反硝化的碳源物，所以 C/N 的需求要高一些。一般认为，当反硝化反应器污水的 BOD_5/TKN＞4～6 时，可认为碳源充足。在城市污水中，有时 C/N 比需求达到 8，这是因为城市污水的成分复杂，常常只有一部分快速生物降解的 BOD 可以利用作为反硝化的碳源。

(6) 有毒物质

反硝化菌对有毒物质的敏感性比硝化菌低得多，与一般好氧异养菌相同。在查阅对一般好氧异养菌起抑制或毒害作用的相关物质的文献资料时，应该考虑驯化的影响，通过试验得出反硝化菌对抑制和有毒物质的允许浓度。

2.1.3 传统生物脱氮技术存在的问题

传统的生物脱氮处理过程，是首先在好氧条件下，亚硝酸菌将氨氮氧化为亚硝酸氮，而后硝酸菌将亚硝酸氮进一步氧化为硝酸氮。随后在缺氧条件下，反硝化菌将硝酸氮或亚硝酸氮还原成气态氮或 N_2O。虽然传统废水生物脱氮工艺在废水脱氮方面起到了一定作用，但仍存在如下问题[5,6]：

(1) 自养硝化菌在大量有机物存在的条件下，对氧气和营养物的竞争不如好氧异养菌，从而导致异养菌占优势；反硝化菌以有机物作为电子供体，而有机物的存在影响硝化反应的速度；硝化反应与反硝化反应对 DO 浓度需求差别很大。上述硝化菌和反硝化菌的不同要求导致了硝化和反硝化两个过程在时间和空间上难以统一。

(2) 硝化菌群增殖速度慢,且硝化菌世代时间长,难以维持较高生物浓度,特别是在低温冬季。因此造成系统总水力停留时间较长、有机负荷较低,增加了基建投资和运行费用。

(3) 传统工艺中的反硝化过程需要一定量的有机物,而废水中的有机物经过曝气后有一大部分被去除,因此反硝化时往往要外加碳源,增加了运行费用。

(4) 硝化过程中产生的酸度需要投加碱中和,不仅增加了处理费用,而且还可能造成二次污染。

(5) 抗冲击能力弱,高浓度氨氮和亚硝酸盐进水会抑制硝化菌的生长,运行控制相对较为复杂。

(6) 氨氮完全硝化需要大量的氧,系统为维持较高生物浓度及获得良好的脱氮效果,必须同时进行污泥回流和硝化液回流,增加了系统动力消耗及运行费用;

(7) 生物脱氮过程本身是一个矛盾统一体。硝化反应需要污泥龄较长的硝化菌和好氧条件;而反硝化需要污泥龄较短的反硝化菌和缺氧条件,这样就存在污泥龄的矛盾。同时,二者对有机物的存在也是有矛盾的:自养硝化菌在大量有机物存在时,对氧气和营养物质的竞争不如好氧异养菌从而致使反应器内异养菌成为优势菌种;而反硝化反应需要有机碳源作为电子供体完成脱氮过程。因此硝化和反硝化菌生理机制的差异导致了生物脱氮反应器的不同组合,如将硝化与反硝化由同一污泥来完成的单污泥工艺和由不同污泥完成的双污泥工艺。前者通过交替的好氧和厌氧段来实现。后者则通过使用分离的硝化和反硝化反应器来完成。如果硝化在前,反硝化时需要外加碳源进行脱氮;当硝化在后时,则需要大规模地回流硝化液,这些都不利于传统生物脱氮工艺运行的高效性和稳定性。

因此研究废水处理工艺中的脱氮新思路、新技术是有效去除废水中含氮化合物,进而控制水污染,实现节能降耗的重要途径。

2.2　生物脱氮新理论和新技术

随着近代生物学的发展以及人们对生物技术的掌握,脱氮技术由单纯工艺改革向着以生物学特性促进工艺改革的方向发展,以达到高效低耗。近年来,国内外学者对污水生物脱氮工程实践中暴露出的问题和现象进行了大量理论和试验研究,力求缩短脱氮的转化过程,并提出了一些突破传统理论的新认识及新发现[7-9]。

(1) 亚硝化反应和硝化反应是由两类独立的细菌催化完成的两个不同反应,而参与作用的氨氧化细菌和亚硝酸盐氧化细菌因其世代周期、生长速率等的不同,可以互相分开,生物脱氮可经历以 NO_2^--N 为电子受体的反硝化反应过程。

(2) 硝化反应不仅由自养菌完成,某些异养菌也可以进行硝化作用;一些硝化细菌除了能够进行正常的硝化作用外，还能进行反硝化作用。

(3) 反硝化不只在厌氧条件下进行，某些细菌也可在好氧条件下进行反硝化。

(4) 在厌氧条件下，发现某些细菌在硝化反硝化反应中能利用 NO_3^--N 或 NO_2^--N 作电子受体将 NH_4^+-N 氧化成 N_2 和气态氮化物。

在这些新认识的基础上，研究者们提出了一些新的生物脱氮理论，如：氨氮氧化成亚硝酸盐后直接进入反硝化；硝化和反硝化过程同时进行而不是序批式进行；在有氧条件下进行反硝化。在生物脱氮理论取得新突破的基础上，废水生物脱氮新技术取得了快速的发展，新技术弥补了传统生物脱氮技术的缺陷，提高了脱氮效率，降低了废水脱氮的成本，在我国水体富营养化日益严重以及治污费用不堪重负的情况下，借鉴和应用这些技术，无疑具有重要的现实意义。

2.2.1　短程硝化反硝化生物脱氮技术

1. 短程硝化反硝化技术原理

长期以来，无论是在废水生物脱氮理论上还是在工程实践中，都一致认为要实现废水生物脱氮就必须使氨氮经历典型的完全硝化反硝化过程(即传统硝化反硝化过程，见图 2-4)才能被去除。在该过程中，NO_3^--N 的生成不仅延长了脱氮反应历程，而且造成了能源和外加碳源的浪费。因此，能否和如何有效地缩短控制脱氮历程成为国内外学者的研究重点和热点。

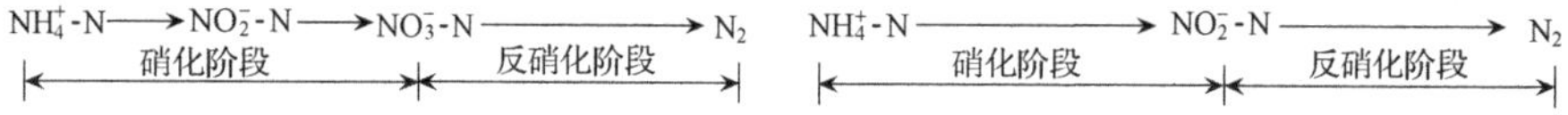

(a) 传统硝化反硝化脱氮　　(b) 短程硝化反硝化脱氮技术

图 2-4

从微生物水平上来说，氨氮被氧化成硝酸盐氮是由 2 类独立的细菌催化完成，第一步是由氨氧化菌(ammonium oxidizer bacteria, AOB)将氨氮氧化为亚硝酸盐氮(NO_2^--N)，第二步是由亚硝酸盐氧化菌(nitrite oxidizer bacteria, NOB)将亚硝酸盐氮转化为硝酸盐氮(NO_3^--N)，这两类细菌的特征有明显的差异。对于反硝化菌无论是硝酸盐氮还是亚硝酸盐氮均可以作为最终受氢体。因而整个生物脱氮过程可以通过 NH_4^+-N→NO_2^--N→N_2 的途径完成，人们把按此途径进行脱氮的技术定义为亚硝酸型硝化反硝化(也称短程硝化反硝化)生物脱氮技术，由此整个过程较全程硝化反硝化大大缩短。短程硝化的标志是有稳定且较高的 NO_2^--N 积累，即亚硝酸氮积累率较高。1975 年，Voets 等在处理高浓度氨氮废水的研究中，发现硝化过程中 NO_2^--N 积累的现象，首次提出了短程硝化反硝化生物脱氮的概念[10]。亚硝酸型硝化反硝化生物脱氮技术的提出，促使人们重新审视传统生物脱氮的过程，并围绕短程生物脱氮的可行性进行了大量试验研究和工程实践。

根据硝化反应的化学计量学，与全程硝化反硝化脱氮相比，短程硝化反硝化具有以下几个优点[11]：①1mol NH_4^+-N 氧化为 NO_2^--N 需要 1.5mol O_2，而氧化到 NO_3^--N 需要 2.0mol 的 O_2，因此在硝化阶段可节约 25%左右的需氧量，降低了能耗；②由于反硝化 1g NO_2^--N 需有机物 1.72g，而反硝化 1g NO_3^--N 需要有机物 2.86g，因此反硝化过程可减少约 40%的有机碳源，降低了运行费用；③NO_2^--N 的反硝化速率通常比 NO_3^--N 的反硝化速率高 63%左右；④减少了 50%的污泥产量；⑤反应器的容积可减少 30%～40%左右；⑥可减少投加碱度和外加碳源的量。

2. 短程硝化反硝化过程的影响因素

短程硝化反硝化的两个主要反应步骤中，反硝化技术容易控制实现，实现短程硝化反硝化的关键在于将 NH_4^+-N 氧化控制在 NO_2^--N 阶段，阻止 NO_2^--N 的进一步氧化。因此，如何持久地维持较高浓度 NO_2^--N 的积累及影响 NO_2^--N 积累的因素也便成为研究的重点和热点。短程硝化反应的控制取决于对两种硝化菌的控制，AOB 和 NOB 在生理机制及动力学特征上存在固有的差异，导致某些影响因素对两种硝化菌存在不同程度的抑制作用，从而影响硝化形式。近年来的研究发现了一些能抑制 NOB 增殖或活性，从而造成 AOB 在硝化系统中占优势的因素，包括：高游离氨（FA）浓度[12,13]、游离 HNO_2（FNA）浓度[14]、高 pH[15]、高温（>25℃）[16]、低 DO 浓度[17,18]、从缺氧状态到好氧状态的滞后时间[19]、游离羟氨浓度（FH）[20]以及投加硝化反应选择性化学抑制剂[21]。

(1) 溶解氧（DO）

DO 浓度是人们在短程硝化工艺中最为关注的因素之一。一是研究短程硝化反硝化生物脱氮技术的目的就是为了节约能耗，如能在较低的 DO 条件下，获得较高的氨氮去除率，就意味着可以节约供氧量；二是许多研究表明，在较低的 DO 条件下，可以获得较高的亚硝酸盐积累率。

低溶解氧下亚硝酸菌增殖速率加快，补偿了由于低溶解氧所造成的代谢活动下降，使得整个硝化阶段中氨氮氧化未受到明显影响，而亚硝酸氮大量积累。低溶解氧下亚硝酸氮大量积累是由于亚硝酸菌对 DO 的亲和力较硝酸菌强，亚硝酸菌氧饱和常数一般为 0.2～0.4mg/L，硝酸菌为 1.2～1.5mg/L。低溶解氧下，亚硝酸菌和硝酸菌增殖速率均下降，当 DO 为 0.5mg/L 时，亚硝酸菌增殖速率约为正常时的 60%，而硝酸菌则不超过正常的 30%。因此在低溶解氧下，不但存在对硝酸菌的淘汰还存在对硝酸菌活性的抑制，而逐步保留了亚硝酸菌，从而出现 NO_2^--N的积累。国内外越来越多的研究表明，通过维持较低浓度水平的溶解氧，可所获得稳定、持久的NO_2^--N的积累，来实现良好的短程硝化效果。

Keisuke 等研究表明[22]，当 DO 浓度低于 0.5mg/L 时，反应器中氨氧化菌

(AOB)的亚硝化速率并未受到影响。Keisuke 根据测出的 AOB 的底物利用速率指出:在低 DO 的情况下,AOB 产率的成倍提高抵消了低 DO 对氨氧化速率降低的影响,在此环境下,亚硝酸盐氧化菌(NOB)的产率和氧化亚硝酸盐氮的速率并未因 DO 的降低而提高,综合作用的结果导致了反应器中亚硝酸盐氮的积累;而提高 DO 的浓度,将导致 NOB 氧化亚硝酸盐氮的速率提高,反应器中不再出现亚硝酸盐氮的积累。

Laanbroek 的研究也表明低 DO 下 NO_2^--N 大量积累是由于 AOB 对 DO 的亲和力较 NOB 强[23],AOB 和 NOB 与 DO 之间的关系符合 Monod 增长动力学模式,其动力学方程可表示为:

$$\mu=\mu_{max}\frac{[NH_4^+\text{-}N]}{K_{SH}\times e^{(A_E/T)}\times 10^{pH}+\dfrac{[NH_4^+\text{-}N]^2}{K_{SH}\times e^{(A_E/T)}\times 10^{pH}}+[NH_4^+\text{-}N]}\times\frac{[O_2]}{K_{O_2}+[O_2]} \tag{2-11}$$

$$\mu=\mu_{max}\frac{[NO_2^-\text{-}N]}{K_{IH}\times e^{(A_E/T)}\times 10^{pH}+\dfrac{[NO_2^-\text{-}N]^2}{K_{IH}\times e^{(A_E/T)}\times 10^{pH}}+[NO_2^-\text{-}N]}\times\frac{[O_2]}{K_{O_2}+[O_2]} \tag{2-12}$$

式中,μ 为最大比增长速率;K_{O_2} 为溶解氧饱和常数;K_{SH} 为基质饱和常数;K_{IH} 为基质抑制常数;$e^{(A_E/T)}$ 为基质分离平衡常数;A_E 为活化能;T 为热力学温度。

AOB 的溶解氧饱和常数一般为 0.2～0.4mg/L,而 NOB 的溶解氧饱和常数为 1.2～1.5mg/L,因此当反应体系中的溶解氧浓度成为限制性因素时,即在较低的 DO 浓度下,AOB 的增殖速率加快,补偿了由于低氧所造成的代谢活性下降,使得氨氮氧化为亚硝酸盐氮的过程未受到明显影响。而在低 DO 条件下,NOB 代谢能力大幅度下降,其氧化亚硝酸盐氮的能力大大减弱,从而造成体系中 NO_2^--N 积累。但是对于 AOB 和 NOB 溶解氧饱和常数的认识,人们并不完全一致,如表 2-1 所示。

Hanaki 研究表明[28],低 DO 下 AOB 增殖速率加快,补偿了由于低氧造成的代谢活性下降,使得整个硝化阶段中氨氧化未受到明显影响,而亚硝酸盐氮大量积累,降低 DO 浓度对 NOB 有明显的抑制作用。在许多研究者利用控制 DO 实现短程硝化的研究同时,Bernet 提出了基质缺乏竞争学说[29],该学说的理论基础是两类硝化细菌对氧的亲和力不同,从 AOB 氧饱和常数低于 NOB 这一假设出发,证明了降低 DO,尤其是 DO<1mg/L 时,对提高 AOB 竞争力有利;受 DO 下降的影响,AOB 与 NOB 的增长速率均下降,然而 NOB 下降得要快,导致 AOB 增长速率超过了 NOB,出现了 NO_2^--N 积累,因此 Bernet 证明了 DO 作为短程硝化控制因

素的可行性。

表 2-1　AOB 和 NOB 的氧饱和系数 K_o [23−27]

参考文献	AOB/(mg/L)	NOB/(mg/L)
Laanbroek 和 Gerards (1993)[23]	0.04～0.48	0.7～5.3
Hunik 等(1994)[25]	0.16	0.54
Wiesmann (1994)[26]	0.3	1.1
Laanbroek 等 (1994)[24]	0.22～0.56	0.17～4.33
Blackburne 等 (2007)[27]	0.033 ± 0.003	0.43 ± 0.08

(2) 游离氨(FA)浓度[30−48]

废水中氨随 pH 不同分别以分子态和离子态形式存在。分子态游离氨(FA)对硝化作用有明显的抑制作用，NOB 比 AOB 更易受到 FA 的抑制，因此如果使反应器内 FA 浓度超过亚硝酸盐氧化菌转化利用的阈值，而低于氨氧化菌转化利用的阈值，就会使反应器内 AOB 占优势，实现 NO_2^--N 的积累。

国内外报道的关于 FA 对硝化、亚硝化的抑制浓度范围很宽(见表 2-2)。根据 Abeling 和 Seyfried 的报道，当 FA 浓度为 1.0～5.0mg/L，对硝化产生抑制作用，而对亚硝化反应不产生影响。为了得到高的亚硝化率，应防止游离氨对氨氧化菌属产生抑制作用，游离氨浓度应保持足够低，从而对亚硝酸盐氧化菌起抑制作用而对氨氧化菌不起抑制作用，在 pH＝8.5、T＝20℃时，最佳游离氨浓度为 5.0mg/L，当游离氨浓度为 7.0mg/L 时，会对亚硝化反应产生抑制作用。Turk 和 Mavinie 研究表明，间接接触高含量 FA(5mg/L)会造成亚硝酸盐的积累，然而，亚硝酸盐积累不恒定，因为硝化菌属对游离氨产生了适应性。Mongchong 发现，硝化菌属能适应 FA 为 40mg/L 的情况，而 FA 在 3.5mg/L 时，却产生了抑制作用。Ford 的研究表明，当 FA 水平达到 24mg/L 时，硝化反应会被完全抑制，而当 FA 达到 56mg/L 时，系统也可能恢复。Anthonisen 发现，在实验所用反应器中，亚硝酸化被抑制的游离氨限度为 10～150mg/L。综上所述，尽管众多国外学者在游离氨对亚硝酸化的抑制浓度上得出的结论不一致，但有一点是达成共识的，即亚硝酸盐氧化菌对 FA 的敏感性要低于氨氧化菌。要完成亚硝酸型硝化反硝化就是要把 FA 的浓度控制在对亚硝酸盐氧化菌起动抑制作用，而对氨氧化菌没有影响的范围内。所以，当废水中 NH_3 浓度较高、pH 偏于碱性时，易形成亚硝酸型硝化，在相反的条件下，则形成硝酸型硝化的倾向很大。另外氨氮负荷过高时，在系统进行初期有利于繁殖较快的氨氧化菌增长，使亚硝酸产生量大于消耗量而出现积累。

表 2-2　文献中报道的出现亚硝酸盐积累的自由氨浓度[30－48]

NH_4^+ /(mg N/L)	NH_3 /(mg N/L)	pH	T /℃	观察的效果	备注	参考文献
	0.02	<7.2	20	亚硝酸盐氧化抑制的阈值	连续流	Prakasam 和 Loehr(1972)[30]
	0.08～0.82			亚硝酸盐氧化抑制的阈值		Anthonsisen 等(1976)[31]
	0.12	<7.2	20	>90%的亚硝酸盐氧化抑制	连续流	Prakasam 和 Loehr(1972)[30]
	0.5	7	18	亚硝酸盐氧化抑制的阈值		Muller 等(1995)[32]
13	0.6	7.8～8.1		>95%的亚硝酸盐积累	SBR	Alleman 和 Irvine(1980)[33]
1060	0.7～40	6.5～8.0		没有发现抑制	富集培养基	Wong-chong(1978)[34]
	1～3		20	暂时 50%的亚硝酸盐积累	未驯化的污泥	Turk 和 Mavinic(1989)[36]
16	1.06	8.1	25	55%的亚硝酸盐氧化抑制	2.5mgO_2/L	Balmelle 等(1992)[37]
40	2.95	8.1	25	90%的亚硝酸盐氧化抑制	2.5mgO_2/L	Balmelle 等(1992)[37]
	5			持续的亚硝酸盐积累	间歇接触 NH_3	Turk 和 Mavinic(1986)[35]
	5～20		20	持续的亚硝酸盐积累	未驯化的污泥	Turk 和 Mavinic(1989)[36]
100	6.64	8.1	25	亚硝酸盐氧化 100%抑制	2.5mgO_2/L	Balmelle 等(1992)[37]
35	8.9	7	15	50%的亚硝酸盐积累		Mauret 等(1996)[38]
490	13	7.8		亚硝酸盐氧化 100%抑制		Verstraete 等(1977)[39]

续表

NH_4^+ /(mg N/L)	NH_3 /(mg N/L)	pH	T /℃	观察的效果	备注	参考文献
到 840	14～32	8.0		亚硝酸盐积累		Wong-chong(1978)[34]
40	15.5	9.2		暂时的亚硝酸盐积累	SBR	Sauter 和 Alleman(1980)[40]
500	20	8.2		亚硝酸盐氧化 90%抑制	氧化沟	Murray 等(1975)[41]
500	0.07～0.4	8.0		亚硝酸盐积累达 300mg/L	传统活性污泥	Surmacz-Corska 等(1997)[42]
	>3			50%的抑制,但可转化	AOB/NOB 混合	Abeling 和 Seyfried(1992)[43]
	9	8.1	25	NOB100%被抑制	序批富集	Rols 等 (1994)[44]
650	24	8.0		暂时的亚硝酸盐积累	序批活性污泥	Wong-chong (1975)[45]
	0.2			亚硝酸盐氧化抑制的阈值	启动后 2 个月	Villaverde 等(2000)[47]
80	0.5	7.8		亚硝酸盐积累率为 52%	淹没式生物膜	Fdz-Polanco 等(1996)[48]
	0.5～0.7			亚硝酸盐氧化抑制的阈值	启动后 6 个月	Villaverde 等(2000)[47]
100	1.5	7.5～8.5	20～25	亚硝酸盐积累率为 80%～90%	淹没式生物膜	Villaverde 等(1997)[46]

(3) pH

NOB 对 pH 特别敏感,pH 是短程硝化的一个决定因素。Quinlan(1984)研究获得[49],在 pH 约为 8 时,NOB 生长速率达到最大值,pH 较低时,NOB 的生长速率急剧下降。有些人认为 AOB 的最适 pH 为 7.0～8.5,NOB 为 6.0～7.5。还有人认为 AOB 的最适 pH 为 7.0～8.6,而 NOB 的适宜 pH 在 7.5～9.0 之间,硝化活性最高的 pH 在 8.0～8.5,pH<6.5 或>9.8 硝化速率下降 50%,当 pH 低于 5.5 时,硝化反应完全停止。最近研究表明,当 pH 为 7.4～8.3 时,亚硝酸盐积累率达到很高,并在 8.0 时达到最大;而 NO_3^--N 生成速率在 pH=7.0 附近达到最大。所以在混合体系中 AOB 和 NOB 的最适 pH 分别在 8 和 7 附近。利用 AOB

和 NOB 的最适 pH 不同,控制混合液中 pH 就能控制硝化类型及硝化产物。

另外 pH 会影响溶液中游离氨(FA)和游离亚硝酸(free nitrite acid, FNA)的浓度,进而影响短程硝化的反应过程。对于 FA 和 FNA 与溶液中 pH 的关系可以按下式计算:

$$NH_3+H_2O\Leftrightarrow NH_4^+ +OH^-$$

$$\text{FA(以 }NH_3\text{-N 计,mg/L)}=\frac{[\text{总的 }NH_3\text{(以 N 计)}]}{1+(10^{-pH}/K_e^{NH})}\quad K_e^{NH}=e^{-6344/(273+T)} \tag{2-13}$$

$$NO_2^- +H^+\Leftrightarrow HNO_2^-$$

$$\text{FNA(以 }HNO_2\text{-N 计,mg/L)}=\frac{[NO_2^-\text{-N(以 N 计)}]}{1+(K_e^{NO}/10^{-pH})}\quad K_e^{NO}=e^{-2300/(273+T)} \tag{2-14}$$

(4) 温度

生物硝化反应在 4～45℃内均可进行,适宜温度为 20～35℃,一般低于 15℃硝化速率降低,并且低温对硝化产物及两类硝化菌活性影响也不同。12～14℃下活性污泥中 NOB 受到严重的抑制,出现 NO_2^--N 积累。15～30℃范围内,硝化过程形成的亚硝酸盐氮可完全被氧化成硝酸盐氮。温度超过 30℃后又会出现 NO_2^--N的积累。

国外一些学者在该方面也有一些研究:Balmelle 等[37]表明当温度在 10～20℃硝化菌属活性大,在此条件下,亚硝酸盐积累很低,温度对硝化菌属的影响比 FA 的抑制作用大。相反,如果当温度超过 25℃,硝化反应速率降低,而亚硝化反应速率增大。由 SHARON 工艺得出,实现亚硝酸型硝化反硝化的温度应控制在 30～35℃,这只对温度较高的污水的脱氮处理才有实际意义,而对一般的污水要达到较高温度就较为困难。但在实际工程中也有不少中温条件下实现亚硝酸型硝化反硝化的实例。

温度不但影响氨氧化菌和亚硝酸盐氧化细菌的比增长速率,而且影响氨氧化菌和亚硝酸盐氧化菌的活性。一般都认为 AOB 和 NOB 氧化菌在 5～30℃的范围内,随着温度升高,硝化反应的速率也会随之增大。但从 FA 和 FNA 在水溶液中的平衡方程来看,温度变化同样对 FA 和 FNA 的浓度产生影响。温度升高时,FA 和 FNA 的浓度也升高;温度下降,FA 和 FNA 的浓度相应地下降。因此,温度对生物脱氮系统中氨氧化菌的影响是双重的,既影响微生物的生理活性,又影响微生物的底物(FA 和 FNA)在水溶液中的形态。

(5) 泥龄

由于 NH_4^+-N 的硝化速率比 NO_2^--N 的氧化速率快,所以 AOB 的世代时间比 NOB 的世代周期短,如图 2-5 所示为 AOB、NOB 最小停留时间与温度的关系。在悬浮处理系统中若泥龄介于 AOB 和 NOB 的最小停留时间之间时，系统中的 NOB 会逐渐被“淘洗”掉，使 AOB 成为系统中优势硝化菌，硝化产物以 NO_2^--N 为主。例如 SHARON 工艺是由荷兰 Delft 技术大学开发的脱氮新工艺，其基本原理是利用在高温（30～35℃）下，AOB 的最小停留时间小于 NOB[50]。

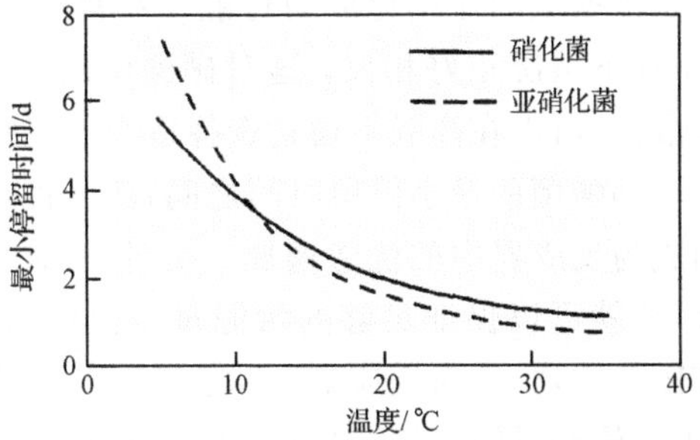

图 2-5　AOB、NOB 最小停留时间与温度的关系

（6）化学抑制剂

NOB 对环境较为敏感。废水中酚、氰及重金属等有害物质对亚硝酸盐氧化过程有明显抑制作用。相对于 AOB，NOB 对环境适应性慢，因而在接触有害物质的初期受抑制，出现亚硝酸积累。Hynens 等人发现硝酸菌与亚硝酸菌并存时，在废水中加入 5 mmol/ L 的氯酸钠可抑制 NOB，但对 AOB 无影响。

（7）HNO_2

大部分研究，发现 HNO_2 也是实现 NO_2^--N 积累的一个重要影响因素。Prakasam 和 Loehr（1972）报道[30]，当 HNO_2 浓度大于 0.02mg/L 时，会抑制亚硝酸盐氧化，出现 NO_2^--N 积累。Anthonisen 等（1976）[31]获得抑制亚硝酸盐氧化的阈值为 0.06～0.83mgHNO_2-N/L。Vadivelu 等（2006）报道[51]，当 FNA 浓度大于 0.4mg/L 时 AOB 的生长会完全被抑制；而当 FAN 浓度大于 0.02mg/L 时，NOB 的生长完全被抑制。

3. 短程硝化反硝化典型处理工艺

目前，短程硝化反硝化脱氮有代表性的工艺为 SHARON 和 OLAND 工艺。

（1）SHARON 工艺

SHARON（Single reactor for high ammonium removal over nitrite）工艺由荷兰 Delft 工业大学开发，利用硝酸菌与亚硝酸菌的比增值速率不同，即在较高的温度下（30～36℃），硝酸菌的增殖速率明显低于亚硝酸菌，硝酸菌的世代时间长于亚硝酸菌。通过控制温度，并使污泥龄介于硝酸菌和亚硝酸菌的世代时间之间，从而淘汰硝酸菌。由于温度较高，主要用于处理污泥消化的上清液，不适于大多数废水的处理[50]。SHARON 工艺的基本思想就是利用亚硝酸菌在高温条件下增长速率大于硝酸菌这一特点实现亚硝酸菌的积累。

SHARON 工艺最早是用来处理污水处理厂污泥消化池上清液的，污泥消化池废水若采用传统的脱氮工艺来处理，去除效率低，且反应器体积大，处理费用高。而这类废水高温的特点使氨氮的亚硝化成为可能。在常温下，亚硝酸菌的世代较硝酸菌长，但在高温条件下情况正好相反，这时硝酸菌的生长由于受到抑制导致其增殖速率小于亚硝酸菌，所以在高温下通过选择适当的泥龄，使反应器中污泥停留时间介于亚硝酸菌和硝酸菌的最小停留时间之间，就可将硝酸菌从反应器中"淘洗"掉，而使亚硝酸菌成为反应器中的优势菌属。另外，在高温条件下细菌的增殖速度快，不需要污泥停留就可以保证足够的污泥量。根据此类废水特点，SHARON 工艺选用了 CSTR 反应器，这时反应器的水力停留时间就等于污泥的停留时间，通过选择合适的水力停留时间，保证氨氮的亚硝酸化。同时通过间歇曝气，在一个反应器内进行硝化和反硝化反应。

SHARON 工艺是一种全新的脱氮工艺，Delft 科技大学对此进行了多年的研究。试验装置采用 CSTR 反应器，进水取自二级污水处理厂污泥消化池的上清液。反应器的水力停留时间为 1.5d，一个硝化反硝化周期为 2d，其中曝气（硝化）时间为 80min，缺氧（反硝化）时间为 40min，在反硝化阶段投加了一定量的甲醇以补充碳源。小试中，SHARON 反应器运行稳定，平均氨氮的去除率达到了 85%，这证明了 SHARON 工艺的可行性。在小试研究的基础上，Delft 科技大学又成功地将 SHARON 工艺应用于荷兰鹿特丹的某污水处理厂改造，用其处理该厂水量约为 564 m^3/d 的污泥消化池的出水。在改造时，将原来一个闲置的，体积为 1500m^3 的二沉池改造成了 SHARON 反应器。因为每天的水量都不同，所以水力停留时间不是固定的。从 1994 年全年的运行情况来看，全年平均的水力停留时间为 2.6d，其中缺氧和好氧各为 1.3d。与小试相比，水力停留时间延长了，主要是缺氧时间延长了，而关键的好氧时间由于仍然控制在接近一天的范围内，仍然能保证将硝酸菌淘汰，维持亚硝酸菌在反应器中的优势菌属。在反硝化进行 15min 后投加一定量的甲醇，投加量没有考虑进水氨氮负荷的变化，投量恒定。同时曝气时间也没有优化。目前，第一个生产规模的 SHARON 工艺已于 1998 年初在荷兰鹿特丹的 Dokhaven 污水处理厂建成投入运行，另外荷兰 Utrecht 市和 Rotterdan 市的两座污水处理厂也采用了 SHARON 工艺[7]。

从运行情况看，脱氮效果还是明显的，氨氮的年平均去除率保持在 85% 左右。在一年多的运行中曾经停止进水一周，但没有观察到微生物大量减少，这说明了 SHARON 工艺运行的稳定性。在处理费用中，能量消耗占 35%（其中 90% 用于曝气），甲醇的费用占 25%。甲醇的投加量并没有随进水的氨氮浓度而变化，也没有对投加的时间进行优化。一年多的运行表明，大约只有 71% 甲醇用于亚硝酸盐的反硝化。因此对这一部分进行优化,仅甲醇投加这一项一年大概就可节省运行费用 40 000 美元。若再对曝气量和曝气时间进行优化,还将进一步降低处理费用[7]。

SHARON 工艺作为短程硝化反硝化的典型工艺,与传统脱氮工艺相比有以下优点:①硝化和反硝化在一个反应器内完成,简化了工艺流程;②因为 SHARON 工艺污泥不停留,减少了反应器的体积和污泥处理费用;③硝化产生的 H^+ 可以被随后进行的反硝化中和,减少了投加中和剂的费用;④硝化阶段可以减少 25% 曝气量,反硝化可以减少 40%的碳源;⑤具有较高的反硝化率,反应时间短,反应器容积可减少 30%~40%;⑥污泥产量减少,其中硝化过程可少产污泥 33%~35% 左右,反硝化过程可少产污泥 55% 左右。

但是必须看到 SHARON 工艺的目标主要是获得高浓度氨氮的去除效率,所以 SHARON 反应器的出水还含有大量的悬浮物和没有被完全去除的氨氮、亚硝酸盐等,需要进一步处理才能排放。另外,SHARON 工艺的研究对象主要是较高温度下的高浓度氨氮废水,该工艺所要求的较高温度条件是很多含氨废水很难满足的,这就限制了 SHARON 工艺的推广与应用。

(2) OLAND 工艺

OLAND(oxygen limited autotrophic nitrification and denitrification,氧限制自养硝化反消耗)工艺是由比利时 Gent 微生物生态试验室开发的[52]。该工艺由两个过程组成:第一个过程是在限氧条件下,将废水中 NH_4^+-N 氧化为 NO_2^--N;第二个过程是在厌氧条件下,上一个过程中生成的 NO_2^--N 与剩余部分 NH_4^+-N 发生 ANAMMOX 反应,以达到脱氮的目的。该工艺的关键是控制溶解氧,研究表明低溶解氧下氨氧化菌增殖速率加快,补偿了由于低氧造成的代谢活动下降,使得整个硝化阶段中氨氧化未受到明显影响。低氧下亚硝酸盐大量积累是由于氨氧化菌对 DO 的亲和力较亚硝酸盐氧化菌强。氨氧化菌的氧饱和常数为 0.2~0.4mg/L,而亚硝酸盐氧化菌的氧饱和常数为 1.2~1.5mg/L。硝化过程仅进行到 NH_4^+-N 氧化为 NO_2^--N 阶段时,由于不缺乏电子受体,由 NH_4^+-N 氧化产生的 NO_2^--N 氧化未反应的 NH_4^+-N 形成 N_2。

目前主要采用两种反应器形式来研究 OLAND 系统:一种是一体化生物膜(RBC)反应系统;另一种是两阶段悬浮式膜生物反应系统(MBR)。一体化生物膜 RBC 反应系统,采用 PVC 圆盘作为微生物的载体,通过在转盘上生物膜的不断形成,在转盘上形成了一定的厌氧区和好氧区,微生物在好氧区发生亚硝化反应,未反应的 NH_4^+-N 和生成的 NO_2^--N 进入内层厌氧区,进一步反应释放出氮气,同时还有少量 NO_2^--N 进一步氧化生成 NO_3^--N,为微生物的生长提供必需的电子。两阶段悬浮式膜生物反应系统由两个圆柱形的膜生物反应器串联而成,实现 pH 和温度的自动补偿调控。在第一个反应器中通过控制溶解氧达到 0.1~0.3mg/L,

来实现部分的NH_4^+-N被氧化成NO_2^--N,剩余的NH_4^+-N与生成的NO_2^--N进入第二个反应器,在严格的厌氧条件下,进一步还原生成氮气。在一个反应器中发生的是限氧亚硝化反应,在第二反应器中发生的是厌氧氨氧化反应。

限氧自养硝化—反硝化生物脱氮系统应用了亚硝酸型硝化反硝化途径,由限氧部分硝化作用和厌氧氨氧化作用两部分组成,大大减少了硝化过程中氧气的需要量,避免了反硝化过程中有机碳源的加入,限氧自养硝化—反硝化生物脱氮系统中起作用的好氧氨氧化菌和厌氧自养菌在限氧的条件下,生长都非常缓慢,产生的生物量很少,所以产生的污泥量也很少。OLAND工艺的这些特点都可以大大降低污泥脱氮的运行成本。

与相类似的SHARON/ANAMMOX工艺相比,OLAND工艺亦可节约37.5%的能耗,而且在较低的温度下(22～30℃)仍可获得较好的脱氮效果。另外,在两阶段悬浮式生物膜脱氮系统中,内浸式生物膜的加入克服了SHARON/ANAMMOX反应系统中生物量流失的缺点,避免了硝化阶段的微生物对厌氧氨氧化阶段微生物的影响,使反应过程更加容易控制,增加了脱氮反应过程的稳定性。

OLAND工艺的关键控制参数是DO,但在低DO下,活性污泥容易发生解体或造成污泥丝状菌膨胀,因此,OLAND工艺更适合于生物膜工艺。在悬浮系统中低氧下活性污泥的沉降性、污泥膨胀以及同步硝化反硝化等问题仍有待于进一步研究与完善。在实际应用中,由于厌氧氨氧化阶段的生物量生长非常缓慢,同SHARON /ANAMMOX反应系统一样仍然存在着启动时间长的问题(≥100d)。因此,有必要对OLAND工艺中的微生物学机理做进一步的研究,以实现OLAND反应系统的快速启动和稳定运行。

2.2.2 厌氧氨氧化生物脱氮技术

1. 厌氧氨氧化代谢机理

奥地利化学家Broda在1977年根据反应的自由能计算,预言自然界中存在以硝酸盐或亚硝酸盐为氧化剂的氨氧化反应,并认为它们是隐藏于自然界的自养型细菌[53]。直到20世纪80年代末,荷兰Delft工业大学Mulder等人[54]在处理工业废水的中试反硝化流化床中观察到了氨氮和亚硝酸盐氮去除的现象,这无法用传统的硝化/反硝化理论解释,才发现了这种隐藏于自然界的自养型细菌。由于氨氮的消失与亚硝酸盐的消失同时发生,且成一定比例,故他们认为在反应器中氨氮与亚硝酸盐发生了反应,产物为氮气。并将此命名为厌氧氨氧化(Anaerobic Ammonium Oxidation),即Anammox,并于1990年由Kluyver生物技术实验室成功开发。

厌氧氨氧化的基本原理即在厌氧条件下,厌氧氨氧化菌以亚硝酸盐作为电子受体将氨氮转化为氮气，或者是以氨氮为电子供体将亚硝酸盐还原成氮气。该工艺中亚硝酸盐是一个关键的电子受体。与硝化作用相比，它以亚硝酸盐取代氧，改变了电子受体；与反硝化作用相比，它以氨取代有机物作为电子供体。反应按下面的方程式进行：

$$NH_4^+ + 1.32NO_2^- + 0.066HCO_3^- + 0.13H^+ \rightarrow 1.02N_2 + 0.26NO_3^- + 0.066CH_2O_{0.5}N_{0.15} + 2.03H_2O$$

$$\Delta G_{NH_4^+} = -358kJ/mol \tag{2-15}$$

根据热力学理论，上述反应的 $\Delta G<0$，反应可自发进行。厌氧氨氧化过程是一个产能反应，理论上可以提供微生物生长所需要的能量。该工艺与传统脱氮工艺相比具有明显的优势：① 由于厌氧氨氧化菌是自养菌，反硝化过程中直接以氨作为电子供体，因此反应无需外加有机碳源，既节省了运行成本，又可防止二次污染。② 亚硝酸盐氮是厌氧氨氧化的关键性电子受体，硝化阶段只需将 NH_4^+-N 氧化为 NO_2^--N，这样可减少 62.5%的耗氧量，供氧能耗大幅下降。③ 厌氧氨氧化的产酸量大为降低，产碱量更降至零，能够节约大量的中和试剂。④ 厌氧氨氧化工艺的污泥产量少，仅为传统生物脱氮工艺污泥产量的 8%左右，无形中减少了污泥后续处理和处置的费用及环境压力。

厌氧氨氧化需要基于短程硝化，将一半的氨氮氧化为亚硝酸盐。一个修改后的 SHARON 工艺已在试验室中成功应用，以产生这种氨氮和亚硝酸盐的混合。不需投加甲醇，并取消厌氧阶段，一个 SHARON 反应器可产生所需的氨氮/亚硝酸盐的混合液，并且不需反馈控制，这是因为当 50%氨氮被氧化后，pH 的降低（至 6.7）就会阻止剩余氨氮的进一步氧化。但若通过限制供应到硝化反应器的氧得到同样结果，可能反馈控制就是必需的。第一个生产型厌氧氨氧化反应器建于荷兰鹿特丹。这种工艺的主要挑战是启动时间太长，从接种到完全具备活性，需要 100～150d[55]。

Van de Graaf 等人[56]利用同位素 ^{15}N 标记技术，提出了厌氧氨氧化的可能代谢途径（见图 2-6）。他们认为在氨被微生物氧化的过程中，NH_2OH 是最有可能的电子受体。而 NH_2OH 本身最可能从 NO_2^- 分解而来，在氨和 NH_2OH 都过量的序批试验中，有短暂的 N_2H_4 积累现象。假定 N_2H_4 转化为氮气的过程是为了给 NO_2^- 还原为 NH_2OH 的反应提供等量的电子。通过试验研究，他们还提出了厌氧氨氧化两种可能的机理。其一，在细胞质内，一个被膜包围的复杂酶将氨和 NH_2OH 转化为 N_2H_4，N_2H_4 则在细胞质内被氧化为 N_2；在细胞质内负责 N_2H_4 氧化的同一种酶上的不同部位，利用内部 N_2H_4 氧化为氮气时产生的电子把 NO_2^- 还原为 NH_2OH [见图 2-7(a)]。其二，氨和 NH_2OH 在细胞质内被一种膜包围的复杂酶催化为 N_2H_4。N_2H_4 在细胞质内转化为 N_2，产生的电子通过电子传递链传递给细胞质内的亚硝酸还原酶。NO_2^- 则还原为 NH_2OH[见图 2-7(b)]。

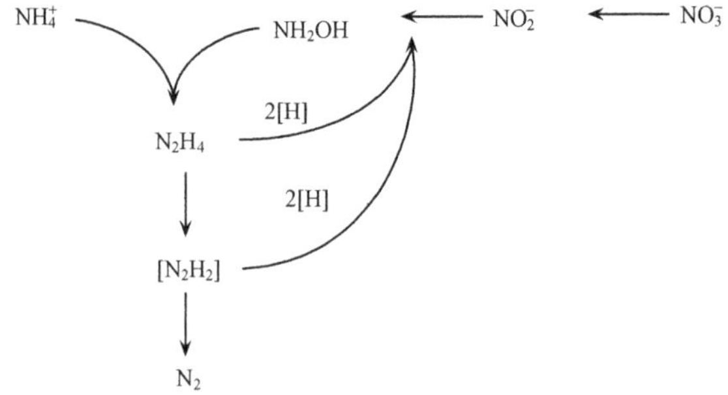

图 2-6　Graaf 提出的 ANAMMOX 工艺的可能途径

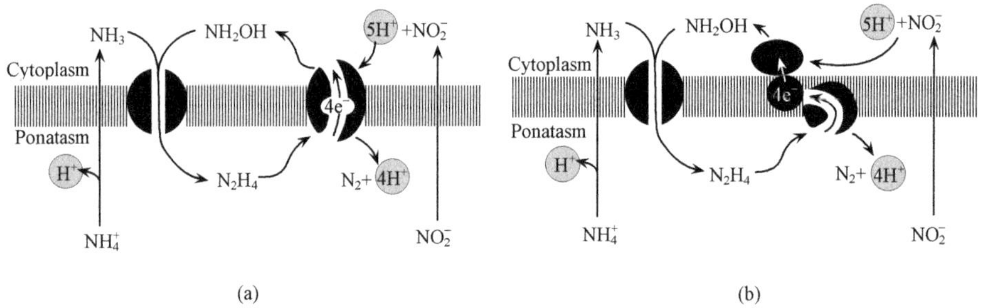

图 2-7　厌氧氨氧化反应中可能的反应机制及酶系统在细胞中的位置

随着人们对 Anammox 菌内部分子结构及酶系研究的不断深入，在 Jetten 等人提出的厌氧氨氧化机理的基础上，Kuenen 等人提出了 Candidatus “Brocadia anammoxidans”的厌氧氨氧化机理(见图 2-8)[57]。在厌氧氨氧化过程中，涉及三种酶:在初始反应过程中，NO_2^- 被亚硝酸还原酶(nitrite reducing enzyme)转化为 NH_2OH(式 2-16)；然后，在联氨水解酶(hydrazine hydrolase)的作用下，NH_2OH 和 NH_3 反应生成 N_2H_4(式 2-17)；在 Anammoxosome 中的羟胺氧化还原酶(hydroxylamine oxidoreductase)将反应生成的 N_2H_4 转化为 N_2，同时产生 4 个电子提供给亚硝酸还原酶(式 2-18)，开始新一轮的厌氧氨氧化反应。

$$NO_2^- + 5H^+ + 4e^- \rightarrow NH_2OH + H_2O \tag{2-16}$$

$$NH_4^+ + NH_2OH \rightarrow N_2H_4 + H_2O + H^+ \tag{2-17}$$

$$N_2H_4 \rightarrow N_2 + 4H^+ + 4e^- \tag{2-18}$$

2. 厌氧氨氧化菌特性

由于厌氧氨氧化菌增长速度非常慢(倍增时间为 11d)，厌氧氨氧化菌的培养需要非常有效的生物停留时间[58,59]。通过优化的 Percoll 密度梯度离心可以得到

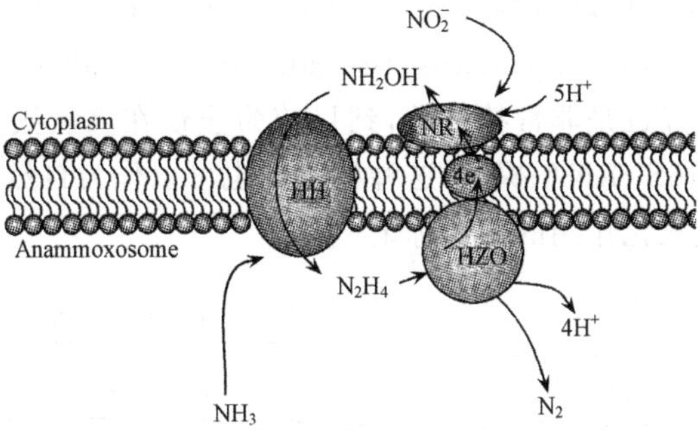

图 2-8　Candidatus“Brocadia anammoxidans”的厌氧氨氧化机理

HH (hydrazine hydrolase)为联氨水解酶；HAO (hydroxylamine oxidoreductase) 为羟胺氧化还原酶，另有资料表述为联氨氧化酶 (HZO：hydrazine-oxidising enzyme)；NR (nitrite reducing enzyme) 为亚硝酸还原酶

厌氧氨氧化菌的富集物[60]。纯化细胞的 16S rRNA 系统发育分析显示厌氧氨氧化菌存在于 *planctomycete* (浮霉状菌) 谱系中，且分支很深。

由于厌氧氨氧化菌生长缓慢，所需生理条件也比较特殊，最初的分离遇到了很大的困难。经过大量的努力，目前已经发现 3 个属的厌氧氨氧化菌，最早发现的厌氧氨氧化菌被临时定名为 Candidatus“Brocadia anammoxidans”[61]，后来发现了另外 2 个种：Candidatus“Kuenenia stuttgartiensis” 和 Candidatus “Scalindua sorokinii”[62]。目前已有多株厌氧氨氧化菌分离出来，除上述 3 种外，还有 Schmid 发现的 2 个新种：Candidatus “Scalindua brodae”和 Candidatus “Scalindua wagneri”[63]。既有淡水种又有海水种。厌氧氨氧化菌呈球菌状，直径不足 1μm，世代时间 10～30d，生理上明显不同于浮霉状菌(Planctomycetes) 科的其他已知的微生物，它们是厌氧化能自养型微生物，以亚硝酸盐作为电子受体将氨转化为氮气，羟氨和肼被证明是重要的中间产物。厌氧氨氧化系统中占优势的细菌是革兰氏阴性的不发光的球形细菌，在电镜下呈现不规则的形状。在富集过程中，一旦出现不规则形态的细胞，就可以通过大量的超薄切片进行计数。在富集 177d 之后，有 64 % 的细菌具有上述描述的形态。随着这种特殊形态的细胞数量的增加，醚酯质的百分比增加。

厌氧氨氧化菌细胞壁中缺乏肽聚糖结构，有一种类似蛋白质的成分代替。脂类是分类的标志，决定细胞膜结构[64]。厌氧氨氧化菌中含有丰富的非常规的膜脂结构[63]，如图 2-9 所示，该结构含有 X、Y 环状系统或同时含有 X、Y 的环状系统[65]。环系统 X 由 3 个环丁烷半族和一个由辛基链取代的环已烷半族组成，在末端碳原子上与甘油单位形成醚键连接。环系统 Y 由庚基链取代的 5 个环丁烷环线性连接起来，在它的末端碳原子上包含一个甲酯半族。环系统 X 和 Y 都是由顺式环连接，形成梯子样的环排列方式，定义为 ladderane。这种结构在厌氧氨氧化菌的膜脂中非常丰富，占 Candidatus“Brocadia anammoxidans”总酯的 34%，并且这种酯结构在自然界也是非常特殊的，到目前为止仅在厌氧氨氧化菌中发现。因此，除了特异性的 16S rRNA 探针，这种梯状脂也可以作为自然生态系统和海洋沉积物中存在厌氧氨氧化作用的分子标记[62]。

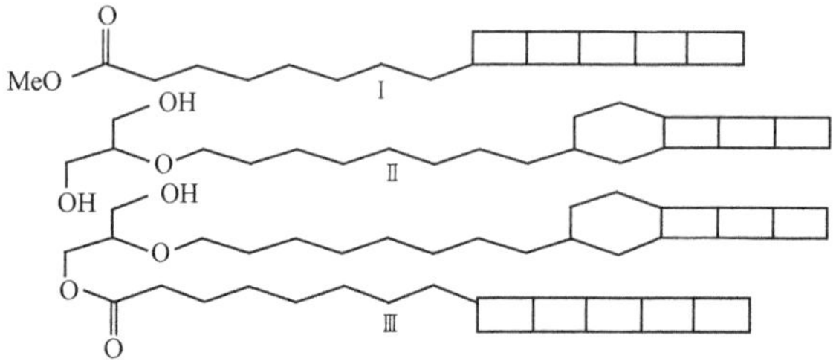

(a) 三种典型Ladderane酯结构

Ⅰ含有环系统Y的梯形脂肪酸；Ⅱ含X有环系统的梯形单烃基甘油醚；Ⅲ含有X和Y两种环系统的梯形甘油酯/醚，该结构在厌氧氨氧化菌膜脂中很丰富

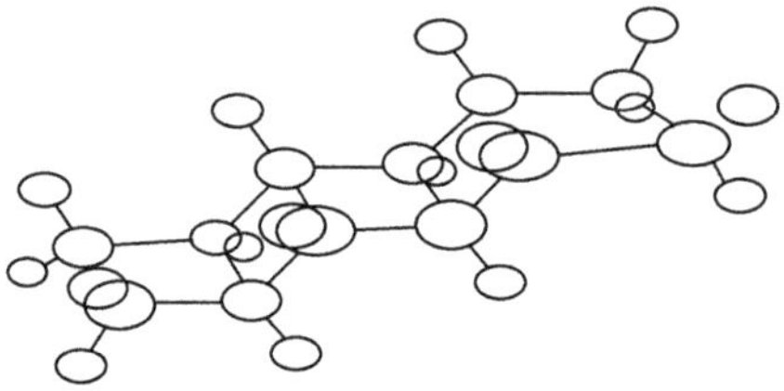

(b) ladderane酯52环丁烷部分的三维结构

图 2-9

厌氧氨氧化反应发生在厌氧氨氧化小体中。厌氧氨氧化小体是细胞质内由单层含梯形酯结构的膜包围而成的小体。厌氧氨氧化的关键酶，肼氧化酶（HZO）已经被纯化，并发现定位于厌氧氨氧化小体中，因此厌氧氨氧化反应应该发生在该小体中。厌氧氨氧化小体的膜中富含梯状脂成分，占总膜脂的 53 %。这种梯状膜脂成分使得厌氧氨氧化小体的膜具有很高的密度[66]，可以防止厌氧氨氧化的中间产物肼等物质渗出厌氧氨氧化小体而对细胞产生毒性；另一方面，厌氧氨氧化菌依赖于跨膜电化学离子梯度产生细胞所需要的 ATP，厌氧氨氧化代谢非常缓慢，单位时间内只有很少的质子穿过膜，因此质子的被动扩散造成的能量丧失相对来说就很重要，这种特殊的膜结构有助于防止质子的被动跨膜扩散，更高效地产生能量。除了上述特征外，厌氧氨氧化小体还有一些其他的特征。例如，已经观察到其中有很多小管状结构，小管状结构中被包着致密物质。这些小管状结构有时排列有序，可能在细胞分裂过程中起到细胞骨架的功能[64]。而且核 DNA 也经常连接在厌氧氨氧化小体的膜上，推测在细胞分裂过程中染色体的分离与厌氧氨氧化小体本身

有关。如果以上假设被证实，那么厌氧氨氧化小体将是一个全新的多功能细胞内器官，这对理解细胞器官和功能器官进化具有重要意义。

3. 厌氧氨氧化过程的影响因素[67,68]

(1) 氧气

在批量实验中发现，当向富集培养体系中通入氧气时，厌氧氨氧化活性完全受到了抑制。接下来间歇反应系统(2 h 好氧、2 h 厌氧)进行的为期 20 d 的氧抑制可逆性研究中发现，氨在好氧阶段不被氧化，但在厌氧阶段的厌氧氨氧化活性在整个实验过程中一直稳定不变，说明氧对厌氧氨氧化过程的抑制作用确实具有可逆性。进一步通过各种亚好氧条件研究了厌氧氨氧化富集体系对氧的敏感性，结果表明，只有在严格厌氧的条件下才具有厌氧氨氧化活性。Jetten 等在 SBR 中验证 O_2 对厌氧氨氧化的影响，反应器中厌氧与好氧交替运行，试验发现在 2.1%、1.5%、1.0%和 0%四种不同的空气饱和度下，只有当反应器中处于完全厌氧状态时，氨氮和亚硝酸氮才被去除，这证明厌氧氨氧化菌对 O_2 非常敏感，反应只能在严格厌氧的条件下运行。如果 O_2 浓度超过 2μm，就会抑制厌氧氨氧化的反应。

(2) 泥龄

由于厌氧氨氧化菌生长缓慢，细胞产率低，污泥产量少，所以维持长泥龄对厌氧氨氧化工艺较重要。Strous 等人[58] 在 SBR 反应器中培养厌氧氨氧化菌发现，在细菌的对数生长阶段，细胞(以蛋白计)的平均氨转换速率为 20±6nmol/(mg·min)，最大氨转换速率为 45±6nmol/(mg·min)。根据最大活性和细胞产率，推算最大生长速率为 0.0027±0.005/h(倍增时间是 11d)，因此厌氧氨氧化的泥龄较长，水力停留时间在一定条件下也应该较长。

(3) pH

pH 的控制对厌氧氨氧化反应的进行很重要，厌氧氨氧化菌对 pH 的改变特别敏感。当 pH 低于 6.4 时，厌氧氨氧化作用将不会发生，因为 pH 决定着 NH_3 和 NH_4^+ 的平衡。当 pH 太低，自由氨(FA)浓度变的很低，而影响厌氧氨氧化菌的生长。当 pH 过高时也不利于厌氧氨氧化菌生长，因为 pH 过高，厌氧氨氧化菌的活性会下降，而太多的 FA 对厌氧氨氧化菌是有毒的。Jetten 等[69]研究表明，厌氧氨氧化菌适宜在 pH6.7～8.3 之间生长。Strous[58] 在试验中发现当 pH 在 6～9 之间时，特别是在 pH=8.0 左右时，NH_4^+、NO_2^- 和 NO_3^- 都有最大转化率。

当 pH 升高时，在厌氧条件下促使 NH_4^+-H 向 NH_2OH 反应方向进行，导致羟胺的积累，从而抑制 Anammox 菌的活性；pH 下降时，不利于 NO_2^--N 向 NH_2OH 的转化，溶液中 FNA 的浓度会相应地上升，FNA 会影响 Anammox 菌的能量代谢过程。过高或过低的 pH 都不利于羟胺的生成，从而有可能使厌氧氨氧化反应的速率下降。pH 对厌氧氨氧化过程的影响可能是通过 FA 和 FNA 直接影响 Anammox 菌的生理代谢过程，从而影响氨氧化速率。

(4) 温度

温度是影响厌氧氨氧化菌的重要因素之一。在温度比较低时,细胞膜呈凝胶状态,营养物质的跨膜运输受阻,细胞因为“饥饿”而停止生长。当温度提高时,细胞内生化反应加快,细菌开始加速生长;但是如果温度过高,对温度敏感的细胞组分(如蛋白质和核酸)开始变性并加剧,细菌生长难以维持,甚至导致死亡,所以细菌生长有一个最适宜温度。从反应活化能的角度看,一般化学反应或活能(Ea)的取值范围是42～420KJ/mol,活化能越小,化学反应速率越高。厌氧氨氧化反应的活化能为70KJ/mol,与亚硝酸菌的反应活化能基本相当。厌氧氨氧化反应属于容易进行的化学反应;但同时属于较难进行的生物反应,它对温度变化比较敏感。Jetten等[69]研究表明厌氧氨氧化适宜温度为20～43℃,低于15℃时,厌氧氨氧化速率较低;在15～37.5℃,厌氧氨氧化速率不断升高,当温度为37.5℃时,达到了最大转化速率,当温度大于37.5℃时,厌氧氨氧化速率开始慢慢下降;当温度超过40℃,厌氧氨氧化活性剧降。

(5) 其他影响因素

高浓度的氨和亚硝酸盐都对厌氧氨氧化菌有抑制作用,氨的抑制常数是38.0～98.5mmol/L,亚硝酸根的抑制常数是5.4～12mmol/L。厌氧氨氧化菌对亚硝酸盐比较敏感。Strous等[58]经过细致的研究发现在厌氧氨氧化反应中,如果NO_2^-高于20mmol/L,对厌氧氨氧化反应有抑制作用;当NO_2^-高于5mmol/L的时间超过12h,厌氧氨氧化反应活性完全丧失,但是通过添加痕量的厌氧氨氧化中间产物联氨或羟氨可以恢复活性。如果NO_2^-过高的话,整个反应就不会仅仅以NH_4^+作为唯一的电子供体,这时需要内部电子供体来还原NO_2^-。据估计,还原25mmol/L NO_2^-需要50mmol/L内源物质。分析其原因,可能是高NO_2^-使中间产物羟氨和联氨减少,进一步使整个反应活性降低。试验也发现在亚硝酸盐浓度0～750mg/L的范围内,厌氧氨氧化活性随亚硝酸盐的浓度升高而降低。

试验中发现,厌氧氨氧化菌富集培养物只能忍受1mmol/L磷酸盐(常用的营养成分和pH缓冲剂);超过2mmol/L的磷酸盐浓度,可导致厌氧氨氧化活性丧失。除了亚硝酸盐和磷酸盐以外,还有很多因素抑制厌氧氨氧化反应,如2,4-二硝基酚、氯化汞、乙炔气体等等。比如氯化汞作为杀菌剂会损伤细胞。乙炔对富集培养物也有抑制作用(活性丧失87%)。此外,厌氧氨氧化菌属于光敏性的微生物,光能抑制其活性,降低30%～50%的氨去除率。

4. 典型处理工艺

(1) SHARON-ANAMMOX工艺

SHARON工艺可以通过控制温度、水力停留时间、pH等条件,使氨氧化控制在亚硝化阶段。尽管SHARON工艺以好氧/厌氧的间歇运行方式处理富氨废水取得了较好的效果，但由于在反硝化期需要消耗有机碳源，并且出水浓度相对较高，因此如以 SHARON 工艺作为硝化反应器，而 ANAMMOX 工艺作为反硝化反应器则组成一个新型的生物脱氮工艺。该组合工艺已成功地用于处理污泥消化上清液。通常情况下，SHARON 工艺可以控制部分短程硝化，使出水 NH_4^+-N 和 NO_2^--N 的理论比例近似于 1∶1，从而作为 ANAMMOX 工艺的进水，该组合工艺的流程如图 2-10 所示[55]。

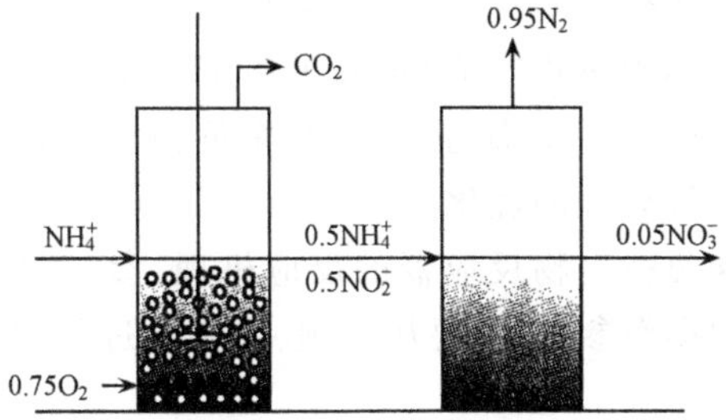

图 2-10　SHARON-ANAMMOX 组合工艺图

SHARON-ANAMMOX 工艺可以大大提高污水处理的效率，由于该工艺无需外加碳源，因此只需对脱氮过程进行控制，避免了在传统硝化反硝化过程中对 COD 的控制，此外与传统的硝化反硝化工艺相比，该组合工艺可以节约氧气 50%，无需外加碳源，污泥产量低，而且不向环境排放 CO_2 还能消耗 CO_2。与传统工艺相比，该组合工艺可以节约 90%以上的运行成本，具有很好的应用前景。该工艺与传统工艺比较详见表 2-3。

表 2-3　SHARON-ANAMMOX 组合工艺和传统生物脱氮工艺的比较[7]

参数	SHARON-ANAMMOX 组合工艺	传统生物脱氮工艺
耗氧量($kgO_2/kgNH_4^+$-N)	1.9	3.4～5
反硝化 BOD 消耗量($kgBOD/kgNO_3^-$-N)	0	>1.7
污泥产量($kgVSS/kgNH_4^+$-N)	0.08	1

SHARON-ANAMMOX 工艺最基本的原理就是在 SHARON 反应器中将含 NH_4^+-N 污水中 50%的 NH_4^+-N 氧化为 NO_2^--N。

$$NH_4^+ + HCO_3^- + 0.75O_2 \rightarrow 0.5NH_4^+ + 0.5NO_2^- + CO_2 + 1.5H_2O \quad (2\text{-}19)$$

然后将含有 NH_4^+-N 和 NO_2 -N 的 SHARON 反应器出水作为 ANAMMOX 反应器的进水，在该反应器中 NH_4^+-N 和 NO_2^--N 在厌氧条件下被转化为 N_2 和 H_2O。

$$NH_4^+ + NO_2^- \rightarrow N_2 + 2H_2O \quad (2\text{-}20)$$

SHARON-ANAMMOX 工艺适用于污泥消化上清液和高氨氮、低碳源工业废水的处理，ANAMMOX 过程要求进水 NH_4^+-N/NO_2^--N 在 1.0 左右，对于污泥上清液而言，在 SHARON 反应器内无需控制 pH 就能达到这一比值，这是因为污泥上清液中含有 HCO_3^-。当有一半的 NH_4^+-N 被转化后，污水中碱度也几乎被耗光，这将导致反应器中 pH 下降，从而抑制硝化反应的进行。

在试验室研究的基础上，世界上第一个生产性的 SHARON-ANAMMOX 工艺已于 2002 年在荷兰鹿特丹 Dokhaven 污水处理厂正式运行，主要用于处理污泥消化上清液的处理，其氨氮浓度很高（最高可达 1500mg/L），水温为 28%，如此高的氮负荷进入污水处理工艺会加重氮的去除负担，而采用 SHARON-ANAMMOX 工艺后可实现系统处理的优化。

到目前为止，对这两种生物反应器的反应机理、参与菌种等研究还不是很充分，如何控制其中各种操作参数，需要从工程、生物和过程控制等方面进行多角度的分析和研究。

(2) CANON 工艺

Hippen 等人于 1997 年在德国 Mechernich 地区的垃圾渗滤液处理厂中发现在限制溶解氧（0.8～1.0mg/L）和不加有机碳源的情况下，生物转盘反应器中有超过 70% 的氨氮直接转化为氮气而得到去除。根据这些发现，Dijkman[70] 和 strous[60] 于 1999 年提出了一种新型生物脱氮工艺——CANON 工艺（Completely Autotrophic Nitrogen removal Over Nitrite），即生物膜内自养脱氮工艺。该工艺是指在单个反应器或生物膜内，通过控制溶解氧实现亚硝化和厌氧氨氧化，从而达到除氨的目的。

在污水处理系统中，CANON 工艺是一个既经济又高效的选择，特别是对那些含高氨氮、低有机碳的污水的处理。由于 CANON 工艺所涉及的微生物均为自养菌，故无需外加碳源。此外，整个除氮过程在单一的、微量曝气的反应器中发生，从而大大减少了占地面积和能耗。与传统的脱氮工艺相比，这一过程可减少 63% 的供氧量、100% 的碳源。而且 CANON 工艺可在单一反应器内实现，可节省运行费用，脱氮效率高，反应系统易于控制，是一种非常经济、有效并有发展前途的生物脱氮系统。

Strous[60] 最先指出在限氧条件下（<0.5% 的饱和空气）能够建立好氧和厌氧氨氧化菌的共生系统，而这一系统的存在才导致 CANON 过程的发生。随后 Third 提出[71]，该工艺依赖于两种自养微生物菌群在缺氧条件下稳定的相互作用关系，这两种自养微生物菌群分别为 *Nitrosomonas* 属好氧菌和 *Planctomycetes* 目的 Anammox 菌。这些自养菌将 NO_2^--N 作为中间产物，将 NH_4^+-N 直接转化为 N_2。若将这一工艺运用到实际污水处理过程中，则可以在单一自养反应器中实现 NH_4^+-N 的完全去除。这两种自养微生物菌群在反应器中相互作用，同时发生两

种反应。

在限氧条件下,NH_4^+-N 被耗氧亚硝化菌(如 *Nitrosomonas* 和 *Nitrosopira*)氧化成 NO_2^--N。

$$NH_4^+ + 1.5O_2 \rightarrow NO_2^- + 2H^+ + H_2O \qquad (2\text{-}21)$$

随后,目的厌氧氨氧化菌将产生的 NH_4^+-N 和 NO_2^--N 以及痕量的 NO_3^--N 转化为 N_2。

$$NH_4^+ + 1.35O_2 \rightarrow 1.02N_2 + 0.26NO_3^- + 2H_2O \qquad (2\text{-}22)$$

NO_2^--N 也可作为微生物合成时的电子供体,CO_2 为电子受体,在这一过程中 NO_2^--N 被 CO_2 氧化生成 NO_3^--N。上述两个反应方程式可写成式

$$NH_4^+ + 0.85O_2 \rightarrow 0.435N_2 + 0.13NO_3^- + 1.3H_2O + 1.4H^+ \qquad (2\text{-}23)$$

在限氧条件下好氧和 Anammox 菌的相互作用将使得 NH_4^+-N 完全转化为 N_2,同时也有少量 NO_3^--N 产生。在悬浮生长反应器中,当 DO 浓度低于 0.5mg/L 时,对 NH_4^+-N 的氧化没有影响,而 NO_2^--N 的氧化受到严重抑制。在限氧条件下亚硝酸氧化菌要与氨氮氧化菌竞争 O_2,与 Anammox 菌竞争 NO_2^--N,因此在 CANON 反应器中不存在亚硝酸氧化菌。

Sliekers 等人通过试验研究指出在限氧条件下好氧氧化菌能与 Anammox 菌稳定共存。用荧光原位杂交技术对 CANON 反应器中微生物进行分析表明,菌落中 40%的微生物由好氧氨氧化菌组成,另外 40%的微生物是 Anammox 菌组成,剩余的 20%是由其他各种细菌组成。在试验过程中未发现亚硝酸氧化菌。但当 CANON 反应器长期(大于 1 个月)处在限氨条件下,就会出现亚硝酸氧化菌。一旦反应器中 O_2 取代氨成为限制因素,则反应器中能重新建立稳定的好氧氨氧化菌与厌氧氨氧化菌的共存关系。2002 年 Hao 等人[72]提出了生物膜内 CANON 工艺的工作原理(见图 2-11)。CANON 工艺的事实依赖于其间微生物(AOB、NOB 和厌氧氨氧化菌)的竞争。这三种细菌相互竞争氧和亚硝酸盐,由于 AOB 和 NOB 对氧的亲和性不同以及传质限制等因素,AOB 在生物膜表层的聚集是可能的,当氧向生物膜内扩散被消耗后,出现厌氧层,Anammox 菌便有可能在此生长。随着未被硝化的氨氮与亚硝化后的亚硝酸盐扩散至厌氧层,ANAMMOX 反应便发生。

CANON 工艺虽是一种既经济又有效的废水处理工艺,但是 CANON 工艺在应用中也存在一些问题:CANON 反应器的启动周期较长,在厌氧条件下接种和培养厌氧氨氧化菌,反应器运行稳定后再在低溶解氧和限氧条件下培养好氧氨氧化菌。废水成分的波动是 CANON 工艺运行的主要影响因素。水质变化极易引起亚硝酸盐氧化菌富集,厌氧氨氧化菌流失,降低反应器的运行效率,严重时可能引起整个运行失败。参与反应的厌氧氨氧化菌不易富集培养。厌氧氨氧化菌的污泥产率低,大量用于接种的厌氧氨氧化污泥不易获得。因此,未来的研究重点应在菌群的优化、工艺控制和 CANON 反应器的快速启动方面,使 CANON 技术的工程

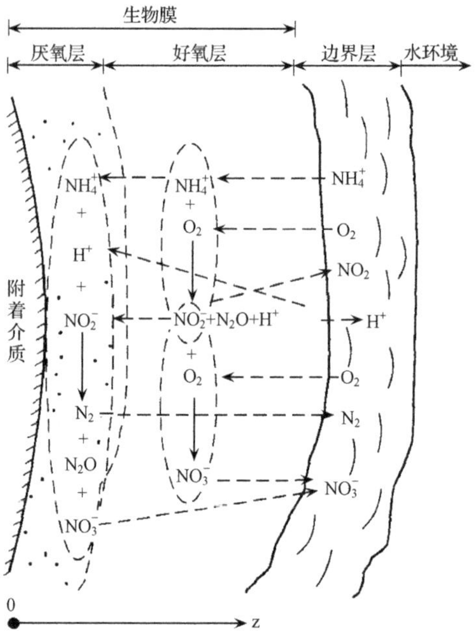

图 2-11　生物膜内 CANON 工艺的工作原理

应用成为可能。

2.2.3　同步硝化反硝化生物脱氮技术

1. 同步硝化反硝化技术的提出

传统脱氮理论认为，要实现废水生物脱氮必须使氨氮经历典型的硝化和反硝化过程，即首先在好氧条件下，亚硝酸菌将氨氮氧化为亚硝酸氮，而后硝酸菌将亚硝酸氮进一步氧化为硝酸氮。随后在缺氧条件下，反硝化菌将硝酸氮或亚硝酸氮还原成气态氮或 N_2O。由于硝化菌和反硝化菌对环境条件的要求不同，一般都认为这两个过程不能同时发生，在这种理论的指导下，传统的生物脱氮工艺都将缺氧区和好氧区分开，在不同的反应器中运行，形成所谓的前置反硝化或后置反硝化工艺，或者采用间歇的好氧和厌氧条件来进行。然而，自 20 世纪 80 年代以来，研究人员曾多次观察到氮的非同化损失现象，在曝气系统中亦曾多次观察到氮的损失，也就是存在氧的情况下反硝化反应、低氧情况下硝化反应。在这些处理系统中，硝化和反硝化反应往往发生在同样的处理条件及同一处理空间，因此，这些现象被称为同步硝化反硝化(simultaneous nitrification and denitrification，简称 SND)。由于在这些处理系统中，反硝化作用发生在有氧的条件下，根据其中一种理论假设，亦有研究人员将这些现象中反硝化过程成为好氧反硝化(aerobic denitrification)[73－75]。

同步硝化反硝化技术有很多吸引人的地方，其经济效益不容忽视。首先，在同一处理系统中实现同步硝化反硝化过程，硝化反应的产物可直接成为反硝化反应的底物，避免了硝化过程中硝酸盐的积累对硝化反应的抑制，加速了硝化反应的速度；其次，硝化过程中碱度被消耗，而同时的反硝化过程中产生了碱度，能使系统中的 pH 维持相对稳定，无需外投碱度；再次，SND 意味着在同一反应器，相同的操作条件下，硝化、反硝化反应能同时进行，如果能够保证在好氧池中一定效率的反硝化与硝化反应同时进行，那么对于连续运行的 SND 工艺污水处理厂，可以省去缺氧池的费用，或至少减小其容积。对于仅由一个反应池组成的 SBR 反应器来讲，SND 能够降低实现完全硝化、反硝化所需的时间。另外，硝化反应和反硝化反应可在相同的条件和系统下进行，简化了操作难度。实现同步硝化反硝化将大大简化生物脱氮工艺并提高脱氮效率，从而节省投资、提高处理效率，也可节省碳源。如果能将硝化过程控制在亚硝化阶段，并直接进行反硝化，那么在好氧阶段可节省约 25％的 O_2，在缺氧阶段可减少 40％的有机碳，反硝化速率提高 63％。基于以上原因，同步硝化与反硝化现象引起了人们的广泛关注。

2. 同步硝化反硝化的反应机理

到目前为止，人们对于同步硝化反硝化的反应机理存在不同的观点，对其机理的探讨还未达到令人满意的程度。但综合分析近年来相关的一些研究成果和理论，可以从微环境和生物学及生物化学理论的角度对 SND 加以解释。

(1) 宏观环境理论

在反应器内部，由于充氧不均衡，混合不均匀，形成反应器内部不同区域缺氧和好氧段，分别为反硝化菌和硝化菌作用提供了优势环境，此为生物反应大环境，即宏观环境。事实上，生产规模的生物反应器中，完全均匀的混合状态并不存在，即使在曝气阶段出现某种程度的反硝化即同步硝化反硝化的现象也是完全可能的。除了反应器不同空间上的溶解氧不均外，反应器在不同时间点上的溶解氧变化也可以导致同步硝化/反硝化现象的发生。HyungseokYoo[75]研究了 SBR 反应器在曝气反应阶段，反应器内溶解氧(DO) 浓度历经减小后逐渐升高，并伴随的同步硝化/反硝化现象。

(2) 微环境理论

微环境理论是从物理学角度对同步硝化反硝化现象进行解释，是目前已被普遍接受的一种机理，被认为是 SND 发生的主要原因之一。该理论考虑活性污泥和生物膜的微环境中各种生态因子(如溶解氧、有机物及其他营养物质) 的传递与变化，各类微生物的代谢活动及其相互关系，以及微环境的物理、化学和生物条件或状态的变化。

微环境理论认为：由于氧扩散的限制，在微生物絮体或者生物膜内产生溶解氧梯度，即微生物絮体或生物膜的外表面溶解氧浓度高，以好氧硝化菌及氨化菌为主，深入絮体内部，氧传递受阻及外部氧的大量消耗，产生缺氧区，反硝化菌占优，从而形成有利于实现同步硝化反硝化的微环境。由于微生物种群结构、基质分布代谢活动、生物化学反应不均匀性，以及物质传递的变化等因素的相互作用，在微生物絮体和生物膜内部会存在多种多样的微环境。一般而言，即使在好氧环境占主导地位的微生物系统中，也会存在不同状态的微环境，系统中各种微氧环境的存在相应地导致了反硝化的发生。由于缺氧微环境的形成有赖于系统中DO的浓度以及微生物的絮体结构特征，因此，控制系统中的DO浓度及微生物的絮体结构对能否进行SND及其发生的程度至关重要。

(3) 生物学及生物化学解释

由于好氧反硝化菌以及好氧反硝化酶系的存在，使得好氧同步硝化反硝化有了生物学的解释。目前已知部分好氧反硝化菌同时也是异养硝化菌，能直接把氨转化为最终气态产物逸出，使得在同一反应器内同时完成硝化反硝化成为可能。

20世纪80年代，Robertson和Kuenen[76]在反硝化和除硫系统出水中首次分离出好氧反硝化菌 *Thiosphaera Pantot ropha*、*Pseudmonas* sp. 和 *Alcaligenes faecalis* 等。其他常见的好氧反硝化菌还有 *Pseudomonas nautical*、*Thaurea mechernichensis* 和 *Microvirgula aerodenitrificans* 等。其中 *Thiosphaera Pantot ropha* 被研究者用来进行了广泛的研究。*T. Pantotropha* 在好氧条件和厌氧条件均能生长，其性状为[77]：革兰氏染色阴性，通常成对或长链出现，GC百分比为65.8%～66.0%，在含醋酸盐或硫代硫酸盐的固体培养基上呈现为：外凸，白色、半透明、圆形菌落，可生长pH范围为6.5～10.5，最适pH 8.0，可生长温度15～42℃，最适温度37℃。目前，该株菌已被应用在絮凝藻类细菌系统处理合成肥料废水和固定化膜系统中，这株菌能够达到高效，同时去除有机物和氮，这是对传统的污水处理技术的一大改进。

好氧反硝化菌作用的机理引起了人们极大的关注。Robertson等人[78]认为，在好氧反硝化中协同呼吸是一个很重要的机理，协同呼吸意味着分子氧和硝酸盐被同时作为电子受体。在细胞色素c和细胞色素aa3之间的电子传输链中的"瓶颈"现象就可以被克服，因而也就允许电子流能同时传输到反硝化酶以及分子氧中，反硝化反应就可能在好氧环境中发生。另外，从反硝化酶系角度[79]阐释好氧反硝化现象也是开始于 *Thiosphaera pantotropha* 的研究，在 *Thiosphaera pantotropha* 里，存在着两种不同的硝酸盐还原酶(NAR)，即膜内硝酸盐还原酶和周质硝酸盐还原酶。菌体的好氧生长和厌氧生长分别揭示了好氧条件下和厌氧条件下这两种酶的活性。在缺氧条件下，膜内硝酸盐还原酶被表达，而这种酶在好氧条件下完整的细胞里是不起作用的。在好氧条件下，周质硝酸盐还原酶被表达，这种酶即使在很高的氧浓度下仍然可以起作用。这两种 NARs 的催化特征是明显不同的。周质硝酸盐还原酶是不能够使用氯酸盐作为可选择的电子受体，而且对叠氮化物也不敏感。仅仅只有膜内硝酸盐还原酶能够同 NADH 脱氢酶相结合。*Thiosphaera pantotropha* 的周质硝酸盐还原酶的好氧表达不会依赖于是否存在硝酸盐，但是会极大的被所使用的碳源种类影响。还原态的碳源（丁酸盐或己酸盐）越多，周质硝酸盐还原酶的活性越强。这证实了它在好氧生长过程中可能起着氧化还原阈值的作用。周质硝酸盐还原酶很有可能参与了好氧反硝化，因为在周质中硝酸盐的还原反应对于透过细胞质膜进行硝酸盐转运时的氧气的抑制不是很敏感。而细胞质膜可以通过膜内硝酸盐还原酶来阻止这种还原反应。由于好氧反硝化菌及好氧反硝化理论的形成，使得硝化和反硝化可以同时在一个具有好氧条件的反应器内完成，即所谓的同步硝化好氧反硝化。

3. 同步硝化反硝化的影响因素[80]

实现同步硝化反硝化的关键在于对硝化菌和反硝化菌的控制。因此，优化那些有利于硝化菌和反硝化菌同时存在的因素，就可以较好的控制同步硝化反硝化实现的途径。影响同步硝化反硝化的因素多且复杂，但就目前的研究成果来看，其关键控制因素主要是 DO、C/N 比以及污泥的絮体形态，当然 pH、温度、污泥龄等因素也会对其产生一定的影响。

（1）溶解氧

DO 浓度是影响系统中 SND 的重要参数之一。首先系统中的 DO 应足以满足有机物的氧化及硝化反应的需要，使硝化反应充分；其次 DO 浓度又不能太高，以便能在微生物絮体内产生 DO 浓度梯度，促进缺氧微环境的形成，同时使系统中有机底物不致于过度消耗而影响了反硝化碳源的需求。由于反硝化反应主要发生在生物絮体内部的微缺氧区，所以水中的主体 DO 浓度的确定与絮体的尺寸大小有直接关系。同时，反应器形式、污泥浓度等因素也对 DO 的控制有很大的影响，因此文献中 DO 的范围变化也相当大。

Rittmann 等人通过研究表明，各种不同的处理构筑物发生同步硝化反硝化时，对 DO 的控制范围各异：四槽式氧化沟为 0.3～0.8mg/L，间歇曝气工艺为 $<$1.0mg/L，生物膜工艺为 1～2mg/L，半间歇活性污泥工艺为 0.3～1.5mg/L。Munch 发现当溶解氧(DO) 浓度在 0.5mg/L 时，反硝化速率基本与硝化速率相等，从而可获得有效的同时硝化反硝化效果。邹联沛等研究膜生物反应器(MBR)系统中 SND 现象时，将 DO 浓度控制在 1mg/L 时，总氮的去除率达到了 92%；赵玲、张之源在研究复合 SBR 系统时发现 DO 控制在 3～5mg/L 时 TN 的脱除效果为最佳。徐伟锋通过研究生物膜法中 DO 对 SND 系统脱氮效率的影响表明，在 DO 为 1.0～3.0mg/L 范围内，随着反应器内溶解氧浓度的降低，总氮去除率提

高，保持较好脱氮率的最佳 DO 为 2mg/L 左右。熊振湖等在研究 DO 和 pH 对 CAST 工艺脱氮效果的影响实验中得出结论：CAST 主反应区内 SND 最佳溶解氧为 0.5mg/L；Hyungseok Yoo 在研究曝气反应 SND 脱氮实验中得出最佳 DO 浓度为 2.1～2.5mg/L。阮文权等在研究 COD 与 DO 对好氧颗粒污泥 SND 脱氮的影响时得出在 DO 浓度 3mg/L 时，氮去除率最高，达到 83%。

大多生产性实验的结果为 0.5～1.0mg/L。对于不同的水质和不同的工艺，实现 SND 的具体 DO 浓度水平需要在实践中确定。

(2) 微生物絮体

微生物絮体的结构特征，主要指活性污泥颗粒的浓度、大小等，这些特性直接影响着缺氧微环境形成以及稳定程度。微生物絮体结构也直接影响了污泥絮体内部好氧区与缺氧区比例的大小和絮体内部物质的传质效果，进而影响微生物对 DO 和底物获取的难易程度。体积较大的污泥颗粒增加了缺氧微环境的比例，结构密实的污泥颗粒的传质阻力大。水中的有机碳源很难渗透至这样的污泥絮体内部，处于内部的微生物难以接触到碳源，影响同步反硝化。因此，只有颗粒大小、密实度适中的污泥才能保证 DO 和有机碳源在污泥絮体内部的分布有利于同步硝化反硝化。

Pochana 等[74]研究获得微生物絮体粒径大小是影响 SND 的重要控制因素，活性污泥絮体体积增加可引起 SND 效率的显著加强，实验结果表明：活性污泥絮体平均粒径由 40μm 变为 80μm 时，SND 贡献率由 21%增为 52 %。并测出了 SND 适宜的污泥絮体尺寸为 50～110μm。

(3) 有机碳源

有机碳源作为生物生长代谢所必需的物质和能量来源，被认为是实现完全生物反硝化的最关键因素之一。对于同步硝化与反硝化体系，由于硝化与反硝化反应同时发生，相互制约，使得有机碳源对整个反应体系的影响尤为重要。因此对于同步硝化与反硝化体系来说，存在一个碳源的浓度范围，使得氨氮的降解能达到一个较高的水平，否则有机碳源浓度过低，满足不了反硝化的需要；浓度过高，使得硝化菌的同化作用占优而不利于氨氮的去除。

Pochana 等[81]研究了碳源对 SND 的影响，结果认为 RBCOD（易生物降解 COD）为 SND 的重要影响因素之一，试验中添加 RBCOD 可使 SND 的活性显著加强。对于碳源的投加方式，一些学者也进行了研究。传统的碳源投加方式往往是一次性在曝气的开始段投加，但随着 COD 消耗，DO 有逐渐回升趋势，不利于反硝化的进行。

(4) 碳氮比

反硝化需要消耗一定量的有机碳源，而废水成分不同，其可生化性不同，从而导致反硝化速率和最佳 C/N 比不同。C/N 比越高，缺氧反硝化的碳源越充足，

SND越明显，总氮的去除率也就越高。但COD浓度太高对脱氮不利，当碳氮比太大时，系统将发生“碳穿透”现象(Carbon Breakthrough)，即过多的碳源阻碍了硝化作用的进行。

对C/N较低的废水，如某些工业废水和垃圾渗滤液，实现高效同步硝化反硝化的条件之一是使流入的碳源尽量少地被好氧氧化。因为好氧条件下，碳源首先被异养菌大量消耗，使系统中碳源处于较低水平，反硝化菌只能利用内源碳进行反硝化，而内源反硝化反应速度慢，仅为5.4mgNO_3^--N/(L·h)[82]，因而SND效率就低。改进的方法是采取非连续进液方式，使入流的碳源在短时间内被微生物体吸附或吸收，这样生物体可以利用预先储存的碳源来完成反硝化。

(5) 其他因素

影响SND的控制因素还有很多，除上述几个重要的参数之外，还有其他的因素，如OPR、温度、pH等也都会对SND有着一定的影响。

利用氧化还原电极电位ORP控制实际上是一种间接DO控制。ORP可以很好地反映DO的变化，特别是DO比较低时。若DO无法直接测量，ORP更可成为DO的间接测量手段。pH是影响废水生物脱氮处理工艺运行的一个重要因子。兼顾硝化菌和反硝化菌的最适pH应保持在8.0左右。张龙、肖文德[83]在采用单级SBR系统处理含有机物和氨氮的模拟污水研究单级生物脱氮的主要影响参数时，控制pH为7.6～8.5，温度为25～27℃。熊振湖等[84]在研究DO和pH对CAST工艺脱氮效果的影响实验中得出结论：CAST主反应区内SND脱氮的最佳pH为7.4～7.8。

4. 应用状况及其发展前景

目前关于SND已有很多成功应用的报道，如生物转盘、SBR、氧化沟、CAST等处理工艺。如Rittmann等[85]很早就在工业规模的氧化沟中成功地实现了SND，并通过实验证实了反硝化反应可在絮体内部缺氧区内连续进行，通过控制DO浓度可以实现在同一反应器中的SND。Watanabe等[86]在单一RBC工艺研究中，通过降低气相中氧分压控制氧的传递速率方式实现了同步硝化和反硝化。杨麒等[87]通过在SBR反应器内培养高活性好氧颗粒污泥，实现了同步硝化反硝化，其氨氮去除率在82.3%～98.5 %之间，出水中的NO_3^--N、NO_2^--N浓度均一直维持在低于1mg/L以下。SND同样也被应用于淹没式曝气生物滤池工艺当中，另Yoo等[75]在间歇式曝气反应器中也实现了同时去除有机物和脱氮，并得到了关键的控制参数。

利用固定化微生物技术进行同步硝化反硝化是近十多年来生物脱氮领域研究的热点之一。其主要是利用固定化载体将硝化菌和反硝化菌分层包埋或混合包埋，好氧硝化菌集中于外层，厌氧反硝化菌集中于内层，为硝化和反硝化分别提供了适宜的条件。

目前,国内外学者对同步硝化反硝化工艺的作用机理及动力学模型正在做进一步的研究工作。当前对同步硝化反硝化的应用,无论是用宏观环境理论还是微环境理论来解释,都还是没有摆脱传统的好氧缺氧生物脱氮模式,其所说的好氧反硝化,其实质仍然是缺氧微环境下的反硝化,不能称之为真正意义上的好氧反硝化,没有发挥出好氧反硝化菌的技术优势[88-89]。应进一步发掘好氧反硝化菌的种属资源,并从生物学角度对好氧反硝化菌的各种生长特性和脱氮机理进行深入研究,找出影响它生长的各种生态因子,充分利用其优越性,提高生物脱氮效率,降低处理费用,在同一反应器内实现除碳和脱氮。

在生物脱氮过程中,可能会同时存在全程(NO_3^--N 途径) 和短程(NO_2^--N 途径) 硝化反硝化两条生物脱氮途径。显然,控制生物硝化反硝化经历“NO_2^--N 途径”对实现 SND 具有明显的优越性:可减少供气量、有机碳源与投碱量、具有较高的反硝化速率等。这项技术的优势对废水的生物脱氮处理具有极大的吸引力。

另外发现一些 SND 工艺在除氮的同时有明显的生物除磷现象,因而也可以考虑把好氧反硝化技术与短程硝化反硝化技术及反硝化除磷技术相结合,这样不但能实现同一反应器内有机物的降解及脱氮除磷,而且可以缩短脱氮除磷过程的停留时间,减小脱氮除磷反应池的体积。这样,不仅可以极大减少污水处理费用,而且可以提高系统处理能力和效率。

2.3　传统生物除磷理论及其影响因素

2.3.1　传统生物除磷的生化反应机理

传统的生物除磷理论是“聚合磷酸盐(Poly-P)累积微生物”——聚磷菌(PAO)的摄/放磷原理:在厌氧/好氧交替运行条件下驯化出 PAO 一类微生物,它能够过量的,在数量上超过其生理需要的,从外部环境中摄取磷,并将磷以聚合磷的形式贮存在体内,形成高磷污泥,排出系统外,达到从废水中除磷的效果。生物除磷过程通常包括厌氧释磷和好氧吸磷两个过程,其代谢模式如图 2-12 所示,其具体的诱导驯化机制如下[90]。

在厌氧条件下,聚磷菌充分吸收醋酸盐或其他挥发性脂肪酸(VFA),并以生物聚合物的形式贮存在细胞内(主要是 PHB 和碳源)。这一代谢过程所需的能量主要来自其细胞内贮存的聚磷酸盐。聚磷酸盐是一种高能分子,在厌氧状态下水解并放出大量的能量,为微生物吸收有机底物并在细胞内把这些有机底物转化为 PHA 所用。与此同时,聚磷酸盐水解生成了正磷酸盐释放到污水中,所以厌氧状态下 PHA 合成的同时伴随着正磷酸盐的释放。另外生物体内的另一聚合物糖原

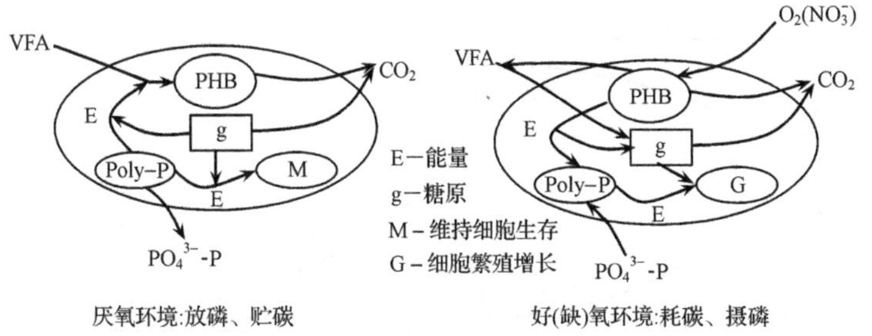

图 2-12　聚磷微生物放磷、吸磷机理图

也提供一定的能量，其主要作用是提供还原力 $NADH_2$（它在转化过程中是必需的），从而调节细胞内的氧化还原平衡。聚磷菌最大释磷量不仅由可利用的醋酸盐量所决定，还与细胞内的糖元质物质和聚磷酸盐量有关。如果糖元质物质成为限制性因素，那么只能认为是最大醋酸盐吸收量而不是最大释磷量。在实际条件下糖元物质含量一般不会成为限制性因子。只有在极特殊条件下，如进水中醋酸盐浓度非常高，或者在序批实验中投加醋酸盐，才会发生这种情况。而且，聚磷酸盐的含量也不会成为限制因素。但是在一些特殊条件下，如当 pH 较高、醋酸盐通过细胞壁（膜）进入细胞需要较高的能量的条件下，才有可能发生。

在好氧条件下，此时聚磷菌则利用胞内贮存的 PHA 提供生长所需的能量和碳源。PHB 被氧化成 CO_2，而 $NADH_2$ 被释放并转化为 ATP（三磷酸腺苷）。ATP 产生能量用于聚磷菌的生长，聚磷菌在生长的同时不断在细胞体内以聚磷酸盐的形式贮存磷和合成糖元质物质，此时吸收的磷大大超过了厌氧时释放的磷，实现了磷的超量吸收，因而出水中磷大大降低，实现了除磷的目的。工艺产生了富磷活性污泥，这些污泥一部分作为接种污泥被循环回流到厌氧反应器，另一部分则作为剩余污泥被排出，从而将磷从系统中去除，取得高效稳定的除磷效果。糖元质的形成和恢复是非常重要的。因为在厌氧条件下将醋酸盐转化为 PHB 所需要的还原能力主要来源于糖元质物质。生物除磷工艺的新陈代谢见图 2-13。

生物强化除磷（EBPR）工艺基于聚磷细菌的选择性富集，即通过改变活性污泥微生物生存的环境状态，使微生物不断在厌氧（绝对厌氧，无硝酸盐存在，也无氧存在）和好氧两种状态下生长存活，从而选择驯化出一定数量具有 EBPR 能力的菌群。聚磷菌的新陈代谢过程的明显特征是糖元质和聚磷酸盐的消耗和贮存的循环过程。除生长所需的能量外，运行和维持这个循环也需要能量。因此，聚磷菌新陈代谢所需要的能量要比其他异养微生物（非聚磷菌）高。

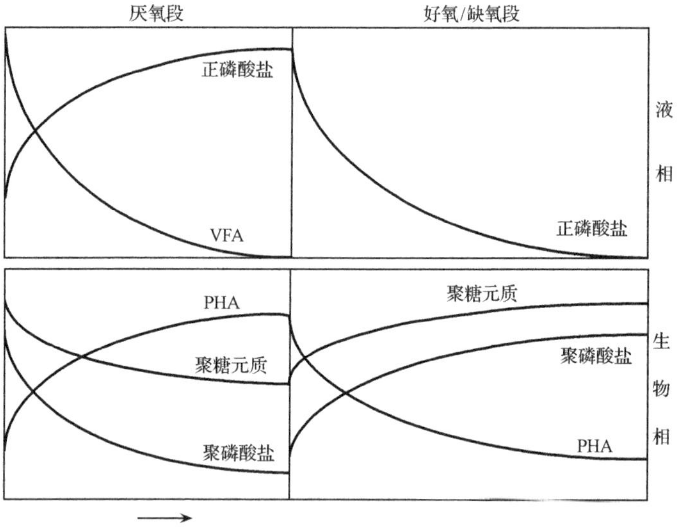

图 2-13　生物除磷工艺的新陈代谢过程

2.3.2 传统生物除磷系统的主要影响因素

为聚磷菌创造最好的生长、代谢环境是得到最佳除磷效果的必需条件，以下是强化生物除磷系统的主要影响因素[90—109]：

1. 温度

温度是生物除磷过程中一个复杂的因素，这是因为温度的升高或降低对除磷过程的影响并不是非常明显：如低温下，硝化效果降低，硝酸盐含量降低，反硝化过程对底物的需求降低。因此聚磷菌可利用底物增加，聚磷的贮存能力增强，相应会增加除磷效果；但低温下，发酵作用降低，VFA 的产量减少，所以聚磷菌可利用底物一定程度减少，聚磷的贮存能力降低。因此温度的变化有时会促进生物除磷过程，提高生物处理效率；有时则相反。

一般情况下，聚磷菌的吸磷与释磷效率均随温度的升高而增大。随着温度的升高，硝化、反硝化以及酸化反应速率也增大。所以，在不同过程温度下，比较生物除磷工艺运行时，采用每克 VSS 来表述释磷与吸磷速率是非常必要的。另外低温运行时，厌氧区的停留时间要长一些，以保证发酵作用的完成及基质的吸收。

2. pH

pH 对生物除磷的效果有着极其重要的影响。生物除磷的各个过程如厌氧磷释放、好氧磷吸收等都存在着各自反应的最佳 pH 范围。特别在厌氧释磷阶段，

pH 将影响醋酸盐进入细胞的过程，低 pH 会导致释磷速率和醋酸盐吸收速率的降低。这意味着在低 pH 条件下每释放单位质量的磷酸盐就需要更多的醋酸盐。同时聚磷酸盐水解所释放的能量不是用于将醋酸盐转化为多聚物 PHB 进行贮存，而是用于将醋酸盐通过细胞膜送入细菌体内。pH 过高时，厌氧环境下代谢定量的乙酸等有机基质所需要的能量增加。综合考虑，生物除磷系统的 pH 一般控制在中性或略碱性。另外，EBPR 系统对 pH 的变化是比较敏感的，EBPR 系统运行应该维持一个 pH 以保证系统稳定运行。

Liu 等人以乙酸为主要碳源，分别研究了活性污泥生物含磷量为 12%和 8 %时 pH 对厌氧环境下乙酸代谢的影响。研究结果表明酸性 pH 环境抑制了乙酸的代谢，碱性 pH 环境下可以释放更多的磷，但是代谢等量的乙酸需要更多的能量。Liu 等认为 pH 为 6.8 ±0.7 之间最适合乙酸的厌氧代谢，因为在此 pH 范围之内吸收同样的乙酸需要相对较少的能量。Pijuan 等人以丙酸为碳源研究了 pH 在 6.5 和 8.0 之间变化时对 EBPR 系统的影响。结果表明，厌氧环境的最佳 pH 为 8.0，好氧条件下酸性 pH 的磷吸收率最低，pH 为 7.5 和 8.0 时的磷吸收率最高，并认为 7.5 到 8.0 之间为好氧的最佳 pH 工作范围。综合考虑，Pijuan 等人认为以丙酸为碳源的 EBPR 系统的最佳 pH 值为 7.5 左右。

pH 不仅对生物释磷和吸磷有明显影响，而且还对活性污泥中的化学除磷有明显作用。在高 pH 条件下（>7.5），磷酸盐沉淀将生成。在无辅助化学除磷的生物除磷工艺中，采用协同沉淀有助于总磷的去除。而去除量的多少取决于废水中的金属离子浓度和 pH。在生物除磷工艺中，由于在厌氧段金属离子和正磷酸盐浓度较高，因此会促进协同沉淀反应。在活性污泥工艺中相对高的 pH（>7.5）能够以两种方式促进磷酸盐去除率的提高：通过增加聚磷酸盐的吸收和促进化学沉淀。因此为了提高生物除磷效果应维持较高的 pH。

3. 进水组分

(1) 易生物降解 COD、挥发性有机酸及其种类

挥发性有机酸，醋酸盐、丙酸盐和丁酸盐，构成了聚磷菌的营养底物。它们是废水 COD 中溶解性的可生物降解组分，部分来自于城市污水中，也可通过以下方法提高挥发性脂肪酸组分：①强化厌氧区可发酵 COD 组分和部分慢速可生物降解 COD 的发酵作用；②通过初沉池沉淀可以从污水中去除一部分 COD，因此可以对初沉污泥发酵，以补充挥发性有机酸的量。

研究表明采用不同的碳源物质微生物合成的聚合物不同，除磷效果也不同。Randall 和 Liu 分别以葡萄糖、乙酸、丙酸、丁二酸等为碳源，对好氧阶段磷的吸收量和厌氧阶段 PHA 的合成量以及合成成分之间的联系进行了研究。结果表明，当乙酸做碳源时，微生物在厌氧环境下主要合成 PHB，而当丙酸做碳源时，则主要

合成PHV(聚羟基戊酸)。Pijuan以丙酸为碳源研究发现合成的PHA中有90%是PHV,而PHB只占10 %。这表明以丙酸为碳源时合成PHA的成分主要为PHV,PHB相对比较少。这与Randall和Liu的结果相吻合,但是Randall和Liu的结果是64 %的PHV和36 %的PHB。Chen等研究了低比例的丙酸/乙酸(SBR1)和较高比例的丙酸/乙酸(SBR2)做碳源对EBPR系统处理效果的影响。研究结果表明,经过长期驯化之后SBR2的处理效率在SBR和批式实验中都高于SBR1,这是因为厌氧阶段释放一定量的溶解性磷,SBR2在好氧阶段吸收磷的能力要高于SBR1。这说明经过较高丙酸、乙酸比例的碳源长期驯化之后,EBPR系统具有良好的处理效果,而短期驯化的处理效果却是较差的。Ahn等人在研究中发现,在污泥沉淀及向厌氧池转移的过程中加入乙酸,能有效地促进正磷酸盐在污泥层中的释放,而在随后的好氧状态下几乎所有的正磷酸盐都被微生物吸收。而当葡萄糖被作为主要碳源加入时,其效果不如使用乙酸那么明显,释放的正磷酸盐较少,且微生物合成的PHA中PHV的比例增加。

葡萄糖作为碳源效果比乙酸差,其原因是多方面的。在厌氧条件下葡萄糖同样能被微生物以糖原的形式贮存在体内,糖原的合成同PHA的合成可能是同时的也可能是交替的。存储的糖原有时并不能提高EBPR工艺的效率,它能促进微生物从污水中吸收各种底物合成PHA,但致命的是它无法促进微生物在厌氧状态下有效地的释磷。另一个原因是当葡萄糖作为碳源时,能够选择特定的微生物种群:在好氧状态下不能吸收聚磷酸盐而只能合成糖原;相应地在厌氧条件下也无法释磷。所以,当这些生物种群在反应器占优势时,EBPR工艺自然不能取得成功。所以提高除磷效果,需要选择特定的碳源,让PAOs在厌氧状态下尽可能多地贮存PHA,从而提高好氧吸磷的效率。

(2) 进水BOD/P与BOD/N比值

一般情况下,在生物除磷工艺中,每去除1mg磷酸盐,需要20mg的COD,其中COD是指可快速生物降解COD和可慢速降解COD之和。为了实现有效的生物除磷,必须维持一定的COD浓度,因为PAO是异养型微生物,生长繁殖需要有机物做碳源。COD浓度比较低时,不能满足PAO生长对碳源的需求,合成的PHA量少,影响好氧阶段对磷的吸收,除磷的效果比较差。如果增加COD浓度,对除磷效率有明显的改善。当COD浓度增加到一定程度,已经完全满足了微生物对碳源的需要,继续增加COD效果不是很明显,甚至会导致除磷效率的降低。其原因是PAO没有利用的COD进入好氧阶段会导致非聚磷菌的大量繁殖,使PAO不再是优势菌种。所以在无硝酸盐回流到厌氧区的生物处理系统中,为了达到良好的生物脱氮除磷功能,BOD/P至少为15～20;BOD/N至少为4～5。

(3) 钾、钙和镁离子

金属离子,例如钾、镁在聚磷酸盐的吸收过程中起非常重要的作用,它们作为磷酸盐的反价态离子。因此在吸磷的同时进行钾（0.33mgK/mgP）和镁（0.26mgMg/mgP）离子的吸收。进水中钾和镁浓度过低会成为生物除磷过程顺利进行的障碍。当镁含量不足时，钙会承担起镁的角色。

4. 硝酸盐和 DO

硝酸盐和 DO 浓度对生物除磷会产生影响。一方面，聚磷菌要在有硝酸盐和氧的条件下在好氧区或缺氧区进行生物吸磷。另一方面，硝酸盐和氧通过进水和回流液进入厌氧区，对生物除磷产生不利影响，在厌氧区，硝酸盐和 DO 被消耗，同时消耗 COD，从而导致厌氧放磷不充分，合成 PHA 不足。

在好氧区，为了保证将 PHA 充分氧化，释放出足够的三磷酸腺苷（ATP）用以吸收溶解性磷，需要向反应器提供足够的 DO。但是，过量曝气不仅浪费能源，而且也不利于磷的去除。Brdjamovic 研究了过量曝气对 EBPR 系统的影响。结果表明，过量曝气会导致 EBPR 系统的恶化。因为随着 PHB 的逐渐消耗，PHB 的浓度将逐渐成为限制磷的好氧吸收速率的一个主要因素，使得好氧条件下磷的吸收不充分，最终影响除磷效果。

在厌氧区单位质量的 DO 和硝酸盐，会分别消耗掉 2mgCOD 和 4mgCOD。因此，易于生物降解的 COD 量就会不足，从而导致放磷不充分，除磷量降低。硝酸盐和 DO 对生物除磷产生不利影响的程度不仅与它们在进水和回流液中的浓度有关，而且还与进入厌氧池的流量有关。尽管由于混合液循环所夹带的氧的影响不容忽视，但在实际条件下，生物除磷主要受硝酸盐的影响较大。硝酸盐进入厌氧段会产生两种不利影响：① 长时间持续地将硝酸盐引入厌氧段会导致反硝化菌、而不是反硝化除磷菌的生长。在 COD 与硝酸盐同时存在的情况下，它们会更加有效地利用 COD。在反硝化菌的作用下硝态氮优先与有机基质发生反应，这与 PAO 合成 PHA 产生了竞争。所以，厌氧环境下存在硝态氮不利于 PHA 的合成，继而影响到好氧环境下 PAO 对磷的吸收，最终影响除磷的效果。②厌氧区的释磷量降低。有机物被用于反硝化而聚磷菌所需的有机物降低，所以导致释磷量降低。

在具有脱氮功能的生物除磷工艺中，在低负荷条件下（如长时间的暴雨或周末进水浓度较低时），由于过量曝气会使高浓度的硝酸盐通过回流液进入到厌氧区，从而影响生物除磷过程。

5. 污泥龄

污泥龄是生物除磷的根本影响因素，污泥龄的长短对除磷效果有直接的影响。首先获得一定数量的聚磷菌需要有足够的停留时间。若污泥龄过长，则会因有机质的不足使污泥发生"自溶"现象，一方面因磷的溶解，另一方面因排泥量减少而降低除磷效果。此外，去除单位重量的磷所消耗的氧将增加。污泥龄短，则单位重量污泥含磷量高，剩余污泥量多，因而除磷效果高。此外，污泥龄短还有利于控制好氧段硝化作用的发生，从而利于厌氧段的充分释磷。因此，在考虑仅以除磷为目的的系统中，宜采用较短的污泥龄。但是，污泥龄的确定还应考虑整个处理系统出水中 COD 和 NH_4^+-N 的要求，若污泥龄过短，则有可能达不到 COD 和 NH_4^+-N 的出水标准。多方面考虑，污水生物除磷脱氮工艺中的泥龄以 12～20d 为宜。

6. 厌氧时间

厌氧环境是聚磷菌快速吸收有机酸合成 PHB 的必要条件。厌氧区停留时间取决于易于生物降解 COD 的量和聚磷菌的最大贮存能力以及所要去除的 COD 量。厌氧停留过短将导致 PHB 合成不充足，放磷不充分，也将导致吸磷过程不充分、不彻底。应合理的确定系统所需要的厌氧停留时间，最大程度的释放磷酸盐，同时避免较大的厌氧区体积。在高负荷 A/O 除磷工艺厌氧区停留时间很短，通常仅 0.5～1.0h。在 UCT 或 Phoredox 工艺中，厌氧区停留时间为 0.5～2.5h。在 A^2/O工艺中停留时间为 2.0～4.0h。

2.4 反硝化除磷脱氮新理论和新技术

2.4.1 反硝化除磷脱氮理论

反硝化除磷脱氮现象从发现到工程应用经历了近 10 年的时间[110-123]。早在 20 世纪 80 年代中期，Hascoet、Comeau 和 Gerber 等都发现聚磷菌能够在缺氧环境中以硝态氮作为电子受体进行吸磷的现象。Polach (1991)和 Wanner 等(1992)利用小试和中试试验也证实，在 EBPR 系统的缺氧条件下活性污泥具有同步吸磷和反硝化作用。1993 年，荷兰 Delft 科技大学的 Kuba 等在试验中亦观察到：在厌氧/缺氧交替运行的条件下，易富集一类兼有反硝化及除磷作用的兼性厌氧微生物，该微生物能利用 O_2 或者 NO_3^--N 作为电子受体，其基于对胞内 PHB 和糖原质上的生物代谢作用与传统 A/O 法中的 PAO 相似，人们将此类微生物称为反硝化聚磷菌(DPB)。

针对此现象的出现，研究者们提出了两种假说来进行解释：①PAO 可分为两类菌属的学说。Gerber 等(1987)、Comeau 等(1987)和 Vlekke(1988)认为聚磷菌可以分为两大类：一类是仅能利用 O_2 作为电子受体，另一类则既能利用 O_2 又能利用 NO_3^--N 作为电子受体，因此它们在吸磷的同时能进行同步反硝化反应；②一类 PAO 学说。在生物除磷系统中只存在一类 PAO，它们在一定程度上都具有反硝化能力，关键在于厌氧/缺氧这种交替运行的环境条件是否得到了强化。如果交替环境被强化的程度较深，则厌氧/缺氧系统中 PAO 反硝化能力较大，表现出来的就是 PAO 具有反硝化能力；反之，如果这种交替环境被强化的程度小，则系统中 PAO 反硝化能力弱，表现出来的就是 PAO 不能进行反硝化除磷。换句话说，只有给 PAO 创造特定的厌氧/缺氧交替环境诱导出其体内具有反硝化作用的酶，才能使其具有反硝化能力。这两种假说都有各自的支持者，但大部分研究人员都赞同 PAO 可分为两类菌属的学说。最近，Hu 等利用间歇试验对 An/A(anaerobic/anoxic，厌氧/缺氧）系统中的聚磷污泥分别以硝态氮、亚硝态氮和氧气作为电子受体进行吸磷反应的对比研究，发现 An/A 的 SBR 系统中存在一类能以氧气、硝态氮和亚硝态氮作为电子受体的聚磷微生物。据此，他将 An/A 型反硝化聚磷污泥系统的两类微生物菌属假说扩增到三类微生物菌属：第三类就是既能够以氧气和硝酸盐氮，又能够以亚硝酸盐氮作为电子受体的一类聚磷微生物。

反硝化除磷机理和传统 A/O 法除磷机理极为相似（见图 2-12）。厌氧段，DPB 释磷过程和传统除磷工艺中 PAO 基本是一致的；而在缺氧段，不同于 PAO 以 O_2 作为电子受体，DPB 是以 NO_3^--N 作为氧化胞内 PHB 的电子受体，它利用降解厌氧段储存于体内的 PHB 产生的能量 ATP，大部分供给自身细胞的合成（糖原的合成）和维持生命活动，一部分则用于过量摄取水中的无机磷酸盐，并以 Poly-p 的形式储存在细胞体内；同时 NO_3^--N 被还原为 N_2。如此在厌氧/缺氧交替运行条件下，通过 DPB 的新陈代谢作用即可同步实现反硝化和除磷效果。

就硝酸盐离子是否可作为生物除磷过程的电子受体，Vlekke(1988)和 Takeshita(1992)等分别利用厌氧/缺氧 SBR（A_2SBR）系统和固定生物膜反应器进行了可行性试验研究。结果表明：作为氧化剂，NO_3^--N 和氧气在除磷系统中起着相同的作用；而且通过创造厌氧、缺氧交替的环境确实可以筛选出以 NO_3^--N 作为电子受体的聚磷菌优势菌属即 DPB。类似的实验室和生产性规模的生物除磷和除氮试验研究测试也表明：当微生物依次经过厌氧、缺氧和好氧三个阶段后，约占 50%的聚磷菌既能利用氧气又能利用硝酸盐作为电子受体来聚磷，即 DPB 的除磷效果相当于总聚磷菌的 50%左右。上述试验结果，一方面说明除了氧气可作为电子受体外，硝酸盐亦可作为某些微生物氧化 PHB 的电子受体；另一方面也证实了，在污水的生物除磷系统中的确存在 DPB 属微生物，而且通过驯化可得到富集 DPB 的活性污泥。

相对于传统脱氮除磷联合工艺，DPB 反硝化除磷技术的革新之处在于：① 节省 50%COD 的消耗量。避免了反硝化菌和聚磷微生物之间对有机物的竞争，适合处理高 TKN/COD 污水；② 减少 30%的曝气量，节省了电能；③减少了除磷脱氮运行中产生的污泥量（大约 50%），从而降低污泥处理费用；④可缩小反应器的体积。基于以上诸多优点，尤其是利用该理论进行脱氮除磷将从根本上解决传统工艺中脱氮和除磷过程存在的矛盾与弊端，因此，水处理专家们对反硝化除磷脱氮新工艺的开发及其运行效果的稳定优化展开了长期而系统的研究。

2.4.2 反硝化除磷脱氮工艺

1. Dephanox 工艺

Wanner (1992) 首次提出 Dephanox 双污泥反硝化脱氮除磷工艺雏形[114]，其工作原理见图 2-14，随后意大利 Bologna 市的 ENEA 实验室对此也进行了长期的研究[123]。而更深入系统的研究是由 Delft 科技大学的 Kuba 等学者展开的[121]。

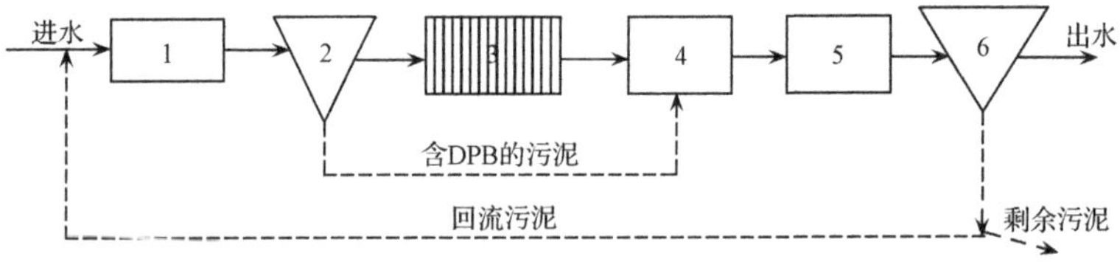

1. 厌氧释磷 2. 快沉池 3. 固定膜硝化(好氧)
4. 反硝化吸磷(缺氧) 5. 再曝气池 6. 终沉池

图 2-14 Dephanox 工艺流程图

所谓双污泥系统就是硝化菌独立于 DPB 而单独存在于固定膜生物反应器或好氧硝化 SBR 反应器中。该工艺解决了聚磷菌和反硝化菌竞争碳源的问题，同时亦巧妙解决了活性污泥系统培养硝化菌需要的较长 SRT 这一不利条件。在 Dephanox 工艺中，含 DPB 回流污泥首先在厌氧池完成释磷和储存 PHB，经快沉池分离后，富含 DPB 的污泥超越好氧池至缺氧池，含氨氮上清液直接进入固定膜反应器，进行好氧硝化，产生的硝化液流入缺氧池后与 DPB 污泥接触，完成过量吸磷和反硝化反应。由于 DPB 并没有经过好氧池，所以它体内的 PHB 几乎全用于反硝化吸磷作用，而未在好氧阶段消耗。当系统出现硝酸盐不足时，可通过曝气池短暂曝气并投加一定量的有机物来除去剩余磷，从而达到彻底除磷的目的；同时通过后曝气使 DPB 体内的 PHB 消耗完全，以便在厌氧段能更有效地更新、合成 PHB。可见，Dephanox 双污泥系统可实现利用最少的 COD 消耗量，获得最大的脱氮除磷效率。通常污水中的 N/P 低于 7gN/gP(105mg N/L，15mg P/L)，这就意味着在 A_2 系统中，由于硝酸盐氮量的不足将导致不能实现彻底除磷，Dephanox 工艺通过后置一个好氧曝气池可以实现剩余磷的去除。

Bortone(1999)等[123]对 Dephanox 和 JHB(Johannesburg，一种传统的生物脱氮除磷工艺)工艺不同进水水质特征(COD/TKN 和 TKN/PO_4^{3-}-P 不同)、不同水力运行环境条件下利用 MatLab/Simulink 建立的模型进行了模拟试验，结果表明：在 Dephanox 系统中，DPB 数量大于异养菌数量；而在 JHB 系统中异养菌数量大于 DPB 数量，这主要是 JHB 工艺不可避免将硝酸盐带入厌氧池而使得强化生物除磷的条件遭到了破坏引起的，所以 Dephanox 工艺较 JHB 的除磷效果好。同时根据模拟试验所得的 Dephanox 工艺缺氧吸磷效率变化曲线。当 TKN/P 很高时，也就是电子受体的量在缺氧吸磷段不受限制时，即使 C/N 比很低，Dephanox 工艺缺氧除磷效率仍维持在 90%以上。因此，该工艺适合于处理 COD/TKN 很小的城市污水。试验结果同时也表明，即使是进水 COD 浓度很高，也无法达到彻底除磷，所以 Dephanox 工艺中的后置好氧曝气池是必不可缺少的。

2002 年，日本东京大学的 Tadashi Shoji 等以生活污水为处理对象，对 Dephanox 系统中的微生物种属，如专性反硝化菌属（无吸磷能力）、PAO 和 DPB 菌属，进行了量化估算。结果发现，Dephanox 工艺较传统 BNR 工艺可以富集更多数量的 DPB 菌属，而正是这类微生物对于稳定系统的除磷和脱氮效果起着决定性的作用[124]。

Dephanox 工艺通过设置双污泥回流，创造了适合各菌种最佳的生长环境。通过设置超越管，避免了反硝化聚磷菌经过好氧曝气而直接进入缺氧池，厌氧—缺氧的环境交替特别适宜反硝化聚磷菌的生长富集。硝化池设置专门的沉淀池，可以保证硝化菌生长和维持足够长污泥龄，解决了硝化和除磷的泥龄冲突矛盾。如果在硝化池设置填料固定硝化菌，则可以省略一个回流和沉淀地，进一步降低造价和运行成本。同时该工艺流程还需要进一步优化，比如是否有必要在反硝化除磷池后再加一段好氧池以除去废水中剩余的氨氮和磷酸盐；如果增设了好氧池，怎样保证反硝化聚磷菌与普通聚磷菌的竞争优势；如果进水中氨氮浓度偏高，缺氧池反硝化除磷不能彻底去除硝酸盐，怎样消除二沉淀池回流液中的硝酸盐对厌氧池释磷的干扰等问题。这些问题需要进一步深入研究，并通过试验性生产以确定该工艺的最佳流程和运行参数。

2. A_2N-SBR 工艺

继 Wanner 提出在厌氧—缺氧交替运行条件下联合生物膜反应器好氧硝化来进行生物除磷的新概念后，Kuba，Merzouki 及 Ng 等相继对 A_2N-SBR 双污泥系统进行了反硝化除磷的试验室小试研究[125－126]。A_2N-SBR 系统具有两个独立的 SBR：一个 SBR 依次经历厌氧—缺氧段，主要是用来强化适合于 DPB 生长的厌氧—缺氧环境，筛选优势菌种；另一个为好氧 SBR，此反应器的主要作用是培养硝化菌，以提供给厌氧—缺氧 SBR 足量的硝化液。如图 2-15 所示，厌氧—缺氧 SBR 经厌氧反应后，将含氨氮的上清液流至好氧硝化 SBR，在此经好氧硝化后，将硝化液又回流至厌氧—缺氧 SBR，完成反硝化和除磷作用。1996 年，Kuba 对 A_2N-SBR 与 A/O-SBR 除磷工艺进行对比研究，获得了可比性很强的生物除磷结果。结论为：①A_2N-SBR 和好氧硝化 SBR 系统的结合表现出了稳定的除磷脱氮效果，除磷率几乎达到 100%，脱氮率稳定在 90%左右。②滞留在 DPB 污泥中的氨氮可在后续的缺氧段去除，只需提高 A_2N-SBR 和硝化 SBR 之间的容积交换比即可实现；随着容积交换比的增大，双污泥系统的去氮率亦随之增大。这个比值主要受 SVI 的限制，因为两个 SBR 中的污泥都具有良好的沉降性能，所以系统可得到较大的容积交换比，故除氮率较高。③A_2N-SBR 平均每去除 15mg P/L、105mgN/L 只需要 400mg COD/L 的乙酸，即相对于传统 A/O-SBR 工艺，COD 耗量减少 50%，氧气和污泥产量分别减少了 30%和 50%。④当 COD/N 低于最佳碳氮比 3.4g COD/g N 时，需要加入额外的碳源来去除残留的硝酸盐氮；当进水浓度高于这个值时，在缺氧段后可加入一个好氧段，来去除由于硝酸盐氮不足而引起的不完全除磷。在 A_2N-SBR 系统中，好氧硝化污泥与 DPB 除磷污泥是分开的，好氧硝化反应单独在硝化 SBR 中完成，虽然系统添加了反应运行单元，但由于提供给系统的氧量、好氧段的 COD 损失相应减少，故双污泥脱氮除磷联合工艺相对传统工艺的投资额度仍是减小的。

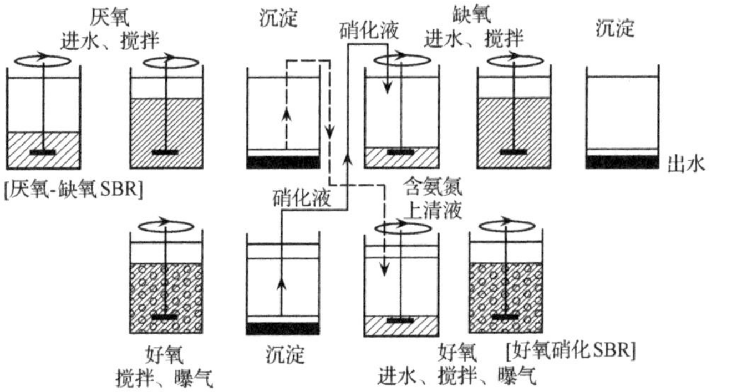

图 2-15　A_2N-SBR 工艺流程图

重庆大学的罗固源和罗宁等对通过 A_2N-SBR 双污泥工艺来实现反硝化脱氮除磷也展开了较系统的研究。他们以人工合成污水为处理对象，首先对 A_2N-SBR 双污泥系统的脱氮除磷效果进行了研究，试验结果显示该工艺可成功解决硝化菌和聚磷菌的泥龄之争，达到稳定良好的脱氮除磷效果，因此工艺特别适合于处理 BOD_5/TP 值较低的污水[127,128]。同时，他们从 A_2NSBR 双污泥反硝化除磷脱氮工艺反应器内的活性污泥混合液中分离到的微生物中，获得假单胞菌属、莫拉氏菌属、肠杆菌科细菌和气单胞菌属占细菌总数的 66.6%，主要起反硝化聚磷脱氮作用，且肠杆菌科细菌和气单胞菌属占细菌总数的 28.1%，可发酵产酸；不动杆菌属占细菌总数的 12%，不能反硝化脱氮，主要起好氧除磷作用。其微生物的组成结构满足充分利用有机物进行反硝化吸磷脱氮的工艺要求[129]。最后建立了相应的数学模型，从理论上来解释 A_2N-SBR 工艺具有良好脱氮除磷效果的原因。

3. BCFS 反硝化除磷脱氮工艺

BCFS(Biologisch—Chemische—Fosfaat—Stikstof Verwijdering)工艺是由荷兰 Delft 科技大学的 Mark 教授在 Pasveer 氧化沟工艺和 UCT 工艺及原理的基础上开发的，它充分利用 DPB 的缺氧反硝化除磷作用以实现磷的完全去除和氮的最佳去除，对于城市污水在处理过程中无需添加化学药剂。荷兰 BDG 咨询公司在此基础上开发了 BCFS 的新型反应器[130]。该反应器由 5 个同轴圆环组成，依次构成功能相对专一的 5 个独立反应器。这些同轴圆环使水流具有活塞流与完全混合流的优点，采用预制混凝土建造这种一体化构筑物减少了工程投资，同时使污水处理厂的布置简洁，节约了工程投资及建设用地。

(1) 工艺流程

BCFS 工艺将不同功能的细菌用空间分隔开来，并通过不同的循环系统来控制其生长环境。BCFS 工艺流程如图 2-16 所示。由图可见，BCFS 工艺由 5 个功能相对专一的独立反应器(厌氧池、选择池、缺氧池、缺氧/好氧池、好氧池)及 3 路循环系统构成，各循环的作用如表 2-4 所示。

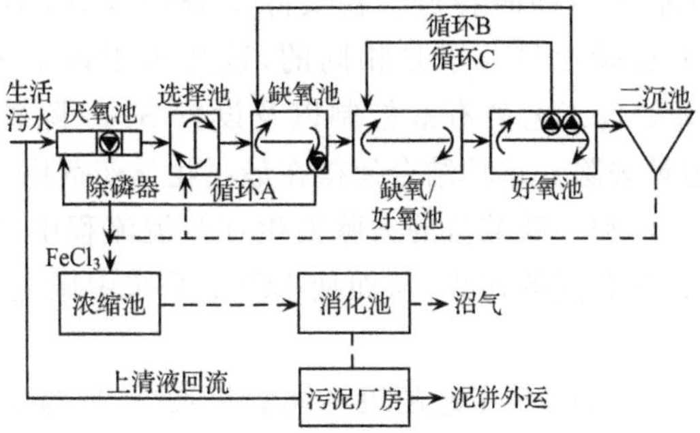

图 2-16　BCFS 工艺流程

表 2-4　BCFS 工艺中各循环的主要作用

循环代码	主要作用	控制点	ORP 控制范围/mV
A	提供污泥释磷条件	厌氧池	−450～−300
B	提供硝化混合液	缺氧池	−150～0
C	反硝化脱氮	缺氧/好氧池	−100～50(或 0)

(2) 特点

① 对氮、磷的去除率高，可使出水中总氮＜5mg/L，正磷酸盐含量几乎为零；② SVI 值低(80～120mL/g)且稳定(夏季为 80mL/g，冬季为 100mL/g，最大值为 120mL/g)，从而可有效地减少曝气池及二沉池的容积；③ 控制简单，通过氧化还原电位与溶解氧可有效地实现过程稳定，尤其利于对负荷的控制；④ 与常规污水

处理厂相比，其污泥产量减少了10%，从而进一步减少了污泥的处理费用；⑤ 利用DPB实现生物除磷(测定结果表明，约50%的磷是由DPB去除的)，使碳源(COD)能被有效地利用，从而使该工艺在COD/(N+P)值相对低的情况下仍能保持良好的运行状态，同时使除磷所需的化学药剂量大大减少；⑥ 使用生物除磷器获得富含磷的污泥，使磷的循环利用成为可能；⑦ 与Pasveer氧化沟的污泥负荷相同。

(3) 各组成单元功能分析

1) 厌氧池。

厌氧池的厌氧条件通过进水及从缺氧池回流的缺氧混合液(其中NO_3^--N<0.1mg/L)控制进入厌氧池的NO_3^--N浓度足够低，这样污水中的挥发性脂肪酸(VFA)就只被用于生物除磷。回流的混合液污泥浓度与好氧部分相同，因此厌氧池的污泥浓度是最终浓度的1/2～3/4，即为2.5～4kg/m^3。

BCFS工艺的厌氧部分和传统的选择器具有相同的污泥负荷，区别在于前者是严格厌氧的，且污水中所有的挥发性脂肪酸都被用于生物除磷。BCFS工艺中除磷菌的数量比常规工艺多，能承受更大的负荷峰值，例如下雨时的负荷峰值是平常的2倍，而BOD负荷只有平常的1/2，BCFS工艺中的除磷细菌能够将峰值BOD贮存，当BOD不足时即时释放。在实际工程中发现，不管是否下雨，采用BCFS工艺的出水中总磷含量几乎是相同的，这是由于该工艺将除磷菌对峰值BOD的贮存、对后续处理工艺的有效控制以及设置STP(除磷器)三种方法相结合，实现了对磷的超量去除。这种结合使得在最小化学药剂用量的情况下，出水中正磷酸盐含量为零。污泥中磷酸盐的去除发生在污泥流程中，这表明污泥流程中的生物污泥可免受化学药剂的污染，从而使BCFS系统中微生物的活性不受化学污泥的影响。

为了提高脱氮效果，BCFS工艺的设计泥龄很长(一般为50d)，这给除磷带来麻烦。BCFS用化学法来去除未被生物除去的磷酸盐，这是由于在厌氧池出水端磷酸盐含量最高，故在厌氧池后端设置了一个除磷器进行化学除磷。与一般的在线除磷不同，该除磷器是用泵将污泥送至污泥浓缩池后加入$FeCl_3$进行化学除磷，处理后的污泥不再回流到污水处理构筑物，因此消除了加入化学除磷剂后对污泥活性的影响。因为厌氧池的厌氧条件在某些情况(如长时间的降雨等)下有可能受到破坏，影响释磷菌的释磷和PHB的合成而造成出水水质恶化，这时可通过提高除磷器的流量以提高出水水质。这一过程可通过设在出水口的在线磷酸盐监测仪实现控制，十分简单并且能稳定运行。除磷器设置在厌氧池的后端，为了得到比较稳定的水力条件，该工艺将厌氧池分割并设置了两块挡板，在两块挡板间形成一个类似沉淀池的水力流场，有利于泥水分离。

2) 选择池(器)。

选择器对于阻止污泥膨胀是必要的。在选择器中氧浓度为零，二沉池回流污泥中的微量硝酸盐能很快地被去除。在这种环境下，丝状菌生长非常缓慢，回流污泥能够吸附污水中几乎所有剩余的 COD(仅需 10min，因而选择器可相对小些)，通过选择器后水中 COD 的浓度与系统出水 COD 的浓度几乎相等。反硝化除磷菌在选择池中也同样发挥作用，这一过程是缺氧池反应过程的延续。

3) 缺氧池。

缺氧池有两个功能：首先是反硝化以获得不含硝酸盐的污泥进而提高厌氧池的释磷效率，其次是利用好氧池中的硝酸盐来除磷。

缺氧反硝化除磷是在 Holten 污水处理厂的工业试验中发现的，进一步的理论研究表明，在生物污泥中含有 1/2 以上的除磷菌，而在这些除磷菌中有 1/2 以上是反硝化除磷菌，即利用反硝化菌来达到真正的生物除磷的目的，同时也减少了对碳源的更高要求。

4) 缺氧/好氧池。

缺氧/好氧池的主要功能是脱氮，正常情况下该池可不充氧，缺氧条件可通过好氧池回流的混合液来维持。与通常的氧化沟相比，该池处于持续的缺氧状态，这意味着硝化与反硝化一直同时发生，而且不受供氧量的制约。BCFS 工艺将缺氧/好氧池、好氧池分开可使每个部分的去除速率达到最大。

5) 好氧池。

同常规的处理工艺，其主要功能是去除 COD、BOD 及氨氮的硝化。

(4) 应用情况

BCFS 工艺在荷兰的应用已有 10 多例，表 2-5 为 3 座采用 BCFS 工艺的城市污水处理厂的设计及运行情况。Holton 污水处理厂原由两组平行的曝气间歇活性污泥池组成，经过改造后增加了新的 BCFS 反应池，并将原有曝气池分为厌氧和兼氧两部分，同时加大了厌氧反应池体积(约占总体积的 10%)。Mark 教授等在对其原有运行工艺调研的基础上进行改造，使污水处理厂的氮、磷去除更加稳定，其污泥的 SVI 值更低且稳定，也不需要投加 $FeCl_3$(即无需外加化学药品)。

表 2-5　采用 BCFS 工艺的 3 座污水处理厂的设计和运行参数

项　目		Holton	Genemuiden	Dalfsen
设计参数	BOD 负荷/[gBOD/(人口当量·d)]	54	40	35
	厌氧池容积/m^3	350	850	900
	选择池容积/m^3	90		400
	缺氧池容积/m^3	700		2200
	缺氧/好氧池容积/m^3	790	3750	
	好氧池容积/m^3	1580	3750	4500
	总容积/m^3	3500	8350	8000
	回流量/(m^3/d)	4400	5200	4200

续表

项　目		Holton	Genemuiden	Dalfsen
运行参数	污泥负荷/[gCOD/(kgSS· d)]	134	125	72
	污泥产量/[gSS/(人口当量·d)]	29	32	30
	Me/P/(mol/mol)	0.82		0.3
	SVI/(mL/g)	99±16	94±14	118±14
	COD去除率/%	94.2	91.0	93.0
	BOD去除率/%	97.8	97.7	98.9
	TN去除率/%	92.7	91.9	90.4
	TP去除率/%	94.9	93.5	92.4

注：Me/P指和磷协同作用的阳离子与磷的化学计量数。

4. 生物膜反硝化除磷脱氮工艺[131-134]

生物膜法能否进行除磷，能否实现反硝化除磷，有关专家也进行了深入细致的研究。1994年，Kerrn-Jespersen等考察固定生物膜反应器除磷效果时首次得到：通过厌氧(2h)/缺氧(4h)交替环境可培养出富集DPB的反硝化生物膜。在厌氧段，平均每消耗1mgHAc可释放0.52mgPO_4^{3-}-P；在缺氧段，平均还原1mgNO_3^--N可吸磷2.0mg，而剩余干污泥中磷的含量已达到8%～10%。该试验为利用生物膜法实现反硝化除磷提供了依据。随后，Falkentoft(2000，2001)等进行了生物滤池反硝化除磷的小试试验研究。值得注意的是，在生物膜系统中因为液相中的有机物是通过扩散作用进入生物膜内部的，扩散程度的不同将导致生物膜纵向生长微生物的种类不同，因此研究生物膜的除磷机理必须考察底物扩散作用和生物膜层状分布，这两方面的作用直接关系到厌氧段放磷率和缺氧段的吸磷率，并将最终影响除磷脱氮效果。鉴于生物膜除磷工艺高度的复杂性，在考察该工艺的实际运行能力时，有必要利用AQUASIM计算机程序进行模型模拟研究。计算机模型模拟试验可以深入探讨生物膜内部的情况，并可作为一种工具对工艺各反应阶段的时间配比、反应池的大小和生物膜厚度等参数进行估算和评价，从而为实际工程运行提供参考依据。

2.4.3 反硝化除磷工艺的影响因素

反硝化除磷受溶解氧、碳源种类、C/N比 、C/P比、污泥停留时间、pH、NO_3^--N和NO_2^--N等因素的影响，为了优化系统的运行，必须严格控制反硝化除磷过程的运行条件[6]。

1. 溶解氧

在反硝化除磷工艺中控制释磷的厌氧条件极为重要。厌氧段的溶解氧含量（<0.2 mg/ L）通常用氧化还原电位(ORP)来度量。研究表明,ORP值和磷含量之间呈良好的相关关系,能直观地反映 PO_4^{3-}-P 浓度的变化,从而能定量反映聚磷菌的性能特征,因此可把它作为厌氧释磷过程扰动的一个实时指标。当 ORP 值为正值时聚磷菌不释磷,而当 ORP 值为负值时绝对值越高则其释磷能力就越强,一般认为应把 ORP 值控制在－200～－300 mV。但是,在实际运行中因污泥或污水回流以及厌氧段未在封闭条件下运行而常会将氧气带入厌氧段,为此可在原工艺基础上前置一个厌氧段和实现厌氧段封闭运行来解决这个问题。

2. NO_3^--N 和 NO_2^--N

资料表明,只要厌氧段存在 NO_3^--N 则反硝化菌就能优先利用碳源进行反硝化反应而抑制聚磷菌的释磷和 PHB 的合成。但另一方面,缺氧段的吸磷量和硝酸盐投量有关。Merzouki 等在考察硝酸盐投量对 A_2NSBR 工艺除磷效果的影响时发现:系统的除磷效果主要依赖于缺氧段所投加的硝酸盐量及 SRT。设定 SRT 为 15d,当硝酸盐的浓度从 100 mg/L 升高到 120 mg/L 时,磷的去除率从 63%升高到 93%;当硝酸盐浓度达到 140 mg/L 时除磷率接近 100 %,但这会导致硝酸盐的过量。

研究表明,NO_2^--N 的积累对除磷会起到抑制作用。Keren-Jespersen 在研究固定生物膜反应器厌氧/缺氧交替运行条件下的释磷、吸磷情况时发现:当缺氧段的硝酸盐负荷增高时能观察到亚硝酸盐的积累,同时随着硝酸盐量的减少则吸磷也相应减少,一旦系统中的硝酸盐被消耗尽,即使系统中还存在大量的亚硝酸盐吸磷也随之停止,取而代之的是开始放磷。这一现象表明,系统中的聚磷菌无法以亚硝酸盐作为电子受体进行吸磷。同时,随着亚硝酸盐的形成则释磷量和硝酸盐耗量的比值减少。亚硝酸盐的积累是由缺氧段初期过高的硝酸盐浓度造成的。所以,在实际研究中硝酸盐应分批、数次、小剂量投加,或使好氧时间尽量长来达到完全硝化反应,以免造成亚硝酸盐的积累。但 Meinhold(1999 年)持不同观点,他认为当亚硝酸盐浓度不是很高(≤4～5mg NO_2^--N/L)时其可作为吸磷的电子受体;但当浓度较高时(≥8mgNO_2^--N/L)亚硝酸盐才会对缺氧吸磷完全起抑制作用。Hu 利用厌氧/缺氧工艺中的聚磷污泥开展了亚硝态氮对吸磷影响作用的批量试验研究,结果发现亚硝态氮可以替代氧气和硝态氮作为电子受体,只要亚硝态氮浓度不大于上限值(115mg/L),它将不会抑制吸磷作用。但他同时提出用亚硝态氮来代替氧气不如硝态氮有效。随后,Dae Sung 等在对$(A/O)_2$SBR 系统反硝化除磷污泥的批量研究过程也发现,NO_2^--N 浓度在低于 10mg/L 条件下,同样可以作为DPB聚磷菌的电子受体，且其吸磷效率和以 NO_3^--N 作为电子受体的效率相当。

综上所述，NO_2^--N 究竟能否作为缺氧吸磷的电子受体，以及以 NO_2^--N 作为电子受体对吸磷产生纯粹的抑制作用时，其上限值为最大，至今还无定论，这无疑是完善反硝化吸磷体系所需的研究方向之一。

3. 碳源种类

研究表明，聚磷菌在利用不同基质的过程中对磷的释放率存在着明显的差异。Evans（1983年）等学者的试验结果表明，在厌氧段投加丙酸、乙酸、葡萄糖等简单有机物能诱发磷的释放，以乙酸的效果为最佳。因此，可以在厌氧段投加乙酸等易降解的低分子有机物来提高微生物的释磷量，增加其体内有机物贮存，为缺氧阶段的大量吸磷创造条件。值得注意的是，碳源只有投加在厌氧段才能使出水的磷含量减少，如将碳源投加在厌氧段则会优先支持反硝化而使出水硝酸盐和亚硝酸盐的浓度降低却不发生吸磷反应。

4. C/N 和 C/P

反硝化除磷系统首先要求提供给厌氧段足够的可降解COD，越充足则合成的PHB越多。Kerrn-Jespersen（1994年）的研究表明，缺氧条件下的吸磷率、反硝化率是聚磷菌体内PHB储量的函数；HAc的消耗量（PHB量）与缺氧段的反硝化率及吸磷率存在一定的线性关系；缺氧条件下的吸磷率是PHB量的一阶方程。从这些函数关系可见，厌氧段提供的COD（HAc）充足与否直接关系着缺氧段反硝化和吸磷能力的强弱。

按照理想的除磷理论，碳源（电子供体）和氧化剂（电子受体）不能同时出现，否则脱氮和除磷的效果都会受到影响。但在实际工程中不可能达到完全的理想条件，所以在提供给厌氧段充足碳源及缺氧段足量硝酸盐的同时应注意适度原则，使进水的C、N和P符合最佳比例关系以达到最佳的处理效果。当进水C/N值较高时，一方面 NO_3^--N 量不足将导致吸磷不完全而使出水的磷含量偏高；另一方面有可能使厌氧段的HAc投量超过了DPB合成PHB所需要的碳源量，过剩碳源在后续缺氧段被反硝化菌用于反硝化而未进行吸磷。进水C/N值较低时则会因 NO_3^--N 过量而造成反硝化不彻底。Kuba在考察 A_2NSBR工艺的运行特征时发现其最佳C/N值为3.4，此时除磷率几乎达到100％。当C/N值高于此值时（硝酸盐量不足）可在缺氧段后引入一个短时曝气（以 O_2 作为电子受体）将残留的磷去除；当C/N值低于此值时可通过外加碳源来去除过量的硝酸盐。1999年，Bortone在对Dephanox和JHB两工艺进行对比试验中得到两者在不同C/N值时的除磷率，继之利用MatLab/Simulink建立的模型对大量的不同COD/TKN和

TKN/PO_4^{3-}-P 的进水进行了模拟试验，发现即使 COD/TKN 值很低、TKN/PO_4^{3-}-P 值很高（电子受体数量在缺氧吸磷段不受限制），Dephanox 工艺的除磷效率仍维持在 90 %以上。

5. 污泥停留时间

反硝化除磷脱氮工艺的双、单污泥系统由于硝化段设置方式的不同，其对 SRT 的要求也不同。在 UCT 工艺中最小泥龄须优先考虑硝化菌而非 DPB：在常温下虽然 UCT 工艺中 PAO_S/DPB 的最小 SRT 小于硝化菌的最小 SRT，但可将 DPB 的最小污泥龄和硝化菌的最小泥龄视为相同；但如果出现温度较低情况（冬季）时，由于 PAO_S/DPB 对低温很敏感，故它们的最小泥龄大于硝化菌的最小泥龄。而 A_2N 工艺就不用考虑硝化菌的 SRT，只需注意 DPB 的 SRT 。Hao 等在对 UCT 和 A_2N 工艺基于动力学模型基础上的评价时发现：当进水[TN]＝ 68 mg/L、[P]＝ 9mg/L 时，若要达到[TN]≤10mg/L 、[P]＜1mg/L 的排放标准，则 UCT 工艺在 T＝ 10℃时的最小 SRT＝15d、T ＝ 20℃时的最小 SRT ＜10d；对于 A_2N 工艺，由于硝化污泥和 DPB 污泥是独立的，所以它能获得较稳定的脱氮率，且出水[TN]＜10 mg/L。但为了获得磷浓度较低的出水，在 T＝ 5℃时 DPB 的 SRT 需延长至 32d（此时 UCT 所需 SRT ＝ 25d）。由模拟试验结果可知，当温度较低时（如 T ＝ 5℃），PAO_S/DPB 需要较长的 SRT 才能在系统中存活，并且 A_2N 工艺的反硝化率受温度影响较大，而 DPB 污泥的泥龄变化对反硝化率没有大的影响；当 SRT≥15d、T≥10℃时，UCT 工艺的脱氮率最高。Merzouki (2001 年)等人报道：SBR 反硝化除磷系统的 SRT 为 15d 时对除磷更有利（此时的除磷率比 SRT ＝ 7.5d 时高 1.8 倍），这是因为较短的 SRT 使反应器中的聚磷菌被淘汰。另一方面，SRT 过长会出现磷的“自溶”现象。综合考虑上述情况可知，反硝化除磷系统的最佳 SRT 值与温度变化范围、工艺组合方式和工艺运行要求等有关，应通过试验来获得。

6. pH

pH 对 DPB 厌氧释磷影响较大，随着 pH 增大则 P/C 值也随之提高（即消耗单位乙酸将会有更多的磷释放），但当 pH 过高时 P/C 值会有所降低，这主要是由磷酸盐沉淀引起的。Kuba 在研究 pH 对 A_2NSBR 工艺处理效果的影响时得到了类似的结果，同时还指出，pH 对 DPB 反硝化除磷系统的影响和其对传统除磷系统的影响有相似之处，但由于在 pH ＝ 8 时会出现磷酸盐沉淀，所以实际的 P/C 比理论值少 20%，他的发现和 Smolders 研究 pH 对 A/OSBR 工艺运行影响的结果一致。

7. 其他影响因素

①MLSS 。通常系统中的 MLSS 越大(说明 DPB 含量越多)则在厌氧段的释磷效果越好,并且在缺氧段 DPB 的吸磷能力也更强[11]。但 MLSS 也不能过大,否则不仅会给沉淀分离带来困难,还会增加污泥处理成本。②搅拌。厌氧区和缺氧区不需供氧,但要使反应充分则搅拌必不可少(使污泥处于悬浮态)。③容积交换比。要提高 A_2NSBR 工艺的脱氮率,最可行的方法是增大 A_2SBR 和 NSBR 的容积交换比,或者考虑利用两个 SBBR(Sequencing Batch Biofilm Reactor)来进行反硝化除磷脱氮。④生物膜扩散和层状分布。底物扩散渗透作用的强弱会影响反应级数、生物膜自内向外的生物种类和特性。况且,扩散作用又涉及到溶液浓度、生物膜厚度及微生物呈层分布等诸多因素,这些影响因素在生物膜反硝化除磷系统中必须予以考虑。

参考文献

[1] 李圭白，张杰. 水质工程学. 北京:中国建筑工业出版社，2005

[2] 张自杰. 排水工程下册(第三版). 北京：中国建筑工业出版社，1996

[3] 郑兴灿,李亚新. 污水除磷脱氮技术. 北京:中国建筑工业出版社. 1998

[4] 王淑莹,孙洪伟，杨庆. 传统生物脱氮反硝化过程的生化机理及其动力学. 应用与环境生物学报,2008(已录用)

[5] Yuan Z，Keller J and Lant P. Biotechnology for the Environment：Wastewater Treatment and Modeling，WasteGas Handling，Focus on Biotechnology Series，Vol. 3C. Dorecht：Kluwer Academic Publishers. 2003：187-227

[6] 马勇. A/O 工艺过程控制的基础性研究:[博士论文]. 哈尔滨:哈尔滨工业大学，2005

[7] 叶建锋. 废水生物脱氮处理新技术. 北京：化学工业出版社,2006

[8] Khin T，Annachhatre A P. Novel microbial nitrogen removal processes. Biotechnol Adv，2004，22:519-532

[9] Schmidt I，Sliekers O，Schmid M，et al. New concepts of microbial treatment processes for the nitrogen removal in wastewater. FEMS Microbiol Rev，2003，27:481-492

[10] Voets J P，Vanstaen H and Verstraete W. Removal of nitrogen from highly nitrogenous wastewaters. J. Water Pollut. Control Fed. 1975，47：394-398

[11] Turk O and Mavinci D S. Selective inhibition：a novel concept for removing nitrogen from highly nitrogenous wastes. Environ. Technol. Lett. 1987，8：419-426

[12] Strotnann U J and Windecker G. Kinetics of ammonia removal with suspended and immobilized nitrifying bacteria in different reactor systems. Chemoshpere. 1997，35(12)：2939-2952

[13] Surmacz-Gòrska J，Cichon A and Miksch K. Nitrogen removal from wastewater with high ammonia nitrogen concentration via shorter a nitrification and denitrification. Wat. Sci.

Tech. 1997, 36(10): 73-78

[14] Baumann B, van der Meer J R, Snozzi M, et al. Inhibition of denitrification activity but not of mRNA induction in Paracoccus denitrificans by nitrite at a suboptimal pH. Journal of general and molecular microbiology. 1997, 72: 183-189

[15] Hellinga C, Schellen A A J C, Mulder J W, et al. The SHARON process: an innovative method for nitrogen removal from ammonia-rich wastewater. Wat. Sci. Tech. 1998, 37 (9):135-142

[16] Münch E V, Lant P and Keller J. Simultaneous nitrification and denitrification in bench-scale sequencing batch reactors. Wat. Res. 1996, 30(2): 277-284

[17] Helmer C, Kunst S, Juretschko S, et al. Nitrogen loss in a nitrifying biofilm system. Wat. Sci. Tech. 1999, 39(7):13-21

[18] Turk O and Mavinic D S. Preliminary assessment of a shortcut in nitrogen removal from wastewater. Can. J. Civ. Eng. 1986, 13:600-605

[19] Yang L and Alleman J E. Investigation of batch-wise nitrite build-up by an enriched nitrification culture. Wat. Sci. Tech. 1992, 26(5/6): 997-1005

[20] Belser L W, Mays E L. Specific inhibition of nitrite oxidation by chlorate and its use in assessing nitrification in soils and sediments. App. Env. Microbiol. 1980, 39(3): 505-510

[21] Verstraete W, Philips S. Nitrification-denitrification processes and technologies in new contexts. Environmental Pollution. 1998, 102(1): 717-726

[22] Keisuke Hanaki. Nitrification at low levels of dissolved oxygen with and without organic loading in a suspendedgrowth reactor. Water Res,1990,24 (3):297-302

[23] Laanbroek H J, Gerards S. Competition for limiting amounts of oxygen between Nitrosomonas europaea and Nitrobacter winogradskyi grown in mixed continuous cultures. Arch Microbiol, 1993, 159:453-459

[24] Laanbroek H J, Bodelier P L E , Gerards S. Oxygen consumption kinetics of Nitrosomonas europaea and Nitrobacter hamburgensis grown in mixed cultures at different oxygen concentrations. Arch. Microbiol. 1994. 161: 156-162

[25] Hunik J H, Tramper J, Wijffels R H. A strategy to scale up nitrification processes with immobilized cells of *Nitrosomonas* europaea and *Nitrobacter agilis*. Bioprocess Biosyst. Eng. 1994, 11 (2): 73-82.

[26] Wiesmann U. Biological nitrogen removal from waste water. Advances in Biochemistry and Engineering/Biotechnology. Berlin, New York: Springer, 1994, 51:113-154

[27] Blackburne R, Yuan Z, Keller J. 2007. Partial nitrification to nitrite using low dissolved oxygen concentration as the main selection factor. Biodegradation, 2008,19: 303-312

[28] Hanaki K, Chalermraj W, Shinichiro O. Nitrification at low levels of dissolved oxygen with and without organic loading in a suspended-growth reactor. Water Res. 1990, 24:297-302.

[29] Bernat N, Dangjong N, Delgenes J P, et al. Nitrification at low oxygen concentration in biofilm reactor. Journal Environ. Eng. 2001, 127 (3): 266-271

[30] Prakasam TBS, Loehr RC. Microbial nitrification and denitrification in concentrated wastes. Water Res. 1972, 6: 859-869

[31] Anthonisen AC, Loehr RC, Prakasam TBS, Srinath EG. Inhibition of nitrification by ammonia and nitrous acid. J. WPCF. 1976,48(5): 835-852

[32] Muller EB, Stouthamer AH, van Verseveld HW. A novel method to determine maximal nitrification rates by sewage sludge at a non-inhibitory nitrite concentration applied to determine maximal rates as a function of the nitrogen load. Water Res. 1995,29(4): 1191-1197

[33] Alleman JE, Irvine RL. Nitrification in the sequencing batch biological reactor. J. WPCF. 1980, 52(11): 2747-2754

[34] Wong-Chong GM, Loehr RC. Kinetics of microbial nitrification-Nitrite-nitrogen oxidation. Water Res. 1978, 12(8): 605-609

[35] Turk O, Mavinic DS. Preliminary assessment of a shortcut in nitrogen removal from wastewater. Can. J. Civil Eng. 1986,13: 600-605

[36] Turk O, Mavinic DS. Stability of nitrite build-up in an activated sludge system. J. WPCF. 1989,61(8): 1440-1448

[37] Balmelle B, Nguyen KM, Capdeville B, et al. Study of factors controlling nitrite build-up in biological processes for water nitrification. Wat. Sci. Tech., 1992,26(5-6): 1017-1025

[38] Mauret M, Paul E, Puech-Costes E, et al. Application of experimental research methodology to the study of nitrification in mixed culture. Wat. Sci. Tech. 1996,34(1):245-252

[39] Verstraete W, Vanstaen H, Voets JP. Adaptation to nitrification of activated sludge systems treating highly nitrogenous waters. J. WPCF. 1977, 49: 1604-1608

[40] Sauter LJ, Alleman JE. A streamlined approach to biological nitrogen removal. J. Environ. Eng. 1980-ASCE.: 296-306

[41] Murray I, Parsons JW, Robinson K. Interrelationships between nitrogen-balance, pH and dissolved oxygen in an oxidation ditch treating farm animal waste. Water Res. 1975,9(1): 25-30

[42] Surmacz-Gorska J, Cichon A, Miksch K. Nitrogen removal from wastewater with high ammonia nitrogen concentration via shorter nitrification and denitrification. Wat. Sci. Tech. 1997,36(10):73-78

[43] Abeling U, Seyfried CF. Anaerobic-aerobic treatment of potato-starch Wastewater. Wat. Sci. Tech. 1993,28(2): 165-176

[44] Rols J L, Mauret M, Rahmani H, et al. Population dynamics and nitrite build-up in activated sludge and biofilm processes for nitrogen removal. Wat. Sci. Tech. 1994,29(7): 43-51

[45] Wong-Chong GM, Loehr RC. Kinetics of microbial nitrification. Water Res. 1975,9(12): 1099-1106

[46] Villaverde S, Fdz-Polanco F, Garcia PA. Influence of pH on nitrifying bacteria activity in submerged biofilters. Water Res. 1997,31(5): 1180-1186

[47] Villaverde S, Fdz-Polanco F, Garcia PA. Nitrifying biofilm acclimation to free ammonia in

submerged biofilters. Start-up influence. Water Res. 2000,34(2): 602-610

[48] Fdz-Polanco F, Villaverde S, Garcia PA. Effects causing nitrite build-up in biofilters. Wat. Sci. Tech. 1996,34(3): 371-378

[49] Quinlan A V. Prediction of the optimum pH for ammonia-N oxidation by *Nitrosomonas Europaea* in well-aerated natural and domestic-waste water. Wat. Res. 1984, 18: 561-566

[50] Hellinga C, Schellen A A J C, Mulder J W, et al. The SHARON Process: an innovative method for nitrogen removal from ammonium-rich wastewater. Water Sci. Technol. 1998, 37: 135-142

[51] Vadivelu V M, Keller J, Yuan Z. Free ammonia and Free nitrous acid inhibition on the anabolic and catabolic processes of *Nitrosomonas* and *Nitrobacter*. Water Sci. Techno. 2007,56(7): 89-97

[52] Verstraete W, Philips S. Nitrification-Denitrification Processes and Technologies in New Contexts. Environmental Pollution. 1998,102(1): 717-726

[53] Strous M. Ammonium removal from concentrated waste streams with the anaerobic ammonium oxidation (ANAMMOX) process in different configurations. Wat. Res. 1997, 31: 1955-1962

[54] Mulder J W, Van Loosdrecht M C M, Hellinga C, et al. Full-scale application of the SHARON process for treatment of rejection water of digested sludge dewatering. Water Sci. Technol. 2001, 43:127-134

[55] Van Dongen U, Jetten M S M, Van Loosdrecht M C M. The SHARON ((R))-Anammox ((R)) process for treatment of ammonium rich wastewater. Water Sci. Technol. 2001, 44: 153-160

[56] Van de Graaf. Autotrophic growth of anaerobic ammonium-oxidizing micro-organisms in a fluidized bed reactor. Microbiology, 1996, 142(8):2187-2196

[57] 贾振杰，杨清香，刘如钢.厌氧氨氧化菌的研究进展.微生物学，2006，26(6):74-79

[58] Strous M, Heijnen JJ, Kuenen J G, et al. The sequencing batch reactor as a powerful tool to study very slowly growing micro-organisms. Appl Microbiol Biotechnol., 1998, 50: 589-596

[59] Strous M, Kuenen J G, Fuerst J A, et al. The anammox case-a new experimental manifesto for microbiological eco-physiology. Antonie van Leeuwenhoek, 2002, 81: 693-702

[60] Strous M, Fuerst J, Kramer E, et al. Missing lithotroph identified as new planctomycete. Nature, 1999b, 400:446-449

[61] Schmid M, Twachtmann U, Klein M, et al. Molecular evidence for genus level diversity of bacteria capable of catalyzing anaerobic ammonium oxidation. Syst. Appl. Microbiol, 2000, 23: 93-106

[62] Kuypers MMM, Sliekers AO, Lavik G, et al. Anaerobic ammonium oxidation by anammox bacteria in the Black Sea. Nature, 2003, 422: 608-611

[63] Schmid M, Walsh K, Webb R, et al. Candidatus'Scalinduabrodae', spec. Nov., Candida-

tus 'Scalinduawagneri', spec. nov., Two new species of anaerobic ammonium oxidizing bacteria. Syst. Appl. Microbiol, 2003, 26: 529-538

[64] Lindsay MR, Web RI, Strous M, et al. Cell compartmentalization in planctomycetes: novel types of structural organization for the bacterial cell. Arch Microbiol. 2001, 175: 413-429

[65] Van Niftrik LA, Fuerst JA, Damste J SS, et al. Mini-Review the anammoxosome: an intracytoplasmic compartment in anammox bacteria. FEMS Microbiology Letters, 2004, 233: 7-13

[66] Sinninghe DJ S, Strous M, Rijpstra, WIC Hopmans, EC et al. Linearly concatenated cyclobutane lipids form a dense bacterial membrane. Nature, 2002, 419: 708-712

[67] 赵志宏,李小明,廖德祥.厌氧氨氧化研究进展及其应用. 净水技术,2005,26(5):47-52

[68] 祖波, 张代钧, 张萍, 等. 影响厌氧氨氧化与甲烷化反硝化耦合的因素. 应用与环境生物学报,2007, 13 (3): 438-442

[69] Jetten MSM, Strous M, van de Pas-Schoonen KT, et al. The anaerobic oxidation of ammonium. FEMS Microbiology, 1999, 22(5):421-437

[70] Dijkman H, Strous M. Process for ammonia removal from wastewater. Patent 1999; PCT/NL99/00446

[71] Third KA, Sliekers AO, Kuenen JG, et al. the CANON system (completely autotrophic nitrogen removal over nitrite) under ammonia limitation: interaction and competition between three groups of bacteria. Syst. Appl. Microbiol., 2001, 24:588-596

[72] Hao XD, Heijnen J, Van Loosdrecht MCN. Model-based evaluation of temperature and inflow variations on a partial nitrification-ANMMOX biofilm process. Wat. Res. 2002,36: 4839-4849

[73] 杨麒,李小明,曾光明,等.同步硝化反硝化机理的研究进展.微生物学通报.2003,30(4): 88-91

[74] Pochana K, Keller J. Study of Factors Affecting Simultaneous Nitrification and Denitrification (SND). Wat. Sci. Tech. 1999, 39(6): 61-68

[75] Yoo H, Ahn K H, LeeH J, et al. Nitrogen Removal from Synthetic Wastewater by Simultaneous Nitrification and Denitrification (SND) via Nitrite in an Intermittently-Aerated Reactor. Wat. Res. 1999, 33(1):145-154

[76] Robertson L A, et al. Nitrogen removal from water and waste [A]. In: Microbial control of pollution. Cambridge, United Kingdom: Cambridge University Press, 1992. 227-267

[77] Gupta A B. *Thiosphaeera Pantot ropha* a sulphur bacterium capable of simultaneous heterotrophic nitrification and aerobic denitrification. Enzyme and Microbial Technology, 1997, 21 (8): 589-595

[78] Robertson L A, VAN Niel ED WJ, Torremans ROB A M, et al. Simultaneous nitrification and denitrification in aerobic chemostat cultures of *Thiosphaeera Pantot ropha*. Applied and Environmental Microbiology, 1988, 54 (11): 2812-2818

[79] Mike S M J, logemann S, Gerard M, et al. Novel principle in the microbial conversion of nitrogen compounds. Antonie van Leeuwenhoek, 1997,71 (1-2):75-93

[80] 祝丽思，完颜华，周国华. 同时硝化反硝化(SND) 脱氮技术. 云南环境科学. 2006, 25 (4): 31-33

[81] Pochana K, Keller J. Model development for simultaneous nitrification and denitrification. Wat. Sci. Tech., 1999, 39(1): 235-243

[82] 谢珊,李小明,曾光明,等. 同步硝化反硝化实现途径的探讨. 环境科学与技术,2004, 27 (2):107-109

[83] 张龙，肖文德. SBR系统中同时硝化反硝化生物脱氮研究. 环境工程，2005, 23(4): 29-32

[84] 熊振湖，汪艳宁. 溶解氧和 pH 值对 CAST 工艺脱氮效果的影响. 环境工程，2003, 21 (6): 14-16

[85] Bruce E R, Wayne E L. Simultaneous denitrificaiton with nitrification in single channel oxidation ditches. Journal WPCF, 1985, 57 (4): 300-308

[86] Watanabe Y, et al. Simultaneous nitrification and denitrificatin in micro-aerobic biofilms. Wat. Sci. Tech., 1992, 26 (3/4): 511-522

[87] 杨麒，李小明，曾光明，等. 好氧颗粒污泥实现同步硝化反硝化. 城市环境与城市生态，2003, 16 (1):40-42

[88] Muller E B. Simultaneous NH_3 Oxidation and N_2 Production at Reduced O_2 Tensions by Sewage Sludge Subcultured with Chemolithotrophic Medium. Biodegradatin, 1995, 6(10): 339-349

[89] Spector M. Production and decomposition of nitrous oxide during biological denitrification. Water Environ Res, 1998, 70:1096-1098

[90] 马勇，彭永臻. 城市污水处理系统运行及过程控制. 北京：科学出版社，2007

[91] 祝贵兵，彭永臻译. 生物除磷设计与运行手册. 北京:中国建筑工业出版社，2005

[92] 行智强，陈银广，杨海真. 影响强化生物除磷的关键因素研究进展. 环境保护科学. 2006, 32(1): 31-33

[93] 马民，陈银广，顾国维. 聚磷菌与聚糖菌竞争影响因素的研究进展. 环境科学与技术. 2006, 29(1):102-105

[94] Brdjanovic D, Slamet A, VanLoosdrecht M C M, et al. Impact of Excessive Aeration on Biological Phosphorus Removal from Wastewater. Water Res. 1998, 32 (1):200-208

[95] Katie A T, Mark N, Ralf C R. The Effect of Dissolved Oxygen on PHB Accumulation in Activated Sludge Cultures. Biotechnology and Bioengineering, 2003, 82 (2):238-250

[96] Mulkerrins D, Dobson A D W, Colleran E. Parameters Affecting Biological Phosphate Removal from Wastewaters. Envir. Int., 2004, 30 (2):249-259

[97] Liu W T, Takashi M, Tomonori M, et al. Biological Phosphorus Removal Processes-Effect of pH on Anaerobic Substrate Metabolism. Water Science and Technology, 1996, 34 (1-2):25-32

[98] Pijuan M, Saunders A M, Guisasola A, et al. Enhanced Biological Phosphorus Removal in

a Sequencing Batch Reactor Using Propionate as the Sole Carbon Source. Biotechnology and Bioengineering, 2004, 85 (1):56-67

[99] Panswada T, Doungchaia A, Anotaib J. Temperature Effect on Microbial Community of Enhanced Biological Phosphorus Removal System. Water Research, 2003, 37:409-415

[100] Converti A, Rovatti M, Borghi M D. Biological Removal of Phosphorus from Wastewaters by Alternating Aerobic and Anaerobic Conditions. Water Research, 1995, 29(1):263-269

[101] Randall A A, Liu Y H. Polyhydroxyalkanoates form potentially a Key Aspect of Aerobic Phosphorus Uptake in Enhanced Biological Phosphorus Removal. Water Research, 2002, 36(14):3473-3478

[102] Chen Y G, Randall A A, Cue T. The Efficiency of Enhanced Biological Phosphorus Removal from Real Wastewater Affected by Different Ratios of Acetic to Propionic Acid. Water Research,2004,38 (1):27-36

[103] Carucci A, Lindrea K, Majone M,et al. Different mechanisms for the anaerobic storage of organic substrates and their effect on enhanced biological phosphate removal (EBPR). Water Sci Technol, 1999, 39:21-28

[104] Mino T,Van Loosdrecht MCM, Heijnen J J . Microbiology and biochemistry of the enhanced biological phosphate removal process. Water Res, 1998, 32: 3193-3207

[105] Merzouki M, Bernet N, Delgenes J P,et al. Biological denitrifying phosphorus removal in SBR: effect of added nitrate concentration and sludge retention time. Water Sci Technol, 2001, 43: 191-194

[106] McGrat h J W, Cleary S, Mullan A, et al. Acid stimulated phosphate uptake by activated sludge microorganisms under aerobic laboratory conditions. Water Res, 2001, 35: 4317-4322

[107] Erdal U G, Erdal Z K, Randall C W. The competition between PAOs (phosphorus accumulating organisms) and GAOs (glycogen accumulating organisms) in EBPR (enhanced biological phosphorus removal) systems at different temperatures and the effects on system performance. Water Sci Technol, 2003, 47: 1-8

[108] Brdjanovic D, Logemann S, Van Loosdrecht MCM, et al. Influence of temperature on biological phosphorus removal: process and molecular ecological studies. Water Res, 1998, 32:1035-1048

[109] Warangkana P. Investigation of the Effects of COD/TP Ratio on the Performance of a Biological Nutrient Removal System: Virginia: Virginia Polytechnic Institute and State University, 1997

[110] Hascoet M C, Florentz M. Infuence of Nitrates on Biological phosphorus removal nutrient wastewater. Wat. SA. 1985, 11(1):23-26

[111] Gerber A, Villiers R H, Mostert E S, et al. The Phenomenon of Simultaneous Phosphate Uptake and Release and its Importance in Biological Nutrient Removal in: Biological Phos-

phate Removal from Wastewaters. Pergamon Press, Oxford. 1987:123-134

[112] Comeau Y, Oldham W K, Hall K J. Dynamics of Carbon Reserves in Biological Dephosphatation of Wastewater, in: Biological Phosphate Removal from Wastewaters. Pergamon Press. Oxford,1987:39-55

[113] Polac L. Enhanced Biological Phosphorus Removal from Wastewater. M. Sc. Thesis. Prague Institute of Chemical Technology,1991

[114] Wanner J, Cech J S, Kos M. New Process Design for Biological Nutrient Removal. Wat. Sci. Tech. 1992,25 (4-5):445-448

[115] Kuba T, Van Loosdrecht M C M,et al. Phosphorus Removal from Wastewater by Anaerobic-anoxic Sequencing Batch Reactor. Wat. Sci. Tech. 1993, 27(5-6): 241-252

[116] Vlekke G J F M , Comeau Y and Oldham W K. Biological Phosphate Removal from Wastewater with Oxygen or Nitrate in Sequencing Batch Reactors. Environmental Technology Letters. 1988,9:791-796

[117] Wachtmeister A, Kuba T, Van Loosdrecht M C M, et al. A Sludge Characterization Assay for Aerobic and Denitrifying Phosphorus Removing Sludge. Wat. Res. 1997,31(3): 471-478

[118] Hu J Y, Ong S L, Ng W J, et al. A New Method for Characterizing Denitrifying Phosphorus Removal Bacteria by Using Three Different Types of Electron Acceptors. Wat. Res. 2003,37:3463-3471

[119] Kuba T, Van Loosdrecht M C M,et al. Biological Dephosphatation by Activated Sludge under Denitrifying Conditions: pH Influence and Occurrence of Denitrifying Dephosphatation in A Full-Scale Waste Water Treatment Plant. Wat. Sci. Tech. 1999, 36(12): 75-82

[120] Takeshita M, Soud H. FGD Performance and Experience on Coal-fired Plants. London: IEACoalResearch,1993,35-38

[121] Kuba T, Van Loosdrecht M C M, et al. Phosphorus and Nitrogen Removal with Minimal COD Requirement by Integration of Nitrification in a Two-sludge system. Wat. Res. 1996, 42(1-2): 1702-1710

[122] Kuba T, Van Loosdrecht M C M, Brandse F A, et al. Occurrence of Denitrifying Phosphorus Removal Bacteria in Modified UCT-Type Waste Water Treatment Plants. Wat. Res. 1997,31(41): 777-786

[123] Bortone G, Marsili Libelli S, Tilche A, et al. Anoxic Phosphate Uptake in the Dephanox Process. Wat. Sci. Tech. 1999, 40(4-5):177-183

[124] Tadashi Shoji, Hiroyasu Satoh, Takashi Mino. Quantitative Estimation of Role of Denitrifying Phosphate Accumulating Organisms in Nutrient Removal. 3rd IWA World Congress. 2002, Melbourne, Australia

[125] Merzouki M, Bernet N, et al. Biological denitrifying Phosphorus Removal in SBR: Effect of Added Nitrate Concentration and Sludge Retention Time. Wat. Sci. Tech. 2001, 3 (43):191-194

[126] Ng W J, Ong S L, Hu J Y. Denitrifying Phosphorus Removal by Anaerobic/Anoxic Sequencing Batch Reactor. Wat. Sci. Tech. 2001, 3(43): 139-146

[127] 罗固源，罗宁，吉芳英等. 新型双泥生物反硝化除磷脱氮工艺. 中国给水排水. 2002,18(9):4-7

[128] 罗固源，吉芳英，罗宁等. 硝酸盐电子受体反硝化同时除磷试验分析. 环境工程. 2004,22(1):32-35

[129] 罗宁，罗固源，吉方英等. 新型双泥生物反硝化除磷脱氮系统中微生物的组成. 给水排水. 2003,29(8):33-35

[130] 操家顺，杨雪冬，Mark Van Loosdrecht. BCFS—生物除磷新工艺. 中国给水排水,2002,18(3):23-26

[131] Falkentoft C, Harremoes P, et al. Combined Denitrification and Phosphorus Removal in a Biofilter. Wat. Sci. Tech. 2000, 41(4-5): 493-501

[132] Falkentoft C, Harrenoes P, Mosbak H, et al. Stability of a Lab-scale biofilm for Simultaneous Removal of Phosphorus and Nitrate. Wat. Sci. Tech. 2001,43(1): 335-342

[133] Falkentoft C. The Significance of Zonation in a Denitrifying Phosphorus Removing Biofilm. Wat. Res. 1999, 33: 3303-3310

[134] Henlness H, Gegaard H. Biological Phosphorus and Nitrogen Removal in a Sequencing Batch Moving Bed Biofilm Reactor. Wat. Sci. Tech. 2001,43(1): 233-240

第3章　A^2/O 工艺系统性能及其运行优化的研究

A^2/O 工艺因具有同时去除有机物、脱氮和除磷的功能获得广泛应用，但是该工艺将厌氧、缺氧和好氧三种不同的环境条件交替运行和不同种类的微生物菌群如聚磷菌(PAO)、反硝化菌和硝化菌共存于同一污泥系统中，因此存在着硝化菌和聚磷菌的不同泥龄和碳源之争，同时回流污泥中携带的硝酸盐将抑制厌氧条件下磷的释放，由于上述矛盾的存在，要达到实现不同功能的三种菌群的最佳生长条件是不可能的，这种相互制约作用，导致该工艺的脱氮除磷效率不可能很高。近来研究发现一种兼性厌氧反硝化除磷菌(DNPAO)，该细菌可以在缺氧条件下，利用硝酸盐作为电子受体氧化胞内贮存的 PHA，并从环境中摄磷，实现同时反硝化和超量摄磷，在很大程度上缓解了聚磷菌与反硝化菌对碳源的竞争，克服了污水水质本身的不足，提高了脱氮除磷效果[1-3]。与传统脱氮除磷工艺相比，在保证系统营养物去除的条件下，对 COD 的需求可减少 50%左右，氧的消耗和污泥产量可分别下降 30%和 50%，因此强化系统的反硝化除磷功能可实现 A^2/O 处理工艺性能的优化。

本章将系统地介绍 A^2/O 工艺的处理性能，考察 A^2/O 工艺中的反硝化除磷现象，以及不同因素对 A^2/O 工艺系统性能的影响，并进一步介绍如何提高系统的反硝化除磷性能，为传统推流式活性污泥系统的改造、升级，实现污水回用和资源化开辟新的途径。

3.1　A^2/O 工艺的反硝化除磷性能

3.1.1　试验方法及方案设计

为了避免回流污泥中硝态氮对厌氧磷释放的影响，采用图 3-1 所示的试验装置①。该反应器共分为 8 个格室，其中第一个格室为预缺氧区，第二格室为厌氧区，第三、四格室为缺氧区，后 4 个格室为好氧区，预缺氧区、厌氧区、缺氧区、好氧区体积比为 1∶1.5∶2.5∶5。进水分为两部分，一小部分进入预缺氧区，主流部分进入厌氧区。回流污泥进入预缺氧区，内循环混合液由好氧区最后格室回流到缺氧区第一格室的首端。试验进水、回流污泥和硝化液回流流量采用蠕动泵控制，

① 在本章其他部分，若不做特殊说明，皆应用该试验模型。

预缺氧区、厌氧区和缺氧区内安装搅拌器。反应器内混合液温度控制在 21℃，试验运行条件如下：进水量为 150L/d，SRT 为 12d，反应器中 MLSS 维持在 2500～3500mg/L，污泥回流比为 0.5，好氧区 DO 浓度维持在 2～3mg/L。在系统启动初期为了富集反硝化聚磷菌，不断调节内循环回流比以保证回流到缺氧区的硝化液充足。

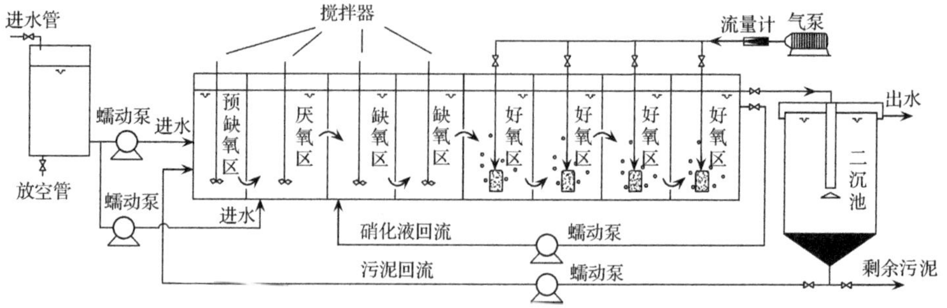

图 3-1　A²/O 工艺试验装置图

试验用水为啤酒合成的模拟生活污水，水质情况见表 3-1。本试验分为二个阶段，首先是聚磷菌的富集培养阶段（1～40d），第二阶段研究系统的反硝化除磷性能（41～80d）。

表 3-1　试验污水水质指标

项目	COD_{Cr} /(mg/L)	BOD_5 /(mg/L)	NH_4^+-N /(mg/L)	TN /(mg/L)	PO_4^{3-}-P /(mg/L)	pH	碱度 /(mg/L)
范围	180～460	122.4～226.8	36.6～55.8	43.3～63.8	6.18～9.15	7.15～7.7	350～400
平均值	342.8	175.46	45.44	48.56	7.65	7.4	380

为确定 A²/O 系统污泥的反硝化除磷能力，从剩余污泥中取出部分污泥，投加到一个 5L 的间歇 SBR 反应器中，进行污泥静态分析试验。污泥首先曝气 5min，以降低污泥在二沉池由于二次释放所产生的磷酸盐，污泥浓度维持在 3.6g/L，然后投加乙酸盐和磷酸二氢钾，混合液中 COD 和正磷酸盐浓度分别为 206mg/L 和 19mg/L，混合液 pH 维持在 7.2±0.3，温度控制在 20°C。混合液在厌氧环境中反应 4h，然后平均分为两份，一份通入氧气进行好氧反应，另一份投加硝态氮进行缺氧反应（保证硝酸盐充足），在缺氧条件下要用氮气进行吹脱，避免空气中的氧气对缺氧环境产生影响，反应时间为 3h[4,5]。

3.1.2　A²/O 工艺的除磷性能

反硝化聚磷菌的选择和富集是反硝化除磷首先要解决的问题。很多研究发现在UCT工艺中存在着明显的反硝化除磷现象，而关于 A^2/O 工艺中反硝化除磷的报道很少，到底该工艺中是否存在反硝化吸磷现象。由图3-2可知，随着系统的驯化培养，前40天内除磷效率从最初的22.5%上升到60%，随后在第2阶段系统除磷效果变好，其去除率从第40天的79.5%上升到100%，平均去除率为95%。尽管进水磷酸盐浓度为5.6～8.9mg/L，但是平均出水磷酸盐浓度为0.30mg/L。随着厌氧区放磷量的增加，系统出水酸盐浓度逐渐降低，处理效果逐渐变好，经计算表明平均吸磷量和平均放磷量的比例为1.28，这和Warangkana等人的研究结果是一致的[6]。

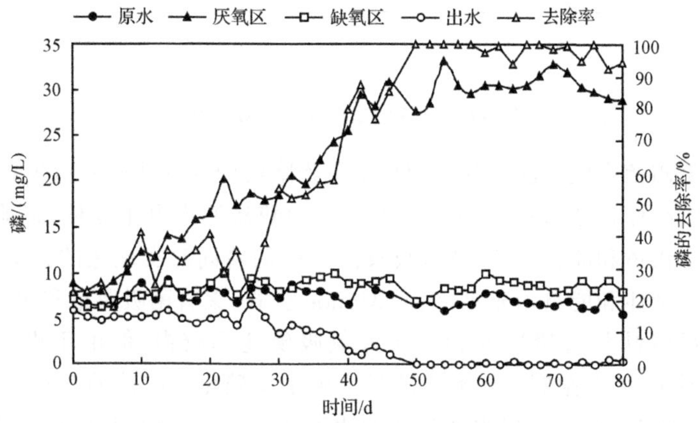

图3-2 A^2/O 系统对磷的去除

图3-3为 A^2/O 工艺磷酸盐的去除率及缺氧区除磷量占厌氧区总放磷量的百分比。由图可知缺氧吸磷量逐渐增加，第40天时，缺氧区除磷量占厌氧区总放磷量的比率由20%增至65%，第79天时，缺氧区除磷量占厌氧区总放磷量的平均比率为71.3%。系统达到稳定状态时缺氧除磷量平均为22.2mg/L，好氧吸磷量平均为8.2 mg/L。由于缺氧除磷量增大，好氧区吸磷量降低，因而好氧区曝气消耗量减少，为维持好氧区设定的DO浓度，必须减少曝气量，计算表明试验末期与初期曝气量减少了25%，这也充分证明提高系统反硝化除磷可以节省系统的运行费用。

一般认为，聚磷菌分为两部分，反硝化聚磷菌和好氧聚磷菌，反硝化聚磷菌可同时利用氧或硝酸盐作为电子受体，而好氧聚磷菌只能利用氧作为电子受体。为此，对系统污泥的吸磷特性进行了分析。根据图3-4可知，好氧最大比吸磷速率为6.7mgP/(gMLSS·h)；缺氧最大比吸磷速率为4.62mgP/(gMLSS·h)，比好氧吸磷速率低2.08 mgP/(gMLSS·h)，缺氧条件下对应的PHA消耗速率也低于好氧条件下的速率。尽管如此，在 A^2/O 工艺中反硝化吸磷量明显高于好氧吸磷量，

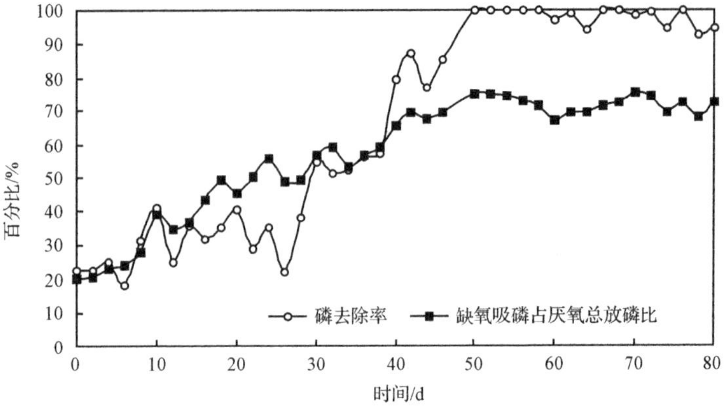

图 3-3　A²/O工艺磷的去除率以及缺氧区吸磷比率

归其原因，聚磷菌在厌氧区充分利用易于生物降解的挥发性短链脂肪酸进行PHA的合成和储存，而在缺氧段反硝化除磷菌以硝酸盐氮为电子受体，以胞内储存物PHA为电子供体和能量来源，过量吸收溶液中的磷同时实现氮的去除，在该环境下，由于电子受体和能量均充足，根据Monod公式，聚磷菌吸磷量和聚磷菌微生物量成正比，虽然缺氧吸磷速率相对于好氧吸磷速率较慢，但由于进入好氧段的PHA明显不足，因此限制了好氧吸磷量。由于反硝化除磷菌的存在，试验中经常观察到好氧格室2或3的出水磷浓度就达到0mg/L，因此好氧阶段并未发挥其最大吸磷容量。需要注意为了提高缺氧区吸磷量，必须提供充足的电子受体（即硝酸盐氮），如果硝酸盐氮不充足甚至为0，一方面会降低缺氧区的吸磷量，另外也会导致缺氧区二次放磷，所以对内循环硝化液回流量的控制非常重要[7]。

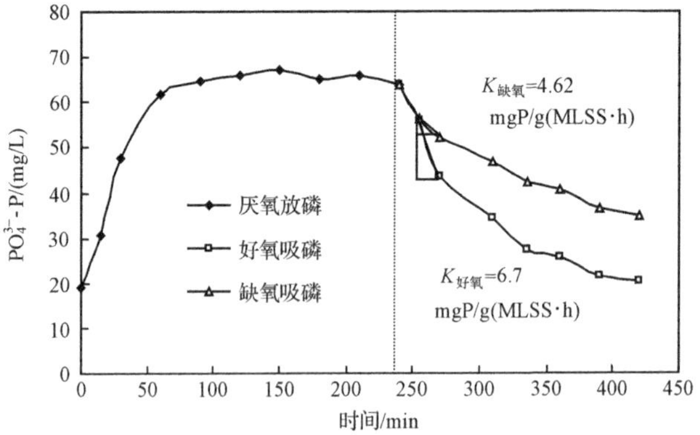

图 3-4　好氧吸磷和缺氧吸磷速率的比较

图3-5为硝酸盐浓度对缺氧磷吸收的影响。污泥取自当天的剩余污泥，首先

经过 4h 的厌氧，在厌氧结束时的溶解性 COD(SCOD)为 89mg/L。在开始的前 30min，由于初始硝酸盐浓度较低，缺氧磷的吸收速率仅为 3.76mgPO_4^{3-}-P/g(MLSS·h)，与提供足量的硝酸盐相比较，缺氧磷吸收速率降低 0.86mgPO_4^{3-}-P/g(MLSS·h)，单位质量硝酸盐吸收的磷量为 0.54mgPO_4^{3-}-P/mgNO_3^--N。随着硝酸盐浓度的下降磷的吸收量也在逐渐下降，A 点为硝酸盐被完全还原的点。此时反硝化反应几乎停止，磷的浓度变化曲线出现一个转折点，其斜率由负值转为正值，也就是出现磷的二次释放。因为初始 SCOD 的浓度较高，而硝酸盐的浓度相对较低，磷释放与吸收反应同时发生，此时缺氧磷的吸收速率较低。当硝酸盐被完全消耗时，由缺氧环境变为厌氧条件，结果出现磷的二次释放。在 B 点时，也就是反应的第 100min，重新投加硝酸盐到反应器中，可观察到投加硝酸盐后开始的前 25min，硝酸盐和磷的浓度急剧下降，单位质量的硝酸盐所能吸收的磷量为 1.22mgPO_4^{3-}-P/NO_3^--N，高于前面硝酸盐不足的情况。分析其原因，在初始阶段，硝酸盐首先与外碳源发生反硝化反应，待外碳源耗尽时开始利用胞内储存物作为碳源发生反硝化反应，同时伴随磷的吸收。当再次投加硝酸盐时，混合液中不再存在外碳源，缺氧条件下发生的主要反应为反硝化除磷脱氮。这就表明在没有外碳源的前提下，硝酸盐的浓度对缺氧磷的净释放还是净吸收起重要作用。

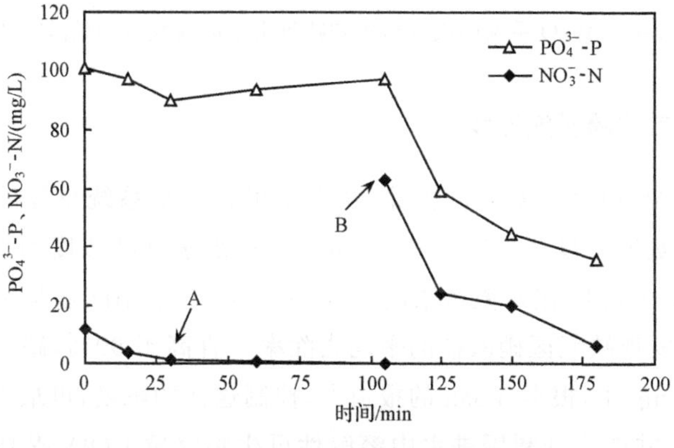

图 3-5　硝酸盐浓度对反硝化吸磷的影响

初始 NO_3^--N=11.4mg/L；A-硝酸盐完全消耗，B-重新投加硝酸盐

以上试验证明在 A^2/O 工艺中，如能给缺氧区提供足量的硝酸盐可促进反硝化聚磷菌的富集，反硝化聚磷菌可以利用硝酸盐作为电子受体，在缺氧区实现氮磷的同时去除。在厌氧/缺氧交替环境中，缺氧吸磷效果逐日增强，系统对磷的去除率也随着逐日升高。缺氧吸磷“一碳两用”的优点使得系统在低进水 COD/TN 比(COD/TN$<$6) 时也可实现系统氮磷的达标排放，有效解决了传统脱氮除磷工艺

进水碳源不足时出水不能达标的问题。为了提高 A^2/O 工艺反硝化除磷能力，就应维持缺氧区的“缺氧”环境，图 3-6 是试验前两个阶段缺氧区出水硝酸盐浓度以及缺氧区和缺氧区出水磷酸盐浓度。从图中可以看出，试验初期缺氧区除磷能力非常微弱，在第 20 天时缺氧区磷的吸收量仅占厌氧磷释放量的 22.5%，较低的磷吸收能力主要是反硝化聚磷菌在系统中所占比例较低，而在第 60 天时这个比例增加到 60%，在第 80 天时增加到 79.5%。

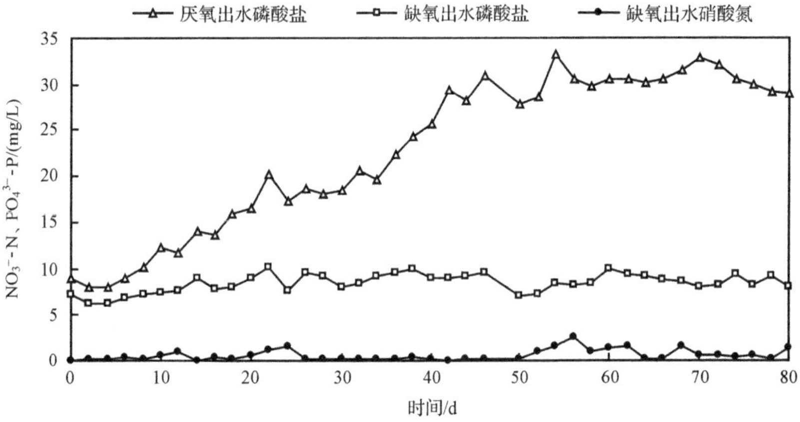

图 3-6 A^2/O 系统中厌氧出水和缺氧出水的磷酸盐和硝酸氮浓度

3.1.3 A^2/O 工艺的脱氮性能

图 3-7 为 A^2/O 系统对氮的去除，从图中可以看出系统总氮的去除一直都很稳定。在进水氨氮浓度为 36.6～55.8mg/L 时；出水 TN 浓度为 7.6 ～10.8mg/L，平均值为 9.2mg/L；出水氨氮浓度小于 4mg/L，其中硝酸盐是出水总氮中的主要产物。试验发现缺氧区硝酸盐的平均去除率一直高于 90%，缺氧出水硝酸盐浓度基本为 1～2mg/L，根据 Yuan 的报道[7]，控制这样的浓度，可最大程度提高系统总氮的去除率，并能充分利用进水中溶解性可生物降解 COD，提高缺氧区反硝化潜力，从而降低溢流到好氧区的 COD 量，实现氮的最优控制。对于该系统，通过调节内循环回流比控制缺氧出水硝酸盐浓度可保证为缺氧区反硝化除磷提供充足的电子受体。

从图 3-8 中可以看出，通过设置预缺氧区，可以使回流污泥中的硝态氮充分反硝化，从而维持厌氧区绝对的“厌氧环境”，实现厌氧区的充分放磷，最大程度的提高磷的去除。另外缺氧区末端维持一定的硝态氮浓度，有助于强化系统的反硝化除磷功能。

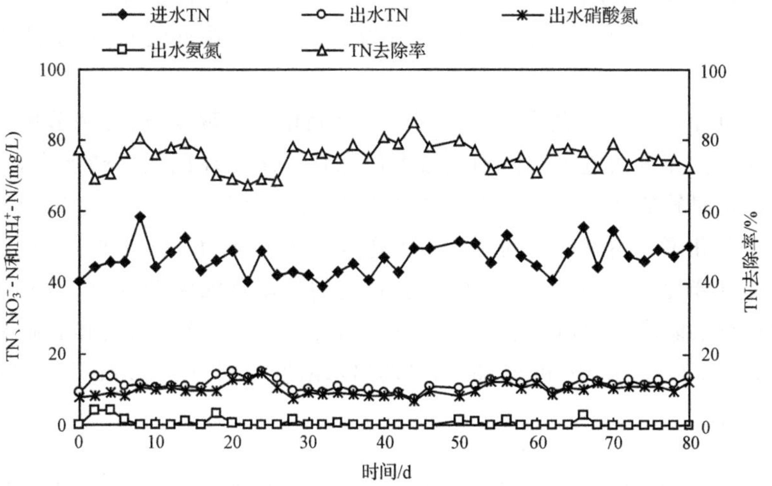

图3-7 A^2/O系统对氮的去除

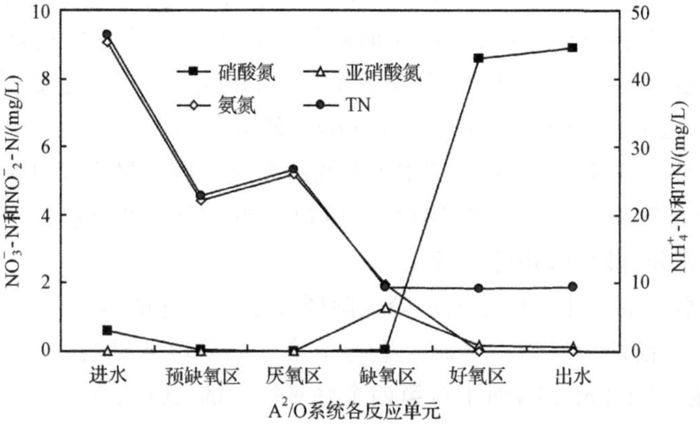

图3-8 A^2/O工艺不同氮化合物的平均值沿程变化曲线

3.1.4 A^2/O工艺的COD去除性能

污水生物处理工艺对于有机物的去除能力是表征工艺效能的主要指标之一，而COD是污水处理中用于反应污水中有机物含量的指标，反硝化和磷的释放都需要有机物作为碳源。研究发现虽然进水COD浓度波动较大，但是系统对COD的去除一直稳定。在进水COD浓度为182～460mg/L(平均为342.8mg/L)时，出水COD浓度为9.6～37.4mg/L(平均出水COD浓度为26.5mg/L)，达到我国城市污水处理厂污水排放标准(GB18918-2002)一级排放标准。对应的COD去除率为87.6%～97.35%(平均值为92.3%)。另外可知大部分COD在厌氧区被转化为微生物胞内聚合物 PHA 而去除，厌氧区出水 COD 浓度为 47.4～118mg/L，COD 去除率为 66.6%～85.8%，平均值为 75.8%；而缺氧区 COD 平均去除率仅为 7.5%。

由此可知，A^2/O 工艺中存在着明显的反硝化除磷现象，通过调节内循环保证向缺氧区提供充足的电子受体硝态氮可以强化系统的反硝化除磷能力，反硝化除磷能力稳定时缺氧区吸磷量占厌氧区总放磷量的比率可高达 71.3%，很好的解决了反硝化菌和聚磷菌就底物问题产生的竞争关系，实现了“一碳两用”，同时可节约 25%的曝气能耗。当 A^2/O 系统内建立稳定的反硝化除磷功能时，不但可实现较高的有机物去除率，而且可获得较高的脱氮除磷效率，COD、总氮和总磷平均去除率分别为 92.3%、79.5%和 95.5%，平均出水浓度分别为 26.5mg/L、9.2mg/L 和 0.32mg/L。

3.2 过量曝气对 A^2/O 工艺生物脱氮除磷的影响

在 A^2/O 工艺，为了保证将 PHB 充分氧化，释放出足够的能量三磷酸腺苷(ATP) 用以吸收溶解性磷酸盐，需要向好氧区提供足够的曝气量，假如曝气不足或溶解氧浓度过低，将导致好氧吸磷不足，严重影响 A^2/O 工艺的除磷效率。但是，过量曝气也不利于磷的去除。Brdjanovic 研究了过量曝气对 EBPR 系统的影响。结果表明，过量曝气会导致 EBPR 系统的恶化。因为随着 PHB 的逐渐消耗，PHB 的浓度将逐渐成为限制磷的好氧吸收速率的一个主要因素，使得好氧条件下磷的吸收不充分，最终影响除磷效果[8]。

为了考察当系统建立稳定的反硝化除磷性能之后过量曝气对系统除磷能力的影响，在 3.1 节前两阶段试验基础上进行了第三个阶段的试验。维持前三个好氧格室的 DO 浓度在 2mg/L，而不对第四个好氧格室的 DO 浓度进行控制，系统总供气量恒定在未出现稳定的缺氧吸磷能力时的供气量 0.42m^3/h，维持进水 COD 和磷酸盐平均浓度分别为 300mg/L 和 7.32mg/L。如图 3-9 所示，第四个好氧格室的 DO 浓度逐渐从 2.3mg/L 增加到 5.28mg/L，这表明反硝化除磷菌在活性污泥中的比例逐渐增加直到达到稳定状态，由于好氧吸磷量降低，系统需氧量逐渐降低，从而 DO 浓度升高。然而发现在这个过程中系统除磷能力恶化，在第 80～84d，系统出水的磷酸盐浓度从 0.37mg/L 急剧增加到 5.7mg/L，其去除率也由 95%下降到仅为 25.7%。随后降低曝气量，由恒供气量控制调整为恒 DO 控制，恢复好氧区各格室 DO 浓度为 2～3mg/L，可以发现系统的除磷效果逐渐好转，经过 13d 的运行，出水磷酸盐浓度变为 0.89mg/L，去除率达到了 87.2%，最后恢复到过量曝气之前的去除率。在整个试验过程中发现厌氧区的释磷浓度基本保持不变，平均值为 31.5mg/L。

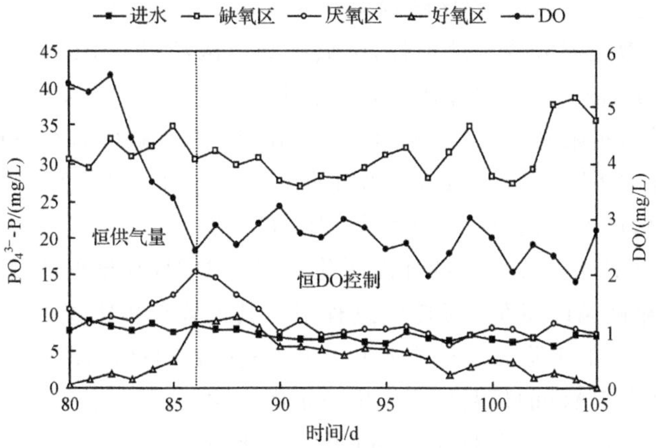

图 3-9 过量曝气对P去除的影响及其恢复

上述试验现象与Brdjanovic、Temmink和Maite等人的试验结果一致[8-10]。在生物除磷微生物代谢过程中，三种胞内贮存化合物：聚磷酸盐(PP)、糖元(Glycogen)和聚-β-羟基丁酸盐(PHB)对生物磷的去除起着非常重要的作用，其中聚磷酸盐是强化生物除磷的核心，整个强化生物除磷过程实际上就是过量一饥饿的周期循环过程。在厌氧条件下，微生物细胞缺乏电子受体，碳源丰富，碳源提供电子供体，聚磷水解为磷酸盐电解质，正磷酸盐从细胞中释放到溶液中增加转移膜的质子浓度梯度。易于降解碳源被吸收同时储存于细胞体内形成PHB。PHB在转化过程中必须借助$NADH_2$作为还原力，而还原力的形成主要由糖原的降解提供。所需的能量(ATP)则来源于聚磷酸盐的水解和糖原的降解，从而释放正磷酸盐。在好氧条件下，此时的环境条件是电子受体充足而碳源缺乏，PHB被降解，通过PHB的降解产生ATP用于聚磷的合成，由于被吸收的正磷酸盐量多于厌氧过程释放的磷量，结果出现净磷的去除。值得注意的是聚磷菌的最大释磷量不仅由可利用的碳源量决定，还与细胞内的糖原质和聚磷酸盐量有关。如果糖原成为限制性因素，那么只能认为是最大可生物降解碳源的吸收量而不是最大释磷量，因此糖元的形成和恢复是非常重要的。

Brdjanovic等人[8]报道周末或大雨时会导致污水处理厂低负荷运行，当系统恢复到正常运行负荷时，除磷性能一般会恶化，出水磷酸盐浓度升高，其主要原因在于当低负荷运行时，没有对曝气系统进行有效控制，导致过量曝气，好氧区DO浓度大大升高，为了维持微生物的生长，聚磷菌内部储存的PHB被部分或完全消耗，当PHB降到0时，微生物体内的糖元被作为微生物生长所需的能量而消耗。实际运行表明为了保持系统较好的除磷效率，聚磷菌体内应维持最低水平的糖原含量。当系统恢复到正常负荷时，磷的释放不会受到很大影响，聚磷菌仍然以最大速率释磷，但是这种释磷过程伴随着无效释磷，并不代表聚糖得到有效恢复，由于过量曝气导致糖元部分或全部消耗，厌氧区吸收碳源形成 PHB 的过程缺乏还原性物质 $NADH_2$，而只有通过逐步积累才能恢复其摄磷能力，这是一个逐步完善的过程。聚糖的含量限制了磷的吸收量，导致放磷率和吸磷率的不平衡，最终表现结果是磷的去除率下降，只有当 PAO 体内的糖原积累到一定程度，才能实现系统较高的除磷效率，这个过程一般持续 2 个 SRT 的时间。

Maite 等人研究了系统除磷性能恶化过程中 PHB 和聚糖的变化。他们的试验结果表明，聚磷菌即使在长期曝气过程中与其他菌种相比较仍然存在一定的竞争能力，然而其磷的去除能力几乎丧失。由于氧的长期存在，即使其他运行参数保持不变也会使得 PAO 的代谢机理发生一定的变化。试验结果说明污泥中总的糖原含量明显下降，在好氧条件下 PAO 并不需要如厌氧条件下那样充足的聚糖。在厌氧条件下，PAO 通过 TCA 循环降解部分碳源以获取所需的还原力，同样也适用于好氧条件下，因此 PAO 倾向于减少糖原的含量。此外，吸收单位质量的碳源所释放的磷酸盐量增加也有助于能量的产生。在厌氧条件下，聚糖降低提供部分能量进行碳源吸收并且以 PHB 的形式储存，在整个过程中由于能量需求的降低，结果更少的糖原被降解，而为了弥补能量的损失，PAO 倾向于释放更多的磷以获取所需的能量。但从系统恶化的方面来看，即使研究对象所采用的结构和运行方式有所不同，所获结论与 Maite 等人的试验结果相符。总之当曝气时间过长或过高时，如在长时间降雨之后或低负荷（例如在周末）条件下，曝气量的控制尤为重要。

为了有效提高污水处理厂的除磷效率，维持出水磷酸盐浓度稳定，应快速克服污水处理厂进水负荷低或过量曝气的情况，采取有效的控制策略，其控制策略之一是：在低负荷时采取曝气控制策略，减少曝气量，基本维持好氧区 DO 浓度为 2～3 mg/L，避免不必要的糖原的消耗；另外一个策略是在低负荷情况下外投碳源到厌氧区或厌氧区出水，这样可以避免糖元的过度消耗，维持细胞内最低水平的糖原含量。另外，如果是在正常运行负荷情况下由于没有对系统的曝气进行有效控制，导致好氧区高 DO 浓度（4～6mg/L）时，需要在线控制好氧区 DO 浓度，从而维持系统的除磷效率[4]。

3.3 进水 C/N 比和 C/P 比对 A^2/O 工艺生物脱氮除磷的影响

在污水脱氮除磷工艺的设计过程中，需根据废水水质及处理要求来确定处理工艺。也就是说，要明确污水 COD/TN 比和 COD/TP 比所处的范围，据此来选择和开发相应的脱氮除磷工艺，以达到对氮和磷的最佳去除。

一般情况下，当进水 COD/TN 比较低时，由于反硝化所需的电子供体不足，系统脱氮效果降低。对除磷的影响有两方面，一方面硝化回流液中硝态氮浓度升高，可以促进 A^2/O 工艺的反硝化除磷能力，这对低进水 C/N 比水质是很有益的；另一方面当进水 COD/TN 比较低时，会使大量硝态氮通过污泥回流进入厌氧区，从而影响厌氧释磷过程，最终影响系统除磷能力。而当 COD/N 比过高时，厌氧区出水较高的碳源浓度又会降低系统的反硝化除磷能力，另外进水碳源较高，将导致异养菌的大量繁殖，而自养硝化菌在竞争中将占不到优势，从而影响系统的硝化性能。当进水 C/P 比较低时，由于碳源的缺乏不能在厌氧区充分放磷，系统除磷效果不理想；而进水 C/P 比较高时，有利于系统中聚糖菌的生长，同样导致系统除磷效果不稳定，因此进水 C/N 比和 C/P 比关系着 A^2/O 工艺的去除效果以及运行方式的选择[11,12]。

3.3.1　试验方案

采用传统的 A^2/O 工艺结构，厌氧/缺氧/好氧体积比为 1.25∶1∶2.75。内循环回流量、污泥回流量和进水量均用恒流泵进行调整。进水流量为 150L/d，内循环回流比与污泥回流比分别为 3.2 和 0.5。DO 浓度控制在 2～3mg/L，污泥龄为 12d，其中对应的厌氧/缺氧/好氧污泥龄分别为 3/2.4/6.6d，试验过程中 MLSS 维持在 3000mg/L±500mg/L。

根据要求维持进水 COD 基本恒定，通过分别改变 NH_4Cl 和 KH_2PO_4 投加量调节进水氮和磷的浓度，进水 C/N 比和 C/P 比分别控制在 3～12 和 18～62 之间。试验阶段Ⅰ中 C/N 比最低值和最大值分别为 3 和 12，整个试验过程中 C/N 比作为独立的变量，考察四种平均 C/N 比分别为 3.5、5.0、7.1 和 9.5 时对 A^2/O 工艺脱氮除磷性能的影响。试验阶段Ⅱ中 C/P 比最低值和最大值分别为 18 和 62，整个试验过程中 C/P 比作为独立的变量，考察四种平均 C/P 比为 55、45、34 和 23 对 A^2/O 工艺脱氮除磷性能的影响，具体方案见表 3-2。对于每次进水 C/N 比和 C/P 比的调整，经过两个污泥龄待系统稳定后进入下一个阶段。

表 3-2　阶段Ⅰ和阶段Ⅱ进水负荷

C/N 或 C/P	阶段Ⅰ(C/N)				阶段Ⅱ(C/P)			
	3.5	5.0	7.1	9.5	23	34	45	55
COD 负荷/[kgCOD/(m^3·d)]	0.66	0.87	0.97	1.02	0.96	0.93	0.97	0.99
TN 负荷/[(kgN/(m^3·d)]	0.111	0.135	0.173	0.197	0.139	0.140	0.141	0.138
TP 负荷/[kgP/(m^3·d)]	0.021	0.021	0.018	0.020	0.041	0.027	0.023	0.018

3.3.2 进水C/N比对氮和磷的去除

1. 氮的去除

图3-10为不同进水C/N比对应的出水氨氮和硝态氮浓度变化，在该试验阶段进水C/P比维持在40～45。无论进水氨氮如何变化，出水氮以硝酸盐氮的形式存在，当C/N比小于10时，出水氨氮并未随进水氨氮浓度的变化而变化，但当C/N比>10时，出水氨氮浓度逐步增加。图3-11为不同进水C/N比时的总氮去除率。当进水C/N比从3增加到7.1时，总氮去除率稳步上升，进水C/N比为7.1时总氮平均去除率高达80.3%。然而，当C/N比从7.1增加到12时总氮的去除率不升反降。主要原因可能是C/N比增加导致自养菌在系统中的数量越来越少，硝化效率降低，从而总氮去除率降低。如表3-3所示，当平均进水C/N比为3.5时，总氮的去除率为67.2%，出水总氮为24.18mg/L，此时，有机负荷仅为0.66mgCOD/(m³·d)，好氧区末端的硝酸盐浓度达到25.2mgN/L，主要由于厌氧储存的PHA与厌氧出水中剩余的碳源之和不足以满足进入缺氧区的硝酸盐反硝化所需的碳源。如表3-4所示，此时COD/NO_x比仅为1.64kg COD/ kgN，而要实现完全的反硝化，在没有储存内碳源的情况下，实现完全反硝化的最小理论C/N比为2.86kg COD/ kgN。但是由于微生物的生长，实际所需值远远大于2.86kgCOD/kgN，因此实现完全反硝化是不可能的。当进水C/N比从3增加到7.1时，对应的总氮去除率增加12.99%，因此，进水C/N比的增加可以改善总氮的去除效果，而此时对应的COD/NO_x比从5.42kg COD/ kgN增加到9.89 kg COD/ kgN。但是当进水C/N比从7.1增加到9.5时，总氮的去除率稍有下降，另

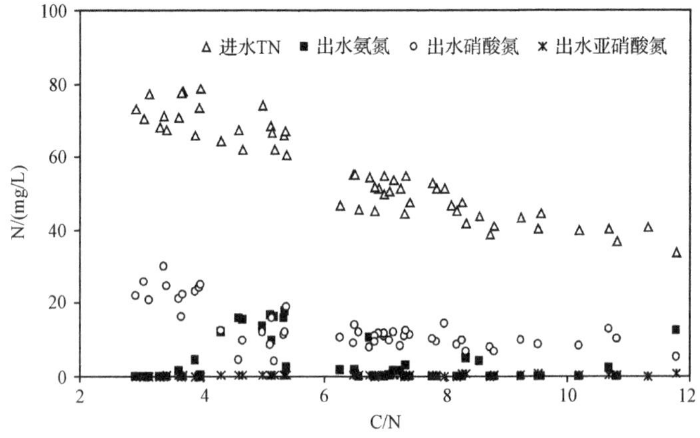

图3-10 不同进水C/N出水氨氮和硝态氮的浓度变化

外系统硝化性能也受进水有机负荷的限制，随进水 C/N 比增加，硝化性能下降。

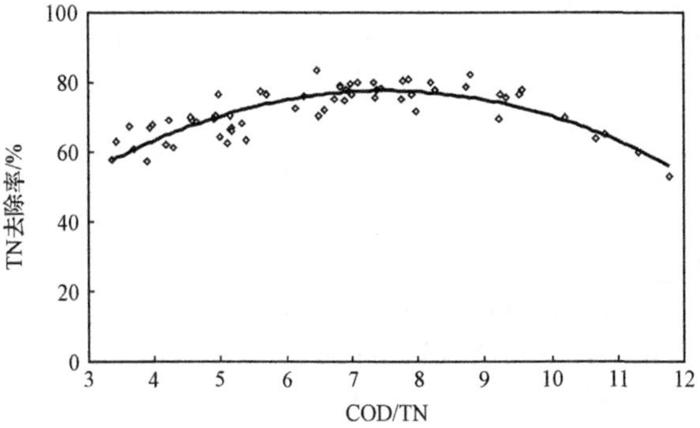

图 3-11 进水 COD/N 对 TN 去除率的影响

表 3-3 不同 C/N 比下不同格室的 TN、TP、COD 和 NO_3^--N 浓度 （单位：mg/L）

C/N		进水	厌氧	缺氧	好氧	出水	去除率/%
9.5 (*n*=10)	TN	41.58	—	—	—	9.88	76.96±2
	TP	7.95	23.64	10.8	4.08	4.17	47.55±5
	COD	381.16	94.35	49.44	44.34	45.59	88.04±5
	NO_3^--N	1.2	0	0.19	8.07	8.31	—
7.1 (*n*=19)	TN	50.63	32.52	12.21	11.80	11.63	77.03±3.5
	TP	11.47	45.50	15.52	2.5	2.07	81.95±3
	COD	362.73	88.23	39.96	36.11	38.15	89.48±4.5
	NO_3^--N	1.5	0	1.70	11.92	10.96	—
5.0 (*n*=13)	TN	64.98	—	—	—	17.59	72.93±1.8
	TP	6.8	52.38	15.92	0.44	0.58	91.47±3.4
	COD	325.03	53.37	39.24	31.70	38.93	88.02±3
	NO_3^--N	1.39	0	1.99	12.44	10.78	—
3.5 (*n*=11)	TN	73.71	—	—	—	24.18	67.20±2.2
	TP	7.38	51.16	10.48	0.12	0.42	94.31±3
	COD	249.09	32.71	29.85	22.91	21.27	91.46±4
	NO_3^--N	1.67	0	11.15	25.2	23.45	—

表 3-4 不同进水 C/N 比对应的厌氧区 C/NO_x-N 和 C/PO_4^{3-}-P

C/N	PHB /(mg/L)	可获得 COD	NO_x-N /(mg/L)	PO_4^{3-}-P /(mg/L)	C/NO_x-N1) [(COD+1/6PHB2))/NO_x]	C/PO_4^{3-}-P (PHB/PO_4^{3-})
3.5	151.40	2.86	17.14	16.37	1.64±0.2	9.25±0.23
5	190.14	14.13	8.50	16.76	5.42±0.45	11.34±0.52
7.1	191.64	48.27	8.11	14.56	9.89±0.38	13.16±0.41
9.5	200.79	44.91	5.49	7.56	14.28±0.51	26.54±0.53

注：1) 此处假设没有 PHA 的储存和微生物生长消耗碳源；

2) Third 等[151]认为内碳源 PHA 的降解速率低于外碳源 6 倍多，此处将内碳源 PHA 等价成外碳源量。实验采用啤酒合成废水，PHA 的主要组成中 PHB 占超过 90%，所以用 PHB 替代 PHA。

2. 磷的去除

如图 3-12 所示，当进水 C/N 比从 3 增加到 6 时，TP 去除率逐步增加，主要因为进水 C/N 比低时进水碳源不足，而回流污泥中含有大量硝酸盐，硝酸盐消耗了大部分进水 COD，从而导致厌氧区放磷不充分，系统除磷率降低，而随着进水 C/N 比的增加，进水碳源增加，所以 TP 去除率逐步增加。在 C/N 比为 5～6 之间，TP 去除率达到 95%以上，主要因为反硝化聚磷菌的存在，实现了"一碳两用"，部分弥补了进水碳源不足的缺陷。而当进水 C/N 比从 6 增加到 12 时，总磷的去除率下降，尤其进水 C/N 比高于 7.5 时总磷去除率几乎呈线性下降趋势。Filipe 等人认为[152]，在相对较高的有机负荷时，进水中的总 COD 并不能在厌氧区内被聚磷菌完全利用，而剩余的过量 COD 会促进聚糖菌的生长，从而导致活性污泥中聚磷菌所占比例降低。释放单位质量的磷所消耗的 COD 随进水有机负荷的增加而增加，分别对应着 C/N 比为 3.5、5.1、7.1 和 9.5 时的 4.94mg COD/mg P、5.96mg

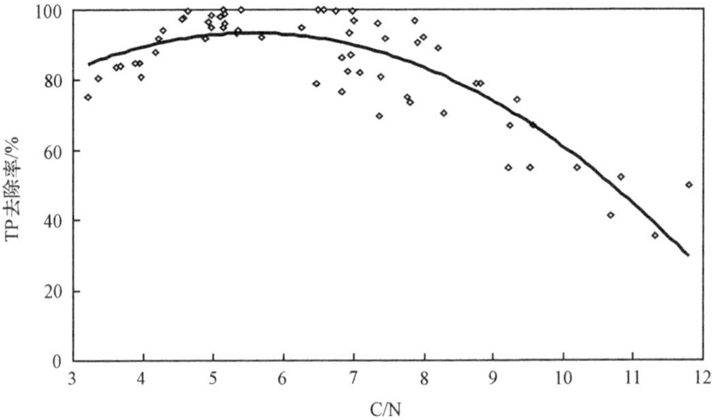

图 3-12 进水 C/N 比对 TP 去除率的影响

COD/mg P、7.29 mg COD/mg P 和 18.24mg COD/mg P。而进水 C/N 比进一步增加，导致硝化效率下降，缺氧区硝态氮电子受体将不足，导致缺氧磷去除率下降，结果系统磷的去除率降低。因此在进水高 C/N 比时总磷去除率下降。

3. 对缺氧和好氧磷吸收速率的影响

图 3-13 为缺氧与好氧磷吸收速率比与进水 C/N 比之间的相关关系。当内循环比恒定在 3.0 时，缺氧与好氧磷吸收速率比和进水 C/N 比呈线型相关性，相关系数为 0.685。从表 3-4 可知，缺氧磷吸收量随着进水 C/N 比的下降而增加，C/N 比为 9.5、7.1、5.1 和 3.5 时对应着缺氧吸磷量为 12.84mgP/L、33.98 mgP/L、36.46 mgP/L 和 40.68 mgP/L。低进水 C/N 比并未对缺氧磷吸收产生负面影响，由于反硝化聚磷菌和普通反硝化菌共同存在，在理想的缺氧条件下（$[NO_3^-]\neq 0$，DO=0），硝酸盐是唯一的电子受体，由于进水碳源转化为聚磷菌体内的 PHB，这时反硝化除磷菌以体内 PHB 作为电子供体，用硝酸盐作为电子受体进行磷的吸收，而普通反硝化菌不能获得易于降解碳源，只能以厌氧区未被去除的难以生物降解的有机物作为碳源进行反硝化，所以反硝化量很低，系统以反硝化除磷为主。而在高 C/N 比时由于缺氧区存在剩余的 COD，在缺氧区内同时发生磷的释放与吸收反应，结果缺氧区内净反应结果是磷的吸收还是释放取决于进入缺氧区的硝酸盐浓度和 COD 浓度。也就是说，在高有机负荷时，剩余 COD 将进入缺氧区进行 PHA 的储存，与此同时，磷释放，另外部分硝酸盐利用外碳源进行反硝化；在较低的有机负荷时，有机碳源被充分吸收，厌氧出水未有或仅仅很少的 COD 进入缺氧区，可实现厌氧储存的 PHA 在缺氧区内最大程度的利用，从而完成缺氧区内磷

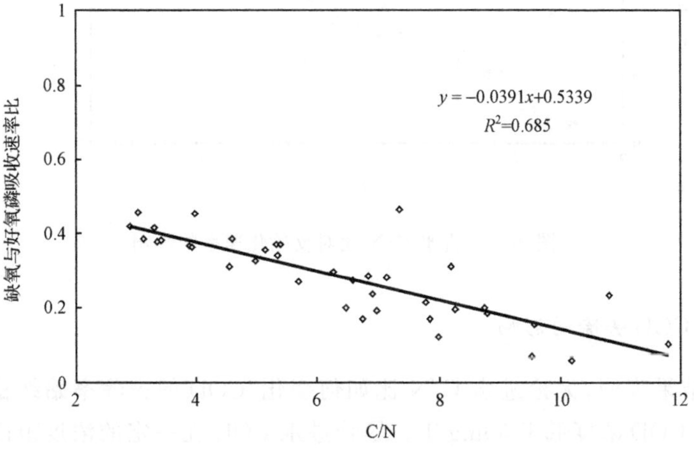

图 3-13　缺氧与好氧磷吸收速率比与进水 C/N 比之间的相关关系

的吸收和硝酸盐的反硝化过程。如表 3-4 所示，在缺氧区内可利用的溶解性 COD 的量随进水 C/N 比的下降而下降，对应 C/N 比为 9.5、7.1、5 和 3.5 时分别为 44.91mg/L、42.27mg/L、14.13mg/L 和 2.86mg/L，因此，反硝化聚磷菌和普通反硝化菌的双重作用就导致缺氧与好氧磷吸收量之比随着进水 C/N 比的减少而增加。

图 3-14 为进水 C/N 比对反硝化速率的影响。尽管缺氧进水 COD/NO_x-N 随着进水 C/N 比的增加而线性增加，相关系数为 0.67，而反硝化速率的变化则与之相反，这与单独脱氮工艺的结果有所不同，其差别在于，对于单独的脱氮工艺，在一定的 HRT 下，反硝化速率主要由缺氧进水 COD/NO_x-N 确定[13]，其值越高，反硝化速率也高。相比之下，对于 A²/O 同步脱氮除磷工艺，磷的吸收和释放也发生在缺氧区内，因此，在较高的有机负荷时，来自厌氧出水的碳源不仅用于反硝化，而且用于细胞体内 PHA 的储存。因此，反硝化速率并不总是随着缺氧进水碳源的增加而增加，而在低有机负荷时，尽管进入缺氧区的碳源相对较低，但能实现厌氧胞内储存物 PHA 最大程度的利用从而提高反硝化效果，结果即使在缺氧区较低的 COD/NO_x-N 时也具有高反硝化速率。反硝化速率的变化与总氮去除率的变化相似，TN 的去除率一定程度上取决于系统的反硝化速率。

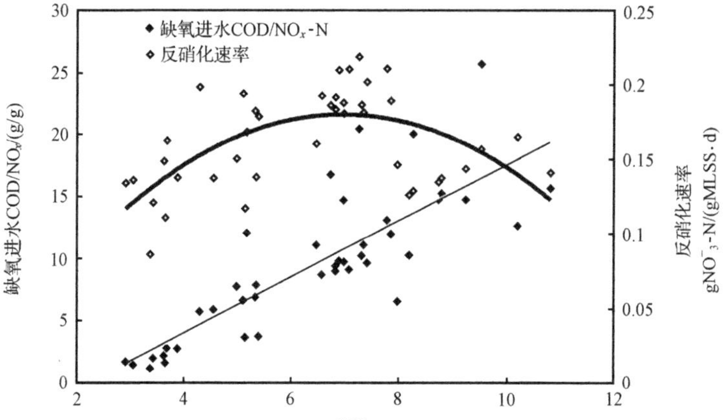

图 3-14　进水 C/N 比对反硝化速率的影响

4. 对 COD 去除的影响

试验结果表明，无论进水 C/N 比如何变化，COD 的去除率始终稳定在高于 85%，出水 COD 浓度低于 50mg/L。尽管进水 COD 在一定的浓度范围内发生变化，可以发现大部分 COD 在厌氧区内被聚磷菌利用合成胞内储存物 PHA，平均利用率在 75%～85%之间，而大约 10%左右的 COD 进入缺氧区，几乎没有剩余的易生物降解 COD 进入好氧区，因此该系统可实现进水碳源的充分利用，同时减少了由于碳源氧化所需的供气量。

3.3.3　进水 C/P 比对氮和磷去除的影响

1. 对磷去除的影响

图 3-15 描述了不同 C/P 比时系统磷浓度的变化曲线及不同格室中磷的变化（进水 C/N 比维持在 7）。从图 3-15 可以看出，在整个进水 C/P 比在 18～62 的波动范围内，厌氧区内磷的释放量随进水 C/P 比的增加而逐渐下降，当 C/P 比高于 32 时缺氧区出水磷浓度基本保持不变，出水磷浓度基本为 0。归其原因，低 C/P 比时，进入厌氧区的 COD 被充分利用，有利于促进 PAO 的生长；高 C/P 比时，进水 COD 量相对于进水磷浓度充足，COD 不能在厌氧区得以充分利用，过剩的 COD 将利于聚糖菌(GAO)的生长，而 PAO 与 GAO 相比，前者是除磷的主导微生物菌群而后者则不能做出任何贡献，结果在低 C/P 比时，磷的释放量更高。这与 Andrew 等人于 2003 年提出的在除磷微生物菌群中 PAO 或 GAO 所占优势程度决定了吸收单位质量的 COD 所释放的磷量的观点相一致[14]。从图中也可以观察到缺氧区磷的吸收，而且在不同 C/P 比时缺氧与好氧吸磷量之比稳定在 60%～70%。在试验过程中，为了提高系统的脱氮除磷效果，控制缺氧区末端硝酸盐浓度为 1～3mg/L 以提供给缺氧区足够的硝酸盐，即提供反硝化吸磷所需的电子供体。利用内循环控制策略可以有效的强化反硝化除磷，实现“一碳两用”，提高脱氮除磷效果。

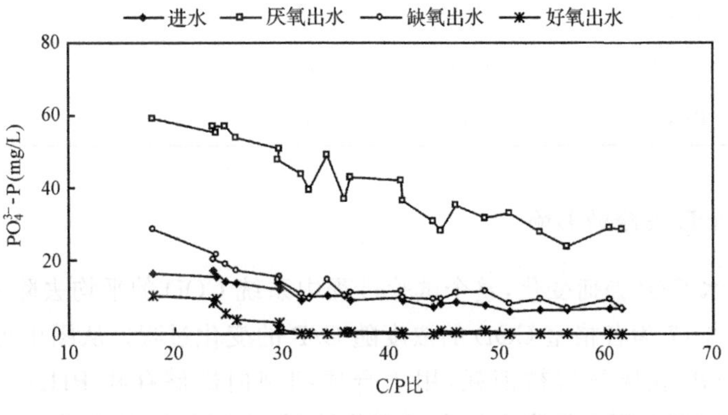

图 3-15　不同 C/P 比时各格室磷酸盐浓度的变化曲线

图 3-16 为不同 C/P 比对 TP 去除的影响，当进水 C/P 比从 21.9 增加到 50 时，总磷去除率随进水 C/P 比的增加而增加，在 C/P 比为 40～50 左右时平均总磷去除率高于 97%，接着总磷的去除率随进水 C/P 比增加有所下降，但下降不太明

显，磷的去除率始终稳定在90%以上，出水磷浓度稳定在<0.5mg/L，试验结果明显低于Tetreault等人于1986年提出的满足出水磷浓度低于0.5mg/L的标准所必须的进水C/P比[15]。在高进水C/P比时，进水提供的碳源高于厌氧区释放磷所需的碳源量（也就是磷相对于COD成为限制性因素），因此磷的去除效率较高。然而，当进水C/P较低时，限制性因素是COD而非磷，磷的储存容量受COD的限制导致吸磷能力下降。表3-5给出了不同C/P比时厌氧区磷的释放与好氧和缺氧磷吸收之间的相关关系，平均磷的吸收与释放之比稳定在为1.2～1.32。

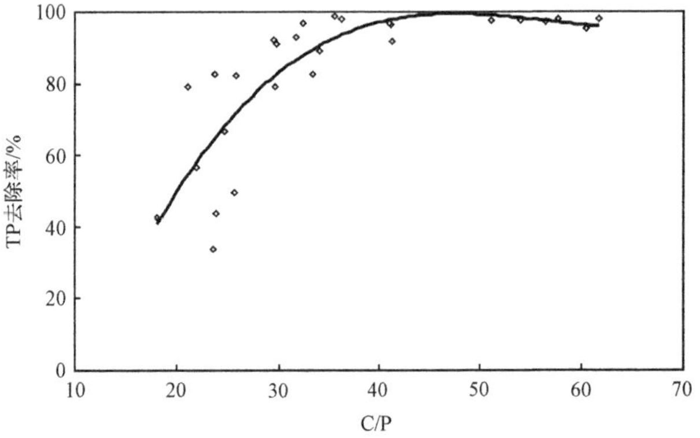

图3-16 不同C/P比对TP去除率的影响

表3-5 不同C/P比下磷的吸收和释放量

C/P	23	34	45	55
$P_{释放}$/(mg/L)	42.5	32.2	24.3	20.4
$P_{吸收}$/(mg/L)	51.0	41.9	321	26.8
$P_{吸收}$/ $P_{释放}$	1.2	1.3	1.31	1.32

2. 对COD去除的影响

无论进水C/P如何变化，整个试验过程中系统COD的平均去除率为90%甚至更高。图3-17为各格室COD的浓度随C/P的变化过程。从图中可以看出，高于79%的COD在厌氧区被消耗，用于合成细胞内部储存物PHA，而在缺氧区6%～11%的COD用于细胞生长和反硝化消耗，在好氧区几乎没有出现COD的消耗。从图3-18中可以看出，厌氧区去除单位质量COD所释放的磷量与进水C/P之间存在较好的线性关系，二者呈反比关系。在随后的好氧吸磷过程中，系统吸收单位质量的磷所需的COD较Warangkana所得结论偏低[3]，分析其原因，在该试验系统中存在明显的缺氧磷吸收现象，而在Warangkana的系统中缺氧区始终存在磷的释放。

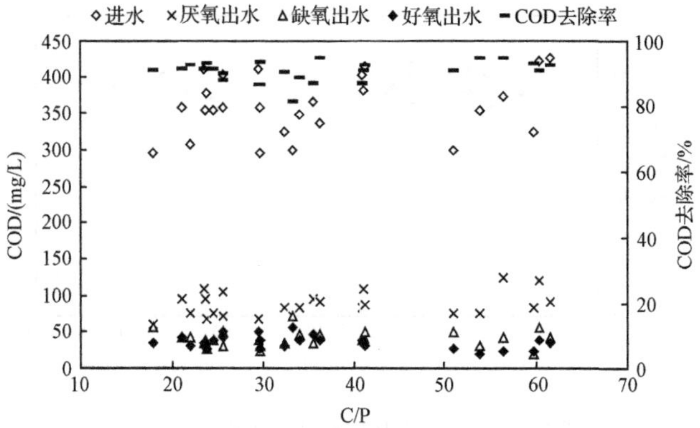

图 3-17 各格室 COD 的浓度随 C/P 的变化过程

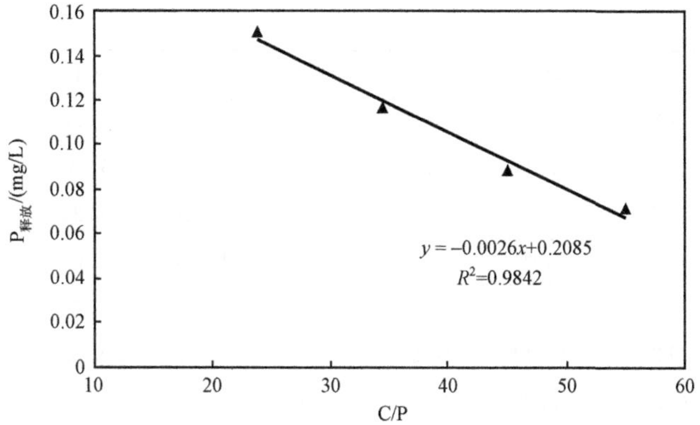

图 3-18 C/P 比和厌氧区去除单位质量 COD 所释放的磷量的相关性

3. 对氮去除的影响

图 3-19 为进水 C/P 比对总氮去除率的影响。尽管进水 C/P 比不断变化，氮的去除效果始终稳定在 75%～84%之间。在高进水 C/P 比时，由于过量的 COD 进入缺氧区将会抑制缺氧区磷的吸收，但是在缺氧区 C/N 比总是高于实际需求的最小值，如表 3-6 所示(所需的最小值为 6.61kg COD/kgN 高于 4kg COD/kgN)，反硝化菌会利用过量的外碳源迅速进行反硝化，因此，总氮的去除率不受进水 C/P 比的变化。图 3-20 描述了不同 C/P 时缺氧硝酸盐，磷酸盐的变化。从图看出，试验中存在着明显的反硝化除磷现象，而且缺氧区实现了很好的反硝化反应，第一缺氧格室的反硝化速率随进水 C/P 的增加而增加，其对应四种进水 C/P 比为 23、34、45 和 55 的反硝化速率分别为 1.43mgNO_3^--N/(gMLSS · h)、1.54mgNO_3^--N/

(gMLSS · h)、1.60mgNO_3^--N/(gMLSS · h)和 1.91mgNO_3^--N/(gMLSS · h)。

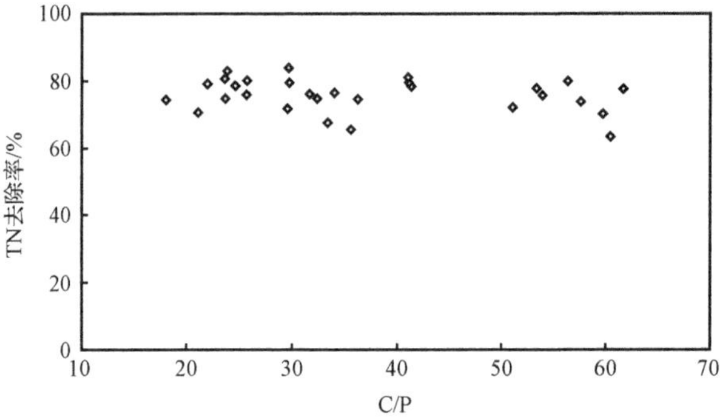

图 3-19　进水 C/P 比对 TN 去除率的影响

表 3-6　不同 C/P 下不同格室的 TN、TP、COD 和 NO_3^--N 浓度及其去除率

(单位:mg/L)

C/P		进水	厌氧	缺氧	好氧	出水	去除率/%
23 (n=6)	TN	51.94	—	—	—	11.85	77.18±1.9
	TP	15.17	57.61	23.01	6.53	5.64	62.85±3.5
	COD	357.69	62.51	39.65	36.38	36.21	89.87±2.7
	NO_3^--N	1.18	0	1.54	12.74	10.65	—
34 (n=8)	TN	52.60	—	—	—	11.26	78.60±2.4
	TP	10.12	42.31	11.90	0.43	0.32	96.87±1.3
	COD	346.26	71.70	42.41	41.96	35.21	89.83±4.8
	NO_3^--N	1.04	0	2.32	11.86	10.03	—
45 (n=7)	TN	56.58	—	—	—	11.40	79.85±2.8
	TP	8.49	33.09	9.47	0.34	0.25	97.09±1.1
	COD	364.32	82.45	41.53	32.09	28.39	92.21±3.2
	NO_3^--N	1.32	0	0.64	10.74	8.84	—
55 (n=6)	TN	51.85	—	—	—	11.50	77.82±1.3
	TP	6.87	27.24	8.66	0.48	0.46	93.38±2.1
	COD	373.11	94.65	42.15	28.35	28.35	92.40±3.1
	NO_3^--N	1.29	0	0.75	12	9.21	—

图 3-21 是不同 C/P 比时各格室硝酸盐浓度的变化过程，从图中可以看出缺氧区 1 格室存在着充足的硝酸氮电子受体，缺氧区 2 格室也存在着硝酸氮电子受体，这就为反硝化吸磷创造了适宜的反应环境，从而优化了系统的脱氮除磷性能。另

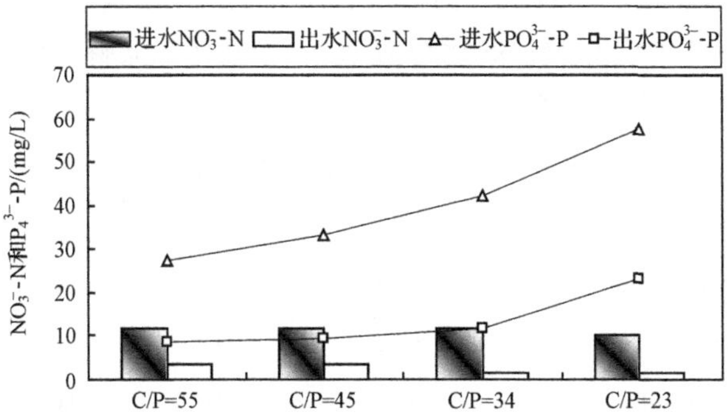

图 3-20 不同 C/P 时缺氧区内 PO_4^{3-}-P 与 NO_3^--N 的变化过程

外由 C/P 变化对应的不同格室 PHB 的量可知，进入缺氧区的 PHB 量随进水 C/P 比的增加而增加，在不同 C/P 条件下缺氧区始终存在 PHB 的消耗，说明在该系统中 PHB 可作为反硝化除磷菌的内部碳源提供电子供体进行反硝化反应，合成的 PHB 量越充足，提供的内碳源越多，反硝化程度越大。

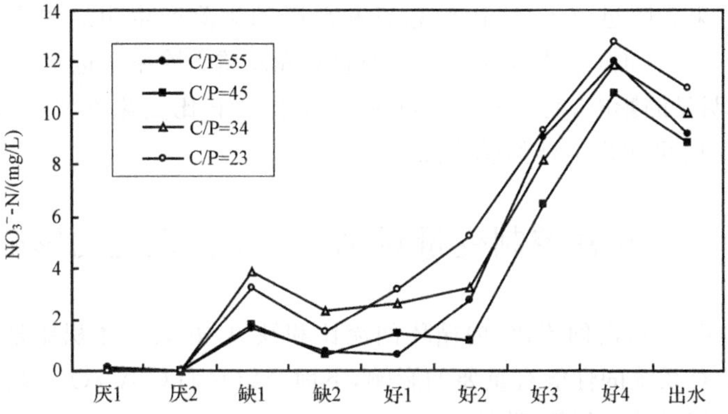

图 3-21 不同 C/P 比时各格室 NO_3^--N 的变化过程

4. 不同 C/P 比对剩余污泥产量及污泥含磷量的影响

表 3-7 为不同 C/P 比时对应的微生物浓度变化过程，从表中看出，污泥的含磷率从进水 C/P 比为 23 的 10.4%降到 C/P 比为 55 时的 4.9%，而污泥表观产率系数 Y_{obs} 受进水 C/P 比的影响不大；污泥干重 MLVSS 随进水 C/P 比的增加而下降，说明主要是无机物积累产生 MLSS 浓度的变化。从表 3-7 也可看出，MLVSS/MLSS 随进水 C/P 比的增加而增加，C/P 比为 55 时的 MLSS 浓度仅为 C/P 比为 23 时的 64%，分析原因，MLSS 的主要成分为聚磷和阳离子，主要是钾和镁，随剩余污泥中磷含量的增加，金属磷酸盐比例加大，导致 MLVSS 减少，结果进水 C/P

比越低，MLVSS/MLSS 比越低。McClintock 于 1990 年报道在污泥高磷含量时（>10% P/VSS）MLVSS/MLSS 比约为 70%，而在污泥低磷含量（<4% P/VSS）时 MLVSS/MLSS 比为 80%甚至更高[16]。

表 3-7　不同 C/P 比微生物量的变化

C/P	23	34	45	55
好氧区平均 MLSS/(mg/L)	3782	3173	2872	2420
好氧区平均 MLVSS/(mg/L)	2572	2411	2298	2057
MLVSS/MLSS	68%	76%	80%	85%
系统平均 COD 去除/(mg/d)	41 431	38 643	42 064	43 838
剩余污泥产量/(mg/d)	15 522	15 036	14 742	13 840
污泥表观产率 Y_{obs}/(gVSS/gCOD)	0.375	0.389	0.35	0.315
污泥中磷的含量/%	10.4	8.1	6.4	4.9
磷的排放量/(mg/d)	1614	1217	944	678

因此，结果表明进水 C/N 比对总氮和总磷的去除产生明显的影响。当进水 C/N 比稳定在 7.1 时，系统可获得最大的总氮和总磷去除率。进水 C/P 比对总磷的去除具有明显的影响，而 TN 的去除率随进水 C/P 比变化不大，试验发现当进水 C/P 为 42 时可实现最佳的磷去除。

3.4　几种控制变量对 A^2/O 工艺性能的影响

MLSS、SRT、污泥回流比、内循环回流比和缺氧/好氧区体积比是 A^2/O 工艺重要的变量，对系统的性能有重要的影响，下面介绍它们对 A^2/O 工艺处理性能的影响，以及如何对其进行管理[17]。

3.4.1　MLSS 对 A^2/O 工艺的影响

通常情况下，系统中 MLSS 越大，污泥中反硝化除磷菌(DPB)的数量越多，系统的反硝化除磷效果越好。文献报道，活性污泥中反硝化聚磷菌数量的增长使得厌氧区释磷率随之呈指数增长，因此系统缺氧吸磷能力得到加强[18]。试验获得 A^2/O 工艺厌氧池、缺氧池和曝气池中的 MLSS 维持在 3000～3800mg/L 之间，并且三个反应器中 MLSS 值接近时，系统的脱氮除磷效果良好。但是在工艺运行过程中发现，由于系统运行不顺畅导致污泥在各反应池中 MLSS 值相差悬殊的现象，即某个反应池 MLSS 偏大，而其他反应池 MLSS 偏小，或者出现所有反应池的 MLSS 均偏小的现象，在上述情况下，系统的处理效果往往不佳。

通过分析某试验阶段的去除数据发现，在取样测试的第 21d、第 30d、第 32d、第 33d，磷和总氮的去除效果都不很理想。表 3-8 为上述取样 TP 浓度的沿程变化信息，表 3-9 为上述取样中氮化合物浓度的变化信息。可以看到在取样第 21d，放磷非常充分，浓度达到了 34.9mg/L，但是缺氧吸磷效果不好，缺氧池 TP 浓度高达 11.14mg/L；即便在曝气阶段吸收了一部分磷，但最后出水的 TP 浓度仍为 1.58mg/L；在取样的第 21d，出水氨氮浓度高达 6.28mg/L，说明系统的硝化效果较差。分析表明系统缺氧吸磷效果不好的原因是由于厌氧池与缺氧池之间的过水孔发生堵塞，使得厌氧池污泥浓度偏高，达到 6434mg/L，因此释磷量较高，而缺氧池污泥浓度为 2234mg/L，好氧池的污泥浓度为 2346mg/L，偏低的 MLSS，一方面使得系统硝化效果较差，无法为缺氧吸磷提供充足的电子受体，一方面使得反硝化聚磷菌的数量下降，因此缺氧吸磷反应很不充分，影响了最后 TP 的出水水质。同样的情况也出现在取样的第 30 天。

表 3-8　某试验中第 21d、30d、32d 和 33d TP 浓度的变化及去除率变化

取样时间	进水/(mg/L)	厌氧/(mg/L)	缺氧/(mg/L)	好氧/(mg/L)	出水/(mg/L)	去除率/%
21d	5.55	34.93	11.14	1.62	1.58	71.51
30d	5.66	36.74	12.94	1.35	1.31	76.78
32d	5.83	16.91	4.33	0.85	0.83	85.65
33d	6.03	18.18	4.5	1.02	0.99	83.54

表 3-9　某试验中第 21d、30d、32d 和 33d 氮化合物的浓度变化及去除率变化

取样时间	进水 TN/(mg/L)	缺氧 NO_3^-/(mg/L)	好氧 NO_3^-/(mg/L)	出水 NH_4^+/(mg/L)	出水 TN/(mg/L)	TN 去除率/%
21d	51.25	0.53	9.56	6.28	15.35	70.05
30d	51.5	0.53	9.42	6.28	15.20	70.48
32d	53.25	1.05	8.82	7.63	15.94	70.05
33d	55.25	0.97	8.91	8.84	17.25	68.78

系统在第 32d 和第 33d 的放磷量不是很好(厌氧池 TP 浓度分别为 16.91mg/L 和 18.18mg/L)，虽然经缺氧吸磷后，TP 浓度分别达到了 4.33mg/L 和 4.5mg/L，但是最后出水在 1mg/L 左右。由表 3-9 可知，系统的出水氨氮浓度较高，硝化效果差，发生这种现象的主要原因是当日系统的回流污泥泵发生了堵塞，回流污泥运行不畅导致厌氧池中污泥浓度降至 1898mg/L 左右，缺氧池和好氧池的污泥浓度降至 1750mg/L 左右。由于厌氧池中没有足够的聚磷菌吸收有机物质，系统放磷不彻底，PHB 的合成量也随之减少，好氧池偏低的 MLSS 使得硝化效果较差，为

缺氧池提供的电子受体有限，缺氧池偏低的 MLSS 使得反硝化聚磷菌数量下降，最终导致系统除磷效果的下降。

3.4.2 SRT 对 A^2/O 工艺的影响

系统泥龄的长短对污泥摄磷作用及剩余污泥的排放量有直接的影响，并最终决定系统的除磷效果。通常来说，泥龄越长，污泥含磷量越低，去除单位重量磷需要消耗较多的有机底物。所以在满足 PAO 最小泥龄的前提下，系统的除磷效率会随着泥龄的增加而降低，原因主要有：①泥龄增大导致产泥率降低，从而使通过排除剩余污泥去除的磷数量减少；②PAO 为维持其生命活动分解聚磷将导致磷的二次释放。因此，生物除磷系统在满足 PAO 生成所需的条件下应选用较短的泥龄。通常建议在以除磷为目的的生物处理工艺中污泥龄应控制在 6～8d。

A^2/O 工艺作为同步脱氮除磷的单污泥工艺，最小泥龄须优先考虑硝化菌而非 DPB，在常温下虽然 A^2/O 工艺中聚磷菌的最小 SRT 小于硝化菌的最小 SRT，但可将 DPB 的最小污泥龄和硝化菌的最小泥龄视为相同。为考察降低 SRT 是否可以促进 A^2/O 反硝化除磷脱氮系统的除磷效果，当系统按 SRT 为 15d 的模式稳定运行近 1 个月后，增加剩余污泥的排放量，将 SRT 降至 5d 左右。试验发现系统的除磷效果逐渐降低，待运行至第 10d，系统的 MLSS 已大幅度减少，为防止在短 SRT 条件下继续运行导致系统的崩溃，故又将系统 SRT 恢复至 15d。综合以上三个阶段的试验运行结果，即可得到除磷效果的对比，见图 3-22。在 0～32d 运行期间，系统 SRT 设定为 15d 左右，这一阶段 A^2/O 系统对 TP 的平均去除率为 93.24%；从第 33d 开始将 SRT 降至 5d 以后，TP 去除率逐渐下降，运行至第 42d，系统 TP 的去除率下降到 25.3%左右。此时系统中 MLSS 也由原来的 3350～4000mg/L 降为 1500～2000mg/L，肉眼也可观察到各反应池中泥量明显变稀，测

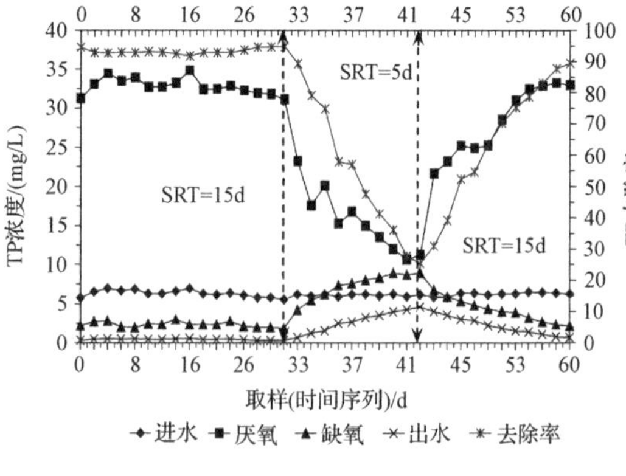

图 3-22　SRT 变化时进水、厌氧、缺氧和出水 TP 浓度变化及 TP 去除率变化

定表明厌氧放磷量减少，缺氧段吸磷效果大大降低。运行至第 43d，为了确保系统的除磷效果，又将 SRT 恢复为 15d，反硝化聚磷菌重新得到富集，系统的除磷能力逐渐恢复，待到第 60d，除磷效率已提高到 89.34%。

图 3-23 描述的是系统在 SRT 变化时，缺氧池 TP 及硝态氮浓度变化。从图中可以看出，当 SRT 降低为 5d 时，缺氧吸磷和反硝化效果都相应变差，系统出水的 TP 和硝态氮浓度都比较高；当 SRT 又恢复到 15d 后，缺氧段 TP 和硝态氮浓度又有所降低，TP 的去除率逐渐升高。

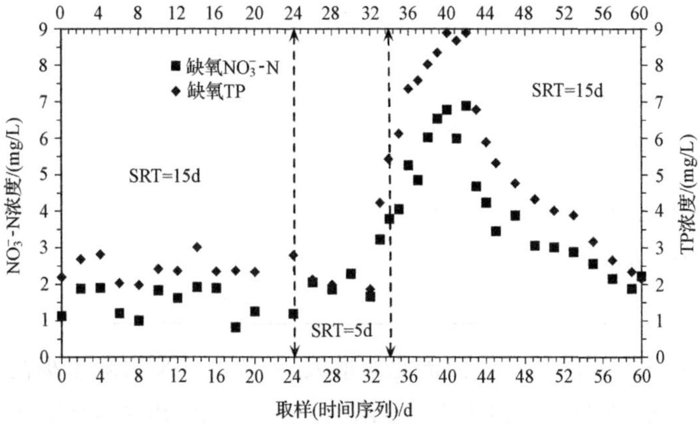

图 3-23　SRT 变化时缺氧池 TP 和 NO_3^--N 浓度变化

以上对比试验结果说明：减小 SRT 不但没有提高系统的除磷效果，反而使除磷效果变差。SRT 的降低使得反硝化聚磷菌不断被淘洗出系统，系统的除磷效果也相应变差。DPB 聚磷菌于厌氧/缺氧的交替环境中生长，与厌氧/好氧生长的 PAO 相比，其细胞生长速率慢(为好氧条件下的 60%左右)[19,20]，所以系统只有维持较长的 SRT 才能保证污泥维持较高的浓度。可见，合理控制 A^2/O 工艺的 SRT 是保证系统高效稳定运行的必要条件。本试验中，DPB 污泥的 SRT 维持在 15d 左右，运行结果表明，该 SRT 值既能保证系统足够的污泥量，又能保证每天排放一定的剩余污泥却不影响系统的除磷效果。

3.4.3　污泥回流比对 A^2/O 工艺的影响

表 3-10 给出了系统在不同的污泥回流比的条件下稳定运行时的试验结果，每一组数据都是系统连续稳定运行 20d 所测结果的平均值。

表 3-10 不同回流比的试验结果统计表(平均值)

项目	不同回流比组号		
	1#	2#	3#
回流比/%	60	80	100
进水 COD/(mg/L)	348	366.3	356.78
出水 COD/(mg/L)	20.89	22.25	21.75
COD 去除率/%	94.00	93.86	93.90
进水 TN/(mg/L)	53.95	56.79	55.31
出水 TN/(mg/L)	11.87	11.81	10.81
TN 去除率/%	78	79.2	80.45
进水 TP/(mg/L)	6.02	6.19	6.03
厌氧池 TP/(mg/L)	32.05	27.58	22.36
缺氧池 TP/(mg/L)	2.44	2.75	2.98
出水 TP/(mg/L)	0.43	0.65	0.78
TP 去除率/%	93.24	89.50	87.06

由表 3-10 看出,随着污泥回流比的增大,系统的 TN 去除率提高,TP 去除率却呈现下降趋势,而且厌氧池出水 TP 浓度降低,缺氧池出水 TP 浓度升高。Kuba 等[55]和 Wachtmeister 等[52]在研究 NO_3^- 与 HAc 共存时对 DPB 过程的影响时发现,只要存在 HAc,无论电子受体情况如何,DPB 都会吸收 HAc 并贮存为 PHB;当 NO_3^- 和 HAc 共存时,合成 PHB 所需的 $NADH_2$ 来自 HAc 的三羧酸循环氧化,而不是糖原分解;部分 HAc 被反硝化利用,这个过程产生 ATP,从而使释磷减少。因此污泥回流比越大,使得由污泥回流携带进入厌氧池的硝态氮越多,反硝化菌优先以有机物为电子供体进行脱氮。有机物的消耗使得厌氧合成贮存 PHB 的量减少,进而影响释磷量和后续的缺氧吸磷能力。另外,污泥回流比增大,还会增加动力消耗和运行费用。因此,污泥回流比的设计只需能够保证系统有足够的污泥浓度。

3.4.4 内循环回流比对 A^2/O 工艺的影响

在 A^2/O 工艺中,硝酸盐通过内循环泵回流到缺氧区,在缺氧区反硝化聚磷菌以硝酸盐作为最终电子受体,以 PHB 为电子供体,通过“一碳两用”同时实现脱氮和除磷,即缺氧段的硝酸盐量将影响 DPB 的缺氧吸磷能力。

1. 对除磷的影响

图 3-24 描述了三种不同的内循环回流比工况下系统中总磷的去除特性。由

图3-24可知，随着混合液回流比的增大，平均出水 TP 浓度降低，平均 TP 去除率提高。当混合液回流比分别为 200%、300%和 400%时，平均出水 TP 浓度分别为 0.61mg/L、0.38mg/L、0.32mg/L，平均 TP 去除率分别为 91.76%、94.45%和 95.75%。另外，在三种工况下，系统中的磷主要是通过缺氧吸磷去除的，随着混合液回流比的增大，平均缺氧出水 TP 浓度下降，分别为 7.62mg/L、6.11mg/L 和 5.50mg/L。通过对 3 种工况下各反应器内 COD、磷和硝态氮浓度进行物料平衡计算，图 3-25 给出不同混合液回流比工况下污泥的厌氧释磷能力/缺氧吸磷能力以及缺氧吸磷量/厌氧释磷量。在三种工况下，缺氧吸磷量与厌氧释磷量的比值分别为 0.66、0.68 和 0.65，即系统中的磷主要是通过缺氧吸磷去除的，而且混合液回流比对缺氧吸磷量与厌氧释磷量的比值的影响不大，这说明在系统中反硝化聚磷菌一直是优势菌种。从图 3-25 可看出，随着混合液回流比的增加，微生物厌氧去除单位 COD 的释磷量基本没有变化，但缺氧利用单位 NO_3^--N 的吸磷量变化较大，从混合液回流比为 200% 时的 2.24mgP/mgNO_3^--N 上升到 300% 时的 2.50mgP/mgNO_3^--N；当进一步增大至 400%时，却下降至 2.24mgP/mgNO_3^--N，出现先升高后降低的趋势。原因可能是混合液回流比过低时(如 200%)，则通过混合液回流向缺氧池内提供的硝态氮数量就相对较少，硝态氮有可能会成为 DPB 吸磷的限制因子；混合液回流比过大时(如 400%)，则会提高缺氧池的水力负荷，缩短微生物在缺氧池的水力停留时间。尽管此时可提供充足的硝态氮，但随着混合液回流比的增加，污泥未经过厌氧区而直接在缺氧区与好氧区循环就越来越频繁，整个系统中只有一小部分微生物完整地经过了厌氧释磷、缺氧和好氧吸磷过程，大部分除磷菌无法形成较高的吸磷动力，使 DPB 的反硝化和吸磷能力受到一

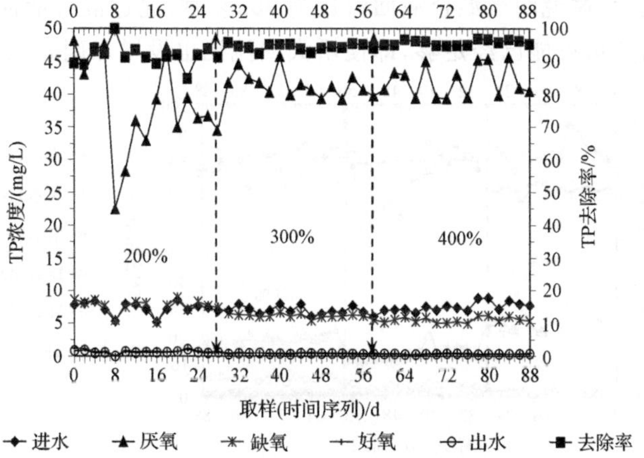

图 3-24　内循环回流比改变时 TP 的去除特性

定的影响。并且,回流比过大会将好氧池中过多的溶解氧带入缺氧池而降低脱氮率,还会增加动力消耗和运行费用。

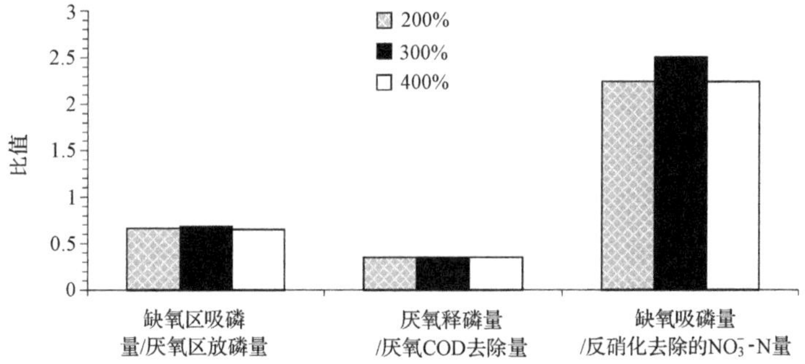

图 3-25　内循环回流比改变时污泥的缺氧吸磷和厌氧释磷能力

2. 对系统脱氮的影响

图 3-26 描述的是三种不同的混合液回流比工况下系统氮的去除特性,从中可看出,随着混合液回流比的增大,系统中 TN 的去除率和出水 TN 浓度出现先升高后下降的趋势,当混合液回流比为 200%、300%和 400%时,系统中 TN 的平均去除率分别为 70.27%、80.51%和 75.75%,平均出水 TN 浓度为 17.43mg/L、10.20mg/L 和 13.55mg/L。在三种工况下,系统中出水 NH_4^+-N 浓度基本为零,即硝化效率为 100%。随着混合液回流比的增大,缺氧平均出水 NO_3^--N 浓度逐渐升高,分别为 0.36mg/L、2.45mg/L 和 3.93mg/L。结合图 3-24 和图 3-25 可以看出,当混合液回流比为 300%时,系统的 TP 去除率和缺氧吸磷量/反硝化除磷去除的硝酸盐量最大,这说明当混合液回流比为 300%时,通过混合液回流向缺氧池内提供硝态氮的数量可能已经足够,即使增大回流比也没增加硝态氮的反硝化数量,

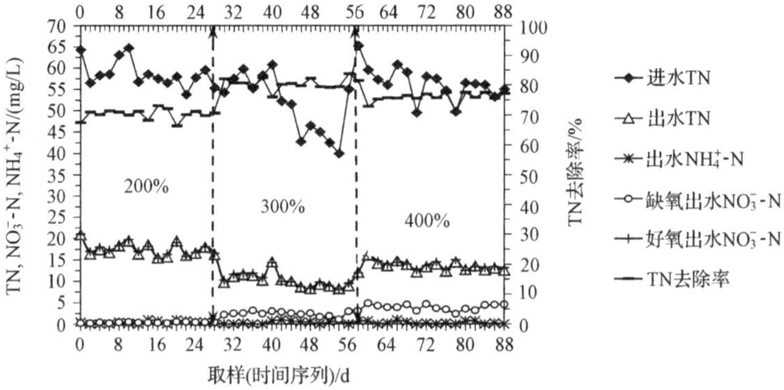

图 3-26　内循环回流比改变时 TN、NH_4^+-N、NO_3^--N 的去除特性

反而会降低缺氧吸磷效率;但当混合液回流比为 200%时,向缺氧池内提供硝态氮的数量可能不够,使 DPB 所能获得的电子受体较少,进而降低其活性。

3. 硝态氮浓度对缺氧吸磷的影响

取厌氧反应池中的污泥,沉降 2h(此时聚磷污泥体内已贮存充足的 PHB),用清水清洗两遍,均分成三份投入到 SBR 中,同时迅速加入配水,系统初始 PO_4^{3-}-P 浓度控制在 15mg/L 左右,MLSS 为 3350mg/L。然后投加不等量的 KNO_3,使三个系统的硝态氮浓度分别为 5mg/L、15mg/L 和 30mg/L,搅拌反应 3h。图 3-27 是三个系统的缺氧吸磷结果。在反应前 15min,反硝化吸磷的速度很快,随着系统中硝态氮的减少,磷的浓度也呈线性急剧下降。如图 3-27(a)和(b)所示,初始 NO_3^--N 浓度分别为 5mg/L、15mg/L 和 30mg/L 的三个体系在前 15min 内污泥吸磷速率分别为 7.69mgPO_4^{3-}-P/(gMLSS · h)、9.96mgPO_4^{3-}-P/(gMLSS · h) 和 8.56mgPO_4^{3-}-P/(gMLSS · h)。反硝化速率分别为 2.95mgNO_3^--N/(gMLSS · h)、6.74mgNO_3^--N/(gMLSS · h)和 5.56mgNO_3^--N /(gMLSS · h)。大多数国内外研究结果表明[21−23],缺氧条件下磷的吸收速率与 NO_3^--N 浓度成正比。而由以上试验结果的对比分析可以看出,随着初期硝态氮浓度的升高,缺氧吸磷速率和反硝化速率却出现先升高后下降的趋势。试验过程中并没有出现 NO_3^--N 积累的现象(<1.0mg/L),则不存在 NO_3^--N 抑制厌氧吸磷的作用。这说明过高的硝态氮会对缺氧吸磷产生抑制作用,原因可能是由于在 A^2/O 系统运行过程中,DPB 并未"经历"过较高硝态氮浓度(如 30mg/L)长期驯化的缘故;也可能是由于 DPB 体内所储存的 PHB 是有限的,在聚磷作用进行的同时,DPB 也以 NO_3^--N 为电子受体不断氧化分解胞内 PHB,胞内 PHB 含量可能会成为限制吸磷的因素,从而无法将 NO_3^--N 和 PO_4^{3-}-P 完全通过反硝化聚磷的方式去除。初始 NO_3^--N 浓度为 5mg/L 的系统在反应进行到第 30min 时,NO_3^--N 被消耗完全,吸磷反应趋于停

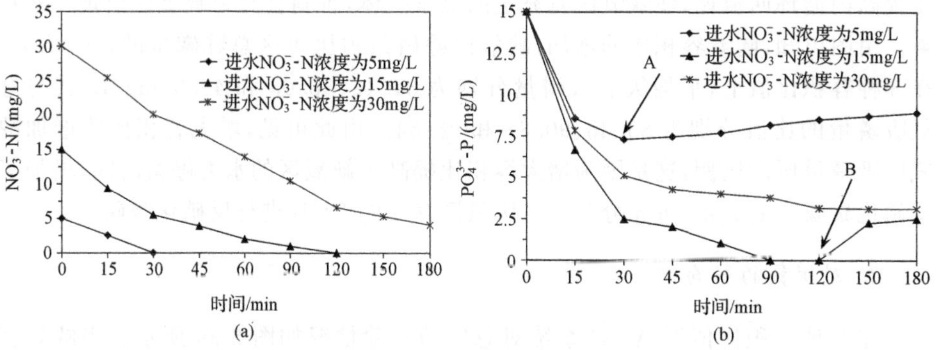

图 3-27　不同 NO_3^--N 浓度对缺氧吸磷的影响

止,PO_4^{3-}-P浓度达到极小值(7.29mg/L),系统由缺氧环境转为厌氧环境,此时磷酸盐曲线出现了转折点,即出现由内源呼吸引起的二次放磷。而初始NO_3^--N浓度为15mg/L的系统,在反应90～120min之间磷浓度维持在一个零平台区,此时反硝化反应并未停止(内源反硝化),至120min后底物中不再含有硝态氮,该系统也进入一个内源呼吸放磷阶段。以上结果说明,在无外碳源的前提下,底物中是否含有硝态氮,将决定反硝化聚磷菌是吸磷还是放磷,且随着初始硝态氮浓度的提高,系统由吸磷反应变为放磷反应这个转折点的(如图3-27(b)中所标出的点A、B)时间将向后延迟。

3.4.5 缺氧区与好氧区容积比对A^2/O工艺的影响

聚磷菌利用O_2和NO_3^-氧化1mol $NADH_2$产生的ATP分别为1.8和0.9 mol[24],表明DPB反硝化的产能效率较低,导致DPB缺氧生物产率和PHB利用效率比PAO在好氧条件下要低,因此当系统中存在较高溶解氧或好氧池/缺氧池体积比较大时,DPB很可能竞争不过PAO。胡志荣等[25]的研究也表明,好氧池/缺氧池体积比是影响DPB/PAO比的重要因素。

1. 对除磷的影响

图3-28描述了当缺氧池/好氧池容积比分别为0.33、0.48和0.60时A^2/O系统的除磷效果。3种容积比条件下的平均出水磷浓度分别为1.11、0.79和0.30mg/L,平均去除率分别为85.38%、90.80%和96.84%。另外发现,在缺氧区与好氧区的容积比值为0.60时试验后期缺氧区的出水磷浓度略有升高,这是因为进水氨氮浓度较低,在未增大内循环回流比的条件下,缺氧区没有足够的电子受体,导致了缺氧释磷,使缺氧区出水磷浓度升高,但经过好氧吸磷,系统出水磷浓度并未受影响。可以设想,维持进水碳源和氨氮浓度不变,继续增大容积比值,则需要提高内循环回流比,使缺氧区有充足的电子受体,否则会导致缺氧区出现二次释磷。由图可知,随着容积比的增加,缺氧区除磷量占厌氧区总释磷量的比例增大。在3种容积比值下,平均厌氧吸磷量分别为31.12、38.03和43.60mg/L,其与好氧吸磷量的比值分别为85.38、90.81和96.54。由此可见,增大容积比值增加缺氧区吸磷量所占比例,这是因为增大容积比提高了缺氧区的水力停留时间,增加了反硝化聚磷菌的数量,可充分利用在厌氧区存储的PHB进行反硝化吸磷。

2. 对脱氮的影响

在3种容积比值下A^2/O系统对总氮的去除情况如图3-29所示。当缺氧区与好氧区的容积比值分别为0.33、0.48和0.60时,A^2/O系统对总氮的去除率均很稳定,出水总氮分别为16.1～19.9mg/L、9.2～11.9mg/L和5.0～10.4mg/L,

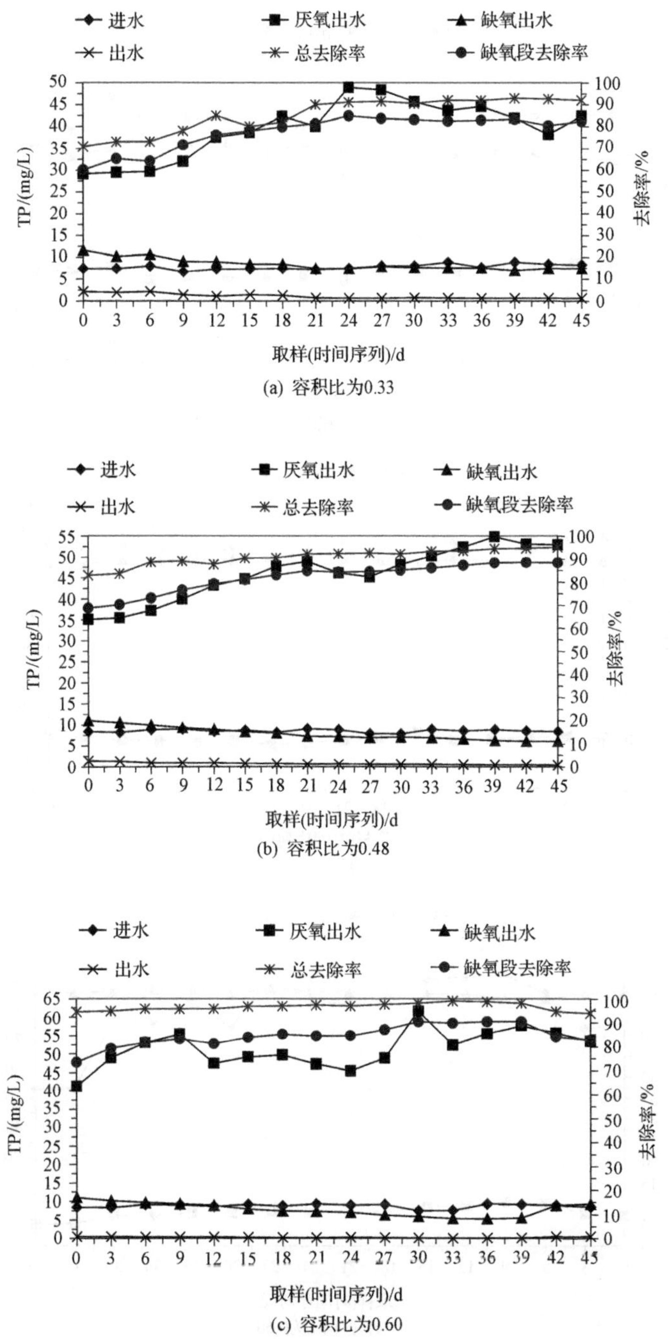

图 3-28　不同容积比对应的除磷效果

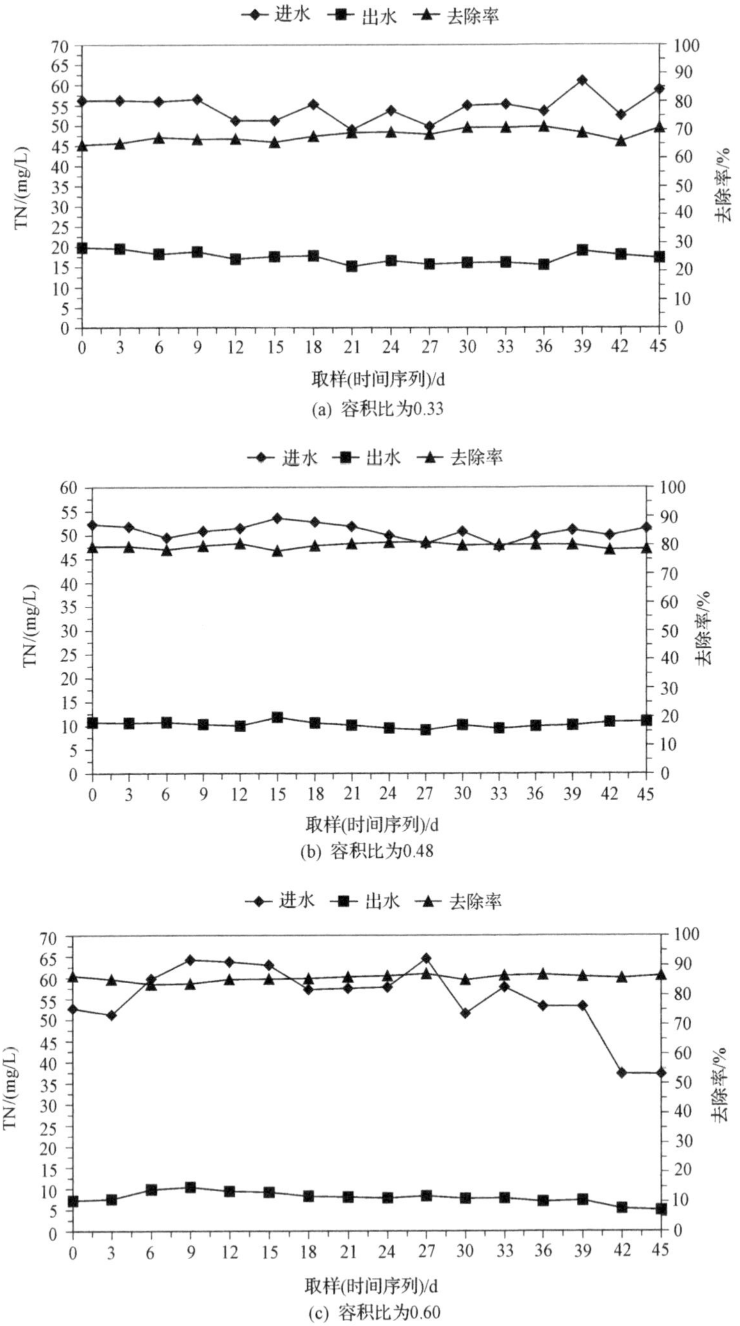

图 3-29　不同容积比的脱氮效果

平均为17.4、10.4和7.9mg/L;平均去除率分别为68.04%、79.64%和85.70%。这说明,增大缺氧区与好氧区的容积比值,有利于提高对总氮的去除率。

试验过程中,由于好氧段的溶解氧一直保持在2~3mg/L,故未发生亚硝酸盐积累,而且对氨氮的去除率几乎达到100%。总氮去除率的提高减少了回流到厌氧区的硝酸盐量,因而提高了厌氧释磷量和反硝化除磷能力。另外发现,在缺氧区与好氧区的容积比值分别为0.48和0.60时,缺氧区出水硝态氮浓度基本为1~2mg/L,这不仅提高了系统对总氮的去除率,也符合Yuan[7]的理论,Yuan通过试验证明,在保持厌氧区末端的硝态氮浓度为1~3mg/L的条件下,可充分利用进水中的溶解性可生物降解COD进行反硝化,并降低了流入好氧区的COD,提高缺氧区的反硝化潜力,实现了对氮的最优控制,同时也为缺氧反硝化除磷提供了充足的电子受体。根据缺氧反应器内NO_3^-的反硝化数量和磷的吸收量,得到在3种容积比下缺氧区每吸收1mgP分别约消耗0.63mgNO_3^-、0.72mgNO_3^-和0.80mgNO_3^-,这说明缺氧区与好氧区的容积比值越大则反硝化聚磷菌的活性越高。

3. 对去除COD的影响

试验结果表明,虽然进水COD浓度波动较大,但是系统对COD的去除率一直很稳定。3种容积比值下的出水COD浓度分别为14.8~35.2mg/L、14.8~35.1mg/L和19.6~23.4mg/L,平均为24.21、23.26和21.07mg/L;平均COD去除率分别为93.34%、93.75%和94.63%。此外,尽管缺氧区/好氧区容积比值不同,但是大量的COD均在厌氧区转化为聚磷菌胞内聚合物PHB而被去除。在3种容积比下A^2/O系统的厌氧区平均出水COD浓度分别为62.0、61.0和60.1mg/L,平均COD去除率分别为82.91%、83.80%和84.52%,而缺氧区对COD的平均去除率分别为5.12%、6.05%和7.11%,且缺氧区/好氧区容积比值越大则缺氧区对COD的平均去除率越高,这是因为增加缺氧区的水力停留时间有利于反硝化反应的进行,进而提高了对COD的去除率。由于厌氧段和缺氧段几乎承担了所有COD的去除,故可保证硝化菌的优势生长,同时减少了好氧段所需的曝气量。

通过以上分析得出,当缺氧区与好氧区的容积比值增大时,系统的出水效果变好,这是因为缺氧区容积增加,即缺氧区水力停留时间增加,有利于提高反硝化除磷菌在聚磷菌中的比例,进而提高有机物、氮磷的去除率。而且增加缺氧区与好氧区的容积比值有利于降低曝气能耗,减少运行费用,计算表明在缺氧区与好氧区的容积比值为0.60时,曝气能耗要比缺氧区与好氧区的容积比值为0.33时约节省15%。另外发现增加缺氧区与好氧区的容积比值时,应适当调整内循环回流比,使缺氧区有足够的电子受体,否则发生二次释磷现象。当然增加缺氧区与好氧区的容积比值也要考虑系统的硝化性能,在出水氨氮满足排放标准的前提下,尽可能提高其比值。

3.5 分段进水对 A^2/O 工艺脱氮除磷性能的影响

尽管可在 A^2/O 工艺富集反硝化除磷菌,实现反硝化除磷功能,但受工艺本身特征和进水水质的限制,当进水碳源不足时,为了提高脱氮除磷效果,需要外加碳源,这不可避免提高系统运行费用。研究发现,调整反应器结构,分段进水,合理分配进水,通过高效利用进水碳源,能一定程度上提高系统的营养物去除性能,因此考察了调节传统 A^2/O 工艺结构后系统营养物的去除性能[26]。反应器调节后的结构为厌氧区-缺氧区 1-好氧区 1-缺氧区 2-好氧区 2,同时将部分进水引入到第二个缺氧区,内循环混合液来自缺氧区 1 的末端(图 3-30)。其中厌氧区仍然包括厌氧格室 1 和 2;缺氧区包括两个格室:缺氧区 1 和缺氧区 2,两者体积相等;好氧区包括 5 个格室,分别为好氧格室 1、2、3、4 和 5。

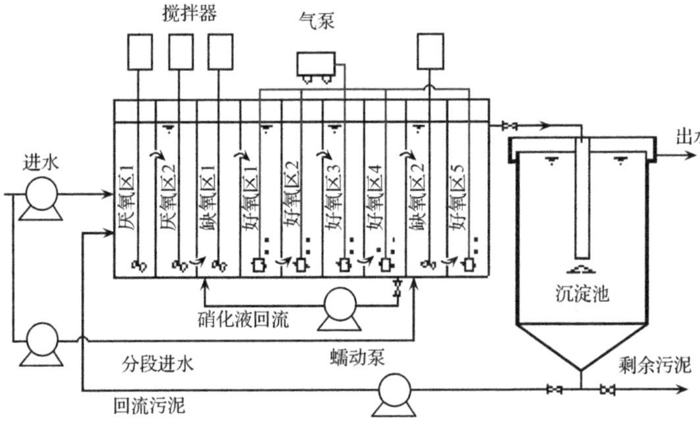

图 3-30 A^2/O 工艺调整后的结构

进水水质见表 3-11。在整个试验过程中,分段进水比作为唯一的变量,其他运行参数保持不变。试验主要考察了四个分段进水比(分段进水比指进入缺氧区 2 格室的流量与进水总流量之比):0(阶段 1)、0.1(阶段 2)、0.15(阶段 3) 和 0.25(阶段 4),对系统运行性能的影响,并确定最优分段进水比。

表 3-11　分段进水试验进水水质

参数值	最小/最大	平均值
COD/(mg/L)	251/406	323.5
BOD_5/(mg/L)	133/215	171.5
NH_4^+-N/(mg/L)	43/56.6	49.9
TN/(mg/L)	44.6/65.4	53.2
PO_4^{3-}-P/(mg/L)	7.7/11.5	9.4
碱度/(mg/L)	266/360	329
COD/TN	4.5/8.4	7.5
COD/ TP	26.1/47.2	34.9

3.5.1　对氮去除的影响

1. 对硝化过程的影响

图 3-31 是不同分段进水比对氮去除的影响。在前三个运行阶段，出水氨氮为 4.2mg/L，可以满足 GB18918-2002 的一级排放标准（<5mg/L），氨氮的去除率高于 90%。而对于运行阶段 4，出水氨氮总是高于 5mg/L，平均去除率仅为 87%，可能的原因是较高的分段进水比导致系统前面好氧格室的硝化容量未能充分发挥，试验发现在第 3 好氧格室的氨氮浓度即为 0，而最后好氧格室不能承受来自分段进水的氨氮，从而导致出水氨氮浓度较高，说明分段进水比的设置不能太高，否则

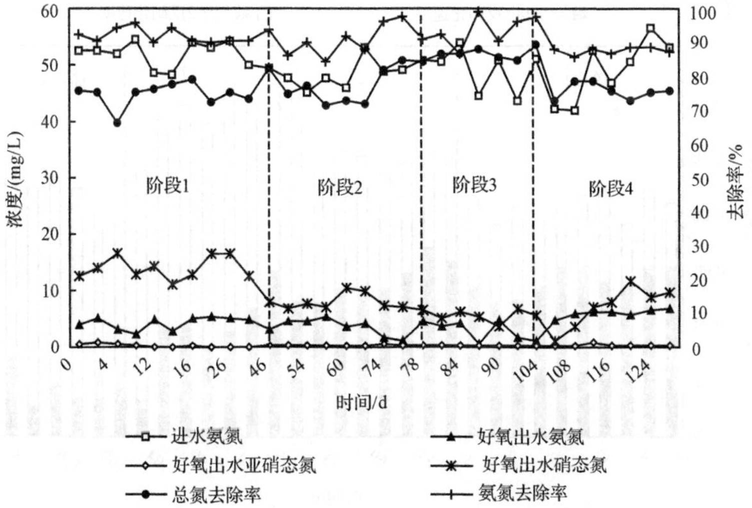

图 3-31　不同分段进水比对氮去除的影响

出水氨氮不能满足排放标准。

2. 对反硝化过程的影响

由图 3-31 可知随着分段进水比的增加，出水硝酸盐浓度首先下降然后增加，四种分段进水比对应的平均出水硝酸盐浓度分别为 14、8.2、5.8 和 7mg/L，阶段 3 对应的出水硝酸盐浓度最低，与阶段 1 相比总氮去除率提高 14%。此外，试验观察到除了阶段 1 的出水总氮浓度为 18.5±4mg/L，其他三阶段对应的出水总氮均 <15 mg/L，满足 GB18918-2002 的一级排放标准，这就表明分段进水运行可提高 TN 的去除率。

图 3-32 是不同分段进水比时缺氧区 1 和 2 的反硝化速率。随着分段进水比的增加，缺氧区 1 内的反硝化速率随分段进水比的增加而下降，而缺氧区 2 则相反。根据 You 等[27]所报道的随着分段进水比的增加，四个运行阶段缺氧区 1 内储存的 PHA 下降，进入缺氧区 1 的外碳源量也随分段进水比的增加而下降，所以导致反硝化速率下降，依次为 0.057 gN/(gMLSS · d)、0.056 gN/(gMLSS · d)、0.043 gN/(gMLSS · d) 和 0.02 gN/(gMLSS · d)，而且随分段进水比的增加缺氧区 2 内的反硝化速率的变化与缺氧区 1 正好相反，缺氧区 2 内的反硝化速率依次为 0.027 gN/(gMLSS · d)、0.044 gN/(gMLSS · d)、0.072 gN/(gMLSS · d) 和 0.076 gN/(gMLSS · d)。Third 等[28]认为外碳源作为电子供体比胞内储存物 PHA 作为碳源的反硝化速率高 6 倍，对于缺氧区 1 来说，主要的电子供体是胞内储存物 PHA，而缺氧区 2 主要的电子供体是来自分段的进水外碳源，其中含有大

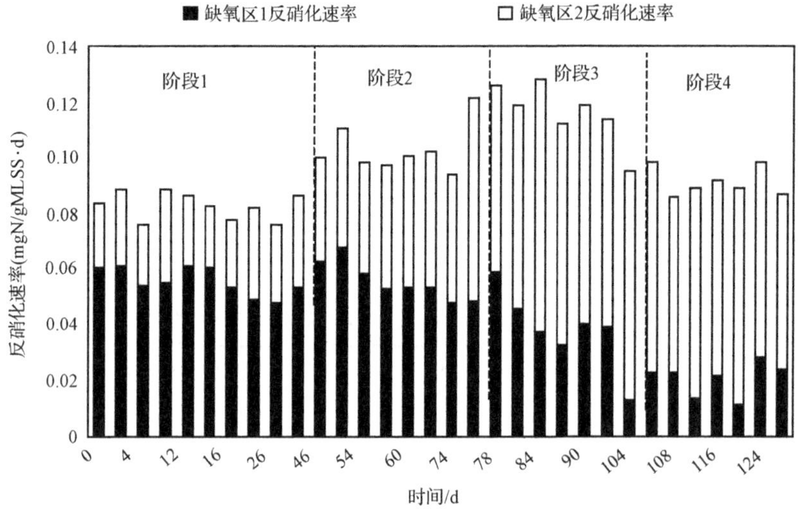

图 3-32　不同分段进水比时缺氧区 1 和 2 的反硝化速率

量易于生物降解的有机底物，因此反硝化程度更高。图 3-32 是不同分段进水比时的缺氧区 1 和 2 的总反硝化速率，反硝化容量从运行阶段 1 到运行阶段 3 一直增加，从运行阶段 3 到运行阶段 4 开始下降。此外，运行阶段 4 的反硝化容量比运行阶段 1 高，因此出水硝酸盐浓度比运行阶段 1 低，但由于系统硝化容量不充分导致运行阶段 4 的出水氨氮浓度较高，并没有充分转化为硝酸氮。相比而言，只有运行阶段 3 达到优化运行，也就是当旁流比为 0.15 时系统平均出水 TN 浓度仅为 9.1mg/L，在这样的系统中 TN 去除率可高达 85%。因此在 A^2/O 系统中设置分段进水可以提高系统的 TN 去除效果。

3.5.2　对磷去除的影响

1. 对磷释放过程的影响

图 3-33 是不同分段进水比时 PO_4^{3-}-P 的变化，从图中可以看出，运行阶段 1 的磷释放量远远大于其他三个运行阶段，因为部分进水引入到缺氧区 2 所致，四个运行方式下厌氧区对应的磷酸盐浓度分别为 53mg/L、51 mg/L、46 mg/L 和 43mg/L。

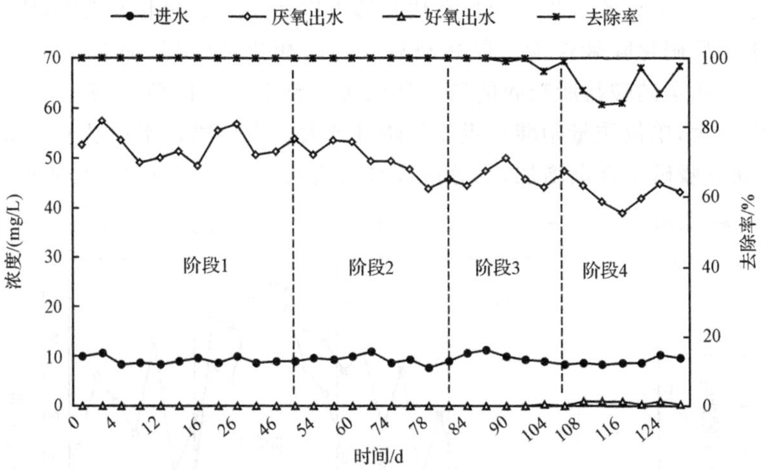

图 3-33　不同分段进水比时 PO_4^{3-}-P 的变化

2. 对缺氧和好氧磷吸收的影响

如图 3-33 所示，四种运行方式时仍存在缺氧磷吸收现象，与运行阶段 1 不同，其他三种运行方式的缺氧区 2 内随分段进水比时增加磷的吸收量逐渐下降。Meinhold[29] 认为当碳源和硝态氮同时进入缺氧区时，缺氧磷的释放和吸收总是同时发生，净释放或净吸收都取决于进入缺氧区的碳源量和硝酸盐的浓度。对于运行阶段4,引入缺氧区2的碳源量最高,因此即使存在足量的硝酸盐也会导致净磷的吸收量最小,而且好氧区2也没有足够长的水力停留时间吸收缺氧区出水中的溶解性磷酸盐,因此运行阶段4的出水磷浓度高于运行阶段2和3,出水磷浓度总是高于1mg/L,而运行阶段2和3的磷平均去除率高于95%,出水磷浓度低于0.3mg/L。试验结果表明,缺氧区1的吸磷量占整个系统缺氧吸磷量的95%。图3-34为不同分段进水比时缺氧区1内的磷吸收速率、消耗单位质量硝酸盐所吸收的磷酸盐的量以及缺氧与好氧磷吸收速率量。试验结果表明随着旁流比从0增加到0.15,上述三个参数随分段进水比的增加而增加,而当旁流比为0.25时,三个参数大幅下降,缺氧区1内的磷吸收速率为0.64gP/(gMLSS·d)、1.35 gP/(gMLSS·d)、1.66 gP/(gMLSS·d)和0.49 gP/(gMLSS·d),去除单位质量的硝酸盐所吸收的磷酸盐的量为1.19 gP/gNO_3^--N、2.44 gP/gNO_3^--N、4.76 gP/gNO_3^--N和3.62 gP/gNO_3^--N,缺氧与好氧磷吸收速率比为31.44%、62.80%、87.63%和26.92%。分析其原因,尽管运行阶段1中厌氧区可利用的碳源充足,进入缺氧区1的PHA浓度高,但进入缺氧区1的外碳源量较高,相比之下,运行阶段3无剩余的可利用外碳源进入缺氧区1,从而使得缺氧磷吸收速率最高,而运行阶段4由于缺氧反应初期合成的PHA的量较低导致缺氧吸磷速率下降。值得说明的是,在整个试验过程中内循环比足够大以提供充足的电子受体,从而尽可能稳定系统的反硝化除磷性能。既然缺氧区的硝酸盐足够高,那么在一定的HRT内消耗单位质量硝酸盐所吸收的磷量就取决于整个缺氧区磷的吸收量,也就是缺氧磷吸收越大,单位质量硝酸盐吸收的磷量越大。当分段进水比从0增加到0.15时,系统缺氧吸磷量逐渐增加,当分段进水比从0.15增加到0.25时缺氧吸磷量减

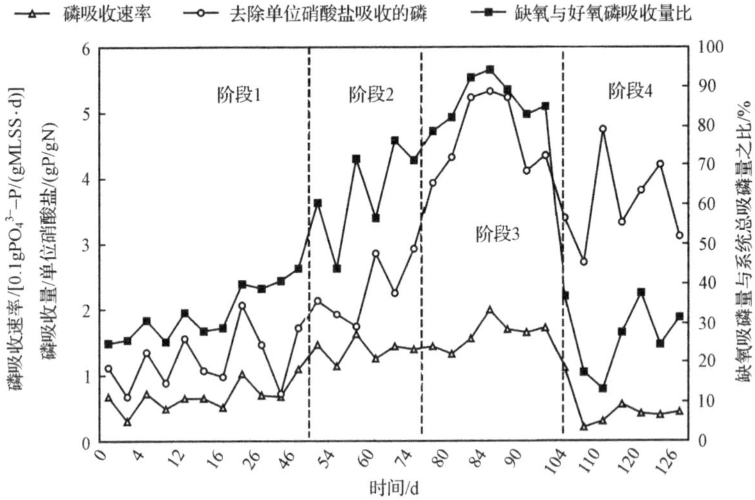

图3-34 不同分段进水比时系统缺氧区磷的吸收

少，也就是说当分段进水比为 0.15 时整个系统的缺氧吸磷量最大，则整个缺氧与好氧磷吸收比呈先增加后减少的趋势。

3. 对消耗单位质量 COD 所转化磷量的影响

图 3-35 是不同运行阶段系统厌氧区、缺氧区和好氧区 COD 的消耗速率和磷的转化速率。在厌氧区，COD 的消耗速率和磷的释放速率随分段进水比的增加而下降；在缺氧区，阶段 3 的 COD 消耗量和磷的吸收速率变化最大，而阶段 1 的 COD 消耗量和阶段 4 的磷吸收速率是最小的，几乎是阶段 3 的一半。而在好氧区，阶段 4 对应的 COD 的消耗速率最低，阶段 1 的磷吸收速率最大，阶段 3 的最小，这就表明阶段 1 由于好氧区 COD 的降解和磷的吸收导致所需供氧量最大，此外，阶段 2、3 和 4 对总磷的吸收量高于阶段 1，因此阶段 1 的总磷吸收量是最低的。由于阶段 4 的分段进水比最大，所以进入厌氧区的 COD 量最少，这导致 PHB 的合成不足，从而影响系统的磷的释放，导致系统的磷去除率很差。Janssen 等人[30]认为好氧或缺氧磷的吸收很大程度上取决于厌氧磷的释放情况，因此可以推断出为实现磷的有效释放，应该保证分段进水比在允许的范围之内。总结以上试验结果可知最优分段进水比为 0.15，而且缺氧与好氧磷吸收速率之比从分段进水比为 0 时的 31.44% 提高到分段进水比为 0.15 的 87.63%，大致可节省曝气量

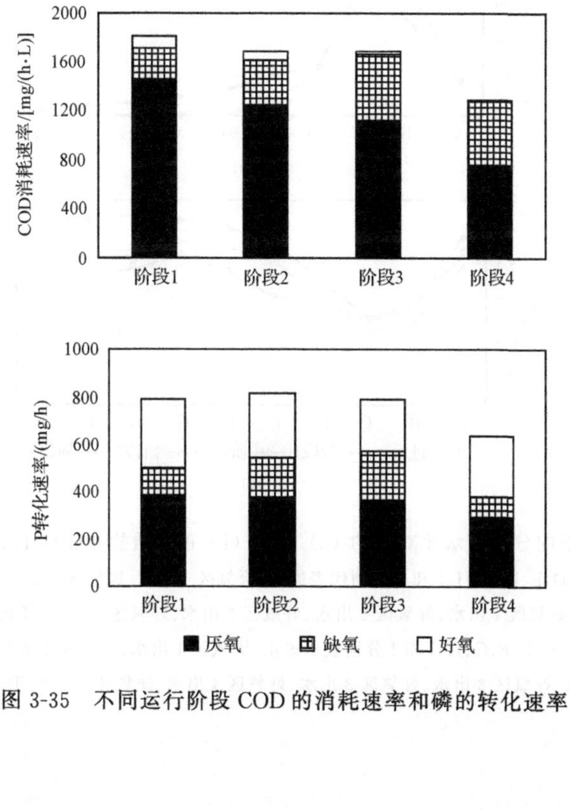

图 3-35　不同运行阶段 COD 的消耗速率和磷的转化速率

32%，从而降低了系统的运行费用。

3.5.3　不同分段进水比时系统沿程方向各参数的变化规律

1. 氨氮浓度的沿程变化规律

从图3-36(a)可以看出，由于回流污泥与进水混合进入厌氧区，氨氮浓度经稀释后降低，从进水到厌氧格室1出水明显下降，从厌氧1到厌氧2出现一个平台，说明厌氧阶段生长缓慢，几乎没有消耗氨氮，对于阶段2、3和4而言，氨氮的浓度

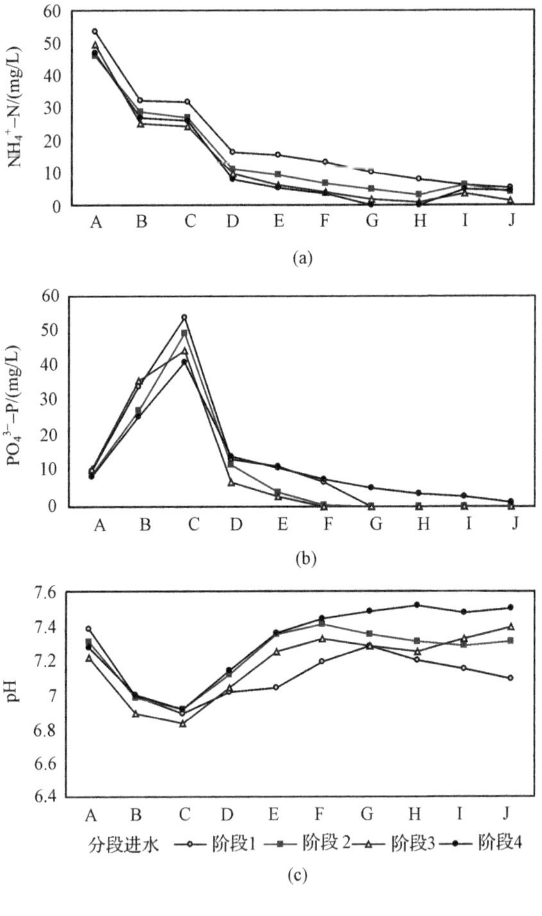

图3-36　不同分段进水比对应的(a)氨氮、(b)正磷酸盐和(c)pH的变化曲线

阶段1：A、B、C、D、E、F、G、H、I和J分别代表进水、厌氧区1出水、厌氧区2出水、缺氧区1出水、缺氧区2出水、好氧区1出水、好氧区2出水、好氧区3出水、好氧区4出水、好氧区5出水；阶段2、3和4：A、B、C、D、E、F、G、H、I和J分别表示进水、厌氧区1出水、厌氧区2出水、缺氧区1出水、好氧区1出水、好氧区2出水、好氧区3出水、好氧区4出水、缺氧区2出水和好氧区5出水。

由于内循环混合液在缺氧区 1 对氨氮浓度产生稀释作用以及硝化作用，结果从缺氧 1 到好氧 4 氨氮浓度逐渐下降。而从好氧 4 到缺氧 2，由于分段进水的引入，对氨氮浓度又产生一定的稀释作用，氨氮浓度稍有下降，从缺氧 2 到好氧 5，由于硝化作用，氨氮浓度继续下降。对于阶段 1，氨氮浓度从缺氧 1 到缺氧 2 几乎维持不变，直到从缺氧 2 到好氧 5 的过程中，硝化作用导致氨氮浓度线性下降。这就表明对于阶段 1 氨氮浓度的下降趋势不同于阶段 2、3 和 4，结果发现随着分段进水比的变化，阶段 3 中好氧格室 4 出水氨氮浓度几乎为 0，而阶段 4 中好氧区 3 出水的氨氮浓度即为 0，说明对于阶段 4 而言，系统的最大硝化容量未能得到充分的利用，此时过高的分段进水比导致阶段 4 的出水氨氮浓度高于前面三个阶段，成为出水总氮中主要的氮存在形式。

2. 正磷酸盐浓度的沿程变化规律

如图 3-36(b)所示，总的来说，正磷酸盐的浓度从进水到厌氧区 2 大幅增加，接着从缺氧区 1 到好氧区 5 呈下降趋势，但是由于分段进水的引入其变化趋势略有不同。一方面，厌氧区 2 出水正磷酸盐的浓度随分段进水比的增加而下降，另一方面，对于阶段 1，PO_4^{3-} 浓度在好氧区 2 内降为 0，对于阶段 2，PO_4^{3-} 浓度在好氧区 3 即降为 0，对于阶段 3，PO_4^{3-} 浓度在好氧区 4 降为 0。这就表明当分段进水比为 0.15 时，反应器的好氧磷吸收容量刚好被充分利用。然而，对于阶段 4，不仅缺氧磷吸收能力下降，而且好氧磷吸收能力也下降，好氧区 4 出水磷浓度仍然高于 3.8mg/L，说明当分段进水过高时，磷的吸收，无论是好氧还是缺氧磷吸收都会由于 PHB 的不足而产生的下降。对于阶段 2 和 3，尽管分段进水带入部分磷酸盐进入到缺氧区 2，但是由于在该区内较高的硝酸盐浓度和低 COD 浓度产生磷的快速吸收，而阶段 4 中，缺氧区 2 的磷吸收能力要低很多。

3. pH 的沿程变化规律

从图 3-36(c)可以看出，对于四种阶段，pH 沿反应器长度方向上的变化趋势从进水到厌氧区 2 下降，接着从厌氧区 2 到好氧区 2 上升。对于阶段 1，pH 从好氧区 2 到好氧区 5 下降，对于阶段 2，pH 首先从好氧区 2 到缺氧区 2 下降，再从缺氧区 2 到好氧区 5 增加；对于阶段 3，pH 则首先从好氧区 2 到好氧区 4 下降，再从好氧区 4 到好氧区 5 增加；对于阶段 4，pH 是从好氧区 2 到好氧区 4 增加，再从好氧区 4 到缺氧区 2 下降，然后从缺氧区 2 再到好氧区 5 增加。总之，pH 从进水到厌氧区出水下降，从厌氧出水到缺氧出水增加，而在好氧区出现明显的不同，由于各区生化反应有所不同。根据试验结果，可以将好氧区 pH 的变化划分为下降型和上升型两种。基于磷的释放与吸收计量关系式，以及硝化和反硝化反应计量关系，可从以下公式进行分析：

厌氧磷释放 $2C_2H_4O_2 + (HPO_3) + H_2O \rightarrow (C_2H_4N_2)_2 + PO_4^{3-} + 3H^+$ (3-1)

缺氧磷吸收 $C_2H_4O_2 + 0.2PO_4^{3-} + 16NH_4^+ + 1.2O_2 \rightarrow 0.16C_5H_7NO_2 + 1.2CO_2 + 0.2(HPO_3) + 1.4OH^- + 0.96H_2O + 0.48N_2$ (3-2)

好氧磷吸收 $C_2H_4O_2 + 0.2PO_4^{3-} + 16NH_4^+ + 1.2O_2 \rightarrow 0.16C_5H_7NO_2 + 1.2CO_2 + 0.2(HPO_3) + 0.44OH^- + 1.44H_2O$ (3-3)

反硝化反应 $NO_2^- + 3H \rightarrow 0.5N_2 + H_2O + OH^-$ (3-4)

$NO_3^- + 5H \rightarrow 0.5N_2 + 2H_2O + OH^-$ (3-5)

硝化反应 $NH_4^+ + 1.5O_2 \rightarrow NO_2^- + H_2O + 2H^+$ (3-6)

$15CO_2 + 13NH_4^+ \rightarrow 10NO_2^- + 3C_5H_7NO_2 + 23H^+ + 4H_2$ (3-7)

公式(3-6)和式(3-7)合并式为：

$80.7NH_4^+ + 114.55O_2 + 160.4HCO_3^- \rightarrow C_5H_7NO_2 + 79.7NO_2^- + 82.7H_2O + 155.4H_2CO_3$ (3-8)

在厌氧区，根据公式(3-1)，磷释放产生$[H^+]$，pH明显下降，随旁流比的增加ΔpH稍有下降。在缺氧区，根据公式(3-4)和式(3-5)，反硝化产生OH^-，根据公式(3-2)缺氧磷吸收也产生OH^-，因此两个生化反应的叠加导致pH又明显上升。在好氧区，根据公式(3-3)好氧磷吸收产生OH^-，以及CO_2的吹脱作用产生pH的上升，根据公式(3-8)，硝化作用和细胞合成产生H^+，所以好氧区内不同反应叠加的结果取决于硝化速率、CO_2吹脱速率和好氧磷吸收速率，值得注意的是在反应过程中系统提供的碱度是充足的。当混合液从缺氧区进入好氧区时，由于CO_2的吹脱作用使得pH增加，也就是从缺氧区1到好氧区1的pH增加，另一方面，根据公式(3-3)，吸收单位质量的磷产生3.55 mg ($CaCO_3$)的碱度，而根据公式(3-8)，单位质量的磷转化为硝酸盐则消耗碱度7.07mg($CaCO_3$)。对于阶段2、3和4，从好氧1到好氧2，系统产生的碱度高于消耗的碱度，结果在好氧1和2内pH上升。当好氧区磷酸盐完全吸收时，pH的变化取决于硝化的程度。对于阶段1，氨氮总是从好氧2到好氧5降低，因此pH呈下降趋势。对于阶段2和3，氨氮的浓度从好氧2到好氧4下降，因此pH下降。但是从好氧4到缺氧2，由于反硝化作用使得pH上升，接着从缺氧2到好氧5由于硝化作用而下降。对于运行方式4，氨氮在好氧3即为0，而且在好氧2时就接近于0，硝化作用很微弱，因此主要的反应为好氧磷的吸收，pH从好氧2到好氧4下降。然而由于旁流量的增加，即使缺氧2内发生反硝化过程，从好氧4到缺氧2过程中pH还是稍有下降，从缺氧2到好氧5由于CO_2的吹脱作用pH缓慢上升。因此可以推断出pH可用作A^2/O工艺的指示性参数，从而更好的帮助运行管理人员判断系统的运行状态。

3.5.4 最优分段进水比的适用性

试验结果表明对于平均进水C/N比为7.5时最优的分段进水比为0.15，是否该分段进水比也适用于其他低进水 C/N(平均为 3.6～3.8)的情况呢？为此考察了低进水 C/N 时没有分段进水与增设分段进水相比较，考察是否可以提高系统的营养物去除性能。表 3-12 和图 3-37 给出了系统进出水 COD、NH_4^+、TN 和 TP 浓度的变化以及各参数对应的去除率。结果表明，系统在同样的运行条件下，COD、NH_4^+、TP 去除率稍有提高，可能是由于所考察的系统已经建立了稳定的硝化和反硝化除磷性能，系统的出水 COD、NH_4^+ 和 TP 浓度都能满足排放标准。

表 3-12　低进水 C/N 时有无分段进水时的系统性能

分段进水比	参数	C/N	C/P	MLSS /(mg/L)	$COD_{in.}$ /(mg/L)	$COD_{eff.}$ /(mg/L)	进水氨氮 /(mg/L)
0	范围	3.4～3.9	35.2～38.5	3000～3800	222～256	14.7～31	65～71
	平均值	3.6	37.1	3501	245	23	67.3
0.15	范围	3.1～4.7	24～31	3000～4000	194～292	18～51	63～73
	平均值	3.8	28.4	3410	245	32	68.2

旁流比	参数	出水氨氮 /(mg/L)	$TN_{in.}$ /(mg/L)	$TN_{eff.}$ /(mg/L)	$TP_{in.}$ /(mg/L)	$TP_{eff.}$ /(mg/L)
0	范围	0.5～3.6	67～73	23～27	6.3～6.8	0.11～0.17
	平均值	2.1	69.4	25.4	6.5	0.15
0.15	范围	1～6.8	65～75	14～18	8.8～12.4	0.24～0.91
	平均值	5	69.2	16.2	10	0.53

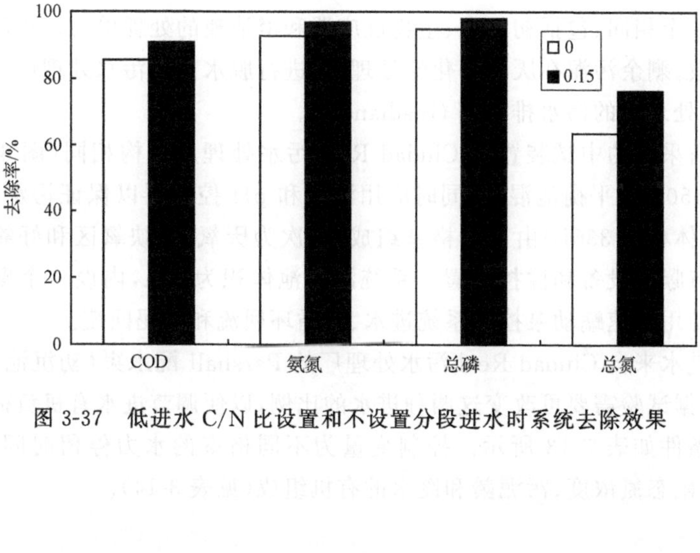

图 3-37　低进水 C/N 比设置和不设置分段进水时系统去除效果

在相同进水 TN 浓度下，增设分段进水 TN 的去除率可以提高 13.2%，对于进水总氮为 63～71mg/L，增设分段进水时出水 TN 为 16.2mg/L，其他改良的工艺也很难达到这样的出水水质，此时尽管进水 C/N 比较低，系统的缺氧磷吸收性能并没有发生明显改变。因此无论是低进水 C/N 比还是常规 C/N 比，分段进水的引入不仅没有影响 COD、NH_4^+ 和 TP 的去除率，在很大程度上改善了 TN 的去除效果，这也说明分段进水比为 0.15 时，营养物的去除性能达到最优状态。

3.6　A^2/O工艺生物脱氮除磷性能优化及其运行

3.6.1　西班牙 Ciudad Real 污水处理厂营养物去除优化

为了有效去除污水中的氮和磷，在过去二十年，对生物营养物去除工艺进行的研究，主要集中在以下几个方面：①工业废水排放对污水处理厂进水水质以及生物脱氮除磷处理效果的影响。②初沉污泥和固体废弃物产酸发酵对提高除磷效果的研究。③营养物去除工艺丝状菌污泥膨胀的研究。④传统活性污泥法升级改造为 BNR 工艺及其运行优化。为了预防水体富营养化，欧洲城市污水处理委员会制定了所有欧盟国家城市污水处理厂氮和磷的排放标准 91/271/EEC。因此，已有的污水处理厂和新建污水处理厂不得不按照这个规定，提高污水中氮磷的去除率，使之达标。下面系统介绍应用 VIP 中试模型和实际生活污水对西班牙 Ciudad Real 污水处理厂运行优化的研究[31]。

1. 试验模型、进水水质和系统运行条件

Ciudad Real 污水处理厂采用包括固体颗粒、砂粒、油脂的预处理后，污水平均分配进入三个相同、包括初沉池、生物反应器和澄清池的处理单元。最后出水经过消毒后排放，剩余污泥在厌氧消化池处理后，进行脱水。该污水处理厂日处理能力 25 000m^3，处理后的污水排放到 Guadiana 河。

试验所采用的中试装置和 Ciudad Real 污水处理厂结构相同(图 3-38)：污水在体积为 450L 的平衡池混合，同时应用温度和 pH 控制器以保证污水水质稳定。反应池(总体积为 336L)由三个格室组成，依次为厌氧区、缺氧区和好氧区。所有格室都设有曝气设备和搅拌装置。系统沉淀池体积为 63L，内设一个慢速旋转式刮泥机。使用变速蠕动泵控制系统进水、内循环回流和污泥回流。

试验进水来自 Ciudad Real 污水处理厂的 Parshall 配水渠(初沉池前)和初沉池出水，根据试验需要可改变这两种进水的比例，以便调节进水有机负荷。整个实验的运行条件如表 3-13 所示。控制变量为不同格室的水力停留时间(HRT)比例、厌氧区硝态氮浓度、污泥龄和废水的有机组成(见表 3-14)。

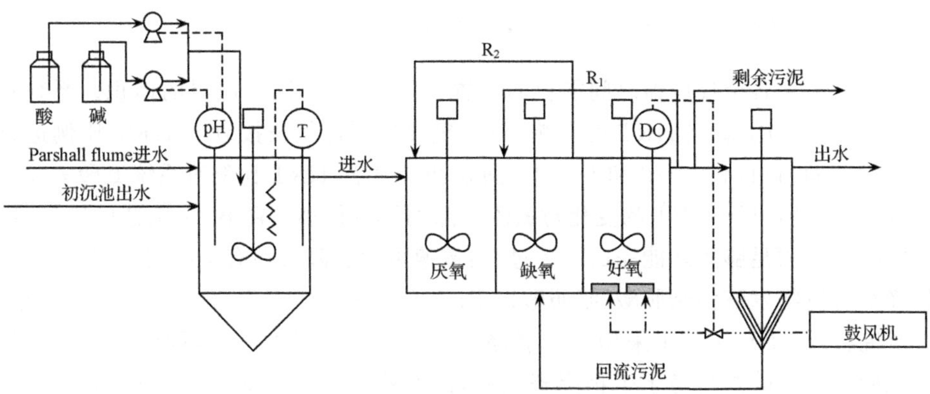

图 3-38　VIP 中试试验装置结构

表 3-13　试验的运行条件

变量	单位	数值
废水流量	L/h	56
回流污泥流量	L/h	28
温度	℃	20
平均有机负荷	kg COD/(m³·d)	2.32
pH		7.2～7.6
DO	mg/L	2.0

表 3-14　实验方案

试验	进水 N 和 P 浓度		控制变量				
	N 均值-偏差/(mg/L)	P 均值-偏差/(mg/L)	厌氧/缺氧/好氧 HRT/h	好氧区到缺氧区回流量 R_1/(L/h)	缺氧区到好氧区回流量 R_2/(L/h)	SRT/d	BOD_5/COD
1.1	26.0(3.7)	18.1(5.6)	1/1/4	30.8	86.9	10	0.49
1.2	20.3(1.3)	11.4(1.9)	2/2/2	30.8	86.9	10	0.49
1.3	19.8(1.5)	10.5(1.7)	1/3/2	30.8	86.9	10	0.49
2.1	26.0(3.7)	18.1(5.6)	1/1/4	30.8	86.9	10	0.41
2.2	24.8(11.1)	16.1(5.2)	1/1/4	61.6	140.0	10	0.41
2.3	28.9(4.8)	21.0(4.1)	1/1/4	56.0	56.0	10	0.46
2.4	37.9(5.4)	17.7(5.5)	1/1/4	179.2	56.0	10	0.41
3.1	21.2(3.3)	17.8(4.3)	1/1/4	30.8	89.6	6	0.42
3.2	29.6(14.2)	17.0(7.2)	1/1/4	30.8	89.6	8	0.42
3.3	26.0(3.7)	18.1(5.6)	1/1/4	30.8	89.6	10	0.42
4.1	27.9(10.5)	11.6(5.0)	1/1/4	30.8	89.6	8	0.34
4.2	21.5(2.1)	10.6(1.2)	1/1/4	30.8	89.6	8	0.44
4.3	24.0(2.0)	11.4(2.4)	1/1/4	30.8	89.6	8	0.61
4.4	24.2(7.5)	14.1(8.3)	1/1/4	30.8	89.6	8	0.77

2. 水力停留时间对系统脱氮除磷的影响

通过改变各个反应器之间隔板的位置,可以改变不同反应器的体积。系统总HRT是6h,为了研究HRT的影响,对厌氧/缺氧/好氧段按以下HRT比例进行了三组实验:1/1/4、2/2/2和1/3/2。图3-39是不同HRT比例对系统氮磷去除的影响。由试验可知HRT的变化对氮磷去除的影响很小。在BNR工艺的厌氧段,停留时间必须足够大才能完成以下过程:慢速可生物降解性有机物的水解、易于生物降解有机物发酵为脂肪酸、脂肪酸以PHB的形式贮存在聚磷菌体内。近几年,有研究报道BNR工艺中采用的厌氧停留时间(0.5~3h)一般不足以发生水解。本试验中进水碳源是易于生物降解基质,因此不需要很长的停留时间(大概不到1h)就可完成反应过程,因此厌氧区停留时间在1~2h之内变化对系统没有影响。缺氧反硝化、好氧吸磷和好氧硝化与厌氧水解过程相比,是相对快速的过程。因此,试验中缺氧和好氧停留时间足够大时,能获得好的效果。

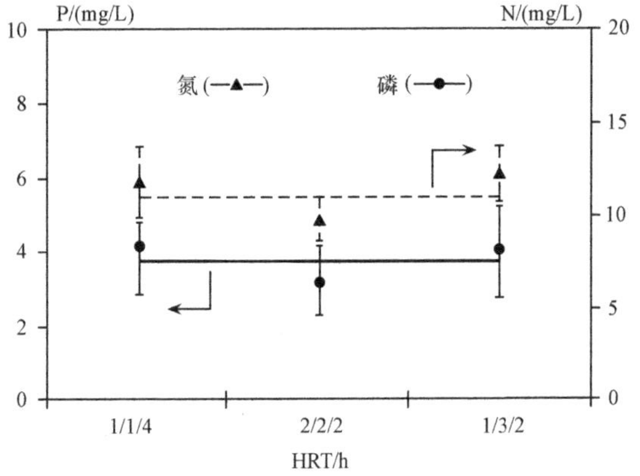

图3-39　水力停留时间对VIP工艺出水氮和磷浓度的影响

3. 内循环回流和厌氧区硝态氮浓度对系统的影响

为了考察厌氧区硝态氮浓度对系统氮磷去除的影响,通过改变回流量R_1和R_2增加厌氧区硝酸氮的浓度。表3-15是不同回流量对应的厌氧区硝态氮浓度。出水TN、磷酸盐浓度与厌氧区硝酸氮浓度的关系见图3-40。由图可知随着厌氧区硝酸盐氮浓度的增加,出水氮的浓度降低,当厌氧区NO_3^--N浓度为2.3mg/L时,出水中氮浓度达到最高值,这是因为进水中的氮浓度高,出水磷浓度则正好相反。因此厌氧区硝酸盐氮对磷的影响比对氮的影响大。当脱氮效果比较好,对应厌氧区的硝酸盐浓度低时才能使出水磷酸盐浓度接近EEC指标。研究发现,当厌氧区硝态氮浓度高于0.5mg/L时,会明显地影响系统的除磷,使除磷率降低,出水磷浓度升高。除磷所受的影响比脱氮所受的影响大。较高的硝态氮浓度使更多的氮被反硝化，但是脱氮率并没有大的提高。相反，该因素对除磷有很大的影响，这是因为 PAOs 和反硝化菌之间对易于生物降解基质竞争引起的。

表 3-15　不同回流量对应的厌氧区硝态氮浓度

	试验 2.1	试验 2.2	试验 2.3	试验 2.4
R_1(好氧区到缺氧区)/(L/h)	30.8	56.0	61.6	179.2
R_2(缺氧区到厌氧区)/(L/h)	89.6	56.0	140.0	56.0
厌氧硝酸氮浓度/(mg/L)	0.4	0.6	1.2	2.3

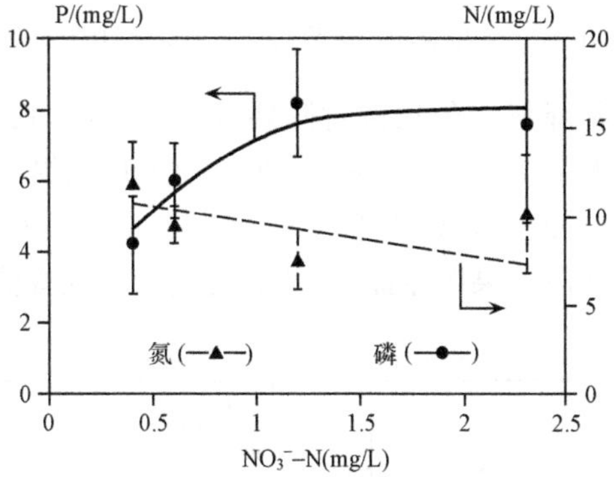

图 3-40　厌氧区硝酸氮浓度与出水 TN、磷酸盐浓度的关系

4. *污泥龄对系统的影响*

图 3-41(a)是污泥龄对出水氮磷浓度的影响。可以看到，较低的污泥龄改善了生物除磷效果。尽管所有试验出水磷浓度比欧盟 EEC 指标值高，但是较低的污泥龄系统磷的去除率比较高。另一方面，与对除磷的影响正好相反，较高的污泥龄可提高脱氮率。虽然试验中氮的去除率比较低，但是出水氮的浓度非常接近欧盟 EEC 指标。图 3-41(b)表明污泥龄对脱氮的影响比对除磷的影响大。较高的污泥龄使得硝化易于进行，从而脱氮效果较好。20℃、溶解氧大约 2 mg/L 时，为了保证硝化，推荐 SRT 要大于 5d。另一方面，较低的污泥龄使得除磷效果提高，这是因为剩余污泥越高，通过排泥去除的磷就越多。

5. *废水组成的影响*

通过改变 Parshall 渠(初沉池前)和初沉池出水的比例，改变试验中污水的组成。本试验考虑的主要参数是废水的可生物降解性，用 BOD_5/COD 表示，在平衡池测定。图 3-42 是污水可生物降解性对出水氮磷浓度(a)以及氮磷去除率的影响

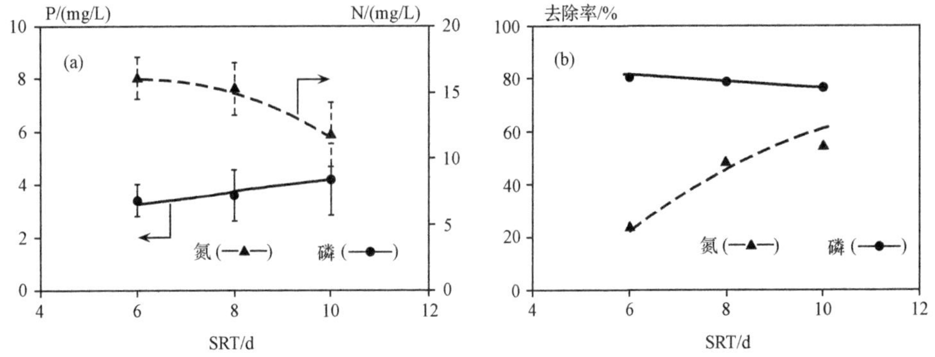

图 3-41　污泥龄对出水 TN 和磷酸盐浓度(a)以及 TN 和磷酸盐去除率(b)的影响

(b)。可以看到,可生物降解性的比例对除磷有很大影响,而对氮的影响很小,出水氮浓度和脱氮率基本保持不变。较高的 BOD_5/COD 比提高了除磷率,出水水质非常接近 EEC 指标。当加入厌氧消化污泥上清液,废水的可生物降解性(BOD_5/COD)提高,因此使得除磷效果明显提高,然而脱氮效果没有受到影响。

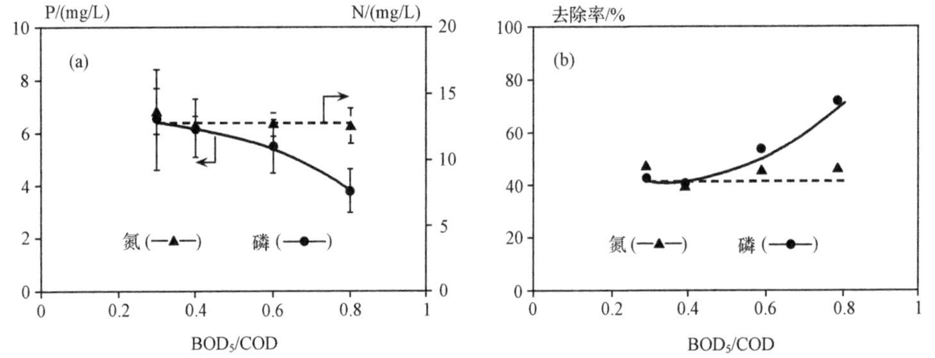

图 3-42　污水可生物降解性 BOD_5/COD 对出水 TN 和磷酸盐浓度(a)以及 TN 和磷酸盐去除率(b)的影响

6. 污泥特征

在 BNR 工艺中,污泥重要的特征之一就是磷的含量。图 3-43 为不同因素对污泥磷含量的影响。由图可知 HRT 或者 SRT 对污泥中磷含量影响不明显,然而较高的硝态氮浓度和废水的可生物降解性可分别降低和提高污泥中的磷含量。污泥中磷含量与除磷效果有显著的关系。较低的出水磷酸盐浓度通常意味着污泥中磷含量较高,因为污泥中的 PAOs 活性和浓度较高。另外发现试验中污泥磷含量比传统的好氧污泥磷浓度(2%～2.5%)高,但是远远低于使用 VFA 作为主要废水组分而获得的富磷污泥的磷含量(大约 6%～8%)。

如上所述,除磷主要受到厌氧区硝态氮浓度和废水可生物降解性的影响,而脱氮主要受 SRT 的影响。因此,为了优化 Ciudad Real 污水处理厂的脱氮除磷效果,改变内回流量 R_1 和 R_2,以使厌氧区硝态氮最小(0.4mg/L);通过加入污泥厌氧消化液的上清液, BOD_5/COD 增加到 0.77,污泥龄选择一个中间值 8d。

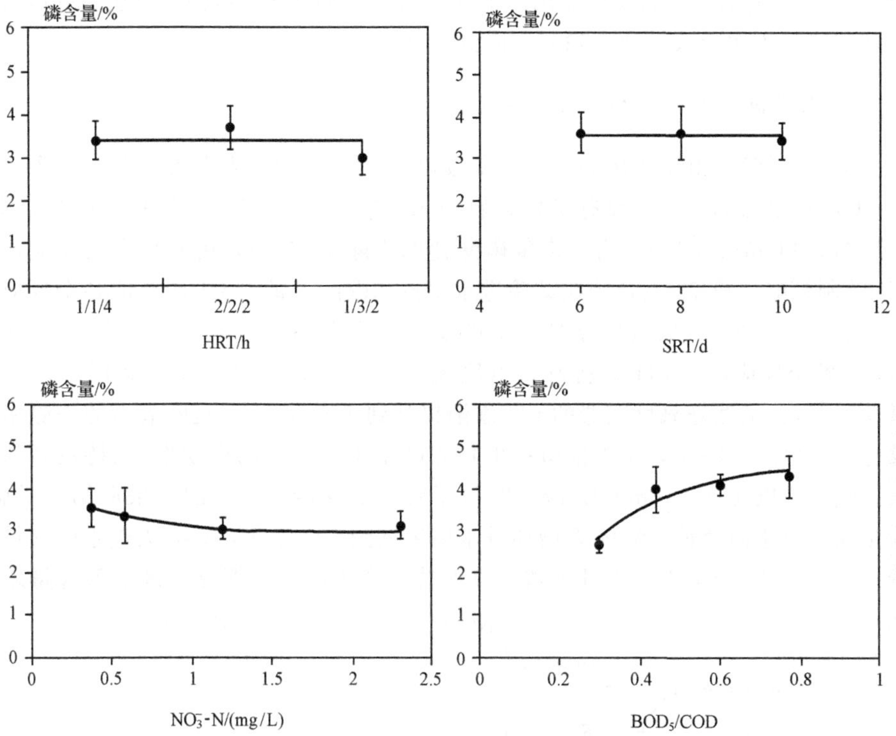

图 3-43　不同因素对污泥磷含量的影响

3.6.2　A^2/O 工艺脱氮除磷系统的运行研究

爱尔兰国立大学的 Donal Mulkerrins 等应用 A^2/O 模型,研究了不同因素对系统脱氮除磷性能的影响[32]。他设计了两个独立的试验 R_1 和 R_2,持续时间分别为 193d 和 276d。R_1 试验的水力停留时间如下:厌氧反应器 5h,缺氧反应器 3.13h,好氧反应器 9.4h。R_2 试验的水力停留时间为:厌氧反应器 5h,缺氧反应器 1.85h,好氧反应器 5.56h。好氧反应器到缺氧反应器的内回流比为 100%。此外试验 R_2 在 197d 改变了内循环回流比,从 100%增加到 300%。SRT 为 10～20d。试验采用以醋酸和丙酸为主要碳源的人工配水。所用污泥接种于一家处理生活污水和制药工业废水的污水处理厂。

1. 0～57d 期间 R_1 的运行情况

试验 R_1 的进水 COD、氨氮和磷酸盐浓度分别为 415mg/L、20 mg/L 和 10 mg/L，试验初始目标是建立稳定可靠的运行效果。大约 50d 后 COD 和氨氮的去除率分别达到了 80%和 96%。沉淀池出水硝酸盐和亚硝酸盐浓度(NO_x-N)平均值低于 2.9mg/L。好氧反应器出水的磷酸盐去除率在 80%以上，但在二沉池发生了磷酸盐的再次释放导致去除率下降到 57%。

2. 泵事故对系统的影响及相应的补救措施

第 57 天晚上由于泵出现了意外事故，导致反应器污泥积累在好氧反应器。虽然 COD 和氨氮的去除率没有受到影响，但磷酸盐的去除率在接下来的 14d 降到了 0(见图 3-44 和表 3-16)。为了恢复磷酸盐的去除率，首先采用的是提高反应器的 pH 控制策略。第 73 天开始在试验进水中投加碳酸氢钠。pH 调节前各个反应器的 pH 分别为 6.14(厌氧反应器)、6.02(缺氧反应器)和 5.93(好氧反应器)。在第 74 天，各个反应器的 pH 分别为 7.2(厌氧反应器)、6.88(缺氧反应器)和 6.72(好氧反应器)。虽然好氧反应器的 pH 逐渐提高到 7.5 以上，但是磷酸盐的去除率并没有明显增加。Converti 等报道在生物除磷系统的 38d 的启动期，保持较高的进水磷酸盐浓度 (51～94mg/L)最后获得了较好的除磷效果。因此采取第二措施，就是提高进水磷负荷，第 94 天增加进水磷浓度到 70 mg/L，第 98 天进水磷含量减少到 50 mg/L，到第 149 天进水磷一直保持这个浓度。尽管提高进水磷含量之后

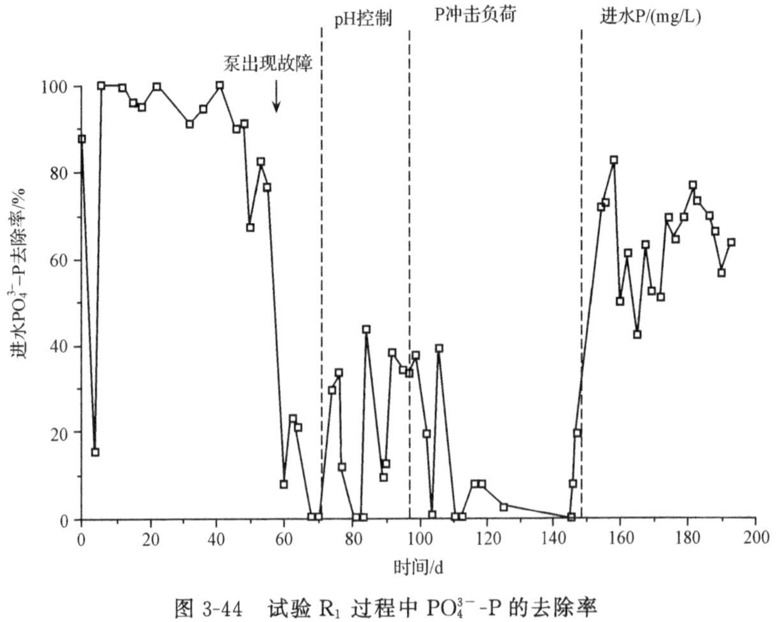

图 3-44　试验 R_1 过程中 PO_4^{3-}-P 的去除率

的 10d 内系统磷的去除率没有明显改进，但是厌氧反应器中的磷释放量明显增加，这是污泥中聚磷菌再次开始累积的标志，到第 149d 厌氧反应器的磷释放量明显增加（见图 3-45），好氧反应器出水磷开始降低，表明提高进水磷浓度的补救策略是有效的。

表 3-16　试验 R_1 中 A^2/O 工艺的运行参数

	时间/d				
	40～57	58～73	74～93	95～149	150～193
MLSS/(mg/L)	4.3	2.1	1.6	2.0	3.3
MLVSS/(mg/L)	3.8	1.9	1.3	1.8	2.5
好氧区出水 pH	6.7	6.1	7.6	7.2	7.5
COD 去除率/%	84.0	93.6	93.2	96.1	93.9
NH_4^+-N 去除率/%	99.3	96.2	99.2	98.9	97.2
出水 NO_x-N 浓度/(mg/L)	2.9	2.3	2.0	1.9	1.6
进水 PO_4^{3-}-P/(mg/L)	11.7	10.0	10.3	53.6	12.4
厌氧区出水 PO_4^{3-}-P/(mg/L)	23.2	23.0	11.3	73.6	46.0
好氧区出水 PO_4^{3-}-P/(mg/L)	2.2	10.5	8.5	47.5	4.5
出水 PO_4^{3-}-P/(mg/L)	5.0	11.4	9.1	51.7	7.3
好氧区 PO_4^{3-}-P 去除率/%	81.2	9.5	17.5	11.4	63.7
二沉池 PO_4^{3-}-P 去除率/%	57.3	0	11.7	3.5	41.1
二沉池 PO_4^{3-}-P 释放率/%	23.9	9.5	5.8	7.9	22.6

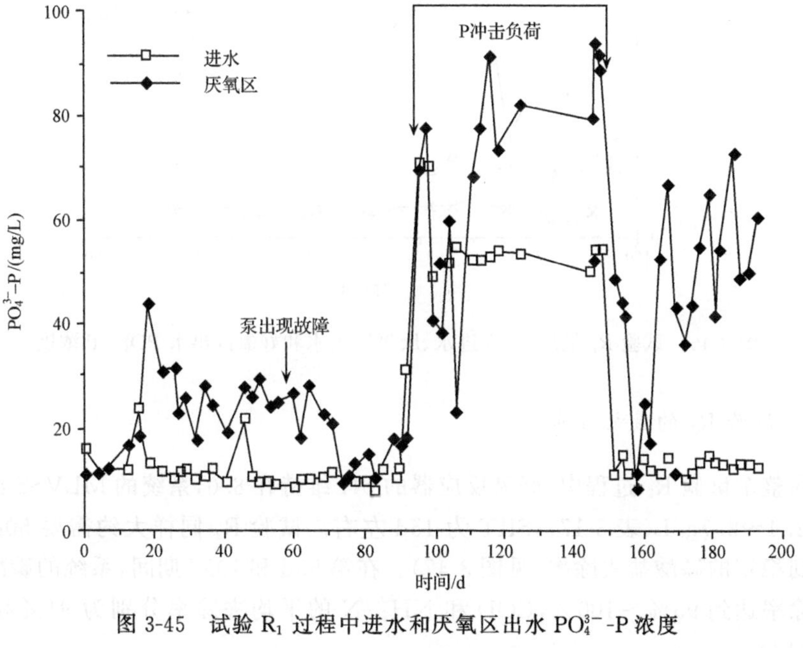

图 3-45　试验 R_1 过程中进水和厌氧区出水 PO_4^{3-}-P 浓度

3. 试验 R_1 补救之后的运行情况

在第 150 天进水磷含量恢复到原来的 10mg/L，好氧反应器出水磷平均去除率为 64%，在随后的 43d 一直保持这个去除率。如图 3-46 所示，厌氧反应器的磷释放量越高，好氧反应器的磷去除率也越好，表明改变磷的冲击负荷能成功地实现聚磷菌的累积。虽然试验 R_1 验证了遭到严重破坏的脱氮除磷系统，通过增加进水中磷含量可以补救过来，但该脱氮除磷系统遭到严重破坏的机理还不太清楚。普遍认为泵事故之后发生的污泥流失是造成磷酸盐去除率下降的原因，但 Converti 等(1995)的研究表明 VSS 浓度从 1.5g/L 下降到 0.7g/L，反而提高了磷酸盐的去除率，从之前的 20%左右提高到 90%。实验 R_1 的 VSS 浓度始终没有低于 1.3g/L。相反，由于泵事故的发生使得系统有将近 12h 的时间内混合液的硝酸盐浓度达 4mg/L。因此，设计试验 R_2 研究 A^2/O 系统中硝酸盐氮对磷酸盐去除率的影响。

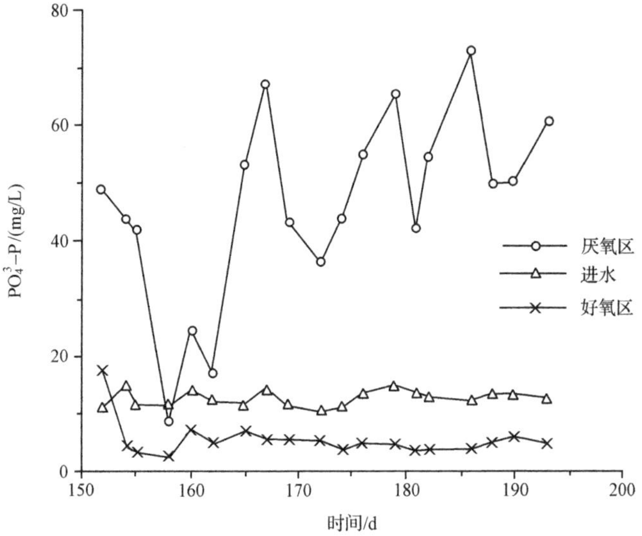

图 3-46　试验 R_1 最后 43 天进水、厌氧区出水和好氧区出水 PO_4^{3-}-P 浓度

4. 试验 R_2 的最初性能

在整个试验 R_2 过程中，好氧反应器的 pH 维持在 8.0，系统的 MLVSS 浓度维持在 2.4～2.7g/L(表 3-17)，SRT 为 15d 左右。试验 R_2 同样大约需要 50d 的时间达到稳定的磷酸盐去除率(见图 3-47)。在第 55d 和 105d 期间，系统的磷酸盐平均去除率达到 95%～100%，COD 和 NH_4^+-N 的平均去除率分别为 91%和 94%(表 3-17)。

表 3-17　A^2/O 工艺在试验 R_2 中的运行参数和性能

	时间/d		
	10～106	107～191	192～276
MLSS/(mg/L)	3.3	3.3	3.6
MLVSS/(mg/L)	2.7	2.4	2.4
好氧区出水 pH	8.0	8.0	8.0
COD 去除率/%	90.6	94.2	91.2
NH_4^+-N 去除率/%	93.7	98.7	99.1

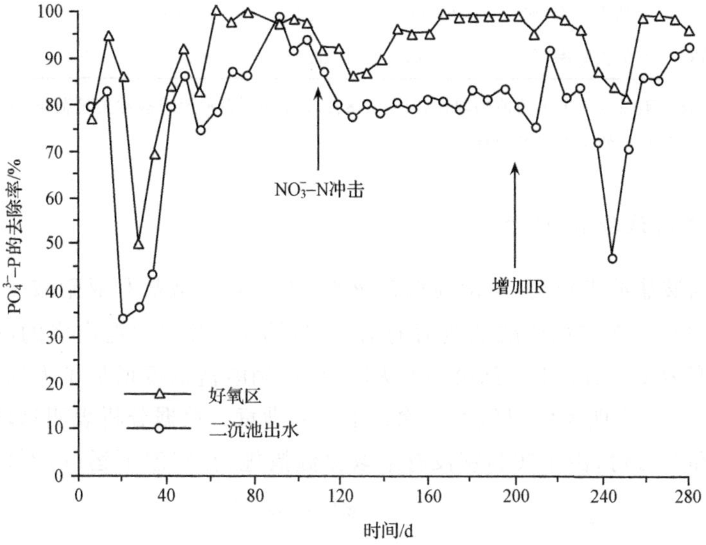

图 3-47　试验 R_2 的 PO_4^{3-}-P 去除效率

以好氧出水和二沉池出水 PO_4^{3-}-P 浓度来计，IR 内循环回流量

5. 硝酸盐冲击负荷

第 107 天增加进水中硝酸盐负荷(14mg/L)，维持 12h，保证回流污泥中的硝酸盐氮浓度大约为 4mg/L(和 R_1 污泥泵出现问题时一样)。表 3-18 为各个反应器不同时刻的硝酸盐氮浓度，取样时刻分别为增加进水硝酸盐负荷后的 2h、8h、12h 以及停止硝酸盐冲击负荷后的 14h。结果表明，进水硝酸盐在进入厌氧反应器后很快被利用，厌氧反应器的出水硝酸盐浓度在 0.1mg/L 以下。表 3-18 数据说明进水硝酸盐冲击负荷试验后系统磷酸盐的去除率并没有降低，反而增加，这证明了系统中可能存在反硝化除磷菌。

表 3-18　试验 R_2 中硝酸盐冲击负荷时硝酸盐氮和 PO_4^{3-}-P 变化

	时间/h*				
	0	2	8	12	26
进水 NO_3^--N/(mg/L)	0.67	14.73	14.57	13.52	1.01
厌氧出水 NO_3^--N/(mg/L)	0.06	0.03	0.05	0.05	0.02
缺氧出水 NO_3^--N/(mg/L)	0.07	0.03	0.03	0.09	0.05
好氧出水 NO_3^--N/(mg/L)	4.10	4.19	3.99	3.83	3.86
沉淀池出水 NO_3^--N/(mg/L)	3.73	3.80	3.97	3.80	3.74
厌氧区 PO_4^{3-}-P/(mg/L)	32.38	17.05	14.58	12.23	24.26
好氧区后 PO_4^{3-}-P 的去除率/%	92.68	90.40	96.92	99.07	99.11
沉淀池后 PO_4^{3-}-P 的去除率/%	79.43	87.98	99.07	95.70	89.84

* 时间 0 表示硝酸盐冲击负荷前的取样，时间 2、8、12、26 分别表示硝酸盐冲击负荷第 2h、8h、12h，以及停止硝酸盐冲击负荷后的 14h 时的取样。

6. 冬季时试验 R_2 的性能

经过硝酸盐冲击负荷，沉淀池混合液的 NO_x-N(硝酸盐和亚硝酸盐)浓度有所增加(图 3-48)。在增加硝酸盐负荷的前一周(第 100d)沉淀池出水的混合液硝酸盐平均浓度为 2.27mg/L。到第 188 天时，出水硝酸盐浓度增加了大约三倍，达到 6.58 mg/L。这表明系统对氮的去除并不令人满意。数据分析表明这段时间正好是 1 月份和 2 月份，由于实验室没有采取保温措施，在室温下运行，所以温度大幅

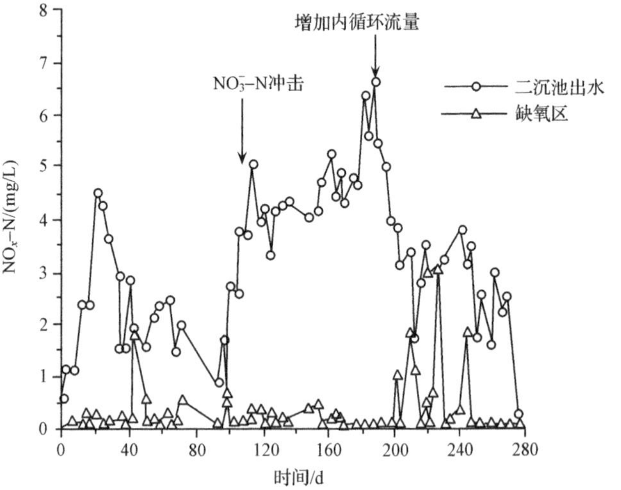

图 3-48　试验 R_2 中缺氧区和沉淀池内的 NO_x-N 浓度(亚硝酸盐和硝酸盐)

度下降。到 2 月低最低温度降到了 4℃。众所周知温度过低将影响微生物的反应速率和新陈代谢活性，这很好地解释了系统磷酸盐去除率和反硝化能力下降的原因。增加硝酸盐负荷之后由于温度下降造成了好氧反应器出水磷酸盐的去除率从平均的 95%～100%下降到 85%。在接下来的 40d 随着温度的增加，磷酸盐的去除率又恢复到 95%～100%的稳定水平。在硝酸盐浓度较高时发现二次释磷增加，温度的下降导致了系统反硝化能力下降，进而增加了二次放磷速率。

7. *硝酸盐存在时厌氧放磷*

进水硝酸盐浓度非常高的情况下在厌氧区同样出现了放磷现象，并且除磷效果也令人满意，这表明该系统中可能存在反硝化除磷菌。Gerber 等和 Kuba 等研究表明无论是厌氧状态或是缺氧状态，以乙酸盐和丙酸盐为主要碳源的底物具有促进放磷的能力，另外 Kuba 证明了缺氧状态下吸磷的可能性。另外保证厌氧区严格意义的厌氧状态是不太可能的，主要由于厌氧反应器中有时会进入溶解氧和硝酸盐从而会一定程度破坏厌氧环境。Munoz—Colunga 和 Gonzalez—Martinez 也证实了这种现象。然而这并没有影响系统的除磷能力。第 150d 将厌氧反应器的搅拌转速调小 50%，发现厌氧放磷效果明显提高(图 3-49)。稳定的厌氧放磷促进了后续缺氧吸磷的效果。这个实验结果与文献报道的缺氧除磷结论一致。厌氧反应器中放磷效果越好，好氧和缺氧反应器中的吸磷效果也越好。然而由于沉淀池中再次放磷，系统总的除磷率并没有得到改进。Barnard、Danesh 和 Oleszkiewicz 也在生物脱氮除磷系统中发现了后续沉淀池二次放磷现象。

8. *二次放磷和高出水硝酸盐浓度之间的关系*

为了提高反硝化速率和降低沉淀池出水 NO_x-N 浓度，提高从好氧反应器到缺氧反应器的内循环回流比(从 100%提高到 300%(第 197d))。之后沉淀池出水的 NO_x-N 浓度从第 188 天的 6.58mg/L 降低到第 268 天的 2.47 mg/L(图 3-48)，第 276 天时 NO_x-N 浓度降到 0.26 mg/L。尽管 Metcalf 和 Eddy 推荐 A^2/O 系统的内回流比最好在 100%～300%，但 Choi 等发现当内回流比从 100%增加到 200%时磷的去除率降低。本试验也发现当内循环回流比从 100%提高到 300%时，影响磷的去除率，由于二次放磷的影响，系统总的除磷率在第 245 天下降到 46.6%，增大回流比也会影响厌氧放磷和缺氧吸磷的效果。在实验末期，缺氧和好氧反应器的吸磷效果得到了恢复，此外沉淀池的二次放磷现象也减少了。厌氧反应器中放磷效果随着内循环回流比的增加而逐渐改善(图 3-49)。另外回流比增加使得缺氧反应器中硝酸盐浓度增加，促进了系统反硝化吸磷，这证明了反硝化除磷菌有利于 A^2/O 工艺对总磷的去除。

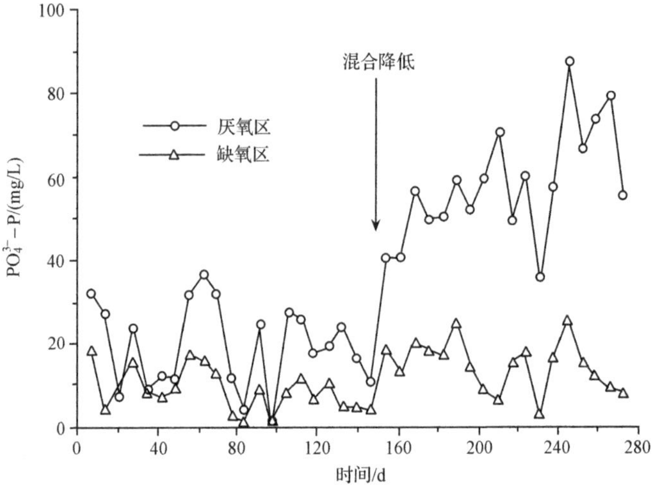

图 3-49　试验 R_2 中厌氧和缺氧反应器中 PO_4^{3-}-P 浓度

3.7　强化 A^2/O 工艺反硝化除磷性能的运行策略

前面我们提到，传统的 A^2/O 工艺中，在缺氧区存在反硝化吸磷现象。然而大多数情况下，在 A^2/O 工艺缺氧区中并没有观察到吸磷现象，或者观察到的吸磷量很少，这说明 A^2/O 工艺并没有为反硝化聚磷菌的选择和富集提供适合的条件。那么如何强化 A^2/O 工艺的反硝化除磷性能呢？下面介绍三种控制方法，从而强化 A^2/O 工艺的反硝化除磷效果[33,34]。

试验分为三个阶段，其中阶段Ⅰ和Ⅱ应用图 3-50(a)所示的运行结构，阶段Ⅲ应用图 3-50 (b)所示的运行结构，A^2/O 反应器的有效容积为 47.5L，二沉池体积为 20L，厌氧/缺氧/好氧区体积比可以根据试验需要进行调节，每个格室安装 DO、pH、ORP 和温度在线测定仪，硝酸盐回流量、污泥回流量、进水量和旁流流量均由蠕动泵控制。在整个试验过程中，总进水量、污泥回流比、水力停留时间和固体停留时间分别稳定在 127 L/d、0.5、9h 和 12d。试验采用啤酒配置的模拟生活废水作为原水，通过调节 NH_4Cl 和 KH_2PO_4 的投加量控制进水 TN 和 TP 浓度，进水 pH 稳定在 7.2～7.6，温度控制在 20～23℃。阶段Ⅰ、Ⅱ和Ⅲ分别对应不同内循环回流比、不同反应器体积比以及不同分段进水比例三个阶段，三个阶段的运行条件见表 3-19。

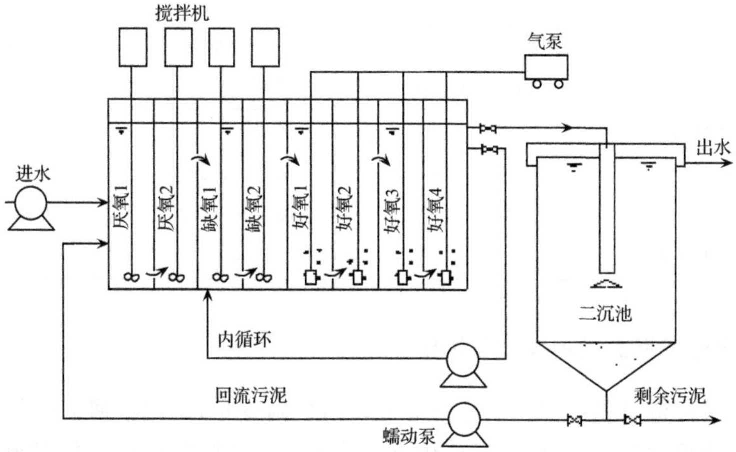

(a) 运行阶段Ⅰ、Ⅱ

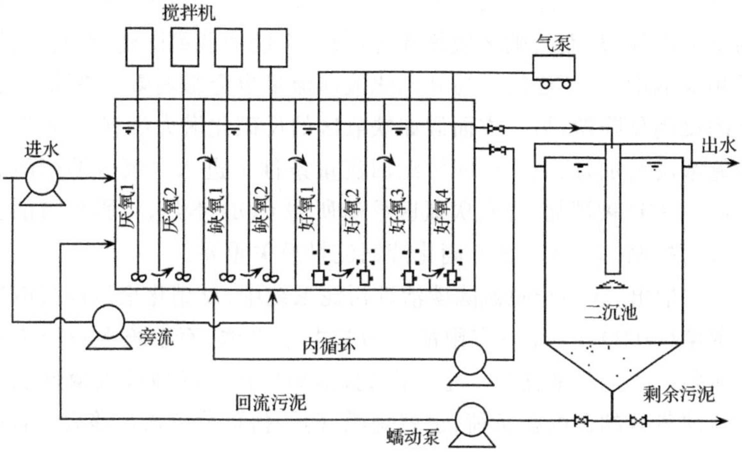

(b) 运行阶段Ⅲ

图 3-50　A^2/O 工艺在不同运行阶段的流程示意图

表 3-19　不同运行阶段的运行参数

	阶段Ⅰ 内循环比（R）	阶段Ⅱ 体积比（V_r）	阶段Ⅲ 分段进水比（B_r）
MLSS/(mg/L)	3500±100	3000±300	3500±300
R	可变	3.18	3.125
进水 COD/(mg/L)	300～431	311～495	271～462
进水 TN/(mg/L)	50.89～57.79	50.84～69.67	68.68～74.91

续表

	阶段 Ⅰ 内循环比（R）	阶段Ⅱ 体积比（V_r）	阶段Ⅲ 分段进水比（B_r）
进水 TP/(mg/L)	9.01～9.41	6.29～8.4	6.73～8.15
C/N	6.5～7.5	6.13～7.34	3.95～4.64
C/P	46～54	48.31～52.85	37.45～49.71
运行时间/d	112	90	100

3.7.1 内循环回流量的控制与优化

硝化液回流量是 A^2/O 工艺一个重要的控制变量，硝化液回流的作用是向缺氧反硝化池提供硝态氮，作为反硝化或反硝化除磷过程的电子受体，达到脱氮或同步脱氮除磷的目的。回流比偏小，缺氧池中 NO_x-N 不足，微生物的反硝化作用得不到充分发挥，系统脱氮除磷效果差。回流比过大，那么通过内循环进入缺氧区的溶解氧的量会增加，从而会破坏缺氧环境，影响系统的脱氮除磷能力。回流比过大动力消耗相应地增大，不经济。另外硝化液回流量也会影响磷的去除，一方面会影响缺氧区的反硝化除磷，另一方面假如缺氧区的反硝化潜力没有充分被利用，会使出水硝酸氮浓度增加，从而在相同污泥回流量条件下进入厌氧区的硝酸氮的量增加，部分进水 COD 被消耗，导致厌氧区放磷所需 COD 不足，将影响磷的去除。因此如何有效的控制 A^2/O 工艺的硝化液回流量至关重要。

Hu 等[35]指出，在同步脱氮除磷活性污泥系统中，反硝化聚磷菌(DNPAOs)和反硝化异养菌(OHOs)会竞争有限的硝酸盐电子受体，而系统本身受硝化效果和进水总氮所限产生的硝酸盐量一定。因此，影响反硝化除磷菌吸磷性能的主要因素就是进入缺氧区的硝酸盐负荷，也就是说，硝酸盐负荷应该足够大或者超过普通异养菌的反硝化能力，才会促进 DNPAOs 的积累和生长。资料表明 OHOs 的比反硝化速率明显高于 DNPAOs，即使缺氧吸磷量高达 62%，DNPAOs 的比反硝化速率也仅为 OHOs 的 1/3。如果进入缺氧区的硝酸盐负荷低于 OHOs 的反硝化潜力，那么 OHOs 将淘汰 DNPAOs 而独自利用有限的硝酸盐；反之，DNPAOs 将会有系统中获得富集。基于以上观点，考察了内循环比对缺氧磷吸收性能的影响，并建立相应的内循环比控制策略。试验在 8 种不同的内循环比(0、1.5、2、2.5、3、3.5、4 和 4.5)条件下进行，研究了内循环比 R 对缺氧磷吸收、TN 和 TP 去除效果的影响。

图 3-51 是不同缺氧区出水硝酸盐浓度条件下缺氧与好氧吸磷速率比 K 和内循环比 R。从图中可以看出，当缺氧区出水硝酸盐浓度控制在较低或为 0 时，K 为负值，说明电子受体的缺乏使缺氧区变成厌氧环境，从而在缺氧区产生磷的二次释

放。随着内循环比的增加，缺氧区出水硝酸盐浓度增加，*K* 逐渐由负值变为正值，缺氧区出现磷的吸收，此时 *K* 值也随着缺氧区出水硝酸盐浓度的增加而增加，表明在缺氧区可以获得更多的硝酸盐电子受体来完成缺氧磷的吸收。值得注意的是，即使缺氧区出水硝酸盐浓度从 0 转为高于 0，也不会消除磷的释放过程，因为在缺氧区磷的吸收和释放同步进行，只是表现形式不同而已。当缺氧区出水硝酸盐的浓度高于 1mg/L，表现为磷的净吸收过程，反之则为磷的净释放反应。试验观察到当缺氧区出水硝酸盐的浓度高于 3 mg/L 时，*K* 值维持不变或略有下降，分析其原因，一方面，在充足的电子受体条件下，DNPAOs 最大的反硝化潜力已经充分利用；另一方面，随着内循环比增加，内循环混合液中携带的溶解氧浓度增加并被引入缺氧区，从而抑制缺氧磷的吸收。因此当缺氧区出水硝酸盐浓度控制在1～3 mg/L 时，对应的内循环比为 3～3.5，此时的反硝化除磷性能最佳，不仅促进了反硝化除磷菌的积累和生长，而且节省内循环能耗。

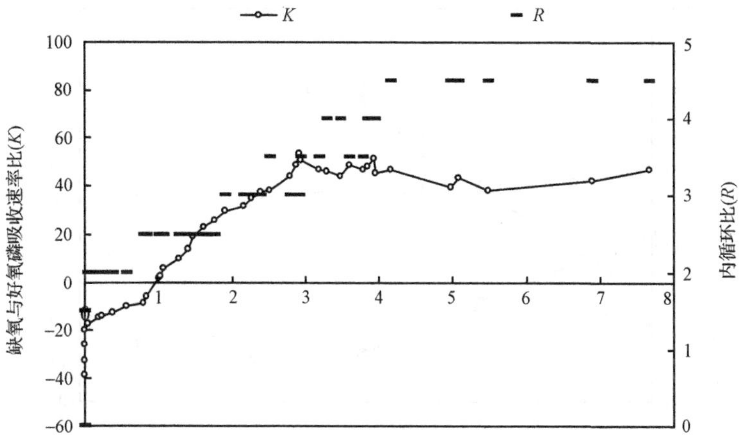

图 3-51　不同缺氧区出水 NO_3^--N 浓度时对应 *K* 和 *R* 的变化

图 3-52 和图 3-53 是不同内循环比条件下对应的 TN、TP 的变化情况。当 *R* 等于 0 时，也就是说取消内循环时，缺氧区变为厌氧环境，除了用于细胞合成消耗部分氮外，几乎不能通过反硝化实现氮的去除，在这种厌氧/好氧交替运行条件下对应的 TP 去除率也低于厌氧/缺氧/好氧条件，可能的原因是好氧条件下较高的硝酸盐浓度对磷的吸收产生了抑制作用。当 *R* 从 1.5 增加到 3 时(见表 3-20)，TN、TP 去除率和 *K* 也逐渐增加，*R* 等于 3 时，TN 和 TP 去除率分别达到 82.7% 和 97.4%；当 *R* 从 3 增加到 3.5 时，TN 和 TP 去除率略有下降，而 *K* 值则从 *R* 为 3 时的 38.9%增加到 3.5 时的 63.9%，表明反硝化聚磷菌在聚磷菌中的比例也随之增加；当 *R* 从 3.5 增加到 4.5 时，TN 和 TP 的去除率分别下降 12.2% 和

18.3%，对应的 K 值也从 63.9%下降到 33.3%，主要是内循环混合液中携带大量的溶解氧进入缺氧区以及在一定的水力停留时间下缺氧出水硝酸盐浓度随 R 值的增加而增加，二者的叠加作用抑制了缺氧磷的吸收。溶解氧的引入使得缺氧区变为好氧环境，而较高的硝酸盐浓度容易产生缺氧区亚硝酸盐的积累，试验发现，当缺氧出水亚硝酸盐的浓度从 R 为 3.5 时的 2.2mg/L 增加到 4.5 时的5.7mg/L。Meinhold 等[36]观察到在较高的亚硝酸盐浓度条件下，反硝化除磷菌将受到抑制，亚硝酸盐浓度的临界值为 5～8 mg/L。因此，根据出水硝酸盐浓度控制内循环量也存在弊端，应以硝态氮(NO_3^--N＋NO_2^--N)的浓度作为控制参数。

因此可知，控制内循环回流比可以强化 A²/O 工艺的反硝化除磷能力，而通过控制内循环回流量维持缺氧区出水硝酸盐浓度为 1～3mg/L 时，此时对应的反硝化除磷性能最佳，同时也可避免内循环回流量过大。

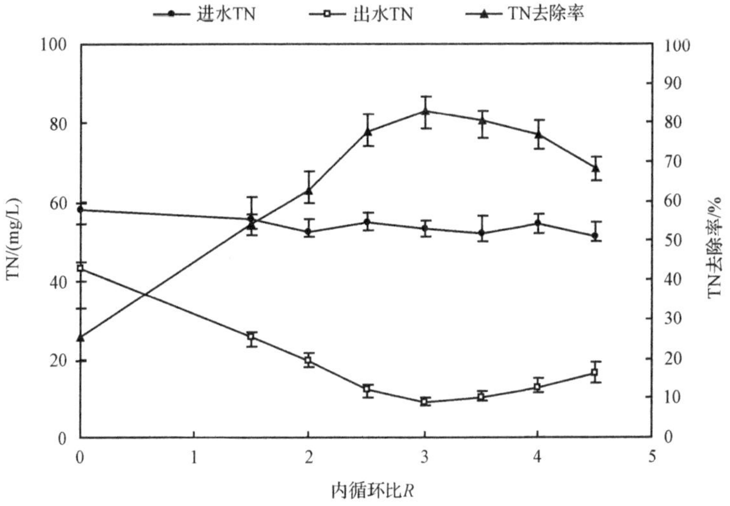

图 3-52　TN 浓度随内循环比 R 的变化

表 3-20　不同内循环回流比 R 对应的平均缺氧区出水硝酸氮浓度和缺氧/好氧吸磷比 K

模式		Ⅰ-1	Ⅰ-2	Ⅰ-3	Ⅰ-4	Ⅰ-5	Ⅰ-6	Ⅰ-7	Ⅰ-8
内循环比(R)		0	1.5	2	2.5	3	3.5	4	4.5
缺氧区平均出水 NO_3-N /(mg/L)		1.2	0	0	0.28	1.23	2.20	3.70	5.71
缺氧/好氧磷吸收比	最大值	−40.96	−22.31	−8.24	19.35	48.97	68.21	62.58	47.93
	最小值	−32.57	−7.98	0.37	6.42	31.54	48.62	50.13	29.76
	平均值	−38.89	−12.34	−2.68	8.19	38.92	63.89	58.43	33.26

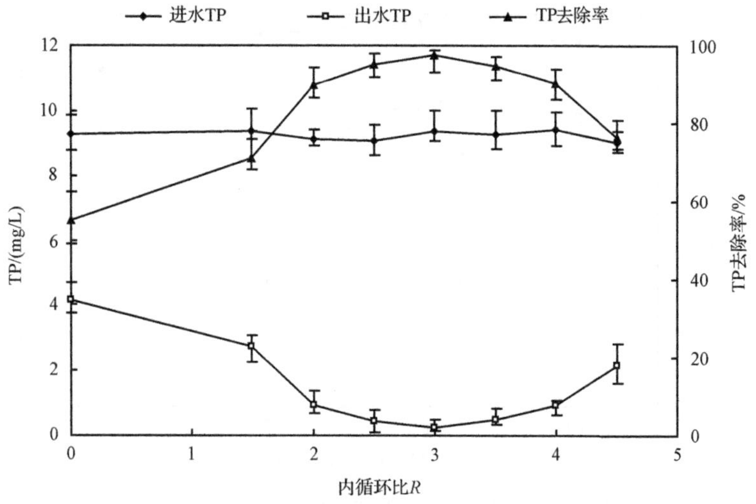

图 3-53　TP 浓度随内循环比 R 的变化

3.7.2　厌氧/缺氧/好氧区体积比的优化

以往研究表明[37,38]，在传统的营养物去除系统中，厌氧停留时间较短的系统磷去除率较低，主要由于在厌氧区非聚磷菌同聚磷菌竞争有机底物所致。另一方面，缺氧停留时间长的系统其反硝化程度较高，但是存在二次磷释放的隐患。基于上述理论，考察了在反应器体积不变条件下如何确定最优的厌氧/缺氧/好氧体积比从而优化反硝化除磷性能。图 3-54 和图 3-55 分别是 A^2/O 系统在不同的厌氧/缺氧/好氧体积比条件下 TN、TP、缺氧/好氧吸磷速率比(K)和反硝化速率(R_{Dn})变化曲线。本阶段试验的运行参数见表 3-19 和表 3-21。

对于运行过程Ⅱ-1 和Ⅱ-2，厌氧区体积相同，Ⅱ-1 缺氧区体积小于Ⅱ-2，但 C/N 比高，Ⅱ-1 厌氧出水 COD 高于Ⅱ-2，导致缺氧吸磷速率比值 K 和 TP 去除率低于后者，反硝化速率和 TN 去除率高于后者，但二者 TN 去除率相差甚微。分析其原因，DNPAOs 和非 DNPAOs 的反应总是同时进行，缺氧条件下磷的释放/吸收特性也是相当复杂的。在理想的缺氧条件下[硝酸盐是唯一的电子受体，主体溶液中不存在溶解性 COD(SCOD)]，反硝化聚磷菌利用硝酸盐作为电子受体完成磷的吸收并维持其生长，而其他普通异养菌不参与任何反应，因为没有可利用的氧实现吸磷反应或可利用的溶解性 COD 完成释磷反应。然而，当缺氧条件下存在 SCOD 时，反硝化聚磷菌和普通异养菌的反应就会同步发生。Comeau 等人[39]观察到反硝化菌利用进水中的碳源作为电子供体的反硝化速率明显高于利用厌氧条件下储存的内碳源 PHB 作电子供体时的反硝化速率，只有反硝化结束才会产生磷的吸

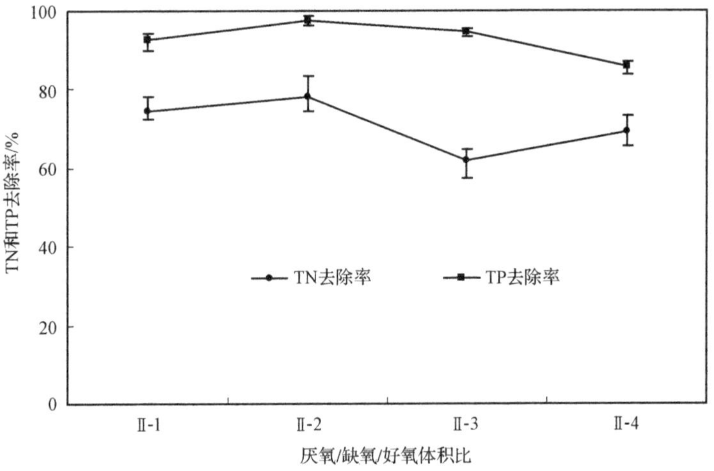

图 3-54　不同体积比时 TN 和 TP 去除率的变化

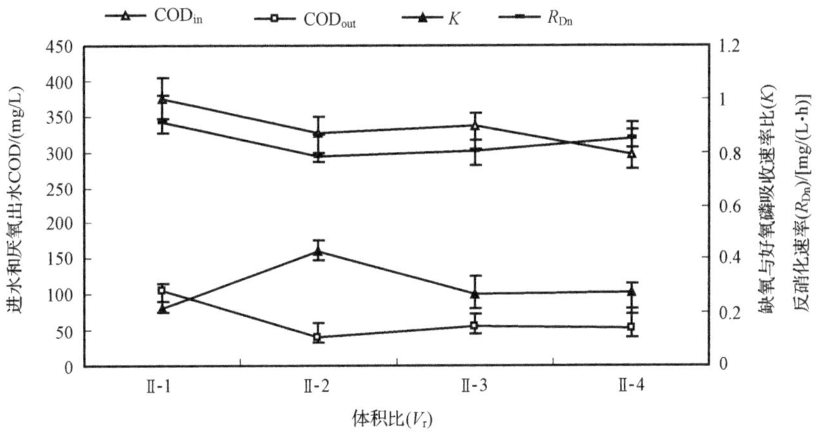

图 3-55　不同体积比时厌氧出水 COD 对 K 和反硝化速率的影响

收，结果Ⅱ-1 缺氧区吸磷速率下降，反硝化速率提高。因此，当厌氧出水 COD 较高时，K 值相对较低，而反硝化速率较高。因此，Ⅱ-1 较高的反硝化速率导致 TN 去除率提高，但 TN 去除率相差微小，而微生物菌群中较高的 PAOs 比例将促使 TP 去除率的提高。Ⅱ-2 和Ⅱ-4 具有相同的缺氧区体积，Ⅱ-2 的厌氧区体积高于Ⅱ-4，进入缺氧区的 COD 浓度相同。结果表明Ⅱ-2 的 K 值、TN 和 TP 去除率高于Ⅱ-4。You 等人[40]认为，在同样低的厌氧出水 COD 条件下，进入缺氧区的 PHB 浓度和系统的缺氧磷吸收潜力随厌氧停留时间的增加而增加，PHB 的增加也有利于反硝化速率提高，因此Ⅱ-2 的 TN 和 TP 去除率较高，同时 K 值的增加也可以节省曝气能耗。

表 3-21　不同体积比下 A^2/O 系统的运行参数

模式	厌氧/缺氧/好氧体积比	进水 TN /(mg/L)	进水 TP /(mg/L)	C/N	C/P	MLSS /(mg/L)
Ⅱ-1	5/4/11	50.84	8.02	7.34	48.44	3005
Ⅱ-2	5/5/10	53.7	8.4	6.95	51.2	2719
Ⅱ-3	4.5/4.5/11	66	7.02	6.13	48.31	3255
Ⅱ-4	4/5/11	69.67	6.29	6.26	52.85	3381

从上述试验结果可知，相同的厌氧区和缺氧区体积有利于氮和磷的去除，同时可以优化系统的运行。试验结果表明，Ⅱ-2 和Ⅱ-3 具有相同的厌氧区和缺氧区体积，在相同的进水 C/N 比和 C/P 比条件下，厌氧区和缺氧区体积之和高于好氧区体积的系统Ⅱ-2 的 TN、TP、K 和反硝化速率较高。值得注意的是，该试验结果的前提是系统实现完全硝化。从不同体积比的比较可以得出，该系统中最优体积比是 1/1/2，但运行的前提的 C/N 和 C/P 分别高于 6 和 45。

3.7.3　分段进水的优化

众所周知，生物营养物去除活性污泥系统难于稳定运行的根源在于原水中易于生物降解的有机底物相对于进水氮、磷浓度不足，而外投碳源并不一定改善氮磷去除效果，不仅如此，外投碳源会大大增加系统运行费用[41]，澳大利亚有 6 座污水处理厂都存在上述问题。相比之下，通过分段进水方式可充分利用原水中的碳源从而减少外投碳源费用，这种方法对于提高营养物去除效果也最为经济。基于这一思想，研究将进水分成两部分，大部分进水进入厌氧区，而部分旁流进入缺氧区 2 格室，考察了主流与旁流流量比，通过最大程度实现缺氧区反硝化和吸磷效果来确定最优流量分配比。试验在五种不同分段进水比：0、0.22、0.32、0.5 和 1 条件下进行。图 3-56 和图 3-57 分别是不同分段进水比对应的 TN、TP 和 COD 去除率变化以及反硝化速率变化曲线。

试验的运行参数见表 3-19 和表 3-22。从图 3-56 中可以看出，COD 的去除率始终高于 90%，不随分段进水比的变化而变化；当分段进水比低于 0.32 时，TN 和 TP 的去除率随分段进水比的增加而增加，TN 和 TP 的去除率分别从分段进水比为 0 时的 61.7% 和 86.3%增加到分段进水比为 0.32 时的 74.4%和 97.9%，而分段进水比为 0.32 时对应的 C/N 仅为 3.95；当分段进水比大于 0.32 时，TN 和 TP 的去除率分别下降到 62.9%和 90.0%，TN 去除率下降 12.7%，出水不能满足排放标准，而在整个试验阶段 TP 去除率的变化较小，其去除率总是高于 85%，出水满足排放标准。

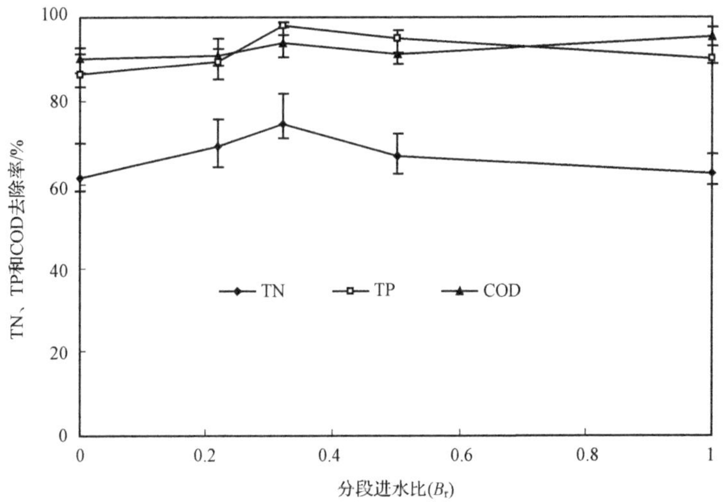

图 3-56　不同分段进水比对应的 TN、TP 和 COD 去除率变化

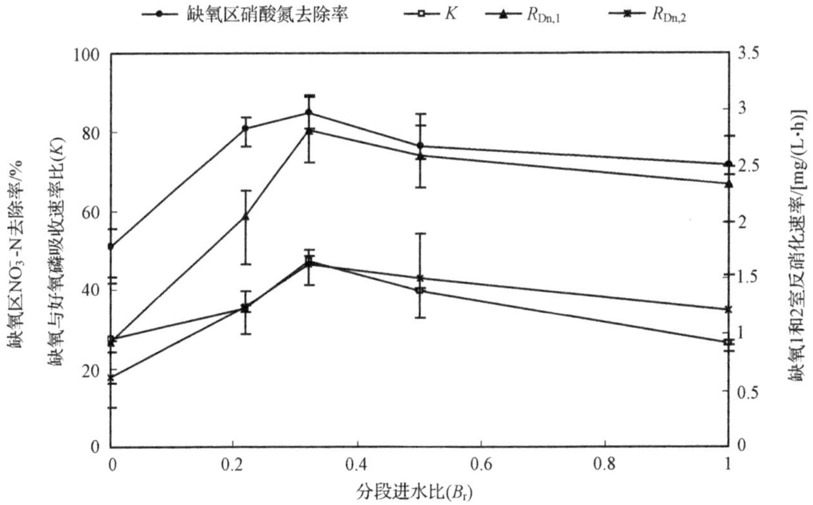

图 3-57　不同分段进水比对应的缺氧区 NO_3^--N 去除率、缺氧与好氧磷吸收比率 K 及缺氧区 1($R_{Dn,1}$)和缺氧区 2($R_{Dn,2}$)反硝化速率的变化

试验也观察到缺氧与好氧吸磷速率、缺氧区反硝化速率的变化趋势与 TN 和 TP 去除率的相同，当分段进水比为 0.32 时，K、和 NO_3^--N 去除率分别达到最高值 47.5%和 85.0%，试验获得的最优分段进水比与 Nam 等报道的 0.4 相接近[42]。上述结果说明，分段进水的引入可以改善系统营养物的去除效果，尤其在低 C/N 比时更为明显，实现了原水中碳源的充分利用，减少了外投碳源的费用。

值得说明的是，当进水 C/N 比较低时出水 TN 仍然较高(有时高于 15 mg/L)，说明当 C/N 比太低时，任何策略都不能解决碳源不足的矛盾，而是在限定的条件下可以最大程度的改善系统的运行性能。

表 3-22 不同分段进水比例下 A^2/O 系统的运行参数

模式	分段进水比	TN 平均值/(mg/L)		TP 平均值/(mg/L)		C/N	C/P	MLSS /(mg/L)
		进水	排水	进水	排水			
Ⅲ-1	0	68.68	26.3	7.27	0.99	4.64	42	3206
Ⅲ-2	0.22	69.00	21.17	6.73	0.72	4.44	44.19	3674
Ⅲ-3	0.32	71.64	18.32	6.95	0.14	3.95	40.16	3448
Ⅲ-4	0.5	72.06	23.84	7.24	0.35	4.17	49.71	3724
Ⅲ-5	1	74.91	27.76	8.15	0.81	4.31	37.45	3832

3.8 A^2/O 系统内 DO、ORP 及 pH 的变化规律

提高我国现阶段城市污水处理厂的自动控制水平是目前面临的重要任务之一，但是连续流活性污泥工艺的控制比较复杂，在现代的控制策略中，常根据氨氮、硝酸氮、磷酸盐营养物在线传感器的测定信息对有机物的去除、硝化反硝化和生物除磷实施自动控制。然而氨氮、硝酸氮在线传感器具有价格昂贵、维护费用高等问题，在使用中受到一定限制。

大量运行经验表明，DO、pH 和 ORP 在线传感器由于具有在线检测、响应快，控制精度高、价格低、维护费用低、便于计算机接口等优势得到大量应用，尤其在 SBR 法和 BioDenitro 工艺中获得广泛应用[43−47]。例如在 SBR 法反硝化过程中，反硝化结束时在 ORP 曲线上会出现“硝酸盐膝”(nitrate knee)，在 pH 曲线上出现“硝酸盐峰”(nitrate apex)。在 SBR 法硝化过程中，硝化结束时在 DO 和 ORP 曲线上会出现“氨氮突跃点”，而在 pH 曲线上会出现“氨氮谷点”(ammonia valley)，基于这些特征点，可以实现 SBR 法的在线过程控制。而 DO、pH 和 ORP 在线传感器在连续流运行工艺中应用很少，下面简单介绍一下 DO、pH 和 ORP 在 A^2/O 工艺中的变化规律，为建立 A^2/O 反硝化除磷脱氮系统的过程控制体系，提高系统的脱氮除磷效率提供依据[17]。

3.8.1 DO、ORP 及 pH 的沿程变化规律

图 3-58 和图 3-59 是进水有机负荷为 1.099kg/(m^3 · d)时(Ⅰ阶段)，ORP 和 pH 及各营养物浓度的沿程变化规律。因 DO 为设定值，故对其未做具体讨论。进水 pH 为 7.14，经第一厌氧格室后，pH 上升为 7.18，在第二厌氧格室之后 pH 又下降到 7.10。在缺氧格室内，反硝化反应过程产生的碱度使 pH 上升到 7.33 左

右。在第一好氧格室，pH 继续上升至 7.40，而在第二好氧格室，pH 大幅度下降，之后略有上升，在好氧末端 pH 达到 7.37。ORP 在厌氧末端的值为－332.4mV，经缺氧反硝化吸磷后 ORP 值上升到－218.8mV，此时缺氧末端硝态氮浓度为 1.54mg/L。在好氧池中 ORP 值变为正值，而且沿着好氧段 ORP 值逐渐上升，在好氧末端 ORP 值达到 123.2mV。

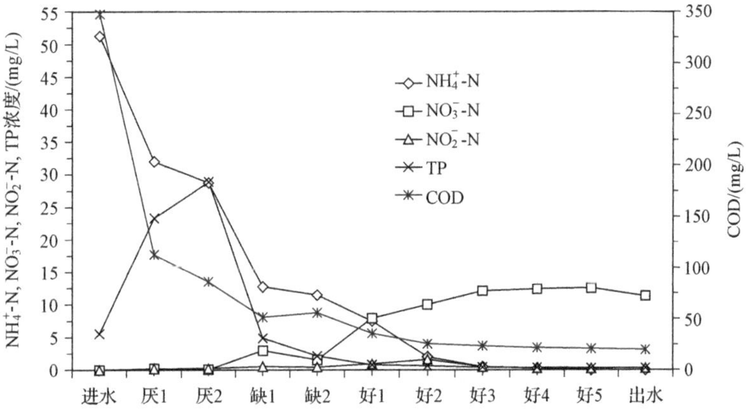

图 3-58　NH_4^+-N、NO_3^--N、NO_2^--N、TP 和 COD 的沿程变化规律

进水有机负荷为 1.099kg/(m³ · d)

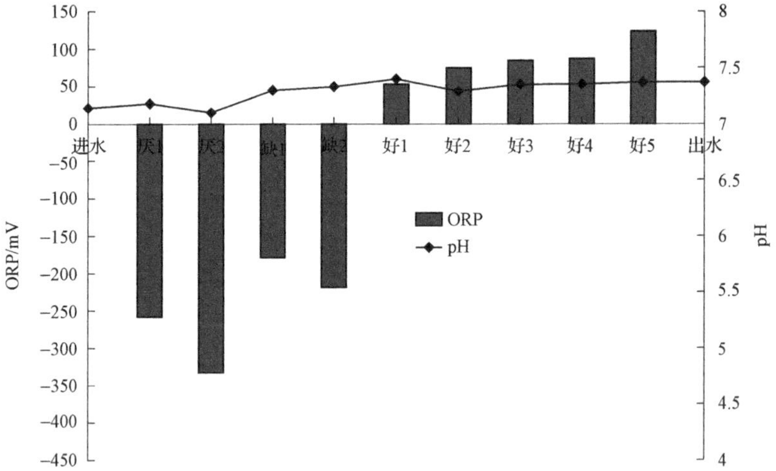

图 3-59　ORP 和 pH 的沿程变化规律

进水有机负荷为 1.099kg/(m³ · d)

图 3-60 和图 3-61 是进水有机负荷为 1.434kg/(m³ · d)时(Ⅱ阶段)，ORP 和 pH 及各营养物浓度的沿程变化规律。如图 3-61 所示，ORP 值的沿程变化规律与

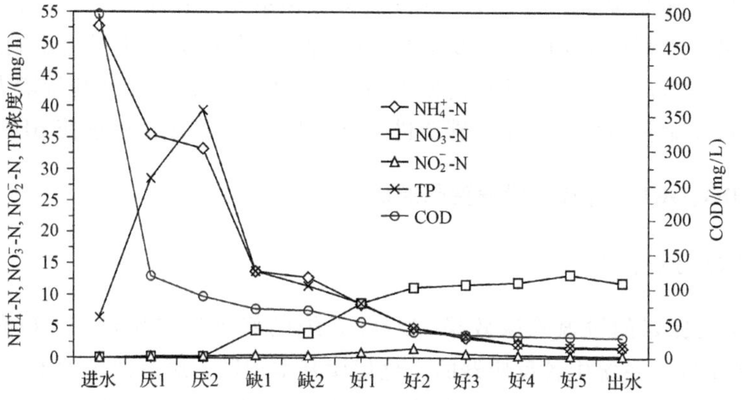

图 3-60　NH_4^+-N、NO_3^--N、NO_2^--N、TP 和 COD 值沿程的变化

进水有机负荷为 1.434kg/(m^3 · d)

进水有机负荷为 1.099kg/(m^3 · d)相似，但是比较二者在厌氧格室中的 ORP 值可以看出，进水 COD 浓度越高，厌氧段 ORP 的绝对值就越大，说明厌氧程度越深，放磷效果也越好，如图 3-60 所示，厌氧末端 TP 浓度为 39.38mg/L，而进水有机负荷为 1.099kg/(m^3 · d)时厌氧末端 TP 浓度为 28.93mg/L。另外，Ⅱ阶段 ORP 值在缺氧末端为－198.3mV，比Ⅰ阶段缺氧末端的 ORP 值高，此时对应的硝态氮浓度为 3.95mg/L。因此可看出在Ⅱ阶段中系统缺氧出水 TP 浓度和 NO_3^--N 浓度均高于Ⅰ阶段，这说明缺氧段反硝化和吸磷效果越不好，缺氧段 ORP 值越高。在随后的好氧段，ORP 值变为正值，逐渐上升，在好氧末端 ORP 值略低于Ⅰ阶段。比较图 3-59 和图 3-61 可看出，在厌氧段和缺氧段，Ⅰ阶段 pH 的变化规律与Ⅱ阶

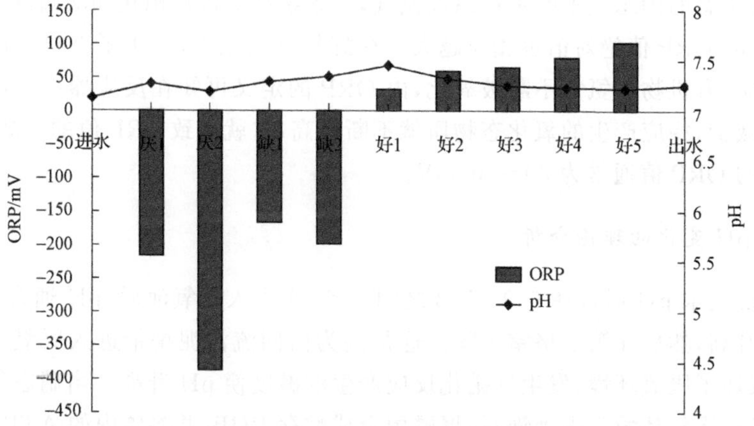

图 3-61　ORP 和 pH 的沿程变化规律

进水有机负荷为 1.434kg/(m^3 · d)

段相似，但是在Ⅱ阶段的好氧段中，pH 在第一格室先上升到 7.45，之后逐渐下降。另外，在第一厌氧格室 pH 为 7.27，高于Ⅰ阶段，这是因为Ⅱ阶段出水硝态氮浓度略高于Ⅰ阶段，硝态氮浓度的提高使得回流到首段厌氧池的硝酸盐量增大，破坏了厌氧环境，反硝化菌优先利用外碳源进行反硝化反应，产生的碱度使 pH 上升。

3.8.2 DO、ORP 及 pH 的沿程变化原因

1. DO 的沿程变化与控制

为保证良好的脱氮除磷效果，A^2/O 系统的好氧池采用设定 DO 值(恒 DO 值)，因此 DO 在系统中各反应器的变化规律基本相同。厌氧池中的 DO 浓度均为零，这说明放磷所需的厌氧环境控制得非常好。厌氧段如果存在溶解氧，一方面 DO 将作为最终电子受体而抑制厌氧菌的发酵产酸作用，妨碍或抑制后续厌氧菌磷的释放作用；另一方面，DO 的存在将导致兼氧或好氧菌的生长而发生其对进水有机基质的降解，使可供厌氧菌利用的有机基质减少，从而导致发酵产酸菌不能产生足够的低分子低级脂肪酸等物质供给聚磷菌使用。在实际污水处理工艺中，厌氧段溶解氧的存在，通常是由污泥回流或污水回流引起的。

2. ORP 变化的理论分析

厌氧池中还原反应占主导作用，还原态物质较多，所以整个系统的氧化还原电位较低，ORP 值通常在－400～－200mV 范围内波动。经缺氧格室反硝化吸磷以后，ORP 值迅速升高，通常在－232～－123mV 的范围内。由于内循环使缺氧格室硝态氮浓度瞬间升高，因此 ORP 值相对于厌氧格室迅速升高，但是随着时间的增大，氧化态的硝态氮不断被还原成氮气，当系统缺氧段反硝化和吸磷的效果越好时，该段的 ORP 值绝对值也相应越大。在好氧曝气池中，发生了有机物的降解和硝化反应，有机物和氨氮不断被氧化，由 ORP 的定义可知在反应器中还原态的物质不断减少，相应产生的氧化态物质就不断增高，这就导致 ORP 值的不断上升，好氧池中的 ORP 值通常为 30～100mV。

3. pH 变化的理论分析

系统进水 pH 通常在 6.9～7.3 之间波动，而进入厌氧池后，pH 通常是在第 1 格室先升高，然后在第 2 格室下降。这是因为由回流污泥携带进入厌氧首端的硝酸盐，破坏了厌氧环境，发生反硝化反应产生的碱度使 pH 升高。当硝态氮被完全反硝化后，厌氧环境又得到恢复，聚磷菌合成贮存 PHB，并将体内的 ATP 水解，放出 H_3PO_4 和能量，形成 ADP。由于厌氧释磷过程放出 H^+，故厌氧池的 pH 下降。经缺氧吸磷和反硝化后，反硝化反应和吸磷反应产生的碱度又使 pH 上升。在好

氧格室，硝化反应产生 H^+，吸磷反应产生 OH^-，因此 pH 的变化比较复杂。在好氧第 1 格室 pH 迅速上升，经第 2 格室又迅速下降，在随后的 3 个好氧格室，pH 的变化规律出现了两种情况：上升型曲线和下降型曲线。通过比较和分析图 3-58 和图 3-60 得出如下结论：出现下降型 pH 曲线表明硝化反应没有完成、系统硝化效果很差或进水碱度不足；由于在本试验中进水碱度充足，因此可以认为只要 pH 曲线上出现上升型拐点可以说明系统实现了完全硝化或基本实现完全硝化，如图 3-58所示，在好氧 2 格室氨氮浓度基本为零。为了节约系统运行能耗，可以控制曝气量使上升型拐点出现在好氧区最后一个格室。

3.8.3　反硝化除磷过程中 ORP 在线信息的变化规律

下面介绍不同进水水质和运行条件下，缺氧区最后格室硝态氮浓度和该格室的 ORP 值之间的相关性，试验发现它们之间具有一定的相关性，如图 3-62 所示，当硝态氮浓度升高时，对应的 ORP 值也较高；当缺氧区末端硝酸氮浓度降低时，ORP 值也随之降低。因此可以通过 ORP 值动态指示系统内循环回流量是否充足，从而做出是否增加或是否降低内循环回流量的判断。试验中获得缺氧区最后格室 ORP 值维持在－220～－150mV 这一范围可以实现系统的优化控制，一方面可避免缺氧区硝态氮浓度不足，导致系统反硝化吸磷潜力没有被充分利用，造成脱氮除磷效果差；另一方面避免回流硝态氮浓度过高，由于系统的反硝化吸磷潜力一定，导致硝化液的无效回流，并增大运行费用。

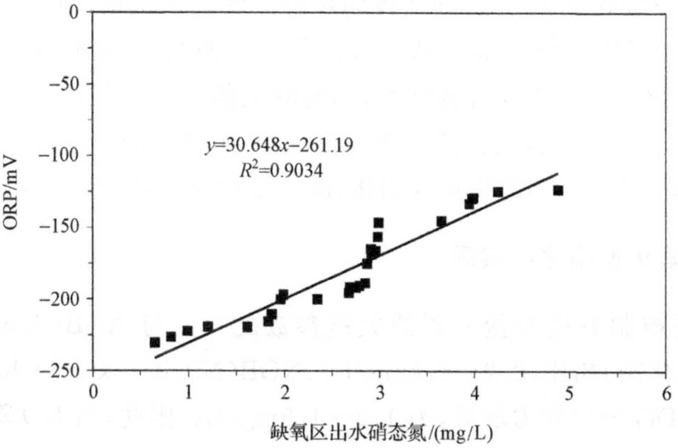

图 3-62　缺氧区出水硝态氮浓度与 ORP 值的关系

通过控制曝气池中的 DO 浓度，能够控制有机物降解、硝化反应及好氧吸磷反应速率，继而可以有效控制最后出水的有机物、氨氮及磷浓度。在厌氧池、缺氧池和二沉池中安装 DO 探头，虽然不能有效度量厌氧、缺氧环境，但是可以起到很好监督控制作用。A^2/O 系统中厌氧池和缺氧池 DO 控制在 0.2mg/L 以下是很重要的。对不同进水有机负荷的两组数据ORP的变化规律分析得到，厌氧和缺氧池中ORP绝对值的大小与厌氧放磷和缺氧吸磷效果存在一定的相关关系，因此，通过ORP的在线检测可以很好地指示系统厌氧放磷和缺氧吸磷的程度。pH在系统沿程方向上可以指示出厌氧水解发酵、硝化及反硝化的进程，但是就单个反应器，其pH的变化受到原水pH、碱度、氨氮浓度等因素的影响，因此它可以作为一个指示反应状态的参数，不考虑采用pH作为A^2/O反硝化除磷工艺的控制参数。缺氧区最后格室硝态氮浓度和该格室的ORP值之间存在一定的相关性，硝态氮浓度越高，ORP值越高，可以通过ORP值大小动态指示系统内循环回流量是否充足，从而做出是否增加或是否降低内循环回流量的判断。

3.9 生物脱氮除磷新理论和新技术在A^2/O工艺中的实现

近年来，随着人们对脱氮除磷生物学原理的认识不断加深，一些脱氮除磷新技术不断诞生，如短程硝化反硝化、反硝化除磷、同步硝化反硝化，这些新工艺为废水脱氮除磷提供了新途径，可大幅度降低生物脱氮过程中的能耗和处理成本，并减少系统中剩余污泥的产量。但上述新技术在同步脱氮除磷系统中是否适用，以及短程硝化对反硝化除磷的影响方面，研究甚少。另外许多研究表明，在交替的厌氧—微好氧环境下可实现对氮、磷的同步去除。因此，如能通过控制A^2/O工艺好氧段DO浓度来实现微好氧环境，进而实现同步硝化反硝化除磷，则不仅可以克服因受内循环回流比的限制而不能进一步提高脱氮效果的瓶颈，而且还可缓解由底物不足导致的反硝化和吸磷不充分的问题，同时降低能耗。这就需要对活性污泥系统进行优化控制，以平衡硝化、反硝化和磷的释放与吸收四个不同的生化反应。下面重点介绍在A^2/O工艺中实现短程硝化、同步硝化反硝化和反硝化除磷[17, 26]。

3.9.1 短程硝化反硝化的实现

溶解氧是控制亚硝酸盐积累的关键参数之一。与AOB(Ammonia oxidizer bacteria，氨氧化菌)相比(0.2～0.4mg/L)，NOB(Nitrite oxidizer bacteria，亚硝酸盐氧化菌)对DO的亲和力较低，为1.2～1.5mg/L。因此，当DO降低时AOB和NOB的增长速率均下降，但后者的下降比前者快，从而导致NOB积累，OLAND亚硝化工艺正是基于这样的原理而被开发的。因此通过逐渐降低溶解氧的方式实现短程硝化。启动阶段，溶解氧采用梯度降低的方式，其余工艺参数及环境变量保持不变。所使用的污泥是之前有很好反硝化除磷效果的污泥。

图3-63是好氧区$NO_2^-/(NO_2^-+NO_3^-)$、$(NO_2^-/TN)_{max}$及DO随试验的变化。由图3-63看出，通过控制溶解氧的方法，使得好氧末端出水$NO_2^-/(NO_2^-+NO_3^-)$

值和$(NO_2^-/TN)_{max}$值升高。当 DO 降到 0.7mg/L(第 15 天)维持 7d 之后，亚硝酸盐所占百分比显著增高(21d)，继续降低溶解氧，当溶解氧降低到 0.5mg/L，亚硝酸盐所占百分比持续升高，到第 35 天亚硝酸盐在好氧末端氧化态氮中所占百分比达到 89.8%。但是继续降低溶解氧到 0.3mg/L 时，亚硝酸盐在好氧末端氧化态氮中所占百分比反而下降，可能是因为溶解氧过低，AOB 与 NOB 的活性均受到抑制。需要注意的一点是亚硝酸盐与硝酸盐的比值升高并不是在低溶解氧浓度初期就显现的，之间有十几天的时间延后，也就是说，氨氧化菌对低溶解氧条件的适应需要一定的时间，由于氨氧化菌对氧的结合能力比亚硝酸氧化菌强，随着时间的增加，氨氧化菌在硝化细菌中占有优势，而且在系统多次排泥之后其在生物相中所占的百分比明显升高，进而实现短程硝化。试验启动使用了 35 天时间。

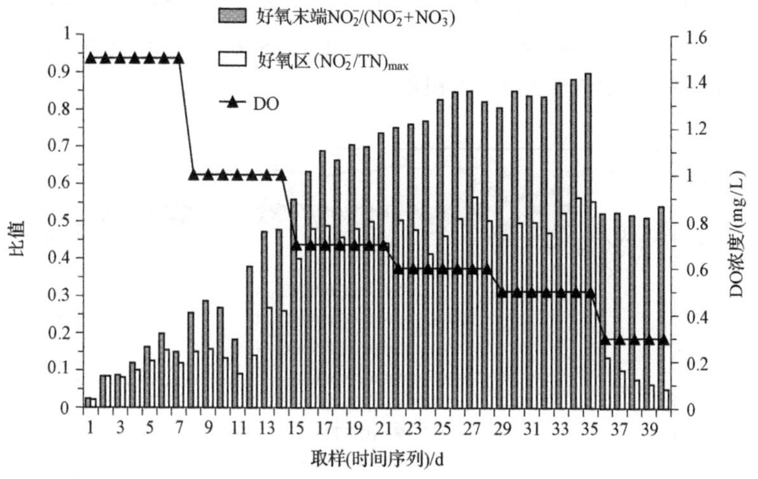

图 3-63　好氧区 $NO_2^-/(NO_2^-+NO_3^-)$、$(NO_2^-/TN)_{max}$及 DO 随试验的变化

1. COD 的去除特性

短程硝化启动阶段，由于脱氮除磷系统本身的低负荷性，COD 得到稳定的去除。出水 COD 小于 26mg/L，达到国家一级排放标准，平均去除率为 92.24%，其中厌氧段对 COD 的去除比率约占到 85%，而其他阶段对 COD 的去除率总和约为 15%。以上 COD 去除比率的分配形式对于保证系统正常运行十分有意义：①因为在厌氧段大量地利用有机物来储存 PHB 和充分放磷，才能确保缺氧段聚磷微生物体内有足够的储存物作为电子供体来进行反硝化吸磷。②由于厌氧段和缺氧段承担了几乎所有的 COD 去除量，可保证亚硝酸盐氧化菌的优势生长，同时减少好氧段所需的曝气量。

2. 氨氮去除特性及各形态氮在总氮中所占百分比的变化

图 3-64 描述的是短程硝化的启动阶段反应器进水和好氧段出水氮组分的变化。从图 3-64 中可以看出，在短程硝化的启动阶段，氨氮平均去除率为 92.14%，若将由于溶解氧过低(0.3mg/L)而造成的由于硝化不完全产生的好氧末端出水氨氮浓度过高的五日(36、37、38、39、40)的氨氮去除率不计入，氨氮平均去除率为 94.24%。总体平均好氧末端出水氨氮浓度 4.46mg/L，排除其中五日(36、37、38、39、40)的氨氮浓度范围为 9.25～17.25mg/L，平均好氧出水浓度为 3.29mg/L，完全达到出水氨氮的一级排放标准，因此为保证出水水质，溶解氧不宜过低，不宜小于 0.5mg/L。溶解氧的控制使得好氧出水硝酸盐浓度持续降低，从起初的 13.43mg/L(第 1 天)到后来的 0.45mg/L(第 35 天)。在 NO_3^- 浓度降低的同时，NO_2^- 浓度逐渐升高，到第 28 天(DO=0.6mg/L) NO_2^- 浓度已达到 4.53mg/L，即通过控制溶解氧可以实现 NO_2^- 的积累。

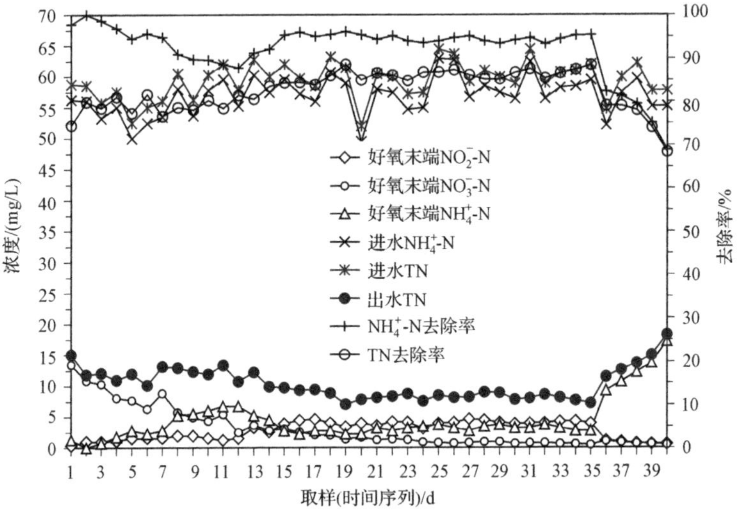

图 3-64　反应器进水和好氧段出水氮组分变化

3. 污泥膨胀的产生与控制

在短程硝化的启动阶段，当将好氧段溶解氧控制在 0.5mg/L 时，在第 28 天观察到二沉池泥面上升，检测好氧末端污泥的 SV，发现 SV 高达 88%污泥容积指数 SVI 达到 294mL/g，即出现丝状菌污泥膨胀现象。这可能是由于系统在较低的有机负荷和溶解氧浓度下运行，丝状菌较菌胶团更容易存活。为了解决污泥膨胀的问题，将好氧第 1 格室的溶解氧调整为 1.5mg/L 左右，后四个格室的溶解氧仍然保持在 0.5mg/L 左右。调整溶解氧后，污泥容积指数降低，到第 32 天 SVI 值为 120mL/g，污泥的沉降性能变好。这是因为将第 1 格室的溶解氧浓度升高以后，第 1 格室相当于好氧生物选择器，由于好氧生物选择器提供了一个 DO 充足，食料充足的高负荷区，让菌胶团率先抢占有机物，不给丝状菌过度繁殖的机会，从而在一定程度上可以抑制丝状菌的生长。另外，溶解氧调整后，系统的短程硝化未受到影响。

4. 系统内的反硝化除磷现象

短程硝化启动后期，系统内的溶解氧控制在 0.3mg/L，系统内的亚硝酸盐累积率明显下降。于是又将溶解氧提高到 0.5～0.7mg/L，系统内的亚硝酸盐累积率逐渐升高，待系统稳定运行一段时间后，亚硝酸盐累积率达到 75%以上，从第 15 天开始考察系统内 TP 的浓度变化及去除率变化，如图 3-65 所示。由图 3-65 可以看出，缺氧段出水 TP 浓度为 18.8～25mg/L，明显高于全程硝化反硝化除磷时的缺氧段出水 TP 浓度，但是平均出水 TP 浓度为 0.69mg/L，平均去除率在 90%以上。而且反硝化除磷现象依然存在，不过缺氧段除磷量仅占总除磷量的 44%，而在全程硝化反硝化除磷过程中，缺氧段 TP 的去除率可达到 69%，这说明以亚硝酸盐为电子受体时缺氧吸磷效率要低于以硝酸盐为电子受体时的缺氧吸磷效率。

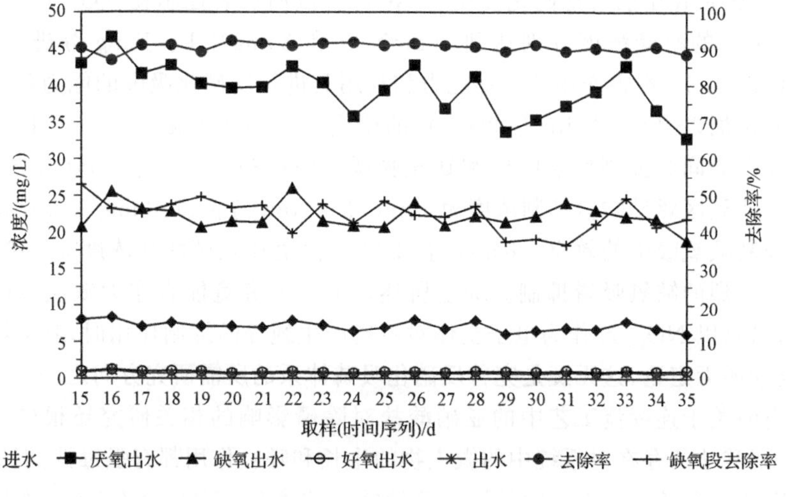

图 3-65　系统稳定运行时 TP 的浓度变化及去除率变化

5. 亚硝酸盐对反硝化除磷的影响

大多数的反硝化除磷研究都是以 NO_3^- 作为电子受体，并且都取得了理想的效果；但对于 NO_2^- 能否作为 DPAO 的电子受体及其对生物除磷的影响还少有报道[48-64]。通常认为，与 NO_3^- 相比，NO_2^- 不适合作为反硝化除磷的有效电子受体。一方面，NO_2^- 作为生物脱氮过程正常的中间产物，理论上应该可以被 DPAO 有效利用；但另外一方面，一些反硝化菌并不能完成整个反硝化过程（$NO_3^- \rightarrow NO_2^- \rightarrow N_2O \rightarrow N_2$），可能缺乏还原 NO_2^- 至 N_2 的能力，因此，NO_2^- 作为 DPAO 电子受体的效率又可能不如 NO_3^-。较高浓度 NO_2^- 对生物的毒性作用也增加利用其进行反硝化除磷的风险。目前，对这方面的研究报道较少，而且结果互不一致。

Comeau 等和 Kuba 等认为 NO_2^-（<10mgN/L）不能作为反硝化除磷的电子受体，并导致吸磷量降低。Kerren 等在研究固定生物膜反应器厌氧/缺氧交替运行下释磷、吸磷时发现，当缺氧段 NO_3^- 负荷增加时，能观察到的 NO_2^- 积累；而随着 NO_3^- 减少，吸磷量也相应减少；一旦系统中的 NO_3^- 消耗怠尽，即使存在大量的 NO_2^-，吸磷也不再进行。由此认为，只有 NO_3^- 转化成的 NO_2^- 那部分能量才能被 DPAO 利用。然而，另外一些报道却认为，只要控制 NO_2^- 的浓度恰当，NO_2^- 可以被 DAPO 利用。Meinhold 等的静态实验结果说明，当 NO_2^- <5mgN/L，没有破坏缺氧吸磷，相反可以成为替代的电子受体；但当 NO_2^- ≥8mgN/L，对缺氧吸磷产生完全的抑制作用。Hu 等利用厌氧/缺氧工艺中的 PAO 污泥开展了 NO_2^- 对吸磷影响的研究，结果发现当 NO_2^- <115mgN/L 不会抑制吸磷作用，但同时认为 NO_2^- 不如 NO_3^- 有效。Sung 和 Jiang 等对 $(A/O)_2$SBR 系统中的反硝化除磷现象进行了考察，区别在于前者把硝化控制在 NO_3^- 阶段而后者控制在 NO_2^- 阶段，两种污泥对 NO_2^- 的耐受浓度分别达到 10mgN/L 和 30mgN/L。Jiang 等进一步推断，DPAO 对 NO_2^- 毒害作用的耐受能力和利用其进行反硝化吸磷的能力都可以通过运行驯化加以提高。Saito 等 2004 年的研究结果显示低浓度<3mg/L 的亚硝酸盐的存在会同时抑制好氧吸磷和缺氧吸磷。Dae Sung Lee 于 2001 年的研究，结论却是缺氧区亚硝酸盐抑制浓度为 10mg/L。Ann 等报道 40mg/L 亚硝酸盐氮都没有抑制缺氧吸磷的效应。Kuba 等 1996 年报道在亚硝酸盐浓度 5～10mg/L 就会发生强烈的缺氧吸磷抑制。综上所述，NO_2^--N 究竟能否作为缺氧吸磷的电子受体，以及以 NO_2^--N 作为电子受体对吸磷产生纯粹的抑制作用时，其上限值为多大，至今还无定论，这无疑是完善反硝化吸磷体系的所需研究方向之一。

当前关于连续流工艺中的亚硝酸盐对除磷影响的相关研究还很少。通常来讲，亚硝酸盐的存在对系统中的微生物的生长和呼吸作用都有强毒性，但这种毒性浓度限值通常较高。本试验采用比亚硝酸盐浓度（mgNO_2^--N/gVSS）来评价亚硝酸盐对吸磷的影响。

（1）亚硝酸盐对缺氧吸磷的影响

由图 3-66 可以看出，尽管进水亚硝酸盐浓度变化范围较大（0.33～4.67mg/L），但是缺氧吸磷量变化不大，在 13.23～23.36mg/L 范围内波动。二者之间的并没有直接相关关系。综上，在本书所涉及的反应器中的缺氧进水亚硝酸盐浓度

(<5mg/L)对缺氧吸磷量没有直接影响。

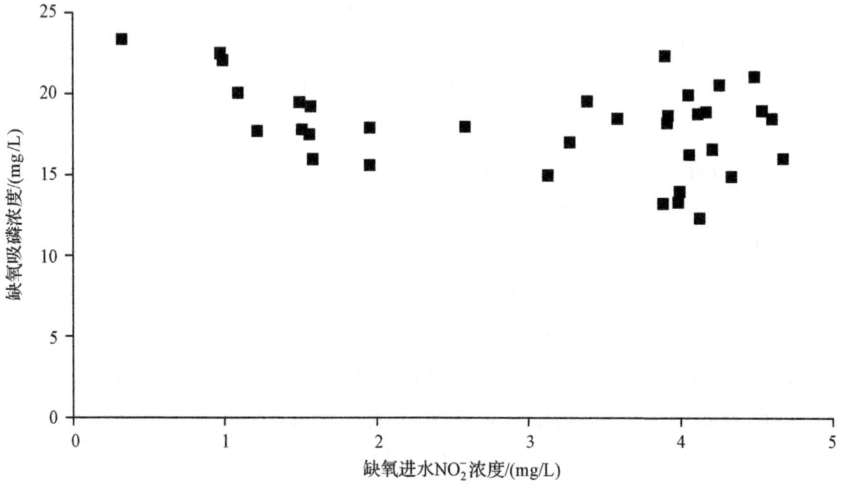

图 3-66　缺氧区进水亚硝酸盐浓度对缺氧吸磷量的影响

图 3-67 是 $NO_2^-/(NO_2^- + NO_3^-)$ 比值对缺氧吸磷速率的影响。从图中可知，随着 $NO_2^-/(NO_2^- + NO_3^-)$ 比值的升高，缺氧吸磷速率下降，但下降幅度不大。在亚硝酸盐累积率达到 89%时，缺氧吸磷速率为 2.07mgP/(gMLSS · h)，而当亚硝酸盐累积率为 2%时，缺氧吸磷速率为 3.47mgP/(gMLSS · h)。当亚硝酸盐稳定累积时(21～35 天)，缺氧吸磷速率在 1.83～3.07mgP/(gMLSS · h)范围内波动。

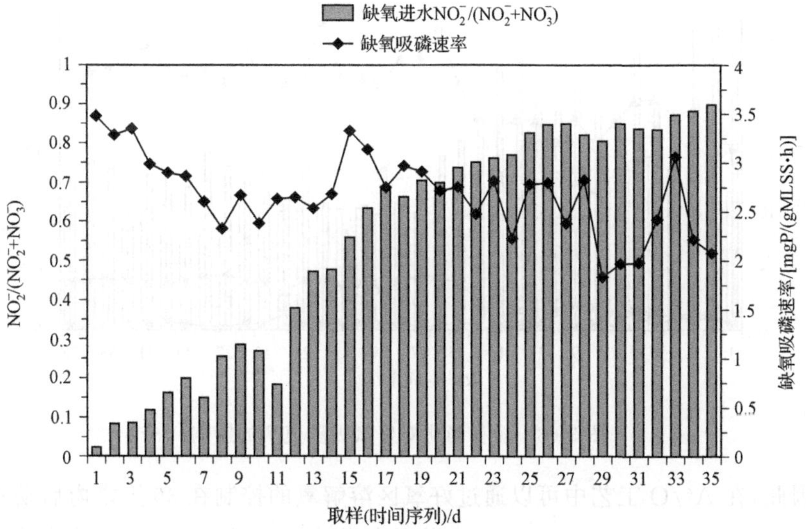

图 3-67　$NO_2^-/(NO_2^- + NO_3^-)$对缺氧吸磷速率的影响

在本试验中，亚硝酸盐累积率达到最大时，缺氧段进水亚硝酸盐平均浓度为 2mgNO_2^--N/gVSS，对缺氧吸磷速率没有抑制作用。从图 3-67 可以看出，随着亚硝酸盐在氧化态氮中所占百分比的增高，缺氧吸磷速率与 NO_2^-/(NO_2^- + NO_3^-)比值的关系不明显。综上，亚硝酸盐在氧化态氮中所占百分比不抑制缺氧吸磷速率。

(2) 亚硝酸盐对好氧吸磷的影响

在好氧区 2 格室，好氧吸磷速率最大。从图 3-68 中可以看出，在短程硝化形成之前，最大好氧吸磷速率基本上受好氧进水磷酸盐浓度的影响。在短程硝化形成之后，总体上好氧吸磷速率有了明显的降低。如图 3-68 所示，随着好氧出水亚硝酸盐浓度的提高，好氧区 5 格室和好氧区 2 格室的好氧吸磷速率均有所下降，即亚硝酸盐对 PAO 的好氧吸磷反应有抑制作用。而且亚硝酸盐浓度越高，这种抑制作用越强，在第 14 天，好氧出水亚硝酸盐浓度为 2.58mg/L，好氧区 5 格室的吸磷速率为 1.31mgP/(gMLSS·h)，好氧区 2 格室的吸磷速率为 2.32mgP/(gMLSS·h)，而在第 27 天，好氧出水亚硝酸盐浓度为 4.66mg/L，此时好氧区 5 格室吸磷速率为 0.78mgP/(gMLSS·h)，好氧区 2 格室的吸磷速率为 1.38mgP/(gMLSS·h)。结合图 3-66 可以看出，在短程硝化形成以后，缺氧吸磷速率要比好氧吸磷速率略高。与缺氧吸磷相比，好氧吸磷更易受亚硝酸盐的影响。

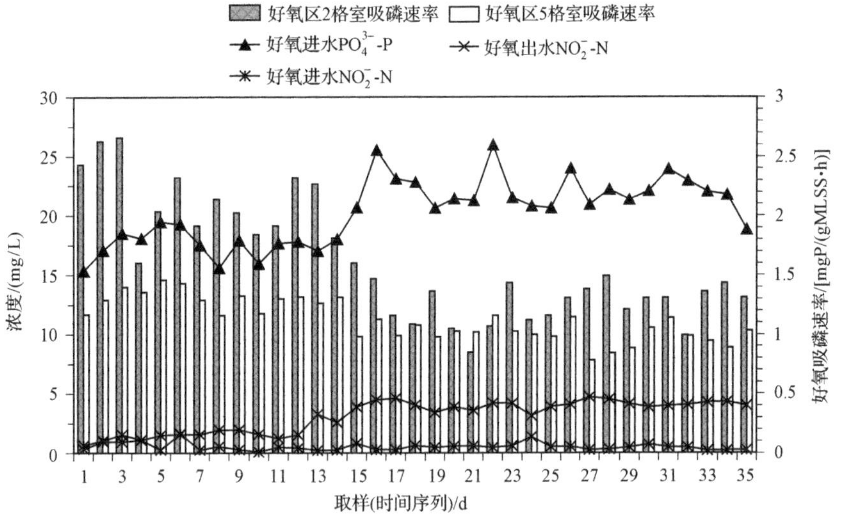

图 3-68　短程硝化对好氧吸磷速率的影响

因此，在 A²/O 工艺中可以通过好氧区溶解氧的控制在 35 天之内启动短程硝化反硝化。NO_2^-/(NO_2^- + NO_3^-)比值从初期的 2%升高到 89.8%并维持。在 A²/O 工艺中实现短程硝化反硝化打破了好氧硝化区溶解氧必须高于 2mg/L 才能保证硝化过程顺利进行的传统观念。在溶解氧 0.5～0.7mg/L 之间就可以达到稳定的氨氮、总氮和磷的去除效果，大大节省能耗。

在好氧区短程硝化的条件下，系统仍具有反硝化除磷现象，出水磷酸盐浓度小于 1mg/L。但反硝化除磷在总吸磷中的百分比较全程硝化时有所下降，平均缺氧段磷去除率为 44%。试验中所涉及的缺氧区亚硝酸盐浓度（<5mg/L）对反硝化除磷不抑制；同时证明亚硝酸盐可以作为反硝化除磷的电子受体；本试验所涉及的亚硝酸盐浓度对好氧吸磷速率产生影响，分析认为是由于亚硝酸盐对 PAO 有毒害作用造成的。由于系统是在低溶解氧、低负荷条件下运行，有利于丝状菌的生长，在试验过程中出现污泥膨胀现象。为解决污泥膨胀问题，本试验采用将好氧首端格室溶解氧控制在 1.5mg/L 左右，而其他好氧格室的溶解氧仍控制在 0.5～0.7mg/L。通过溶解氧的控制，有效地控制了丝状菌的生长，改善了污泥沉降性能，解决了污泥膨胀问题。

3.9.2 同步硝化反硝化和反硝化除磷的建立

试验过程由两部分组成：第一部分调节 DO 浓度，分为三个运行阶段 A，B 和 C，相应 DO 浓度分别为 2±0.2、1.2±0.2 和 0.6±0.2mg/L。考虑到系统低 DO 运行造成出水氨氮浓度超标排放，为提高系统硝化效果，进行了第二部分试验，也就是基于阶段 C 的试验，将好氧格室 1 和 2 的 DO 浓度提高到 2～3mg/L，剩余的 3 个好氧格室维持 0.6±0.2mg/L 浓度不变。整个试验中定期从反应器不同格室收集水样，对氨氮、硝酸盐氮、亚硝酸盐氮、总氮、总磷、正磷酸盐、COD、BOD、碱度和 MLSS 进行定期离线监测，而 DO、pH 和 ORP 则每天在线监测。此外，试验中应用同步硝化反硝化脱氮率评价系统的处理性能，该速率表示为系统中反硝化的百分比与硝化活性之比[27]。

1. DO 对系统硝化、反硝化速率以及磷吸收和释放速率的影响

图 3-69 是不同 DO 浓度时好氧末端氮和磷浓度以及缺氧/好氧吸磷速率比的变化过程。从图中可以看出，当 DO 浓度控制在 2.0±0.2mg/L 时，出水氮的主要产物是硝酸盐，好氧出水氨氮和亚硝酸氮浓度都接近于 0，硝化速率为 2.04mg/(L·h)，此时好氧区没有出现 SND，但是高浓度硝酸盐进入缺氧区使得系统缺氧/好氧磷吸收量之比高达 81.1%。当 DO 浓度降低到 1.2±0.2mg/L 时，出水硝酸盐浓度降低，氨氮浓度上升，出水总氮由氨氮和硝酸盐组成，但硝酸盐仍是出水中主要的氮产物。此外，由于进入缺氧区的硝酸盐浓度下降，缺氧/好氧磷吸收量之比也降低到 70.4%，硝化速率为 1.72 mg/(L·h)，同步硝化反硝化对脱氮率所作的贡献占 13.9%。当 DO 浓度降低到 0.6±0.2mg/L 时，出水氮的主要产物是 NO_2^- 和 NH_4^+，平均出水 NH_4^+ 浓度低于 7mg/L，NO_2^- 浓度为 2mg/L，

NO_3^- 浓度几乎为 0，硝化速率降低到 1.64 mg/(L·h)，反硝化速率增加到 1.39 mg/(L·h)，SND 程度可达 66.5%。

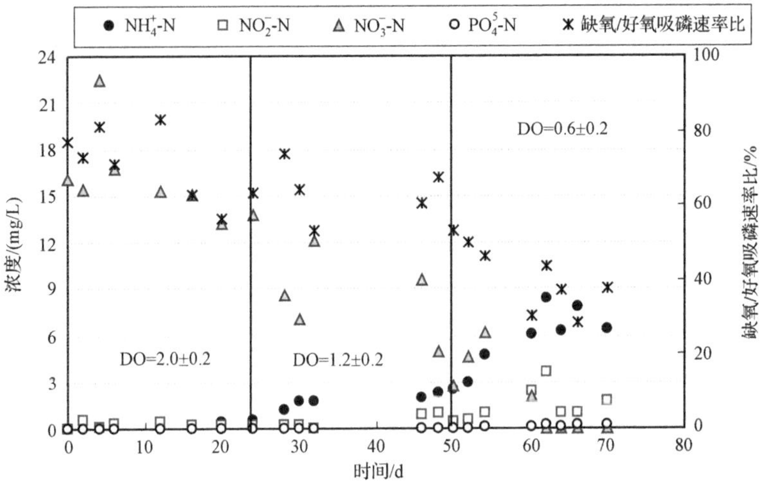

图 3-69　不同 DO 浓度时好氧末端氮和磷浓度以及缺氧/好氧吸磷速率比的变化过程

在 DO 浓度降低到 0.6±0.2mg/L 时，由于进入缺氧区的硝酸盐浓度较低，电子受体的缺乏使得缺氧/好氧磷吸收量之比急剧下降到 44.8%。系统供氧量从 DO 浓度为 2mg/L 时的 0.34 m^3/h 下降到 DO 浓度为 0.6mg/L 时的 0.16 m^3/h，可节省供氧量高达 50%。磷释放量与乙酸吸收比几乎与 Mino 所报道的结果（0.25molP/molC）一致[65]，DO 浓度下降过程中仅改变 0.06molP/molC。相比之下，MLSS 浓度开始上升，SVI 浓度开始下降，污泥的沉淀性提高，DO 浓度 0.6mg/L 下革兰染色及污泥粒径分析表明（见图 3-70 和图 3-71），高粒径的污泥絮体存在于该系统中，所以污泥沉淀性能得以改善。

2. DO 浓度对絮体尺寸的影响

研究表明，低 DO 时，在细胞外层氨氧化菌与异养菌竞争氧以及氧浓度梯度的变化，导致硝化速率的下降。在氧浓度逐渐降低过程中，絮体的尺寸也发生一定的变化，当 DO 浓度为 2mg/L，90%的菌胶团粒径小于 20μm，随着 DO 浓度的下降，多于 35%的絮体粒径高于 20μm，这种现象与 Wilén 报道的相反[66]，Wilén 认为 DO 浓度与絮体粒径之间并不存在某种相关性。如图 3-70 所示，污泥絮体革兰染色发现絮体内存在着革兰阴性的大污泥絮体，絮体内部 DNPAOs 菌群的存在为好氧阶段氮的去除做出了重要贡献，即使低 DO 运行条件下系统出水水质仍符合出水标准。在厌氧阶段，污泥从外界获得大量底物，处于食物充足阶段，并以胞内储存物 PHA 的形式储存于体内。在好氧阶段，受溶解氧浓度的影响，污泥絮体内部

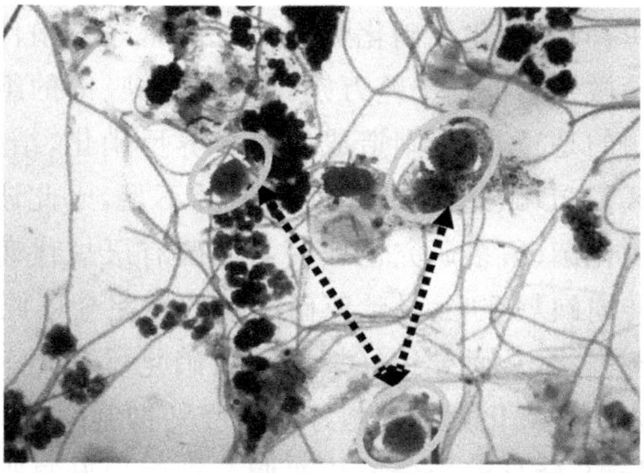

图 3-70　好氧区活性污泥的染色

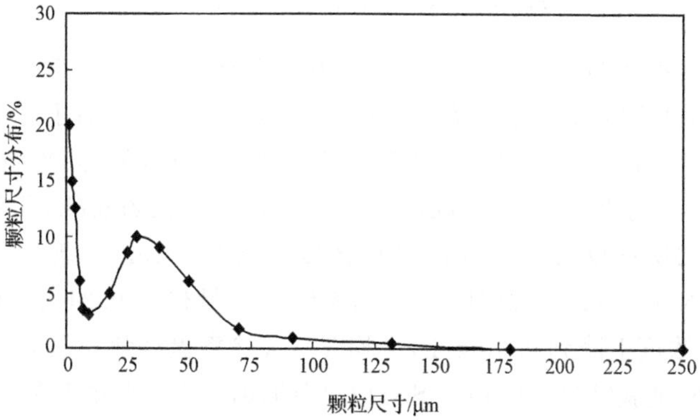

图 3-71　SND 颗粒粒径分布

存在溶解氧梯度，菌胶团外层的氧被迅速消耗用于细胞生长，同时伴随 PHA 的降解。

微生物的生长以及硝化反应主要发生在絮体外层，而在大的絮体内部出现厌氧或缺氧环境。当微生物不能从外部摄取底物时，微生物的生长主要是通过利用内部储存的 PHA 提供碳源和能源才能生长，随着进入絮体内部，DO 逐渐降低，硝化受到限制，絮体外部产生的硝酸盐扩散到絮体内部借助储存的 PHA 作为碳源完成反硝化过程。试验结果表明，DO 浓度和絮体尺寸是相关的，也就是说氧浓度越低，颗粒尺寸相对越大，絮体缺氧区的体积相对也越大，大的微生物絮体对氮的去除容量也就越大。另一方面，为提供同步硝化反硝化反应所需的硝态氮，试验也需要限定 DO 浓度不能太低。以上说明即使污泥粒径较小也可以形成一定的缺氧微环境，只是核心缺氧区小导致同步硝化反硝化的程度不足够大而已，与 Morgenroth 等认为只有 1.0mm 以上的颗粒污泥才能实现同步硝化反硝化相矛盾[67]。

尽管本试验支持缺氧微环境理论，但鉴于与其他试验结果有矛盾，下面从另一方面分析。资料表明，同步硝化反硝化作用很可能是好氧条件下细菌的好氧呼吸受到抑制所致。尽管微生物种类千差万别，但好氧呼吸链的组成和调控机理却差别很小。若受到抑制的是异养菌，则造成好氧异养反硝化，结果好氧区总氮损失。由于本试验中好氧区 COD 缺乏，反硝化所需碳源不足，因此该解释不合适。若受到抑制的是好氧氨氧化菌(很多研究也证明了该菌有厌氧代谢)，则其在好氧区由于好氧呼吸受阻而转向缺氧呼吸，导致亚硝酸盐的不完全还原反应，NO 可能成为还原反应的主要气态产物，从而导致好氧区同步硝化反硝化。近年来细胞信号转导领域的研究已经公认一氧化氮是细胞好氧呼吸的抑制剂，当细胞内组织缺氧时，能够调节氧的重新分配，转导信号分子从而调节细胞由好氧呼吸转入缺氧呼吸以使细胞适应缺氧状态。

3. 不同 DO 浓度时 A^2/O 系统营养物去除性能

图 3-72 是不同 DO 浓度时 COD、TN 和 TP 的去除率。试验发现，COD 和 TP 的去除率并未随 DO 浓度的下降而下降，平均 COD 去除率高于 93.8%，TP 的去除率高于 95%。相比之下，TN 的去除率发生明显变化，随着 DO 浓度的下降，系统内同步硝化反硝化程度明显增加。当 DO 浓度控制在 2mg/L，几乎没有 SND 发生，平均 TN 去除率仅为 70%，而当 DO 浓度控制在 1.2mg/L 时，出现较低程度的 SND 现象，TN 的去除率提高到 75.2%，系统供氧量也从 0.34 m^3/h 降低到 0.28 m^3/h，当 DO 浓度下降到 0.6mg/L，平均 TN 去除率提高到 87%，而供氧量则降低到 0.16 m^3/h，试验结果表明随着 SND 程度的加深，TN 去除率提高近 12%。

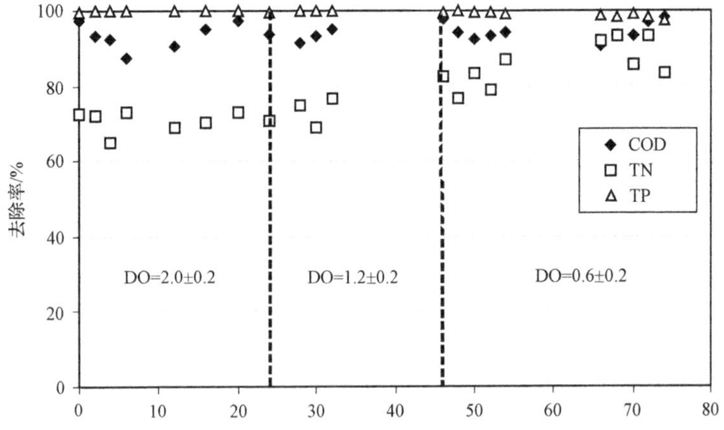

图 3-72 不同 DO 浓度时 COD、TN 和 TP 的去除率

3.9.3　缺氧硝化现象在 A^2/O 系统中的出现及其特征

为了实现稳定的同步硝化反硝化和反硝化除磷功能，继续维持系统低 DO 运行状态，但是试验发现硝化效果不佳，即使出水总氮浓度仍然维持在较低的水平，出水氨氮的浓度却逐渐提高，导致平均出水氨氮浓度高于出水排放标准。为此试验尝试提高好氧格室 1 和 2 的 DO 浓度并控制在 2～3mg/L，而控制好氧格室 3、4 和 5 的 DO 浓度仍然在 0.6±0.2mg/L，经过一个污泥龄的运行，系统亚硝酸盐浓度开始上升，同时出现缺氧区发生明显的硝化现象，开始认为是由于反应器的隔板出现问题而导致缺氧区内进入溶解氧，但是长期连续监测发现缺氧区 DO 浓度始终维持在 0.2mg/L 以下，因此可以排除由于试验失误所造成的异常现象。

从图 3-73 中可以看出，缺氧区内发生明显的硝化现象，缺氧区 1 格室内平均氨氮去除量为 3～6mg/L，而缺氧区 2 格室内的平均氨氮去除量为 15～20mg/L，整个缺氧区的氨氮去除量可高达进水氨氮的 95%。与此对应的是，缺氧区内亚硝酸盐浓度明显升高，缺氧区 1 格室内的亚硝酸盐浓度为 1～3mg/L，而缺氧区 2 格室的亚硝酸盐浓度为 6～10mg/L，而在该试验阶段缺氧区硝酸氮浓度始终较低，低于 1.5mg/L，缺氧区总氮和氨氮变化一样，同样降低，说明除了微生物同化消耗氮之外，发生着同步硝化反硝化反应。从缺氧区正磷酸盐的浓度来看，在缺氧硝化的同时也伴随着溶解性磷的吸收，缺氧区溶解性磷的平均减少量为 3～5mg/L，而缺氧区 2 格室内平均减少量为 8～10 mg/L，整个缺氧区溶解性磷的减少量与缺氧进水正磷酸盐的比例为 0.68。根据常规的观念，在敞开的反应器内应该不会发生厌氧氨氧化现象，但是如果发生该反应，反应过程中硝化产生的亚硝酸盐或者好氧末端回流的亚硝酸盐进入缺氧区后与缺氧区内的氨氮发生厌氧氨氧化反应，受缺氧区氨氮浓度的限制，表现为缺氧出水亚硝酸盐积累，而氨氮被充分降解。另外，

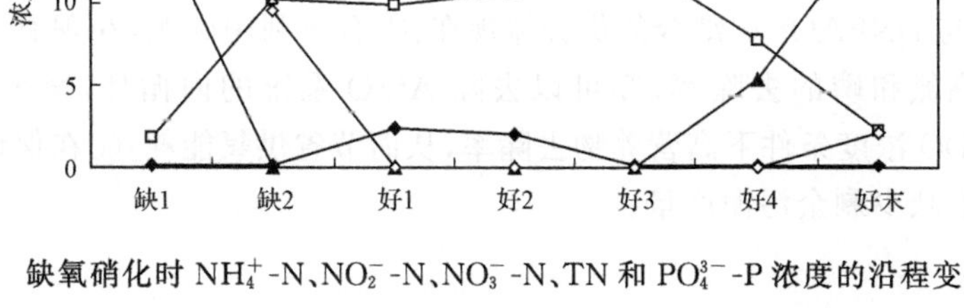

图 3-73　缺氧硝化时 NH_4^+-N、NO_2^--N、NO_3^--N、TN 和 PO_4^{3-}-P 浓度的沿程变化规律

可能也存在着反硝化聚磷菌利用亚硝酸盐电子受体发生反硝化反应，出现缺氧条件下磷的吸收。从另一个角度也进一步说明，好氧阶段发生同步硝化反硝化的可能的原因是 NO 抑制好氧氨氧化菌的好氧呼吸，好氧氨氧化菌由好氧呼吸转变为缺氧呼吸，从而产生氨氮的降解。此时我们也可提出这样的问题，是否厌氧氨氧化菌也具有反硝化除磷菌的功能？遗憾的是由于试验条件的限制，未对微生物的种群分布进行鉴定分离，也未进行更加深入的研究。

试验结果表明，当系统发生缺氧硝化现象时，缺氧区氨氮的平均去除率高于96%，正磷酸盐的平均去除率高于 90%，总氮的去除率平均值为 74%，COD 的去除始终高于 85%。然而，如图 3-73 所示，进入好氧区后，前 3 个好氧格室氨氮浓度基本维持在 2mg/L 以下，从第 4 好氧格室开始快速增加，出水浓度高达 15mg/L。亚硝酸盐浓度在前 3 个好氧格室内基本维持稳定，从第 4 个好氧格室开始下降。正磷酸盐浓度在最后好氧格室也有增加趋势，其他好氧格室的正磷酸盐浓度稳定维持 0mg/L 。总氮在前面 4 个好氧格室基本维持稳定，最后的好氧格室内有增加趋势。因此，好氧区末端出水氨氮平均去除率仅为 70%，正磷酸盐的平均去除率低于 40%，总氮的平均去除率为 64%。从上述不同出水阶段对系统营养物去除性能的比较可以看出，当系统出现明显的缺氧硝化现象时，缺氧区出水直接排放能满足系统排放标准，反而好氧区出水则不能达标，这意味着缺氧区出水直接排放就行，从运行上可省去好氧区，从而大大降低系统的运行费用、基建费用和占地面积。以上说明，系统的优化很大程度上取决于系统的运行条件的优化，也就是系统内实现某种现象微生物种群的优化，然而前面提到的缺氧硝化现象仅仅是我们试验中发现的一种现象，其具体的机理、特征和性能还需以后深入研究，其主要目的是证明污泥种群优化在系统运行优化中的重要意义。

因此通过对系统 DO 浓度的有效控制可在连续流 A^2/O 工艺中同时建立稳定的同步硝化反硝化和反硝化除磷性能。对于常规的污水处理厂进水，当 DO 控制在 0.6±0.2mg/L，COD、TN 和 TP 的去除率分别高达 93%、87%和 95%，出水水质充分证明在大粒径絮体内部 DNPAOs 菌群的存在为好氧阶段氮的去除做出了重要贡献。缺氧硝化现象的出现可大大降低系统的运行费用、基建费用和占地面积，从而表明通过 DO 优化运行管理策略对微生物种群结构进行优化完全可以有效提高传统脱氮除磷工艺的营养物去除性能。

SND 与 DNPAOs 相结合的优势体现在：①有效利用碳源，在现有工艺结构的条件下提高氮和磷的去除率；②可以去除 A^2/O 系统的内循环，减少泵的能耗；③实现低 DO 浓度条件下高营养物去除率，从而节省供氧能耗；④在保证可靠出水水质条件下减少剩余污泥产量。

3.10　A^2/O 工艺强化反硝化除磷体系中微生物特性分析

当前对 A^2/O 生物脱氮除磷工艺处理性能进行了介绍，但基本上都是通过测定化学参数，获得系统出水水质是否可以满足排放标准，以及系统是否处于优化的运行状态。虽然系统满足处理要求，但并不意味着系统处于最优运行状态。而微生物特性可以很好地说明问题，如果系统污泥种群处于优化状态，那么可最大程度的发挥系统的功能，相反，即使系统能暂时满足处理要求，但污泥种群不处于优化状态，那么长期运行也会导致系统的恶化。了解系统中微生物变化、组成，可以更好地控制生物除磷系统的运行、取得良好的反硝化除磷效果。

周康群等[68]从运行情况良好的广州大坦沙污水处理厂 A^2/O 工艺缺氧池中的泥水混合液中用释磷/聚磷装置和微生物筛选、分离的方法，确定了缺氧池中反硝化聚磷菌(DPB) 的比例，筛选、分离得反硝化聚磷单菌株且对单菌株聚磷特性进行研究。结果表明，缺氧池中 DPB 占聚磷菌的比例约为 21.5%。从缺氧池分离得到的肠杆菌科、气单胞菌属和假单胞菌属都是 DPB，而不动杆菌属仅是好氧 PAO，葡萄球菌属和微球菌属仅是一种专职的反硝化菌。反应过程中同时存在 O_2 和 NO_3^- 时，肠杆菌科优先利用水中的 O_2 进行聚磷；在缺氧环境中，肠杆菌科在 COD 为 30mg/ L 时的聚磷效果优于 COD 为 180 mg/ L 时的聚磷效果。可见 DPB 的反硝化和聚磷的特性与电子受体的存在形式和 COD 有密切关系。因此，改良传统 A^2/O 工艺和研发同步反硝化聚磷装置时，必须控制缺氧反硝化聚磷单元中混合液的 DO 和 COD。

接下来，对 A^2/O 工艺中的活性污泥直接染色，通过观察污泥内部的 PHB 和聚磷状况，同时结合活性污泥的电镜扫描图像，将微生物分析与化学分析相结合，从而深入的剖析了系统所处的状态[69]。整个微生物分析从四个方面进行：①革兰氏染色；②异染颗粒染色(聚磷)；③类脂类物质(PHB)染色；④电镜扫描观察。每一种检测对应的活性污泥分别取自 A^2/O 工艺厌氧区末端、缺氧区末端、好氧区末端以及另一套生物脱氮系统好氧区末端以进行对照。

1. 异染颗粒染色(阿尔培托法)

① 细菌涂片经火焰固定，加甲液染色 3～5min，水洗。② 滴加乙液，染色 1min，水洗。③ 干后显微镜镜检观察结果。菌体呈绿色，异染颗粒呈蓝黑色。

2. 类脂粒染色——PHB 染色 (苏丹黑染色)

① 初染，在涂片上滴 0.3%的苏丹黑染液，染色 10min，水洗，吸干。② 脱色，用二甲苯冲洗涂片至黑色素洗脱。③ 复染，用 0.5%番红复染 1～2min，水洗，吸

干镜检。类脂类呈蓝黑色，菌体其他部分呈红色。

3. 革兰氏染色

①细菌涂片经火焰固定，加结晶紫染液染色 1min，清水冲去染液。②加碘液媒染 1min，水洗，甩干。③用 95%乙醇脱色，轻轻摇动约 30s，至无紫色洗落为止，水洗，甩干。④加稀释苯酚复红或沙黄染液数滴进行复染，约 30s，水洗。⑤干后显微镜下镜检观察结果，革兰阳性菌染成紫色，革兰阴性菌为红色。

4. 电镜样品制备方法

① 固定：污泥样品内加入戊二醛固定并置于 4℃冰箱中固定 1.5h；② 冲洗：用磷酸缓冲液冲洗三次，每次 10min；③脱水：分别用浓度 50%、70%、80%和 90%的乙醇，进行脱水，每次 10～15min；100%的乙醇脱水三次，每次 10～15min；④ 置换：100%乙醇 ∶ 乙酸异戊酯＝1 ∶ 1、纯乙酸异戊酯各一次，每次 15min；⑤ 用 HCP-2(HITACHI)型临界点干燥仪对样品进行干燥；⑥ 粘样：将样品观察面向上粘贴在扫描电镜样品台上；⑦ 镀膜：用 IB-5(Giko)型离子溅射镀膜仪在样品表面镀上一层 1500nm 厚的金属膜(金或铂膜)；⑧将处理好样品放入样品盒中待检。

在活性污泥法中，微生物细胞是无色、透明的，在光学显微镜下，不易看清细菌的形态和结构，故通常对活性污泥进行染色，以增强菌体与背景的反差，便于在光学显微镜下观察。对 EBPR 微生物种群进行研究，关键掌握聚磷菌的特征并优化运行条件，改善其生长，实现系统高效除磷。通过染色首先知道污泥中聚磷菌和特征性颗粒的存在，进一步的显微镜观察和化学分析确认多聚磷酸盐和 PHB 的转化与整个污泥中菌体内被染色颗粒的关系。

3.10.1 聚磷颗粒染色的沿程特征变化

Kortstee 等[70]认为聚磷酸盐是一种阴离子聚合物，由许多磷酸盐单体组成，磷酸盐单体之间靠高能磷酸酐连接。在不同的微生物之间聚磷酸盐的聚和程度不同，所有的细胞都含有聚磷酸盐，这表明尽管聚磷酸盐是不可见的且不易检测，但它是细胞发挥除磷功能必不可少的物质。图 3-74(a)(b)(c)(d)分别为取自厌氧、缺氧、好氧和脱氮系统好氧末端活性污泥的异染粒染色图片。

从图 3-74 (a)可以看出，在厌氧条件下，污泥菌胶团内的聚磷酸盐颗粒迅速减少或消失，零星的散布于污泥菌胶团内，释放大量溶解性磷酸盐，上清液中磷酸盐的含量增加近 3 倍，此时的氧化还原电位在－300mV 以下。在缺氧条件下[图 3-74(b)]，污泥菌胶团的聚磷酸盐开始迅速的、大量的聚集，黑色颗粒由细小的、零星的分散于菌胶团中变成大直径的类似球形的黑色聚合体，但可以明显看出

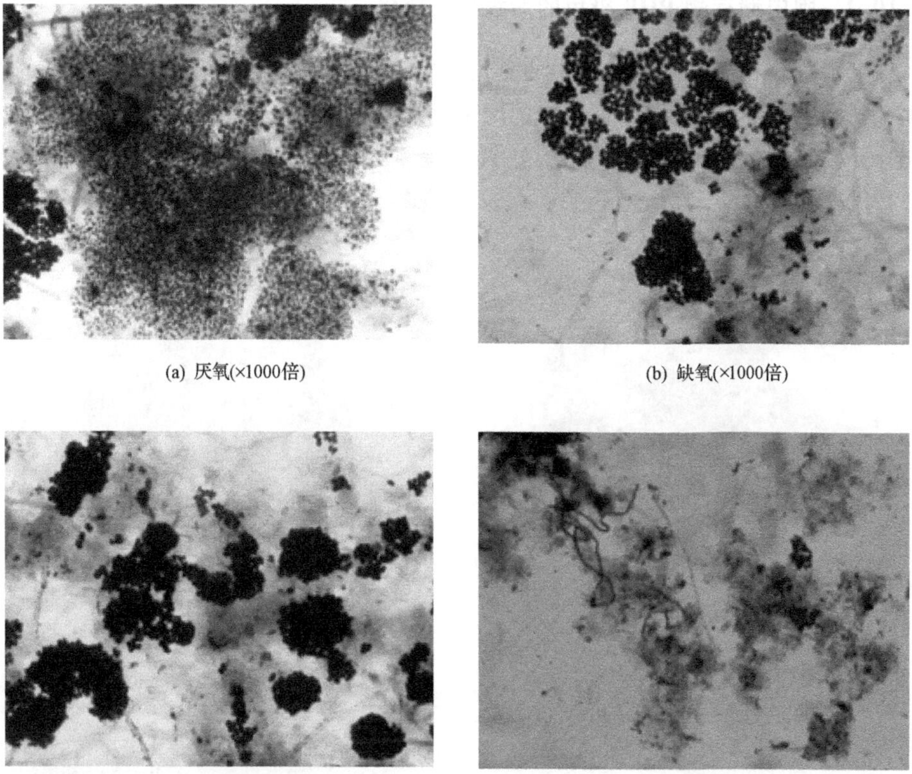

(a) 厌氧(×1000倍)　(b) 缺氧(×1000倍)

(c) 好氧(×1000倍)　(d) 除氮系统好氧(×1000倍)

图 3-74　不同格室的异染粒染色图片

聚合体内的黑色颗粒仍然单独存在，而厌氧环境中零散的细小的黑色颗粒几乎不存在，也可以清楚的看出大量的细胞群落，此时的上清液中的磷酸盐浓度大幅下降，说明缺氧条件下发生了明显的吸磷现象，同时氧化还原电位升至－100～－150 mV 之间。在好氧条件下[图 3-74 (c)]，此时氧化还原电位在 100mV 左右，黑色聚合体粒径继续增大，已经无法辨别单个颗粒的存在，而是形成黑色的密实的大的聚合体，细胞群落清晰看见，上清液中聚磷酸盐浓度接近于 0，说明聚磷菌在好氧条件下完成了在缺氧环境未能聚合的溶解性磷酸盐。通过比较可以发现，缺氧吸磷速率较高，而且吸收的溶解性磷酸盐量也较大，试验结果表明缺氧吸磷量占总吸磷量的 45%，从而大大节省了曝气能耗。另外，试验也说明磷酸盐的变化与氧化还原电位存在较好的相关关系。而单纯脱氮工艺的染色试验发现[如图 3-74 (d)]，除了污泥菌胶团外，几乎没有黑色颗粒的变化和大的磷酸盐聚合体的存在。

3.10.2　胞内储存物PHB染色的沿程特征变化

聚磷颗粒在生物除磷过程中的变化对应着活性污泥聚磷菌细胞中PHB的变化，因为二者是生物除磷必不可少的两个过程，是相辅相成的。图3-75 (a)(b)(c)(d)所示分别为取自厌氧、缺氧、好氧和脱氮系统好氧末端活性污泥的类脂粒(PHB)染色图片。

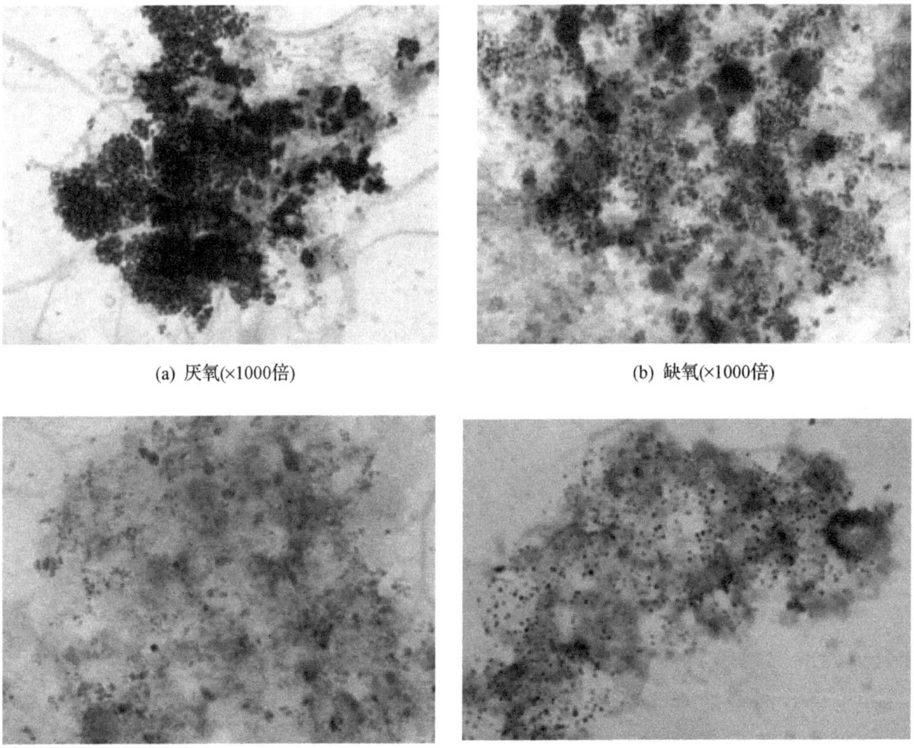

(a) 厌氧(×1000倍)　(b) 缺氧(×1000倍)

(c) 好氧区末端(×1000倍)　(d) 除氮系统好氧区末端(×1000倍)

图3-75　不同格室PHB染色图片

从图3-75 (a)中可以看出，在厌氧条件下，大量的聚合体占菌胶团的主体，说明厌氧条件下聚磷菌体内发生了明显的合成PHB的反应，作为能量的储存对聚磷的合成起着重要的作用。通常厌氧PHB的合成量越大，好氧磷的吸收越充分，除磷效果越佳。图3-75 (b)表明，在缺氧条件下，聚合体大幅减少或部分消失，由密实的堆积在一起变成零散的分布于菌胶团内，同时可以发现，颗粒规则的棒球形逐渐消失，粒径明显减小，由以蓝黑色为主转变成以蓝色为主，此时，菌胶团内红色逐渐占主体。说明缺氧条件下合成的PHB作为电子供体，硝酸盐作为电子受体，实现了较好的缺氧吸磷反应，与异染粒染色出现的聚磷颗粒大量聚集相一致。图3-75（c）表明，在好氧条件下，蓝黑色颗粒几乎完全消失，仅少量的、小粒径的、外形模糊的蓝色小点零星的分布于菌胶团内，此时整个菌胶团几乎完全呈现红色，对应的PHB测定值也较低，因为在好氧条件下，聚磷菌除剩余少量PHB维持后续厌氧释磷所需的能量水平外，几乎都被氧化降解，充分用于吸收在缺氧条件没有被吸收的溶解性磷酸盐，在体内超量合成聚磷，完成生物除磷过程[148]，此时与异染粒染色所表现出的聚磷颗粒粒径继续增大相对应。图3-75（d）为脱氮系统好氧区末端的PHB染色图片，可以看出并没有发生PHB的变化，但在菌胶团内也存在着小粒径的蓝黑色颗粒，因为无论在何种工艺中，PHB都是作为一种能量储存物质存在于细胞体内。

3.10.3　微生物电镜扫描分析的沿程特征变化

为了更深入观察优势菌群细胞的结构，用电镜扫描观察活性污泥的优势菌群细胞表面结构。目前从EBPR中分离出的除磷优势菌群主要分为聚磷菌（PAOs）和聚糖菌（GAOs）两大类。Sauders等发现[71]，能够吸收乙酸等挥发性有机底物完成聚磷和PHB的储存，同时进行糖原转化的PAOs多呈球杆状，而只是吸收挥发性有机底物和糖源转化但不能进行聚磷过程的聚糖菌GAOs多呈四分染色体球状，由图3-76(a)和(b)的FISH图片可以明显看出。

图3-77(a)(b)(c)(d)分别为取自厌氧、缺氧、好氧和除氮系统好氧末端电镜扫描照片，从图3-77（a）可见，在厌氧条件下，含有丰富的、尺寸为1.0～1.5μm的球杆菌形成的葡萄串状的大细胞簇，通过染色可知此时菌体内合成大量能源储存物PHB，与染色试验中的黑色颗粒聚合体相一致。此时的聚磷菌看起来充实、饱满。

Liu等指出[72]，聚糖菌属于γ-变形菌纲，通常形成2.5～3.5μm的球菌四联体，在该电镜扫描图片中并未发现大量四联体的球菌。Kong等也发现[73]，在考察澳大利亚、丹麦和瑞典3个国家的12个大规模运行的城市和工业污水处理厂的微生物种群中，啤酒和制奶厂的污水处理中几乎不存在GAOs种群，与本试验结果一致。这也说明在该系统中主要以PAOs而不是GAOs为优势菌群，从而有利于除磷的进行。图3-77（b）可见，缺氧环境中，优势菌群的尺寸明显减小，主要是0.5～1μm的椭球菌与1.0～1.5μm的球杆菌合成大的细胞簇，分析可能是反硝化菌和具有反硝化功能的聚磷菌交织在一起，因而具有较好的反硝化和吸磷作用，但目前尚无研究确定出反硝化除磷菌究竟是反硝化除磷菌的一种还是聚磷菌的某一种属。图3-77（c）可见，在好氧条件下，部分菌群的尺寸开始增大，但与厌氧条件不同的是，1.0～1.5μm的球菌不再是葡萄状的细胞簇，而是以单个或成对出现，此时的球菌也不是饱满的球状或球杆状，而是呈现接近消失的状态，中间出现大的

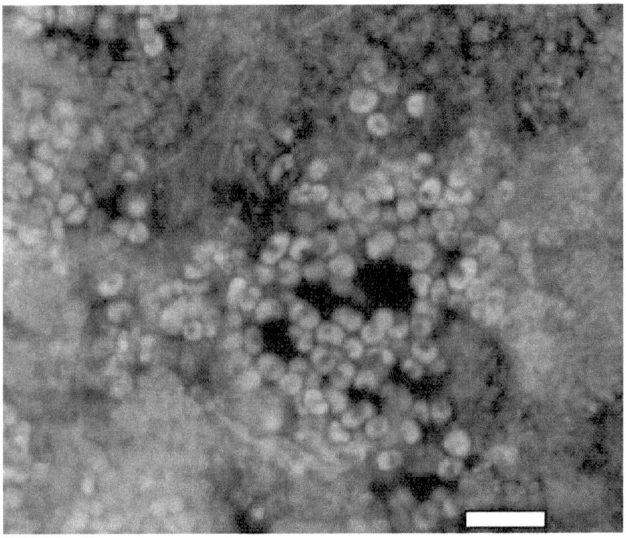

(a) 低效除磷 EBPR 反应器内的 GAOmin 和 EUBmin FISH 图片，白色标尺为 7μm

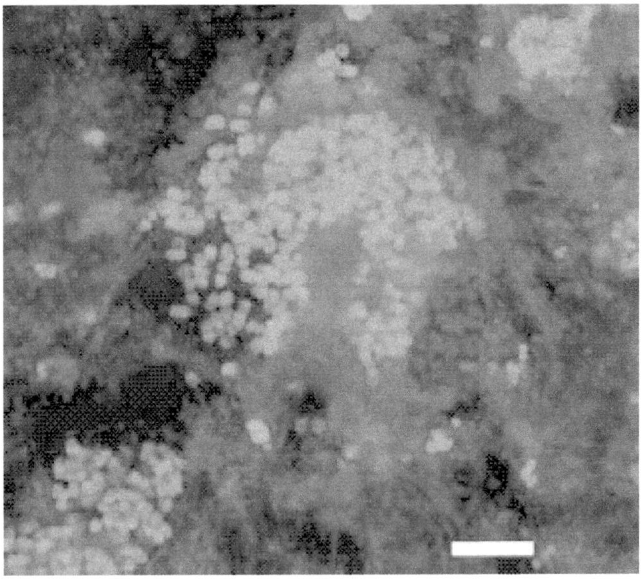

(b) 高效除磷 EBPR 反应器内 PAOmin 和 EUBmin FISH 图片，白色标尺为 10μm

图 3-76

空洞，分析可能是细胞内储存物 PHB 已被充分利用的结果所致。除了 1.0～1.5μm 的球菌外，还大量分布着 0.5～1μm 的椭球菌和短棒状菌，此阶段的革兰氏

(a) 厌氧

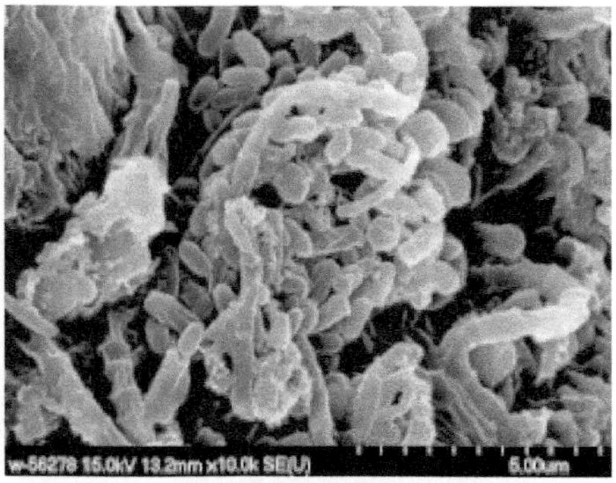

(b) 缺氧

(c) 好氧区末端

(d) 除氮系统好氧区末端

图 3-77　不同格式电镜扫描图片

染色和 PHB 染色都发现颗粒污泥的存在，参见图 3-78。图 3-77 (d)是脱氮系统好氧末端的电镜扫描照片，从图片上看，单个菌体的尺寸明显小于图 3-77 (c)，椭球菌的尺寸仅 0.3μm 左右，棒菌的尺寸约 0.5～0.8μm，而长杆菌的尺寸达 1.6μm～2.0μm。此时的菌体大都以单体存在，但又相互交织在一体。基于良好的脱氮效果和微弱的除磷能力的试验结果，分析在该系统中菌胶团主要是以硝化菌和反硝化菌构成，除磷菌不占优势。

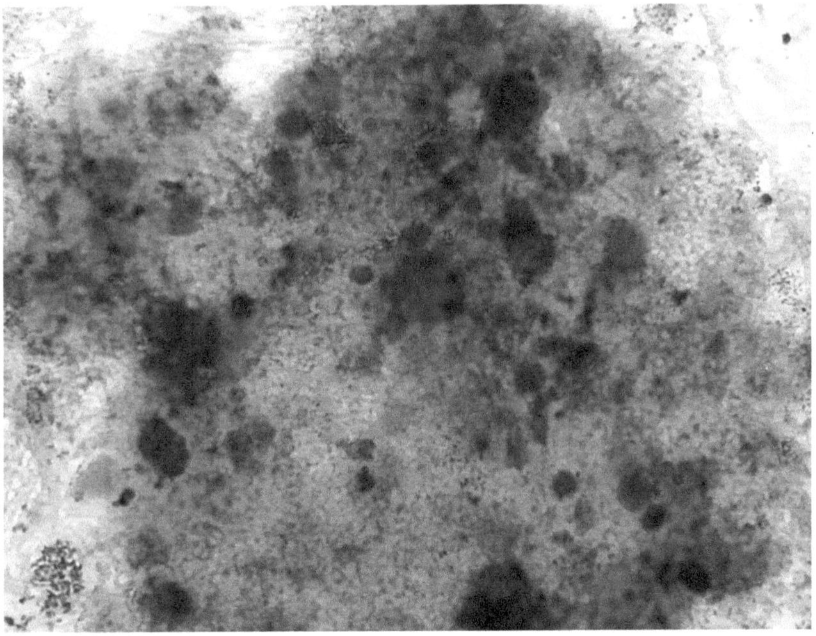

图 3-78　典型的颗粒污泥染色图片

参考文献

[1] Hu Z R, Wentzel M C, Ekama G A. External nitrification in biological nutrient removal activated sludge systems. Wat. Sci. Tech, 2001, 43(1): 251-260

[2] Shoji T, Satoh H, Mino T. Quantitative estimation of the role of denitrifying phosphate accumulating organisms in nutrient removal. Wat. Sci. Tech, 2003, 47 (11): 23-29

[3] Warangkana P. Investigation of the Effects of COD/TP Ratio on the Performance of a Biological Nutrient Removal System. Dissertation, Virginia, Polytechnic Institute and State University, 1997

[4] 王晓莲，彭永臻，王淑莹. A^2/O 工艺中反硝化除磷及过量曝气的试验研究. 化工学报，2005，56(8):1565-1570

[5] Peng Yong-zhen, Wang Xiao-lian, Li Bai-kun. Anoxic biological phosphorus uptake and the effect of excessive aeration on biological phosphorus removal in A^2/O process. Desalination. 2006, 189(1): 155-164

[6] Barker P S, Dold P L. Denitrification behavior in Biological Excess Phosphorus Removal Activated Sludge System. Water Research, 1996, 30(4): 769-780

[7] Yuan Z G, Oehmen A, Pernille I, Control of nitrate recirculation flow in predinitrification systems. Water Science & Technology, 2002, 45 (4/5): 29-36

[8] Brdjanovic D, Slamet A, Vanloosdrecht M C M, et al. Impact of Excessive Aeration on Biological Phosphorus Removal from Wastewater. Water Research, 1998, 34(1): 200-208

[9] Temmink H, Petersen B, S. Isaacs and M. Henze. Recovery of biological phosphorus removal after periods of low organic loading. Wat. Sci. Tech, 1996, 34(1/2): 1-8

[10] Maite P, Guisasola A, Baeza J A, et al. Net P-removal deterioration in enriched PAO sludge subjected to permanent aerobic conditions. Journal of Biotechnoly, 123(1): 117-126

[11] Ma Yong, Peng Yong-zhen, Wang Xiao-lian, Wang Shu-ying. Nutrient Removal Performance of A^2/O Process as a Function of Influent C/P Ratio. Journal of Chemical Technology and Biotechnology, 2005, 80(10): 1118-1124

[12] 王晓莲，彭永臻，马勇. 进水 C/P 比对 A^2/O 工艺性能的影响. 化工学报，2005，56(9)：1765-1770

[13] Julián C, Teresa V, Javier L. Effect of influent COD/N ratio on biological nitrogen removal (BNR) from high-strength ammonium industrial wastewater, Process Biochemistry, 2004, 39: 2035-2041

[14] Andrew J S, David J. Enhanced biological phosphorus removal from wastewater by biomass with different phosphorus contents, part I: experimental results and comparison with metabolic models. Wat. Environ. Res, 2003, 75(6): 485-498

[15] Tetreault M J, Benedict A H, Kaempfer C, et al. Biological phosphorus removal: A technological evaluation. J. Water Pollut. Control Fed, 1986, 58(8): 823-837

[16] McClintock S A. Effects of temperature and mean cell residence time on the performance of high-rate nutrient removal processes. Ph. D. Dissertation. Virginia Polytechnic Institute and State University, Blacksburg, Virginia, USA. 1990

[17] 曹雪梅，彭永臻，王淑莹. 缺氧区、好氧区容积比对 A^2/O 工艺反硝化除磷的影响. 中国给水排水，2007，23(3)：27-30

[18] 吴凡松，彭永臻. 城市污水处理厂的生物除磷系统设计. 中国给水排水，2002，18(8)：56-58

[19] Mogens H, Willi G, Takahashi M, et al. Activated Sludge Model NO. 2D, ASM2D. Wat. Sci. Tech, 1999, 39(1): 165-182

[20] Tykesson E, Aspegren H, Henze M, et al. Use of Phosphorus Release Batch Tests for Modeling an EBPR Pilot Plant. Wat. Sci. Tech. Kollekolle. 2001 5.

[21] Dae Sung Lee, Che Ok Jeon, Jong Moon Park. Biological Nitrogen Removal with Enhanced Phosphate Uptake in a Sequencing Batch Reactor using Single Sludge System. Water Res, 2001, 35(16): 3968-3976

[22] Luo Guyuan, Ji Fangying, Luo Ning, et al. The Analysis of Simultaneous Denitrifying and Dephosphorization with Nitrate as Electronic Receiver. Environmental Engineering, 2004, 24(1): 32-35

[23] Li Yongzhi, Wang Shuying, Wu Fansong, et al. Selection and Enrichment of Denitrifying Phosphate Accumulating Bacteria in Biologically Enhanced Phosphate Removal Process

[J]. Acta Science Circumstance, 2004, 24(1): 45-49

[24] Smolders G J F, van derMeij J, van Loosdrecht M C M, et al. Stoichiometric Model of the Aerobic Metabolism of the Biological Phosphorus Removal Process. Biotech Bioeng, 1994, 44 (7): 837-848

[25] Hu Zhirong, Wentzel M C, Ekama G A. Anoxic Growth of Phosphorus Accumulating Organisms (PAOs) in Biological Nutrient Removal Activated Sludge Systems. Wat. Res, 2002, 36 (19): 4927-4937

[26] 王晓莲. A²/O 工艺运行优化及其过程控制的基础研究:[博士论文]. 北京:北京工业大学工学,2007

[27] You S J, Shen Y J, Ouyang C F, Hsu C L. The effect of residual chemical oxygen demand of anoxic and aerobic phosphate uptake and release with various intracellular polymer levels. Wat. Environ. Res, 2004, 76 (2): 149-154

[28] Third K A, Burnett N, Cord-Ruwisch R. Simultaneous nitrification and denitrification using stored substrate (PHB) as the electronic donor in an SBR. Biotechnology and Bioengineering, 2003, 83(6): 706-720

[29] Meinhold J, Arnold E, Isaacs S. Effect of nitrite on anoxic phosphate uptake in biological phosphorus removal activated sludge. Wat. Res, 1999, 33(8): 1871-1883

[30] Janssen P M J, Meinema K, van der Roest H F. Biological phosphorus removal, manual for design and operation. IWA publishing, 2002

[31] Rodriguez L, Villasenor 1, Fernández F J. operational optimisation of pilot scale biological nutrient removal at the ciudad real (Spain) domestic wastewater treatment plant. Water, Air and Soil Pollution, 2004, 152: 279-296.

[32] Donal Mulkerrins, Clodagh Jordan, Sinead McMahon, et al. Evaluation of the parameters affecting nitrogen and phosphorus removal in anaerobic/anoxic/oxic (A/A/O) biological nutrient removal systems. Journal of Chemical Technology and Biotechnology, 2000, 75: 261-268

[33] Peng Yongzhen, Wang Xiaolian, Wu Weimin, et al. Optimization of anaerobic-anoxic-oxic process to improve performance and reduce operating costs. Journal of Chemical and Biotechnology, 2006, 81(8):1391-1397

[34] 王晓莲, 王淑莹, 于德爽等. 强化 A²/O 工艺反硝化除磷性能的运行控制策略. 环境科学学报, 2006, 26(5):722-727

[35] Hu Z R, Wentzel M C, Ekama G A. Anoxic growth of phosphate-accumulating organism (PAOs) in biological nutrient removal activated sludge system. Wat. Res. 2002, 36: 4927-4937

[36] Meinhold J, Arnold E, Isaacs S. Effect of nitrite on anoxic phosphate uptake in biological phosphorus removal activated sludge. Wat. Res, 1999, 33(8): 1871-1883

[37] Yoshitaka M. Effect of the anaerobic solids retention time on enhanced biological phosphorus removal. Wat Sci Tech, 1994, 30(6): 193-202

[38] Terrence M C, Rahul N, Mauricio Z, et al. Changes in anoxic denitrification rate resulting from prefermentatioin of a septic phosphorus-limited wastewater. Wat Environ Res, 2004, 76(1):23-28

[39] Comeau Y, Jall K J, Hancock R E W, Oldham W K. Biochemical model for enhanced biological phosphorus removal. Wat. Res, 1986, 20 (12): 1511-1521

[40] You S J, Shen Y J, Ouyang C F, et al. The effect of residual chemical oxygen demand of anoxic and aerobic phosphate uptake and release with various intracellular polymer levels. Wat. Environ. Res, 2004, 76 (2): 149-154

[41] Meinhold J, Pedersen H, Arnold E, et al. Effect of continuous addition of an organic substrate to the anoxic phase on biological phosphorus removal. Wat Sci Tech, 1998, 38(1): 97-105

[42] Nam H U, Lee J H, KimM C W et al. Enhanced biological nutrients removal using the combined fixed-film reactor with bypass flow. Wat. Res, 2000, 34(5): 1570-1576

[43] Olsson G, Nielsen M, Yuan Z, et al. Steyer Instrumentation, Control and Automation in Wastewater Systems. IWA Publishing, 2005

[44] Yu R, Liaw S, Chang C et al. Applying Real Time Control to Enhance the Performance of Nitrogen Removal in the Continuous-flow SBR system. Wat. Sci. Tech, 1998, 38(3): 271-280

[45] Cho B C, Liaw S L, Chang C N, et al. Development of a Real-time Control Strategy with Artificial Neural Network for Automatic Control of a Continuous-flow Sequencing Batch Reactor. Wat. Sci. Tech, 2001, 44(1): 95-104

[46] Peng Y Z, Gao J F, Wang S Y et al. Use pH and ORP as Fuzzy Control Parameters of Denitrification in SBR Process. Wat. Sci. Tech, 2002, 46(4-5): 131-137

[47] Peng Y Z, Gao J F, Wang S Y et al. Use of pH as Fuzzy Control Parameter for Nitrification under Different Alkalinity in SBR Process. Wat. Sci. Tech, 2003, 47(11): 77-84

[48] 王亚宜，彭永臻，甘一萍. A_2N 反硝化除磷脱氮系统处理生活污水研究. 高技术通讯，2004，1：83-88

[49] 丁彩娟，吉芳英，高小平. A/ASBR 中 PHB 转化与反硝化吸磷的关系研究. 重庆建筑大学学报，2005，27(3)：80-84

[50] 郭海娟，马放，沈耀良. C/N 比对反硝化除磷效果的影响. 环境科学学报，2005，25(3)：367-371

[51] 王春英，隋军，赵庆良. 反硝化聚磷机理试验. 环境污染治理技术与设备，2002，36：65-68

[52] 杨永哲，王蔚蔚，工磊. 反硝化聚磷诱导过程中聚磷速率的变化特性分析. 西安建筑科技大学学报，2003，35(3)：251-257

[53] 高小平，吉芳英，丁彩娟. 好氧段对反硝化除磷系统的影响. 重庆大学学报，2005，28(3)：106-120

[54] 罗宁，罗固源，吉芳英. 利用聚磷菌快速内源反硝化脱氮研究. 重庆环境科学，2003，25

(6): 32-34

[55] 常飞，操家顺，徐续. 泥龄对反硝化除磷脱氮系统效率的研究分析. 水资源保护，2004，(5): 29-32

[56] Jorgensen K S, Pauli A S L. Polyphosphate Accumulation among Denitrifying Bacteria in Activated Sludge. Anaerobic Environ Microbio, 2005, 1: 161-168

[57] Comeau Y, Hall K J, Hancock R E W, et al. Biochemical Model for Enhanced Biological Phosphorus Removal. Wat. Res, 1986, 20(12): 1511-1521

[58] Kuba T, Van Loosdrecht M C M, Heijnen J J, et al. Phosphorus and Nitrogen Removal with Minimal COD Requirement by Integration of Denitrifying Dephosphatation and Nitrification in a two Sludge System. Wat. Res, 1996, 30(7): 1702-1710

[59] Lee D S, Joen C K, Park J M, et al. Biological Nitrogen Removal with Enhanced Phosphate Removal in a SBR Using Single Sludge System. Wat. Res, 2001, 35(1): 3968-3976

[60] Jiang Y F, Wang L, Wang B Z, et al. Biological Nitrogen Removal with Enhanced Phosphate Removal in (AO)2SBR Using Single Sludge System. Journal of Environ. Sci, 2004, 16(6): 1037-1040

[61] Jiang Y F, Wang L, Wang B Z, et al. Characterization Removal Bacteria in an $(AO)_2$SBR System. Journal of Harbin of phosphorus Tnst. of Tech. 2006

[62] 李勇智. 短程生物脱氮和反硝化除磷的基础研究:[博士论文]. 哈尔滨:哈尔滨工业大学，2003

[63] Rowe J J, Yarbrough J M, Rake J B, et al. Nitrite Inhibition of Aerobic Bacteria. Curr. Microbiol, 1979, 2: 51-54

[64] Yarbrough J M, Rake J B, Eagon R G Bacterial Inhibitory Effects of Nitrite: Inhibition of Active Transport, but not of Group Translocation, and of Intracellular Enzymes. Appl. Environ. Microbiol, 1980, 39: 831-834

[65] Mino T, Liu W T, Kurisu F et al. Modeling glycogen—storage and denitrification capability of microorganisms in enhanced biological phosphate removal processes. Water Sci. Technol, 1995, 31: 25-34

[66] Bertanza G. Simultaneous nitrification-denitrification process in extended aeration plants: pilot and real scale experiences. Water Sci. Technol, 1997, 35: 53-61

[67] Morgentoth E, Sherden T, Van Loosdrecht M C M. Aerobic granulation in a sequencing batch reactor. Wat. Res, 1997, 31(12): 3191-3194

[68] 周康群，刘晖，孙彦富，周遗品，刘洁萍. A^2/O工艺缺氧池中反硝化聚磷菌的比例、特性研究及菌株鉴定. 环境污染与防治，2007，29(6):437-442

[69] 王晓莲，王淑莹，彭永臻. A^2/O工艺强化反硝化除磷体系中微生物特性分析. 应用与环境生物学报，2007，13(3):402-407

[70] 田淑媛，李征，王景峰. 厌氧-好氧交替工艺生物除磷及活性污泥特殊染色. 工业用水与废水，2001，32(1):13-15

[71] Luke C. Burow. The physiology of microorganisms in enhanced biological phosphorus re-

moval:[PhD thesis]. Queensland: University of Queensland,2007

[72] Liu W T, Mino T, Nakamura K et al. Glycogen accumulating population and its anaerobic substrate uptake in anaerobic-aerobic activated sludge without biological phosphorus removal. Water Res, 1996, 30: 75-82

[73] Kong Y H, Xia Y, Nielsen J L et al. Nielsen. Ecophysiology of a group of uncultured Gammaproteobacterial glycogen-accumulating organisms in full-scale enhanced biological phosphorus removal wastewater treatment plants. Environmental Microbiology, 2006, 8 (3):479-489

[74] Siegrist H, Gujer W. Nitrogen removal in activated sludge systems including denitrification in secondary clarifiers. Wat. Sci. Tech, 1994, 30(6): 101-111

[75] Ekama G A, Barnard J L,Gunthert F W et al. Secondary settling tanks: theory, modeling, design and operation, IWA Scientic and technical report,NO. 6, 1997

[76] Parker D S, Wahiberg E J,Gerges H Z. Improving secondary clarifier performance and capacity using a structure diagnostic approach. Wat. Sci. Tech, 2000, 41(9): 201-208

[77] Henze M, Dupont R, Grau P,et al. Rising sludge in secondary settlers due to denitrification. Wat. Res, 1993, 27 (2): 231-236

[78] Chavan V P, The influence of denitrification in clarifiers on biological phosphorus removal plant:[Ph. D. Dissertation]. Las Vegas: University of Nevada. 2003

第 4 章　A^2/O 工艺的数学模型与模拟

模型是描述现实系统的一个抽象概念，它反映实际，但又高于实际，有效的模型可以指导实践。活性污泥系统是一个复杂的微生物生态系统，建立其模型有助于描述和理解活性污泥系统的反应过程，对工艺设计提供理论上的技术指导，而且可以通过模拟活性污泥系统的动态变化及其各项水质指标的影响，指导实际生产，进而优化运行。与传统工艺设计相比，模拟技术不仅可以方便地进行工艺设计测算，确定反应池体积、污泥回流量大小、耗氧量、污泥回流量、剩余污泥量等关键技术参数，还能准确地预测各种工况下的出水水质。更重要的是模拟技术能帮助投产运行后的污水处理厂进行实时诊断、优化运行方案[1]。

4.1　A^2/O 工艺反硝化除磷代谢模型

传统活性污泥法生物除磷的典型工艺为 A/O 工艺，因此，生物除磷代谢模型的建立也是基于 A/O 工艺发展起来的。1995 年 IAWQ 专家组推出了活性污泥法 2 号模型(ASM2)，给出了生物除磷数学模型的相关内容，但其中并未涉及反硝化除磷的范畴，并且 ASM2 也没有给出有关 PAO 体内糖原的代谢模式。目前已得到广泛认可的 A/O 法生物除磷模型是由 Smolder 等(1995)提出的[2]。该模型涵盖了 3 个厌氧和 5 个好氧生化反应过程，其中也包含了 PAO 体内糖原的代谢反应模式。这个模型已经被证明能够很好的表述生物除磷过程所涉及的许多复杂的生化反应机理。随后，Delft 科技大学的 Kuba 和 Murnleitner 等基于对 An/A-SBR 反硝化除磷工艺的试验研究，推出了反硝化除磷的代谢模型体系，并给出了相关的化学计量学和动力学参数，从而使人们对反硝化除磷的机理有了更深层次的了解[3,4]。1999 年，以 Henze 为首的 IAWQ 专家组推出了活性污泥法动力学模型 2D(ASM2d)，将反硝化除磷的内容补充到生物除磷的数学模型中，同时也补充了有关细胞体内糖原的代谢过程，从而完善了生物除磷模型体系[5]。反硝化除磷生化代谢模型是在对 A/O 生物除磷模型做出相应的调整和修改基础上提出的，通常被称为 A/A 除磷模型。在 A/O 和 A/A 两种除磷模型中，厌氧环境下的代谢模式基本相同，而后续的好氧或缺氧生化反应阶段只是电子受体发生了变化，因此它们之间存在许多相通之处。

通过对反硝化除磷代谢模式的研究可以更深入地了解废水生物除磷处理过程较深层次的问题，提高人们对于生物除磷体系中反硝化除磷机理的认识，使废水生物处理的设计和运行更加理论化和系统化，进一步促进生物处理设计理论的发展。尽管很多学者已经对 An/A-SBR 反硝化除磷工艺动力学进行了研究，但是对于反硝化除磷脱氮连续流单污泥系统动力学及构建数学模型的研究相关报道很少。为了从理论上分析系统脱氮、除磷及有机物去除的规律，实现对工艺的最优化设计，下面基于 Delft 科技大学和活性污泥法动力学模型 ASM2d 推出反硝化除磷生物化学代谢模型，从生物除磷的计量学和动力学两方面，介绍反硝化除磷过程一系列复杂的生化反应机理，并提出 A^2/O 工艺简化的生物化学模型[6]。

4.1.1　反硝化除磷代谢模型

生物除磷过程的主要生化反应都是基于细胞内贮存物展开的，因此为了较精确的表达除磷代谢模式，必须严格区分活性微生物和细胞内贮存物这两种物质。微生物胞内贮存的多聚合物质（PHB、糖原及聚磷颗粒）在代谢模型的阐述过程中都为独立的成分。细胞干物质中的悬浮物质（SS）可从挥发性悬浮固体物质（VSS）和灰分物质[灰分中 95%为聚磷酸物质[$(KMg)_{1/3}PO_3)_m$]中单独分开。在工艺运行过程中，活性污泥中具有活性部分的量通常为常数，但是细胞内贮存物质（PHB、糖原及聚磷颗粒）在除磷过程中均会发生变化。反硝化除磷代谢模型中未做说明的符号见 ASM2d 模型介绍。

1. 厌氧放磷化学计量学

A/O 和 A/A 工艺在厌氧阶段的生化反应基本相同[7]，主要包括三个反应过程：①乙酸被 PAO 吸收并以 PHB 的形式贮存于细胞内；②聚磷菌分解体内聚磷，并产生能量 ATP；③糖原转变为 PHB 产生 ATP 和 $NADH_2$。为维持生命体在厌氧环境生长，聚磷微生物利用分解聚磷产生的 ATP，同时将正磷酸盐释放到混合液中（表现为磷的释放）。

2. 反硝化吸磷或好氧吸磷化学计量学

好氧或反硝化吸磷的所有反应可以通过 6 个生化反应表述出来，其中 4 个反应过程因为没有涉及电子受体，所以无论是好氧吸磷还是缺氧吸磷，其过程完全相同：①聚磷酸盐的形成；②细胞自身生长和维持（PAO 体内多聚磷酸盐的消耗主要被用于微生物自身的同化作用）；③糖原的形成；④三羧酸循环过程 PHB 的消耗；⑤消耗 $NADH_2$ 产生 ATP；⑥磷的吸收。其中反应过程⑤、⑥依赖于电子受体的类型以及生物膜的扩散作用。就反应过程⑤而言，以 O_2 作为电子受体：

$$NADH_2 + \frac{1}{2}O_2 \rightarrow \delta_0 ATP + H_2O \tag{4-1}$$

以 NO_3^- 作为电子受体：

$$\mathrm{NADH_2} + \frac{2}{5}\mathrm{HNO_3} \rightarrow \frac{1}{5}\mathrm{N_2} + \delta_n \mathrm{ATP} + \frac{6}{5}\mathrm{H_2O} \tag{4-2}$$

对于好氧吸磷系统，Smolders 等给出的 δ_0 值为 1.8[2]；而对于反硝化除磷系统，Kuba 等根据试验结果得到的 δ_n 值为 0.9[3]。

就反应过程⑥而言，由于将系统外的磷酸盐运输到细胞内，需要克服细胞质膜内外的化学渗透浓度梯度(PMF)，这就需要消耗 $NADH_2$ 产生能量。

当以 O_2 作为电子受体时：

$$\varepsilon_0 \mathrm{H_3PO_{4(out)}} + \mathrm{NADH_2} + \frac{1}{2}\mathrm{O_2} \rightarrow \varepsilon_n \mathrm{H_3PO_{4(in)}} + \mathrm{H_2O} \tag{4-3}$$

当以 NO_3^- 作为电子受体：

$$\varepsilon_0 \mathrm{H_3PO_{4(out)}} + \mathrm{NADH_2} + \frac{2}{5}\mathrm{HNO_3} \rightarrow \varepsilon_n \mathrm{H_3PO_{4(in)}} + \frac{1}{5}\mathrm{N_2} + \frac{6}{5}\mathrm{H_2O} \tag{4-4}$$

对于好氧吸磷系统，Smolders 等给出 ε_0 的推荐值为 7[2]；而对于反硝化除磷系统，可以通过 Kuba 等推导出的公式计算求得[3]：

$$\varepsilon_n = \varepsilon_0 \times \frac{\delta_n}{\delta_0} \tag{4-5}$$

4.1.2 反硝化除磷动力学

1. 厌氧放磷动力学

厌氧环境中对乙酸盐的降解速率为：

$$r_{\mathrm{Ac}} = q_{\mathrm{Ac}}^{\max} \times \frac{C_{\mathrm{Ac}}}{C_{\mathrm{Ac}} + K_{\mathrm{Ac}}} \times C_x \times [1 - C_{\mathrm{NO_3}}/(C_{\mathrm{NO_3}} + K_{\mathrm{NO_3}})] \tag{4-6}$$

式中：r_{Ac}为乙酸降解速率；$q_{\mathrm{Ac}}^{\max}$为乙酸的最大比降解速率；C_{Ac}为乙酸盐浓度；C_x 为活性污泥浓度；$C_{\mathrm{NO_3}}$ 为硝酸盐浓度；K_{Ac}为乙酸盐饱和常数；$K_{\mathrm{NO_3}}$ 为硝酸盐饱和常数。

对于好氧吸磷工艺，Smolders 等给出的 $q_{\mathrm{Ac}}^{\max}$ 值为 0.4mmolC/(mmolC MLSS · h)[2]。而在缺氧吸磷系统中，Kuba 等给出的值为 0.2mmolC/(mmolC MLSS · h)[3]。在随后的过程中，多采用两者的平均值(0.3)，该值可在缺氧和好氧吸磷反应中通用。Kuba 给出的 K_{Ac}和 $K_{\mathrm{NO_3}}$ 值分别为 1.0mmolC/L 和 0.05mmolNO_3^-/L。

微生物为维持自身的生长，其放磷反应动力学为：

$$r_{\mathrm{p}}^{\mathrm{anaerobic}} = m_{\mathrm{p}}^{\mathrm{anaerobic}} \times C_x[C_{\mathrm{NO_3}}/(C_{\mathrm{NO_3}} + K_{\mathrm{NO_3}})] \tag{4-7}$$

式中：$r_{\mathrm{p}}^{\mathrm{anaerobic}}$ 为磷释放速率；$m_{\mathrm{p}}^{\mathrm{anaerobic}}$ 为磷的最大比释放速率。

在厌氧条件下，微生物维持自身生长的能量来自体内聚磷颗粒的分解。因此，微生物在厌氧条件下维持自身生长的内源代谢速率可以通过磷的二次释放速率来获得，Kuba 等推荐该过程的 $m_p^{anaerobic}$ 值为 0.0025mmolP/(mmolC MLSS · h)[8]。

在动力学方程的研究过程中，引入了开关函数。式(4-6)、式(4-7)中中括号内的项：$C_x/(C_x+K_x)$ 即为开关函数项。在开关函数中 K_x 通常是个较小值。当 C_x 浓度较大时，该开关函数值趋近 1，表示微生物在含有 C_x 环境中的反应动力学符合 Monod 方程；当 C_x 浓度较小时，该开关函数值趋于零，表示微生物生长因 C_x 浓度低而难以进行。例如，在好氧条件下，C_{NO_3} 浓度很低，因硝态氮的开关函数值为零，故缺氧反应动力学无法进行。

2. 缺氧吸磷动力学

在缺氧条件下，微生物细胞的合成、磷的吸收及糖原的合成这三个动力学方程如式(4-8)、式(4-9)和式(4-10)所示，同时还定义了一个微生物菌溶系数式(4-11)。PHB 和硝态氮在缺氧条件下的变化速率可以通过式(4-8)、式(4-9)和式(4-10)三个动力学方程计算得到。

(1) 微生物净增殖动力学方程：

$$r_x^{denitri}=k_x\times f_{PHB}\times C_x\times C_{NO_3}/(C_{NO_3}+K_{NO_3}) \tag{4-8}$$

式中：$r_x^{denitri}$ 为微生物厌氧增殖速率；K_x 为微生物合成的速率常数；k_x 的推荐值为 0.05molC/(molC MLSS · h)；f_{PHB} 表示胞内 PHB 的量占污泥中活性部分数量的比值，即 mmolCPHB/mmolCMLSS。

(2) 磷的吸收动力学方程：

$$\begin{aligned}r_{pp}^{denitri}=&k_{pp}\times f_p/(C_p+K_p)\times(1-f_{pp}/f_{pp}^{max})\times(f_{PHB})^{\frac{1}{3}}\\&\times C_x\times C_{NO_3}/(C_{NO_3}+K_{NO_3})\end{aligned} \tag{4-9}$$

式中：$r_{pp}^{denitri}$ 为缺氧吸磷速率；k_{pp} 为聚磷颗粒的合成速率常数，取值 0.1 molP/(molC · h)；K_p 为吸磷 / 聚磷颗粒合成饱和常数，取值 0.1 mmolP/L；f_{pp}^{max} 为胞内 PHB 的量占污泥中活性部分数量的最大比值，取值 0.3 molP/molC；f_{pp} 为胞内聚磷颗粒的量占污泥中活性部分数量的比值。

方程中的指数表示与 PHB 的表面积有关，1/3 代表细胞体内 PHB 颗粒的比表面积。当 f_{PHB} 增加 2 倍，则比表面积值增加 $2^{\frac{1}{3}}$。

(3) 糖原的合成动力学方程：

$$r_{gl}^{denitri}=k_{gl}\times(f_{gl}^{max}-f_{gl})\times C_x\times\frac{C_{NO_3}}{(C_{NO_3}+K_{NO_3})} \tag{4-10}$$

式中：$r_{gl}^{denitri}$ 为缺氧条件下糖原的合成速率；k_{gl} 为糖原合成速率常数，取 0.8molC/(molC-MLSS · h)；f_{gl}^{max} 为胞内糖原的量占污泥中活性部分数量的最大比值；f_{gl} 为胞内糖原的量占污泥中活性部分数量的比值。f_{gl}^{max} 为 0.3molC/(molC-MLSS · h)。

(4) 缺氧条件下PHB的转化速率：

在研究过程中，假设没有发生$NADH_2$和ATP的净积累量，有关PHB所有在缺氧条件下的化学计量学方程(r_{PHB})能够利用3个PHB的产率系数($1/Y_{PHB\text{-}x}$、$1/Y_{PHB\text{-}pp}$、$1/Y_{PHB\text{-}gl}$)及一个微生物生长消耗的PHB速率(m_{PHB})，通过下式来表示：

$$-r_{PHB}=(1/Y_{PHB\text{-}x})\times r_x+(1/Y_{PHB\text{-}pp})\times r_{pp}+(1/Y_{PHB\text{-}gl})\times r_{gl}+m_{PHB}\times C_x \tag{4-11}$$

式中，r_{PHB}为缺氧条件下PHB的转变速率；$1/Y_{PHB\text{-}x}$为微生物合成PHB的产率系数；$1/Y_{PHB\text{-}pp}$为聚磷颗粒合成PHB的产率系数；$1/Y_{PHB\text{-}gl}$为糖原合成PHB的产率系数；m_{PHB}为微生物同化作用所需要的PHB量。

$$1/Y_{PHB\text{-}x}=(0.635+2.2425\delta_n+k)/(2.25\delta_n+0.5)$$

$$1/Y_{PHB\text{-}pp}=(\delta_n/\varepsilon_n+\alpha_3)/(2.25\delta_n+0.5)$$

$$1/Y_{PHB\text{-}gl}=(2\delta_n+1.50)/(2.25\delta_n+0.5)$$

$$m_{PHB}=m_{ATPn}/(2.25\delta_n+0.5)$$

式(4-11)给出了生物增长(r_x)、聚磷酸盐和糖原合成r_{pp}和r_{gl}以及微生物同化作用(m_{ATP})所需要的PHB量；产率系数分别由除磷代谢模式中的系数δ_n、k、α_3、ε_n和m_{ATPn}表示；k表示合成单位molC-MLSS所要消耗的ATP量，Smolders等给出的值为1.5molATP/molC-MLSS；α_3表示合成单位聚磷所需要的ATP量，Smolders所得到的$\alpha_3=1$；菌溶系数在生化代谢模型中被定义为m_{ATP}，它表示在微生物同化过程中ATP的比消耗率。式中r_x、r_{pp}和r_{gl}可由式(4-8)、(4-9)和(4-10)计算得到。

(5) 缺氧条件下硝态氮的转化速率(反硝化速率)

同样，在化学计量学中，缺氧条件下NO_3^-的变化速率能够利用NO_3^-的产率系数($1/Y_{PHB\text{-}x}$、$1/Y_{PHB\text{-}pp}$、$1/Y_{PHB\text{-}gl}$)及一个微生物同化作用速率(m_{NO_3})表示：

$$-r_{NO_3}=(1/Y_{NO_3\text{-}x})\times r_x+(1/Y_{NO_3\text{-}pp})\times r_{pp}+(1/Y_{NO_3\text{-}gl})\times r_{gl}+m_{NO_3}\times C_x \tag{4-12}$$

式中，r_{NO_3}为硝态氮的转变速率；$1/Y_{NO_3\text{-}x}$为微生物合成硝态氮的产率系数；$1/Y_{NO_3\text{-}pp}$为聚磷颗粒合成硝态氮的产率系数；$1/Y_{NO_3\text{-}gl}$为糖原合成硝态氮的产率系数；m_{NO_3}为微生物同化作用所需要的硝态氮量。

$$1/Y_{NO_3\text{-}x}=(0.123+0.9k)/(2.25\delta_n+0.5)$$

$$1/Y_{NO_3\text{-}pp}=(0.9\delta_n/\varepsilon_n+0.9\alpha_3)/(2.25\delta_n+0.5)$$

$$1/Y_{NO_3\text{-}gl}=0.95/(2.25\delta_n+0.5)$$

$$m_{NO_3}=0.9m_{ATPn}/(2.25\delta_n+0.5)$$

式中的系数(δ_n、k、α_3、ε_n)和菌溶系数m_{ATPn}在好氧和缺氧环境下的意义相似，但它们在缺氧条件下的值通常为好氧条件下的4/5。

(6) 微生物的内源代谢作用动力学方程：

$$r_{\text{anoxic}} = m_{NO_3} \times C_x \times C_{NO_3}/(C_{NO_3} + K_{NO_3}) \tag{4-13}$$

式中，r_{anoxic} 为缺氧条件下微生物内源代谢速率。

Kuba 等计算出的 m_{NO_3} 值为 0.0036molC/(molCMLSS · h)[8]。

4.1.3　A²/O 反硝化除磷工艺动力学模式

前述介绍的反硝化除磷动力学都是建立在 A/A-SBR 型反硝化除磷工艺的研究基础上。对于 A²/O 连续流的反硝化除磷单污泥系统，由于其作用机理比较复杂，很难建立一种具有清晰生物学意义和解析解的理论模型。从 A/A-SBR 反硝化除磷过程的动力学方程可知，反硝化除磷生化代谢过程涉及许多有关细胞内贮存物(如 PHB、PolyP 和糖原等)的代谢过程，由于未对这些细胞内物质进行测量，所以下面建立的 A²/O 反硝化除磷脱氮动力学对这些细胞内物质的代谢不作探讨，各底物去除动力学的建立主要基于莫诺特(Monod)方程提出[6]。

1. A²/O 系统中各反应池的物料平衡方程

A²/O 系统中的主体生物反应器为厌氧池、缺氧池及好氧池，因此，建立动力学模型时，将这三个反应池视为独立的、完全混合式的生物反应器进行考察。图 4-1 为 A²/O 系统的物料平衡图。在建立各生物反应器的物料平衡方程时，先暂不考虑具体的底物，即方程式适用于系统中的所有底物。

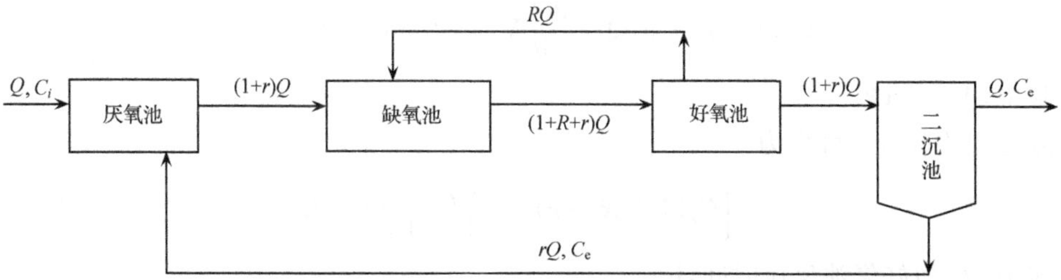

图 4-1　A²/O 系统的物料平衡

建立物料平衡方程的假设条件包括：①整个处理系统是在稳定状态下运行的；②进入生物反应器内废水中的基质均为溶解性的，出水中不含微生物群体；③微生物在二沉池中没有活性，不进行代谢活动；④二沉池中污泥没有累积，且固液分离良好；⑤各生物反应器内的物料是完全混合的，即反应器内各质点的底物降解速率是一个常数；⑥不考虑由于微生物同化作用引起的底物浓度的变化；⑦进水中不含硝态氮，基质充足，能生物降解。

(1) 厌氧池物料平衡：

$$C_iQ + C_eRQ + \frac{dC_{an}}{dt}V_{an} = C_{an}(1+r)Q \tag{4-14}$$

其中，$V_{an} = Qt_{an}$

故方程式(4-14)可变为：

$$C_{an} = \left(C_i + C_er + \frac{dC_{an}}{dt}t_{an}\right)/(1+r) \tag{4-15}$$

式中：C_i 为原污水中有机底物浓度，mg/L；C_e 为处理水中有机底物浓度，mg/L；C_{an} 为厌氧池出水有机底物浓度，mg/L；Q 为处理水流量，m^3/d；r 为污泥回流比；V_{an} 为厌氧池容积，m^3；t_{an} 为厌氧池反应时间，h。

(2) 缺氧池物料平衡：

$$C_{an}(1+r)Q + C_pRQ + \frac{dC_{(a)}}{dt}V_{(a)} = C_{(a)}(1+R+r)Q \tag{4-16}$$

其中，$V_a = Qt_a$

故方程式(4-16)可变为：

$$C_a = \left[C_{an}(1+r) + C_pR + \frac{dC_a}{dt}t_a\right]/(1+R+r) \tag{4-17}$$

式中：C_a 为缺氧池出水有机底物浓度，mg/L；C_p 为好氧池出水有机底物浓度，mg/L；t_a 为缺氧池反应时间，h。

(3) 好氧池物料平衡：

$$C_a(1+R+r)Q + \frac{dC_p}{dt}V_p = C_p(1+R+r)Q \tag{4-18}$$

其中，$V_p = Qt_p$

故方程式(4-18)可变为：

$$C_p = \left[C_a(1+R+r) + \frac{dC_p}{dt}t_p\right]/(1+R+r) \tag{4-19}$$

式中：t_p 为好氧池反应时间，h。

2. COD 去除动力学模式

在 A²/O 反硝化除磷工艺中，厌氧池、缺氧池及好氧池都可能发生对 COD 的去除作用，故 COD 的去除较复杂。但区别于传统的脱氮原理，在 A²/O 反硝化除磷系统中，缺氧池利用的反硝化碳源是聚磷菌体内的内碳源，实际利用的外碳源相对来说数量比较少，因此，COD 去除动力学推导过程不考虑缺氧池对 COD 的去除。同时，由于好氧池去除的 COD 量非常小，大部分情况下，不发生对有机物的吸收降解作用，故忽略其对 COD 降解的贡献作用。

进水中有机物主要通过三种途径去除：①大部分易降解有机物被聚磷菌吸收，

合成细胞内贮存物质 PHB;②回流污泥中可能存在残留的硝态氮被回流至首端厌氧池将会利用少量易降解有机物进行快速的反硝化反应;③一部分有机物质被活性污泥降解后,在厌氧池没有去除,进入缺氧池后,通过慢速的反硝化脱氮反应去除。

由于厌氧池在 A^2/O 反硝化除磷系统中的主流功能是吸收有机物质合成 PHB 进行放磷反应,其他两途径去除的 COD 含量只占到很小的部分,因此,在推导动力学模型时,不考虑后两个途径对 COD 的去除作用。

因为城市污水属于低底物污水,故其有机物降解遵循一级反应,即有:

$$\frac{dC_{an}}{dt} = -K_{COD\text{-}an}X_{an}C_{an} \tag{4-20}$$

式中:C_{an} 为反应 t 时间后剩余的有机物浓度,mg/L;X_{an} 为厌氧池污泥浓度,mg/L;$K_{COD\text{-}an}$ 为厌氧池 COD 去除速率常数,L/(g · h)。

根据厌氧池物料平衡方程(4-14),整理可得:

$$-\frac{dC_{an}}{dt} = Q[(C_i - C_{an}) + r(C_e - C_{an})]/V_{an} \tag{4-21}$$

在运行稳定条件下,完全混合生物反应器有机底物降解速率是一个常数,其值为式(4-20)所示,将式(4-20)代入式(4-21)得:

$$\begin{aligned} Q[(C_i - C_{an}) + r(C_e - C_{an})]/X_{an}V_{an} &= [(C_i - C_{an}) + r(C_e - C_{an})]/X_{an}t_{an} \\ &= K_{COD\text{-}an}C_{an} \end{aligned} \tag{4-22}$$

根据多次试验数据(见表 4-1),利用式(4-22)就可以拟合求得厌氧段 COD 去除速率常数 $K_{COD\text{-}an} \approx 0.000\ 464$L/(g · h)。将求得的 $K_{COD\text{-}an}$ 代入式(4-22),整理得到:

$$C_{an} = \frac{C_i + rC_e}{0.000\ 464X_{an}t_{an} + 1 + r} \tag{4-23}$$

表 4-1　A^2/O 系统厌氧池 COD 吸收速率常数 $K_{COD\text{-}an}$ 计算

运行时间	C_i /(mg/L)	C_{an} /(mg/L)	C_e /(mg/L)	t_{an} /h	X_{an} /(mg/L)	r /%	$K_{COD\text{-}an}$ /[L/(g · h)]
第 60 天	346	81.9	19.7	1.6	3688	60	0.000 469
第 65 天	387.5	90.7	19.7	1.6	3589	60	0.000 488
第 70 天	332.2	79.1	21.4	1.6	3540	60	0.000 488
第 74 天	365.1	88.6	20.4	1.6	3817	60	0.000 435
第 77 天	345.6	84.9	20.3	1.6	3800	60	0.000 43
第 79 天	318.6	75.9	19.6	1.6	3613	60	0.000 476
平均值							0.000 464

当已知进水和出水有机物浓度、厌氧活性污泥浓度、厌氧反应时间以及污泥回流比，就可以推算出厌氧池出水 COD。同时，如果已知进水、厌氧段出水 COD 及其他相关参数值，也可以根据下式计算出最后出水的 COD：

$$C_e = \frac{(0.000\ 464X_{an}t_{an} + 1 + r)C_{an} - C_i}{r} \tag{4-24}$$

3. 磷去除动力学模式

对磷浓度变化产生影响的反应池分别为：厌氧池放磷、缺氧池缺氧吸磷及好氧池好氧吸磷。

(1) 厌氧池放磷

厌氧池磷的去除与水中有机物的去除呈对应关系，则有：

$$\frac{\mathrm{d}P_{an}}{\mathrm{d}t} = -K_{p\text{-}COD}\frac{\mathrm{d}C_{an}}{\mathrm{d}t} \tag{4-25}$$

式中：$K_{p\text{-}COD}$为厌氧池放磷量与进水 COD 浓度的比例常数。

将式(4-25)和式(4-21)代入到厌氧池物料平衡方程(4-14)，得：

$$\frac{\mathrm{d}P_{an}}{\mathrm{d}t} = -K_{p\text{-}COD}\frac{\mathrm{d}C_{an}}{\mathrm{d}t} = Q[(P_i - P_{an}) + r(P_e - P_{an})]/V_{an}$$

$$= K_{p\text{-}COD}K_{COD\text{-}an}X_{an}C_{an} \tag{4-26}$$

$$P_{an} = (P_i + rP_e - K_{P\text{-}COD}K_{COD\text{-}an}X_{an}C_{an}t_{an})/(1 + r) \tag{4-27}$$

根据多组试验数据(见表 4-2)，可求得 $K_{p\text{-}COD} \approx 0.202$ L/(g·h)。

从式(4-27)可以看出，如果已知进水磷浓度 P_i，厌氧池磷浓度 P_{an}及厌氧段 COD 浓度 C_{an}，可推导求出最后的出水磷浓度 P_e。

表 4-2 A²/O 系统厌氧池放磷量与进水 COD 的比例常数 $K_{p\text{-}COD}$的计算

运行时间	P_i /(mg/L)	P_{an} /(mg/L)	P_e /(mg/L)	t_{an} /h	X_{an} /(mg/L)	r /%	C_{an} /(mg/L)	$K_{p\text{-}COD}$ /[L/(g·h)]
第 60 天	5.74	31.23	0.32	1.6	3688	60	81.9	0.196
第 65 天	6.86	33.91	0.5	1.6	3589	60	90.7	0.195
第 70 天	6.95	34.86	0.57	1.6	3540	60	79.1	0.233
第 74 天	6.36	32.86	0.46	1.6	3817	60	88.6	0.183
第 77 天	5.83	31.95	0.32	1.6	3800	60	84.9	0.188
第 79 天	5.54	31.15	0.29	1.6	3613	60	75.9	0.217
平均值								0.202

(2) 缺氧池聚磷污泥的反硝化吸磷动力学

根据反硝化吸磷动力学可知，聚磷菌反硝化吸磷速率主要由胞内贮存的 PHB

量、混合液 NO_3^--N 和 PO_4^{3-}-P 浓度等因素决定。研究认为缺氧池电子受体充足，因此可以忽略缺氧池中由于 NO_3^--N 不足而引起的对吸磷的抑制性作用。此时，缺氧吸磷主要由聚磷菌体内的 PHB 量以及溶液浓度当中 PO_4^{3-}-P 浓度来决定，但是试验过程中未测定聚磷微生物细胞内 PHB 的量，又 PHB 的含量与厌氧段进水 COD 有关，并且可以通过厌氧段有效释磷浓度来间接反应出来。因此，在探讨缺氧吸磷动力学时，采用污水中 PO_4^{3-}-P 浓度来建立一级反应动力学。

$$\frac{dP_a}{dt}=-K_aP_aX_a \tag{4-28}$$

式中，K_a 为缺氧池磷吸收速率常数，L/(g · h)；P_a 为缺氧池磷浓度，mg/L；X_a 为缺氧池污泥浓度，mg/L。

将式(4-28)代入式(4-16)整理可得：

$$P_{an}(1+r)+P_eR-K_aP_aX_at_a=P_a(1+R+r) \tag{4-29}$$

式中，t_a 为缺氧池停留时间，h；P_p 为好氧池出水磷浓度，mg/L，与出水磷浓度 P_e 相同。

由式(4-29)可求得：

$$P_a=\frac{P_{an}(1+r)+P_eR}{1+R+r+K_aX_at_a} \tag{4-30}$$

将试验数据代入式(4-30)，可以求得在本试验条件下，缺氧池吸磷速率常数 $K_a\approx0.001\ 28$ L/(g · h)。在已知厌氧池磷浓度 P_{an} 的条件下，根据式(4-30)，就可以求出相应的缺氧池出水磷浓度 P_a。

表 4-3　A^2/O 系统缺氧吸磷速率常数 K_a 的计算

运行时间	P_{an} /(mg/L)	P_a /(mg/L)	P_e /(mg/L)	t_a /h	X_a /(mg/L)	r /%	R /%	K_a /[L/(g · h)]
第 60 天	31.23	4.01	0.32	1.6	3615	60	300	0.0014
第 65 天	33.91	4.55	0.5	1.6	3880	60	300	0.001 23
第 70 天	34.86	5.02	0.57	1.6	3589	60	300	0.001 19
第 74 天	32.86	4.38	0.46	1.6	3900	60	300	0.001 24
第 77 天	31.95	4.99	0.32	1.6	3856	60	300	0.000 95
第 79 天	31.15	3.45	0.29	1.6	3720	60	300	0.0017
平均值								0.001 28

(3) 好氧池好氧吸磷动力学

好氧吸磷过程是以 O_2 作为氧化聚磷菌体内 PHB 的电子受体，从而将混合液中的正磷酸盐以聚磷颗粒的形式贮存于体内。好氧吸磷过程的两个限制性因素为 DO 和 PHB 的含量，由于在好氧池中，供氧量是充足的，故吸磷速率主要由 PHB

量来决定，因此，与建立缺氧池反硝化吸磷动力学方程相似，可以采用溶液中磷的浓度来建立一级反应动力学方程式：

$$\frac{dP_p}{dt} = -K_p X_p P_p \tag{4-31}$$

式中，K_p 为好氧池磷吸收速率常数，L/(g · h)；P_p 为好氧池出水磷浓度，mg/L；P_e 为系统出水磷浓度，mg/L；X_p 为好氧池活性污泥浓度，mg/L；
又因 $P_p \approx P_e$

将式(4-31)代入好氧池的物料平衡方程(4-18)，可以得到好氧池好氧吸磷动力学方程为：

$$P_e \approx P_p = \frac{P_a(1+R+r)}{1+R+r+K_p X_p t_p} \tag{4-32}$$

式中，t_p 为好氧池反应时间，h。

根据表 4-4 提供的数据，可以计算出好氧池好氧磷吸收速率常数 $K_p \approx$ 0.002 61L/(g · h)。在已知缺氧池磷浓度 P_a 的条件下，根据式(4-32)，可以求出相应的最后出水磷浓度 P_e。

表 4-4　A^2/O 系统好氧吸磷速率常数 K_p 的计算

运行时间	P_a /(mg/L)	P_e /(mg/L)	t_p /h	X_p /(mg/L)	r /%	R /%	K_p /[L/(g · h)]
第 60 天	4.01	0.32	4.8	3680	60	300	0.003 00
第 65 天	4.55	0.5	4.8	3720	60	300	0.002 09
第 70 天	5.02	0.57	4.8	3615	60	300	0.002 07
第 74 天	4.38	0.46	4.8	3809	60	300	0.002 14
第 77 天	4.99	0.32	4.8	3923	60	300	0.003 57
第 79 天	3.45	0.29	4.8	3756	60	300	0.002 78
平均值							0.002 61

4. NO_3^--N 去除(反硝化)动力学模式

NO_3^--N 主要是在缺氧池由反硝化聚磷微生物通过反硝化吸磷过程去除的。通常情况下，污水处理系统中 NO_2^--N 的积累很少，因此可以认为反硝化是一步反应，即 $NO_3^- \rightarrow N_2$。

NO_3^--N 积累的动力学关系数学表达式为：

$$\mu_{DN} = (\mu_{max})_{DN}\left(\frac{C_{NO_3}}{K_{DN}+C_{NO_3}}\right) \tag{4-33}$$

式中，μ_{DN} 为反硝化菌的比增长速率，d^{-1}；$(\mu_{max})_{DN}$ 为反硝化菌的最大比增长速率，

d^{-1}；K_{DN} 为硝酸盐饱和常数，20℃ 时取 0.06 ～ 2mg/L，可取 0.1mg/L（NO_3^--N）。

因为 K_{DN} 值较小，故反硝化速率遵循零级动力学关系，即有

$$\frac{dC_{NO_3}}{dt} = -K_{NO_3} X_a \tag{4-34}$$

将式(4-34)代入缺氧池平衡式(4-16)可得：

$$C_{NO_{3an}}(1+r) + C_{NO_{3p}} R - K_{NO_3} X_a t_a = C_{NO_{3a}}(1+R+r) \tag{4-35}$$

式中，$C_{NO_{3an}}$ 为厌氧池 NO_3^--N 浓度，mg/L；$C_{NO_{3p}}$ 为好氧池 NO_3^--N 浓度，mg/L；$C_{NO_{3a}}$ 为缺氧池 NO_3^--N 浓度，mg/L；K_{NO_3} 为反硝化速率常数，L/(g · h)。
在稳定运行条件下，通常厌氧池中 NO_3^--N 浓度为零，因此式(4-35)可变为：

$$C_{NO_{3a}} = \frac{C_{NO_{3p}} R - K_{NO_3} X_a t_a}{1+R+r} \tag{4-36}$$

根据相应的运行结果数据，对应不同的 $C_{NO_{3an}}$、$C_{NO_{3p}}$、$C_{NO_{3a}}$ 值进行拟合，就可以求出特定温度下缺氧池反硝化速率常数 K_{NO_3}。计算方法见表 4-5，最后求得 $K_{NO_3} \approx$ 0.005 29 L/(g · h)。

表 4-5　A^2/O 系统缺氧池反硝化速率常数 K_{NO_3} 的计算

运行时间	$C_{NO_{3p}}$ /(mg/L)	$C_{NO_{3a}}$ /(mg/L)	t_a /h	X_a /(mg/L)	r /%	R /%	K_{NO_3} /[L/(g · h)]
第 60 天	13.05	1.13	1.6	3680	60	300	0.005 87
第 65 天	14.64	1.2	1.6	3720	60	300	0.006 19
第 70 天	11.3	0.82	1.6	3615	60	300	0.005 25
第 74 天	10.19	1.19	1.6	3809	60	300	0.004 02
第 77 天	13.13	0.85	1.6	3923	60	300	0.005 75
第 79 天	10.27	0.65	1.6	3756	60	300	0.004 67
平均值							0.005 29

5. 氨氮去除动力学模式

氨氮的去除主要发生在好氧池中，所以主要探讨好氧池中氨氮的动力学模型。硝化作用是由两种不同的硝化菌分两步完成的。亚硝化细菌将 NH_4^+ 氧化为 NO_2^-，而硝化菌继续氧化 NO_2^- 为 NO_3^-。因为亚硝化菌的生长速率小于硝化菌的生长速率，所以在稳定状态下，亚硝酸盐的积累量很少，因此，亚硝化反应过程被认为是氨氮去除的速率限制步骤。由于仅有一类微生物（硝化菌）利用单一底物参与硝化作用，因此硝化作用符合 Monod 关系的基本条件，而氨氮的氧化去除速率与亚硝化细菌的增殖速率和产率系数有直接的关系，因此氨氮的氧化速率与亚硝化菌的增长速率之间，存在以下关系：

$$r_{\mathrm{N}}=\frac{\mu_{\mathrm{N}}}{Y_{\mathrm{N}}}=r_{\mathrm{N,max}}\frac{N}{K_{\mathrm{N}}+N} \tag{4-37}$$

式中，r_{N} 为氨氮比氧化速率，$mgNH_4^+$-N/(mgVSS·d)；$r_{\mathrm{N,max}}$ 为氨氮最大比氧化速率，$mgNH_4^+$-N/(mgVSS·d)；μ_{N} 为亚硝化菌的比增殖速度，d^{-1}；Y_{N} 为亚硝化菌产率系数，mgVSS /$mgNH_4^+$-N；K_{N} 为饱和常数，mg/L；N 为 NH_4^+-N 浓度，mg/L。

根据式(4-18)给出的好氧池的物料平衡方程式可得到好氧池氨氮的物料平衡数学关系式为：

$$N_{\mathrm{a}}(1+R+r)Q+\frac{\mathrm{d}N_{\mathrm{p}}}{\mathrm{d}t}V_{\mathrm{p}}=N_{\mathrm{p}}(1+R+r)Q \tag{4-38}$$

式中：N_{a} 为缺氧池 NH_4^+-N浓度，mg/L；N_{p} 为好氧池 NH_4^+-N浓度，mg/L；$\frac{\mathrm{d}N}{\mathrm{d}t}$ 为氨氮氧化速率，mg/(L·h)；V_{p} 为好氧池体积，L。

底物的比降解速率，按物理意义考虑，可有：

$$r_{\mathrm{N}}=-\frac{1}{X_{\mathrm{r}}}\frac{\mathrm{d}N}{\mathrm{d}t} \tag{4-39}$$

式中，X_{r} 为混合液中活性污泥总量，mg；

$$X_{\mathrm{r}}=X_{\mathrm{p}}V_{\mathrm{p}} \tag{4-40}$$

式中，X_{p} 为好氧池活性污泥浓度，mg/L。

将式(4-37)、式(4-39)和式(4-40)代入式(4-38)，整理可得到：

$$N_{\mathrm{a}}(1+R+r)Q-r_{\mathrm{N,max}}\frac{N_{\mathrm{p}}}{K_{\mathrm{N}}+N_{\mathrm{p}}}X_{\mathrm{p}}V_{\mathrm{p}}=N_{\mathrm{p}}(1+R+r)Q \tag{4-41}$$

令，氨氮最大氧化去除速度 $\nu_{\mathrm{N,max}}=r_{\mathrm{N,max}}X_{\mathrm{p}}$，则式(4-41)变为：

$$N_{\mathrm{a}}(1+R+r)-\nu_{\mathrm{N,max}}\frac{N_{\mathrm{p}}}{K_{\mathrm{N}}+N_{\mathrm{p}}}t_{\mathrm{p}}=N_{\mathrm{p}}(1+R+r) \tag{4-42}$$

通常认为温度与饱和常数的关系可由下面的经验公式来求得：

$$K_{\mathrm{N}}=10^{(0.051T-1.158)}$$

式中，T 为运行温度，℃。

根据相应的运行结果数据，对应不同的 N_{a}、N_{p} 值进行就可以求出特定温度下的 K_{N} 和 $\nu_{\mathrm{N,max}}$。计算方法见表 4-6，最后求得氨氮最大氧化去除速度 $\nu_{\mathrm{N,max}}\approx$ 55.31 mg/(L·h)。

反硝化除磷与传统的好氧除磷的生化反应机理非常相似，两种除磷模式的许多化学计量学和动力学方程都可以通用；好氧除磷动力学所涉及的一部分参数同时也适用于反硝化除磷动力学；但两者最大的区别就是氧化单位 $NADH_2$ 所吸收的磷酸盐量(P/ $NADH_2$)不同。引起两者 P/$NADH_2$ 值不同的最根本原因在于：以氧气作为电子受体和以硝态氮作为电子受体，消耗单位 $NADH_2$ 所产生的 ATP

量不同。An/A-SBR 反硝化除磷系统中，测得该值为 1.0molATP/$NADH_2$，此值较 An/A-SBR 型好氧吸磷系统降低了 40%左右。

表 4-6　A^2/O 系统好氧池氨氮最大氧化去除速率 $\nu_{N,max}$ 的计算

运行时间	N_a /(mg/L)	N_p /(mg/L)	t_p /h	r /%	R /%	T /℃	K_N /(mg/L)	$\nu_{N,max}$ /[mg/(L·h)]
第 60 天	16.75	0.23	4.8	60	300	22	0.92	79.16
第 65 天	14.75	0.77	4.8	60	300	22.3	0.95	29.93
第 70 天	9	0.28	4.8	60	300	21.8	0.9	35.23
第 74 天	14	0.63	4.8	60	300	22.2	0.94	31.93
第 77 天	13.5	0.2	4.8	60	300	22.5	0.98	75.2
第 79 天	12.25	0.15	4.8	60	300	21.7	0.89	80.4
平均值								55.31

通过对 A^2/O 反硝化除磷脱氮工艺动力学分析，推导出 A^2/O 反硝化除磷脱氮系统的动力学方程，并经过试验数据分析，求解出适合于 A^2/O 反硝化除磷脱氮这一工艺的动力学参数，在此基础上建立的系统去除污染物的动力学模型如下所示：

(1) COD 去除动力学

厌氧池　$$C_{an} = \frac{C_i + rC_e}{0.000\,464X_{an}t_{an} + 1 + r}$$

(2) TP 去除动力学

厌氧池　$$P_{an} = (P_i + rP_e - 0.000\,094X_{an}C_{an}t_{an})/(1 + r)$$

缺氧池　$$P_a = \frac{P_{an}(1 + r) + P_eR}{1 + R + r + 0.001\,28X_at_a}$$

好氧池　$$P_e \approx P_p = \frac{P_a(1 + R + r)}{1 + R + r + 0.002\,61X_pt_p}$$

(3) 反硝化动力学

缺氧池　$$C_{NO_{3a}} = \frac{C_{NO_{3p}}R - 0.005\,29X_at_a}{1 + R + r}$$

(4) 氨氮去除动力学

好氧池　$$N_a(1 + R + r) - 55.31\frac{N_p}{10^{(0.051T-1.158)} + N_p}t_p = N_p(1 + R + r)$$

4.2　TUD 联合模型在 A²/O 工艺的应用

1982 年，国际水污染研究与控制协会（IWAPRC）①成立了活性污泥法数学模型研究课题组，于 1987 年推出了活性污泥 1 号模型（ASM 1）。随着 IWA 相继又推出了活性污泥 2 号模型（ASM2），2 号 D 模型（ASM2d）和 3 号模型（ASM3）。在对聚磷菌（PAOs）内部代谢机理逐渐了解和认识的基础上，描述包括反硝化除磷在内的完整的生物除磷代谢模型（TUD）也很快问世。TUD 模型与 ASM2/ASM2d 中碳氧化、硝化、反硝化部分结合，最后形成了 TUD 联合模型[2-4,9-11]。

郝晓地等利用 TUD 脱氮除磷模型，建立了北京某污水处理厂倒置 A²/O 工艺模型，并对该工艺进行了详细模拟和诊断，提出了运行优化的具体技术措施或工艺改造方案[12-15]。下面系统的介绍其模型的建立、模拟、校正以及如何评价污水处理厂现有运行方案、提出改进工艺的运行方式和策略。

4.2.1　倒置 A²/O 工艺 TUD 模型的建立与模拟

北京城区东南某污水处理厂设计处理负荷为 50 万 m^3/d，生物处理系统分为两组，第一组采用倒置 A²/O 脱氮除磷工艺，第二组采用 A/O 脱氮工艺。倒置 A²/O 工艺是将常规 A²/O 工艺，即厌氧（A1），缺氧（A2），好氧（O）中的厌氧（A1）和缺氧（A2）环境倒置，成为缺氧（A2）、厌氧（A1）、好氧（O）的工艺流程，如图 4-2 所示。

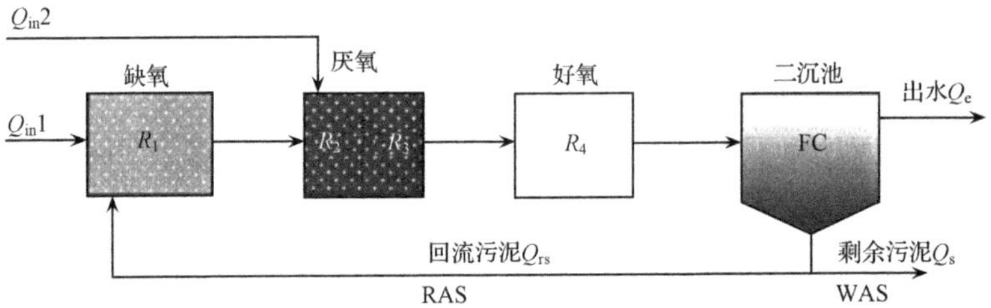

R_1容积=946m³; R_2容积=863m³; R_3容积=1780m³; R_4容积=12 494m³; R_{FC}容积=7854m³

图 4-2　北京某污水处理厂倒置 A²/O 工艺流程

该倒置 A²/O 工艺由 6 组平行的曝气池组成。每组曝气池分 3 条廊道，每条廊道长为 96.2 m、宽为 9.28 m、水深为 6 m，有效容积为 5356.4 m^3；3 条廊道的总有效容积为 16 069.2 m^3。第 1 条廊道中缺氧区长 17m，厌氧吸附区长 15 m，厌氧区长 32 m，好氧区长 32.2 m，第 2、3 廊道均为好氧状态。缺氧区的 HRT 为

① 2000 年改名为 IWA：国际水协会

16min(按 100%污泥回流量的实际 HRT 计算),厌氧区的总 HRT 为 45 min (在厌氧区进水端又分出一个实际 HRT 为 15 min 的强化吸附区),好氧区的 HRT 为 3.6 h。每组曝气池对应 1 座二沉池,池直径为 50m,有效水深为 4m,有效容积为 7854 m^3。采用在缺氧区首端及厌氧吸附区首端两点进水方式,平均进水量约$18\times10^4 m^3/d$,每组曝气池的处理水量为 $3.03\times10^4\ m^3/d$。曝气池污泥浓度保持在 1500~2500 mg/L,夏季 SRT 平均为 6 d,冬季 SRT 平均为 10 d。最高水温出现在 7 月,为 25.6℃;最低出现在 1 月,为 13.7 ℃;年平均水温为 18℃。工艺设计参数见表 4-7,进、出水水质见表 4-8。

表 4-7 工艺的设计参数

单元	容积/m^3	DO/(mg/L)	HRT/h
R_1	946.6	0.5	0.27
R_2	835.2	0.2	0.25
R_3	1781.8	0.2	0.5
R_4^*	12 505.7	2\1.5\0.8	3.6

* R_4 的 DO 指第 1、2 和 3 廊道的溶解氧浓度

表 4-8 2004 年 4~6 月进、出水水质实测数据的平均值(单位:mg/L)

项目	COD	TN	NH_4^+-N	NO_3^--N	TP	TSS	BOD_5
进水	221	50	38.1	0.2	5.3	122	108
出水	42	31	15	12.3	3.2	12	9.5

利用已建立的工艺模型,分别采用表 4-8 中数据以及 2004 年夏、冬季运行数据(见表 4-9)进行水质模拟。根据初步模拟结果(使用表 4-8 中数据),对工艺模型组分参数进行修正,然后采用表 4-9 中夏、冬两季数据进行第 2 次、第 3 次模拟验证。

表 4-9 2004 年夏季(7、8 月)与冬季(1、2 月)出水水质平均数据(单位:mg/L)

项目	COD		SS		TN		NH_4^+-N		NO_3^--N	TP	PO_4^{3-}-P	
	初沉	二沉	初沉	二沉	初沉	二沉	初沉	二沉	二沉	初沉	初沉	二沉
夏季	200	39.6	117	12.5	46.3	30	33.2	19.3	8.2	5.1	4.4	2.7
冬季	218	37.7	122	11.2	49.3	29.1	39.1	8.6	19.4	5.1	4.6	3.5

1. 初步模拟结果

利用表 4-7 与表 4-8 中的数据,在使用 TUD 联合模型中缺省参数的情况下进行初步模拟,结果见表 4-10。结果显示,出水 COD 的模拟预测值与历史数据吻合

较好，误差<2.5 mg/L；出水TSS的模拟结果与历史数据的误差<2.0 mg/L；出水TP的模拟结果与历史数据几乎一致。而对氮的模拟预测效果不够理想，如TN和NH_4^+-N的模拟值均比历史数据低约7.0 mg/L，NO_3^--N的模拟值比历史数据高约2.0 mg/L。初步模拟结果表明，在没有对系统进行物料平衡检查和使用TUD联合模型缺省参数的情况下，模拟预测结果可以接受，但应对模型中有关氮的一些化学组分参数需进行适当修正。

表4-10　使用缺省值TUD联合模型的初步模拟结果(单位：mg/L)

项目	COD	TN	NH_4^+-N	NO_3^--N	TP	TSS
实测值	42	31	15	12.3	3.2	12
模拟值	44.4	23.6	8.03	14.5	3.28	13.6

2. 氮组分参数修正

根据模型中TN的计算公式，对TN模拟结果有影响的N组分参数有i_{NBM}、i_{NSF}、i_{NSI}、i_{NXS}和i_{NXI}。其中，生物体内N的质量分数(i_{NBM})基本上是固定的(7%)[16]。至于其他4个N组分参数，根据Meijer的研究经验[16]，应首先调整i_{NSF}和i_{NXS}。根据《荷兰污水特性描述指南》中所列出的关于N特性的变化系数以及典型范围值[17]，将i_{NSF}从3%调整到6%，将i_{NXS}从4%调整到6%。

3. 动力学参数修正

针对模拟出水NH_4^+-N值过低和NO_3^--N值稍高的初步模拟情况，如果核实不是运行条件(如DO或碱度)所致，则需要对模型中的相关动力学参数作适当调整。在确定所需调整的最少参数后，通过专家法或灵敏度分析法调整参数值。首先根据活性污泥系统动力学模型应用协议，锁定修正硝化反应，即降低出水NH_4^+-N所需要调整的参数范围，然后再利用灵敏度分析法确定对出水NH_4^+-N和NO_3^--N浓度影响较大的两个参数——硝化菌生长中NH_4^+-N的半饱和常数(K_{NH_4})和硝化菌生长中O_2的半饱和常数(K_{N,O_2})的值。根据模拟经验，K_{N,O_2}的微小变化会引起出水NH_4^+-N和NO_3^--N浓度的剧烈变化，为慎重起见，最终选择调整K_{NH_4}来修正模型。由于出水NH_4^+-N模拟值随着K_{NH_4}的增大而升高，而出水NO_3-N值则随着K_{NH_4}的增大而降低，所以结合模拟结果与历史数据的偏差情况，适当增大K_{NH_4}(从1.0 gN/m³调整到1.5 gN/m³)。表4-11为参数调整后(即$i_{NSF}=6\%$，$i_{NXS}=6\%$，$K_{NH_4}=1.5$ gN/m³)利用表4-8数据进行模拟所得结果。表4-11显示，进、出水TN的模拟误差已降至3.0mg/L以下，出水NH_4^+-N、NO_3^--N的模拟误差<2.5 mg/L，说明对上述参数的修正较为合理。

表 4-11 参数修正后的再次模拟结果(单位：mg/L)

项目	TN	NH_4^+-N	NO_3^--N
模拟值	28	12.5	14.1

4. 参数修正后的工艺模型验证

根据活性污泥系统动力学模型,模型验证最好采用与修正模型参数所用数据差异较大的数据。例如,模型验证与模型校正可分别采用不同季节的运行数据。为此,分别采用 2004 年夏、冬两季的平均运行数据进行模型验证。表 4-12 为参数校正前后对 2004 年夏季平均出水 TN、NH_4^+-N 和 NO_3^--N 浓度的预测结果。由表 4-12 可知,校正前同样存在着与表 4-10 类似的问题,经校正后,出水 TN 模拟误差< 3.0 mg/L,NH_4^+-N 和 NO_3^--N 的模拟误差<1.0 mg/L,再次证明对模型参数的修正是恰当的。对 2004 年冬季平均数据的模拟结果同样证明了上述结论。因此,郝晓地等认为,在只调整个别组分参数及动力学参数的情况下,TUD 联合模型可用于我国污水处理厂的运行实践中。

表 4-12 2004 年夏季出水的模拟结果(单位：mg/L)

项目		TN	NH_4^+-N	NO_3^--N
实测值		30	19.3	8.2
模拟值	校正前	22.5	12.2	9.2
	校正后	27.2	18.1	7.8

4.2.2 采用 TUD 模型动态模拟倒置 A^2/O 工艺运行工况

针对北京某大型市政污水处理厂倒置 A^2/O 工艺初步模拟是以平均水量、水质为基础的,即所谓的静态模拟。而在实际运行中进水水质、水量一直是动态变化的,因此在静态模拟以及水质特征化分析的基础上,对北京某大型市政污水处理厂倒置 A^2/O 工艺进行了动态模拟[13]。

1. 物料平衡分析

(1) 物料平衡方程

2005 年 4 月 11～22 日、5 月 25 日～6 月 3 日及 8 月 2～12 日进行了 3 次现场集中监测,收集了详细的动态实测数据,目的在于进行物料平衡检查,以采用准确的数据进行模拟运算。这些现场实测数据包括工艺设计数据、运行参数及水质监测数据等。物料平衡以图 4-2 显示的水和固体物料流向为准,其中也包括因反硝化脱氮造成的氮逃逸量。物料平衡包括以下几部分内容。

① 水量平衡。对于整个系统，进、出水水量应该平衡，即：

$$Q_i = Q_e + Q_s \tag{4-43}$$

式中，Q_i 为进水量，即初沉池出水量，m^3/d，$Q_i = Q_{in1} + Q_{in2}$；Q_e 为二沉池出水量，m^3/d；Q_s 为剩余污泥量，m^3/d。

② 磷平衡。磷的物料平衡比较容易确定，磷在整个系统中的进口只有 1 个，即 Q_i中的总磷（P_i）。出口有 2 个：一个是出水 Q_e中的总磷（P_e），另一个则是排放的剩余污泥 Q_s中所含的磷（P_s）。磷的物料平衡方程为：

$$P_i = P_e + P_s \tag{4-44}$$

③ 氮平衡。氮的物料平衡方程较为复杂，在整个系统中氮的进口就是 Q_i中的总氮（N_i）；出口除包括 Q_e中的总氮（N_e）和 Q_s中的总氮（N_s）外，还存在因反硝化脱氮的逃逸部分（N_d）。氮平衡方程如下：

$$N_i = N_e + N_s + N_d \tag{4-45}$$

由于反硝化反应产生的 N_2逃逸量难以测定，使式(4-45)因数据缺乏而不能直接实现总氮平衡检查。为此，采用凯氏氮（TKN）的平衡方程来替代式(4-45)中的总氮。TKN 在系统中的进口就是 Q_i 中的 TKN（N_{ki}），出口包括 Q_e 中的 TKN（N_{ke}）和 Q_s中的氮（N_{ks}），还有 TKN 在系统中的变化，即被硝化了的 TKN（N_n），如下式所示：

$$N_{ki} = N_{ke} + N_{ks} + N_n \tag{4-46}$$

因实际进水中的硝酸氮含量极低，所以进水中 TN 与 TKN 通常可看作相等，即 $N_i \approx N_{ki}$。

④ 有机物平衡。有机物（COD）的物料平衡较为复杂，其平衡方程如下：

$$COD_i = COD_e + (OUR - 4.57 \times N_n) + (N_d \times 2.86) + (Q_s \times G_{s,org} \times 1.42) \tag{4-47}$$

式中，OUR 为耗氧速率，kgO_2/d，由于 OUR 中包括硝化需氧量，而方程中只计量碳化需氧量，故应减去硝化（N_n）需氧量；4.57 为硝化需氧量计算中的转换系数，kgCOD/kgN；2.86 为 COD 反硝化时的还原当量（1 $kgNO_3^-$-N 相当于 2.86 kgO_2），因为反硝化时虽不消耗 O_2（以 NO_3^- 为电子接受体）但氧化 COD；1.42 为 VSS 与 COD 间的转化系数，kgCOD /kgVSS；$G_{s,org}$为剩余污泥中 VSS，$kgVSS/m^3$；Q_s为剩余污泥量，m^3/d。

⑤ 曝气池 SS 平衡及 SRT 校核。曝气池（不包括二沉池）中的干物质 SS [$G_a \times (Q_i + Q_{rs})$]一部分来源于进水中的 SS（$Q_i \times G_i$），另一部分来源于回流污泥（$Q_{rs} \times G_{rs}$），其物料平衡方程为：

$$G_a \times (Q_i + Q_{rs}) = (Q_{rs} \times G_{rs}) + (Q_i \times G_i) \tag{4-48}$$

式中，G_a为曝气池中的 MLSS，$kgMLSS/m^3$；Q_{rs}为回流污泥量，m^3/d；G_{rs}为回流污泥中的 MLSS，$kgMLSS/m^3$；G_i 为曝气池进水中的 MLSS，$kgMLSS/m^3$。

另外，可通过上式校核 Q_i 或 Q_{rs}，即把其中某一项作为未知量求出，与实测值进行对比。在已知剩余污泥量的情况下，还应该对 SRT 进行校核，以保证模拟工况的准确性，由下式计算：

$$Q_s = G_a \times V_a / (G_{rs} \times \text{SRT}) - G_e \times Q_e / G_{rs} \tag{4-49}$$

(2) 物料平衡检查

根据现场监测数据，按上述物料平衡方程进行物料平衡检查，在确保数据准确的基础上，将其输入模型，进行动态模拟。

① 对 4 月 11～22 日检测数据进行物料平衡检查后得出 P、N、COD、SS 的物料平衡率分别为 90.7%、89.0%、86.1% 和 89.4%（SRT = 6.96d，准确度为 98%）。

② 对 8 月 2～12 日检测数据进行物料平衡检查后得出 P、N、COD、SS 的物料平衡率分别为 99%、94.5%、81.4%和 87.8%(SRT=6.35 d，准确度为 94.5%)。

2. 动态模拟

经过以上数据物料平衡分析，采用 4 月 11～22 日与 8 月 2～12 日两组数据对倒置 A²/O 工艺进行动态模拟。图 4-3、图 4-4 分别显示了利用静态模拟并校正的工艺模型对 4 月 11～22 日和 8 月 2～12 日两组运行数据所做的动态模拟结果。

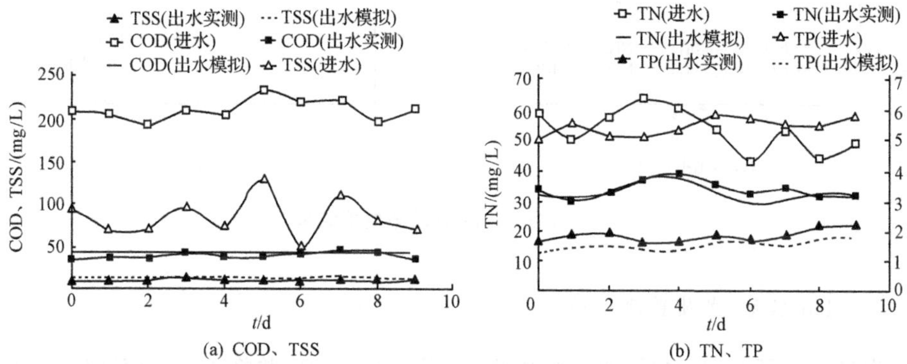

(a) COD、TSS　　(b) TN、TP

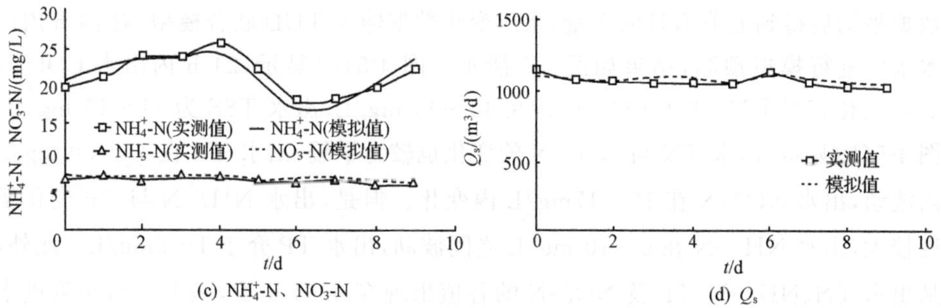

(c) NH_4^+-N、NO_3^--N　　(d) Q_s

图 4-3 4 月 11～22 日动态模拟结果

图4-3、图4-4显示，两次动态模拟结果与实测数据均具有较好的吻合性，无论是出水COD、TSS、TN、TP还是剩余污泥量Q_s、出水NH_4^+-N和NO_3^--N等都与实际运行结果一致，因此不需要再对静态模拟中校正的工艺模型参数作调整。另外，有了上述动态模拟准确性的基础，可以对变化水量下的工况进行模拟预测。

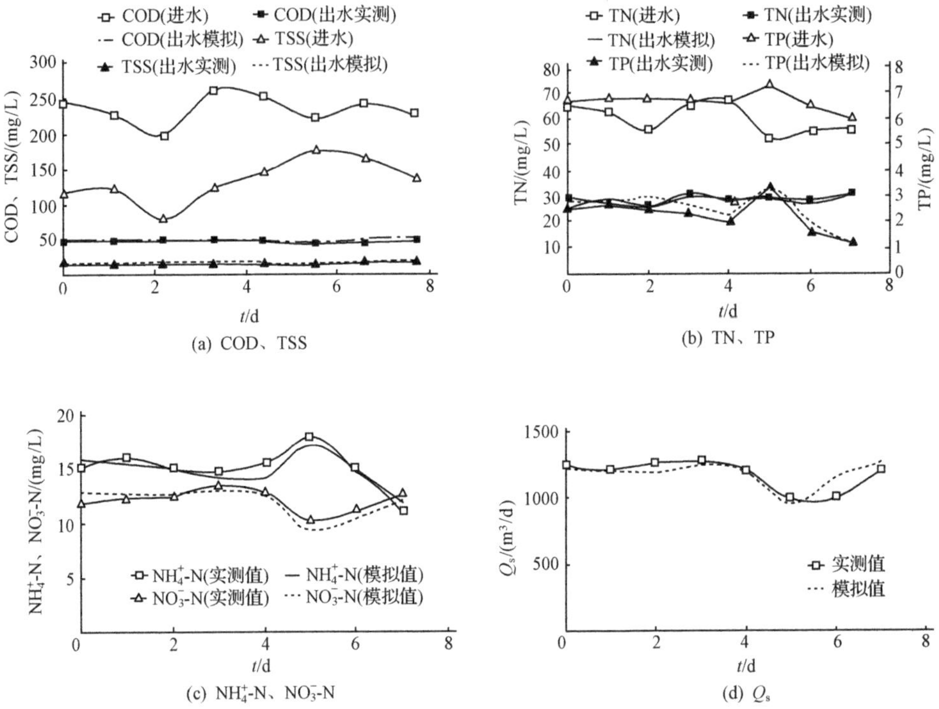

(a) COD、TSS　(b) TN、TP　(c) NH_4^+-N、NO_3^--N　(d) Q_s

图4-4　8月2～12日动态模拟结果

3. 24 h水量、水质监测试验

现场进行了24 h水量、水质强化监测(周期为10 d)，并将10 d内对应时刻的数据平均后得到的典型日的水量、水质变化数据输入TUD联合模型，对24 h内出水水质进行模拟预测，结果如图4-5所示。图4-5(a)显示，24 h内出水COD与TSS变化相对平稳，出水COD保持在40～45 mg/L，出水TSS为11～15 mg/L。图4-5(b)显示，出水TN与NO_3^--N的变化也较为平缓，出水TN在17～20 mg/L内波动，出水NO_3^--N在15～17mg/L内变化。但是，出水NH_4^+-N与TP变化幅度较大，出水NH_4^+-N在0～10 mg/L之间波动，出水TP介于1～3mg/L。此外，从出水TN、NH_4^+-N、TP及NO_3^--N的谷值出现在0.64 d看，基本上与实测进水谷值出现时刻相对应。出水水质的峰值基本都出现在凌晨左右，也与实测进水峰值出现时刻较为相符。这些模拟结果说明，在 24 h 内出水水质变化主要受进水量变化影响，所以在运行控制中应根据对进水量的在线监测及时采取相应的技术措施。

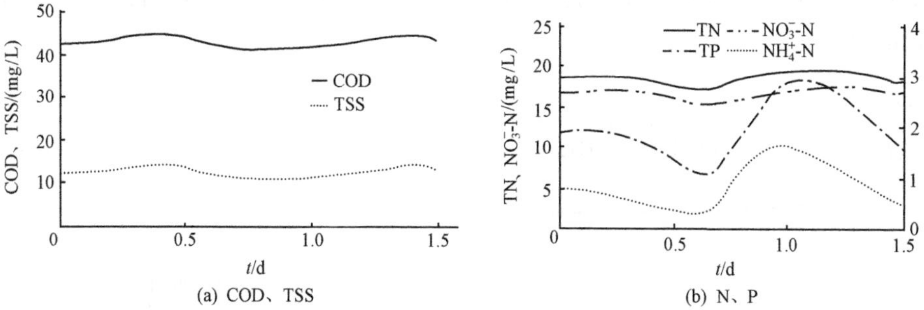

图 4-5　24 h 动态进水情况下的出水水质模拟预测

4.2.3　采用 TUD 联合模型对倒置 A^2/O 工艺运行诊断与优化

在实现了对北京某大型市政污水处理厂倒置 A^2/O 工艺的数学模拟（静态与动态）的基础上，针对该污水处理厂倒置 A^2/O 工艺运行中存在的问题，采用数学模拟方法首先诊断问题症结，然后提出运行优化措施并通过数学模拟予以验证。

1. 对运行状况的初步模拟评价

该污水处理厂倒置 A^2/O 工艺对 BOD_5 的去除率为 91.2%、SS 去除率为 90.2%、TN 去除率为 40%、TP 去除率为 40%。该工艺属于低负荷运行，对有机物的去除效果较好，但对 TN、TP 的去除率还未达到 50%。利用在静态模拟时校正的工艺模型（TUD）在均值水量、水质情况下对此工艺做出初步分析评价：在倒置 A^2/O 工艺中并没有发生反硝化除磷现象；倒置 A^2/O 工艺系统中，10～15℃是聚磷菌（PAOs）不被其他菌属抑制而富积生长的适宜温度；曝气池第三廊道中 DO 的最佳控制浓度应为 0.5mg/L；强化生物除磷 PAOs 出现的最小污泥龄应为 8 d，而最佳的污泥龄不应小于 12 d；适宜的回流比（r）应控制在 60%左右；好氧区占曝气池的体积比（f_v）宜为 3/5～2/3；$S_S/(S_S+X_S)$ 为 0.5～0.7 时，出水 TP 浓度较低；易生物降解有机物（S_S）中的挥发性脂肪酸（VFA）越多对除磷越有利，需使 $S_A \geqslant 25$ mg/L。

2. 工艺运行问题诊断

（1）进水中 VFA 不足

通过初步模拟评价可知，污水中易生物降解 COD 浓度（S_S）尤其是其中 VFA

浓度(S_A)会显著影响生物除磷系统性能。在动态模拟分析中,再次证实了系统中 S_A 不足是制约除磷效果的主要因子。通过动态模拟[见图 4-6(a)]发现,由缺氧区进入厌氧区的 S_A 极低,不足 2 mg/L (与实测值 0～3mg/L 相符),它与第二点进水(0.3 Q_{in})中的 VFA (S_A = 13 mg/L)混合后,进入厌氧区时的平均实际 S_A 也仅为 5.3 mg/L。

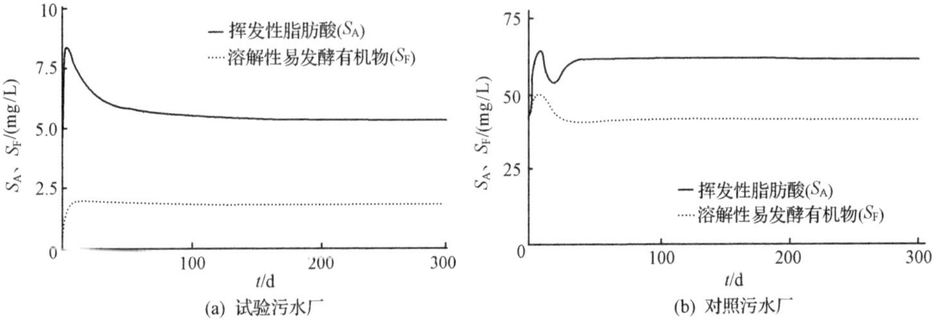

图 4-6　试验污水处理厂和对照污水处理厂缺氧区出水残余 VFA

为进一步验证进水 VFA 浓度(S_A)对除磷效果的影响,还采用了另外一座污水处理厂的倒置 A^2/O 工艺水质数据进行模拟预测(见图 4-6(b) 、图 4-7),并与实际运行数据进行对比。图 4-6 (b)显示,该污水处理厂由缺氧区进入厌氧区进水中 VFA 浓度(S_A)高达 50 mg/L 以上,再加上第二点进水中的 VFA,远远超过初步模拟评价中的最低值(25mg/L)。显然,对照污水处理厂进水有机物含量不会成为生物除磷的限制性因子,这一推论可从图 4-7 中得到证实。图 4-7 显示,出水 TP 甚至可以达到 0.5mg/L,与此同时出水 NH_4^+-N≤5 mg/L,也能达到一级 A 排放标准。

对照污水处理厂实际污水(总进水,无初沉池)的 COD 与 VFA 水质分析显示,进水 COD 为 400～600 mg/L,其中 VFA 占 10%～20%,比试验污水处理厂进水 VFA (占 6.5%)要高得多。因此,碳源不足特别是 VFA 的缺乏是试验污水处理厂影响脱氮除磷效果的“瓶颈”。

(2) 厌氧水力停留时间(HRT)太短

促进 PAOs 过度吸磷的本质动力与厌氧区水力停留时间(HRT)和厌氧环境的厌氧程度(硝酸氮浓度的大小)有关,在一定范围内厌氧环境的 HRT 越长,厌氧程度越充分,PAOs 的吸磷动力越强。VFA 来源有两个:进水本身含有,或者由兼性异养菌(HMOs)对溶解性易发酵有机物(S_F)进行水解而产生,但水解取决于厌氧 HRT 的长短。从总体上说,水解反应和发酵反应都是通过专性厌氧细菌进行的,同时由于专性厌氧细菌的生化效率很低,上述过程需要较长的 HRT。

Andrews 和 Pearson 曾利用溶解性有机污水和无机合成污水对厌氧发酵过程

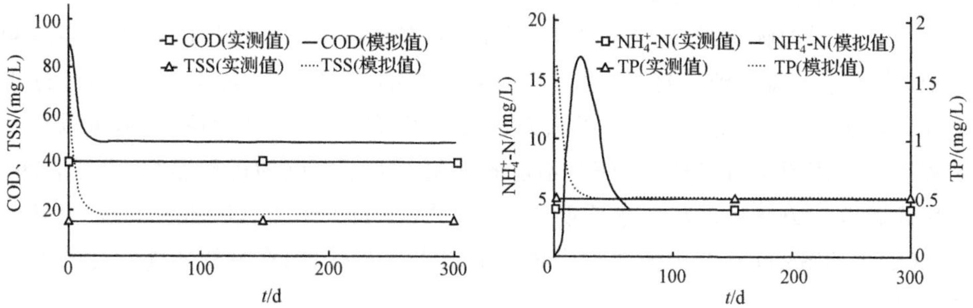

图 4-7　对照污水处理厂的模拟结果

的 VFA 产生动力学规律进行了研究[18]。结果表明，当 HRT＝2.5 d 时反应器内的 VFA 浓度最高。然而，实际除磷工艺的设计厌氧 HRT 往往低于 2.5 d，在本例试验污水处理厂厌氧区 HRT 仅为 45 min，显然如此低的厌氧 HRT 远不足以使水解和发酵充分进行。在自身进水 VFA 含量不足的情况下，PAOs 并不能间接获取更多的 VFA 用以生物除磷。综上所述，厌氧 HRT 也是影响脱氮除磷的主要因素之一。但究其根本，症结还在 VFA 缺乏上。

3. 倒置 A²/O 工艺的运行优化模拟分析

(1) 曝气池分区重组方案

针对上述分析得到的厌氧 HRT 太短这一问题，结合初步分析评价得到最佳好氧区比例，将系统中原有缺氧、厌氧、好氧区体积比($V_1:V_2:V_3=1:1:7$)调整为 $V_1:V_2:V_3=1:2:6$，目的是通过增大厌氧区体积来延长厌氧区 HRT，从而为间接获取更多 VFA 创造工艺条件。结合初步分析评价中建议的运行参数(SRT ＝ 8d、DO ＝ 0.5 mg/L、R ＝ 60%)，动态模拟曝气池分区重组后的运行工况，结果表明，出水 NH_4^+-N 为 10 mg/L 左右，TP 为 1 mg/L 左右。此外，剩余污泥量也可明显减少。

(2) 外加碳源方案

上述方案是间接增加系统中的 VFA，而最直接有效的解决办法莫过于向进水中投加碳源，如甲醇或短链脂肪酸(乙酸等)。根据初步分析评价中对 $S_S/(S_S+X_S)$ 分析得到的最佳控制范围(0.5～0.7)，使现有系统进水 VFA 浓度(S_A)升至 25 mg/L，有利于脱氮除磷，换算为投加甲醇量为 500 kg/d。此时，VFA 约占进水 COD 的 15%，而 $S_S/(S_S+X_S)$为 0.63。模拟结果表明，投加碳源后的系统运行效果大为改善，出水 NH_4^+-N 可降至 5 mg/L，TP 可达 1 mg/L 左右；剩余污泥量也可减少约 300m³/d。

(3) 总进水超越初沉池改造方案

另一种增加碳源或 VFA 的"自给自足"方案是使污水处理厂的总进水超越初沉池,直接进入曝气池。这样,可以提高系统中的 S_S 或 S_A。经实际测定,总进水中 VFA 为 25～35 mg/L 左右,约占总进水 COD 的 10%。从理论上讲,可以在一定程度上利用原水直接解决 VFA 不足的问题。采用建议的运行参数,模拟表明,采用超越改造方案后的出水水质明显好转,TN、NH_4^+-N 与 TP 都能达标,而且出水 COD 及 TSS 也不会由于总进水负荷的增大而超标,仍在系统所能承受的处理范围之内。

(4) 改造为 UCT 工艺方案

根据初步模拟评价,倒置 A^2/O 工艺设计中忽略了反硝化除磷作用,使原本可以合二为一的除磷与脱氮过程分裂,以致完全对立起来。实际上,在常规的 UCT 或 A^2/O 工艺中,普遍存在着反硝化除磷作用。如果在不改变曝气池容积情况下将倒置 A^2/O 工艺改造为 UCT 工艺,从理论上讲可利用 UCT 中的反硝化除磷作用节省碳源。模拟表明,在取消 UCT 工艺中从好氧区至缺氧区的内回流后,处理效果仍能得到较大改善。

通过模拟诊断,发现试验污水处理厂倒置 A^2/O 工艺运行中最主要的问题在于进水中可利用碳源(VFA)不足,其次是厌氧区停留时间(HRT)太短。针对这两大问题,提出了相应的优化运行和改造方案,如曝气池分区重组、外加碳源、总进水超越初沉池、实施 UCT 改造方案等,并通过模拟预测了各种改造方案可能出现的较好运行效果。

4.3　A^2/O 工艺控制策略 benchmark 仿真平台

城市污水处理厂的进水量、浓度波动性大,进水成分不确定,是一个典型的非线性系统。为了提高污水处理厂的运行效率、降低运行费用,针对污水处理厂建立了各种各样的控制策略,然而由于进水的波动性、生物和生物化学现象的复杂性以及活性污泥工艺不同运行变量的时间量程不同(从数分钟到数天),另外评价标准也不同,不同地域的水质排放标准和处理费用(包括人工费)不同,很难对提出的控制策略进行比较和评价,以至于一个已应用的控制策略其性能是否优越也无从知晓,从而使得试验结果的正确性或控制策略的普遍性受到置疑。这就需要建立一个严格的综合的全面模拟平台对控制策略进行评价,IWA 专家通过多次会议讨论提出了建立污水处理控制策略模拟的国际评价基准(平台)——Benchmark,该模拟平台包括装置构造、模拟模型、进水负荷、测试程序和评价标准。IWA 控制策略模拟小组目前已经建立三个模拟平台:BSM1 平台、BSM_LT 平台和 BSM2 模拟平台[19−22]，但这三个平台都是对氮的控制策略进行模拟，而未考虑对磷的模拟和控制。为此 Gernaey 和 Jϕrgensen 开发了一个 A^2/O 工艺模拟平台，以期获得脱氮除磷的实用性控制策略，从而提高 A^2/O 工艺运行效率，降低系统运行费用[23]。下面详细介绍该模拟平台的构造、所应用模型、进水组成、测试程序和评价标准等。

4.3.1　平台的开发

1. 平台的结构

生物脱氮控制策略 BSM1 基准平台由 5 个反应器组成，总容量为 5999m^3，二沉池容量为 6000m^3[30]，应用 BSM1 模型平台是无法进行生物除磷的模拟。因此，在本平台中配置了厌氧区，以促进生物除磷。该平台结构如图 4-8 所示。

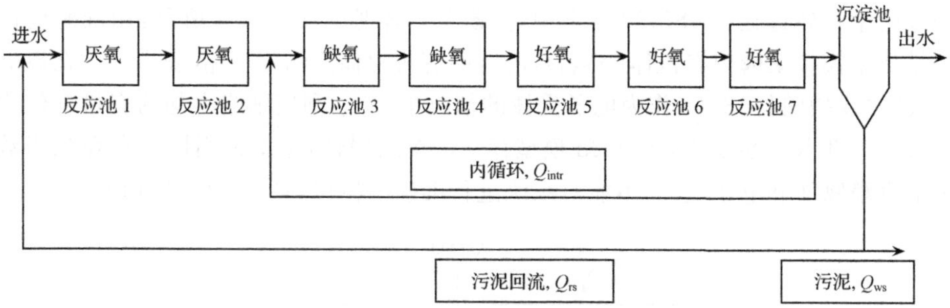

图 4-8　生物脱氮除磷控制策略基准平台布局

该平台共有 7 个反应池。反应池 1 和 2 为厌氧区，反应池 3 和 4 为缺氧区，反应池 5、6 和 7 为好氧区。反应池的总容积为 6749m^3（每个反应池的具体容积见表 4-13）。反应池 5、6 和 7 的最大曝气 K_{Lamax} 为 10L/h，而默认运行情况下反应池 5 和 6 的 K_{La} 为 10L/h，反应池 7 的 K_{La} 为 2.5L/h。另外反应池 5、6 和 7 的溶解氧饱和度为 8mg/L。二沉池的体积为 6000m^3，表面积为 1500m^2，深度为 4m，分为 10 层。二沉池的进水口在沉淀池上方 2.2m（也就是从下往上的第六层进入沉淀池）。本平台有两个循环，一个是硝化液内循环（Q_{intr}）从反应池 7 进入反应池 3，默认的流量为进水流量的 300%（在旱天条件下平均量为 55 338m^3/d）。另外一个是污泥循环从沉淀池底部把污泥回流到反应池 1。默认的污泥回流量（Q_{rs}）是进水流量（Q_{in}）的 100%（在旱天条件下平均值为 18 446m^3/d）。剩余污泥排放量（Q_{ws}）为 400m^3/d。

表 4-13　生物脱氮除磷控制策略基准平台的各反应池容积

反应池	容积/m^3
反应池 1,厌氧池	500
反应池 2,厌氧池	750
反应池 3,缺氧池	750
反应池 4,缺氧池	750
反应池 5,好氧池	1333
反应池 6,好氧池	1333
反应池 7,好氧池	1333

2. 模型选择

本平台选用 ASM2d 模型,ASM2d 模型是在 ASM1 模型的基础上,增加了生物和化学除磷过程。ASM2d 模型中,除磷的基本原理如图 4-9 所示:用细胞的内部结构来模拟聚磷菌有机体(X_{PAO}),所有的有机存储产物用 X_{PHA} 表示[9]。在以氧气(S_{O_2})或硝酸盐(S_{NO_3})作为电子受体的情况中,X_{PAO} 利用细胞内部的有机存储物质(X_{PHA})生长。事实上,ASM2d 模型存在一个局限性,也就是当同时存在相当数量的发酵物质和电子受体,不能对系统进行准确的模拟,除非对模型进行扩展[24]。

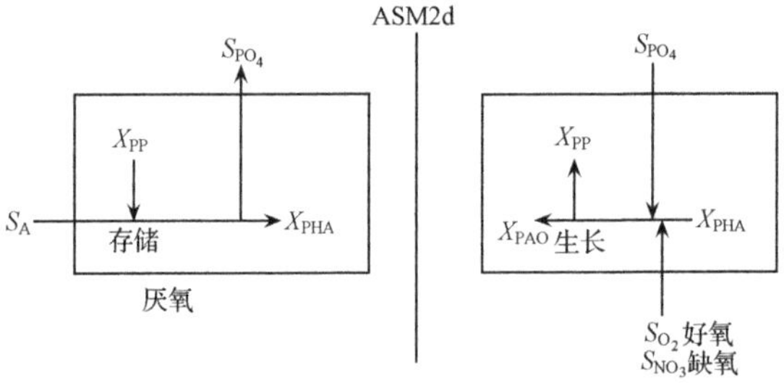

图 4-9　ASM2d 中除磷过程的基本原理

事实上,根据 Siegrist 等(1999)的实验结果可知[25],好氧区、缺氧区、厌氧区的自养微生物(X_A)的衰减速率是不同的。Brdjanovic 等[26]和 Rieger 等[27]也提到,在他们的生物除磷模型中,在缺氧和厌氧的条件下,异养微生物(X_H)和 X_{PAO} 的衰减速率下降。因此,为了获得更真实的仿真结果,促进 X_{PAO} 的生长,对 ASM2d 模型中微生物衰减方程进行了修改,也就是根据电子受体的不同改变衰减速率。表 4-14 是原来的和改进的衰减速率。由于衰减速率的改变,模型中又增加了 6 个模型参数(见表 4-15)。在后面会应用稳态模型对上述修改所带来的影响进行模拟。ASM2d 化学计量参数的标准值见 Henze 等[9](1999)的研究结果,动力学参数取

15℃时的值(见表 4-15)。其他模拟参数值见 Henze 等[9](1999)的研究结果。二沉池模型根据塔卡克斯双指数沉降速度模型(Takacs 等[28])建立,模型中所用的参数见 Copp(2002 年)[20]的建议值。

表 4-14　ASM2d 模型中对微生物衰变反应方程的修改

过程	原始衰减率方程	修正衰减率方程
X_H 衰减	$b_H X_H$	$b_H[M_{H,O_2}+\eta_{H,NO_3,end} I_{H,O_2} M_{H,NO_3}]X_H$
X_{PAO} 衰减	$b_{PAO} M_{P,ALK} X_{PAO}$	$b_{PAO} M_{P,ALK}[M_{P,O_2}+\eta_{P,NO_3,end} I_{P,O_2} M_{P,NO_3}]X_{PAO}$
X_{PP} 衰减	$b_{PP} M_{P,ALK} X_{PP}$	$b_{PP} M_{P,ALK}[M_{P,O_2}+\eta_{PP,NO_3,end} I_{P,O_2} M_{P,NO_3}]X_{PP}$
X_{PHA} 衰减	$b_{PHA} M_{P,ALK} X_{PHA}$	$b_{PHA} M_{P,ALK}[M_{P,O_2}+\eta_{PHA,NO_3,end} I_{P,O_2} M_{P,NO_3}]X_{PHA}$
X_A 衰减	$b_A X_A$	$b_A[M_{A,O_2}+\eta_{A,NO_3,end} I_{A,O_2} M_{A,NO_3}]X_A$

其中: $M_{P,ALK}=S_{ALK}/(K_{P,ALK}+S_{ALK})$;

$M_{H,O_2}=S_{O_2}/(K_{H,O_2}+S_{O_2})$; $M_{P,O_2}=S_{O_2}/(K_{P,O_2}+S_{O_2})$; $M_{A,O_2}=S_{O_2}/(K_{A,O_2}+S_{O_2})$; $I_{H,O_2}=K_{H,O_2}/(K_{H,O_2}+S_{O_2})$;

$I_{P,O_2}=K_{P,O_2}/(K_{P,O_2}+S_{O_2})$; $I_{A,O_2}=K_{A,O_2}/(K_{A,O_2}+S_{O_2})$; $M_{H,NO_3}=S_{NO_3}/(K_{H,NO_3}+S_{NO_3})$;

$M_{P,NO_3}=S_{NO_3}/(K_{P,NO_3}+S_{NO_3})$; $M_{A,NO_3}=S_{NO_3}/(K_{A,NO_3}+S_{NO_3})$

表 4-15　生物脱氮除磷基准模拟平台的模型参数

参数	描述	值	单位
动力学参数			
k_H	水解速度常数	2.46	1/d
μ_H	异养微生物 X_H 最大生长速度	4.23	1/d
q_{fe}	最大发酵速度	2.11	1/d
b_H	X_H 的衰减率	0.28	1/d
q_{PHA}	X_{PHA}储存速度常数	2.46	1/d
q_{PP}	X_{PP}储存速度常数	1.23	1/d
μ_{PAO}	聚磷菌最大生长速率	0.82	1/d
b_{PAO}	聚磷菌衰减速率	0.14	1/d
b_{PP}	聚磷酸盐衰减速率	0.14	1/d
b_{PHA}	微生物贮存 X_{PAO}衰减率	0.14	1/d
μ_A	自养微生物的最大生长速率	0.61	1/d
b_A	自养微生物的衰减率	0.09	1/d
ASM2d 模型增加参数修正			
$\eta_{N,NO_3,end}$	异养微生物内源呼吸缺氧换算系数	0.50	—
$\eta_{P,NO_3,end}$	聚磷菌衰减缺氧换算系数	0.33	—
$\eta_{PP,NO_3,end}$	聚磷酸盐衰减速度缺氧换算系数	0.33	—
$\eta_{PHA,NO_3,end}$	聚磷菌产物分解缺氧换算系数	0.33	—
$\eta_{A,NO_3,end}$	自养微生物的衰减缺氧换算系数	0.33	—
K_{A,NO_3}	饱和常数 S_{NO_3}	0.50	gN/m^3

表 4-16 生物脱氮除磷控制策略基准平台进水文件

	Dry1	Dry2	Rain2	Storm2	单位
进水量(Q_{in})	18 446.33	18 446.33	21 319.75	19 744.72	m^3/d
组分					
S_{O_2}	0.00	0.00	0.00	0.00	mg/L
S_F	41.70	54.21	46.90	50.65	mg/L
S_A	27.80	36.14	31.27	33.76	mg/L
S_I	30.00	30.00	25.96	28.03	mg/L
S_{NH_4}	40.03	39.66	34.31	37.24	mg/L
S_{N_2}	0.00	0.00	0.00	0.00	mg/L
S_{NO_3}	0.00	0.00	0.00	0.00	mg/L
S_{PO_4}	9.01	8.92	7.72	8.38	mg/L
S_{ALK}	7.00	7.00	7.00	7.00	mg/L
X_I	51.20	51.20	44.30	51.92	mg/L
X_S	202.32	202.32	175.05	193.32	mg/L
X_H	28.17	28.17	24.37	27.25	mg/L
X_{PAO}	0.00	0.00	0.00	0.00	mg/L
X_{PP}	0.00	0.00	0.00	0.00	mg/L
X_{PHA}	0.00	0.00	0.00	0.00	mg/L
X_A	0.00	0.00	0.00	0.00	mg/L
X_{TSS}	215.49	215.49	186.45	208.46	mg/L
X_{MeOH}	0.00	0.00	0.00	0.00	mg/L
X_{MeP}	0.00	0.00	0.00	0.00	mg/L

注：Dry1 代表在旱天条件下，进水各组分的加权平均浓度，假定 COD 和可生物降解氮的负荷与 BSM1 平台相同。Dry2，Rain2 和 Storm2 分别代表在旱天、雨天和暴雨时进水各组分的平均浓度，并假定增加 30％的可生物降解 COD 浓度。

3. 进水组成

ASM1 模型中有 13 个成分(不包括悬浮固体)。而 ASM2d 模型包括 19 个组分(见表 4-16)。本基准平台的进水，根据 ASM1 进水组分[20]生成，但需要做下述假定：

① ASM1 组分中的 S_S(易于生物降解的可溶性底物)是由 40％的 S_A(醋酸，发酵产物)和 60％的 S_F(可发酵，易于生物降解的基质)组成。在 ASM2d 模型中，S_A 和 S_F 是作为可溶性易于生物降解基质的两个组成部分，而在 ASM1 模型中，只有一个组分(S_S)。② 在 3 个进水文件中(旱天、雨季和暴雨天气)颗粒性 COD 成分 X_I、X_S 和 X_H 与只脱氮时的 BSM1 污水处理厂基准中的浓度相同。③在 ASM2d 中，进水有机组分的 COD/N 和 COD/P 的比值，采用 Henze 等[9](1999)的建议值。④在 ASM2d 中，总的可生物降解氮(＝有机氮＋铵氮)和 ASM1 进水

是一样的,这意味在ASM2d模型进水中,总氮实际上略高,因为ASM2d模型中假设进水中惰性(非生物降解)可溶性(S_I)和微粒(X_I)COD中也包括氮。⑤进水磷酸盐浓度(S_{PO_4})与进水铵(S_{NH_4})的浓度成比例参考Henze等[9](1999)中的废水组成。两者之间可溶性成分的比例为 $3.6gS_{PO_4}=16gS_{NH_4}$。

旱天天气情况下,进水的加权平均组成是根据表4-16中Dry1获得的。在稳定状态下模拟脱氮除磷,如果不增加 S_F 和 S_A 的浓度,很难实现磷的生物去除。因此,S_F 和 S_A 进水负荷增加30%。由于在 S_F 中包含部分氮($i_{n,SF}=0.03$),S_{NH_4} 进水浓度需进行调整,以保持废水中有同样大小的可生物降解氮。S_{PO_4} 浓度也需要修改,以保持Dry1进水中 S_{PO_4} 和 S_{NH_4} 的比值不变。旱天天气下,进水的加权平均组成所增加的 S_F 和 S_A 负荷如表4-16中Dry2。Rain2和Storm2的进水条件见表4-16。

在第2个星期的动态旱天条件下,进水流量(Q_{in})、S_F、S_{NH_4}、S_{PO_4} 和 X_{TSS} 浓度分布和相应增加的 S_F 和 S_A 负荷,见表4-16中Dry2(如图4-10)。由图可见昼夜

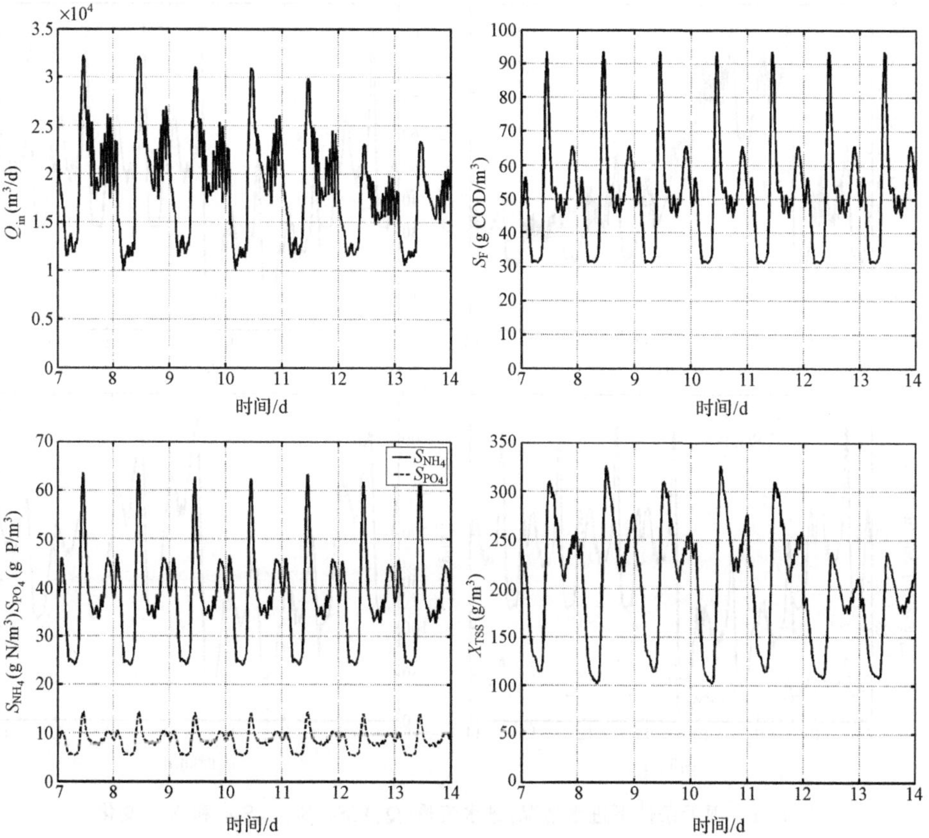

图4-10 旱天条件下进水情况:进水流量(Q_{in})、S_F、S_{NH_4}、S_{PO_4} 和 X_{TSS} 变化

流量和污染物浓度动态变化，这是典型的污水处理厂运行情况。由于这些波动，实际运行中很难控制污水处理厂。从图 4-10 看出，在旱天的天气进水的情况下，Q_{in}和进水 S_{NH_4} 浓度在同一时刻达到最高值，这表明几个小时内，污水处理厂进水 S_{NH_4} 的负荷增加了 4 倍。在第 13 日和 14 日进水量 Q_{in} 和颗粒有机物质的浓度较低，这是周末效应，意味着在周末工业生产水平降低。

动态降雨天气进水情况见图 4-11，由图可知，持续下雨发生在第 8～11 天之间。降雨会引起进水量 Q_{in} 增加，进水污染物浓度降低。而在暴雨进水文件中（数据未显示），包括两个短期暴雨事件。第 1 次暴雨事件发生在第 9 天，只持续几个小时，这期间进水量 Q_{in} 和 X_{TSS} 浓度迅速增加，X_{TSS} 增加，表明下水道中的沉积物被冲刷到污水处理厂。第 2 次暴雨事件发生在 11 天，并持续半天。此次进水文件和普通降雨进水情况相似，因为第 1 次暴雨事件后，已经没有过多的沉淀物质进入污水处理厂，只有 Q_{in} 水平增加。

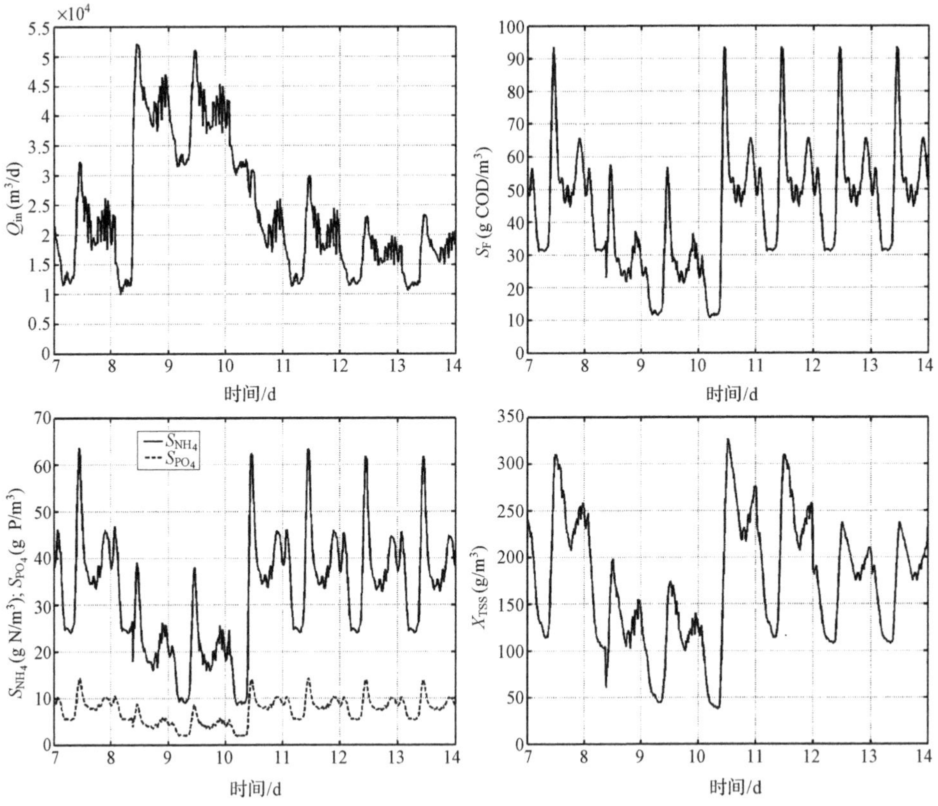

图 4-11　雨天条件下进水情况：进水流量(Q_{in})、S_F、S_{NH_4}、S_{PO_4} 和 X_{TSS}变化

4. 仿真平台的评估标准

(1) 出水水质指标

$$\mathrm{EQ}=\frac{1}{1000(t_f-t_0)}\int_{t_0}^{t_f}\mathrm{PU}_{(t)}Q_{e(t)}\,\mathrm{d}t \tag{4-50}$$

$$\mathrm{PU}_{(t)}=\mathrm{PU}_{\mathrm{TSS}(t)}+\mathrm{PU}_{\mathrm{COD}(t)}+\mathrm{PU}_{\mathrm{BOD}(t)}+\mathrm{PU}_{\mathrm{TKN}(t)}+\mathrm{PU}_{\mathrm{NO_3}(t)}+\mathrm{PU}_{\mathrm{P_{tot}}(t)} \tag{4-51}$$

在式(4-50)中,t_0 和 t_f 表示出水水质指标(EQ)评估时段的开始时间和结束的时间,Q_e 代表出水流量。根据公式(4-52)可计算每个污染组分 k 的污染负荷 $\mathrm{PU_K}$(kg/d)。

$$\mathrm{PU}_k=\beta_k C_k \tag{4-52}$$

公式(4-52)中的参数 β_k 是每个污染组分所占的权重。$\beta_{\mathrm{TSS}}=2$、$\beta_{\mathrm{COD}}=1$、$\beta_{\mathrm{BOD}}=2$、$\beta_{\mathrm{TKN}}=20$、$\beta_{\mathrm{NO_3}}=20$、$\beta_{\mathrm{P_{tot}}}=20$。即出水氮和磷具有同样的权重值。不同污染物的浓度根据公式组(4-53)计算 。

$$\begin{cases}
C_{\mathrm{TSS}}=X_{\mathrm{TSS}}\\
C_{\mathrm{COD}}=S_F+S_A+S_I+X_I+X_S+X_H+X_{\mathrm{PAO}}+X_{\mathrm{PHA}}+X_A\\
C_{\mathrm{BOD}}=0.25(S_F+S_A+(1-f_{\mathrm{SI}})X_S+(1-f_{\mathrm{XIH}})X_H\\
\qquad +(1-f_{\mathrm{XIP}})(X_{\mathrm{PAO}}+X_{\mathrm{PHA}})+(1-f_{\mathrm{XIA}})X_A\\
C_{\mathrm{TKN}}=S_{\mathrm{NH_4}}+i_{\mathrm{N,SF}}S_F+i_{\mathrm{N,SI}}S_I+i_{\mathrm{N,XI}}X_I+i_{\mathrm{N,XS}}X_S\\
\qquad +i_{\mathrm{N,BM}}(X_H+X_{\mathrm{PAO}}+X_A)\\
C_{\mathrm{NO_3}}=S_{\mathrm{NO_3}}\\
C_{\mathrm{N_{tot}}}=C_{\mathrm{TKN}}+C_{\mathrm{NO_3}}\\
C_{\mathrm{P_{tot}}}=S_{\mathrm{PO_4}}+i_{\mathrm{P,SF}}S_F+i_{\mathrm{P,SI}}S_I+i_{\mathrm{P,XI}}X_I+i_{\mathrm{P,XS}}X_S\\
\qquad +i_{\mathrm{P,BM}}(X_H+X_{\mathrm{PAO}}+X_A)+X_{\mathrm{PP}}+(1/4.87)X_{\mathrm{MeP}}
\end{cases} \tag{4-53}$$

(2) 进水水质指标

进水水质指标(IQ)的计算方法同出水质量指数(EQ)相似,只需要将公式(4-53)中的 BOD 系数 0.25 改为 0.65[20]。

(3) 排放标准指标

和 BSM1 模拟基准一样,出水水质标准也用于控制策略的评价。该标准不但能反映在一个评估期内(模拟期为一周),出水中某种污染物浓度超过出水水质标准的次数,也可以计算超过排放标准的时间占总时间的百分比。这些限定值分别是:$C_{\mathrm{P_{tot}}}=1.5\mathrm{mg/L}$、$C_{\mathrm{N_{tot}}}=18\mathrm{mg/L}$、$S_{\mathrm{NH_4}}=4\mathrm{mg/L}$、$C_{\mathrm{BOD}}=10\mathrm{mg/L}$、$C_{\mathrm{COD}}=100\mathrm{mg/L}$、$X_{\mathrm{TSS}}=30\mathrm{mg/L}$。

(4) 费用性能指标

为了计算污水处理厂的运行成本,采用 Vanrolleghem 和 Gillot 所定义的费用性能指标(CPI)[29]:

$$CPI = \alpha_{EQ}EQ + \alpha_{AE}AE + \alpha_{PE}PE + \alpha_{sldg}P_{sldg} \tag{4-54}$$

式中,EQ 为出水水质指标,见公式(4-50);AE 与 PE 分别为曝气及泵循环能耗,kW·h/d;P_{sldg}为污泥产率,kg/d;AE,PE 和 P_{sldg}的值可以用类似于脱氮基准污水处理厂 BSM1 提出的公式来计算[20]。公式(4-54)中的系数 α 表示费用成本加权系数。

$$AE = \frac{24}{T}\int_{t=7d}^{t=14d}\sum_{i=5}^{i=7}(0.4032 \cdot (k_{La})_i^2 + 7.8408 \cdot (k_{La})_i)dt \tag{4-55}$$

泵的能耗(PE)可以按以下等式计算:

$$PE = \frac{0.04}{T}\int_{t=7d}^{t=14d}(Q_{in}(t) + Q_{intr}(t) + Q_{rs}(t))dt \tag{4-56}$$

4.3.2 仿真平台的应用与模拟

1. 模拟程序

首先,使用旱天的平均进水水质进行静态模拟。并以最后获得的模拟值作为动态模拟的初始值,即模拟动态进水的情况。有三种动态进水情况,分别为 14 天的旱天进水文件、14 天的雨天进水文件和 14 天包括暴雨的进水文件。这 3 种动态进水情景代表的是废水系统(即雨污合流制的管道系统)所遇到的几种情形,因此建立 28 天的动态模拟来评价 3 种不同的情形,而只有最后 7 天的结果用于评价 A^2/O 工艺不同的控制策略。在 28 天的动态模拟中,前 2 周是旱天进水,后 2 周则是上述三种动态进水的一种。

2. 静态模拟

静态模拟是用旱天的平均进水水质进行的,共运行 300 天。系统的运行条件如下:Q_{in}=18 446m^3/d、Q_{rs}=18 446m^3/d、Q_{intr}=55 338m^3/d、K_{La}_R5= K_{La}_R6=10L/h、K_{La}_R7=3.5L/h。只有 Q_{ws}在 250～450m^3/d 变化,模拟不同的污泥停留时间对污水处理厂运行的影响。

静态模拟分三种情况:①应用表 4-16 中 Dry1 进水文件和 ASM2d 模型;②应用表 4-16 中 Dry1 进水文件和修正的 ASM2d 模型;③应用表 4-16 中 Dry2 进水文件和修正的 ASM2d 模型。模拟结果见图 4-12。

与 ASM2d 相比,修正的 ASM2d 模型,出水 S_{NH_4}浓度降低,因为在修正的 ASM2d 模型中,缺氧和厌氧条件下,自养菌(X_A)衰减速率降低,在同等的 Q_{ws}下,

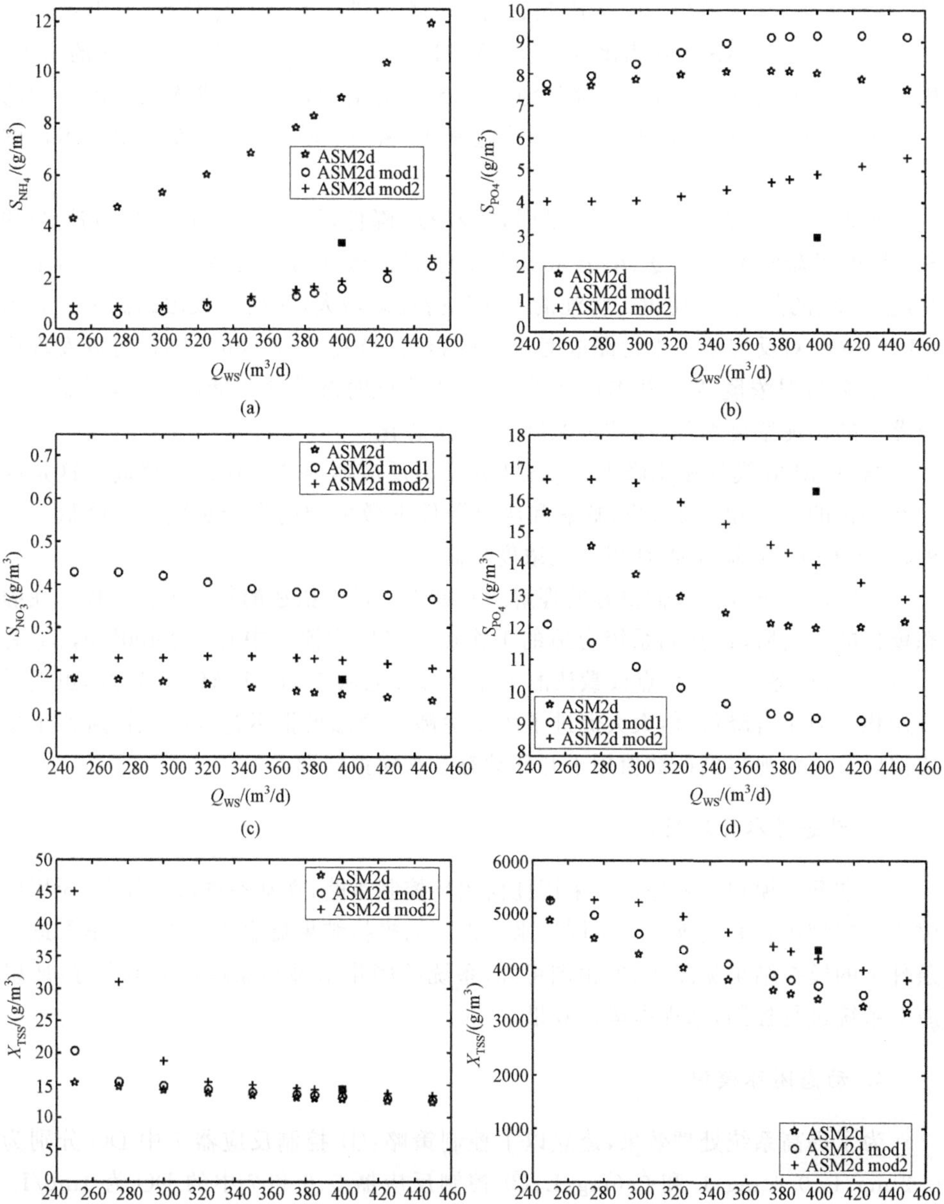

图 4-12　同时生物脱氮除磷静态模拟结果

(a) 出水 S_{NH_4}；(b) 出水 S_{PO_4}；(c) 反应器 1 中的 S_{NO_3}；

(d) 反应器 2 中的 S_{PO_4}；(e) 出水 X_{TSS}；(f) 反应器 7 中的 X_{TSS}

☆表示应用 ASM2d 模拟的结果；○表示应用修正的 ASM2d 模拟结果；+表示修正的 ASM2d 模型同时增加进水 S_A 和 S_F 负荷的模拟情况。■表示最终选定的污水处理厂运行工况点

X_A浓度增加，反应器的硝化率因此更高。而增加进水S_F和S_A负荷，对出水S_{NH_4}影响不显著。与ASM2d相比，修正的ASM2d模型引起了出水S_{PO_4}浓度的增加，因为系统硝化能力增加，导致曝气池出水S_{NO_3}的增加，也就是进入反应池1中的S_{NO_3}增加，从而影响了生物除磷。但当进水S_F和S_A增加30%，发现出水S_{PO_4}浓度大大降低。

另外发现当Q_{ws}小于375m³/d时，随着Q_{ws}降低，厌氧区2格室（反应池2）的S_{PO_4}浓度逐渐增大。但Q_{ws}小于300m³/d时，S_{PO_4}浓度增加的趋势不太明显，主要是随着Q_{ws}的降低，会使得二沉池的固体负荷逐渐增大，从而导致污泥流失。见图4-12(f) Q_{ws}对反应池7中污泥浓度X_{TSS}的影响，当$Q_{ws}<300m^3/d$时，可以发现反应池7中污泥浓度X_{TSS}基本保持平衡，这表明此时沉淀池可能超负荷，不能使反应器中的污泥浓度增加，导致污泥流失，出水恶化。

与ASM2d模型相比修正的ASM2d模型反应器内的污泥浓度略高。这是因为在修正的ASM2d模型里，缺氧和厌氧条件下微生物的自身衰减速率降低。另外，进水COD负荷增加，所以污泥浓度最高。

静态模拟可以使我们更好的理解污水处理厂模型描述的复杂生物过程。在静态模拟的最后阶段，找到系统合适的工作点。将反应器7中Q_{ws}为400³/d，K_{La}为2.5L/d的状态选为工作点或默认的工作状态，K_{La}从3.5L/d降到2.5L/d，虽然系统硝化能力稍有降低，但大大促进了生物除磷。静态模拟运行300d后，从各个反应池以及沉淀池得到的数值用于开环动态进水模拟情形。

3. 动态进水开环模拟

所谓开环模拟也就是没有采用任何闭环控制策略，在动态进水条件下，应用所建立的模型进行系统模拟。不同进水文件下的模拟结果见表4-17中，而旱天进水条件下的模拟结果见图4-13，由图可知，系统的硝化结果和除磷效果不太好，所以应对系统进行控制，来提高运行效果。

4. 动态闭环模拟

为了提高系统处理效果，建立以下控制策略：① 控制反应器7中DO分别为0.2 mg/L、0.4 mg/L和0.6mg/L；② 控制反应器5、6和7中的DO为1mg/L。同时控制第二缺氧反应器中的S_{NO_3}维持在1mg/L。模拟结果见表4-18。综合各种情况可以发现同时控制反应器5、6和7中的DO为1mg/L时，无论从出水水质还是运行费用方面，该控制策略相对最优。当然出水氨氮和磷酸盐浓度大部分时间还不能满足该平台的排放要求，所以应该应用平台开发系统相对最优的控制策略。

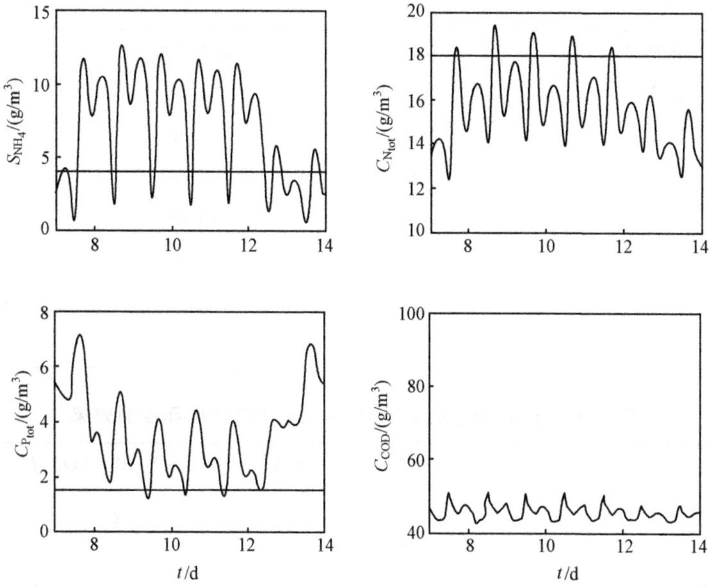

图 4-13　动态进水开环模拟结果。旱天进水条件下出水 S_{NH_4}、$C_{N_{tot}}$、$C_{P_{tot}}$ 和 C_{COD} 的动态值，水平线代表污水排放标准

表 4-17　脱氮除磷基准平台在不同进水文件下的开环模拟结果

进水情况	旱天进水	雨天进水	暴雨进水
平均出水浓度/(mg/L)			
S_{NH_4}	6.70	7.07	7.79
S_{NO_3}	7.61	5.94	6.35
$C_{N_{tot}}$	15.46	14.26	15.40
S_{PO_4}	2.83	1.90	2.03
$C_{P_{tot}}$	3.56	2.75	2.87
C_{COD}	46.09	42.13	45.23
X_{TSS}	14.90	17.80	17.43
系统性能			
IQ(kgPU/d)	43 768.09	43 768.09	45 445.32
EQ(kgPU/d)	8322.50	10 090.79	9315.82
AE(kWh/d)	6229.87	6229.87	6229.87
PE(kWh/d)	2967.36	2967.36	2967.36
P_{sldg}(kg/d)	3373.30	3308.07	3599.60
CPI(Euro/y)	899 053.25	982 575.5	965 691.75

续表

进水情况	旱天进水	雨天进水	暴雨进水
出水超标时间比率/%			
S_{NH_4}	70.24	75.89	77.38
$C_{N_{tot}}$	8.33	7.59	16.37
$C_{P_{tot}}$	95.98	70.68	73.81
C_{BOD}	0.00	0.00	0.00
C_{COD}	0.00	0.00	0.00
X_{TSS}	0.00	0.00	3.27

表 4-18 不同控制策略下 A²/O 工艺平台的闭环控制效果

DO 设定值	SO₂_R7=0.2	SO₂_R7=0.4	SO₂_R7=0.6	SO₂_R5=SO₂_R6=SO₂_R7=1
平均出水浓度/(mg/L)				
S_{NH_4}	7.57	5.21	4.19	4.79
S_{NO_3}	6.72	8.25	9.03	8.57
$C_{N_{tot}}$	15.44	14.62	14.39	14.51
S_{PO_4}	2.00	4.44	5.62	5.11
$C_{P_{tot}}$	2.78	5.05	6.16	5.69
C_{COD}	46.04	46.26	46.39	46.33
X_{TSS}	1502	14.67	14.52	14.59
系统性能				
IQ(kgPU/d)	43 768.09	43 768.09	43 768.09	43 768.09
EQ(kgPU/d)	8039.70	8555.44	8870.60	8744.72
AE(kWh/d)	6124.39	6408.72	6587.43	5359.12
PE(kWh/d)	3050.29	2580.18	2367.22	2425.97
P_{sldg}(kg/d)	3431.59	32714.9	3192.96	3228.33
CPI(Euro/y)	888 721.25	897 890.00	906 868.25	873 988.00
出水不达标时间比例/%				
S_{NH_4}	78.87	62.35	53.57	60.86
$C_{N_{tot}}$	11.01	5.80	4.76	5.65
$C_{P_{tot}}$	91.37	100.00	100.00	100.00

本章公式中符号

C_k　　反应器中氨氮浓度($mgNH_4^+$-N /dm^3)

C_{k0}　　进水氨氮浓度 ($mgNH_4^+$-N /dm^3)

C_{ke}	出水氨氮浓度($mgNH_4^+$-N /dm^3)
C_n	反应器中总氮浓度 ($mgNO_x^-$-N/dm^3)
C_{ne}	出水中硝态氮浓度 ($mgNO_x^-$-N/dm^3)
C_{s0}	进水中易降解 COD 浓度 (mgCOD/dm^3)
$D_{c,ana}$	厌氧隔段反硝化势(mgN/dm^3)
$D_{p,anx}$	缺氧隔段反硝化势 (mgN/dm^3)
E_1	硝化率
E_2	反硝化率
F_k/M_{aer}	进水氨氮与自养硝化菌的比值[$mgNH_4^+$-N /(mgVSS · d)]
k_d	反硝化速率常数 (d^{-1})
k_n	硝化速率常数(d^{-1})
N_c	好氧隔段硝化能力 (mgN/dm^3)
Q	进水流量 (dm^3/d)
r_d	反硝化速率 [$mgNO_x^-$-N /(dm^3 · d)]
R_m	混合液回流比
R_s	污泥回流比
V_{aer}	好氧隔段的体积 (dm^3)
V_{ana}	厌氧隔段的体积 (dm^3)
V_{anx}	缺氧隔段的体积 (dm^3)
V_T	各隔段的总体积 (dm^3)
X	单污泥系统中的平均污泥浓度(mg VSS /dm^3)
X_{aer}	好氧隔段的污泥浓度 (mg VSS /dm^3)
X_{ana}	厌氧隔段的污泥浓度 (mg VSS /dm^3)
X_{anx}	缺氧隔段的污泥浓度(mg VSS /dm^3)
α	厌氧隔段所占体积比例
β	缺氧隔段所占体积比例
φ	比例常数
γ	好氧隔段所占体积比例

参考文献

[1] 郝晓地，甘一萍，周军，等. 数学模拟技术在污水处理工艺设计、优化、研发中的应用(上). 给水排水，2004，30(5)：33-36

[2] Smolders G J F A. Structured Metabolic Model for the Anaerobic and Aerobic Stoichiometry of the Biological Phosphorus Removal Process. Biotechnology and Bioengineering，1995，47：277-287

[3] Kuba T, Murnleitner E, Van Loosdrecht M C M, et al. A Metabolic Model for the Biological Phosphorus Removal by Denitrifying Organisms. Biotechnology and Bioengineering, 1996, 52: 685-695

[4] Murnleitner E, Kuba T, Van Loosdrecht M C M, et al. An Integrated Metabolic Model for the Aerobic and Denitrifying Biological Phosphorus Removal. Biotechnology and Bioengineering, 1997, 54(5): 434-450

[5] Mogen Henze, Willi Gujer, Takahashi Mino, et al. Activated Sludge Model NO. 2D, ASM2D. Wat. Sci. Tech, 1999, 39(1): 165-182

[6] 曹雪梅. A²/O工艺反硝化除磷的实现及性能的研究:[硕士论文]. 哈尔滨:哈尔滨工业大学工学,2007

[7] Smolders G J F, Van der Meij J, Van Loosdrecht M C M, et al. Model of the Anaerobic Metabolism of the Biological Phosphorus Removal Process: Stoichiometry and pH Influence. Biotechnology and Bioengineering, 1994, 43: 461-470

[8] Kuba T, Wachameister A, Van Loosdrecht M C M. Effect of Nitrate on Phosphorus Release in Biological Phosphorus Removal System. Wat. Sci. Tech,1994, 30(6): 263-269

[9] Henze M, GujerW, Mino T, et al. Activated sludge model No. 2d, ASM2d. Water Sci Technol, 1999, 39(1): 165-182

[10] GujerW, HenzeM, Mino T, et al. Activated sludge model No. 3. Water Sci Technol, 1999, 39 (1): 183-193

[11] van Veldhuizen H M, van LoosdrechtM C M, Heijnen J J. Modeling biological phosphorus and nitrogen removal in a full scale activated sludge process. Water Res, 1999, 33 (16): 3459-3468

[12] 郝晓地, 宋虹苇, 胡沅胜. 采用TUD联合模型模拟倒置A²/O工艺的运行工况. 中国给水排水, 2007, 23(5): 1-4

[13] 郝晓地,宋虹苇,胡沅胜. 采用TUD模型动态模拟倒置A²/O工艺运行工况. 中国给水排水, 2007,23 (16): 85-89

[14] 郝晓地,宋虹苇,胡沅胜. 数学模拟技术用于污水处理工艺的运行诊断与优化. 中国给水排水, 2007, 23 (14): 94-99

[15] 郝晓地, 仇付国, 张璐平. 应用数学模拟技术升级改造二级污水处理工艺. 中国给水排水, 2007, 23 (16): 25-29

[16] Meijer S C F. Theoretical and practical aspects of modeling activated sludge processes. Delft, the Netherlands: Delft University of Technology, 2004

[17] Roeleveld P J, van LoosdrechtM CM. Experiences with guidelines for wastewater characterization in the Netherlands. Water Sci Technol, 2002, 45 (6): 77-87

[18] Andrews J F, Pearson E A. Kinetics and characteristics of volatile acid production in anaerobic fermentation process. J Air Water Pollut, 1965, 9 (7～8): 439-461

[19] Copp, J. The COST Simulation Benchmark-Description and Simulator Manual. COST (Eu-

ropean Cooperation in the field of Scientific and Technical Research), Brussels, Belgium, 2001

[20] Copp J B. Defining a simulation benchmark for control strategies. Water 21, 2000, 4: 44-49

[21] Vrecko D, Gernaey K V, Rosen C, et al. Benchmark Simulation Model No 2 in Matlab-Simulink: towards plant-wide WWTP control strategy evaluation. Water Science & Technology, 2006, 54(8): 65-72

[22] COST Action 624 website (http://www.ensic.inpl-nancy.fr/COSTWWTP). The European Co-operation in the Field of Scientific and Technical Research, Action 624: Optimal Management of Wastewater Systems

[23] Krist V. Gernaey, Sten B. Jφrgensen. Benchmarking combined biological phosphorus and nitrogen removal wastewater treatment processes. Control Engineering Practice, 2004, 12: 357-373

[24] van Veldhuizen H M, van Loosdrecht M C M, Heijnen J J. Modelling biological phosphorus and nitrogen removal in a full scale activated sludge process. Water Research, 1999, 33: 3459-3468

[25] Siegrist H, Brunner I, Koch G, Linh Con Phan, et al. Reduction of biomass decay rate under anoxic and anaerobic conditions. Water Science and Technology, 1999, 39(1): 129-137

[26] Brdjanovic D, van Loosdrecht M C M, Versteeg P, et al. Modelling COD, N and P removal in a full-scale WWTP Haarlem Waarderpolder. Water Research, 2000, 34: 846-858

[27] Rieger L, Koch G, K uhni M, et al. The EAWAG bio-P module for activated sludge model No. 3. Water Research, 2001, 35: 3887-3903

[28] Takacs I, Patry G G, Nolasco D. A dynamic model of the clarification-thickening process. Water Research, 1991, 25: 1263-1271

[29] Vanrolleghem P A, Gillot S. Robustness and economic measures as control benchmark performance criteria. Water Science and Technology, 2002, 45(4～5): 117-126

[30] Charng-Gwo Jih, Ju-Sheng Huang, Kwo-Chiang Hsieh. Performance evaluation of single-sludge reactor system treating high-strength nitrogen wastewater. Journal of Hazardous Materials, 2001, B85: 213-227

[31] Jφrgensen S E, Gromiec M J. Mathematical Models in Waste Treatment, Elsevier, New York, 1985

[32] Sharma B, Ahler R C. Nitrification and nitrogen removal, Water Res. 1977, 11: 897-925

[33] Grau P M, Dohanyos M, Chudoba J. Kinetics of multicomponent substrate removal by activated sludge, Water Res, 1975, 9: 637-642

[34] Abufayed A A, Schroeder E D. Kinetics and stoichiometry of SBR/denitrification with a primary sludgecarbon source. J. Water Pollut. Control Fed, 1986, 58: 398-405

[35] Argaman Y. Nitrogen removal in a semi-continuous process, Water Res, 1986, 20: 173-183

[36] Siebritz I P, Ekama G A, Marais G V R. A parametric model for biological excess phosphorus removal, Water Sci. Tech, 1983,15:127-152

[37] Henze M, Grady Jr C P L, Gujer W, et al. A general model for single-sludge wastewater treatment systems, Water Res, 1987,21:505-515

第5章 A²/O污水处理系统的运行、管理、设计与应用

5.1 A²/O污水处理系统污泥的培养及调试

污水处理厂调试及试运行是污水处理工程建设的重要阶段，工艺系统的调试是投产前必不可少的一个重要环节，是检验污水处理厂前期设计、施工、安装等工程质量的重要环节[1-5]。污水厂试运行是指在满负荷进水条件下，优化、摸索运行参数，取得最佳的去除效果，同时对工程整体质量进一步全面考核，为今后长期稳定运行奠定基础。污水处理厂的调试是一个系统工程，涉及到工艺、电气、设备、自控等专业的相关内容，需要各专业的相互配合、相互协调。

5.1.1 污泥的培养与驯化

尽管污水处理的工艺不同，但是在污泥驯化培养方面基本上是相同的，不同类的污水处理厂调试均具有相互间的借鉴作用。对于城市污水和性质与其相类似的工业废水，污泥的培养相对容易，但对于其他工业废水，除培养活性污泥外，还需要使活性污泥适应所处理废水的特点，对其进行驯化。

活性污泥的培养和驯化可归纳为异步培驯法、同步培驯法和接种培驯法。异步法即先培养后驯化，工业废水或以工业废水为主的城市污水常用该法。由于该类废水缺乏专性菌种和足够的营养，因此在投产时可先用含有多菌种及充足营养物质的粪便水或生活污水培养出足量的活性污泥，然后对所培养的活性污泥进行驯化，使活性污泥微生物群体逐渐形成具有代谢特定工业废水的酶系统，具有某种专性。为了缩短培养和驯化的时间，也可以把培养和驯化这两个阶段合并进行，即在培养开始就加入少量工业废水，并在培养过程中逐渐增加比重，使活性污泥在增长的过程中，逐渐适应工业废水并具有处理它的能力，这就是所谓“同步培驯法”。生活污水或以生活污水为主的城市污水一般都采用同步培驯法。这种做法的缺点是，在缺乏经验的情况下不够稳妥可靠，出现问题时不易确定是培养的问题还是驯化的问题。在有条件的地方，可直接从附近污水处理厂引入剩余污泥，作为种泥进行曝气培养，这就是所谓的接种培驯法。该法能提高驯化效果，缩短时间。培养活性污泥需要有菌种和菌种所需要的营养物。为补充营养和排除对微生物增长有害的代谢产物，要及时换水，换水方式分为连续换水和间歇换水两种。对工业废水，如缺乏氮、磷等营养物质，还要及时将这些物质投加入曝气池。

实际上，培养和驯化这两个阶段不能截然分开，间歇换水与连续换水也常结合进行，具体培养驯化时应依据处理厂实际情况，选择一种方法培养或几种方法并用。

(1) 间歇培养

将A^2/O法曝气池注满水，然后停止进水，开始曝气。只曝气而不进水称为“闷曝”。闷曝2～3d后，停止曝气，静沉1h，然后注入部分新鲜污水，这部分污水约占池容的1/5即可。以后循环进行闷曝、静沉和进水三个过程，但每次进水量应比上次有所增加，每次闷曝时间应比上次缩短，即进水次数增加。当污水的温度为15～20℃时，采用该方法，经过15d左右即可使曝气池中的MLSS超过1000mg/L。此时可停止闷曝，连续进水连续曝气，并开始污泥回流。最初的回流比不要太大，可取25%，随着MLSS的升高，逐渐将回流比增至设计值。

(2) 低负荷连续培养

将A^2/O法曝气池注满污水，停止进水，闷曝1d。然后连续进水连续曝气，进水量控制在设计水量的1/2或更低。待污泥絮体出现时，开始回流，取回流比25%。至MLSS超过1000mg/L时，开始按设计流量进水，MLSS至设计值时，开始以设计回流比回流，并开始排放剩余污泥。

(3) 满负荷连续培养

将曝气池注满污水，停止进水，闷曝1d。然后按设计流量连续进水，连续曝气，待污泥絮体形成后，开始回流，MLSS至设计值时，开始排放剩余污泥。

(4) 接种培养

将A^2/O法曝气池注满污水，然后大量投入其他污水处理厂的正常污泥，开始满负荷连续培养。该种方法能大大缩短污泥培养时间，但受实际情况例如其他污水处理厂离该厂的距离、运输工具等的制约，该法一般仅适于小污水处理厂。大型污水处理厂需要的接种量非常大，运输费用高，经济上不合算。在同一污水处理厂内，当一个系列或一组池子的污泥培养正常以后，可以为其他系列接种，从而缩短全厂总的污泥培养时间。

在污泥培养过程中，应随时观察生物相，并测量SV_{30}、MLSS等指标，以便根据情况对培养过程做随时调整。当混合液30min沉降比达到15%～20%时，污泥具有良好的凝聚沉淀性能，污泥内含有大量的菌胶团和纤毛虫原生动物，如钟虫、等枝虫、盖纤虫等，并可使BOD的去除率达90%左右，即可认为活性污泥已培养正常。

A^2/O污水处理厂污泥培养过程中会遇到很多问题，下面简单介绍一下两种常见的问题。

第一，活性污泥形成慢。不能有效形成活性污泥菌胶团，在培菌过程中是比较常见的，原因可能如下：①接种失败。如接种活性污泥已死亡，无法从休眠状态恢复过来。所以在接种时应严格确认活性污泥的活性，同时运输途中需要适当曝气。

②曝气过度。曝气过度对活性污泥培菌来说是致命的，在刚刚形成的活性污泥菌胶团中，由于活性污泥浓度小、初期絮凝能力差，在高曝气情况下容易形成过度氧化，过度曝气将氧化掉大量游离细菌，使得游离细菌无法在数量达到要求。应严格控制培菌阶段的曝气量，防止过度曝气，一般以溶解氧值不超过 3.0mg/L 为宜。③进水废水水质。若进水废水中有机物含量过低，活性污泥的培菌效果也会大大受限，如进水 COD 在 100mg/L 以下的时候，特别难以培养活性污泥。为此，需要向污水中投加碳氢化合物，如甲醇、化粪池水等以补充底物浓度。进水含有抑制物质也会导致培菌不见成效。因为接种污泥通常对原有的处理水水质具备较好的适应性，而对新的环境中出现的新的待处理物质或者具有抑制活性污泥生长的物质，培菌就显得相当困难，如重金属含量过高、无机类物质含量过高等。当然，若 pH 控制不当，出现 pH 过高过低的污水进入培菌生化系统同样会导致活性污泥在培菌初期失败。

第二，污泥培养初期出现大量泡沫。出现大量泡沫通常有两种情况：① 进水中有机物含量过高，在频繁的过曝气情况下容易出现大量白色泡沫；② 活性污泥培菌顺利，当初步形成菌胶团的时候，生化池中存在的游离细菌是最多的，这时在曝气情况下就会产生大量黏稠的白色泡沫。一般泡沫现象在 1 周内会自行消失，如果活性污泥进入培菌后期产生大量泡沫，通常是以下原因：①冲击负荷的存在。如果进水中有机物浓度突然增高，就会形成冲击负荷，那么在培菌生化池上会有大量白色黏稠泡沫产生。需要对此进行调整，调整依据是将进水有机物浓度与前期浓度进行比较，通过限制进水量来降低进水有机负荷。②有毒物质进入。在培菌后期，如果进水中含有对当前培菌活性污泥有抑制作用的化学物质，污泥非常容易死亡，直接表现是生化池出水变得异常混浊。这里的混浊与废水没有得到彻底处理表现的混浊不一样，是由于活性污泥发生解体后溶解或悬浮在出水中形成的混浊。这时需要严格掌握好进水水质状态，确认新增废水种类中化学物质的特性，特别是工业废水处理厂，新增废水种类是否会对活性污泥造成影响，洗涤剂和表面活性剂也能导致培菌生化池出现泡沫。

5.1.2　系统的运行调试

活性污泥驯化成熟后，就开始对系统进行调试，调试的目的是确保各处理构筑物、机械电器设备、管网等能够正常运行，全面检验整个系统的工艺性能能否达到设计要求，确定最佳的运行条件，及时发现问题，为 A^2/O 污水处理厂正式投产运行做好充分准备。

1. 测试水力流程

①打开总进水闸门及各构筑物之间连接处闸门并配合使用溢流闸门，以保证

系统畅通；②城市污水进入提升泵房，使水位控制在最低水位线以上开启水泵运行；③污水被抽升至出水井后沿流程依次进入各构筑物；④将各构筑物中的设备运行状态设置在自动状态，设备即开始自动运行；⑤测量各构筑物进出水实际标高是否符合设计。

2. 设备调试

(1) 格栅。用手动或自动操作，动作准确无误，无抖动、卡阻现象。人工控制，可采用定时控制和视渣情况控制两种方式，确定后纳入值班操作规程。

定期检查连接渠道的沉砂情况，及时清砂并排除积砂原因；记录每天发生的栅渣量，观察分析栅渣量多少的规律；控制过栅流速，栅前渠道流速宜在 0.4～0.8m/s内，过栅流速应控制在 0.6～1.0m/s 内；及时清除栅渣是保证过栅流速的重要措施。

(2) 沉砂池。定时闸阀排砂，最大限度开启，避免因流速过小产生的沉积现象。核算污水在沉砂池内的停留时间；根据沉砂量的多少及变化规律，合理安排排砂次数，保证及时排砂；定时清除沉砂池及连接渠道上发生的浮渣；贮砂池中的沉砂应随时处理掉，不能停留时间太长；连续测量并记录除砂量，找出沉砂量多少的规律，除砂量的测定可用重量法或容量法；确定沉砂的处置方式。

(3) 泵站。查阅泵机的安装质量记录，各技术指标应符合质量要求；转动灵活；上、下轴承内应注入适量合格的润滑油，应无渗漏；空载 1h，应运转平稳，泵体与螺旋槽间不得有碰撞；开车连续运转 2h，需达到各法兰连接无渗漏、螺栓无松动、填料压盖处松紧适当、应有少量水滴出、温度不应过高、电动机电流值不超过额定值，运转时无异常声音、平稳、无较大振动，轴承温度—滚动轴承小于 70℃、滑动轴承小于 60℃。

集水池根据具体情况定期清理，应考虑到清理方式及机具；泵站运行操作应保证来水量与抽水量一致；应保证集水池高水位运行；水泵的开停次数不可过于频繁，应在掌握规律后确定水泵的开停次数；泵组内每台水泵的投运次数及时间应基本均匀，运行人员应结合本厂泵站的具体情况找到最佳的运行调度方案。

(4) 沉淀池。沉淀池由流入部分、沉淀部分、流出部分及污泥部分组成。对于流入部分，应控制沉淀池与反应池间的水位差，防止来自反应池或曝气池流入的水流卷起沉淀的污泥。沉淀池流入管的位置，应该位于能够避免池内发生偏向流的地方。考察流入水流是否均匀，可以在沉淀池流入部分的水流直角上设置整流板或阻流板。

为使沉淀池维持良好的状态操作，须检查以下事项：进水量的确定(进水总量、高峰流量、高峰流量持续时间)；沉淀池内水流的异常确认(偏向流、卷升流)；溢流堰的水平状况(有没有污泥流出)；有无污泥流失和上浮；污泥沉降比的测定；有无污泥的异常堆积；刮泥机是否正常运转；排泥泵有无异常(压力表及电流确认)；排泥泵的堵塞、磨损；排泥泵吸泥量；刮泥机的磨损及弯曲；驱动部、链条等的接合确认。

(5) A^2/O 池体。首先 A^2/O 池体各部分不得有渗漏现象，内循环、污泥回流泵、搅拌器、曝气器等各项机械设备应达到安装质量要求。现场测试 SV_{30}，并结合实验室测定的 MLSS 换算 SVI。测定反应池内水温，缺氧区、厌氧区和好氧区的 DO、pH，观察搅拌器、曝气器是否运行平稳，观测电机是否发热，有无异常，记录电流量。

3. 工艺控制参数的确定

设计中的工艺控制参数是在预测的水量、水质条件下确定的，而实际投入运行时的污水厂其水量水质往往与设计有较大的差异，因此，必须根据实际水量水质情况来确定合适的工艺控制参数，以保证运行的正常进行和使出水水质达标的同时尽可能降低能耗。

(1) 工艺参数内容

需确定的重要工艺参数有进水泵房的控制水位、沉砂池排砂周期、生物池溶解氧 DO 及氧化还原电位 ORP、内循环回流比、污泥回流比、污泥浓度 MLVSS、污泥沉降比 SV%、污泥指数 SVI、污泥龄 SRT、剩余污泥排放周期及日排放量、二沉池泥面高度等。

(2) 确定方法

进水泵房水位在保证进水系统不溢流的前提下尽可能控制在高水位运行。用每天排除的体积与集砂容积对比来确定排砂周期，排砂量体积小于集砂容积。生物池 DO 及 ORP 根据厌氧池放磷情况、缺氧池反硝化情况、好氧池吸磷和硝化情况来确定，一般情况下厌氧池的 DO 小于 0.1mg/L，缺氧池的 DO 小于 0.5mg/L，好氧池的 DO 控制在 2～3mg/L 之间，厌氧池 ORP 小于－250mV，缺氧池 ORP 在－100mV 左右，好氧池 ORP 大于 40mV。内循环回流比的确定应根据出水硝酸盐浓度和 TN 的去除率来确定，一般控制在 200%左右。污泥回流比的大小应根据污泥在二沉池的停留时间和磷的释放来确定，一般情况下 80%左右较合适。污泥浓度 MLVSS 通过污泥负荷来确定，脱氮除磷工艺的污泥负荷一般在 0.12$kgBOD_5$/(kgMLVSS · d)左右较合适。污泥龄 SRT 要考虑设计水质的要求，对脱氮除磷工艺而言，其一般控制在 10d 左右。

4. 工艺控制规程

工艺控制规程主要是用来指导生产运行的，是工艺运行的主要依据，其主要包含以下几方面的内容：①各构筑物的基本情况；②各构筑物运行控制参数；③设施设备运行方式;④工艺调整方法;⑤处理设施维护维修方式。

污水厂要正确运行,还应有一套完善的制度,其主要包括管理制度、岗位职责、操作规程、运行记录、设备设施档案等,在调试过程中可分步完成上述工作。

5. 应注意的问题

(1) 通过对所有设施、管道及水下设备进行检查,彻底清理所有杂物,以避免通水后管道、设备堵塞和维修水下设备影响调试的顺利进行。通水后进行水下设施设备的维护困难相当大,主要是因为维修需将水池放空,放空一次相当费时费工,特别是有活性污泥后,水往哪放本身就是个问题,放出去会发生污染事故,放到别的池子往往又装不下。因此,在通水前一定要认真检查、清理。

(2) 对进水水质严格进行监控,尤其是pH,超过要求时应立即采取相应措施,否则会使培菌工作前功尽弃。

(3) 培菌初期,曝气池会出现大量的白色泡沫,严重时会堆积两三米高,污染走道和现场仪器仪表,这一问题是培菌初期的必然现象,只要控制好溶解氧和采取适当的消泡措施就可以解决。

(4) 自来水水量和压力大小往往容易被大家忽视,在调试过程中,化验室和污泥脱水的一些仪器、设备对水量和水压有严格的要求,若达不到要求,这些仪器、设备将无法使用。污水厂一般远离城市,处于自来水的管网末梢,水量水压通常很小,因此,应设置一定的装置以提高水量水压。

5.1.3　运行调试实例

1. 无锡太湖新城污水处理厂的运行调试[6]

(1) 污水处理厂概况

无锡市太湖新城污水处理厂位于太湖新城新安镇华联村,靠近京杭大运河,服务范围为无锡市太湖新城,服务面积约127 km²,人口35万人。设计规模为15万m³/d,分三期实施,一期工程设计规模为5万m³/d。针对进出水水质要求,经多方案比较,采用改良型A²/O脱氮除磷污水处理工艺,污泥处理工艺采用重力浓缩加带式脱水机机械脱水。设计进、出水水质见表5-1,工艺流程见图5-1。

表5-1　设计进、出水水质

项目	BOD	COD	SS	NH_4^+-N	PO_4^{3-}-P
进水/(mg/L)	200	600	250	25	4
出水/(mg/L)	20	60	20	8(15)	1

为避免传统A²/O工艺回流污泥硝酸盐对厌氧池放磷的影响,采用一种新的

碳源分配方式，将缺氧池置于厌氧池前面，来自二沉池的回流污泥、30%～50%的进水和 50%～150%的混合液均回流到缺氧段，停留时间为 1～3 h。回流污泥和混合液在缺氧池内进行反硝化，去除硝态氮，再进入厌氧段，保证了厌氧池的厌氧状态，强化了除磷效果。由于污泥回流至缺氧段，并且采用两点的进水方式，使得缺氧段污泥浓度可较好氧段高出近 50%，分段进水系统比常规法具有较多的污泥储量和较长的污泥龄，从而增加了处理能力。此外，单位池容的反硝化速率明显提高，反硝化作用能够得到有效保证。根据在不同季节的情况下，不同进水水质及生物脱氮和生物除磷所需碳源的变化，调节分配至缺氧段和厌氧段的进水比例，反硝化作用能够得到有效保证，系统中的除磷效果也有保证。

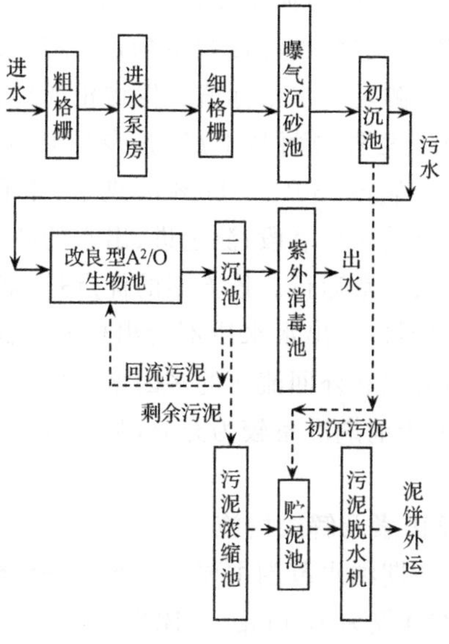

图 5-1　太湖新城污水处理厂工艺流程

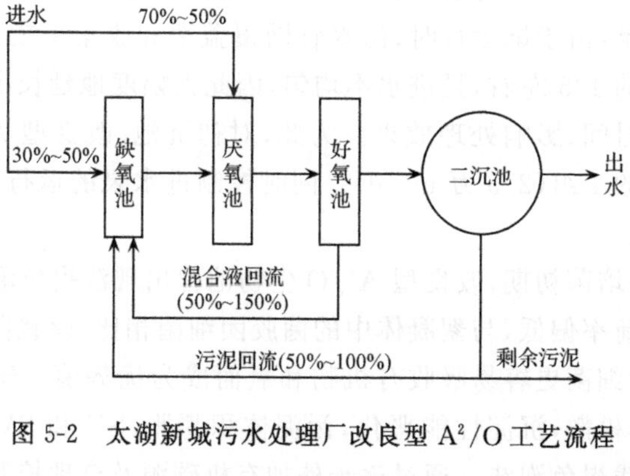

图 5-2　太湖新城污水处理厂改良型 A^2/O 工艺流程

(2) 活性污泥的培养和驯化

该工程的工艺调试工作于2005年7月底开始。由于采用改良型A^2/O工艺，对活性污泥的培养、驯化经验极少，且初期进水量和进水负荷均较低，故采用外加有机碳源连续进水的接种培菌方案，即利用靠近太湖新城污水处理厂且进水水质比较相似的芦村污水处理厂浓缩池的浓缩活性污泥（采用槽罐车运输）和城北污水处理厂的脱水干污泥作为接种菌种。同时，考虑到开始调试时，进水水量偏少（5000～8000m^3/d），COD浓度偏低（80～100 mg/L），为提高进水有机物浓度，适当投加粪便污水作为外加有机碳源。

在培菌初期充分曝气，暂不考虑内回流脱氮及排泥除磷，通过严格控制溶解氧等运行指标，培菌过程进展顺利，污泥浓度逐渐上升。在整个培菌驯化过程中，每日均对活性污泥进行生物相观察，当特征微生物，如草履虫等大量出现时，开始回流并逐渐增大回流比，同时测定出水指标值。生物相观察中，如发现线虫等原生指示生物出现，并活动良好，表明培菌基本成功，全厂转入工艺调试运行阶段，将50%～70%的进水进入厌氧段，30%～50%的进水、来自二沉池的回流污泥和50%～150%的混合液回流进入缺氧段；测定进、出水的各指标及SV和SVI，当出水水质稳定达标后，即转入正常运行。该方案的优点是：培菌过程同正常运行基本一致，易于过渡至正常运行状态，出水水质不会出现明显波动；缺点是厌氧池和缺氧池的进水分配比、内回流比和外回流比的多因素发生变化，不易控制，TN和TP的稳定去除效果较慢。由于前期准备较为充分，整个培菌试运行过程进展顺利，取得了满意的结果。

(3) 影响培菌的环境因素及解决措施

有机负荷率低：由于初期纳水范围主要为污水处理厂附近的大学城，导致进水有机营养源严重不足，COD仅为100 mg/L，BOD_5为60 mg/L左右，使活性污泥增殖较慢，培养周期较长，且低有机负荷率易发生污泥膨胀现象，因此投加粪便污水，投加点选择在进水泵房，与进水稀释同时提升，进入改良型A^2/O生物池。

水量严重不足：由于试运行时，污水管网覆盖率和收集率较低，导致实际进水量仅为设计规模的1/5左右，且进水不均匀，因此大幅度地延长污水在厂内构筑物和管路中的停留时间，影响处理效果。为此，对初沉池、改良型A^2/O生物池和二沉池均运行其中的1组（2.5万m^3/d）。同时控制进水泵的运行方式，以适当调节进水的不均匀性。

泡沫问题：在培菌初期，改良型A^2/O生物池曾出现浅褐色泡沫。分析原因主要是进水有机负荷率偏低，与絮凝体中的菌胶团细菌相比，丝状菌由于具有较大的比表面积，因而比细菌更容易吸收有机物和氧而成为优势菌。丝状菌丝体的互相交织，使污泥絮体松散，沉淀性能恶化，污泥体积膨胀，SV和SVI均很高，从而在液面上产生大量浅褐色泡沫。通过逐步外加有机碳源及合理控制C/N/P比后，泡沫问题得以解决。

污泥上浮：由于进水量和有机负荷远低于设计值，影响了活性污泥中微生物之间的生态平衡，同时污泥在二沉池中的停留时间过长，均会导致生物池中的污泥上浮现象。解决方法，除前述方法外，控制好氧池末端高溶解氧出水至二沉池，可有效避免污泥上浮，并保证出水水质。

(4) 检测与控制

根据工艺要求和采样规定，制定化验方案，确定采样时间、地点和频次，其中一、二级处理主要指标都要测定（每 8 h 测一次），同时增测了改良型 A^2/O 生物池各段的 DO（每 2 h 测一次）、MLSS（每日测一次）、SV（每 2 h 测一次）和 SV I（每日测一次），抽测二沉池内的 DO。通过高密度的水样采集与分析来指导控制培菌过程。

目前，太湖新城污水处理厂已稳定运行两年多，进水量接近 4.5 万 m^3/d，从试运行的结果来看，出水 BOD_5 的平均值为 6.19 mg/L，COD_{Cr} 为 38.5 mg/L，SS 平均为 12.16 mg/L，NH_4^+-N 平均为 2.33 mg/L，TP 平均为 0. 15 mg/L。各项出水水质指标均低于设计标准，运行情况良好。

2. 西安市污水处理厂改扩建工程及其系统调试[7]

(1) 工程概况

西安市污水处理厂始建于 1956 年，是全国最早建设的城市污水处理厂之一，其处理规模为 $4\times10^4 m^3/d$ 的一级处理。1963 年和 1976 年分别进行了两次扩建，处理能力达到 $12\times10^4 m^3/d$，并由一级物理处理提高到二级生物处理。经过多年的运转，加之六、七十年代技术、设备条件落后，设备多为非污水处理工程专业设备，现有大部分设备已严重老化，难以维持正常生产。为此，西安市市政工程管理局引进丹麦政府贷款对该厂进行全面的技术改造和扩建，更新设备，提高处理能力，节能降耗，实现部分污水回用。西安市污水处理厂改扩建前处理工艺为传统活性污泥法，经改扩建以后日处理能力增加为 $16\times10^4 m^3/d$；其中 $4\times10^4 m^3/d$ 污水经一级处理后排放。二级生物处理分为两条线，$6\times10^4 m^3/d$ 污水为传统活性污泥法处理，称为中负荷系统；其余 $6\times10^4 m^3/d$ 污水采用深度处理，工艺为 A^2/O 工艺与过滤的组合，其出水作为工业回用水及市政杂用水，缓解西安市供水不足的矛盾，减少污染，改善环境。改扩建工程涉及的构筑物包括提升泵房、细格栅间、曝气沉砂池、中负荷曝气池、A^2/O 池、终沉池、鼓风机房以及回用水系统、厂区工艺管道和电气系统、自动控制系统等。西安市污水处理厂改扩建设计进出水水质指标见表 5-2。

表 5-2　西安市污水处理厂改扩建设计进出水水质指标

	进水	二级传统活性污(中负荷)系统出水	深度处理系统	
			A^2/O+终沉池出水	A^2/O+终沉池+砂滤池出水
COD_{Cr}/(mg/L)	450	≤100	≤100	≤50
BOD_5/(mg/L)	220	≤20	≤20	≤10
SS/(mg/L)	300	≤20	≤20	≤5
NH_4^+-N/(mg/L)	26	—	≤10	≤5
TN/(mg/L)	40	—	≤15	≤15
TP/(mg/L)	8.5	—	≤3	≤1
pH	6.5～8.5	6.5～8.5	6.5～8.5	6.5～8.5
脱水污泥含水率/%	—	80	80	80

(2) 工艺介绍

西安市污水处理厂主要工艺有一级处理系统、二级传统活性污泥法处理系统、A^2/O与过滤的组合工艺系统以及污泥处理系统。污水、污泥处理工艺流程见图 5-3。

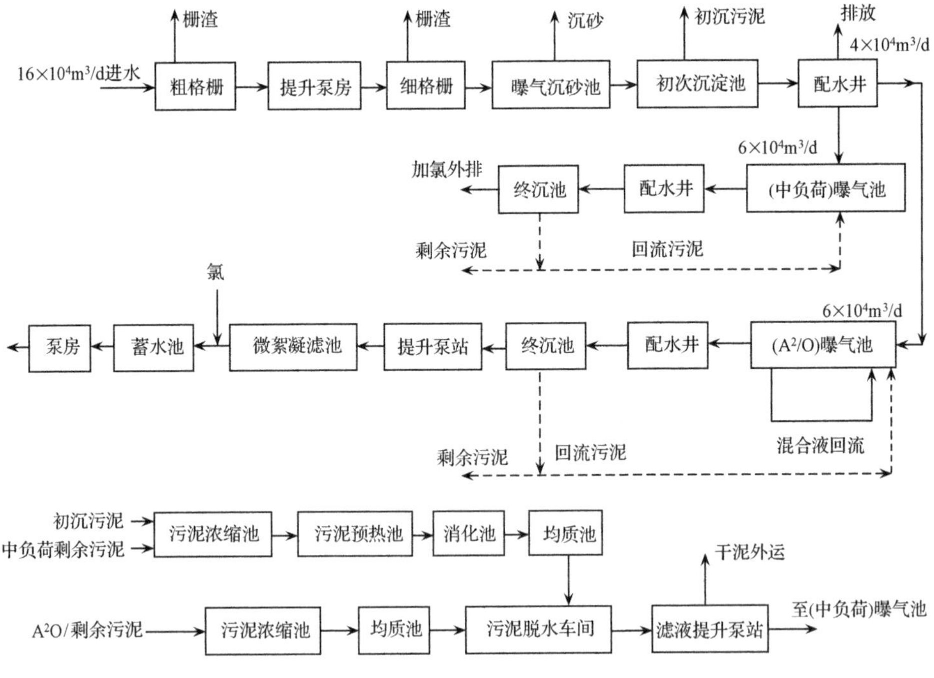

图 5-3　西安市污水处理厂污水、污泥处理工艺流程

其中 $6\times10^4m^3/d$ 污水进入 A^2/O 与过滤的组合工艺系统。A^2/O 工艺是丹麦克鲁格公司提供的技术，有并联运行的两套系统组成，每套系统包括预(缺氧

段)、反硝化段(2×675m^3)、厌氧段[包括选择池(2×130m^3)和厌氧池(2×665m^3)]、缺氧段(1×655m^3)、好氧段(1×9770m^3)。预反硝化段的目的是最大限度地进行生物强化脱磷和反硝化作用，由于大部分硝酸菌在反硝化池中进行反硝化，故可以降低混合液内回流比率。设计采用 35%的进水和 65%～100%的回流污泥直接进入预反硝化池，其余 65% 的进水直接进入厌氧选择池，厌氧段包括一个选择池和一个严格的厌氧池，目的在于提高菌胶团和聚磷菌的生长。设计曝气池中混合液悬浮固体(MLSS) 浓度为 4000mg/L，污泥负荷为 0.09kg BOD_5/(kgMLSS·d)，污泥龄为 15.3d，其中好氧污泥龄为 10.5d，水力停留时间为 12.83h。污水在 A^2/O 工艺处理池中不但能去除掉有机物，还能有效地进行脱氮除磷，其出水经过终沉池配水井后被分配到三座直径为 36m、中心进水、周边出水的终沉池进行泥水分离。终沉池出水经中间泵站提升到砂滤池，砂滤池采用微絮凝过滤工艺，砂滤池出水经加氯消毒后进入回用水蓄水池，再经加压泵房输送至回用水管网，从而完成了 A^2/O 与过滤的组合工艺系统。其中 A^2/O 工艺的流程见图 5-4 和平面见图 5-5。

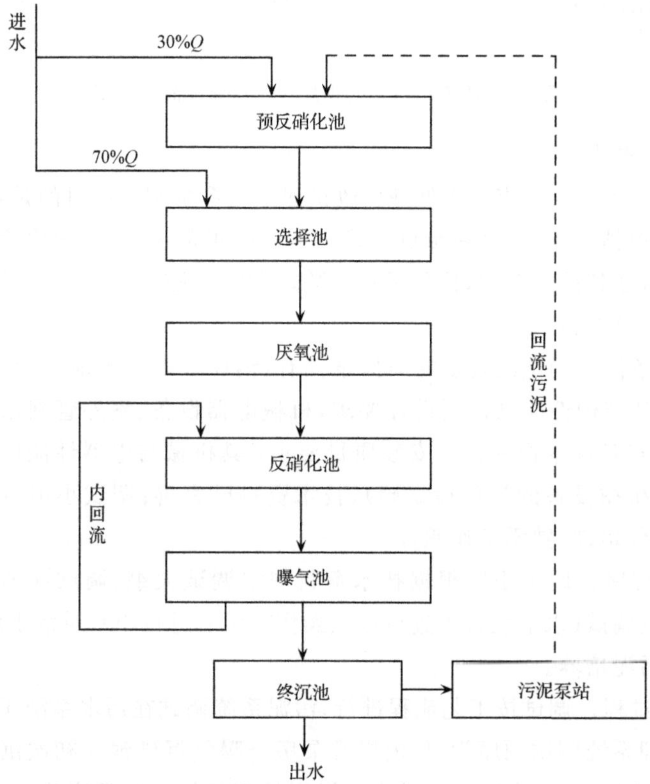

图 5-4　西安市污水处理厂 A^2/O 曝气池工艺流程图

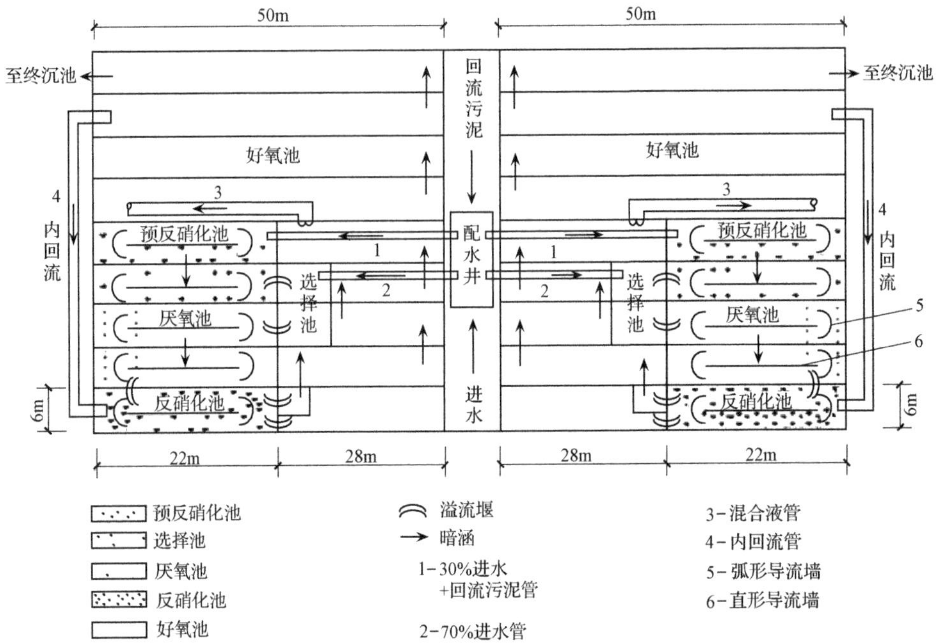

图 5-5　西安市污水处理厂 A^2/O 曝气池平面图

(3) 系统调试

1) 调试目的。西安市污水处理厂改扩建工程系统调试的目的是:确保各处理构筑物、机械电器设备、管网在带负荷状态下能够正常运行,全面检验整个系统的工艺性能能否达到设计要求,优化运行参数,及时发现问题,为污水处理厂正式投产运行做好充分准备。

2) 前提条件。调试已具备的前提条件有:钢筋混凝土水池已竣工验收(满水实验)合格,其结构性能已达到设计要求,机械电器设备、室外管网已建设安装就位并检测完毕(各技术指标符合安装质量要求,其机械与电器性能已得到初步检验,等待进行机械设备的带负荷试验),技术资料已完善;调试小组(中、外技术人员)已经过岗位培训,熟悉工作职责。

3) 调试程序。调试小组根据技术资料制定调试大纲、调试计划、调试细则。首先进行空机调试(水下设备不进行该项操作),然后进行小水量清水调试,再进行污水调试和污泥培养。

4) 调试过程。调试按工艺流程进行,污泥系统调试在污水系统正常运行后进行。污水处理系统调试顺序为:厂内提升泵房→曝气沉砂池→初次沉淀池→中负荷曝气池→A^2/O 池→终沉池→排水。污泥处理系统调试顺序为:污泥浓缩池→消化池→脱水机房→污泥外运。

污水处理系统调试过程如下所述。

1) 测试水力流程：①打开总进水闸门及各构筑物之间连接处闸门并配合使用溢流闸门，以保证系统畅通；②城市污水进入提升泵房，使水位控制在最低水位线以上开启水泵运行；③污水被抽升至单管出水井后沿流程依次进入各构筑物；④将各构筑物中的设备运行状态设置在自动状态，设备即开始自动运行；⑤测量各构筑物进出水实际标高是否符合设计。

2) 观察设备带负荷运行状况：①粗格栅与细格栅的运行是根据格栅前后水位差或时间来控制，格栅一旦开始运行，螺旋输送机、栅渣压榨机将随之运行将栅渣送出；②曝气沉砂池中桥式吸砂机按设定时间间隔运行，运行一段时间后发现出砂量很少，分析原因有两种：一是吸砂泵能力偏大，二是鼓风机能力偏大，现场已将吸砂泵工作周期重新调整，出砂量已有所改善，鼓风机能力偏大已准备采用增加旁通管的方式解决；③初次沉淀池污水进满后，启动刮泥机，刮泥机运行平稳，浮渣出口闸门启动不灵活，需调整，沉淀池出水口涌水，经检查得知是地下旧管道未清通所致；④初沉池出水分两条线分别进入中负荷曝气池和 A^2/O 池，A^2/O 池进水管设有中间提升泵，该泵为变频泵，控制其进水量保持在 $6\times10^4\,m^3/d$，曝气池中主要检查搅拌器和内回流泵能否正常运转，水面上曝气波浪是否均匀；⑤曝气池出水分别进入对应终沉池，启动刮泥机和吸泥机，在中负荷终沉池发现由于旧池子堰顶不平造成出水不均匀，将不锈钢堰板螺孔重新加工，使其可调范围加大，重新调整了其平整度，A^2/O 系统终沉池出现限位开关开启但浮渣井闸门未打开现象，调节自控系统后问题得到解决。

3) 活性污泥的培养：中负荷曝气池和 A^2/O 池两个系统的活性污泥培养均采用自然培养，即利用污水中现有的少量微生物，连续进水连续曝气，经常观察曝气池中活性污泥的生长情况，每天定时测定混合液的溶解氧及沉降比，同时用显微镜进行观察，逐渐培养直至 MLSS 达到设计值，调试期间如不出现异常(曾出现过有几天从城市管网进来一股黑色污水，冲击负荷增大，活性污泥被破坏，只好重新培养) 活性污泥培养时间半个月左右即可正常。

4) 污泥处理系统调试过程：污泥系统调试分为两条线路。①在污水处理系统正常运行后，启动初次沉淀池污泥泵，将污泥依次送入初次浓缩池、消化池、中负荷均质池；②A^2/O 系统剩余污泥直接送入浓缩池后进入均质池；③两种污泥分别进入带压机进行脱水。调试关键在于①保持浓缩池的良好运行状态，使搅拌机连续平稳运行；②消化池甲烷细菌的培养采用一次培养法，即逐日将新鲜污泥加入消化池，直到设计液面，给池中加温，使其保持中温消化，搅拌设备严格按照操作规程运行，同时测定含水率、有机物含量等指标；③脱水机的运行有一个摸索阶段，由于是两种类型的污泥，因此混凝剂最佳投药量、污泥处理量都需要进行试验确定。

从调试结果看，在重力流条件下污水或污泥流程已能顺畅地进行，附属设施能正常操作。通过较长时间跟踪检测，出水水质基本达到设计要求。西安市污水处理厂改扩建工程经调试后整个系统能够正常运行，出水水质达标。调试结果表明该工程是成功的，施工实现了设计要求。

5.2 A^2/O污水处理系统的运行管理

A^2/O污水处理系统能否正常运行，受到多种因素影响，特别是新建的A^2/O污水处理厂，其运行管理涉及配套排水管网完善与否、排水体制是否健全、排水管网是否投入正常运行等许多影响进水水质和水量的外部条件。另外，A^2/O污水处理系统的运行管理还和很多内部条件有关，例如土建、设备及其配套设施是否已得到了合格验收，运行管理费是否已经落实到位，运行管理的人员素质和是否经过了技术培训等。操作管理人员必须充分掌握本厂的工艺特点，根据设计要求在运行管理实践中积累经验，进行科学的管理操作，认真记录分析系统的有关技术数据，归纳出的各项技术经济指标，在水质条件和环境条件发生变化时，充分利用A^2/O工艺的弹性进行适当的调整，制订出岗位责任目标，观察记录有关操作运行异常现象，及时发现并解决异常问题，使处理系统环节尽可能高效低耗地完成净化处理作用，以期达到理想的环境效益、经济效益和社会效益。本节重点介绍A^2/O污水处理系统各主要处理构筑物的日常运行管理问题[1-5]。

5.2.1 A^2/O污水处理厂主要构筑物的运行管理

1. 格栅

格栅一般置于进水渠道上，是A^2/O污水处理厂预处理工序中第一步，其主要作用是去除水中大的漂浮物和悬浮物，如垃圾、树叶等，以保护后续污水处理设备和构筑物等。格栅在日常运行管理时，要特别注意对栅前流速的控制，防止栅前渠道内出现沉砂的问题。

(1) 过栅流速的控制

合理控制过栅流速，最大程度发挥拦截作用，保持最高拦污效率。栅前渠道流速一般应控制在0.4～0.8m/s，过栅流速应控制在0.6～1.0m/s，具体情况应视实际污物的组成、含砂量的多少及格栅距等具体情况而定。在实际运行中，可通过开、停格栅的工作台数，控制过栅流速，当发现过栅流速超过要求的最高值时，应增加投入工作的格栅数量，使过栅流速控制在要求范围内，反之，当过栅流速低于所要求的最低值时，应减少投入工作的格栅数量，使过栅流速控制在所要求的范围内。

(2) 栅渣的清除

及时清除栅渣是控制过栅流速在合理范围内的重要措施。投运清污机台数太少，栅渣在格栅滞留时间长，使污水过栅断面减少，造成过栅流速增大，拦污效率下降，如果栅格清除不及时，由于阻力增大，会造成流量在格栅上分配不均匀，同样会降低拦渣的效果，软垃圾会被带入系统。单纯从清渣来看，利用栅前、栅后液位差，即采用栅前、栅后水位差来实现自动清渣是最好的办法。还可根据时间的设定，实现自动运行，但必须掌握不同季节的栅渣量变化规律，不断总结经验，确保参数设置合理。但在特殊的情况下，也会造成清污的不及时，也可采取手动开、停方式，虽然操作量较大，但只要精心操作，也能够保证及时清污。不管哪种方式，值班人员都应按时到现场巡检。

格栅除污机的维护保养格栅除污机是污水处理厂内最容易发生故障的设备之一。应注意定期加油保养。另外注意卫生安全，因为污水在长途输送过程中腐化，产生硫化氢等恶毒臭气，将在格栅间大量释放出来，应加强格栅间通风设施管理，另外，清除的栅渣应及时运走，防止腐败产生恶臭。

2. 沉砂池

沉砂池是 A^2/O 污水处理系统不可缺少的预处理构筑物，其设计停留时间一般为 30～60s，能去除水中相对密度较大的无机颗粒，如泥砂等。沉砂池的目的是减轻后续处理单元的沉积以及机械与管道的磨损，沉砂池大都容量较小，还有卫生方面的问题，应注意及时清渣排砂。常用的沉砂池有平流式沉砂池、曝气沉砂池、竖流式沉砂池与钟式沉砂池等，应把握其特点认真进行维护管理。

(1) 配水及配气

平流式沉砂池以及曝气沉砂池在设计时通常进行分隔，其中每一格都有配水调节闸门和空气调节阀门(曝气沉砂池)，应经常巡查沉砂池的运行状况，及时调整入流污水量和空气量，尽量使每一格沉砂池的工作状况(水位、水量、气量、排砂次数)相同。钟式沉砂池和竖流式沉砂池等圆形沉砂池通常是两个及两个以上并列运行，其配水的主要控制参数为进水渠道流速、圆池的水力表面负荷、水力停留时间和提砂时间。进水渠道的流速宜控制在 0.6～0.9m/s 为宜，水力表面负荷一般为 $300m^3/(m^2 \cdot h)$。运行人员可根据进水量复核确定沉砂池的运行台数，确保各参数在合理范围内。还可合理调节钟式沉砂池桨板的转数，可有效去除在低负荷时难以去除的细砂。

(2) 清除浮渣

沉砂池上的浮渣应经常以人工或机械的方式清除，否则会造成缠绕堵塞设备或产生臭味影响环境卫生。运行管理人员应经常巡视浮渣刮渣、出渣设施的运行状况，观察池面浮渣的多少。浮渣闸板向下开启时，浮渣中的纤维、塑料袋等物很容易缠绕在螺杆上，因螺杆在旋转时与螺母的摩擦阻力增大而使电机跳闸。若跳闸时，闸板顶部在水面以下，则沉砂池中的水会不断流入浮渣井，此时若不能及时发现则会因浮渣泵抽水不及时而使浮渣井充满并溢出。所以应定时清除螺杆上的缠绕物，做好闸板的维护保养工作。曝气沉砂池在运行中常会因刮砂桥行走轮走道上有异物而卡住行走轮，或因走道上有油脂使行走轮打滑等原因而造成刮砂机停机，所以平时应注意保持走道清洁。刮砂板有可能出现如下事故：因刮板边缘橡胶与池壁接触，在刮板提升或放下时造成的刮板晃动使刮板磁感应限位开关因对位不准而无法产生停止信号，刮板电机的连续运转最终使刮板收放钢丝绳缠绕在卷轴上卡死，导致刮砂桥停机。为避免这一事故发生，可以将刮板边缘橡胶切短，使之不与池壁接触，在运行中保持平稳。

(3) 排砂

沉砂需要及时清除小型污水厂通常采用重力排砂，用阀门加以控制，大型污水厂一般采用机械排砂。排砂管道容易出现堵塞的情况，其原因主要是输砂管道也会出现被堵的情况。堵塞的原因为砂斗中的积砂过多，有机污泥含量过大使排入管道中的砂浆浓度过大。所以平时要留意沉砂池的来砂量，增加排砂次数，使砂斗中的积砂不至于过量。当管道堵塞时，可从消防口接入消防水冲洗管道或用疏通车疏通管道。在清洗管道过程中一定要确认管道中的泥砂已被完全清除方可恢复正常运转以防重新被堵。另外，管道上的阀门也是造成管道被堵的重要原因。阀门处容易被筷子、纤维及塑料袋等堵塞，如常出现此类情况应检查前级格栅的拦截效果，加强上游下水道的管理。当堵塞不严重时，可将阀门拆下并取出异物即可恢复正常运行；当堵塞严重时则必须把管道中的泥砂清理干净方可恢复运行。

机械排砂使用砂泵时最常见的问题是集砂井中积累的大量积砂将泵及泵的吸口埋住，造成排砂泵吸口无法与水接触，也就无法工作，这种情况也称埋泵。另外异物被吸入泵中将泵卡死也是常见的故障。避免这些情况的发生应多在运行管理中积累经验，砂井内不要积砂过多。如果积砂过多，可打开砂斗下部的排污口，将砂排除部分放入另一台潜污泵排出过多的积砂。在安装了刮砂机的沉砂池中，若刮砂机因故停机而操作人员又未及时发现，则会因排砂泵长时间不启动而造成埋泵。针对这一问题，操作人员应密切监视刮砂机的运行。如出现停机应及时排除故障，若无法停止运行，操作人员应启动排砂泵抽砂。在出现暴雨或城市中有下水道及道路施工时，也可能出现来水中砂粒突然增多的情况，此时如不调整刮砂桥及排砂泵的运行时间，则可能出现因刮砂桥一次刮过来的砂量过多而使排砂泵被埋。为此应密切注意天气预报及来砂量，如果上游出现大雨或来砂量突然增大，则可将刮砂桥的刮砂时间间隔缩短或将排砂泵的运行时间延长，并加强对排砂泵的检查。埋砂不严重时应及时停止刮砂桥的运行，反复开泵、停泵，直到泵恢复工作。如水流逐渐变大，而含砂量逐渐减少并恢复正常则说明吸口处已吸成空洞。如水减少则反复开泵、停泵至恢复正常运行。在进行以上操作时，可在排砂泵输砂管道上的冲洗口接上消防水，直到泵恢复正常为止。接消防水的目的在于降低管中砂浆的浓度，从而减少砂浆在管中流动的阻力，避免管道被堵。当埋砂较为严重时，可将排砂泵输砂管道上的阀门关上，从位于阀门和排砂泵之间的冲洗口接入消防水，反冲沉砂泵吸口处的积砂在此处形成空洞后再按埋砂不很严重时的处理方法进行处理。操作人员在整个操作过程中应随时监视以防止吸口被重新埋入砂中。如果上述方法仍不起作用，说明砂子太多或板结，必须排空池子进行人工清砂。

(4) 洗砂和清砂

沉砂中的有机物较多时需要进行有效的清洗，并进行砂水分离。目前有些污水厂的沉砂池采用旋流砂水分离器和螺旋砂水分离器，经清洗分离出的沉砂有机物含量低，且基本变为固态，可直接装车外运。但是如果砂浆中有机物含量过多，部分无机颗粒会被黏稠的有机物挟裹，从而从水力旋流器上部的溢流口溢出，降低除砂率。而螺旋砂水分离器如砂水分离器中进入的有机污泥过多，在螺旋的搅拌下砂子、有机物和水会形成胶状的混合物，使砂无法沉入砂斗底部，分离器无法将这些砂分离出来。如果操作者发现分离器长期不出砂，但系统中各设备运转正常，就可能是上述情况。此时应采取增加曝气量(曝气沉砂池)或提高流速等措施以减少有机污泥的沉积。此外，沉砂、除砂场地常会有漏砂、漏水、积水情况发生，应及时清理排除(应事先设计考虑场地排水的可能)，否则影响操作和处理厂的景观和卫生。

3. 初沉池

初次沉淀池一般作为二级污水处理厂的预处理构筑物设在生物处理构筑物的前面。初沉池的处理对象主要是悬浮固体，同时可去除部分有机物，主要是悬浮性有机物。然而对于有些污水处理厂，并不需要设置初沉池，因为我国城市污水的进水碳源普遍较低，尤其我国南方，设置初沉池会进一步降低进水碳源，从而影响脱氮除磷效果。

(1) 初沉池的控制

控制措施的目标是使初沉池适应进水水量和水质的变化，将出水的 SS 控制在相对稳定的范围内，以减轻后续生化处理构筑物的负荷。管理人员应当在运转实践中摸索出本厂不同季节进水的水质水量特征，对初沉池的运行参数进行调整和控制。初沉池的主要工艺参数有水量、水温、入流 SS 负荷、表面负荷以及水力停留时间、堰板溢流负荷和水平流速。这些工艺参数中比较重要的是表面负荷，原因是表面负荷如果控制得太高，SS 去除率会下降。水力表面负荷 q 一般应控制在 $1.3 \sim 1.7 m^3/(m^2 \cdot h)$ 的范围内。初沉池的表面负荷用进水流量进行计算：

$$q = Q/A$$

式中，Q 为初沉池进水流量；A 为初沉池的表面积。除表面负荷 q 外，管理人员还应核算初沉池的水力停留时间HRT、堰板溢流负荷和水平流速等参数。如水力停留时间一般不能小于1.5h，堰板溢流负荷一般不应大于$10m^3/(m \cdot h)$，水平流速不能大于冲刷流速(50mm/s)。如发现上述任何一个参数超出范围，一般都要进行工艺调整。具体的运行控制措施有：改变投运池数，这是最主要的措施，主要针对较大的流量变化。对于污水量的短期变化(如几小时以内)，可以采取控制入池流量的方法，将污水在上游排水管网内进行短期贮存；当进水SS增加很大，又没有其他措施的情况下，向初沉池配水渠道内投加一定量的化学絮凝剂(如铁盐、铝盐或石灰)也是一种可行的选择，但前提是配水渠道内要有搅拌措施。一般情况下，处理同样的水量，达到同样的处理效果，夏季投运的池数可比冬季少；反之，投运同样的池子，夏季处理量较冬季多。在初沉池的运转中，堰板负荷流量会经常超负荷，应注意核算。水平流速一般不会超过或接近冲刷流速，可不必经常核算。

(2) 浮渣清除

对于有机械去除浮渣装置的初沉池要对装置定期检查，对于人工清捞的，操作者需经常人工清除浮渣从而减少苍蝇孳生、减少气味，改善厂区卫生。管理人员在巡检时应注意观察浮渣斗上的浮渣是否容易排除，浮渣刮板和浮渣斗是否配合得当，需不需要调整，如果橡胶刮板变形应及时予以更换。如果出现出水三角堰被浮渣封堵的情况，应及时清除，以保证三角堰每个堰口出水均匀。

(3) 排泥

排泥是初沉池运行中最重要也是最难控制的一个操作，有连续和间歇两种排泥方式。间歇式排泥需要掌握排泥时间间隔和排泥持续时间，排泥时间过长将引起池底污泥腐败上浮，恶化出水水质。管理人员若发现初沉池水面冒气泡，则通常表明池底污泥已开始腐败了。一次排泥持续时间过长则污泥含水率过高，将增加污泥处理设施的负担，排泥操作依据不同的污水类型和沉淀池工作情况具体确定，以保证排出污泥的含水率不低于97%为标准。一般来说，夏天排泥间隔时间为8～12h，冬季排泥间隔时间可延长到24h。一次持续排泥时间一般为几分钟到几十分钟当采取重力排泥时，排泥水头应不低于1.5m，排泥管管径一般不得小于200mm。多个或多格沉淀池的排泥应逐个进行。连续式工作的沉淀池排泥时不需要关闭出水闸门。在日常管理中还要注意设备的保养，沉淀池的水管、堰口或渠道的清洗等。值得注意的是：在A^2/O生物脱氮除磷系统中，当废水中的碳源不足时，常采取超越初沉池的操作方法，以提高C/N或C/P的值，改善系统的脱氮除磷效果。

4. A^2/O池

(1) 曝气量的运行管理

对 A^2/O 工艺好氧池进行合理的曝气充氧是系统的重要控制因素，充氧不足将影响系统的有机物去除率，造成硝化不充分或除磷不彻底；而充氧过多造成好氧区的溶解氧浓度极高，大量溶解氧会通过内循环进入缺氧区，破坏缺氧环境，从而影响系统脱氮效率，过量曝气还会造成除磷效率下降。另外充氧过多浪费电能，增加运行成本。正确的做法应首先根据进水水质估计 A^2/O 工艺的需氧量，在估计充氧量时应根据最大需氧量进行估算，否则会导致部分时间内供氧不足。进行需氧量估计之后，运行管理人员可根据具体的供氧设备的性能来确定曝气设备运行的数量和时间。

对 A^2/O 工艺曝气量的控制通常有三种方式：① 保持恒定曝气量；②保持恒定溶解氧；③根据出水氨氮浓度调节曝气量。第①种方式，存在很大的缺陷，不能根据进水水质和水量确定合适的曝气量，会出现曝气不足和过剩的情况，另外还会出现反应池前段供氧不足，而后段过剩的情况。由于这种控制方式简单，不需要传感器，所以在我国中小型污水处理厂还在广泛应用。第②种方式，可一定程度克服第①种运行方式存在的问题，可避免好氧区沿推流方向上溶解氧的分布不平衡。该运行方式重点是确定合理的溶解氧设定值，一般认为 A^2/O 工艺好氧区的溶解氧(DO)浓度应控制在 2～3mg/L 左右，这样可保证系统硝化和好氧吸磷的需求。由于溶解氧在线仪已广泛的应用到污水处理处理系统，另外这种控制方式简单，只是根据好氧区溶解氧的变化来调节供气量，因此方式②是目前国外 A^2/O 污水处理系统曝气量的主要控制方式。虽然方式②可有效地控制曝气量，但它并不能有效控制系统的出水水质，当进水氨氮负荷高时，会导致出水氨氮不达标，而方式③根据出水氨氮浓度随时调节曝气量，可有效满足系统出水水质，同时避免过量曝气。但方式③需要安装在线氨氮传感器，一定程度增加系统在线仪表的投资。为了满足严格的排放标准，国外很多污水处理厂已采用方式③对曝气量进行控制。

另外，在运行过程中要在线测定缺氧区和厌氧区的溶解氧，要保证它们的溶解氧分别＜0.5mg/L 和＜0.2mg/L，否则就会严重影响系统的反硝化脱氮和厌氧放磷。

(2) MLSS 值的控制和管理

影响 MLSS 的因素很多。MLSS 值取决于曝气系统的供氧能力和二沉池的泥水分离能力。从降解污染物质的角度来看，MLSS 应尽量高一些，但当 MLSS 太高时，要求混合液的 DO 也就越高。在同样的供氧能力时，维持较高的 DO 需要较多的空气量，而一些污水处理厂的曝气系统难以达到要求，而且要求二沉池有较强的泥水分离能力，一些污水处理厂的二沉池表面积相对较小，难以提供充足的泥水分离能力。因此，应根据实际情况，确定一个最大 MLSS 值，以其作为运行调度的基础。A^2/O 污水处理工艺的 MLSS 值一般在 1500～4000mg/L 之间，当超过这个范围时，必须有充足的供氧能力和泥水分离能力。管理人员应定期对 MLSS

进行测定，然后再根据测定值进行一系列操作控制。测定次数如下：①小厂每天一次，定时测定。由于每天只测一次，操作工人就不会发现一天内其他时间 MLSS 的变化，这样他根据所测得的结果调整污泥回流量或剩余污泥量产生错误的可能性就比较大。②中等厂三班制，每班测定一次。这样 MLSS 每天有三次校正的机会。③大厂每小时测一次，每次校正。对于曝气池的控制，目前美国已实现自动化，自动调节控制。目前国内大型污水处理厂也正在向自动化，自动控制调节方向发展。小厂则靠熟练的操作工人的经验。其实，当废水流量很大时，则经过二沉池沉淀也多，当剩余污泥等于常数时，回流污泥就能被自动调节增大。

(3) 有机负荷 F/M 的控制

与控制 MLSS 相比，有的专家建议控制 F/M 更合理。然而污水厂每日的进水水质水量变化较大，尤其是小型污水处理厂，因此有机负荷 F/M 不易控制，只有通过调节污泥回流量 Q_R 实现。这样，实际操作时，就使回流量变化较大，回流比可能达到 100%。美国一些污水厂就是利用上述方法来控制有机负荷 F/M 的，有些污水厂甚至把废水流量 Q 和回流污泥 Q_R，通过自动化系统连接起来运行控制，然而实地考察结果并不好。有人认为二次沉淀池效果不好的原因是 F/M 未能维持恒定所造成的，而事实上，当废水流量 Q 增大，$Q+Q_R$ 也增大，这样容易使二沉池的泥层上升，导致运行效果变差。对于大型污水处理厂，对有机负荷 F/M 的控制较容易，因为大厂污水进水流量 Q 较稳定。在 A^2/O 污水厂的实际运行中，操作人员应结合本厂的运行实践，借助一些实验手段，选择最佳的 F/M 值。一般来说，废水温度较高时，F/M 可高一些，反之，温度较低时，F/M 应低一些。对出水水质要求较高时，F/M 应低一些，反之，可高一些。当废水中工业废水成分较多，有机污染物质较难降解时，F/M 应低一些，反之，可高一些。A^2/O 工艺的 F/M 一般在 0.1～0.2kgBOD_5/(kg MLVSS · d) 的范围内。

(4) 污泥回流的控制

活性污泥污水处理系统的污泥回流控制通常有三种方式：①保持回流量 Q_R 恒定；②保持回流比 R 恒定；③定期或随时调节回流量 Q_R 及回流比，使系统状态处于最佳。每种方式适合于不同的情况。目前，有相当多的污水处理厂运行中保持回流量 Q_R 不变，但应认识到这只适应于入流废水量 Q 相对恒定或波动不大的情况。如果进水流量 Q 变化较大，则会出现一系列的问题。因为 Q 的变化会导致活性污泥量在曝气池和二沉池内的重新分配。当 Q 增大时，部分曝气池的活性污泥会转移到二沉池，使曝气池内 MLSS 降低，而实际上此时曝气池内需要更多的 MLSS 去处理增加的废水，MLSS 的不足会严重影响处理效果。另一方面，二沉池内污泥量增加会导致泥位上升，造成污泥流失，同时，Q 增加导致二沉池水力负荷增加，进一步增大了污泥流失的可能性。而且，当二沉池泥量增多时，会使二沉池中的溶解氧迅速消耗，发生反硝化反应，导致二沉池中污泥上浮。如果 Q 减小时，部分活性污泥会从二沉池转移到曝气池，使曝气池 MLSS 升高，但此时曝气池实际上并不需要太多的 MLSS，因为入流废水量减少，进入曝气池的有机物也减少了。

保持回流量 Q_R 恒定，究竟能允许入流废水量在多大范围内变化，取决于很多实际因素，如入流的 BOD_5、二沉池与曝气池容积之比及污泥的沉降性能。运行人员应摸索出本厂允许的入流废水量的波动幅度，在允许范围内尽量不调节回流量。如果保持回流比 R 恒定，在剩余污泥排放量基本不变的情况下，可保持 MLSS、F/M 以及二沉池内泥位基本恒定，不随入流废水量 Q 的变化而变化，从而保证相对稳定的处理效果。但这样涉及流量的测定、控制以及回流量的确定，在实际操作中会有一定困难。第 ③ 种方式是定期或随时调节回流比和回流量，保持系统始终处于最佳状态。这种方式对保持活性污泥系统的稳定运行是最好的，但和方式 ② 一样，这种污泥回流的控制方式实际操作工作量大，大多数污水处理厂实施起来都非常困难。为了方便管理操作，A^2/O 污水处理系统通常采用方式②，但运行管理人员应当清楚此种方式的优缺点尤其是二沉池水力通量的允许范围，避免进水量巨大波动引起二沉池水力波动，从而影响沉淀效果和出水水质。

(5) 剩余污泥排放量的控制

A^2/O 处理系统每天都要产生一定的微生物，使系统内污泥量增多，因此需要每日排放一定量的剩余污泥，以维持系统中生物量的平衡。同时，当污水水量、水质条件、环境条件变化时，也需要利用系统的活性污泥量调节弹性来保证系统处于最佳的运行状态。排泥是工艺控制中最重要的一项操作，它比其他任何操作对系统的影响都大。通过排泥量的调节，可以控制 SRT，改变活性污泥中微生物种类和增长速度，改变需氧量，改善污泥的沉降性能，因而可以改变系统的功能。

常用的排泥方式有以下几种：

1) 用 MLSS 控制排泥。用 MLSS 控制排泥是指在维持曝气池混合液污泥浓度恒定的情况下，确定排泥量。首先根据实际工艺状况确定一个合适的 MLSS 浓度值。应在控制总的排泥量的前提下，尽量少排勤排，如有可能，应连续排泥。排泥量可用下式计算：

$$V_w = (\mathrm{MLSS} - \mathrm{MLSS}_0)V_a/\mathrm{RSS} \tag{5-1}$$

式中，MLSS 为实测值；V_W 为要排放的剩余污泥体积；MLSS_0 为要维持的浓度值；RSS 为回流污泥浓度；V_a 为曝气池容积。用 MLSS 控制排泥方法简单，容易掌握，适合于水量水质变化不大的污水处理厂，但应注意所测定的 MLSS 具有代表性。

2) 用 F/M 控制排泥。F/M 中的 F 是入流废水中的有机污染物，一般无法人为控制，因此只能控制 M，即曝气池中的微生物量，其实质是通过控制剩余污泥的排放来改变反应器内的 MLSS。调整 F/M，使 F/M 保持在工艺允许的最佳运行范围之内。工业废水含量较大的处理厂，水质水量的变化大，应尽量采用这方式控制污泥的排放。用 F/M 控制的排泥量可用式(5-2)计算：

$$V_w = \frac{MLVSS \cdot V_a - BOD_5 \cdot Q/(F/M)}{RSS} \tag{5-2}$$

式中，V_W 为要排放的剩余污泥体积；MLVSS 为曝气池内的污泥浓度；BOD_5 为入流废水的 BOD_5；Q 为入流废水量；F/M 为需要控制的有机负荷；V_a 为曝气池容积；RSS 为回流污泥浓度。可推断出如果 F 下降，则污泥浓度 MLSS 亦下降，则回流污泥 Q_R 的浓度变小，所以排放的剩余污泥的浓度也小；反之，若 F 增大，则 MLSS 亦增高，则回流污泥 Q_R 浓度加大，排放的剩余污泥的浓度随之亦增加。用上述公式计算 F/M 具有一定的难度，入流污水的 BOD_5 以及沟内混合液的 MLVSS 浓度的测定都较为麻烦和耗时，实际操作中，可通过长期积累的 BOD_5/COD_{Cr}值、MLVSS/MLSS 值进行快速换算。

3）用 SRT 控制排泥。用泥龄 SRT 来进行排泥控制被认为是活性污泥系统中一种最可靠、最准确的排泥方法。这种方法的关键是正确选择 SRT 和准确地计算系统内的污泥总量 M_T。应充分利用污泥的沉降试验、呼吸试验、生物相观测等手段，随时调整 SRT 使之更加合理，亦使每日排泥量为常数。每日的污泥排放量为式(5-3)：

$$Q_w = \frac{MLSS}{RSS} \times \frac{V_a}{SRT} - \frac{SS_e}{RSS} \times Q \tag{5-3}$$

式中，Q_w 为每天排放的污泥体积流量；SS_e 为二沉池出水的悬浮固体浓度；V_a 为曝气池容积；SRT 为泥龄；RSS 为回流污泥浓度。使用式(5-3)计算出的排泥量 Q_w常常偏小，这主要是由于公式推导过程中，将总泥量 M_T 用曝气池中的泥量来代替的缘故。实际上，二沉池出水还要带走相当的污泥量。因此，当二沉池出水 SS 较高时，应将二沉池出水排出的泥量代入泥龄的计算式，从而得出更准确的排泥量。关于排泥的操作方式有很多种。小处理厂池数较少，可以人工控制泥泵的开停。大处理厂一般采用自动控制，最常用的方式是定时排泥，定时停泵。然而这种方式不能适应排泥量的变化，可能会使排泥浓度降低或排泥不彻底。较先进的控制方式是停泵由装在排泥管路上的浓度计或密度计控制。当排泥浓度降至设定值时，泥泵停止。这种方式能根据泥量的变化改变排泥的时间，既不降低排泥浓度，又能排泥彻底。

(6) 内循环回流量的运行和控制

内循环回流量在 A^2/O 污水处理系统起着重要的作用，因为只有通过内循环把硝酸盐回流到缺氧区才能进行反硝化，而反硝化越充分，系统总氮去除率越高，出水硝酸盐浓度才足够低，那么通过污泥回流进入厌氧区的硝酸盐浓度才低，从而最大程度的厌氧释磷，提高系统的除磷效率。因此内循环回流量要足够大，这样缺氧区硝酸盐充足，才可以实现缺氧区反硝化除磷，实现“一碳两用”，节省曝气能耗，提高系统处理效果。如果缺氧区硝酸盐不充足，会导致缺氧区磷的释放。另外内循环回流量也不能太高，一方面会增加内循环回流能耗，另外通过内循环大量溶解氧会进而缺氧区，从而影响系统的反硝化脱氮反应。

A^2/O 工艺内循环回流量的运行管理一般由三种方式：①恒定内循环回流量。②恒定内循环回流比。③保证缺氧区硝酸盐浓度充足或维持某个范围。由于进水水质、水量的波动，方式①恒定内循环回流量，并不能保证缺氧区硝酸盐充足或有可能出现内循环回流量过大的情况。因此当前污水处理厂很少应用这种运行方式。方式②通过维持内循环回流比恒定，可一定程度的响应进水量的变化，由于不需要其他的在线传感器，运行方式简单，所以当前大部分污水处理厂采用这种运行方式。但可以发现这种方式并不能响应进水水质的变化，从而也不能保证缺氧区的硝酸盐充足但不过量。当进水量增大时，内循环回流量迅速增加，导致运行费用增加，另外还会降低反硝化反应时间。一般 A^2/O 工艺的内循环回流比控制在 200%～300%之间。方式③是内循环回流控制相对最优的运行方式，它可以保证缺氧区硝酸盐浓度充足。该运行方式的重点是确定缺氧区硝酸盐浓度的控制范围，大量文献报道硝酸盐浓度最优控制范围为 1～3mg/L，不但避免内循环回流量过大或过小，还可以强化系统的反硝化除磷，但该运行方式需要在缺氧区末端安装硝酸盐在线传感器，从而建立内循环回流量的过程控制系统。

5. 二沉池

二沉池是污水处理的最后一个环节，其作用是泥水分离使经过生物处理的混合液澄清，同时对混合液进行浓缩，并为生化池提供浓缩后的活性污泥，澄清水由二沉池排出系统。值得注意的是由于活性污泥较轻，容易产生异重流，因此二沉池的最大水平流速或上升流速及溢流堰的负荷都应低于初沉池，二沉池具有浓缩作用，泥区的容积较大，沉淀的时间较长，水力负荷比初沉池要小。

(1) 二沉池常规检测项目

1) pH：pH 与污水水质有关，一般略低于进水值，正常值为 6～9。如果偏离此值，可以从进水的 pH 变化和曝气池充氧效果找原因。

2) 悬浮物：活性污泥系统运转正常时，其出水 SS 应当在 30mg/L 以下，最大不应当超过 50mg/L。

3) DO：因为活性污泥中的微生物在二沉池继续消耗溶解氧，出水的溶解氧略低于生化池。

4) COD 和 BOD：这两项指标应达到国家标准，不允许超标准运行，数值过低会增加处理成本，应综合两者因素，用较低的处理成本，达到最好的处理效果。

5) 氨氮和硝酸盐：这两项指标应达到国家有关排放标准，如果长期超标，而且是进水的氮和磷含量过高引起的，就应当加强除磷脱氮措施的管理。

6）泥面：泥面的高低可以反映活性污泥在二沉池的沉降性能，是控制剩余污泥排放的关键参数。正常运行时二沉池的上清液的厚度应不少于0.5～0.7m，如果泥面上升，在系统运行正常时，二沉池出水中的悬浮物都应该见到可沉降的片状，此时无论悬浮物或多或少，二沉池出水的外观应该是透明的，否则出水呈乳灰色或黄色，其中夹带大量的非沉淀的悬浮物。

（2）二沉池污泥回流的控制

污泥回流的作用就是补充曝气池混合液带走的活性污泥，保持曝气池内的MLSS相对稳定。污泥回流比是污泥回流量与曝气池进水量的比值，当曝气池进水量的进水水质、进水量发生变化时，最好能调整回流比。但回流比进行调整后其效果不能马上显现出来，需要一段时间，因此，通过调节回流比，很难适应污水水质的变化，一般情况下应保持回流比的稳定。但在污水厂的运行管理中，通过调整回流比作为应付突发情况的一种有效手段。

污泥回流比的调整方法：

1）根据二沉池的泥位调整。这种方法可避免出现因二沉池泥位过高而造成污泥流失的现象，出水较稳定，缺点是使回流污泥浓度不稳定。

2）根据污泥沉降比确定回流比。沉降比的测定比较简单、迅速、具有较强的操作性，缺点是当活性污泥沉降性较差时，即污泥沉降比较高时，需要提高回流量，造成回流污泥浓度的下降。

3）根据回流污泥浓度和混合液污泥浓度确定回流比[$R=\text{MLSS}/(\text{RSS}-\text{MLSS})$]。分析回流污泥和曝气池混合液的污泥浓度使用烘干法，需要较长的时间，一般只做回流比的校核。但该法能够比较准确反映真实的回流比。

4）根据污泥沉降曲线，确定最佳的沉降比。通过测定混合液最佳沉降比SV_m，调整回流量使污泥在二沉池时间恰好等于淤泥通过沉降达到最大浓度的时间，可获得较大的污泥浓度，而回流量最小，使污泥在二沉池的停留时间最小，此法特别适合除磷和脱氮工艺，计算公式：$R=SV_m/(100-SV_m)$。

控制污泥回流的方式：

1）保持回流量恒定。该方式适用于进水量恒定或进水波动不大的情况，否则会造成污泥在二沉池和曝气池的二池的重新分配。

2）保持剩余污泥排放量的恒定。在回流量不变的条件下，保持剩余污泥排放量的相对稳定，即可保持相对稳定的处理效果。此方式的缺点是当进水水量、进水有机物降低时，曝气池的污泥增长量有可能少于剩余污泥的排放量，导致系统污泥量的下降影响处理效果。

3）回流比和剩余污泥排放量随时调整。根据进水量和进水的有机负荷的变化，随时调整剩余污泥的排放量和回流污泥量，尽可能地保持回流污泥浓度和曝气池混合液的浓度的稳定。这种方式效果最好，但操作频繁、工作量较大。

(3) 二沉池运行管理的注意事项

1) 经常检查并调整二沉池的配水设备，确保进入各池的混合液流量均匀。

2) 检查积渣斗的积渣情况并及时排除，还要经常用水冲洗浮渣斗，注意浮渣刮板与浮渣斗挡板配合是否得当，并及时调整和修复。

3) 经常检查并调整出水堰口的平整度，防止出水不均匀和短流现象的发生，及时清除挂在堰板上的浮渣和挂在出水堰口生物膜和藻类。

4) 巡检时仔细观察出水的感官指标，如污泥界面的高低变化、悬浮污泥的多少、是否有污泥上浮现象，发现异常现象应采取相应措施解决，以免影响出水水质。

5) 巡检时注意辨听刮泥、刮渣、排泥设备是否有异常声音，同时检查其是否有部件松动，并及时调整或检修。

6) 由于二沉池埋深较大，当地下水位较高而需要将二沉池放空时，为防止出现漂池现象，要事先确认地下水位，必要时可先降低地下水位再排空。

7) 按规定对二沉池常规检测的项目进行及时的分析化验。

6. 浓缩池

浓缩池浓缩效率的高低和浓缩效果的好坏将直接影响污泥处理成本乃至整个污水处理厂的运行成本，因此提高 A^2/O 污水处理厂浓缩池的运行管理水平至关重要。浓缩池的作用是对剩余污泥进行浓缩，因为排放的剩余污泥含水率高达 98%～99%，不能直接进行脱水，需要通过进一步浓缩使污泥含水率降至低于 97%。衡量浓缩池运行是否正常的一个重要标准是浓缩后的污泥含水率不能大于 97%。若浓缩池在运行中出现浓缩后含水率高于 97%的现象，则会大大增加后续絮凝剂的用量，影响脱水处理效果。

(1) 浓缩池进泥量的控制

对于一定的污泥种类来说，浓缩池的进泥量存在一个最佳的控制范围。进泥量太大，会导致上清液浓度高，排泥的浓度低，起不到应有的浓缩效果；进泥量太小，会降低处理量，浪费池容，还可能导致池中污泥上浮。进泥量控制不当，污泥在浓缩池发生厌氧分解，降低浓缩效果表现为两个不同的阶段：当污泥在池中停留时间较长，首先发生水解酸化反应，使污泥颗粒粒径变小，相对密度减轻，导致进一步浓缩困难；如果停留时间继续延长，则发生厌氧产气，直接导致污泥上浮。浓缩池的进泥量可由下式进行估算：

$$Q_i = \frac{q_s A}{C_i} \tag{5-4}$$

式中，Q_i 为进泥量，m^3/d；C_i 为进泥浓度，kg/m^3；q_s 为浓缩池固体表面负荷，$kg/(m^2 \cdot d)$；A 为浓缩池表面积，m^2。不同类型的污泥，固体表面负荷 q_s 的取值不同，剩余污泥为 10～30kg/(m^2 · d)，初沉池污泥为 90～150kg/(m^2 · d)，混合污

泥与其混合的比例有关，一般在 60～70kg/(m² · d)。运行人员可根据浓缩效果摸索出本厂的 q_s 最佳取值范围。由式(5-4)所计算出的进泥量还应用水力停留时间进行核算，水力停留时间应控制在 12～30h 范围内。

(2) 浓缩池的排泥控制

浓缩池排泥分为连续排泥和间歇排泥两种运行方式。连续排泥可使污泥层保持稳定，对浓缩效果有利。在只能间歇进泥和排泥的小型污水处理厂，应尽量做到勤进勤排。当浓缩池集泥井液面高于分配井液面并且管道密封较好时，可将污泥泵排泥改为虹吸排泥方式，这样便于控制排泥量，从而确保浓缩池正常运行。相比泵排式，虹吸式排泥具有节省人工巡池工作量及开泵所需耗电量的优点。在浓缩池的日常运行管理中还应注意，当温度较高时，极易产生污泥厌氧上浮。另外当氧化沟中出现污泥膨胀时，丝状菌也会进入浓缩池，导致污泥无法浓缩。对于这种情况，可向浓缩池中加入 NaClO、$KMnO_4$ 等氧化剂，抑制丝状菌的生长，同时还应及时调整 A^2/O 工艺的运行状况，尽快消除污泥膨胀现象。

7. 消化池

厌氧消化是利用兼性菌和厌氧菌进行厌氧生化反应，分解污泥中有机物质的一种污泥处理工艺。在大型污水处理厂中，厌氧消化池是污泥处理的重要组成部分。消化池的日常运行管理如下：

(1) 定期取样分析检测，并根据情况随时进行工艺控制。与活性污泥系统相比。消化系统对工艺条件及环境因素的变化，反映更敏感。因此对消化系统的运行控制就需要更多细心。

(2) 运行一段时间后，一般应将消化池停用并泄空，进行清砂和清渣。池底积砂太多，一方面会造成排泥困难，另一方面还会缩小有效池容，影响消化效果。池顶部液面如积累浮渣太多，则会阻碍沼气自液相向气相的转移。一般来说，连续运行 5 年以后应进行清砂。如果运行时间不长，积砂积渣就很多，则应检查沉砂池和格栅除污的效果，加强对预处理的工艺控制和维护管理。日本一些处理厂在消化池底部设有专门的排砂管，用泵定期强制排砂，一般每周排砂一次，从而避免了消化池积砂。实际上，用消化池的放空管定期排砂，也能有效防止砂在消化池的积累。

(3) 搅拌系统应予以定期维护。沼气搅拌立管常有被污泥及污物堵塞的现象，可以将其他立管关闭，大气量冲洗被堵塞的立管。机械搅拌桨有污物缠绕时，一些处理厂的机械搅拌可以反转，定期反转可摔掉缠绕的污物。另外，应定期检查搅拌轴穿顶板处的气密性。

(4) 加热系统亦应定期检查维护。蒸汽加热立管常有被污泥和污物堵塞现象，可用大气量冲吹。当采用池外热水循环加热时，泥水热交换器常发生堵塞的现象，可用大水量冲洗或拆开清洗。套管式和管壳式热交换器易堵塞，螺旋板式一般不发生堵塞，可在热交换器前后设置压力表，观测堵塞程度。如压差增大，则说明被堵塞，如果堵塞特别频繁，则应从污水的预处理寻找原因，加强预处理系统的运行控制与维护管理。

(5) 消化过程系统内极易结垢，应经常清洗管道。管道内结垢将增大管道阻力，如果热交换器结垢，则降低热交换效率。在管路上设置活动清洗口，经常用高压水清洗管道，可有效防止垢的增厚。当结垢严重时，最基本的方法是用酸清洗。

(6) 消化池使用一段时间后，应停止运行，进行全面的防腐防渗检查与处理。消化池内的腐蚀现象很严重，既有电化学腐蚀，也有生物腐蚀。电化学腐蚀主要是消化过程产生的 H_2S 在液相内形成氢硫酸导致的腐蚀。生物腐蚀常不被引起重视，而实际腐蚀程度很严重，用于提高气密性和水密性的一些有机防渗防水涂料，经一段时间常被微生物分解掉，而失去防水防渗效果。消化池停运放空之，应根据腐蚀程度，对所有金属部件进行重新防腐处理，对池壁应进行防渗处理。另外，放空消化池以后，应检查池体结构变化，是否有裂缝，是否为通缝，并进行专门处理。重新投运时宜进行满水试验和气密性试验。

(7) 一些消化池有时会产生大量泡沫，呈半液半固状，严重时可充满气相空间并带入沼气管路系统，导致沼气利用系统的运行困难。当产生泡沫时，一般说明消化系统运行不稳定，因为泡沫主要是由于 CO_2 产量太大形成的，当温度波动太大，或进泥量发生突变等，均可导致消化系统运行不稳定，CO_2 产量增加，导致泡沫的产生。如果将运行不稳定因素排除，则泡沫也一般会随之消失。在培养消化污泥过程中的某个阶段，由于 CO_2 产量大，甲烷产量少，因此也会存在大量泡沫。随着甲烷菌的培养成熟，CO_2 产量降低，泡沫也会逐渐消失。消化池的泡沫有时是由于污水处理系统产生的诺卡氏菌引起的，此时曝气池也必然存在大量生物泡沫，对于这种泡沫控制措施之一是暂不向消化池投放剩余活性污泥，但根本性的措施是控制污水处理系统内的生物泡沫。

(8) 消化系统内的许多管路和阀门为间隙运行，因而冬季应注意防冻，应定期检查消化池及加热管路系统的保温效果；如果不佳，应更换保温材料。因为如果不能有效保温，冬季加热的耗热量会增至很大。很多处理厂由于保温效果不好，热损失很大，导致需热量超过了加热系统的负荷，不能保证要求的消化温度，最终造成消化效果的大大降低。

(9) 沼气中的甲烷系易燃易爆气体，因而在消化系统运行中，应注意防爆问题。所有电气设备均应采用防爆型，严禁人为制造明火，例如吸烟、带钉鞋与混凝土地面的摩擦、铁器工具相互撞击，电、气焊均可产生明火，导致爆炸危险。经常对系统进行有效的维护，使沼气不泄露是防止爆炸的根本措施。另外，沼气中含有的 H_2S 能导致中毒，沼气含量大的空间含氧必然少，容易导致窒息。因此在一些值班或操作位置应设置甲烷浓度超标及氧亏报警装置。

5.2.2　提高 A^2/O 工艺整体处理效果的措施

一般 A^2/O 工艺流程当脱氮效果好时，则除磷效果较差，反之亦然，很难同时获得好的脱氮除磷的效果。所以对 A^2/O 工艺提出改进措施，以提高该工艺的整体处理效果[8]。

(1) 在设计和运行中，保证污泥回流比为 60%～100%。一般回流到厌氧段的污泥回流比为 10%～20%，其余的则回流到缺氧段。这样就减少了进入到厌氧段的硝酸盐和溶解氧量，最大限度地维持了其厌氧环境，同时又保证了所需的污泥浓度。

(2) 原污水应能同时进入到厌氧段和缺氧段。根据脱氮除磷生化反应对有机碳源的需要，通过闸门调节其进入厌氧段和缺氧段的污水流量。有关研究表明，如要获得较高的脱氮除磷效果，可按 1/3 污水流入缺氧段来设计。

(3) 回流污泥的提升用潜污泵代替螺旋泵，同时回流污泥和污水进入厌氧段和缺氧段均采用淹没式入流，以减少复氧。

(4) 厌氧段和缺氧段水下搅拌器的功率一般按 3～5W/m^3 来设计。过大则会在池内产生涡流，导致混合液溶解氧升高，影响脱氮除磷效果；但搅拌功率过小则混合液中的污泥可能沉积下来。

(5) 取消消化池，将剩余污泥直接经浓缩压滤成泥饼后作肥料使用，这样避免了 A^2/O 工艺高磷剩余污泥在消化过程中磷被重新释放和溶出，影响磷的去除效果。

(6) A^2/O 工艺的污泥龄取值应兼顾脱氮除磷二方面的要求，一般污泥龄为 15～20 d 为宜。

(7) 混合液回流比的取值应兼顾 A^2/O 工艺脱氮率要求较高和降低运行费用两个方面，一般取 300%～400%为宜，此时脱氮率可达 70% 以上，运行费用也不会太高。如果将缺氧池和好氧池设计成同心圆式，外圆为环形好氧池，采用转刷曝气推流；同心圆的中间是圆形缺氧反硝化池，用潜水搅拌器搅拌推流。从厌氧段出来的混合液通过缺氧池圆形隔墙上的开口进入好氧段，而好氧段混合液则通过隔墙上的旋转门回流到缺氧段，混合液的回流量由控制旋转门的开启度来调节，使回流混合液不需用泵提升，大大节约了能耗，又保证了较高的脱氮率。我国昆明第二污水厂就是采用该种结构，效果良好。

(8) A^2/O 工艺设计中，要取得较好的处理效果和比较灵活的运行条件，一般采用设计参数：厌氧段污泥负荷率＞ 0.10 kgBOD_5/(kgML SS · d)；厌氧段进水 S_P/S_{BOD_5}＜0.06；缺氧段 C/N ＞ 6；好氧段污泥负荷率＜ 0.10 kgBOD_5/(kgML-SS · d)；好氧段 TKN/MLSS＜0.15 kgTKN/(kgMLSS · d)。

(9) A^2/O 工艺中水力停留时间一般为 6～8 h,三段水力停留时间适宜的比例为厌氧：缺氧：好氧＝ 1：1：(3～4)

5.2.3　保定市污水处理总厂 A^2/O 工艺的运行管理

为保护华北明珠——白洋淀,保定市建立了 2 座污水处理厂,即鲁岗污水处理厂(A^2/O 工艺)和银定庄污水处理厂(A/O 工艺)。鲁岗污水处理厂除磷脱氨工艺运行较为稳定,主要水质指标 SS、COD_{Cr}、BOD_5 及 NH_4^+-N 均达到了 GB 8978-1996 中的一级排放标准,但出水总磷不稳定,在 0.17～2.0mg/L 之间变化。下面主要介绍鲁岗厂 A^2/O 工艺调整全过程及除磷状况[9]。

1. 鲁岗污水处理厂 A^2/O 工艺概况

鲁岗污水处理厂 1996 年 9 月投入运行,设计处理能力为 8 万 m^3/d (最大可处理 10 万 m^3/d),处理保定市西干道和北干道两个系统的城市污水,服务面积 2800ha,服务人口 24 万,采用传统的 A^2/O 生物脱氮除磷工艺,处理净化后的出水近期用于农灌和补给护城河,改善城市景观,最终进入白洋淀,远期目标为工业回用。

(1) 工艺的设计工艺参数

设计流量:$Q=3833m^3/h$;污泥龄:SRT ＝ 16.7d;污泥负荷:$F/M = 0.15$ $kgBOD_5/(kgMLSS \cdot d)$;污泥浓度:MLSS ＝ 3500mg/L;溶解氧:厌氧段 0.3～0.5mg/L,缺氧段 0.7mg/L,好氧段 2.0mg/ L 以上;停留时间:厌氧段 1.1h,缺氧段 2.2h,好氧段 5.2h;污泥产率:$C = 0.4$kg 污泥/kg 去除的 BOD_5;污泥指数:SVI ＝ 80～100mL/g;污泥回流比:$r = 50\%～100\%$;混合液回流比:$R = 200\%$;池数:$n = 2$,每池有效体积为 15 600m^3。

(2) 检测仪表分布情况

厌氧段：2 台氧化还原电位仪;缺氧段:2 台溶解氧仪;好氧段:2 台悬浮物浓度仪,2 台溶解氧仪。

2. 运行状况

鲁岗厂自 1996 年 9 月运行以来,在进水量和 BOD_5 均未达到设计值(8 万 m^3/d 和 160mg/L),且进水量波动较大(1100～3400m^3/h) 的情况下,处理效果较好,但除磷效果不稳定,对此除磷工作被列为保定市污水处理总厂技改项目之一。通过考察,克服了进水量不足(615 万 m^3/d),进水 BOD_5 偏低(100mg/L 以下)等客观因素,对构筑物及工艺运行进行了一系列的调整:①初沉池单池运行,破坏其沉淀效果,提高初沉池出水 BOD_5;②初沉池双池运行,让进水停留时间长些,使其污泥产生初步发酵;③在保证初沉池排泥管道不堵的情况下,延长排泥间隔时间,使污泥发酵;④关闭部分缺氧段曝气阀,增加厌氧段容积,提高污水在厌氧段的停留时间;⑤在保证出水 NH_4^+-N 达标的情况下,交替减小部分好氧池气量,使之变成缺氧池，进行反硝化，即采用准 Phoredox 工艺运行；⑥曝气池单池运行，MLSS 保持两池运行时数值，使 F/M 提高一倍；⑦曝气池单池运行，观察停留时间对磷释放吸收的影响；⑧为增大剩余污泥的排放量，新增了一套排泥管。

除了以上调整外，还加强了对初沉池出水水质（表 5-3）及曝气池厌氧段、缺氧段、好氧段的 BOD_5、TN、TP、NH_4^+-N 等参数的测定，尤其是对厌氧段、好氧段的 TP 的化验，分析是否存在磷的释放和吸收，同时通过厌氧段的 ORP 值的变化及 NO_3^--N 的浓度来调整外回流比，使厌氧池处于厌氧环境，但在进水 $BOD_5 <$ 90mg/ L 时，无论怎样调整工艺都很难使出水连续稳定地低于 1.0mg/L。调整后生物除磷工艺运行较稳定，其中 1999 年 1 月（双曝气池运行）和 1999 年 4 月（单曝气池运行）的工艺参数及处理效果见表 5-4 和表 5-5。

表 5-3 初沉池出水水质

	1999 年 1 月（双池运行）	1999 年 4 月（单池运行）
BOD_5/(mg/L)	88.6	94
TN/(mg/L)	28.9	26.3
TP/(mg/L)	4.9	3.7
BOD_5/TN	3.1	3.5
BOD_5/TP	18	25

表 5-4 曝气池主要运行参数

		1999 年 1 月（双池运行）	1999 年 4 月（单池运行）
流量/(m^3/h)		1258～3410，2795（均值）	1196～3390，2410（均值）
pH		7.2～8.9，7.9（均值）	7.7～8.3，7.9（均值）
温度/℃		13.6～16.1，14.5（均值）	16.7～19.1，17.8（均值）
MLSS/(mg/L)		2549～4946	2200～3200
F/M[kg BOD_5/(kgMLSS · d)]		0.06～0.08	0.12～0.18
SV/%		22～37	26～35
SVI(mL/g)		64～98	110～127
污泥龄(SRT)		6.4～12.3	5.5～11.7
内循环回流比		2	2
污泥回流比		0.3～0.45	0.46～0.52
总停留时间/h		11	5
ORP/mV		−290～−455	−280～−491
DO/(mg/L)	厌氧	0	0
	缺氧	0.3～0.8	0～0.5
	好氧	1.2～3.3	1.4～2.6

表 5-5　主要水质指标去除情况

		1999 年 1 月(双池运行)	1999 年 4 月(单池运行)
BOD_5	进水/(mg/L)	143.7	138.6
	出水/(mg/L)	13.7	18.1
	去除率/%	90.5	86.9
COD	进水/(mg/L)	347	363.6
	出水/(mg/L)	35.1	47.3
	去除率/%	89.9	87
SS	进水/(mg/L)	226.6	159.2
	出水/(mg/L)	13.8	16.2
	去除率/%	93.9	89.8
TP	进水/(mg/L)	4.9	4.57
	出水/(mg/L)	0.68	0.96
	去除率/%	86.1	79.0
TN	进水/(mg/L)	28.6	30.5
	出水/(mg/L)	23.8	24.0
	去除率/%	16.8	21.3

3. 状况的分析及讨论

该厂运行以来，针对生物除磷做了大量的工作，以上所举的数据是工艺运行中较好的情况，通过对此进行分析，总结工艺调整的经验及工艺参数控制范围，对今后的工作具有一定的指导作用。

(1) 由于进水量波动较大，破坏厌氧、好氧段的磷释放和吸收条件，致使出水总磷变化较大，出水总磷常在 0.2～1.0mg/L，有时＞1.0mg/L。

(2) 当进水 BOD_5 偏低时，即 BOD_5/TN 小于 5 时，反硝化减弱，此时，工艺以除磷为主，脱氮为次，虽然 F/M 较低，但通过调整回流比及污泥龄也能达到满意的除磷效果。

(3) 实践表明，当水量超过 6.0 万 m^3/d，可双曝气池运行；当低于 6.0 万 m^3/d 时，可单曝气池运行，保持双池运行的 MLSS 浓度，提高污泥负荷，即能达到除磷效果，又能降低能耗。

(4) 要想得到良好的除磷效果，污泥龄应低于 12d (比设计值低)，否则除磷效果不稳定。

(5) 在保证二沉池污泥不发生上浮的情况下，尽量降低污泥回流比，实践表明除磷效果好时，回流比应在 50 %以下。

(6) 通过对厌氧池、好氧池进行监测，当明显存在磷的释放和吸收时，厌氧池的硝酸盐在0.5mg/ L以下；

(7) 出水氨氮下降时，TP值上升，脱氮与除磷之间存在矛盾，运行中应兼顾两个指标，即努力控制硝化和反硝化以降低回流污泥中NO_3^--N对生物除磷的影响；

(8) 在实际工艺运行中，当磷释放量大时，氧化还原电位突然下降，好氧池磷的吸收就好，在日常工作中可通过氧化还原电位值的变化来初步判断运行状况。

4. 提高系统效果的措施

(1) 为了提高进水BOD_5值，应加强对初沉池的运行管理；

(2) 若BOD_5较低时，应以除磷为主，调节剩余污泥排放量来调整污泥龄，使污泥龄在5～12d之间；

(3) 污泥回流比应控制在50%以内，MLSS应在2500～3000mg/L；

(4) 根据进水量的大小，调整构筑物的运行状况(单池或双池)，以保证最佳的除磷效果；

(5) 在正常运行中，应加强污泥脱水工作，使剩余污泥及时脱水，防止重新回流到进水泵前集水池；

(6) 好氧段溶解氧(DO)在1.5～2.5mg/ L范围即满足了工艺要求；

(7) 污泥指数SVI = 60～90时，污泥的吸附、活性、沉降、浓缩性能良好；

(8) 采用准Phoredox工艺运行能取得较好的除磷效果。

5. 存在的问题

(1) 水量水质达不到设计要求，给工艺调整带来了困难，除磷效果不能连续稳定达标；

(2) 对浓缩池上清液和污泥脱水过滤液无化学除磷处理，而重新进入了集水池，致使部分总磷在系统内循环，要使出水总磷连续达标，应对其进一步深度处理；

(3) 由于化验设备有限，无法进行更全面的测定，从而保证对工艺的及时调整，A^2/O工艺运行管理，需NO_3^--N等在线测定仪表；

(4) 水量变化波动较大，对活性污泥造成冲击，影响除磷效果；

(5) 当水量较小、BOD_5偏低时(进水量< 6万m^3/d，BOD_5< 100mg/L)，即时进行工艺调整也达不到较好的除磷效果；

(6) 在实际操作中，有时各种工艺参数均达到生物除磷条件，但ORP变化较大，除磷效果不明显，经观察主要与进水BOD_5浓度有直接关系。

6. 工艺运行管理对设计的要求

(1) 要求在设有初次沉淀池的A^2/O工艺中，考虑超越初次沉淀的工艺措施；

(2) 为提高系统的反硝化能力，建议增加一沉出水直接进入缺氧池的工艺措施；

(3) 厌氧、缺氧、好氧三段容积考虑可调，好氧段与缺氧段相连接的前段应设搅拌器，以防将其改为缺氧段停止曝气时污泥产生沉降。

5.3　A^2/O 污水处理工艺常见问题及其对策

A^2/O 活性污泥法污水处理厂发生故障与多种因素有关，如设计上、设备质量以及运行管理上，有时也与土建施工质量有关。在设计上，一些设计对实际进水水质的把握不足，要么实际进水水质远高于设计值，要么远低于设计值。远高于设计值的情况在我国东部发达地区出现较多，主要是由工业废水未达标排放造成的。进水浓度过高，导致设施的处理能力不足，对系统的正常运行造成较大的危害，出水水质无法达到相应的排放要求。实际进水水质远低于设计值的情况，在我国，特别是西部地区较为普遍，其原因主要包括排水体制、污水管道系统的完善程度、人们的生活习惯以及工业发展水平等方面。尽管有调查表明随着管网的逐渐完善，污水浓度会逐步提高，但对于经济较为落后的地区，管网建设几乎是从零开始。因此，污水浓度偏低仍将持续相当长一段时间。对于这种情况，如果设计时对构筑物和设备的可调节能力考虑不充分，就会出现 A^2/O 反应器中污泥负荷太低，活性污泥生长不良的现象，而曝气量过大，溶解氧居高不下，造成能量浪费，活性污泥又会因过度曝气而解体或失去活性，二沉池也会出现固液分离不好的现象，因此，进水水质浓度偏低，会造成运行管理不便，尤其对 A^2/O 污水厂在低进水浓度情况下氮磷很难做到全面达标。池型选择中也存在一些问题，由于缺少经验或未按正确的规范设计，反应池的长、宽、深比例不符合规定或不合理，存在死角、短路、股流、混合不均匀等问题，另外，池型与设备不匹配，池容过大或过小，也造成了水力条件不好，能量浪费严重或供应不足等问题。造成污水处理厂故障的设备因素主要还是由于有些设备使用的原材料质量不稳定、生产的工艺水平落后、测试手段不完善、防腐性能差等导致设备可靠性差，使用寿命短，经常因设备维修影响污水处理厂的正常运行。另外，土建施工质量好坏也会影响污水处理厂的正常运行，如池底、池壁等的开裂渗漏会导致处理厂的停运，设备要求的预留预埋不准确、基础不能满足设备要求等，会导致设备的损坏。在运行过程中，A^2/O 污水处理系统也会遇到一些常见的问题，如污泥膨胀、污泥上浮和诺卡菌属产生的泡沫，很少有污水处理厂能够避免这些问题，讨论这些问题的特性和控制措施是十分必要的[2−5, 10−48]。

5.3.1　污泥膨胀

活性污泥膨胀是活性污泥工艺运行中的主要问题，随着污泥膨胀的发生，污泥的沉降性能发生恶化，不能在二沉池内进行正常的泥水分离，澄清液稀少(但较清澈)，污泥容易随出水流失。发生污泥膨胀以后，流失的污泥会使出水 SS 超标，如不立即采取控制措施，污泥继续流失会使曝气池的微生物量锐减，不能满足分解污染物的需要，从而最终导致出水的 BOD_5 超标。活性污泥的 SVI 值在 100 左右时，其沉降性能最佳，当 SVI 值超过 150 时，预示着活性污泥即将或已经处于膨胀状态，应立即予以重视。

污泥膨胀总体上分为两大类：丝状菌膨胀和非丝状菌膨胀。前者系活性污泥絮体中的丝状菌过度繁殖导致的膨胀；后者系菌胶团细菌本身生理活动异常，致使细菌大量积累高黏性多糖类物质，污泥中结合水异常增多，比重减轻，压缩性能恶化而引起的膨胀。在实际运行中，污水处理厂发生的污泥膨胀绝大部分为丝状菌污泥膨胀。工业废水厂比城市污水厂更容易发生膨胀。完全混合活性污泥法比推流式活性污泥法更易发生污泥膨胀。

1. 污泥膨胀的原因

污泥膨胀的原因很多，水质、设计和运行方面的问题都有可能引起污泥膨胀。水质方面原因是指水质组分改变、pH 或温度变化、水质腐化、营养盐缺乏、污染物性质变化，如：① BOD/N 和 BOD/P 比值高，特别是 N 不足的影响大；② pH 低，特别是 pH 在 4 左右真菌类会大量增殖；③ 流入废水中低分子的碳水化合物多；④ 水温低；⑤ 重金属等有毒物流入；⑥ 进入废水的 SS 低等。设计方面原因是指 BOD 负荷高，指供氧不足、混合不好、短流、沉淀池设计中的污泥收集与排除、回流能力不足等。运行方面原因是指：低 DO、低 F/M 等。在对丝状菌繁殖的研究中清楚地发现：活性污泥曝气池的低 DO、低 F/M 和完全混合运行条件对丝状菌繁殖有直接影响。丝状菌的动力学特性之一是在低基质浓度和低 DO 条件下是强有力的竞争者。因此，低负荷完全混合活性污泥系统或低 DO 的运行条件提供了更适合于丝状菌繁殖的环境条件，而不利于菌胶团细菌繁殖。像贝氏硫细菌和发硫细菌之类的丝状菌靠硫化氢和还原性基质生长很好，这些硫化氢和还原性基质可分别在腐化的污水中找到，因此当进来的污水中含有发酵产物，如挥发性脂肪酸和还原性硫化物(硫化物和亚硫酸盐)时，则发硫细菌占有优势为了避免它们生长，在某些情况下可以预先投加氯。

因此综上所述，以下情况容易发生污泥膨胀：①碳水化合物含量高或可溶性有机物含量多的污水；②腐化或早期消化的废水，硫化氢含量高的废水；③氮、磷含量不平衡的废水；④含有有毒物质的废水；⑤高 pH 或低 pH 废水；⑥混合液中溶解氧浓度太低，不能满足需要；⑦缺乏一些微量元素的废水；⑧曝气池混合液受到冲击负荷；⑨泥龄过长及有机负荷过低，营养物不足；⑩高有机负荷，且缺氧的情况下；⑪水温过高或过低。

2. 污泥膨胀对策

污泥膨胀的控制大体可分成三类:一类是临时控制措施;另一类是工艺运行调节控制措施,第三类是环境调控控制法。

临时控制措施包括污泥助沉法和灭菌法二类。污泥助沉法指向发生膨胀的污泥中加入有机或无机混凝剂或助凝剂,增大活性污泥的比重,使之在二沉池内易于分离。常用的药剂有聚合氯化铁、硫酸铁、硫酸铝和聚丙烯酰胺等有机高分子絮凝剂。有的小污水处理厂还投加黏土或硅藻土作为助凝剂。助凝剂投加量不可太多,否则易破坏细菌的生物活性,降低处理效果。灭菌法指向发生膨胀的污泥中投加化学药剂,杀灭或抑制丝状菌,从而达到控制丝状菌污泥膨胀的目的。常用的灭菌剂有 $NaClO$、ClO_2、Cl_2、H_2O_2 和漂白粉等种类。由于大部分污水处理厂都设有出水加氯消毒系统,因而加氯控制丝状菌污泥膨胀成为最普遍的一种方法。但是,氯等灭菌剂对微生物是无选择性的杀伤剂,既能杀灭丝状菌,也能杀伤菌胶团细菌。因此,应严格控制投加点氯的浓度。这一类控制方法由于没有深入了解引起污泥膨胀的真正原因而无法彻底解决污泥膨胀问题,控制不好,还会带来出水水质恶化的不良后果。另外,灭菌法只适用于控制丝状菌污泥膨胀,助沉法一般用于控制非丝状菌污泥膨胀。

工艺运行调节控制措施用于运行控制不当产生的污泥膨胀。例如,由于 DO 低导致的污泥膨胀,可以增加供氧来解决;由于 pH 太低导致的污泥膨胀可以调节进水水质或加强上游工业废水排放的管理;由于污水“腐化”产生的污泥膨胀,可以通过增加预曝气来解决;由于氮磷等营养物质的缺乏导致的污泥膨胀,可以投加营养物质;由于低负荷导致的污泥膨胀,可以在不降低处理功能的前提下,适当提高 F/M。

环境调控控制法出发点是通过曝气池中生态环境的改变,造成有利于菌胶团细菌生长的环境条件,应用生物竞争的机制抑制丝状菌的过度生长和繁殖,将丝状菌控制在合理的范围内,从而控制污泥膨胀的发生。近年得到充分发展的选择器理论就是运用的这一概念。

3. 污泥膨胀控制流程图

如果确定系统出现污泥膨胀,可以通过图 5-6 所示的污泥膨胀控制流程图确定其发生的原因及其解决方案。如图决策树首先分析 SVI 值,如果 SVI 值正常或较低,继续分析沉淀池污泥沉淀效果,如果污泥沉淀效果好(出水 SS 小于 30 mg/L),则说明系统没有发生污泥膨胀问题,退出决策树推理系统。如果沉淀池沉淀效果差,出水 SS 大于 30mg/L,则可知系统没有出现污泥膨胀现象,但系统可能处于不正常状态,需要检查二沉池是否受到水力负荷冲击并超过其最大负荷。

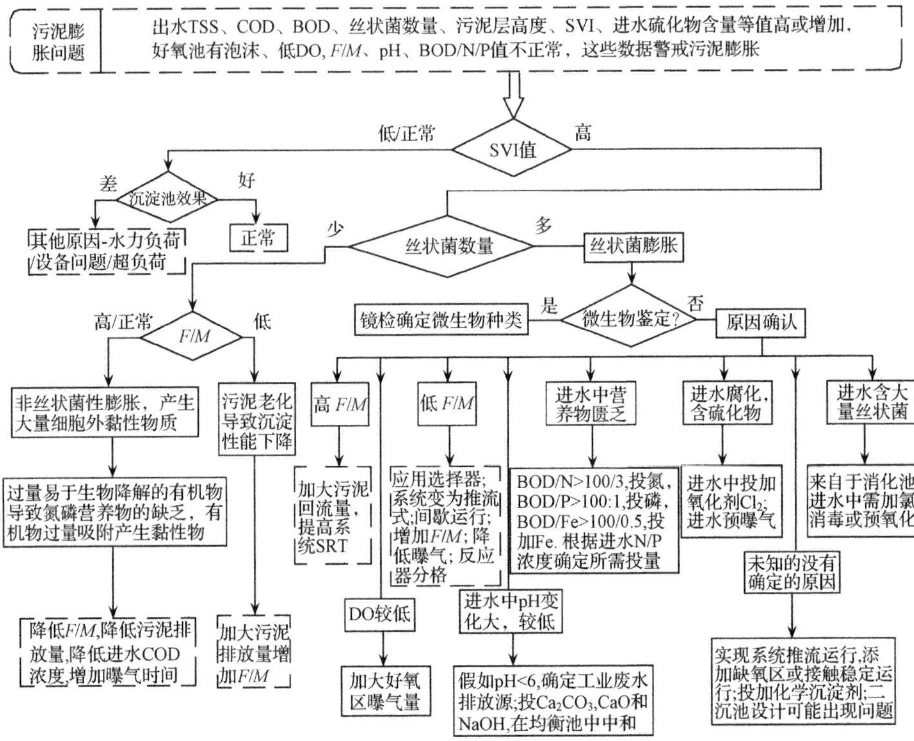

图 5-6　污泥膨胀专家系统控制决策树

如果 SVI 值高，BES 系统继续分析丝状菌数量，如果丝状菌数量较少，需检测系统 F/M 值，如果 F/M 值低，则可能是系统过曝气，污泥老化，絮体破碎，导致污泥沉淀效果变差，采取的措施是加大污泥排放量，增加系统 F/M 比值。如果 F/M 值高或正常，则系统可能发生非丝状菌污泥膨胀，原因可能是进水中含有大量易于生物降解物质导致氮和磷含量的不足，由于有机物的过量吸附，产生大量胞外黏性物质，导致 SVI 升高，产生膨胀，采取的措施：降低污泥排放量，从而降低 F/M 比值；降低进水 COD 浓度；加大曝气量或增加曝气时间。如果丝状菌含量较多，则确定系统发生丝状菌污泥膨胀，可通过镜检来确定丝状菌的种类，另外也可直接确定丝状菌膨胀的原因。如果是高 F/M 值，则加大污泥回流量或降低污泥排放量，降低系统 F/M，并增加 SRT；如果好氧区 DO 浓度较低，可加大曝气量，提高好氧区 DO 浓度；如果污泥负荷 F/M 值较低，采取的控制方式有：应用选择器，间歇运行，增大污泥排放量，反应器分格并采用推流式运行方式；如果进水 pH 变化较大或进水 pH 较低，则需确定废水来源，控制排放源同时投加碱性物质，提高进水 pH；如果进水中营养物匮乏，当进水 BOD/N＞100/3 时，投加氮元素，当进水 BOD/P＞100∶1 时，投加磷元素，当进水 BOD/Fe＞100/0.5 时，投加 Fe 元素，并根据进水N/P浓度确定所需投量;如果进水腐化含有硫化物,则进水中需投加氧化剂,对硫化物进行氧化,同时进行预曝气;如果进水中含有大量丝状菌,则需确定其来源,很可能来源于污泥消化池,需要加氯消毒,预氧化;如果无法确定原因可以采用以下方式控制:实现系统推流运行、添加缺氧区或接触稳定法运行、投加化学沉淀剂。

5.3.2 污泥上浮

在二沉池中,有时会发生活性污泥不沉淀,并随水流失或混凝成块从水下浮起的现象,这将直接导致出水水质的恶化。

导致活性污泥上浮并影响出水水质的情况主要有三种:在操作过程中不能很好控制污泥在二沉池的停留时间,易造成缺氧,产生腐化污泥上浮;A^2/O工艺好氧池曝气时间过长,在池中发生高度硝化作用,使出水中硝酸盐浓度高,在二沉池易发生反硝化作用,产生氮气,使污泥上浮;另外,废水中含油量过大,污泥可能挟油上浮。

发生污泥上浮后应暂停进水,打碎或清除污泥,判明原因,调整操作。污泥沉降性差,可投加混凝剂或惰性物质,改善沉淀性;如进水负荷大应减小进水量或加大回流量;如污泥颗粒细小可降低曝气量;如发现反硝化,应减小曝气量,增大回流或排泥量,并提高A^2/O工艺的脱氮效果,从而降低出水硝酸盐浓度;如发现污泥腐化,应加大曝气量,清除积泥,并设法改善池内水力条件。污泥上浮通过下列方法加以克服:① 增加活性污泥回流率以减少污泥在沉淀池中的停留时间;②提高沉淀池中的刮泥收集速度;③缩短SRT以避免活性污泥硝化发生,或提高系统过程控制水平,促进A^2/O工艺缺氧区反硝化,提高脱氮率,从而可以避免污泥上浮并能改善污泥沉降性能。

5.3.3 活性污泥泡沫

泡沫是活性污泥法处理厂中常见的运行现象。泡沫可分为两种,一种是化学泡沫,另一种是生物泡沫。化学泡沫是由污水中的洗涤剂以及一些工业用的表面活性物质在曝气的搅拌和吹脱作用下形成的。在活性污泥培养初期,化学泡沫较多,有时在曝气池表面会形成高达几米的泡沫。这主要是因为初期活性污泥尚未形成,所有产生泡沫的物质在曝气作用下都形成了泡沫。随着活性污泥的增多,大量洗涤剂或表面物质会被微生物吸收分解掉,泡沫也会逐渐消失。正常运行的活性污泥系统中,由于某种原因造成污泥大量流失,导致F/M剧增,也会产生化学泡沫。化学泡沫处理较容易,可以用水冲消泡,也可以加消泡剂。较难处理的是生物泡沫,它是由称作诺卡氏菌的一类丝状菌形成的。化学泡沫呈乳白色,而生物泡沫呈褐色,可在曝气池上堆积很高,并进入二沉池随水流走,产生一系列卫生问题。

首先，生物泡沫蔓延至走道板上，使操作人员无法正常维护。另外，生物泡沫在冬天能结冰，清理起来异常困难。夏天生物泡沫会随风飘荡，形成不良气味。目前，预防医学还认为诺卡氏菌极有可能成为人类的病原菌。如果采用表曝设备，生物泡沫还能阻止正常的曝气充氧，使混合液 DO 降低。生物泡沫还能随排泥进入泥区，干扰浓缩池及消化池的运行。用水冲无法冲散生物泡沫，消泡剂作用也不大。有的污水处理厂曾尝试用加氯解决，但收效不大，因为诺卡氏菌产生于活性污泥絮体内部。增大排泥，降低 SRT，有时稍有效果，但不能从根本上解决问题。因为已发现诺卡氏菌有多种，绝大部分的世代期长，而有的世代期仅 2d，采用增大排泥方法，只能去除世代期长的那部分诺卡氏菌。综上所述，生物泡沫控制的根本措施是从根源上入手，以防为主。

1. 泡沫的种类

生化系统的泡沫比较好的分类方法是通过颜色和黏度进行分类，另外确认泡沫不同的颜色和黏度能够知道判断目前活性污泥所处的状态。

(1) 棕黄色泡沫。泡沫产生时数量不多，靠近曝气四周液面少量产生，沿辐射方向逐渐消散，到四周开始积聚。泡沫颜色呈棕黄色，泡沫色与当时活性污泥颜色相同。泡沫呈易碎状态，所以此类泡沫在短时间内不会发生严重的积聚而导致大量浮渣产生。其指导意义是：活性污泥处于老化状态，部分活性污泥因为老化而解体，悬浮在活性污泥混合液中，在曝气状态下均匀附着在泡沫中，导致泡沫破裂的时间延长，这为泡沫积聚创造了条件。

(2) 灰黑色泡沫。泡沫数量、产生过程、积聚、易碎性与棕黄色泡沫特性相同，但其颜色中带有黑色的成分，所积聚的产物也呈灰黑色。其指导意义是：活性污泥处于缺氧状态，缺氧的状态可使活性污泥出现局部的厌氧反应，这样，原本处于好氧状态的活性污泥就会在这个转变的过程中出现死亡，同样也就会附着在曝气后的气泡上了。所以，如果看到产生的泡沫呈灰黑色的话，除了确认进水是否含有黑色染料废水外，要确认生化池是否在局部有曝气不足产生的厌氧情况发生。

(3) 白色泡沫。白色泡沫产生的原因很多，主要常见于负荷过高、曝气过度等。通常情况下，黏稠不易破碎的泡沫，常见于活性污泥负荷过高，而且此时的泡沫色泽鲜白，堆积性较好；而黏稠但易破碎的泡沫常见于活性污泥的过度曝气，而且此时的泡沫色泽为陈旧的白色，堆积性差，只会发生局部堆积；洗涤剂的流入也会发生白色的泡沫，因为洗涤剂的存在，增加了水体的表面张力，最终导致泡沫的形成。

(4) 彩色泡沫。彩色泡沫常发生于生化系统流入了带颜色的废水，通常这些带颜色的废水具备较高的有机物浓度，在曝气的作用下，容易导致类似高负荷时产生的泡沫。由于水体本身就带有颜色，自然产生的泡沫也会带有颜色。

2. 生物泡沫的产生条件及成因

已经知道，诺卡氏菌是形成生物泡沫的主要原因。这种丝状菌为树枝状丝体，其细胞中蜡质的类脂化合物含量可高达11%，细胞质和细胞壁中都含有大量类脂物质，具有极强的疏水性，密度较小。在曝气作用下，菌丝体能伸出液面，形成空间网状结构。诺卡氏菌死亡之后，丝体也能继续飘浮在液面，形成泡沫。诺卡氏菌在温度较高(>20℃)、富油脂类物质的环境中易大量繁殖。因此，入流污水中含油及脂类物质较多的处理厂(如大量宾馆饭店污水排入)或初沉池浮渣去除不彻底的处理厂易产生生物泡沫。在上述处理厂中，夏天又比冬天易产生生物泡沫。虽然诺卡氏菌世代期有长有短，但绝大部分都在9d以上，因而超低负荷的活性污泥系统中更易产生生物泡沫。

3. 泡沫问题的控制及诊断

与污泥膨胀一样，当出现泡沫时，应认真观察分析，确认泡沫种类及产生原因，对症下药，否则起不到控制泡沫的作用。

(1) 泡沫问题的预防与控制

导致泡沫产生的原因可以分为两类：一类是污水、废水处理厂自身工艺控制问题；另一类是污水、废水处理厂以外的原因。

1) 污水、废水处理自身控制问题导致的泡沫及浮渣对应的预防措施。①活性污泥排泥不及时，污泥龄控制过长。这种情况下，活性污泥的老化导致的液面浮渣通常就是棕黄色稀薄的液面浮渣。为此，要注意对活性污泥老化的控制。经常通过F/M值和活性污泥沉降比，以及显微镜观察来进行确认，以便提前做出工艺调整。②活性污泥浓度控制过低，导致活性污泥负荷相对偏高。为此活性污泥浓度的控制是规避这种情况的较好办法。③丝状菌不能有效控制，出现过量增殖，最终导致增殖的活性污泥裹入过量空气而形成液面浮渣。④曝气方式不正确。典型的就是长期过量曝气，由此对活性污泥的破碎作用比较明显，在经过多次破碎之后，活性污泥的菌胶团絮凝性能将会降低，游离的活性污泥颗粒解体后使得水体黏度增加，同时溶解性有机物浓度也增加。预防工作重点在对活性污泥系统的溶解氧控制，使整个系统溶解氧值很好的控制在参考值范围内(2～3mg/L)。⑤营养剂投加相对不足。这时活性污泥会发生解体或絮凝不佳，导致液面出现浮渣及泡沫现象比较常见。避免这样的问题，重点是确认营养剂投加量是否合适。

2) 污水、废水处理厂以外的原因导致的泡沫及浮渣对应的预防措施。作为污水、废水处理厂的管理部门，污水、废水处理厂内部的工艺和设施状况时的可控能力比较好。但是对于污水、废水处理厂以外的一些因素，往往控制和协调的困难比较多，如污水、废水产生源的异常排放联络等，往往很难充分的协调，这给消除泡沫和浮渣产生的外部原因对策造成了较大的障碍。为此需要操作管理人员能够总结流程，规范制度和通报联络机制，确保最大范围内对即将流入污水、废水处理厂的废水性状、流量等能够有所提前了解。

3）泡沫及浮渣消除的对策。除了前面谈到的对策外，对待泡沫浮渣还需要强制进行清除，否则堆积过多的泡沫会污染环境，也会导致出水超标。常用的对策是用水喷洒泡沫和浮渣，实践中发现，通过喷洒水的方式，能够很好的消除泡沫的堆积，较之投加消泡剂等除泡药剂，洒水显得清洁而不增加二次污染。通常是将二沉池出水作为喷洒用水，通过水泵加压回流和喷洒点的消防喷淋头型设计，喷洒效果较好，这样的喷洒，能够回用喷洒用水，具备节水的效果，而且也不对生化系统造成影响。但是，通过洒水除泡沫和浮渣是治标，治本还是要根据原因对策处理。

(2) 泡沫问题的一般诊断程序

现象一：在曝气池表面产生白色的、黏稠的空气泡沫，有时出现较大的浪花。

诊断程序如下：

1）如果在污泥培养过程中出现这种现象，则是正常情况，不必注意。随着污泥的增多，泡沫会自然消失。在正常运行的活性污泥中，如果出现上述现象，应首先检查 MLVSS 是否降低。如果由于二沉池出水造成污泥流失，导致 MLVSS 降低，则应分析流失原因并予以处理。如果由于排泥过量导致 MLVSS 降低，则应减少排泥。如果 MLVSS 未降低，则进行下述步骤。

2）检查污泥的耗氧速率(SOUR)。如果 SOUR 降低了，则说明污泥中毒，应分析中毒原因并采取处理措施。

3）如果某些曝气池中有泡沫，而其余池子没有，则应检查各池之间的配水是否均匀，进入各池的回流污泥分配是否均匀。如果某一曝气池进入的污水多，而分配的回流污泥少，则该池易出泡沫。

现象二：在曝气池表面形成细微的暗褐色泡沫。

诊断程序如下：

检查系统的负荷是否太低，泥龄是否太长，排泥是否不足。这种泡沫一般由污泥过氧化所致，一般不会发展到特别严重的程度，只要适当增大排泥，泡沫即可消失。

现象三：脂状，暗褐色泡沫异常强烈，并随混合液进入二沉池。

诊断程序如下：

检查混合液中是否有丝状菌。如果存在，即可认为由诺卡氏菌导致的生物泡沫。如有条件，也可进一步辨认诺卡氏菌。此时，可以对产生的泡沫进行简单清理，但主要精力应放在根源上。首先对上游油脂类废水的排放要加强管理，其次要加强初沉池浮渣的清除，特别是乳状浮渣。初沉池除去除 SS 的功能以外，去除油脂类飘浮物质的功能应予以强化。另外，还应重视沉砂池的除油功能，适当调节曝气量，利于油水分离。

5.4　A^2/O 污水处理工艺的过程控制

5.4.1　检测变量及常用在线仪表

1. 检测变量

A^2/O 污水处理系统控制的项目相当的多，应系统地通过各控制项目实际情况的分析、把握、调整来达到较佳的运行工况。

（1）直接测定指标

1）流量：进水流量、出水流量、回流污泥量、剩余污泥排放量和硝化液回流量。每天数次。

2）COD：进水、出水、厌氧区出水和缺氧区出水的 COD 浓度。混合样或瞬时样，每天 1 次。

3）BOD_5：进水和出水 BOD_5 浓度。混合样，每天 1 次。

4）SS（悬浮固体）：进水和出水悬浮固体浓度，混合样或瞬时样，每天 1 次。

5）污泥浓度 MLSS/MLVSS：各反应池和回流污泥混合液的污泥浓度。混合样或瞬时样，每天 1 次。

6）DO：连续测定厌氧段、缺氧段、好氧段以及二沉池出水 DO 浓度，每天数次。大型污水处理厂最好在线连续测定。

7）曝气量：污水处理厂好氧池的供气量。根据 DO 浓度对系统曝气量进行调整。

8）温度：入流污水、混合液以及环境温度，每天 1 次。

9）pH：进水、厌氧区出水、缺氧区出水和好氧区出水 pH，每天 2 次，大型污水处理厂最好在线连续测定。

10）SV：好氧池出水混合液污泥沉降比。每天 2 次。

11）ORP：连续测定厌氧段、缺氧段和好氧段中混合液的 ORP。

12）碱度：进水、厌氧区出水、缺氧区出水和好氧区出水碱度。每天 1 次。

13）TKN：入流污水和出流的 TKN。取混合样，每天 1 次。

14）NII_4^+-N：入流污水和二沉池出水的 NH_4^+-N。取混合样，每天 1 次。

15）NO_3^--N：入流污水、二沉池出水、厌氧段、缺氧段和回流污泥中的 NO_3^--N。取混合样，每天 1 次。

16）TP：入流污水和二沉池出水总磷浓度。取混合样，每天 1 次。

17）PO_4^{3-}-P：进水、厌氧区出水、缺氧区出水、好氧区出水和二沉池出水的溶解性正磷酸盐浓度。取混合样，每天 1 次。

18）污泥含磷量：定期分析 MLVSS 中的磷含量，每周 1 次。

19）PHB：定期分析 MLVSS 中的 PHB 含量，每周 1 次。

20）糖原：定期分析 MLVSS 中的糖原含量，每周 1 次。

21）生物相：每天观察混合液和回流污泥的生物相。

22）二沉池泥位：定期测定二沉池的泥位。大型污水处理厂最好在线连续测定。

（2）计算指标

通过以上项目的直接测定，计算出以下指标。

1）F/M：计算 A^2/O 处理系统的有机负荷率

$$N_S = \frac{F}{M} = \frac{QS_0}{VX} \quad [\text{kgBOD}/(\text{kgMLSS} \cdot \text{d})] \tag{5-5}$$

式中，Q 为污水流量，m^3/d；S_0 为原污水中有机污染物的浓度，$kgBOD/m^3$；V 为曝气池有效容积，m^3；X 为曝气池中活性污泥浓度，$kgMLSS/m^3$。

2）SRT：计算系统的污泥龄

$$\theta_c = \frac{VX}{\Delta X} \quad (\text{d}) \tag{5-6}$$

式中，θ_c 为污泥龄（生物固体平均停留时间），d；$\triangle X$ 为曝气池内每日增长的活性污泥量，即应排出系统外的活性污泥量，kg/d；X 为反应器内活性污泥浓度，kg/m^3。

3）硝化速率

$$r_N = \frac{dc_{NH_4^+\text{-}N}}{dt} \quad [mg\text{N}/(\text{L} \cdot \text{h})] \tag{5-7}$$

式中，$c_{NH_4^+\text{-}N}$ 为氨氮浓度，mgN/L；

4）反硝化速率

$$r_{DN} = -\frac{dc_{NO_3^-\text{-}N}}{dt} \quad [mg\text{N}/(\text{L} \cdot \text{h})] \tag{5-8}$$

5）放磷速率

$$r_{RP} = \frac{dc_{PO_4^{3-}\text{-}P}}{dt} \quad [mg\text{P}/(\text{L} \cdot \text{h})] \tag{5-9}$$

6）吸磷速率

$$r_{RP} = -\frac{dc_{PO_4^{3-}\text{-}P}}{dt} \quad [mg\text{P}/(\text{L} \cdot \text{h})] \tag{5-10}$$

7）有机物去除率以及脱氮除磷率

$$\text{COD}\% = (\text{COD}_{in} - \text{COD}_e) \times 100\% / \text{COD}_{in} \tag{5-11}$$

$$\text{TN}\% = (\text{TN}_{in} - \text{TN}_e) \times 100\% / \text{TN}_{in} \tag{5-12}$$

8) 污泥指数(SVI)

$$\mathrm{SVI}=\frac{\text{混合液(1L)30min 静沉形成的活性污泥容积(mL)}}{\text{混合液(1L)中悬浮固体干重(g)}}=\frac{\mathrm{SV(mL/L)}}{\mathrm{MLSS(g/L)}} \tag{5-13}$$

2. 自动化在线检测仪表

A^2/O工艺中各类微生物随着运行参数的调整，相互制衡或此消彼长，共同营造一种生存平衡，而外界条件的变化必然导致系统平衡点波动，严重时将使系统微生物生态结构受损，性能随之恶化，因此，结合A^2/O工艺特点和运行管理需要，应用基于在线仪表的监控系统具有重要的理论意义和实用价值[1-3, 49-57]。

(1) 流量计

对于A^2/O污水处理厂的运行管理，水量是一个重要的控制参数。准确及时地掌握进水量，对工艺控制及提高污水厂抵抗水力负荷冲击能力有重要作用。流量监测仪表主要有堰板、转子流量计、涡轮式流量计、靶式计量槽、电磁流量计、超声波流量计等。

传统的水量测量采用堰板或文丘里流量槽等，都存在着不能实时监测、实时显示的缺点。而采用超声波流量计和电磁流量计，能达到准确计量处理水量，以及为运行管理提供实时流量的目的。对于内循环回流量、回流污泥和剩余污泥流量的测定，一般在内循环回流管道、回流污泥管道和剩余污泥管道中安装电磁流量计，从而判断内循环泵、回流污泥泵和剩余污泥泵工作是否正常。在鼓风机与曝气池间的空气管道上安装气体流量计，可以使值班人员随时了解鼓风机向曝气池提供气体的量。污水厂实际进水量流量计一般设置在提升泵房至细格栅的管线上；污水厂出水流量计一般设置在消毒池出水管道上。

(2) 液位计

液位测量是A^2/O污水处理厂最基本的测量内容，用于水位监视，通常采用浮标、差压变送器、容量测量、超声水位检测等方法测量。如细格栅及沉砂池液位差计，检测细格栅前后液位差值，据此值控制细格栅的启动/停止。

(3) 温度计

温度计在A^2/O污水处理厂中主要应用于对进水、设备电机与环境温度的测量，按工作原理分为膨胀式、辐射式、热电阻和热电偶等种类的温度测量仪表。

(4) DO在线仪

溶解氧(DO)在活性污泥过程中起着非常重要的作用，且相关的曝气费用约占全部运行费用的40%或更多，因此DO在线传感器广泛用于曝气过程的控制。当实测浓度小于设定浓度时，自动控制系统启动鼓风机，给曝气池充氧；相反地，当氧气充足时，就会停止运行鼓风机。通过DO在线仪控制鼓风机可以精确地根据好氧菌群对溶解氧的需求控制鼓风机的启动和停止，在保证了菌群良好生化能力的同时节约了能耗，保护了设备。

DO 测量基于液体中扩散氧的电化学反应。DO 传感器是可靠准确的测量仪表，但必须谨慎选择合适的测量位置，并防止结垢。目前自动清洁系统已经相当普遍，一些装备清洁系统并可进行自校准的溶解氧传感器已有应用。

(5) pH 在线仪

pH 是最常用的水质指标之一，它表示水的酸碱性的强弱。pH 计又叫酸度计，是能连续测量水溶液的氢离子浓度的仪器。pH 计由变送器和测量传感器两大部分组成。为了解污水的酸碱度情况，一般在沉砂池后安装，也有的在曝气池中安装 pH 计以检测系统的硝化情况。

pH 通常用电位法测量，常用一个恒定电位的参比电极和测量电极组成一个原电池，原电池电动势的大小取决于氢离子的浓度，也取决于溶液的酸碱度。对于具有高度缓冲能力的废水，pH 测量对过程变化可能不敏感，因此不适合于过程监督与控制，这种情况可以用碳酸盐测量系统代替。

(6) ORP 在线仪

ORP 在线传感器用于指示被监视系统的氧化还原状态的一个综合指标。与 DO 电极相比，ORP 电极还可以提供出现在缺氧和厌氧条件下的生化过程信息。ORP 在污水处理过程中的变化规律，能够反映出微生物脱氮除磷的情况。因此，可以应用 ORP 作为 A^2/O 污水处理工艺的实时控制参数。

(7) MLSS 在线仪

污泥浓度是一个重要工艺参数。在传统的污水处理厂，污泥浓度依靠实验室使用旧的试验方法进行监测，在数据提供的及时性和精确性上，存在很大的缺陷。难以及时进行回流污泥和剩余污泥量的工艺调整，就造成时间上和准确度上的误差。而安装在线污泥浓度测量计可很好地解决这个问题。根据精确测量的污泥浓度，适时地调整工艺，同时减轻了实验室工作人员的劳动强度。污泥浓度的检测方式有光学式、超声波式和放射线式等，一般对低浓度污泥的检测多采用光学式，对高浓度则多采用超声波式。

(8) 营养物在线传感器

氮和磷排放标准的逐渐严格，促进了营养物在线传感器(氨氮、硝酸氮和溶解性正磷酸盐)的开发和市场化，它们的开发大部分基于比色法。氨氮、硝酸氮和可溶性正磷酸盐在线传感器已在国外城市污水处理厂获得应用。

营养物传感器需要对采样液预处理，在仪器箱中安装有泵单元、光度计、控制单元、化学药品。为了实现在线测定和降低化学药剂的消耗量。目前已开发出体积较小、可直接测定的在线传感器。最出名的当属 Danfoss Eviat 制造商开发的氨氮、硝酸氮和磷酸盐现场传感器等系列分析仪(基于比色法原理)，Hach/Lange 和

Danfoss 的硝酸氮传感器(基于 UV 吸收)以及 WTW 的硝酸氮和氨氮传感器(基于离子选择电极方法)。这些传感器可以节约采样和预处理系统的投资和运行费用,指示系统硝化、反硝化和生物除磷的情况。

(9) 呼吸仪

呼吸仪是对活性污泥呼吸速率的测量仪器,其测量数据定义为在单位时间内单位体积活性污泥中微生物所消耗的氧。它是表征废水和污泥动力学的常用工具。它能直接反映污水处理厂污泥中活性微生物的比例及其生物活性、能反映生化反应实际的氧消耗量、计算硝化速率、估计所需好氧区体积、快速检测硝化是否受到抑制以及进水是否含有毒性物质,因此它是污水处理厂重要的控制参数。这类仪器已经在污水处理厂长时间应用,可靠性较高,常采用的呼吸测量方法有 Merit 20 呼吸测定仪、脱氧型呼吸测定仪、RODTOX 呼吸测量仪和 RA-1000 呼吸测量仪。

(10) 污泥界面计

为了进行必要的污泥管理必须设置污泥界面计,它也是利用光学和超声波的原理来检测。污泥界面在线监测仪可以应用于市政污水处理厂/工业污水处理厂初沉池、二沉池中污泥界面的连续在线监测,从而使操作人员能够有效的掌握污泥沉淀特性,并对污泥回流量进行精确控制。

目前最科学的 A^2/O 工艺应该具有:在粗、细格栅前后均设置超声波液位差计;在进水管中安装电磁流量计;在厌氧池中设置氧化还原电位(ORP)在线测定仪,在缺氧池中设置 ORP 和硝酸盐在线测定仪,在好氧区设置 DO、pH、污泥浓度和氨氮在线测定仪,调节定鼓风机开启的台数和曝气量;在二沉池中设置泥位计,调节污泥回流量;在出水池中设置 COD 在线测定仪等。

3. 仪表的设计选型原则和正常运行经验

(1) 仪表的设计选型原则

1) 现场仪表是采集工艺参数的主要工具,是确保自动控制系统正常运行和科学管理的重要基础保证,因此应选用性能价格比高的智能型仪表;

2) 应选用高精度、高稳定性、免维护或低维护的智能仪表;

3) 现场变送器须选择带现场显示;

4) 仪表的选择应考虑环境的适应性,特别是传感器如直接与污水、污泥介质接触,很容易腐蚀和结垢。因此应尽量选择非接触式的、无阻塞隔膜式、电磁式和可清洗式的传感器(如超声波、电磁式等);

5) 尽量选用不断流拆卸式和维护周期较长的仪表,方便维护管理;

6) 特殊场合应考虑防爆性能的选择;

7) 优先选用节能型产品。

(2) 正常运行经验

1) 保持自动化检测仪表传感器的清洁。定期专人清洗探头，保证数据采集准确性。因为仪表在污水环境中工作，所以仪表的清洁工作就显得尤为重要，特别是直接与污水接触分析仪表，清洗时要求使用柔软的材料，以免损坏仪表。

2) 定期校正各种仪表。仪表在长期运行过程中难免会产生测量误差，这就需要定期校正，以保证仪表测量的准确性，而且要求实验室工作人员利用分析方法分析对应的检测项目，并与现场仪表监测结果比较，如果偏差太大，那么应适时对仪表进行校正，确保准确。

3) 保证仪表供电电压的稳定性，延长仪表的使用寿命。瞬间的高电压冲击往往使仪表很容易烧坏，从而影响了自控系统的正常工作的情况。避免供电电压不稳定对仪表造成的损坏，可降低运行成本，提高经济效益。

5.4.2　A^2/O 工艺的过程控制原则

A^2/O 法的基本流程如图 5-7 所示。在 A^2/O 工艺中，主要存在有机物的降解过程、硝化和反硝化过程以及生物除磷过程。硝化和反硝化过程是 A^2/O 工艺的核心，直接关系到除氮的效果，对生物除磷过程也有非常重要的影响。

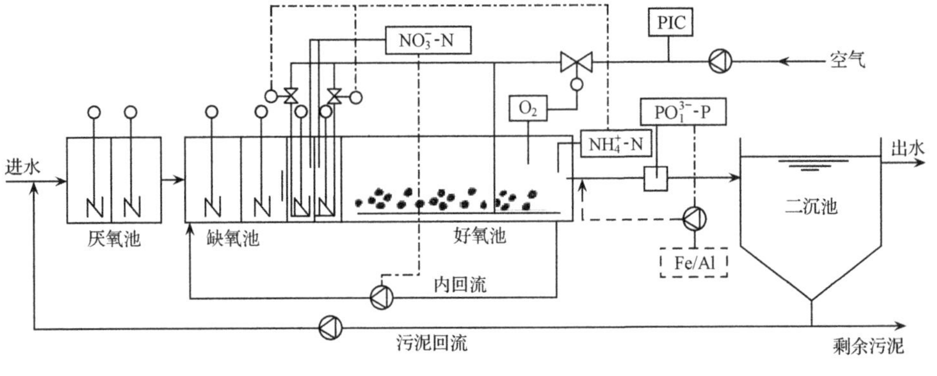

图 5-7　A^2/O 工艺流程及其在线探头布置

污泥龄的大小是硝化过程的主要工艺参数，由于亚硝化菌和硝化菌生长速度慢，为使其能在系统中生存下来，要求系统的污泥龄较大。设计污泥龄的大小与污水厂的规模、污水水温等有关。系统中硝化菌的数量与污泥泥龄大小、前一段时间(2～3 倍污泥龄的时间)所硝化的氨氮总量等有关。单位时间内，系统可硝化的氨氮量决定于好氧条件下的硝化菌的数量、水温和允许的出水氨氮浓度。出水氨氮浓度大于 1.5～2mg/L 时，硝化速率基本上与氨氮浓度无关[59]。

1. A^2/O 工艺中硝化过程控制遵循的原则

(1) 在时间上根据进水中所需要硝化的氨氮量，通过测定硝化区尾部的 NH_4^+-N 调节好氧区的容积大小，以调节参与硝化过程（好氧条件）的硝化菌的数量。

(2) 由于硝化过程与溶解氧浓度有一定的关系，所测定的 NH_4^+-N 浓度可用来调节曝气量大小，但 DO 浓度最大宜控制在 2～2.5mg/L 以下，以避免浪费能量，同时也避免由于 DO 浓度过高而使大量溶解氧通过内回流带入到缺氧区。

(3) 由于系统中硝化菌的数量与所硝化的氨氮总量等有关，故应尽可能对进水中所有可硝化的氮进行硝化，曝气池出流中氨氮的流失同时也意味着硝化菌的流失。此外，考虑到氨氮排入水体后的环境危害较大，故过程控制时，将优先考虑硝化过程。

2. A^2/O 工艺中反硝化效果主要影响因素

(1) 反硝化区容积与曝气池容积（即硝化区和反硝化区容积的总和）的比例 V_D/V 一般为 0.2～0.3 左右，但在水质条件较差或除氮要求较高时，V_D/V 最大可为 0.5 左右。实践上，硝化区和反硝化区的容积大小应随着进水水质、水温等的变化而变化。

(2) 进水水质。如 C/N 比的大小、易降解有机物的含量、水温等。

(3) 内回流及污泥回流流量与进水流量的比例，即所有回流到缺氧池中的硝酸盐氮占通过硝化所产生硝酸盐氮的比例，在系统达到允许的最大反硝化能力之前，通过提高回流比可以提高反硝化的效果。但回流量过大，大量曝气区的溶解氧将通过内回流进入反硝化区，破坏了反硝化的条件，故内回流的流量必须控制在一定的范围内。一般地，内回流比根据除氮要求在 100%～300%左右波动。

(4) 反硝化池中的溶解氧浓度，理想的条件是 DO 为零。DO 浓度主要受到内回流量以及硝化区所控制的溶解氧浓度的影响。另外，不恰当的入流方式和自由跌水等均将产生一定的充氧效果，导致池中溶解氧浓度的上升而影响反硝化效果。

3. A^2/O 工艺中反硝化过程控制中遵循的原则

(1) 根据测定的曝气池 NH_4^+-N 浓度的变化及硝化过程优先的原则，随时调整硝化区的大小，并使其能满足出水 NH_4^+-N 的要求，余下的池子容积即应作为反硝化用。

(2) 根据进水中可供反硝化使用的有机基质（碳源）的变化，通过在线测定反硝化区尾部的 NO_3^--N 浓度，在一定的范围内，调节内回流流量，使回流的 NO_3^--N 恰好能与系统的反硝化能力相匹配，以力求最大程度地使硝化过程中产生的

NO_3^--N 进行反硝化。同时也可避免不必要的回流，造成能量浪费和把大量硝化区的溶解氧通过内回流带入反硝化区而影响反硝化效果。

4. A^2/O 工艺中磷去除的控制原理

磷的去除一般以排除含有富磷菌的剩余污泥的方式进行。对生物除磷的控制一般尽可能地减少溶解氧或硝酸盐等进入厌氧池，如进水及回流污泥以淹没方式进入厌氧池，避免自由跌水。如回流污泥中硝酸盐浓度较大，则应在进入厌氧池前设法予以去除(如采用 UCT 法和 MUCT 法等)。另外，活性污泥在二沉池泥斗中的停留时间也需严格控制，以免污泥中所吸收的磷在二沉池中释放出来而影响出水水质。这主要可以通过测定二沉池中的污泥泥位高低并通过调节污泥回流量将其控制在一定的范围内。为保证出水磷的浓度，一般可对曝气池出水残余的磷进行加药处理(如加入 Al 或 Fe 盐)。对曝气池出流进行 PO_4^{3-}-P 浓度在线测定据此用来控制加药量。另外要强化缺氧区的反硝化除磷，增加缺氧区吸磷能力，从而在有限的碳源情况，实现“一碳两用”，最大程度的同步脱氮除磷。

随着脱氮除磷要求的不断提高，为有效地对脱氮除磷工艺过程加以控制并对进出水氮磷浓度进行监测，氮磷浓度的在线测定开始得到实际应用。目前经常使用的有 NH_4^+-N、NO_3^--N、PO_4^{3-}-P 浓度在线测定仪，测定过程连续自动。

5.4.3 A^2/O 污水处理工艺的控制过程

为能对 A^2/O 工艺中的硝化、反硝化过程以及除磷加药过程予以控制，在工艺过程中可对 NH_4^+-N、NO_3^--N 和 PO_4^{3-}-P 进行在线测定，以随时监测系统中 NH_4^+-N、NO_3^--N 和 PO_4^{3-}-P 的浓度[59]。NH_4^+-N 浓度的在线测定在曝气池硝化区的末端进行，NH_4^+-N 浓度的在线测定主要用于下列过程。

(1) 所测得的 NH_4^+-N 浓度的大小反映了系统中硝化过程的进展情况。由于硝化过程和氧的消耗有一定的关系，因此借助 NH_4^+-N 浓度的在线测定可以自动调节曝气池空气总管上的空气阀以控制供氧强度。

(2) 根据所测定的 NH_4^+-N 浓度，对 A^2/O 工艺中设置的缺氧-好氧过渡区(既可作缺氧区进行反硝化，也可作好氧区进行硝化)做出是曝气还是搅拌(反硝化)的决定。如当溶解氧浓度足够，但氨氮浓度仍不能满足出水要求时，应增加硝化区的容积，此时缺氧-好氧过渡区应作为硝化用；如 NH_4^+-N 浓度已经很低，则缺氧-好氧过渡区应作为反硝化用，以尽可能多地进行反硝化。通过这种控制措施，可以根据不同的进水负荷和条件(水温等)自动地改变硝化区和反硝化区的容积比例，以最大限度地满足硝化和反硝化的要求。当曝气池的供氧强度根据 NH_4^+-N 浓度控制时，必须在此基础上，再联合溶解氧浓度在线控制以将溶解氧浓度限制在一定的范围内。当由于某种原因，如硝化过程受到抑制或水温过低时，即使在增加硝化区容积条件下，仍不能有效地降低出水 NH_4^+-N 的浓度，而曝气池中的 DO 浓度已经超过如 2mg/L，此时应通过溶解氧浓度的在线测定限制供氧强度，使 DO 控制在 2mg/L 左右；当 NH_4^+-N 浓度出现下降时，供氧强度再转换到由 NH_4^+-N 浓度进行控制。

在 A^2/O 工艺中曝气池 DO 浓度必须予以严格控制，过高的 DO 浓度不仅将增加曝气能耗，而且通过内回流系统把大量溶解氧带入缺氧区，将严重影响反硝化的效果。曝气区 DO 浓度最高应控制在 2mg/L 以下。通过测得的 NH_4^+-N 浓度和 DO 浓度调节曝气池总管上的空气阀开启度，鼓风机压力管上的压力将随之而发生变化，压力探头将所测得的压力变化传送至控制系统，控制系统对信号处理后，对鼓风机发出提高或降低空气量的指令。鼓风量的调节可以通过改变鼓风机的运转台数、鼓风机的进风叶片的角度或通过变极或调频装置调节鼓风机的电机转速等实现。

NO_3^--N 的在线测定设置在缺氧区的最后一格内。由于好氧-缺氧过渡区的存在，缺氧区或好氧区的范围是在变化的，NO_3^--N 的在线测定必须自动地转换到相应缺氧区的尾部。根据所测得的缺氧区出流的 NO_3^--N 浓度，结合测定的进水流量，即可调节内回流的流量。如果所测定的 NO_3^--N 浓度呈上升趋势，则表明所回流的 NO_3^--N 可能由于进水有机基质的不足等原因超过了系统的反硝化能力，此时应减少内回流流量，以避免浪费能量，同时减少由内回流带入缺氧区的溶解氧量；反之，如 NO_3^--N 浓度下降，则应提高内回流流量，以最大程度地利用系统的反硝化能力将硝化区形成的硝酸盐氮进行反硝化。一般地，内回流比在 0～300 %左右变化，包括污泥回流在内其总回流比最大应在 300%～400%左右。

曝气池出水一部分内回流至缺氧区，另一部分则进入二沉池进行泥水分离。在需要时，可在进入二沉池的水流中加入除磷药剂，以进一步去除残余的磷。加药可在曝气池出口处进行。加入的药剂不应进入内回流的水流中。对生物除磷的控制措施较少，主要是尽可能优化反硝化过程，以降低进入厌氧池回流污泥中的 NO_3^--N 的浓度，创造真正的厌氧环境。

PO_4^{3-}-P 在线测定一般可在二沉池的配水井中进行。药剂在曝气池出口处加入后流动到二沉池配水井有一定的时间，这段时间可以作为药剂和磷的反应时间，待反应完成后进行 PO_4^{3-}-P 的测定。加药量可根据测得的 PO_4^{3-}-P 浓度结合进水流量或磷总量日变化曲线进行调节。

图 5-8 表示上述控制过程，假定设计出水 NH_4^+-N 浓度为 1mg/L，最大 NH_4^+-N 浓度为 5mg/L，出水 NO_3^--N 浓度为 7mg/L，最大 NO_3^--N 浓度为 10mg/L。运行中可能出现的各种情况在框图中用数字表示，其中：

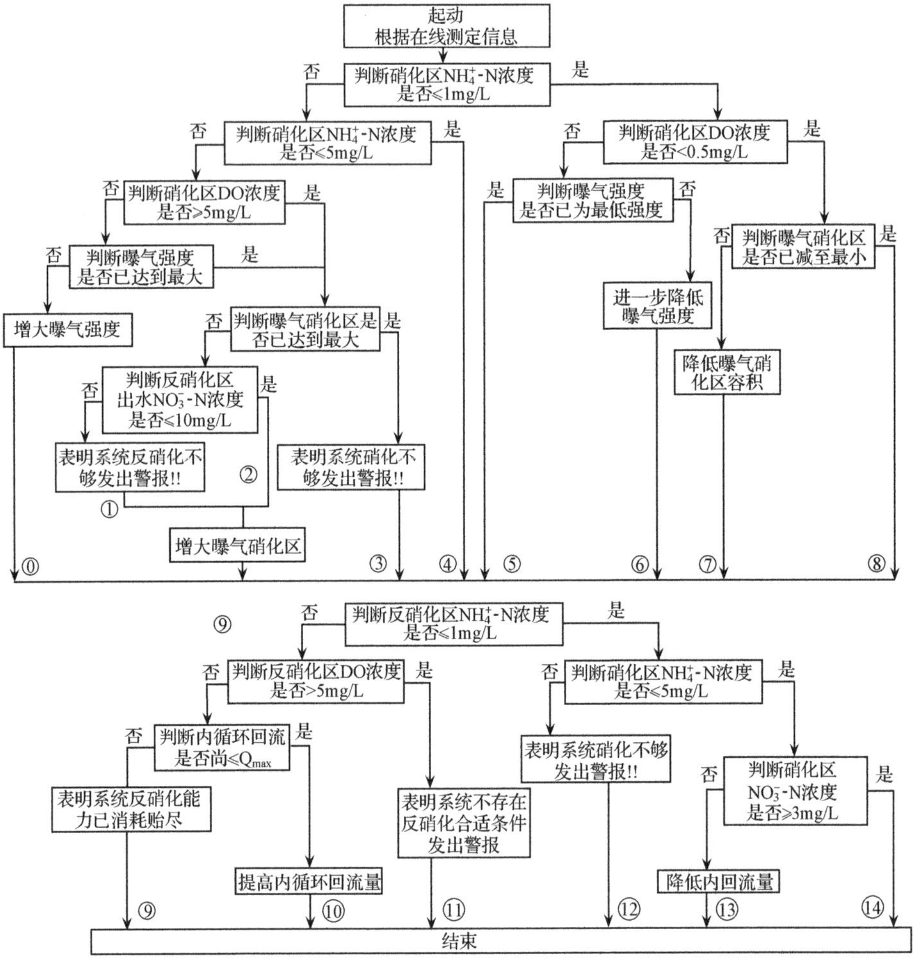

图 5-8　A²/O 工艺控制优化图

0 表示系统硝化效果不好，其原因可能是由于供氧不足，故控制系统应提高供氧强度。① 表示系统硝化和反硝化效果均不好，硝化不好的原因可能是硝化区容积不够，故硝化-反硝化过渡区应作曝气用，反硝化不足的原因可能是由于进水碳源不足。在此情况下，尚应采取其他的措施，如是否可进一步提高曝气池污泥浓度，是否有有机物浓度较高的废水可以加入到进水中以增加反硝化碳源等。② 表示反硝化较好，而硝化效果不好，其原因是硝化区容积偏小，故控制系统应将硝化-反硝化过渡区作曝气用。③ 硝化效果即使在供氧充足，硝化区容积扩至最大的条件下，仍达不到要求。此时应采取提高曝气池污泥浓度，将含氮浓度较高的水流(如污泥处理上清液)等予以必要的贮存，在进水负荷较低时加入到进水中等措施。④ 表示整个系统硝化效果良好，运行状态维持不变。⑤ 表示在即使曝气强度降至最小时，系统仍能满足和超过所要求硝化效果，运行状态维持不变。⑥ 表示硝化已远远满足要求，故可进一步降低曝气强度。⑦ 表示硝化已远远满足要求，控制系统可减小曝气硝化区的容积，硝化－反硝化过渡区的容积应作反硝化用。⑧ 表示在曝气硝化区的容积和溶解氧浓度均已经减至最小的条件下，硝化仍能远远满足要求，故运行状态维持不变。⑨ 表示在内回流量已增至最大的条件下，反硝化仍不能满足要求，此时应采取与④相同的措施以降低进水中氮的负荷或在进水中加入有机物浓度较高的废水等措施。⑩ 反硝化效果不足，应提高内循环回流量。⑪ 反硝化效果不足，可能是由于反硝化区内溶解氧浓度过高所致，此时应适当降低曝气区溶解氧浓度，降低内回流流量，以减少通过内回流而带入反硝化区的氧量。⑫ 表示尽管出水硝酸盐浓度较低，但可能是由于硝化程度过低所致，故应采取提高硝化效果的措施。⑬ 反硝化效果很好，故应降低内回流流量，减少能耗。⑭ 表示出水硝酸盐氮浓度在规定的要求内，维持运行条件不变。

5.4.4　A^2/O 污水处理系统优化的方法或策略

在好氧反应器，硝化反应过程是限速过程，因为吸磷过程完成的时间先于硝化过程，而在厌氧区需要尽可能降低回流污泥中的硝酸盐含量，从而最大程度维持厌氧环境，充分放磷和合成 PHB，因此 A^2/O 工艺过程控制的实质是如何最大程度的提高系统总氮的去除率，降低硝酸盐对放磷的影响，因此，脱氮的控制很重要。应加强曝气和内循环硝化液回流量的控制，利用硝酸盐、氨氮、DO 和 ORP 在线仪来优化氮的去除。另外也要保证脱氮过程的稳定性，当运行不稳定时，不可避免导致回流污泥中硝酸氮浓度的增加。除了控制生物除磷过程，对辅助化学药剂的投加也应控制。在进水浓度变化时，应避免过量曝气或化学药剂投加不足，其控制可以根据污水流量或出水正磷酸盐浓度来确定。以下是提高 A^2/O 工艺脱氮除磷效率及系统优化的控制策略或方法。

1. 提高进水 VFA 含量

可以通过在厌氧池进行酸化提高进水 VFA 所占比例。COD 中可发酵组分，能够成为 PAO 在厌氧区的潜在利用底物。水解酸化同厌氧区水力停留时间有关，因此要控制厌氧区停留时间(可基于氧化还原电位测定信息)。另外可以对初沉污泥进行发酵来提高进水中 VFA 的含量。

2. 优化进水碳源的利用

可以通过对进水的分配一方面尽可能降低污泥回流中硝酸盐对厌氧放磷的影响，另一方面最大程度上提高进水碳源的利用率。

假如进水碳源不足，为了满足严格的出水氮磷排放标准，这时需要外投碳源。

外碳源投加应尽可能少，从而降低外碳源投加费用（也就是药剂费用、投加碳源所增加的污泥产量和曝气能耗费用），同时获得较好的去除效果。外碳源投加需确定外碳源投加的位置和外碳源投加种类。另外降低外碳源投加量需要动态优化碳源投加量。对于生物脱氮工艺，外碳源投加的控制策略为：通过维持缺氧区末端的硝酸氮浓度维持在一个较低但非零的水平（1～2mg/L）来动态调节投加到缺氧区的外碳源投量。而对于 A^2/O 工艺很难确定投加外碳源的位置及其控制标准，因为厌氧区最大程度的放磷并不意味着系统的除磷效果增加，另外很难确定到底厌氧区的磷酸盐浓度达到多少才是相对最优的；另外以好氧区出水磷酸盐浓度作为控制标准存在很大的滞后。综合各种因素，为了强化缺氧区的反硝化除磷，可以采取以下 A^2/O 工艺外碳源投加控制策略：通过维持缺氧区末端的硝酸氮浓度维持在 2～4mg/L 来动态调节投加到缺氧区的外碳源投量，可一定程度降低外碳源投量，同时提高系统的脱氮除磷效率。

3. 强化反硝化除磷

由于反硝化除磷菌，可以在缺氧段，利用硝酸盐代替氧气作为电子受体，同时完成反硝化和除磷的目的，相对于好氧吸磷可以节省有限的碳源。因此如能通过有效的运行方式，强化 A^2/O 工艺中的反硝化除磷功能，无论从提高脱氮除磷效率，以及降低运行费用上都具有重要的意义。

强化反硝化除磷的控制策略就是如何最大程度维持缺氧区的“缺氧”环境，也就是维持缺氧区充足的硝酸盐，避免缺氧区出水硝酸盐浓度为 0 或太低，同时避免好氧区的溶解氧通过内循环进入缺氧区，另外厌氧区 PHB 的生成量要充足，同时缺氧区的水力停留时间要足够长。

4. 降低内部磷负荷

许多情况下，剩余污泥经历一个或多个处理步骤，如重力浓缩、污泥消化和污泥脱水。因而在 A^2/O 处理工艺中，由于在污泥处理过程中出现厌氧环境，造成了聚磷菌体内聚磷的释放，增加内部磷负荷，从而降低除磷效率。

重力浓缩过程中经常发生磷的释放，如果采用重力浓缩应尽可能减少浓缩时间。离心分离和带式压滤的机械浓缩过程中，磷的释放量很小，另外气浮浓缩磷的释放量也很小。在污泥进行好氧或厌氧消化时，由于高温和长时间的停留，也会造成聚磷的大量释放，另外细胞的衰解也会造成磷的释放。只对初沉污泥进行消化，而二沉池生物除磷污泥先机械浓缩后再脱水，可以防止磷的内循环；也可对初沉污泥和二沉池污泥分别进行稳定化，但消化后的二沉池污泥不能进行浓缩或脱水，除非投加化学药剂进行沉淀。

5. 根据出水磷酸盐浓度反馈投加混凝剂进行化学除磷

生物除磷依赖于 PAO 的生长，当进水中 COD/P 比或生物污泥的产量很低时就会使 PAO 的含量很低，从而严重影响生物除磷的效率，而投加化学药剂辅助化学除磷可降低出水磷的含量。相对于生物除磷，化学除磷所产生的污泥不会在污泥处理过程中由于停留时间较长而发生磷的二次释放，因此不会产生内部磷负荷。另外需要对化学药剂的投量进行控制，当投加过量时，正磷酸盐将生成化学污泥，从而不利于 PAO 体内聚磷的形成，当聚磷生成量很低时，在厌氧区由于缺少能量，合成的 PHB 量减少，相应降低生物除磷的能力，因此投加化学药剂时需注意投量，否则造成生物除磷的恶性循环。

当前最佳的化学除磷控制策略为：在曝气池出水处加药，在其后紧接着进行 PO_4^{3-}-P 在线测定，根据 PO_4^{3-}-P 浓度，在线反馈控制化学药剂的投加量。

6. DO 的过程控制

曝气量是 A^2/O 工艺中一个重要控制参数，主要的曝气控制策略和控制结构见图 5-9。最基本的曝气控制策略是维持污水处理厂好氧区曝气量恒定[图 5-9(a)]，它是在 DO 传感器出现之前应用最广泛的控制方式。定供气量控制指无论进水流量与有机物负荷如何变化，按供气量设定值控制供气量恒定。鼓风机的型号决定曝气量的大小以及处理效果，在该控制策略中，并没有考虑进水负荷的动态变化及其在线测定。第二个曝气控制策略就是基于时间的开环控制[图 5-9(b)]，例如在白天高负荷运行期，增加曝气量，而在夜晚低负荷运行期降低曝气量，或以进入曝气池的污水量成比例来调节曝气量，然而进水负荷波动很大，每小时进水负荷都不相同，因此基于时间的开环控制不能实现系统的最优控制。

20 世纪 70 年代许多污水处理厂开始采用在线过程控制，其标志是 DO 传感器的开发及其应用，随着 DO 传感器的普及及其价格的逐渐降低，大部分污水处理厂建立了基于 DO 在线传感器信息的曝气量控制策略，如图 5-9(c)在反应器的末端安装 DO 在线传感器，以维持 DO 浓度在某一设定值来调节供气量，然而该控制方式未考虑沿反应器推流方向有机物和氨氮浓度的变化，由于在反应器前端有机物浓度较高，后端有机物浓度较低，推流方向上各处耗氧速率不同，DO 浓度也不相同，所以控制反应器末端的 DO 浓度并不能保证反应器前端曝气量充足，因而出现了检测曝气池那个位置 DO 浓度的问题。从最优控制角度来看，DO 浓度传感器的安放位置与数量也很难确定。况且恒定 DO 浓度控制也算不上最优控制，因此，关于 DO 传感器的安放位置也没有必要严格精确的确定，对于这种方式通过检测特定位置的 DO 浓度能大致了解其他位置的 DO 浓度。另外对大部分污水处理厂的研究可知在平行运行的反应器中，只在一个反应器内安装 DO 传感器，就可控制其他反应器的 DO 浓度，实际上是不可行、错误的，为了合理有效的控制，需要在各个反应器内都要安装 DO 传感器。

由于在推流式反应器内安装一个 DO 传感器并不能实现曝气量的有效控制，无法确定 DO 传感器的安放位置，因此需把一个反应器分为几个格室或区域，在每个格室都安装 DO 探头，分别控制 DO 浓度，但恒定 DO 控制无法根据出水氨氮浓度和进水氨氮浓度的变化进行动态调整 DO 浓度，将导致出水氨氮浓度的巨大变化[图 5-9(d)]。

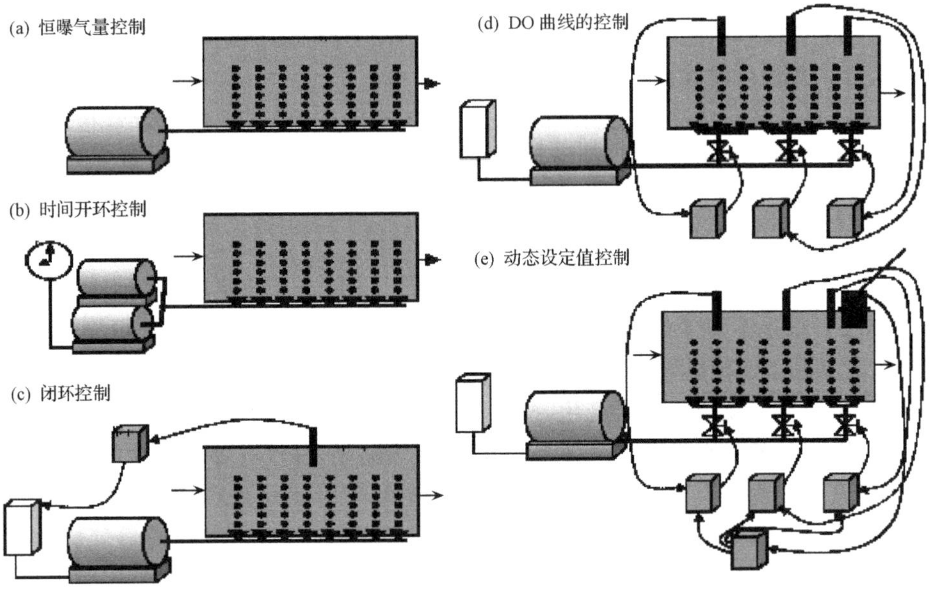

图 5-9　曝气量控制结构图

尽管 DO 传感器很重要，然而在硝化反应控制过程中它只是一个间接控制参数，如果能直接测定氨氮和硝酸氮浓度，那么就可以直接指示系统的硝化程度。20 世纪 90 年代氨氮和硝酸氮在线传感器成功开发，并在大型污水处理厂获得一定应用。基于氨氮和 DO 传感器在线信息建立了曝气量新型控制策略一串级控制策略[如图 5-9(e)]，它包括两个控制器：主控制器和副控制器，主控制器以出水氨氮浓度来动态确定好氧区 DO 设定值，副控制器通过控制曝气量维持好氧区 DO 浓度处于设定值。

采用如图 5-9(e)所示的控制结构是较理想的，但当进水负荷变化较大时，由于反馈控制并不能及时获得进水信息，具有滞后性，当出水监测发现系统的干扰时，已经对系统造成了影响，所以应在反应器前端安装在线传感器及时检测系统进水水质和外界干扰，因此需建立 DO 前馈一反馈控制策略。

7. 内循环回流量的控制

A^2/O 工艺内循环回流量控制策略为：就是控制内循环回流量维持缺氧区末端硝酸氮浓度处于相对最优设定值 1～3mg/L，以充分利用进水中可生物降解 COD，提高缺氧区反硝化潜力，降低溢流到好氧区的碳源。该控制方式也可最大程度的强化 A^2/O 工艺的反硝化除磷。

8. 污泥回流量的控制

当前几乎所有的污水处理厂对污泥回流量的控制基本上采用固定污泥回流比或固定污泥回流量控制。很明显这些控制策略在进水水量稳定时，可以采用。然而进水量季节性变化很大，即使每日、每小时的进水量波动性也很大，采用恒定值控制，将带有较大的危险性，会加大二沉池水力负荷的波动，影响泥水分离过程，或造成污泥流失等现象。尤其污泥膨胀时，更会造成污泥大量流失。随着二沉池泥水界面和污泥层高度在线传感器的市场化，使得应用污泥层高度（SBH，sludge blanket height）作为控制目标而以回流污泥量作为控制变量成为可能。污泥层高度可以作为一个重要的控制变量，通过改变污泥回流量可实现污泥层高度设定值的控制，通过控制污泥层高度可以避免污泥的流失，并提高出水水质。因此可建立基于污泥层高度的 A^2/O 工艺污泥回流量控制系统，一般污泥层高度维持在二沉池高度 1/2～2/3 处，然而污泥层高度不应固定不变，应随着进水负荷和运行条件的改变而改变。

9. 反应器容积比的控制

对于 A^2/O 工艺，一般需要根据进水水质和排放标准，对厌氧区、缺氧区和好氧区的体积进行调整，一般遵循着在满足系统出水氨氮排放标准的前提下，尽可能提高厌氧区和缺氧区的体积（但不超过总体积的 50%），而降低好氧区的体积，从而最大程度的提高系统脱氮除磷效率，并降低曝气能耗。根据所测定的 NH_4^+-N 浓度，对 A^2/O 工艺中设置的缺氧-好氧过渡区（既可作缺氧区进行反硝化，也可作好氧区进行硝化）做出是曝气还是搅拌的决定。如当溶解氧浓度足够，但氨氮浓度仍不能满足出水要求时，应增加好氧区的容积，此时缺氧-好氧过渡区应作为好氧区；如 NH_4^+-N 浓度已经很低，则缺氧-好氧过渡区应作为缺氧区或厌氧区，以尽可能提高硝酸盐的去除。通过这种控制措施，可以根据不同的进水负荷和条件自动地改变硝化区和反硝化区的容积比例，以最大限度地满足硝化和反硝化除磷的要求。当然当进水氮的浓度比较低而磷的浓度较高，可增加厌氧区的体积，从而提高系统除磷效率。

10. 剩余污泥的排放

一般应根据 SRT 控制剩余污泥的排放量,因为 SRT 与生物除磷和硝化效果息息相关,对于剩余污泥的排放采用下面策略是较合适的:在保证硝化效果前提下,应尽量降低 SRT。因为维持较小的 SRT 可以提高磷的去除率。但也应根据季节的变化改动 SRT 的大小,在冬季应适当增加 SRT,降低排泥量,而在夏季应降低 SRT,增加排泥量,但需注意 SRT 的控制必须要慢,同时 SRT 的计算是基于长时间的平均值。

5.4.5 无锡芦村 A^2/O 污水处理厂自动控制系统

无锡芦村污水处理厂是无锡大型污水处理厂,规划处理量 20 万吨污水,分三期完工,第一、二期已经完成,污水处理能力达到一级处理 20 万吨,二级处理 10 万吨。2004 年初完成三期建设,一、二级污水处理能力都达到了 20 万吨。服务面积达到 5000ha,受益人口 70 万。无锡污水处理厂在一期建设采用了传统的活性污泥法,二期采用了 A^2/O 工艺,三期建设时增加了 10 万吨二级污水处理也采用了 A^2/O 工艺,同时将一期的工艺改造成 A^2/O 工艺法,因此现在该厂的处理工艺全部为 A^2/O 工艺。图 5-10 是无锡芦村污水处理厂系统图。下面对无锡芦村 A^2/O 污水处理厂自动控制系统进行简单的介绍[60]。

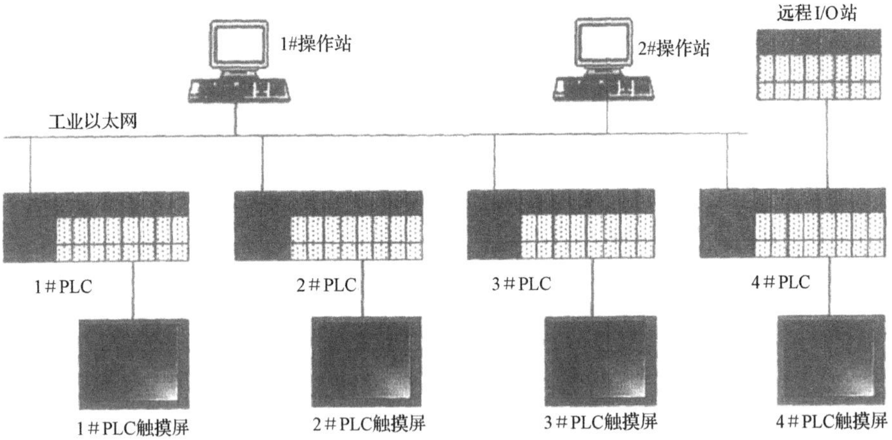

图 5-10　控制系统结构图

1. 控制结构

无锡芦村污水处理厂的规模较大,参数比较复杂,根据其工艺流程和设备及信号的特点和集中管理,分散控制的原则,采用了分布式系统结构。

整个控制结构分成三层：

第一层是现场的检测和执行机构，主要实现现场的信号检测、控制器的命令，其中包括电气和工艺部分的连锁。第二层是现场控制层，实现数据的采集、现场操作、主要参数设定、主要设备的运行状态和就地控制等功能。第三层是操作站控制，完成所有的参数设定和优化计算、通讯、报表和报警功能、运行管理以及设备的运行状态等功能。

在整个系统中，1＃PLC 包含隔栅、进水泵房、曝气沉砂池和初沉池等全厂一级处理系统。2＃PLC 包括一期工程的二级系统，具体包括 1～4＃曝气池系统、二沉池以及全厂风系统。3＃PLC 主要是全厂的污泥处理系统，4＃PLC 控制作用的流程是新建二级污水处理处理系统，包括 5～8＃曝气池系统、二沉池及污泥脱水机，由于新建设备的变量很多，而且污泥脱水机距离 4＃PLC 流程中心区域较远，因此，在污泥泵房建立 4＃PLC 的远程 I/O 站，专门控制污泥脱水系统。

2. 控制系统的硬件配置

本系统采用西门子公司的 S7-300PLC 作为子控制站。整个系统由 4 个 PLC 控制站和一个远程 I/O 站(以 ET 200 形式和 PLC4 相连)组成。中央控制室设两台操作站，其中一台兼做工程师站。中控室还有一面模拟屏，模拟屏通过作为操作站的计算机和整个网络相连，取得现场数据，从而动态显示整个厂区的主要设备运行状况和工艺参数。在无锡污水处理厂整个系统中，1～3＃PLC 主要负责了污水的一级处理和污泥处理过程，控制方式主要以监控为主，4＃PLC 是新建工程，配备了一部分的控制输出回路。

(1) 信号采集

无锡芦村污水处理厂的整个系统的信号比较多，大约有 450 个左右。一般信号分为模拟输入(AI)、模拟输出(AO)、数字输入(DI)、数字输出(DO)四个部分，表 5-6 是各个 PLC 的输入输出点数以及模块数量。在信号采集模式选取时，电机信号一般为 3 个，即运行信号、故障信号和开停命令信号。模拟信号分为 2 种，累计信号和普通模拟信号，但在现场控制层都是为 AI 信号，只是累计信号在 PLC 内进行运算成为累计量，供系统使用。AO 信号在此使用相对比较少，主要是应用于主要流程内的电动门开度调节，如生物池中的进风量调节。

表 5-6　PLC 输入点数及模块

	1＃PLC		2＃PLC		3＃PLC		4＃PLC		远程 I/O	
	I/O 点	模块	I/O 点	模块	I/O 点	模块	I/O 点	模块	I/O 点	模块
AI	13	2	29	5	10	2	26	4	9	2
AO							8	2		
DI	32	2	78	4	34	2	199	7	34	2
DO							43	2	24	1

(2) 硬件配备

西门子的S7-300系列PLC过程的现场PLC控制站主要由电源模块、CPU模块、存储模块和输入输出模块组成最基本的结构，用CP343-1以太网澳讯处理器和光路连接模块将PLC控制站连接到环形网络。每个PLC站都配备一个UPS电源，作为在短时间内交流电失电下的备用电源；除此之外，每一个PLC在现场都有一个触摸屏，显示现场数据和在现场作为人机交互的媒介，使得在现场控制站中可以对设备和运行进行操作和控制。

在无锡芦村污水处理厂的PLC站中，电源模块选用了型号为PS307的额定电流10A电源，为了防止雷击造成系统崩溃和设备损坏，在电源模块上方装设避雷器。CPU模块则选用了CPU315-2DP型，它具有在不同控制器之间传送数据的特点，并且具有能将SIMATIC S7-300连接到开放式型现场总线PROFIBUS DP，可以建立起较大型的分布式结构系统，而不受不同厂商的专业接口限制。因此可以使得现场的PC机用现场总线PROFIBUS DP接口就可以方便地读写PLC，大大增加了灵活性。

3. 以太网的控制系统网络图

无锡芦村污水处理控制系统网络结构如图5-11。整个网络系统以工业以太网为骨架，采用环形网络，操作站、PLC站信号通过以太网通讯处理器CP343-1连接到工业以太网上，由于各个PLC之间和操作站之间的距离很远，因此每一个连接端都有光端链路模块，信号转换后用光缆传送。

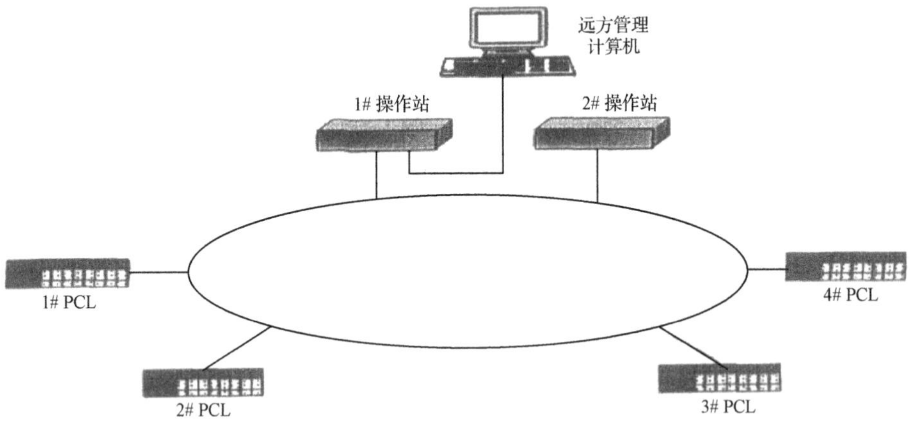

图5-11　系统网络构架

在环形网络中，每一个PLC站和操作站在网络上具有同样的权限，PLC与操作站的网络设置与局域网类似，IP地址为10.10.10.＊，子网掩码是255.255.255.0，网关设置成了 10.10.10.10。另外,由于厂的管理人员需要显示和监视生产运行过程,因此在主运行站1#操作站上的工控机具有双网卡,一块网卡是与生产过程的进行数据交换,另一块网卡用于与远方管理计算机系统通信。

4. 软件实现

控制系统中应用软件包括下位机(PLC)和触摸屏的污水处理过程处理软件、上位机软件,软件的实现主要通过 PLC 的 S7-5.1 PLC 语言和上位机的 Wincc 组态软件。

(1) 自动控制系统功能

1) 污水处理过程的状态检测:①工艺过程参数实时检测和显示;②设备状态的实时监控和显示。

2) 污水处理过程的控制:①远控部分。三期生物池进水调节阀、曝气系统在生物池总进气阀、生物池搅拌机以及内流泵,二沉池吸泥机进行远程控制,使得整个二级处理系统能够在控制室实现运行管理和生产工艺改变。脱水机进泥量调节阀在自动情况下自动输出阀位反馈信号,并能在远程调节阀位开度。②回流污泥泵的控制。为了保持生物池内污泥浓度的恒定,通过回流污泥泵的开停进行控制,根据池内污泥浓度情况,决定回流污泥开停。③生物池进气调节阀控制。生物池好氧段的生化反应中,溶氧量是最重要的参数,它直接关系到反应是否完全和出水水质中 COD、BOD 以及氮含量等重要指标的高低,因此必须保证好氧段氧的供给,但是过量的氧供给会促使污泥絮凝较差,沉淀效果不佳,同时大大增加能耗,因此好氧段的进气调节阀开度通过厌氧池和好氧池的溶解氧浓度来控制阀门的开度。

(2) PLC 编程

在 PLC 硬件程序中主要完成两个任务,一是读取各种通过现场传感器传送到 PLC 的数据,进行整理和必要的数据处理,以便于上位机和触摸屏读取,累计量一般也在 PLC 中完成累计。二是完成控制任务,即根据上位机信号或者触摸屏的控制信号依据程序设定完成控制信号对设备的输出,其次完成控制算法,如生物池进气调节阀控制:采集生物池中厌氧段和缺氧段溶解氧值,取其平均值作为信号输入,而读取上位机界面中的溶解氧设定值作为控制目标值,完成 PID 算法控制,输出结果转换成阀门输出值控制该生物池进气调节阀的开度。

(3) 组态

无锡芦村污水处理厂工程中选用了西门子公司的 Wincc 作为上位机的组态软件,最初选用了 Wincc5.0 版,而后立即升级为当时最新推出的 Wincc5.1 版(亚洲版)。Wincc5.1 版是主要针对亚洲地区用户,因此采用了亚洲地区的语言为主,与 Wincc5.0 相比还增加了画面编辑使用的专业图库。

Wincc 软件环境采用了微软的风格，令用户很容易熟悉它的功能运用。与其他组态软件相比，它的功能十分强大，除了组态软件具有的基本功能诸如画面编辑、报表编辑以及报警管理等以外，它还具有搜索全系统字符的交叉索引和文本库功能、设备管理组件等。Wincc 的脚本语言采用了内嵌 C 语言，实现动作管理。Wincc 还在每一个功能中预备了大量的已经编辑好的、常用的功能组块，例如，在报表管理中有近 30 个的已经制作完成的各种报表格式。在脚本中具有大量制作完成的功能子程序。

但是 Wincc 的缺点也十分明显：①Wincc 画面单调。Wincc5.0 版中画面编辑使用的基本图形在 30 个以下，而且没有一个可以立即使用的动态图形，这样决定了在有限工程时间内完成的组态画面相对比较简单和单调。在 Wincc5.1 版中，只是增加很多专业静态图库，与 Wincc5.0 相比画面质量改进不少，但是仍然没有相对容易实现的动态基本图形。②运行时耗用巨大的系统资源。③Wincc 5.1版本在增加了大量静态专业图库以后，具有很多画面组态上的 bug。

无锡芦村污水处理厂系统组态由三级画面组成，第一级画面为全厂总画面、报警曲线和重要参数历史曲线，包括全程所有的重要流程，主要用来显示全厂运行情况；第二级画面为全厂各个主要系统流程，并包括了在本画面流程中所包含的重要参数及其他们的实时曲线，在二级画面的分配上以 PLC 控制的生产流程为主要依据分为 1＃PLC、2＃PLC、3＃PLC、4＃PLC 四个画面。第三级画面主要是对二级画面的细化，并包括本画面流程中所有的参数。

在实时监控系统中，实时曲线和历史曲线是生产过程进行分析、控制和运行必不可少的工具。在 Wincc 中，历史曲线和实时曲线的表现方式相同，参数变量在 Wincc 中可以存储为长期顺序存档和短期顺序存档两种，长期顺序存档的数据将在硬盘空间内顺序保存，直到硬盘溢出或者由人工转移数据库，而短期顺序存档是系统将为参数的实时数据指定存储空间，当实时数据存满指定的存储空间以后，后续的数据将覆盖最初的存储记录，使得数据能够在指定空间内保持循环保存。但是这两种存储方式都能够实时表现，即在参数不断根据生产过程更新的情况下查询该参数的历史数据，考虑到读取、搜索速度和参数的重要性不同，在本系统采用长期顺序存档作为历史数据库，在历史数据库内保存的参数记录是每小时一个记录，在查询时同样可以得到最新的实时数据；短期顺序存档作为实时曲线使用，其中的参数记录每一秒一次，工程指定了 84 400 条记录空间，保证数据 10d 的重新周期。

在 Wincc 中，全局脚本是系统实现各种控制和动作逻辑的重要手段。在本工程中，使用全局脚本主要实现了部分数据格式转换、设备报表和报警记录的逻辑。在组态中画面编辑所能解决的逻辑相对较少，大量的逻辑关系需要全局脚本实现，无锡芦村工程中，由于没有购买那专用的设备报表组件，所以在系统就使用了全局脚本 C 语言的功能实现了全厂动力设备的运行时间统计。全局脚本还将数据完成数据转换,成为报表或实际可以使用数据格式,将数据线性化缩小或放大,或者将数据在仪表死区进行线性化差值和经验化处理。与组态界面相比,触摸屏相对比较简单,大量工作是完成数据的读取和显示。

5. 应用效果分析

无锡芦村污水处理厂通过近一年的运行,效果还是比较明显的,具体分析如下:

(1) 可靠性好。系统采用了分散控制,集中管理的分布式控制技术,保证了系统具有较高的可靠性。在运行过程中还未出现由于系统故障而导致生产停产的事故。

(2) 操作方便。在上位机组态和控制站的触摸屏组态中充分考虑了操作的简便性,制作了友好的人机交互界面;在系统中采集了全厂所需要监视的所有参数和设备信号,并且提供大量的设备控制的 DO 信号,使得运行人员不论在中央控制室、现场控制站还是现场都能方便地了解设备和生产运行情况,并且可以调度各种信息。

(3) 节省了人力资源。现场报表人工抄写全部改为操作站打印,大多数的监视岗位转移到了一个控制室,提高了生产的集约化,降低了人力资本。

(4) 该系统采用了比较成熟的、先进的监控技术和计算机技术,对整个污水处理过程进行监督和控制,达到了处理效果。

该工程以后在该厂得到良好的效益,同样在污水处理自动控制中有许多方面有待于改进:

(1) 现有的检测手段改进,在污水处理中,许多信号需要进行现场采样,如溶解氧、污泥浓度等,这些信号的误差直接影响控制效果,因此需要比较先进的检测仪器,而对于一些无法直接测量的参数,可以考虑使用软测量。

(2) 控制方法的改进,由于污水处理模型的复杂性,一般的控制方法实现有一定的困难,在建立一定复杂度模型的基础上,采用先进控制方法和计算机技术,达到理想的控制效果。

总之,污水处理工程近年来取得了很大的进展,但是控制技术的设计、使用仍处于有待完善和发展阶段,国内关于污水处理的相关过程的控制方面的研究比较多,但是对于污水处理整体的控制研究比较少,同时由于污水处理模型的复杂性等原因,理论上的研究比较多,而实际应用方面比较少。国内环境保护的相关法规与欧洲的相比相对宽松,没有形成强烈的激励机制,因此污水处理的控制严格性和精确性要求比较低,而大多数污水处理厂的工业控制程度只停留在监控方面。但是随着人们生活水平的提高,对环境的要求也会相应提高,因此自动控制在污水中的发展与广泛应用也是一种必然的趋势。

5.4.6 应用专家控制系统提高A^2/O工艺的脱氮效率

Baeza J A等人采用G2专家系统工具开发了A^2/O工艺中试系统专家控制系统(KBES),从而实现了控制策略的在线执行和系统的集散控制[61]。研究表明在不同负荷和进水流量下系统的性能同常规操作条件下相比,应用KBES后氮的去除率可增加11%,出水总氮和氨氮浓度分别减少了49%和64%,同时系统能耗大大降低。下面详细的介绍该专家控制系统的建立及其应用。

1. 概述

欧盟法案91/271为污水处理厂制定了严格的排放标准,其中尤其对氮的要求提高。因此,在污水排放之前,必须有效去除污水中的有机物质和过量的营养物质(尤其是氮和磷)。该法案的颁布意味着必须对以前的污水处理工艺进行改造:对现有污水处理厂进行扩建,增加新的设备;使用新的处理方法)或应用控制系统来优化处理工艺。

Buisson等曾报道用淹没式膜实现固液分离,以增加反应器中的固体浓度,从而减小占地面积。Collivignarelli和Bertanza报道通过控制低溶解氧实现同步硝化反硝化以减少投资和运行费用。一些研究者通过改变运行条件来优化现有处理系统,例如,Potter等根据氨氮和硝酸盐浓度的在线监测信息来调整和优化Bio-Denipho工艺的反应过程。Caulet等在实际工程中应用ORP在线测定信息优化曝气系统从而增加了系统的脱氮效率。Katsogiannis等采用在线自适应法则将硝化费用降到最低,该法则通过测量反应器中氨氮浓度确定SBR法的运行周期。

尽管控制系统在间歇式反应器应用日益广泛,但是在连续流污水处理厂应用的很少,虽然也有这方面的报道,但大多数只是在模拟条件下进行了考察,而未在实际系统进行验证。目前只有一个实例STAR控制系统,它可以适应不同的变化条件,已被成功地应用到不同规模的连续流污水处理厂。该实例的目的是在一个中试系统,通过检测系统对进水组成变化和流量变化的响应,应用特定的基于知识的控制系统(专家系统),实时调整工艺参数实现氮的高效去除。

2. 试验材料和方法

该A^2/O工艺中试试验装置(见图5-12),它包括1个9L的厌氧选择器,3个体积为28L的曝气池和1个60L的沉淀池。可以应用KBES系统来控制3个曝气池在好氧或缺氧条件下运行,从而改变缺氧区和好氧区的体积。第1个曝气池通常作为缺氧池但也可转换成好氧运行。

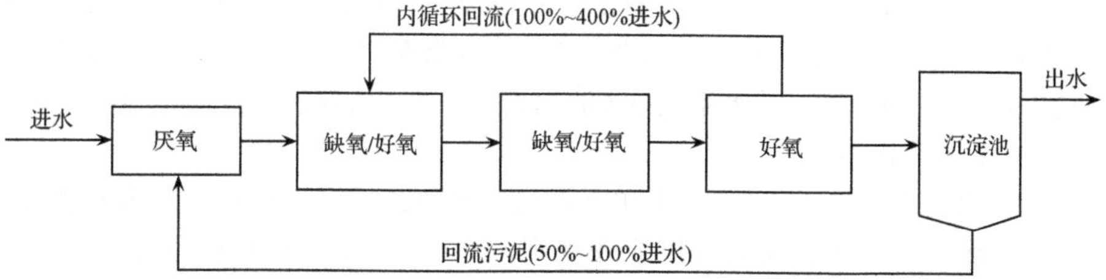

图 5-12 A^2/O 中试系统示意图

系统硬件结构如图 5-13 所示,它由不同的监督层组成,包括两个独立的计算机过程控制(污水厂控制和分析仪控制)和一个 PLC。污水厂控制的软件应用 C 语言开发,包括画面监视、数据库、PLC 监控和主要工艺参数的控制(DO、流量、搅拌速率),它可以控制污水处理厂在一系列预先设定好的设定值下运行,这也是污水处理厂传统的控制方式。另外一个计算机过程控制两个在线自动分析仪(硝酸氮—亚硝酸氮分析仪和氨氮分析仪)进行控制。这两个计算机过程控制通过以太网连接到一个采用 Solaris 操作系统的数据服务器。网络通信基于 TCP/IP 协议建立并且允许数据库根据每一个子系统的信息实时更新。

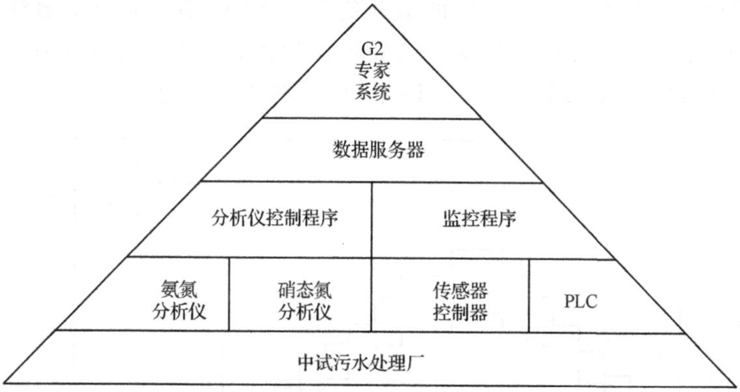

图 5-13 监督控制系统结构简图

KBES 在系统的最顶层,该实时专家系统应用 G2 语言开发。在开发中需要将已有的知识和特定的经验系统化。在监控设定值控制(SSC)框架中,基于分布式体系结构,KBES 作为系统的管理者。KBES 系统的输入包括在线检测的数据(pH、T、DO、ORP、曝气量)和数据库的在线数据(硝酸盐、亚硝酸盐和氨氮浓度),定性数据(嗅味、色度、微生物相观察)和离线分析的数据(磷酸盐、COD、TSS、VSS、TKN 和 SVI)。根据这些数据获得运算规则,KBES 连续地确定最优化的控制从而获得要求的氮和有机物的去除率。最后,控制动作被传输到过程计算机来启动每个操作和动作。在 KBES 系统中,故障诊断和系统维护包括 319 条规则和 45 个步骤。与每一个污水处理子过程相关的知识以模块的形式组织起来,这种模块化结构有很多优势，如系统的可重复性和延展性，因此可以管理越来越复杂的人工智能系统。当新的数据到达实时数据库时，参数依次更新。主要的模块有生物反应器、沉淀池、泵系统、进水系统、COD 去除、营养物去除和污泥龄控制。

不同模块的描述如下：

① 生物反应器模块，建立每个单元的监控规则（尤其是曝气、搅拌和检测子系统）；② 沉淀模块包括沉淀池监控管理规则，主要监控该单元的水力负荷、污泥负荷、污泥沉降性和出水 TSS，从而预测泥水分离过程中可能出现的问题；③ 模块包括泵的运行和维护周期的监控，也包括维持所要求的循环条件；④ 进水系统模块监控自动进水系统，核定进入系统的污水量和污染物浓度；⑤ COD 去除模块评估系统的有机负荷值并且当该值超过正常范围时向运行人员报警；⑥ 营养物去除模块，有一些在不影响磷去除效果的前提下提高氮去除率的控制法则；⑦ 其他模块包括维持设定的污泥龄和监控污泥中微生物相的变化以预测污泥膨胀问题。

在这些规则中，每一次测定都需用不同的标准进行校验。测定值应该在预先设定的范围内，变化速率不能太快也不能太慢，并且测定值之间不能互相矛盾。如果数据不可靠，KBES 可以取消该控制规则，而改为根据正常范围值进行连续地调节。

试验模拟一个实际污水处理厂，因此中试系统的进水水质、水量均可变（COD、氨氮和有机氮负荷见图 5-14）。系统的最低负荷为：COD、氨氮和有机氮浓度分别为 170mg/L、6.7mg/L 和 4.7mg/L；系统的最高负荷段为：COD、氨氮和有机氮浓度分别为 530 mg/L、24.0 mg/L 和 16.7mg/L；平均水力停留时间为 8.5h。

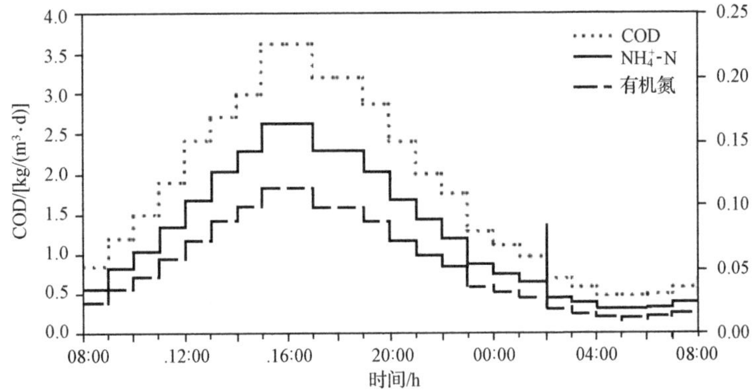

图 5-14　中试系统 COD、氨氮和有机氮负荷变化规律

在试验中，定期采集进水水样，以保证进水系统正常运行。试验所用污泥取自具有脱氮功能的城市污水处理厂。为了使微生物菌群能适应人工配水，中试系统连续稳定运行 5 个 SRT，在整个适应阶段和稳定阶段维持中试试验的进水和环境条件不变。细胞平均停留时间（MCRT）通过检测反应器、出水和循环液中的 VSS 和 TSS 来控制。数据传输到 KBES，然后自动调整以维持设定的污泥龄。试验中 VSS 浓度保持在相对稳定的水平（5100±500mg/L），MCRT 为 10 天。好氧反应

器 3 的 pH 设定值控制在 7.5，这使得试验可以在相同的 pH 条件下进行，并避免系统的波动。其他反应器的 pH 也和好氧反应器 3 的 pH 相近(6.8～7.5)。试验运行温度为 20～23℃。

3. 研究结果

为了研究不同操作模式下系统的性能，设定了两组试验。在试验Ⅰ～Ⅸ中，采用设定值控制方式，也就是在开环控制方式下测试不同操作条件。这组试验得到的数据写入 KBES 的规则库中。在第二组试验Ⅹ～Ⅷ中，用 KBES 执行不同的控制策略。KBES 监控作用使得系统能在试验过程中保持良好的操作条件，它可以检测出问题(如泵故障、进水问题、检测故障、设备维护、分析控制和维护等)并在适当的时候采取纠正措施。

(1) 控制策略

KBES 的部分控制策略见表 5-7，它包括内循环回流量和外循环污泥回流量，反应器 1～3 的溶解氧设定值的控制，具体描述如下。

表 5-7 KBES 采用的部分控制规则

可调参数	监控参数		设定值	
	变量	范围	参数	设定值
内循环回流量	出水硝态氮	<0.5mg/L 0.5mg/L<硝态氮<1.5mg/L 硝态氮>1.5mg/L	F_{IR}/F_I	$F_{IR}/F_I=1$ $F_{IR}/F_I=2$ $F_{IR}/F_I=4$
外循环回流量	出水氨氮	氨氮<1.0mg/L 氨氮>1.0mg/L 氨氮<1.0mg/L	F_{ER}/F_I	$F_{ER}/F_I=0.5$ $F_{ER}/F_I=1.0$(2h)
反应器 1 中 DO 设定值	出水氨氮	氨氮>1.0mg/L	DO 设定值 R1	0mg/L 30,DO=3mg/L 60,DO=0mg/L
反应器 2 中 DO 设定值	出水氨氮	氨氮<0.3mg/L 氨氮>0.3mg/L	DO 设定值 R2	DO=0mg/L DO=3mg/L
反应器 3 中 DO 设定值	F_{IR}/F_I	$F_{IR}/F_I=1$～2 $F_{IR}/F_I=4$	DO 设定值 R3	DO=3mg/L DO=1mg/L

内循环回流量(F_{IR})：大部分污水处理厂采用恒定流量控制。但是，本系统为了优化硝酸盐的去除设定了一个随进水流量(F_I)变化的回流比，该回流比根据出水硝酸氮浓度的变化而改变。建议最大的回流比为 4，最小回流比为 1。在恒回流比的试验中证明，$F_{IR}/F_I=2$ 能在较低的能耗下得到较高的氮去除率。

污泥回流量(F_{ER})：可以采用恒定污泥回流量。但是，更常用的是采用恒定外回流比。本系统中，F_{ER}/F_I 取值 0.5。但是，该比值可以上升到 1 以适应进水中的高氮负荷。因此，如果出水氨氮浓度超过 1.0mg/L，F_{ER}/F_I 就控制在 1 并维持 2 h 以使积累在沉淀池的污泥回流至反应池，从而暂时提高反应池中的污泥浓度。因为在沉淀池中积累污泥需要一定的时间，因此 4 h 之内最多只能用一次较高的回流比。

反应器 1 中的溶解氧设定值：在传统的 A^2/O 系统，该反应器在缺氧条件下运行。为了提高系统的硝化能力，并考察是否能提高系统氮的去除效果，可以好氧运行，实行可调的厌氧/缺氧运行方式。在好氧情况下，KBES 将反应器 1 的溶解氧设定值周期性地从 0～3mg/L 进行调节，从而保证出水氨氮低于 1.0mg/L，也就是当氨氮测定值超过 1.0mg/L 时，进行曝气，直到氨氮低于 1.0mg/L 时，停止曝气重新维持缺氧运行条件。

反应器 2 中的溶解氧设定值：在中试系统正常运行时，该反应器按好氧运行（DO 设定值为 3mg/L）。当负荷低时（如晚上），就不必保持好氧状态。事实上，在缺氧条件下，反硝化进行时 COD 仍能被去除。本规则中出水氨氮的限值为 0.3 mg/L。当低于该值时，采用缺氧运行状态，一旦超过该值，转入好氧运行状态。

反应器 3 中的溶解氧设定值：在传统的运行状态中，本反应器好氧运行，溶解氧设定值为 3 mg/L。而当内回流比 $F_{IR}/F_I=4$ 时，从反应器 3 通过内循环到达反应器 1 的溶解氧很高，这将导致反应器 1 中出现溶解氧抑制反硝化。这时可将本反应器中的溶解氧设定值设为 1 mg/L。

(2) 试验结果

通过不同的试验分析了不同操作条件下系统的性能。开始时，采用开环控制方案。如果该操作模式可提高系统的脱氮率，就将它作为一种控制策略应用到闭环控制方案中并为后续试验采用。表 5-8 为每个试验的操作条件。

表 5-8　KBES 系统每个试验的操作条件

试验	DO 设定值/(mg/L)			回流比	
	反应器 1	反应器 2	反应器 3	外循环比	内循环比
Ⅰ	缺氧(0)	好氧(3)	好氧(3)	F=150(mL/min)*	2
Ⅱ	缺氧(0)	好氧(3)	好氧(3)	0.5	2
Ⅲ	10'好氧(3)-20'缺氧(0)	好氧(3)	好氧(3)	0.5	2
Ⅳ	20'好氧(3)-40'缺氧(0)	好氧(3)	好氧(3)	0.5	2
Ⅴ	30'好氧(3)-60'缺氧(0)	好氧(3)	好氧(3)	0.5	2
Ⅵ	30'好氧(3)-30'缺氧(0)	好氧(3)	好氧(3)	0.5	2
Ⅶ	缺氧(0)	好氧(1)	好氧(1)	0.5	2
Ⅷ	缺氧(0)	好氧(3)	好氧(3)	0.5	2
Ⅸ	缺氧(0)	好氧(5)	好氧(5)	0.5	2
Ⅹ	缺氧(0)	好氧(3)	好氧(3/1)	0.5	1/2/4
Ⅺ	缺氧(0)	好氧(3)	好氧(3/1)	0.5/1	1/2/4
Ⅻ	缺氧(0)/30'好氧(3)-60'缺氧(0)	好氧(3)缺氧(0)	好氧(3/1)	0.5/1	1/2/4
XIII	缺氧(0)/30'好氧(3)-60'缺氧(0)	好氧(3)缺氧(0)	好氧(3/1)	0.5/1	1/2/4

* 恒外循环流量。

图 5-15(a)是不同试验条件下氮的去除率，图 5-15(b)为出水中氨氮、硝酸盐氮和亚硝酸盐氮占进水 TN 的比例。

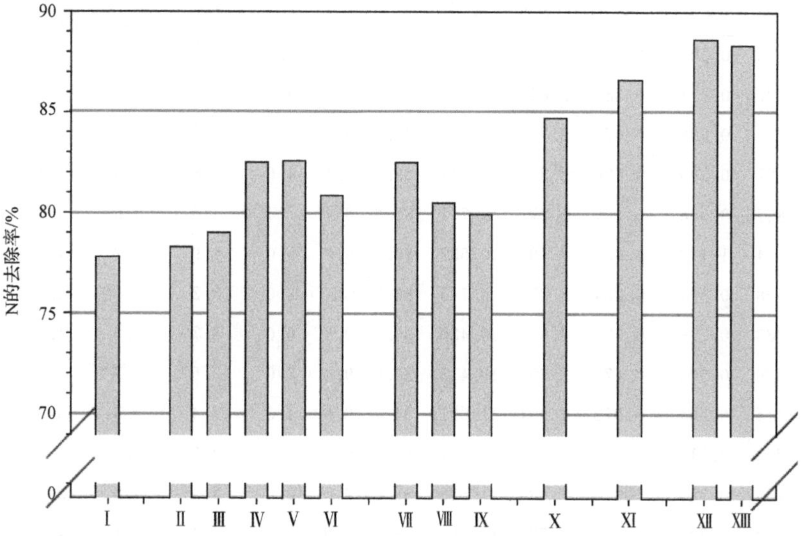

(a) 不同试验条件下氮的去除率

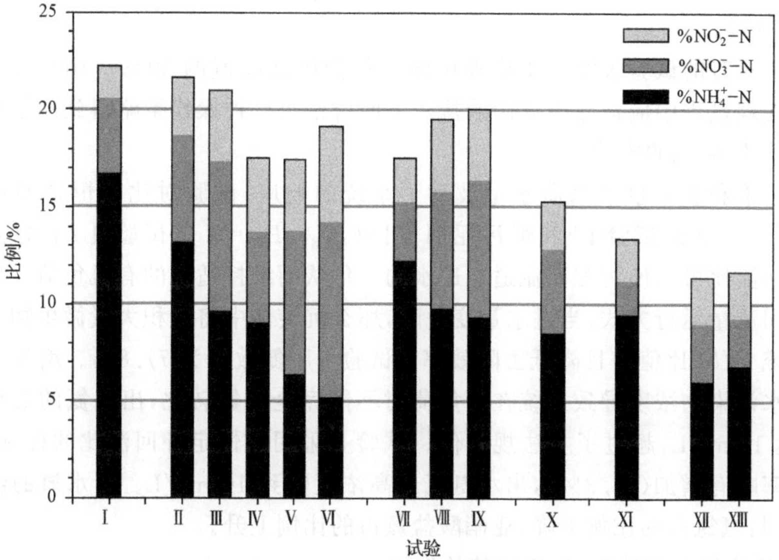

(b) 出水中氨氮，硝酸盐氮，亚硝酸盐氮占进水总氮的比例

图 5-15

表 5-9 是用不同单位表达了每个试验出水中氮的含量。包括出水中不同形式氮的总量、出水中总氮和总氮去除量、氮的去除率和出水中每一种氮所占的比例以及出水中每种氮的最高浓度。

表 5-9　出水中氮的含量

试验	氨氮/(g/d)	硝态氮/(g/d)	亚硝态氮/(g/d)	总氮/(g/d)	氮去除量/(g/d)	去除率/%	氨氮/%	硝态氮/%	亚硝态氮/%	氨氮 max/(mg/L)	硝态氮 max/(mg/L)	亚硝态氮 max/(mg/L)
Ⅰ	2.186	0.503	0.204	2.893	10.129	77.8	16.8	3.9	1.5	12.5	2.5	1.2
Ⅱ	1.727	0.711	0.386	2.824	10.199	78.3	13.3	5.4	3.0	9.7	3.0	1.4
Ⅲ	1.261	0.998	0.478	2.737	10.285	79.0	9.7	7.6	3.7	7.8	3.7	2.3
Ⅳ	1.187	0.599	0.496	2.282	10.741	82.5	9.1	4.6	3.8	8.0	3.1	1.7
Ⅴ	0.837	0.966	0.468	2.271	10.751	82.6	6.4	7.4	3.6	5.5	4.1	2.4
Ⅵ	0.684	1.172	0.634	2.490	10.532	80.9	5.2	9.0	4.9	5.2	4.3	3.0
Ⅶ	1.598	0.394	0.284	2.277	10.745	82.5	12.3	3.0	2.2	8.5	2.4	1.2
Ⅷ	1.283	0.779	0.480	2.542	10.480	80.5	9.8	6.0	3.7	8.0	4.1	2.1
Ⅸ	1.226	0.906	0.478	2.609	10.413	80.0	9.4	7.0	3.6	7.7	4.8	2.6
Ⅹ	1.115	0.564	0.312	1.991	11.031	84.7	8.6	4.3	2.4	7.5	3.3	1.4
Ⅺ	1.239	0.218	0.284	1.741	11.281	86.6	9.5	1.7	2.2	7.1	1.2	1.2
Ⅻ	0.785	0.386	0.313	1.484	11.538	88.6	6.0	3.0	2.4	4.8	2.3	1.5
XIII	0.893	0.321	0.310	1.524	11.499	88.3	6.8	2.5	2.4	5.1	1.6	1.2

(3) 讨论

几乎所有的试验表明出水中亚硝酸盐氮为硝酸盐氮的 50%～100%，这说明在污水处理过程中应该考虑亚硝酸盐。下面讨论每一种操作策略得到的结果。

1) 外回流比的影响

试验Ⅰ和Ⅱ考察了水质水量波动下系统的响应，试验对比了恒外循环流量(F=150mL/min，试验Ⅰ)和恒污泥回流比(F_{ER}/F_{I}=0.5，试验Ⅱ)下的去除效率。恒回流比可以使污泥回流适应进水的变化从而维持适当的有机负荷。而采用恒污泥回流量运行方式，当进水量变化时，那么沉淀池中将累积大量微生物。这将改变系统 F/M 比值并且降低去除效率。试验Ⅰ脱氮效率为 77.8%。增加进水流量和进水污染物浓度导致系统在高负荷时不能完全将氮转化，出水氮的最高浓度太高，达 12mg/L，超过了立法规定值。试验Ⅱ采用了恒定外回流比的控制策略，脱氮效率略有增加(78.3%)，出水氨氮最高浓度降到 10 mg/L。出水氮的组成也有所不同：氨氮占的比例下降，亚硝酸盐氮占的比例上升。

2) 反应器 1 中缺氧/好氧交替的作用

试验Ⅱ-Ⅵ研究了反应器 1 中好氧/厌氧交替条件对系统的影响，旨在确认剩余的反硝化容量是否能为硝化利用。试验开始时采用总周期可变恒定好氧/缺氧时间比为 1∶2 的运行方式；最后一个试验的好氧/缺氧时间比为 1∶1。反应器 2 和 3 的溶解氧浓度设定值为 3 mg/L；内回流比为 2；所有试验外回流比均维持在 0.5。

这一系列试验揭示了将第一个反应器循环地作为缺氧反应器有利于氮的去

除。试验Ⅲ～Ⅴ是不同总周期时间(30、60 或 90min)但相同好氧/缺氧时间比(1∶2)下的结果。这三种情况促进了硝化反应,尤其在长好氧时间时(30min)。试验Ⅳ中较长的缺氧段(40min)改善了反硝化效果因而也提高了氮的去除效率。但是,试验Ⅴ将缺氧段延长至 60min,效果却并没有在试验Ⅳ的基础上有所改善。尽管保存了反硝化容量,但是硝化更彻底,出水中氧化态氮的含量更高。但无论如何,该试验是Ⅲ～Ⅴ三个中最有效的。最后,试验Ⅵ研究了缺氧/好氧时间比为1∶1且总周期时间为 60min 时的效果。总的去除效率有所降低,因为硝化效果有所提升而反硝化效果却大幅降低。过量曝气也导致后续反硝化有机碳源缺乏。出水硝酸盐氮和亚硝酸盐氮浓度高会在沉淀池中会发生反硝化,这将导致出水悬浮物浓度增高。

在这种操作模式下,应该考虑连续曝气时系统的能耗。在低负荷时,不用曝气。当进水负荷高时应采取 30min 好氧 60min 缺氧的操作策略(如试验Ⅴ)。

3) 反应器 2 和 3 中溶解氧设定值的作用

试验Ⅶ～Ⅸ考察了好氧池中溶解氧设定值对硝化的影响和其他试验参数恒定情况下总氮的去除效率。试验Ⅶ～Ⅸ的溶解氧设定值分别为 1、3、5mg/L,相应的总氮去除率分别为 82.5%、80.5%、80.0%。溶解氧设定值最低时得到了最高的去除效率,但是,出水中氨氮的浓度也相应较高,较低的 DO 阻碍了硝化但有利于反硝化。实际上,可以从图 5-15(b)中看出,出水中剩余的氮主要以氨氮的形式存在,而不是硝酸盐氮和亚硝酸盐氮。

图 5-15(b)显示当 DO 为 3 mg/L 时出水中氨氮浓度较低,仅仅比试验Ⅸ的值略有升高。但和试验Ⅸ相比,硝酸盐和亚硝酸盐浓度均较低,主要是由于内循环带入反应器 1 的溶解氧所致,当反应器 3 中 DO 为 5 mg/L 时尤其明显,因此应注意,不要在提高内回流比时同时提高反应器 3 中的溶解氧浓度。

综上,当好氧池中溶解氧设定值升高时,硝化效果得到提升,但是,当 DO 超过 3mg/L 时,效果提升并不明显。另一方面 ,当好氧池溶解氧浓度较低时,有利于反硝化。在设定值为 1mg/L 时,效果最好,这可能是由于从反应器 3 循环到反应器 1 的溶解氧减少,也可能是由于好氧反应池中的同步硝化反硝化所致。基于以上三个试验,好氧池中的溶解氧设定值不应超过 3mg/L;同时,在高内回流比时,反应器 3 的溶解氧设定值应为 1mg/L。

4) 内循环的作用

试验Ⅷ和Ⅹ考察了内循环对反硝化的影响以及对系统氮去除效率的影响。试验Ⅹ采用了随出水硝酸盐氮和亚硝酸盐氮变化而改变内回流比的控制策略。同时,当内回流比为 4 时反应器 3 的 DO 设定值可调,这避免了进入缺氧反应器的溶解氧增多而抑制反硝化。试验显示,氮的去除率从试验Ⅷ的 80.5%升高到试验Ⅹ的 84.7%,主要表现在出水中硝酸盐氮和亚硝酸盐氮浓度减少。因此,两个提高氮去除效率的因素为：提高回流到缺氧反应池的硝化液回流量和维持反应池3中较低的DO设定值，从而避免高回流比带入过量溶解氧带来的负作用。

5）不同外回流比的作用

试验Ⅹ和Ⅺ考察了不同外回流比对系统氮去除效率的影响。试验Ⅺ在高负荷时增大了外回流比。改变的大小根据出水氨氮浓度确定。氮的去除效率增加了将近2%（从84.7%到86.6%），主要表现在出水氧化态氮减少，相反氨氮去除率稍有下降。出水中氧化态氮的减少可以归因为污泥回流比提高使得缺氧状态的反应池1中微生物量增加。当负荷改变1h后，随着污泥回流比的增大，反应器中污泥浓度增大了将近10%。但是增长并不是连续的。实际上，2h后污泥浓度又恢复到初始水平。当提高污泥回流比时，从沉淀池回流的污泥浓度也降低。基于这些结果，只有当确实需要将沉淀池中微生物回流到反应池1中时才提高回流比。

6）高负荷时反应器1采用循环曝气和低负荷时反应器2缺氧状态的作用

试验Ⅺ～ⅩⅢ考察了采用其他控制策略的效果。试验Ⅺ和ⅩⅢ包括和试验Ⅺ相关的两种新的控制策略。当出水氨氮浓度低时，反应器2从好氧转化为缺氧状态，这可减少系统的供氧量并有利于反硝化。另外，当氨氮负荷高时，采用好氧/缺氧交替运行，也就是反应器1采用好氧和缺氧分别为30min和60min的周期运行方式。和试验Ⅱ～Ⅵ一样，这种周期方式有利于硝化反应，对反硝化并没有潜在的负作用。结果表明，在更严格的控制条件试验Ⅻ和ⅩⅢ中去除效率高于试验Ⅺ（分别为88.6%、88.3%和86.6%）。另一方面，出水中各种形式的氮的组成也不同。试验Ⅻ和ⅩⅢ中硝酸盐氮和亚硝酸盐氮的浓度较高，这表明硝化反应进行得较彻底，并且反硝化并没有受反应器1的周期曝气影响而受到显著抑制。

最高氨氮浓度减少了2 mg/L，同时，硝酸盐氮和亚硝酸盐氮浓度随周期曝气有小幅波动地上升。当负荷高时采用这种控制策略有利于硝化反应。同时，低负荷时反应器2在缺氧条件运行对氨氮硝化反应并没有影响，因为作为好氧池的反应器3完全有能力将所有的氨氮硝化。此外，还有利于硝态氮的去除。

7）采用控制系统总的改进效果

对比试验Ⅰ和Ⅻ的结果可以考察采用控制系统的改进效果。试验Ⅰ采用了最小限度的控制措施而试验Ⅻ采用了要考察的所有控制策略。试验Ⅰ～Ⅻ，总氮去除率从77.8%增加到88.6%（增加了近11%），使出水总氮的量减少了49%，出水氨氮减少了64%。因此，控制策略显示了很好的效果。另外，应用上述实时控制规则可降低系统能耗，实现污水处理厂的运行优化。

当两个试验进水流量相同时，控制的回流量不同。试验Ⅰ的内循环流量与进水流量比维持在2，而试验Ⅻ在设定的不同值间切换（在高负荷和低负荷时分别为4和1，其他为2）。在这两个试验中氨氮浓度差别很大。试验Ⅰ由于硝化不彻底导致硝酸盐浓度和亚硝酸盐浓度较低，在试验Ⅻ中硝态氮浓度受到反应器1中周期性曝气的影响而有所波动。试验Ⅰ中不管负荷怎么变化，pH始终保持相对稳定。而在试验Ⅻ中，受反应器1周期曝气的影响pH有很大波动：当曝气时，pH升高，主要为曝气吹脱CO_2引起的。试验Ⅰ中的氧化还原电位在好氧池为100mV，缺氧池为－300mV左右。试验Ⅻ中氧化还原电位的变化就比较复杂，这主要由于三个反应器中溶解氧设定值变化引起的。因此，反应器1在长期缺氧状态下的氧化还原电位为－300mV左右，在好/缺氧状态下在0～－100mV之间波动。反应器2在好氧状态下的氧化还原电位为100mV，缺氧状态下为0mV。最后，反应器3的氧化还原电位在溶解氧设定值为1～3mg/L时在50～100mV之间。

对于溶解氧，试验Ⅰ采用的控制策略控制曝气阀的启闭以维持设定的运行状态—在高负荷时需要的供气量明显较大。由于监督控制层设定了不同的设定值，试验Ⅻ的状态有所不同。实际上，反应器1在好氧阶段消耗了大量空气，相应降低了反应器2和3的空气耗量。在低负荷时，KBES将反应器2设为缺氧状态运行。最后，反应器3在试验的两个溶解氧浓度(1mg/L和3mg/L)下都只消耗少量空气，因为COD和氨氮都在之前的反应器1和2中被去除。另外从试验Ⅰ到Ⅻ，出水中各种形式的氮发生了明显变化，氨氮的最高浓度大大降低，从12.5mg/L降到4.8mg/L。这对要达到立法规定的排放标准是很重要的。另一方面，所有的试验都离线测定了磷酸盐浓度。采用控制策略，磷的去除效率并没有得到大幅提高，进水浓度在3～8mg/L之间波动，出水低于2mg/L。

8) 采用KBES监督控制的优势

该系统采用KBES控制使得污水处理厂的控制从传统的恒定值控制模式转向适应水质水量波动的控制模式。实时KBES能提高整体工艺的效能，使工艺过程与当前系统的条件相适应。尽管在传统的控制模式中可以采取一些补偿措施，但是这需要更多的努力并且应用起来缺乏弹性。而KBES所采用的控制策略对控制系统的物理执行机构要求并不是很高。因此本专家控制系统使得最终用户在控制策略的实现和对环境条件的变化都能快速响应，这是传统控制所不能实现的。

5.5 A²/O污水处理工程的设计

5.5.1 工程设计的依据与原则

1. 设计要点[62,63]

(1) 废水中可生物降解有机物浓度会影响脱氮除磷的效果，厌氧段进水溶解性磷与溶解性BOD之比应小于0.06，才会有较好的除磷效果。废水COD/TKN＞8时，氮的总去除率可达80%。COD/TKN＜7时，不宜采用生物脱氮。

(2) 泥龄在A²/O工艺中受硝化菌世代时间和除磷工艺两方面的影响。权衡这两个方面，A^2/O工艺的泥龄一般为15～20d。

（3）好氧反应器的溶解氧应为2mg/L左右，对于厌氧反应器和缺氧反应器，则越低越好，由于回流和进水的影响，应保证厌氧反应器溶解氧小于0.2mg/L，缺氧反应器小于0.5mg/L。回流污泥提升设备应用潜污泵代替螺旋泵，以减少提升过程中的复氧，使厌氧反应器和缺氧反应器的溶解氧最低，以利于脱氮除磷。厌氧反应器和缺氧反应器的水下搅拌器功率不能过大，一般按$3W/m^3$设计，过大会产生涡流，导致混合液溶解氧升高，影响脱氮除磷效果。原废水、回流污泥、混合液回流进入厌氧反应器和缺氧反应器时应为淹没入流式，以减少复氧。

（4）低浓度的城市污水采用A^2/O工艺时可取消初沉池，使原污水经沉砂池后直接进入厌氧反应器，以便保持厌氧反应器中有机物浓度比较高，有利于脱氮除磷。

（5）硝化的总氮（TN）的污泥负荷率应小于0.05kgTN/(kg MLSS・d)，反硝化进水溶解性BOD_5浓度与硝酸态氮浓度之比应大于4。

（6）厌氧反应器的总磷（TP）的污泥负荷率应小于0.06kgTP/(kgMLSS・d)。

（7）沉淀池要防止发生厌氧、缺氧状态，以避免聚磷菌释磷而降低出水水质和反硝化产生N_2，恶化沉淀效果。

2. 主要设计参数

A^2/O脱氮除磷工艺主要设计参数见表5-10。

表5-10　A^2/O脱氮除磷工艺主要设计参数

项　目	数　值
BOD_5污泥负荷/[kgBOD_5/(kgMLSS・d)]	0.15～0.2
TN负荷/[kgTN/(kgMLSS・d)]	<0.05（好氧段）
TP负荷/[kgTP/(kgMLSS・d)]	<0.06（厌氧段）
污泥浓度/(mg/L)	3000～5000
污泥龄/d	15～20
水力停留时间/h	8～11
各段停留时间比例	(1：1：3)－(1：1：4)
污泥回流比/%	50～100
混合液回流比/%	100～300
溶解氧浓度DO/(mg/L)	≤0.2（厌氧池） ≤0.5（缺氧池） 2（好氧池）
COD/TN	>8（厌氧池）
TP/BOD_5	<0.06（厌氧池）

5.5.2　A^2/O 工艺设计实例 1

1. 已知条件

(1) 设计流量　$Q=40\,000\text{m}^3/\text{d}$(不考虑变化系数)

(2) 设计进水水质　COD＝320mg/L，BOD_5 浓度 $S_o=160\text{mg/L}$，TSS 浓度 $X_o=150\text{mg/L}$，VSS＝105mg/L（MLVSS/MLSS＝0.7），TN＝35mg/L，NH_4^+-N＝26mg/L，TP＝4mg/L，碱度 $S_{ALK}=280\text{mg/L}$，pH＝7.0～7.5，最低水温 14℃，最高水温 25℃。

(3) 设计出水水质　COD＝60mg/L，BOD_5 浓度 $S_e=20\text{mg/L}$，TSS 浓度 $X_e=20\text{mg/L}$，TN＝15mg/L，NH_3-N＝8mg/L，TP＝1.5mg/L。

2. 设计计算(用污泥负荷法)

(1) 判断是否可采用 A^2/O 法

COD/TN＝320/35＝9.14＞8

$TP/BOD_5=5/160=0.03<0.06$

符合要求。

(2) 有关设计参数

① BOD_5 污泥负荷 $N=0.13\text{kgBOD}_5/(\text{kgMLSS}\cdot\text{d})$

② 回流污泥浓度 $X_r=6600\text{mg/L}$

③ 污泥回流比 $r=100\%$

④ 混合液悬浮固体浓度 $X=\dfrac{r}{1+r}X_r=\dfrac{1}{1+1}\times 6600=3300\ (\text{mg/L})$

⑤ 混合液回流比 R

⑥ TN 去除率 $\eta_{TN}=\dfrac{TN_o-TN_e}{TN_o}\times 100\%=\dfrac{35-15}{35}\times 100\%=57\%$

⑦ 混合液回流比 $R=\dfrac{\eta_{TN}}{1-\eta_{TN}}\times 100\%=\dfrac{0.57}{1-0.57}\times 100\%=133\%$

取 $R=200\%$

⑧ 反应池容积 $V=\dfrac{QS_o}{NX}=\dfrac{40\,000\times 160}{0.13\times 3300}=14\,918.41\ (\text{m}^3)$

⑨ 反应池总水力停留时间 $t=\dfrac{V}{Q}=\dfrac{14\,918.41}{40\,000}=0.37(\text{d})=0.37\times 24=8.88(\text{h})$

⑩ 各段水力停留时间和容积 厌氧：缺氧：好氧＝1：1：3

⑪ 厌氧池水力停留时间 $t_{厌}=8.88/5=1.78(\text{h})$，池容 $V_{厌}=14\,918.41/5=2983.7(\text{m}^3)$

⑫ 缺氧池水力停留时间 $t_{缺}=8.88/5=1.78$(h)，池容 $V_{缺}=14\ 918.41/5=2983.7$($m^3$)

⑬ 好氧池水力停留时间 $t_{好}=8.88\times3/5=5.32$(h)

⑭ 好氧池池容 $V_{好}=14\ 918.41\times3/5=8951$($m^3$)

(3) 校核氮磷负荷

$$好氧段总氮负荷=\frac{Q\times TN_o}{XV_{好}}=\frac{40\ 000\times35}{3300\times8951}=0.049[kgTN/(kgMLSS\cdot d)]$$

(符合要求)

$$厌氧段总磷负荷=\frac{Q\times TP_o}{XV_{厌}}=\frac{40\ 000\times4}{3300\times8951}=0.016[kgTP/(kgMLSS\cdot d)]$$

(符合要求)

(4) 剩余污泥量

$$\Delta X=P_X+P_s$$

$$P_X=YQ(S_o-S_e)-k_dVX$$

$$P_S=(TSS-TSS_e)\times50\%$$

取污泥增殖系数 $Y=0.6$，污泥自身氧化率 $k_d=0.05$，将各值代入：

$$P_X=0.6\times40\ 000\times(0.16-0.02)-0.05\times14\ 918.41\times3.3\times0.7$$
$$=3360-1723=1637(kg/d)$$

$$Ps=(0.15-0.02)\times40\ 000\times50\%=2600(kg/d)$$

$$\Delta X=1637+2600=4237(kg/d)$$

(5) 碱度校核

每氧化 1mg NH_4^+-N 需消耗碱度 7.14mg；每还原 1mgNO_3^--N 产生碱度 3.57mg；去除 1mgBOD_5 产生碱度 0.1mg。

剩余碱度 S_{ALK1}＝进水碱度－硝化消耗碱度＋反硝化产生碱度＋去除 BOD_5 产生碱度

假设生物污泥中含氮量以 12.4%计，则：

每日用于合成的总氮＝0.124×1637＝202.99(kg/d)

即，进水总氮中有 (202.99×1000)/40 000＝5.07(mg/L)，用于合成。被氧化的 NH_4^+-N＝进水总氮－出水总氮量－用于合成的总氮量＝35－8－5.07＝21.93(mg/L)

所需硝化的氨氮量＝35－15－5.07＝14.93(mg/L)

需还原的硝酸盐氮量 N_D＝(40 000×14.93)/1000＝597.2(kg/d)

将各值代入：

剩余碱度 $S_{ALK1}=280-7.14\times21.93+3.57\times14.93+0.1\times(160-20)$ ＝190.72(mg/L)＞100 (mg/L) (以 $CaCO_3$ 计)，可维持 pH≥7.2

(6) 反应池主要尺寸

反应池总容积 $V=14\ 918.41\text{m}^3$

设反应池 2 组，单组池容 $V_{单}=V/2=14\ 918.41/2=7459.21(\text{m}^3)$

有效水深 $h=4.0\text{m}$；

单组有效面积 $S_{单}=V_{单}/h=7459.21/4.0=1864.8(\text{m}^2)$

采用 5 廊道式推流式反应池，廊道宽 $b=7.5\text{m}$

单组反应池长度 $L=S_{单}/b=1864.8/(5\times7.5)=50(\text{m})$

校核：$b/h=7.5/4.0=1.9$(满足 $b/h=1\sim2$)

　　$L/b=50/7.5=6.7$(满足 $L/h=5\sim10$)

取超高为 1.0m，取反应池总高　$H=4+1=5.0(\text{m})$

(7) 反应池进、出水系统计算

1) 进水管

单组反应池进水管设计流量

$$Q_1=\frac{Q}{2}=\frac{40\ 000}{2\times86\ 400}=0.231(\text{m}^3/\text{s})$$

管道流速 $v=0.8\text{m/s}$

管道过水断面面积 $A=Q_1/V=0.231/8=0.289(\text{m}^2)$

$$管径\ d=\sqrt{\frac{4A}{\pi}}=\sqrt{\frac{4\times0.298}{\pi}}=0.606(\text{m})$$

取进水管管径 600mm

2) 回流污泥管

单组反应池回流污泥管设计流量

$$Q_r=r\times Q/2=1\times Q/2=40\ 000/(2\times86\ 400)=0.231(\text{m}^3/\text{s})$$

管道流速 $v=0.8\text{m/s}$

取回流污泥管管径 600mm。

3) 进水井

进水孔过流量 $Q_2=(1+r)\times Q/2=Q=40\ 000/86\ 400=0.463(\text{m}^3/\text{s})$

孔口流速 $v=0.6\text{m/s}$

孔口过水断面面积 $A=Q_2/v=0.463/0.6=0.77(\text{m}^2)$

孔口尺寸取：$1.3\text{m}\times0.6\text{m}$

进水井平面尺寸取 $2.4\text{m}\times2.4\text{m}$

4) 出水堰及出水井

按矩形堰流量公式计算：$Q_3=0.42\sqrt{2g}bH^{\frac{3}{2}}=1.86bH^{\frac{3}{2}}$

式中，$Q_3=(1+r+R)\times Q/2=2Q=0.926(\text{m}^3/\text{s})$；$b$ 为堰宽，取 7.5m；H 为堰上水头，m。

$$H=\left(\frac{Q_3}{1.86b}\right)^{\frac{2}{3}}=\left(\frac{0.926}{1.86\times7.5}\right)^{\frac{2}{3}}=0.16(\text{m})$$

出水孔过流量 $Q_4=Q_3=0.926m^3/s$

孔口流速 $v=0.6m/s$

孔口过水断面面积 $A=Q/V=0.926/0.6=1.54(m^2)$

孔口尺寸取为 2.0m×0.8m

出水井平面尺寸取 2.6m×0.8m

5）出水管

反应池出水管设计流量 $Q_5=Q_3=0.463m^3/s$

管道流速 $v=0.8m/s$

管道过水断面 $A=Q_5/V=0.463/0.8=0.579(m^2)$

管径

$$d=\sqrt{\frac{4A}{\pi}}=\sqrt{\frac{4\times 0.579}{\pi}}=0.859(m)$$

取出水管管径 900mm；

校核管道流速 $v=\dfrac{Q_5}{A}=\dfrac{0.463}{\frac{\pi}{4}\times 0.9^2}=0.73(m/s)$

(8) 曝气系统设计计算

1）设计需氧量 AOR

AOR=去除 BOD_5 需氧量－剩余污泥中 BOD 的氧当量＋NH_4^+-N 硝化需氧量-剩余污泥中 NH_4^+-N 的氧当量－反硝化脱氮产氧量

碳化需氧量(D_1)

$$D_1=\frac{Q(S_o-S_e)}{1-e^{-0.23\times 5}}-1.42P_X=\frac{40\ 000(0.16-0.0064)}{1-e^{-0.23\times 5}}-1.42\times 1637$$
$$=8990.83-2324.54=6666.29(kgO_2/d)$$

硝化需氧量(D_2)

$$D_2=4.6Q(N_o-N_e)-4.6\times 12.4\%\times P_X$$
$$=4.6\times 40\ 000\times(35-8)\times\frac{1}{1000}-4.6\times 0.124\times 1637$$
$$=4034.26(kgO_2/d)$$

反硝化脱氮产生的氧量(D_3)

$$D_3=2.86N_T=2.86\times 597.2=1707.99(kgO_2/d)$$

$$AOR=D_1+D_2-D_3=6666.29+4034.26-1707.99$$
$$=8992.56(kgO_2/d)=374.69(kgO_2/d)$$

最大需氧量与设计需氧量之比为 1.4，则

$$AOR_{max}=1.4R=1.4\times 8992.56=12\ 589.58(kgO_2/d)=524.57(kgO_2/h)$$

去除每 1kgBOD_5 的需氧量$=AOR/[Q(S_o-S_e)]$

$=8992.56/[40\ 000(0.16-0.02)]=1.61(kgO_2/kgBOD_5)$

2）标准需氧量

采用鼓风曝气，微孔曝气器。曝气器敷设于池底，距池底 0.2m，淹没深度 3.8m，氧转移效率 $E_A=20\%$，计算温度 $T=25℃$。将实际需氧量 AOR 换算成标准状态下的需氧量 SOR

$$SOR = \frac{AOR \cdot C_{s(20)}}{\alpha(\beta\rho C_{sm(T)} - C_L) \times 1.024^{(T-20)}}$$

式中，ρ 为气压调整系数，$\rho = \frac{所在地区实际气压}{1.013 \times 10^5}$，工程所在地区实际大气压为 0.912×10^5Pa；C_L 为曝气池内平均溶解氧，取 2mg/L；

$C_{s(20)}=9.17$mg/L

$C_{s(25)}=8.38$mg/L

空气扩散器出口处绝对压力为：

$$P_b = 1.013 \times 10^5 + 9.8 \times 10^3 H = 1.385 \times 10^5 (Pa)$$

空气离开好氧反应池时含氧比 $O_t=\frac{21(1-E_A)}{79+21(1-E_A)}\times100\%=17.54\%$

好氧反应池中平均溶解氧饱和度

$$C_{sm(25)} = C_{s(25)} (\frac{p_b}{2.066 \times 10^5} + \frac{O_t}{42})$$

$$= 8.38 \times (\frac{1.385 \times 10^5}{2.066 \times 10^5} + \frac{17.54}{42}) = 9.12(mg/L)$$

标准需氧量为：

$$SOR= \frac{8992.56 \times 9.17}{0.82[0.95 \times 0.909 \times 9.12 - 2) \times 1.024^{(25-20)}}$$

$$= 15\ 201.6(kgO_2/d) = 633.4(kgO_2/h)$$

相应最大时标准需氧量：

$$SOR_{max} = 1.4SOR = 21\ 282.2(kgO_2/d)$$

好氧反应池平均时供气量：

$$G_s = \frac{SOR}{0.3E_A} \times 100 = \frac{633.4}{0.3 \times 20} \times 100 = 10\ 556.7(m^3/h)$$

最大时供气量：

$$G_{smax} = 1.4Gs = 14\ 779.3(m^3/h)$$

3）所需空气压力 p（相对压力）

$$p = h_1 + h_2 + h_3 + h_4 + \Delta h$$

式中，h_1+h_2 为供风管道沿程与局部阻力之和，取 $h_1+h_2=0.2$m；h_3 为曝气器淹没水头，$h_3=3.8$m；h_4 为曝气器阻力，取 $h_4=0.4$m；Δh 为富于水头，取 0.5m。

$$p = 0.2 + 3.8 + 0.4 + 0.5 = 4.9(m)$$

4) 曝气器数量计算(以单组反应池计算)

按供氧能力计算所需曝气器数量:

$$h_1 = \frac{\mathrm{SOR_{max}}}{24 \times q_c}$$

式中,h_1 为按供氧能力所需曝气器个数;q_c 为曝气器标准状态下,与好氧反应池工作条件接近时的供氧能力,$kgO_2/(h \cdot 个)$

采用微孔曝气器,参照有关手册,工作水深 4.3m,在供风量 $1 \sim 3m^3/(h \cdot 个)$ 时,曝气器氧利用率 $E_A = 20\%$,服务面积 $0.3 \sim 0.75m^2$,充氧能力 $q_c = 0.14\ kgO_2/(h \cdot 个)$。则:

$$h_1 = 886.8 \times \frac{2}{14} = 3167(个)$$

以微孔曝气器服务面积进行校核:

$$f = \frac{F}{h_1} = \frac{50 \times 3 \times 7.5}{3167} = 0.36(m^2) < 0.75(m^2)\ 符合要求$$

5) 供风管道计算

若,供风干管采用环状布置

流量 $Q_s = G_{smax}/2 = 14\ 779.3/2 = 7389.7(m^3/h) = 2.05(m^3/s)$

流速 $v = 10m/s$

管径 $d = \sqrt{\frac{4Q_S}{\pi v}} = \sqrt{\frac{4 \times 2.05}{\pi \times 10}} = 0.51\ (m)$

取干管管径为 500mm

若,单侧供气(向单侧廊道供气)

流量 $Q_{s单} = \frac{1}{3} \times \frac{G_{smax}}{2} = \frac{14\ 779.3}{6} = 2463.2(m^3/h) = 0.68\ m^3/s$

流速 $v = 10m/s$

管径 $d = \sqrt{\frac{4Q_{S单}}{\pi v}} = \sqrt{\frac{4 \times 0.68}{\pi \times 10}} = 0.3\ (m)$

取支管管径为 300mm

若,双侧供气(向两侧廊道供气)

流量 $Q_{s双} = \frac{2}{3} \times \frac{G_{smax}}{2} = \frac{14\ 779.3}{3} = 4926.4(m^3/h) = 1.37\ (m^3/s)$

管径 $d = \sqrt{\frac{4Q_{S双}}{\pi v}} = \sqrt{\frac{4 \times 1.37}{\pi \times 10}} = 0.42\ (m)$

取支管管径为 450mm

(9) 厌氧池设备选择(以单组反应池计算)

厌氧池设导流墙,将厌氧池分成 3 格,每格内设潜水搅拌机 1 台,所需功率按

$5W/m^3$ 池容计算。

厌氧池有效容积 $V_{厌}=50\times7.5\times4.0=1500(m^3)$

混合全池污水所需功率为 $5\times1500=7500(W)$

(10) 缺氧池设备选择(以单组反应池计算)

缺氧池设导流墙,将缺氧池分成 3 格,每格内设潜水搅拌机 1 台,所需功率按 $5W/m^3$ 池容计算。

缺氧池有效容积 $V_{缺}=50\times7.5\times4.0=1500(m^3)$

混合全池污水所需功率为 $5\times1500=7500(W)$

(11) 污泥回流设备

污泥回流比 $r=100\%$

污泥回流量 $Q_r=r\times Q=1666.67(m^3/h)$

设回流污泥泵房 1 座,内设 3 台潜污泵(2 用 1 备)

单泵流量 $Q_{r单}=1666.67/2=833.33(m^3/h)$

水泵扬程根据竖向流程确定。

(12) 内循环混合液回流设备

1) 混合液回流泵。

混合液回流比 $R=200\%$

混合液回流量$=3333.33(m^3/h)$

设混合液回流泵房 2 座,每座泵房内设 3 台潜污泵(2 用 1 备)

单泵流量 $Q_{R单}=3333.33/4=833.33(m^3/h)$

2) 混合液回流管。

回流混合液由出水井重力流至混合液回流泵房,经潜污泵提升后送至缺氧段首端。

混合液回流管设计流量

$$Q_6=R\times\frac{Q}{2}=2\times\frac{Q}{2}=0.463(m^3/s)$$

泵房进水管设计流速采用 $v=0.8m/s$

管道过水断面 $A=Q_6/v=0.463/0.8=0.579(m^2)$

管径 $d=\sqrt{\frac{4A}{\pi}}=\sqrt{\frac{4\times0.579}{\pi}}=0.859(m)$

取泵房进水管管径 800mm;

校核管道流速 $v=\frac{Q_6}{A}=\frac{0.463}{\frac{\pi}{4}\times0.8^2}=0.92(m/s)$

3) 泵房压力出水总管设计流量。

$$Q_7=Q_6=0.463m^3/s$$

设计流速采用 $v=1.2\text{m/s}$

管道过水断面 $A=Q_7/v=0.463/1.2=0.386(\text{m}^2)$

管径

$$d=\sqrt{\frac{4A}{\pi}}=\sqrt{\frac{4\times 0.386}{\pi}}=0.70(\text{m})$$

取泵房压力出水管管径 700mm；

如图 5-16 为 A²/O 工艺脱氮除磷设计计算图

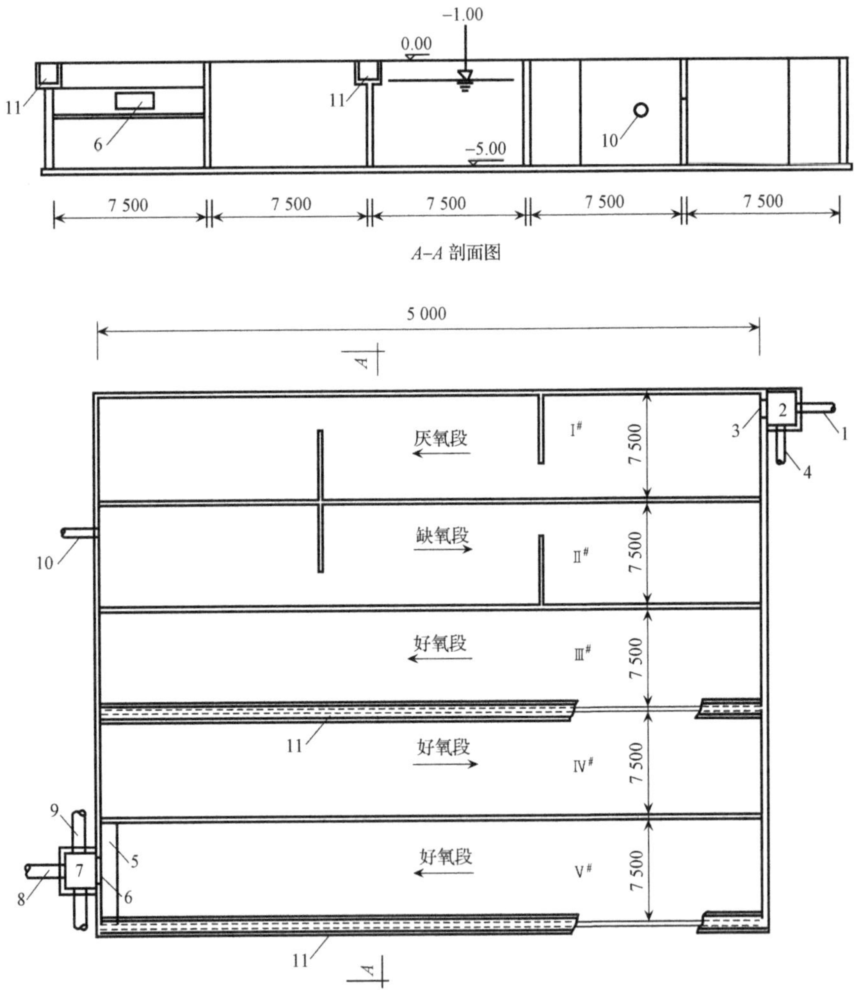

图 5-16　A²/O 脱氮除磷工艺计算图(单位：mm)

1—进水管；2—进水井；3—进水孔；4—回流污泥管；5—集水槽；6—出水孔；7—出水井；8—出水管；9—混合液回流管；10—混合液回流管；11—空气管廊

5.5.3 A²/O 工艺设计实例 2

本实例为周雹提出的设计方法[64]。

1. 计算方法

其工艺流程和氮平衡见图 5-17。

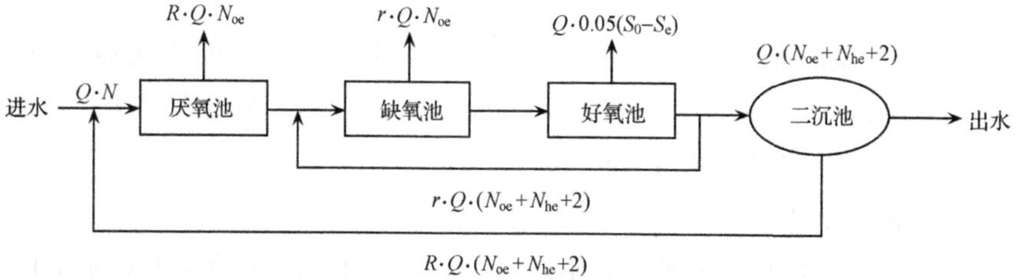

图 5-17 普通 A²/O 工艺流程及氮平衡

N_{oe}：出水硝酸盐浓度，N_{he}：出水氨氮浓度，2：出水有机氮浓度

(1) 缺氧池计算

从图 5-17 中看出，普通 A²/O 工艺的脱氮是由缺氧池和厌氧池共同完成的，厌氧池将回流污泥中的硝态氮反硝化，缺氧池将混合液内回流中的硝态氮反硝化，两池对脱氮都做出了贡献。因此脱氮效率为：

$$f_{DN}=\frac{R}{R+r+1}+\frac{r}{R+r+1}=f_{DNA}+f_{DND}$$

$$f_{DNA}:f_{DND}=R:r$$

式中，f_{DNA}和 f_{DND}分别为厌氧池和缺氧池的反硝化率；R 和 r 分别为污泥回流比和内循环回流比。

另一方面，由于厌氧池在缺氧池之前，其含碳有机物浓度特别是易降解含碳有机物浓度高于缺氧池，因而其反硝化速率高于缺氧池，参照有关文献，厌氧池的反硝化速率约为缺氧池反硝化速率的 2～3 倍。反硝化池的池容与氮负荷成正比，与反硝化速率成反比，厌氧池与缺氧池的氮负荷比值是 $R:r$，反硝化速率的比值按 2.5：1 考虑，由此可得出厌氧池用于反硝化的容积 V_{AD}与缺氧池容积 V_D的比例关系：$V_{AD}:V_D=R:2.5r$。一般 A²/O 工艺中，$R=50\%\sim100\%$，$r=100\%\sim300\%$，如取中值，$R=75\%$，$r=200\%$，则 $V_{AD}:V_D=0.75:(2.5\times2)=1:6.7$。

说明厌氧池中用于反硝化的容积很小，只有缺氧池容积的 15%左右，反硝化的任务基本上是由缺氧池完成。考虑到 A^2/O 工艺中缺氧池的含碳有机物浓度低于 A/O 脱氮工艺中缺氧池的浓度，反硝化速率要比 A/O 脱氮系统中的缺氧池低，池容应该大些，为安全计，将厌氧池对脱氮的贡献忽略不计，A^2/O 工艺中的缺氧池容积仍按 A/ O 脱氮工艺中的缺氧池容积计算。

(2) 好氧池计算

$$V = \frac{24Q\,\theta_c Y(L_j - L_{ch})}{\text{MLSS}} \tag{5-14}$$

式中，V 为反应池容积，m^3；Q 为反应池设计流量，m^3/h；θ_c 为泥龄，d；Y 为污泥产率系数，kgSS/kgBOD；L_j为进水 BOD 浓度，mg/L；L_{ch}为出水 BOD 浓度，mg/L；MLSS 为反应池混合液浓度，mg/L。

(3) 厌氧池计算

从图 5-17 可知，回流污泥中的硝态氮是在厌氧池内去除的，厌氧池不仅有生物除磷的功能，也有脱氮的任务，因此，其容积应由两部分组成：用于生物除磷的容积 V_{AA}和用于脱氮的容积 V_{AD}。根据前面缺氧池计算中所分析，V_{AD}比缺氧池 V_D小得多，约为 V_D 的 15 %左右，为保证除磷功率，有必要增大厌氧池容积，建议按下式计算：

$$V_A = V_{AA} + V_{AD} = V_{AA} + 0.15V_D \tag{5-15}$$

式中，V_{AA}为用于生物除磷的容积，m^3；V_{AD}为用于去除回流污泥中硝态氮的容积，m^3；V_A 为厌氧池总容积，m^3。

需要指出，普通 A^2/O 工艺通常用于 C/P 较大的污水，脱氮与除磷在争夺碳源上矛盾较小，只需稍微增大厌氧池容积，并将厌氧池分隔为几个池，把脱氮和除磷的功能区分开，往往就能达到较好的除磷效果，即使增加的 V_{AD}不足以将回流污泥中硝态氮全部去除，但由于 C/P 高，易生物降解的含碳有机物量大，剩余的少量硝态氮进入厌氧区所耗用的碳源也不致影响生物除磷对碳源的需求，因此，按式(5-15)计算厌氧池总容积是可行的。

2. 计算实例

规模 20 万 t/d 的城市污水处理厂，总变化系数 $K_T = 1.3$，日变化系数$K_d = 1.14$。

进水水质：

BOD_5 150mg/L；SS 200mg/L；TN 35mg/L；TP 4mg/L。

要求出水水质为：

$BOD_5 \leqslant 20$mg/L，SS$\leqslant$20mg/L；TN$\leqslant$15mg/L，TP$\leqslant$1mg/L。

最冷月平均水温 10℃，最热月平均水温 25℃，污水厂海拔 20m，污水经初沉池，SVI=150mL/g。采用微孔曝气器，$E_A=20\%$。

计算：

(1) 反应池设计水量

由于需进行硝化，泥龄和水力停留时间都较长，故设计水量按最高日流量计算。

$Q=200\ 000\times1.14=228\ 000\text{m}^3/\text{d}=9500\text{m}^3/\text{h}$

(2) 反应池进水水质

初沉池去除率分别为：BOD 25%；SS 50%；TN 10%

$S_0=150(1-0.25)=112.5(\text{mg/L})$

$SS_0=200(1-0.5)=100(\text{mg/L})$

$N=35(1-0.1)=31.5(\text{mg/L})$

(3) 确定设计泥龄

需反硝化的氮浓度为：

$N_o=N-0.05(S_o-S_e)-N_e=31.5-0.05(112.5-20)-15=11.9(\text{mg/L})$

反硝化速率

$K_{de}=N_o/S_o=11.9/112.5=0.106\ (\text{kgNO}_3/\text{kgBOD})$

由表 5-11 可得

$V_D/V=0.2$

表 5-11　反硝化设计参数表（$T=10\sim12$℃）

反硝化工艺	设缺氧区的反硝化	间歇或同步反硝化
$V_D/V/(\theta_{cd}/\theta_c)$	$K_{de}(\text{kgNO}_3^--\text{N/kgBOD})$	
0.20	0.11	0.06
0.30	0.13	0.09
0.4	0.14	0.12
0.5	0.15	0.15

而由表 5-12 可得：

$\theta_c=11.3$d，其中 9d 为好氧泥龄，2.3d 为缺氧泥龄

表 5-12　活性污泥工艺的最小泥龄和建议泥龄表(T=10℃)

处理目标		污水处理厂规模			
		$BOD_T \leq 1200$kg/d		$BOD_T \geq 6000$kg/d	
		最小泥龄/d	建议泥龄/d	最小泥龄/d	建议泥龄/d
无硝化		5	6	4	5
有硝化		10	11	8	9
有硝化反硝化	V_D/V=0.2	12.5	13.8	10	11.3
	V_D/V=0.3	14.3	15.7	11.4	12.9
	V_D/V=0.4	16.7	18.3	13.3	15
	V_D/V=0.5	20	22	16	18
有硝化、反硝化、污泥稳定		25	25		

注：1. BOD_T 为进水 BOD 总量；2. 当 BOD_T 在 1200～6000kg/d 时，按内插法取值；3. 当 V_D/V 值在表中数值之间，也按内插法取值。

(4) 计算污泥产率系数 Y

$$Y=K\left[0.75+0.6\frac{SS_o}{S_o}-\frac{(1-0.2)\times0.17\times0.75\theta_c\times1.072^{(T-15)}}{1+0.17\theta_c\times1.072^{(T-15)}}\right]$$

$$=0.9\left[0.75+0.6\frac{100}{112.5}-\frac{(1-0.2)\times0.17\times0.75\times11.3\times1.072^{(10-15)}}{1+0.17\times11.3\times1.072^{(10-15)}}\right]$$

$$=0.84(\text{kgSS/kgBOD})$$

核算污泥负荷

$$L_s=\frac{S_o}{\theta_c\cdot Y(S_o-S_e)}=\frac{112.5}{11.3\times0.84(112.5-20)}$$

$$=0.13[\text{kgBOD/(kgMLSS}\cdot\text{d)}]$$

此值与一般经验值相符合。

(5) 确定 MLSS(X)

根据表 5-13，取中值：

MLSS(X)=3.0g/L

表 5-13　反应池 MLSS 取值范围表

处理目标	MLSS/(kg/m³)	
	有初沉池	无初沉池
无硝化	2.0～3.0	3.0～4.0
有硝化(和反硝化)	2.5～3.5	3.5～4.5
污泥稳定		4.5

用污泥回流比反算复核，取污泥沉淀时间 t_E=2h，则回流污泥的浓度 X_R 为：

$$X_R = 0.7\frac{1000}{SVI}\sqrt[3]{t_E} = 0.7\times\frac{1000}{150}\sqrt[3]{2} = 5.88(g/L)$$

$$R = \frac{X}{X_R - X} = \frac{3.0}{5.88-3.0} = 104\% \leqslant 150\%$$，所以符合要求

(6) 计算反应池容积

$$V = \frac{24Q\theta_c Y(S_o - S_e)}{MLSS} = \frac{24\times 9500\times 11.3\times 0.84\times(112.5-20)}{3000} = 66\ 729(m^3)$$

水力停留时间：HRT=V/Q=66 729/9500=7(h)

在反应池容积中，好氧区占 80%，为 53 383m^3，缺氧区占 20%，为 13 346m^3。

(7) 计算需氧量、供气量

在夏季高温时，硝化反硝化所需实际运行泥龄可以缩短，如按 25℃计算，硝化所需泥龄为：

$$\theta_o = F\cdot 3.4\times 1.103^{(15-T)} = 1.45\times 3.4\times 1.103^{(15-25)} = 1.85(d)$$

加上反硝化泥龄为：

$$\theta_c = 1.85/0.5 = 3.7(d)$$

再考虑一个安全系数，取 θ_c=6d 是相当保险的，查表 5-14，对应的 O_c=1.14，而不是 11.3d 泥龄时的 1.26。再以最冷月的泥龄 11.3d 和水温 10℃时的耗氧量校核，从表 5-15 查得 O_c=1.06，比 1.14 小，故取 O_c=1.14。

表 5-14　降解含碳有机物单位耗氧量表($COD/BOD_5 \leqslant 2.2$ 时有效)　单位：$kgO_2/kgBOD$

O_c \ T/℃	泥龄/d					
	4	8	10	15	20	25
10	0.85	0.99	1.04	1.13	1.18	1.22
12	0.87	1.02	1.07	1.15	1.21	1.24
15	0.92	1.07	1.12	1.19	1.24	1.27
18	0.96	1.11	1.16	1.23	1.27	1.30
20	0.99	1.14	1.18	1.25	1.29	1.32
25	1.07	1.21	1.24	1.30	1.33	1.35
30	1.14	1.26	1.29	1.34	1.36	1.38

BOD 的去除量 S_t

$$S_t = f_c\cdot Q(S_o - S_e) = 1.25\times 200\ 000\times(112.5-20)$$
$$= 23\ 125(kgBOD/d) = 964(kgBOD/h)$$

式中，f_c 为 BOD 负荷波动系数。

硝化的氨氮量 $N_{ht} = 24Q[N - 0.05(S_o - S_e) - 2]$

式中，2 为出水有机氮浓度，所以有：

$$N_{ht} = 24 \times 9500 \times [31.5 - 0.05(112.5 - 20) - 2] = 5\ 670\ 000(\text{g/d}) = 236(\text{kg/h})$$

反硝化的硝酸盐量 $N_{ot} = 24Q \times N_o/1000 = 24 \times 9500 \times 11.9/1000 = 113(\text{kg/h})$

则系统总耗氧量为

$$O = Q_c \times S_t + 4.57 \times N_{ht} - 2.86 \times N_{ot} = 1.14 \times 964 + 4.57 \times 236 - 2.86 \times 113 = 1855\text{kg/h}$$

单位 BOD 需氧量：1855/964=1.92kgO$_2$/kgBOD

需氧量修正系数 K_o：

$$Q_t = \frac{21(1-E_A)}{79+21(1-E_A)} \times 100\% = \frac{21(1-0.2)}{79+21(1-0.2)} \times 100\% = 17.54\%$$

$$P_b = 1.013 + 0.5 = 1.513(10^5\text{Pa})$$

$$C_{SW} = C_{St}(\frac{Q_t}{42} + \frac{P_b}{2.068}) = 8.4(\frac{17.54}{42} + \frac{1.513}{2.068}) = 9.65(\text{mg/L})$$

$$K_o = \frac{C_s}{\alpha(\beta C_{SW} - C_o)1.024^{(T-20)}} = \frac{9.2}{0.85(0.9 \times 9.65 - 2) \times 1.024^{(25-20)}} = 1.44$$

所以实际需氧量 O_s 为：

$$O_s = K_O \times O = 1.44 \times 1855 = 2671(\text{kg O}_2/\text{h})$$

系统供气量

$$G_s = O_s/(0.28E_A) = 2671/(0.28 \times 0.2) = 47\ 700(\text{m}^3/\text{h})$$

气水比：47 700/96 500=5(m^3 气/m^3 水)

(8) 内回流比

反硝化率 f_{de} 按下式计算：

$$f_{de} = 1.2\frac{N_{ot}}{N_{ht}} = 1.2 \times \frac{113}{236} = 57\%$$

取回流比 r=0.5，则反硝化率为：

$$f_{de} = \frac{R+r}{1+R+r} = \frac{1.04+0.5}{1+1.04+0.5} = 61\% > 57\%$$

即回流比为 50%时，可以满足反硝化要求，但为了安全起见，r 取 100%

(9) 厌氧池计算

$$V_A = 0.75Q(1+R) + 0.15V_D = 0.75 \times 9500 \times (1+1.04) + 0.15 \times 13\ 346 = 16\ 537(\text{m}^3)$$

停留时间：T_A=16 537/9500=1.74(h)

(10) 反应池总容积 $V = V_O + V_D + V_A = 83\ 266(m^3)$

总停留时间 T=8.74h

5.6　A^2/O 污水处理典型工程实例

5.6.1　青岛李村河污水处理厂

1. 进水出水水质

李村河污水处理厂规划建设规模 17 万 m^3/d，一期工程 8 万 m^3/d。污水来自李村河排水系统，北岸区域的污水经管道收集穿越李村河后，重力排入污水处理厂；南岸区域的部分污水经唐河路泵站提升进入污水处理厂；另一部分污水经环海快速路辅路的污水管，重力排入污水处理厂。所接纳的污水中约 70%为工业废水，主要是化工、造纸、棉纺、印染废水。一期工程的设计进水水质为 BOD_5 400mg/L、COD 900 mg/L、SS 700 mg/L、NH_4^+-N 60 mg/L、TKN 90 mg/L、TP 5 mg/L；设计出水水质为 $BOD_5 \leqslant 30$ mg/L、COD$\leqslant$150 mg/L、SS$\leqslant$30 mg/L、NH_4^+-N$\leqslant$25 mg/L、TP$\leqslant$1 mg/L[70]。

2. 污水处理工艺方案

针对李村河污水处理厂进水中有机物和总氮浓度均较高的实际情况，为保障污水处理厂的稳定运行，获得良好的出水水质，以及为将来污水回用创造条件，在工程初步设计阶段推荐采用以 A/O 脱氮工艺为主的污水处理工艺技术方案。此外，考虑到当时国家环境部门正在研究制订新的污水排放标准，有可能进一步提出磷酸盐的去除要求，因此，在污水处理厂工艺流程的确定过程中，兼顾了生物除磷功能的实现，并且在工艺运行调整的灵活性方面作了特别的考虑。在初步设计的国内、国外专家评审期间，国内外专家对初步设计推荐的 A/O 脱氮工艺方案给予了充分的肯定，其中美国西图咨询公司对生物处理工艺提出了进一步改进意见，推荐选用 VIP 工艺，并提供了较具体的实施指导建议。在上述工作的基础上，为满足处理要求和适应进水水质水量的变化，设计人员不断改进工艺设计及具体实施方式，通过精心构想、反复推敲，以巧妙的构筑物形式、平面布置及设备选择，将改良 A^2/O、倒置 A^2/O、VIP 和 A/O 等工艺形式同时结合到污水工艺流程与构筑物设计中。李村河污水处理厂的总体工艺流程如图 5-18 所示。由于进水 SS 浓度高，工艺流程中设置了初沉池；考虑到污水浓度高，污泥产生量较大，污泥采用厌氧消化的方式进行稳定化处理。

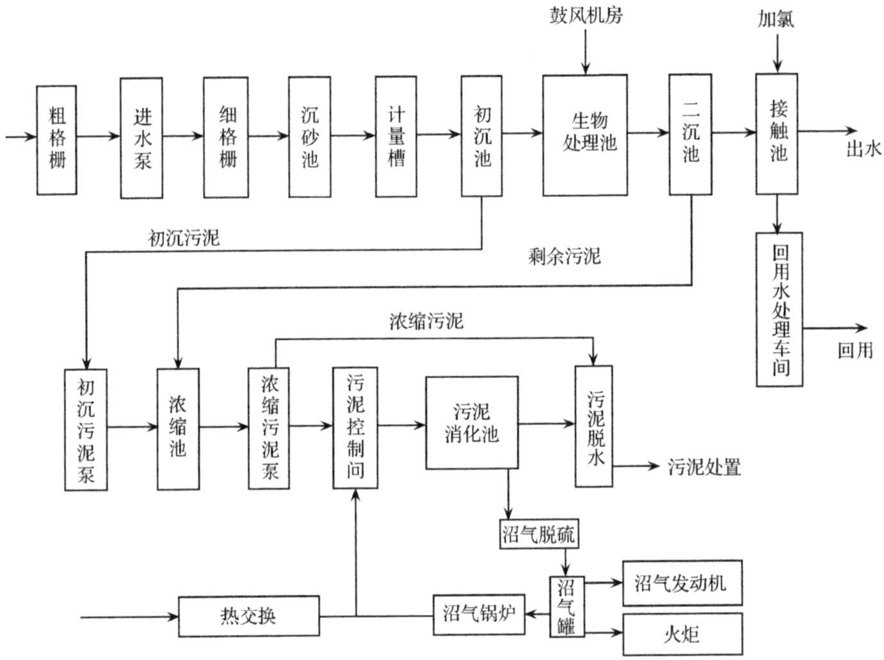

图 5-18　李村河污水处理厂总体工艺流程

李村河污水处理厂污水处理工艺流程及平面布置简示于图 5-19 和图 5-20。其主要特点为：

(1) 污水处理构筑物可按多种工艺方式运行、灵活切换。通过巧妙的构筑物布置、工艺设计与设备选择，在处理系统中设置了 2 个进水点、3 个回流污泥进流点、3 个混合液回流进流点以及 1 个缺氧池混合液回流点；混合液回流路径短、提升水头小(1～1.5m)，可以通过渠道及闸门对进水、污泥回流、好氧混合液回流和缺氧混合液回流进行灵活转换，使处理工艺能够按改良 A/A/O、倒置 A/A/O、

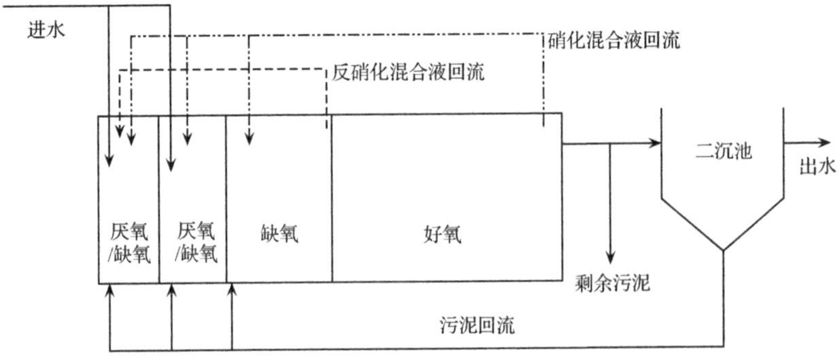

图 5-19　李村河污水处理厂污水处理工艺流程简图

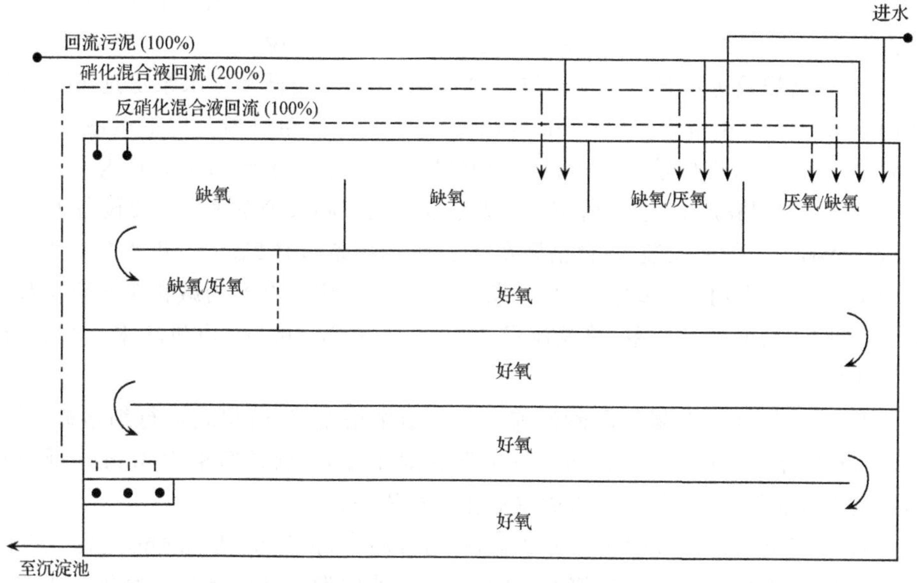

图 5-20 李村河污水处理厂污水处理工艺平面布置简图

VIP 、A/O 等工艺模式运行，可以适应进水水质特性和处理要求的变化，给运行管理带来了很大的方便和灵活性。其中改良 A/A/O 工艺运行方式，在厌氧池之前设厌氧/缺氧调节池，来自二沉池的回流污泥和 10%的进水进入该池，消除回流污泥中的硝态氮对厌氧池的不利影响，保证生物除磷的效果，并节省一个回流系统。倒置 A/A/O 工艺运行方式是改良 A/A/O 运行方式的简化，有利于出水水质满足国家污水综合排放标准（COD≤120mg/L，BOD_5≤30 mg/L，SS≤30 mg/L，NH_4^+-N≤25 mg/L，TP≤1.0 mg/L）。

(2) 反应池的池型构造符合生物动力学原理与特性。污水生物处理反应池的池型设计采用总体推流式、局部完全混合的反应池池型构造，有利于提高处理系统的处理效果和稳定性；其中厌氧、缺氧、好氧反应区分格，每区由 2 ～4 格组成，停留时间可以调节，有利于有机物及氮磷的浓度梯度分布，提高反应速率与去除效果。好氧混合液直接排入浓缩性，降低了剩余污泥的厌氧释磷机会。

(3) 按生物生长及生化反应各阶段需氧量的规律布置曝气头密度，合理分配供氧量：在曝气区，沿反应区水流方向，供氧量分别为 38%、26%、26%和 10%，这种布置曝气头的方式不仅有利于节能降耗，而且有助于通过溶解氧仪自动控制系统调节鼓风量，调节和控制好氧区出水的 DO 浓度。

3. 主要单体构筑物设计

(1) 污水处理工艺单元。为节省投资及占地，便于操作管理，将粗格栅间、进水泵房、细格栅间、曝气沉砂池、计量渠、初沉池及配水井连建成一体，按 17 万 m^3/d 建设。初沉池、生物池、二沉池和接触池按 8 万 m^3/d 建设。

1）粗格栅及进水泵房。由于进水管埋深较大，粗格栅及进水泵房地下部分达地面下 8～10m，粗格栅间－4.0m 处设计为平台，安装粗格栅及皮带运输机、渠道前后闸门等，通过螺旋输送压实机将栅渣提升至±0.00 平台的栅渣箱内。为保证安全运行，在粗格栅间安装了管道通风系统及自动监测报警系统。主要设备为:3 台机械粗格栅，75°倾斜安装，每台格栅宽度 1.36m，栅条间隙 25mm。进水泵池紧连粗格栅渠，进水泵选用离心式潜水泵，一期安装 4 台(3 用 1 备)，为减长泵开启次数和节能，选用 1 台变频调速泵，单泵流量 1440m^3/h、扬程 16.7m、电机功率 90kW。预留二期泵位置。

2）细格栅间。在曝气沉砂池前设置一道细格栅，为阶梯式运行细格栅，共 3 台，另设 1 台手动格栅备用。每台细格栅宽度 1.28m，栅条净距为 6mm。栅渣刮出后进入螺旋输送压实机，栅渣脱水后排入栅渣箱。

3）曝气沉砂池。沉砂池分为 2 组，每组分两格，长 28m、宽 3.4m、水深 3.9m，一期停留时间 12.7min，二期停留时间 6min。池内设穿孔管曝气。每组池上设 1 台吸砂机，每台移动吸砂机上设有 2 台吸砂潜水泵，并设有浮渣刮板。砂水被泵提升后经砂渠流至砂水分离器分离，浮渣被刮至浮渣泵坑。设置 3 台罗茨鼓风机(2 用 1 备)，为沉砂池提供空气，单台供气量 15.9m^3/min、出风压力 39.2kPa。

4）计量渠及初沉配水井。沉砂池出水进入计量渠，共 2 条，每条宽度 1.6m，使用文丘里槽对进厂水量进行测量，通过超声波液位传感器传输至控制中心。计量之后，污水经初沉配水井进入初沉池，一期设置 2 台配水调节堰。

5）初沉池及污泥泵房。考虑辐流沉淀池具有设备运转稳定、管理简便等优点，设计采用配周边驱动半桥式刮泥机的辐流式沉淀池 2 座，池径 38m，池边水深 3.8m，表面负荷 1.9$m^3/(m^2 \cdot h)$ (最大流量时)，沉淀时间 2.0h。为防止排泥系统出现堵塞故障，沉淀池之间设污泥泵房，内装离心式污泥泵 3 台(2 用 1 备)，由时间设定自动开停，两台泵交替运行。由计算机调整排泥频率和持续时间，污泥进入浓缩池前进行流量检测。

6）生物处理池。生物处理池按除磷脱氮工艺(改良 A/A/O、VIP 等)进行设计。共设 2 座，总容积 70 000m^3，每池长 120m、宽 49m、水深 6.0m。采用推流式，池的前段为厌氧调节段(也可按缺氧运行)。第二段为缺氧段，这两段设水下搅拌器。好氧段分为 4 个廊道，每廊道宽 8.0m，设置微孔曝气系统充氧。池出水端设混合液内回流泵，每池 3 台，好氧混合液回流至缺氧段。在缺氧段末端，设缺氧混合液内回流泵，每池 2 台，缺氧混合液回流至缺氧段前端。二段混合液内回流比最大为 300%。将混合液内回流分段设置，以减少带入缺氧段的氧量，提高反硝化效率。

由于进水浓度高，尤其是总氮和氨氮浓度特高，所以生物池的设计以去除有机物和氮源污染物为主，以达到出水水质要求。在生物池的设计中，为便于在运行中根据水质和季节因素调整工艺，特别在进水点、污泥回流点、混合液内回流点的布置上采用了多点设置方案，通过渠道及闸门切换控制，可按A/O或A/A/O等不同工艺模式运行。在好氧段前端还设置了一个可调节段，同时安装曝气头和水下搅拌器，可根据进水氮含量及脱氮要求，灵活选择这一段的运行工况。主要设计参数为：进水流量80 000m^3/d，泥龄15～20d[污泥负荷0.14kgBOD_5/(kgMLVSS·d)]，总水力停留时间21h，非曝气段比值0.35，MLSS 3.5g/L，污泥回流比70%～100%，混合液回流比100%～300%，供气量56 000Nm^3/h，膜式微孔曝气器17 076个，潜水搅拌器16台，内回流泵10台。曝气区设溶解氧探测仪，空气主支管上设6个空气调节阀，自控系统根据设定的各廊道DO值，自动调节空气调节阀的开度以及调节鼓风机的风量，以节省耗电量。

7) 回流污泥泵房。回流污泥泵池1座，安装潜水泵4台(3用1备)，单台流量144m^3/h、扬程6m，回流污泥提升后通过渠道至生物池，回流污泥渠上安装文丘里流量槽，计量回流污泥量。

8) 鼓风机房。鼓风机房内设有4台单级高速离心风机，风机的进风及出风口设有可调导叶片，根据生物池DO需要，自动调节供气量，以降低电耗。每台风机的风量为21 000～9450Nm^3/h(调节范围100%～45 %)，出风压力7.2mH_2O，轴功率485～228kW(随风量调节变化)，配电机功率550kW。鼓风机房进风廊道设在机房侧面，内设袋式空气过滤器1道，鼓风机自带1道空气过滤和消声装置。出风管置于地面下的管沟中，延伸至生物池。为防止噪声干扰，将控制室和值班室宜设在风廊道的上部，用密封门窗及走道与机器间隔开；鼓风机房机器间采用吸声材料装修。为保证夏季机房温度不超过鼓风机所要求的环境温度，设置了屋顶风机进行通风。

9) 二沉池。采用4座直径为38m的辐流式沉淀池，水深5m，表面负荷0.955$m^3/(m^2 \cdot h)$(最大流量时)，停留时间4.19h。二沉池是保证出水水质的关键，为防止和控制污泥沿池壁进入出水槽，接受美国西图咨询公司专家的建议，将原设计池深4m增加到5m，并在池内壁约1/2高度处设置一周圈倾斜安装的导板，控制异重流，阻止活性污泥絮体沿池壁上升随出水进入出水槽，以提高和保障出水水质。

10) 接触池。接触池总容积1900m^3，停留时间26min。在进水端安装氯水扩散器，在回用水间吸水端也设置一个加氯点。接触池出水端设文丘里计量渠，使用超声波明渠流量计计量出水量，出水排入胶州湾。

11) 加氯间。为出水及污水回用消毒设加氯间1座，设计加氯量10mg/L，季节性投氯消毒。设手动真空加氯机2台(1用1备)，单台最大供氯量40kg/h 。设加压泵 2 台，用接触池出水加压后供水射器用水，将氯气混合成氯水后送入接触池及回用水间。设喷淋、氯气监测报警仪、排风扇、防毒面具等安全设施。

(2) 污泥处理工艺单元

1) 污泥浓缩池。重力辐流式浓缩池 2 座，池直径 30m 。一期工程初沉池污泥及二沉池剩余污泥进入浓缩池浓缩，到二期工程，初沉污泥将直接进入消化池，只将一、二期剩余活性污泥进行浓缩后再进入消化池。对于初沉污泥及剩余污泥，可以分别进行浓缩，也可以混合后浓缩，视其运行情况确定，以达到较好的浓缩效果。初沉污泥进泥量 $933m^3/d$(含水率 97 %)，初沉污泥固体负荷 $4kg/(m^2 \cdot h)$，浓缩后的初沉污泥量 $467m^3/d$(含水率 94%)；剩余污泥进泥量 $4667m^3/d$(含水率 99.65 %，从混合液排放)，剩余污泥固体负荷 $1kg/(m^2 \cdot h)$，浓缩后剩余污泥量 $653m^3/d$(含水率 97.5 %)，污泥总量 44 333kgDS/d，浓缩后污泥总体积 $1120m^3/d$ (含水率 96%)，剩余污泥停留时间约 15h。在 2 座浓缩池之间设 1 个污泥泵房，内装 3 台干式离心污泥泵，每台泵流量 $120m^3/h$，扬程 15.5m。暂将污泥排至脱水机房贮泥池，消化池建设后，该泵作为消化池污泥投配泵使用。

2) 污泥脱水机房。由于污泥消化系统没有同步建设，运行投产初期阶段的污泥需要直接脱水，卫生条件较差。为改善脱水机房的运行环境和运行操作人员的工作条件，减少脱水机台数，减少机房土建投资，经与建设单位共同调查研究，对国内外脱水机类型和运行情况作了反复比较，最后确定选用离心脱水机。一期工程选用 3 台德国产 KHD-CP3054 离心脱水机(2 用 1 备)，预留二期 2 台位置。每台处理能力为 $30m^3/h$ ，进泥含水率 96 %，脱水泥饼含水率 72%～80%，有机高分子絮凝剂(PAM)用量 3%～5%。与离心机配套使用的有污泥进料泵，为螺杆泵(变频调速)、污泥粉碎机、螺旋输送机、投药泵。整个污泥脱水系统可按控制程序自动运行。絮凝剂制备装置为整体引进设备，从真空吸药(粉剂)、螺旋定量投药、自来水自动加注，到搅拌器运行和溶药制备完全自动化。由于选用了全封闭式的污泥脱水系统，脱水机房整洁、卫生条件大大改善，给人以良好的感觉。

4. 实际运行效果

李村河污水处理厂的生产性研究结果表明，对于处理以工业废水为主的城市污水，所采用的改良 A²/O 工艺，不仅具有高效的有机物、氮、磷去除能力，而且具有运行稳定、抗冲击负荷和适应水质环境变化能力强的特点。该试验研究分为 3 组 6 个阶段，采用不同的反应条件，在生化池各反应区段内取样，连续检测 COD、NH_4^+-N 、NO_3^--N 、PO_4^{3-}-P 浓度，测试结果汇总于表 5-15。

表 5-15　李村河污水处理厂工艺性能测试结果(平均值)

工艺条件及水质指标		第 1 阶段	第 2 阶段	第 3 阶段	第 4 阶段	第 5 阶段	第 6 阶段
试验有效数据/d		28	30	39	46	31	49
平均水温/℃		21.6	23.7	23.4	19.8	16.1	14.0
水力停留时间/h		17.3	18.6	19.5	21.0	21.5	21.0
污泥回流比/%		91	94	97	87	89	86
好氧混合液回流比/%		92	105	201	102	160	143
缺氧混合液回流比/%		72	56	81	77	89	86
好氧区 DO/(mg/L)		3.9/3.0/2.6	2.0/1.9/1.1	2.0/2.1/1.5	2.1/1.9/1.5	2.8/2.5/1.7	1.4/2.5/3.0
MLSS/(mg/L)		3917	4370	4910	4509	5675	5457
MLVSS/MLSS		0.67	0.72	0.71	0.73	0.66	0.65
SVI/(mL/g)		93.7	115.9	119	111	168.9	165.5
污泥负荷/(kgCOD/kgMLSS·d)		0.349	0.302	0.283	0.248	0.182	0.181
泥龄/d		15.8	15.0	15	16	27	25
COD/(mg/L)	进水	1643	1709	1633	1884	1547	1439
	出水	57	91	65	72	104	115
TP/mg/L	进水	15.3	12.7	13.6	17.2	14.9	12.6
	出水	4.7	0.61	0.8	2.6	0.8	0.55
TN/(mg/L)	进水	9.4	8.3	8.3	11.3	9.8	9.4
	出水	3.3	0.37	0.49	1.9	0.46	0.32
NH_4^+-N	进水	57.8	39.9	51.69	46.2	47.9	63.9
	出水	0.99	2.0	3.2	2.8	11.9	26.3
BOD_5	进水	115.3	107.8	95.3	92.9	86.3	103.4
	出水	35.8	17.5	18.8	14.6	32.3	48.7
进水量/(m^3/d)		48 500	45 000	43 000	40 000	39 000	40 000

5.6.2　北京清河污水处理厂

1. 设计污水量与进出水水质

该工程设计污水量为 40 万 m^3/d。其构成为：生活污水 11.6 万 m^3/d，服务年限 2010 年；公共建筑污水 14.4 万 m^3/d，服务人口 81.4 万人；工业污水量 14 万 m^3/d，服务面积 107km^2；污水量标准 324L/(人·d)，其中居住 144L/(人·d)，公共建筑 180L/(人·d)[70]。

设计原水水质为：BOD_5 200mg/L，COD 400 mg/L，SS 250 mg/L，TN 40 mg/L，NH_4^+-N 25 mg/L，TP 8 mg/L，最低水温 10℃，最高水温 25℃。总建设规模 40 万 m^3/d，一期工程 20 万 m^3/d，二期工程 20 万 m^3/d。经清河污水处理厂处理后的污水可作为水资源加以开发利用。主要用于农业用水、绿化用水、城市杂用水、规模清河热电厂冷却补给用水以及最终退入清河作为河道景观用水。受纳水体为清河，按《北京市水污染物排放标准》规定属北京市第二类水体。排入第二类水体及其汇水范围的水污染物排放标准为二级标准，即：pH6.0～8.5，SS50mg/L，COD 60mg/L，BOD_5 20mg/L。根据设计原水水质和受纳水体的水污染物排放标准，确定清河污水处理厂需要达到的出水水质为：SS 20mg/L，COD 60mg/L，BOD_5 20mg/L，NH_3-N 8 mg/L，TP 1.0/0.3 mg/L。

2. 污水工艺流程及技术特点

清河污水处理厂一期采用倒置 A^2/O 工艺（回流污泥反硝化生物除磷工艺），二期采用 A^2/O 工艺，均具有脱氮除磷功能。为减少占地，设计上无初沉池和浓缩池，增设化学除磷池。污水处理厂的主要设施包括进水泵房、曝气沉砂池、生化反应池、沉淀池、鼓风机房、脱水机房和总变电室等。一期工程和二期工程的污水处理工艺流程如图 5-21 和图 5-22 所示。

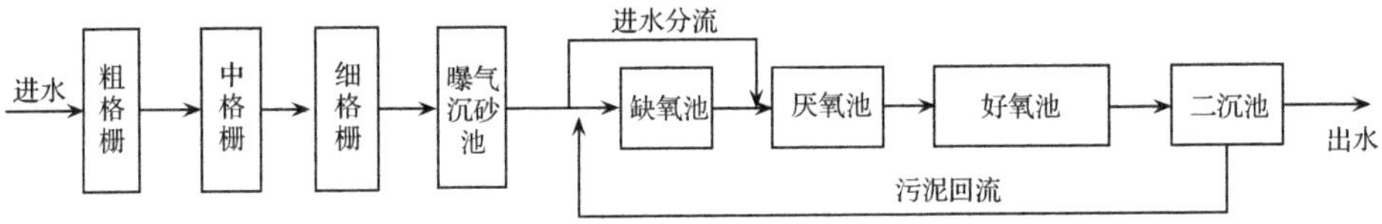

图 5-21　清河污水处理厂一期工艺流程图

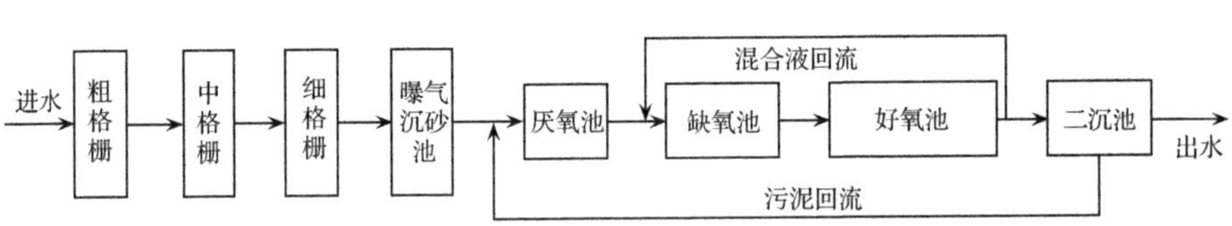

图 5-22　清河污水处理厂二期工艺流程图

一期的倒置 A^2/O 工艺，分为缺氧、厌氧、好氧三个生物反应段，不设初沉池。其工艺特点是强调生物除磷。通过前置缺氧段对回流污泥携带的硝酸盐进行去除，在厌氧段为聚磷菌提供良好的竞争环境。厌氧段保持合适的水力停留时间，并且 80%以上的原污水直接进入厌氧段，使聚磷菌能够充分利用进水中的低分子有机物，为聚磷菌提供充足的碳源，达到良好的生物除磷效果。同时好氧段具有较长的水力停留时间，为氨氮的去除和磷酸盐的吸收提供有利条件。二期的 A^2/O 工艺，分为厌氧、缺氧、好氧 3 个生物反应段，设计 300%内回流，不设初沉池。其工艺特点是能够在保障除磷的同时取得较好的脱氮效果。原污水和回流污泥一起进入厌氧段，聚磷菌在厌氧且有充足碳源的环境下释磷，保障了生物除磷的效果。好氧段末端的污泥混合液经内回流系统回到缺氧段前端，与厌氧段出流汇合在缺氧段进行反硝化反应去除总氮。好氧段水力停留时间长，属延时曝气设计，为氨氮的去除和磷酸盐的吸收提供有利条件。

3. 二期工程生产运行分析

一期工程的生产运行分析见 6.1 节倒置 A^2/O 工艺的介绍。下面介绍二期工程的生产运行。2005 年 1～7 月，清河污水处理厂二期的运行不是很稳定，由于一期鼓风机、脱水机等重要设备出现的问题，导致出水 COD 偶有超标现象；系统内硝化反应不彻底，造成氨氮的出水超标，平均值为 7.8 mg/L；磷的出水在 2 月中旬到 3 月出现了大幅度的波动，出水基本在 2 mg/L 以上。至 2005 年 7 月，随着一期鼓风机、脱水机等重要设备的正常使用，二期的运行情况趋于稳定，出水状况逐渐恢复正常。

(1) COD 的去除效果

清河污水处理厂在 COD 去除方面一直较好，在此半年的运行中，正常情况下能使出水 COD 保持在 60mg/L 以下，即使在面对冲击负荷的情况下，仍然可以使出水水质达标。但 COD 仍然有局部数据超标的现象，主要集中在 2005 年 4、5、6 月。超标原因主要为受脱水机房尾项工程施工、螺旋输送器输送能力制约、溶药系统故障等问题的影响，二期生化反应池内的污泥浓度过高（6 月份平均值为 5500mg/L），造成二期沉淀池固体负荷有时超出设计值 130kg/(m^2 · d)，而最终导致出水 COD 等指标的超标。所以控制污泥浓度，进而控制二期沉淀池的固体负荷是保证三项常规指标达标的关键所在。

(2) 氮磷去除效果分析

1) 出水氨氮和出水总磷的关系。在 2005 年 1 月至 2 月上旬期间，出水总磷与氨氮的效果均较好。

自 3 月 10 日开始，一期开 1 台鼓风机，二期开 3 台鼓风机。3 月 15 日起，一、二期曝气池全部改由二期鼓风机供气，二期开启 4 台鼓风机。DO 基本能够满足运行要求，但是对于硝化效果就不甚理想了，出水 NH_4^+-N 并不稳定，时好时坏，此种情况一直持续到 7 月中旬，一期鼓风机恢复正常运行后，改善了 DO 不足的问题，硝化效果亦明显改善，出水 NH_4^+-N 基本达标。由此可见，在保证一定的硝化泥龄的情况下，出水 NH_4^+-N 主要受 DO 影响因素的控制，而在保证了硝化效果所需 DO 的过程中，一旦实现了磷的平衡，则系统 TP 去除的效果也是令人满意的。

2) 碳源和出水氮磷的关系。清河污水处理厂二期工程的 $BOD_5/\Delta P$ 平均值为37，且$BOD_5/\Delta P>25$的情况占84%。进水BOD/TN一直稳定在4.5左右的水平，基本可以达到但是不能完全满足反硝化过程的需求，另外，反硝化与除磷存在着争夺碳源的矛盾。目前影响脱氮效果的主要原因是由于硝化效果欠佳，影响了系统的反硝化反应。

3）ORP对系统脱氮除磷的影响。在此期间，缺氧段ORP一般控制在－70～－100mV的水平。ORP在后半时期控制得较为平稳，出水TP的情况也较好，这与ORP的控制有一定的关系。2005年2月便携式ORP仪出现故障，因此3～4月无监测数据，但是此期间出水TP的超标与ORP的控制无关。2005年1～4月，DO基本维持在4～5mg/L左右，DO如此高的原因为：1～2月，污泥浓度相对较低导致的；3～4月，一期鼓风机出现故障全部关闭，改由二期鼓风机同时给一期、二期供气，由于气体管线的沿程损失，造成一期供气量不足，二期供气量偏大。随后，经过技术人员的逐步调整和摸索，逐渐掌握了气量分配的调节。因此，2005年2月，出水TP的超标，多少也与高DO有关，其中厌氧段的DO由0.20mg/L增加至0.30mg/L。5月份以后，由于污泥浓度的增加，鼓风机气量的控制，DO维持在2mg/L左右，为除磷提供了较好的环境。缺氧段ORP一般控制在－70～－100mV的水平，但是脱氮并未受其影响，从现阶段的运行情况来看，ORP不是脱氮的控制因素。

（3）生物除磷主要影响因素

1）MLSS对除磷的影响。2005年2月，随着污泥浓度的突然下降，系统内受到较大的冲击负荷，磷的平衡被破坏，导致出水TP超标。因此，从目前的情况分析，污泥浓度尽量维持在2500mg/L以上，但是又要控制在4000mg/L（仅指正常沉降比情况）以下，污泥浓度达到5000mg/L仍能保持良好的除磷效果，但是过高的污泥浓度会造成沉淀池的固体负荷过高，导致出水常规指标超标。污泥浓度在2000mg/L左右亦可使出水TP达标排放，但是调整过程中切忌一蹴而就，大幅度调整，使系统内的参数在短时间内发生较大变化，应延长工艺调整过程的时间逐步进行。在2005年2～3月期间，回流污泥浓度骤降，也就是说系统中参与吸磷的污泥量减少了，同时每天排出的污泥也减少了，那么相应由剩余污泥带出系统的磷也会减少。后半时期，由于气温的升高，污泥浓度增长较快，且排泥量较为稳定，除磷效果较好。根据以上分析可以认为，2005年2～3月份出水总磷的增加主要是由于生化反应池中的污泥浓度降低所引起的。

2）回流污泥硝态氮对除磷的影响。2005年3月开始，受鼓风机供气量限制，系统内DO不足，导致硝化效果无法正常进行。自2005年3月以后，回流污泥中的硝态氮基本都在10mg/L以下，除磷效果较好。回流比的波动有两方面的原因：一是受进水水量变化的影响，回流比随之变化；二是回流泵在一段时期内出现了故障，影响了回流量的调整。另外，清河污水厂厂二期的回流比之所以较高，主要受二期沉淀池设计布局的制约,北侧即远端沉淀池的套筒阀由于受距离的影响,所能排出的污泥量小于其余沉淀池,极其容易造成套筒阀堵塞。因此,只有加大回流量才能保证北侧沉淀池的正常运行。对于内回流来说,设计的内回流比为300%,在此期间,此项工艺参数基本维持原设计值,目的也是为了最大能力进行脱氮。

3) 出水SS对出水磷的影响。分析可知,出水TP与出水SS的关系较为明显,出水SS较高的时候,伴随着出水TP也有较明显的波动。SP和TP总体来说相差较小,但是在2005年5～6月期间,随着出水SS的升高,SP和TP之间的差别增大,即颗粒性磷占有较大比例。所以实际运行中降低出水SS,也是保证出水TP达标的重要手段。

4) 出水氮组分的分析。从2005年3月开始出水氨氮持续超标,而同时出水的硝态氮急剧下降,并维持在极低的水平,并且经常性的出现出水亚硝酸盐氮高于硝酸盐氮的情况,再次说明系统内DO不足,导致硝化反应无法正常进行。同时,后半时期出现出水有机氮增加的情况,分析原因可能是系统内的氨化作用不够彻底导致的。

5.6.3 广州大坦沙污水处理厂

广州市大坦沙污水处理厂为该市第一座大型城市污水处理厂,处理规模15万m^3/d,占地14 ha,总投资1.4亿元,服务范围1289 ha,服务人口约60万人。污水处理工艺采用生物除磷脱氮活性污泥法(简称A^2/O),于1989年11月底全面建成投产,经多年的运行证实,处理后出水完全达到设计要求,使该厂附近的珠江河段水质明显好转,取得了显著的社会效益和环境效益。工程内容包括:①污水泵站,澳口泵站污水泵房内设6台水泵(5用1备),总抽升能力9.6万m^3/d,将驷马涌区污水抽送至大坦沙污水处理厂处理;荔湾泵站内设4台水泵(3用1备),总抽升能力5.76万m^3/d,将荔湾涌的污水抽送至大坦沙污水处理厂处理。②污水处理厂设在广州市西郊大坦沙小岛上,占地200亩[①],荔湾泵站和澳口泵站抽升的污水经压力管道过河送到厂内。厂区污水处理分为初级处理和二级处理。初级处理由沉砂池、初沉池组成,去除较大颗粒的有机物;二级处理采用生物除磷脱氮活性污泥法,由生物反应池、二沉池和接触消毒池组成,在厌氧、缺氧、好氧的环境下,通过不同种类微生物的生化作用,达到去除污水中有机物及氮和磷的目的。污泥处理厂区预留了污泥消化的用地,但考虑到广州城市污水中有机物质含量低的特点,设计采用了生污泥直接脱水的工艺,由污泥浓缩池、污泥贮池及污泥脱水机房组成,可将污水处理过程中产生的污泥经浓缩和机械脱水后,使污泥含水率从98%左右降

① 亩为非法定单位,1亩=666.7m^2,下同。

至75%～80%，成为干污泥饼后运至卫生填埋场，与垃圾一起作卫生填埋处理。工程特点：①根据珠江广州河段西航道(离西村水厂水源较近)水质中氮、磷污染严重的特点，在国内首次选用了国际上先进的除磷脱氮工艺。②设计中选用国内外先进的设备，如微孔曝气器、潜水泵、水下搅拌器及污泥脱水机等使处理能耗降低。③在复杂的溶洞石灰岩地区建造大型池体，建成后没有出现渗漏和裂缝。④自动化程度较高，设备按程序控制，由中心控制室通过计算机记录和控制，监测内容包括pH、SS、MLSS、温度、泥位、溶解氧、氧化还原电位等。⑤处理厂总平面布置合理紧凑、绿化程度高，环境优雅，深受国内外同行的好评。

在第一期工程基础上，利用厂区原有4hm^2预留用地进行了第二期扩容15万m^3/d (1996年投产)，形成30万m^3/d规模；2000年完成了处理能力3万m^3/d的挖潜改造工程，总处理规模达到33万m^3/d，减少了珠江广州河段的水污染，使西航道水质有所改善，对保护西村自来水厂的饮用水水源起到积极作用，但石井流域一带污染严重，急需治理，因此市领导提出在大坦沙再扩建(三期)，尽快处理石井河流域的污水。广州市大坦沙污水处理厂三期扩建工程的建设规模为22万m^3/d，建设单位为广州市市政园林局。2002年4月正式立项，2001年9月进行设计招投标，2002年12月开工通设，2004年3月28日通水，2004年6月28日试运行[70]。

1. 设计进水与出水水质

大坦沙污水处理厂一期工程设计进水水质为：BOD_5 200mg/L，SS 25 mg/L，TN 40mg/L，TP 5 mg/L，NH_4^+-N 30 mg/L。二期工程设计进水水质为：BOD_5 120 mg /L，SS 15 mg /L，TN 30 mg/L，TP 3.5 mg/L。大坦沙污水处理厂一期工程自通水运行以来，由于进水有机负荷低，污水超越初沉池直接进入反应池(不降低进水浓度)，内回流比降为100%，外回流比降为50%，气水比控制在2∶1～3∶1，反应池各段停留时间控制在1∶2∶5，这些工艺参数调整之后，基本解决了进水有机负荷较低的矛盾。由于二期工程进水与一期工程进水相同，故二期工程设计进水水质根据一期工程实际水质确定。实际运行中，根据进水水质的波动对工艺参数进行调整，运转情况良好。大坦沙污水厂扩建(三期)工程的设计进水和出水水质，如表5-16所示，该污水处理工艺主要以去除有机物为主，同时需有脱氮除磷的功能。

大坦沙污水处理厂三期工程除按设计水质确定鼓风机和曝气池规模外，还将按照经常运行水质范围复核、调整鼓风机的开启台数、污泥回流和混合液回流的回流比。根据设计单位对南方污水处理厂积累的设计及运行经验，确定广州市的污水计算水温为：最低水温15℃，最高水温25℃。

表 5-16　大坦沙污水处理厂三期工程设计进水与出水水质　（单位：mg/L）

水质项目	进水	经常运行范围	出水
BOD_5	120	50～100	≤20
COD	250	100～180	≤40
SS	150	90～170	≤20
TN	35	—	—
NH_4^+-N	30	15～25	≤10
磷酸盐(以 P 计)	4	2～3	≤0.5

2. 工艺流程

污水处理工程方案工艺流程参见图 5-23。处理构筑物分成 4 组，每组 5.5 万 m^3/d，每 11 万 m^3/d 为一个组团，事故保证率 75%。分组原则为：适应污水进水水质和水量不断变化的要求；适应维修、养护和事故工况；增强污水处理厂运行管理的调控能力和灵活性。

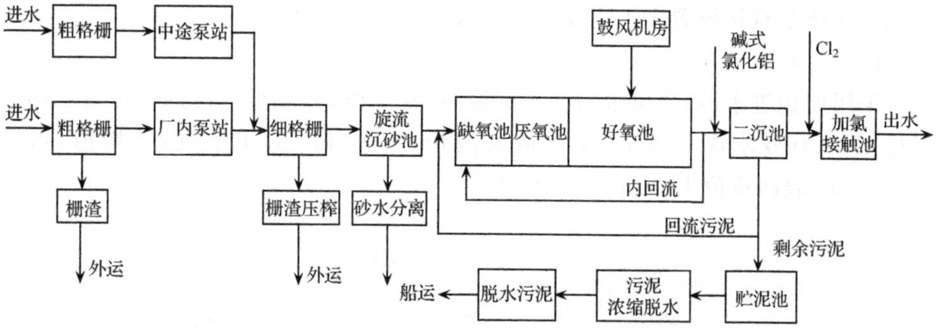

图 5-23　大坦沙污水处理厂扩建(三期)污水处理工艺流程

3. 主要工艺单元构筑物设计

(1) 细格栅与旋流沉砂池

细格栅与旋流沉砂池 1 座，分 4 组，每组处理能力 5.5 万 m^3/d，每 2 组合建。细格栅与旋流沉砂池进行加罩通风脱臭处理，单独设置 1 组脱臭处理装置。设计平均流量 $2.54m^3/s$，高峰流量 $3.31m^3/s$；转鼓式格栅 4 台，直径 2000mm，栅条间隙 5mm；旋流沉砂池，直径 5m，水力停留时间 25.8s。

(2) 生物反应池

生物反应池为矩形钢筋混凝土结构，共 2 池，每池分 2 组，每组 5.5 万 m^3/d 可单独运行。每组池设一条单独进水渠，在缺氧区和厌氧区各设置多个进水点，配置可调堰门,可根据各种不同的情况,合理分配进水量,同时满足脱氧和除磷对碳源的要求。每组池设一条混合液配水渠,在第一缺氧池和第五缺氧池各设一进水点,分别称第一进水点和第五进水点,配置可调堰门,当关闭第五进水点,混合液自第一进水点进水,生物反应池按倒置 A^2/O 工艺运行(详见图 5-24);当关闭第一进水点,混合液自第五进水点进水,生物反应池按常规 A^2/O 工艺运行(详见图 5-25)。运行方式灵活多变,可合理选择污水进水点和混合液进水点,实现不同的工况和不同的处理工艺。每座生物反应池单独设置 1 组脱臭处理装置(共 2 组)。平均设计流量 9167m^3/h (220 000m^3/d);池数 2 组,每组分 2 池;污泥负荷 0.105kgBOD_5/(kgMLSS · d);污泥产率 1.20kgDS/去除 kgBOD_5;进入缺氧池流量百分比 30%~50%;进入厌氧池流量百分比 70%~50%;池总有效容积 74 437.5m^3,有效水深 7.5m;总水力停留时间 8.12h,其中:缺氧区 1.96h,厌氧区 1.31h,好氧区 4.85h;外回流比 50%~100%,内回流比 50%~150%;剩余活性污泥26 400 kg/d,化学污泥量 1130kg/d,剩余污泥含水率 99.25%。

(3) 回流污泥及剩余污泥泵房

设回流污泥及剩余污泥泵房 4 组,与生物反应池合建,位于反应池出水端。混合液内回流泵直接设置于生物反应池出水端的反应池内。

(4) 二沉池

采用周边进水、周边出水辐流式沉淀池,共 6 座,分 2 组,每组 3 池,每池内净直径 42m,有效水深 4.0m。设计最大流量 11 917m^3/h,单池设计(峰值)流量 1986m^3/h,表面负荷 1.43$m^3/(m^2 · h)$。

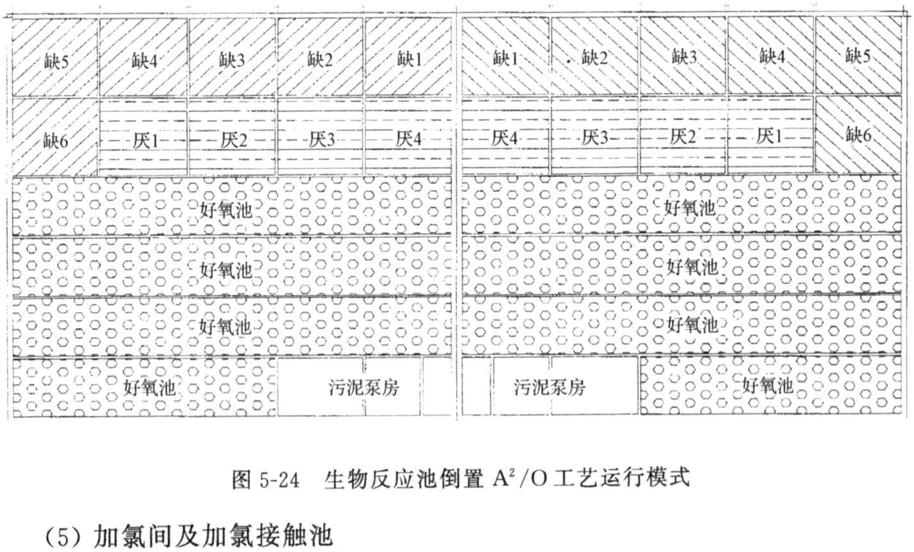

图 5-24　生物反应池倒置 A^2/O 工艺运行模式

(5) 加氯间及加氯接触池

加氯接触池 1 座,为矩形钢筋混凝土结构,上部为加氯间,设自动加氯装置 1

套,加氯能力 120kg/h。设计平均流量 9167m^3/h,接触时间 30min,设计加氯量 10～30mg/L。加氯量中,附加化学氧化剂量约为 5～20mg/L,消毒剂量约为 5～10mg/L。

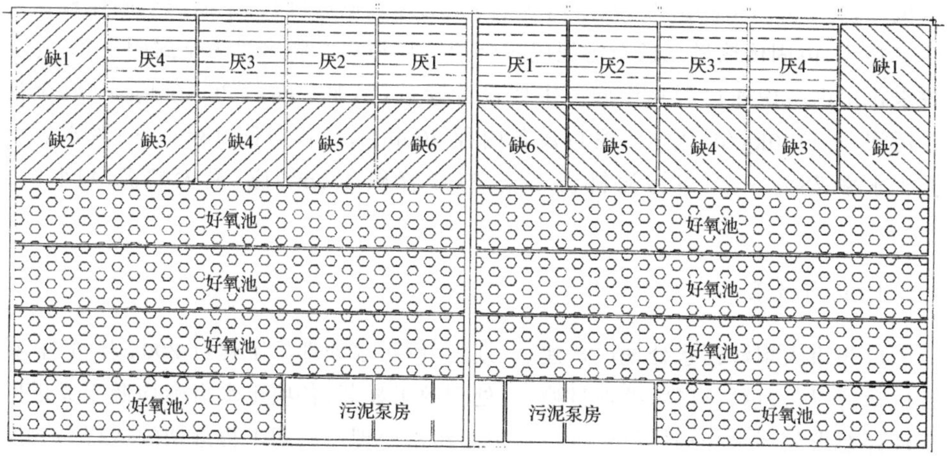

图 5-25　生物反应池常规 A^2/O 工艺运行模式

(6) 鼓风机房

鼓风机房 1 座,与高压配电间合建。土建平面尺寸为 52.24m×21.24m。机房内设置单级高速离心鼓风机 6 台(4 用 2 备),由 10kV 高压电机驱动。单台供气量 225m^3/min ,出口风压 8.0mH_2O。气水比 5.89∶1。离心鼓风机有进风及出风口可调导叶,MCP 主控制器根据生物池 DO 值,自动控制鼓风机开启台数、自动调节鼓风机进出风导叶角度,控制空气量的输出,每台鼓风机的供气量调节范围为 45%～100%。

(7) 碱式氯化铝加药间

当出水 TP >0.5mg/L 时,需投加碱式氯化铝除磷,将出水 TP 降至 0.5mg/L,投加点为二沉池配水井前仓。以生物出水 TP 为 1mg/L 计,每日除 TP 量 110kg/d,投加碱式氯化铝,Al/P 物质质量比 2∶1。

(8) 污泥浓缩池

通过污泥重力浓缩池重力浓缩过程,降低二沉池剩余污泥含水率,达到污泥初次减量化的目的。在正常情况下,为避免污泥重力浓缩池中臭气的外溢,本工程污泥重力浓缩池上部进行了加罩密闭处理。浓缩池内设有污泥浓缩刮泥机。主要设计参数为:污泥体积 3671m^3/d,重力浓缩池 4 座,直径(内净尺寸)16m,有效水深 4.0m,浓缩前污泥浓度 7.5kg/m^3,浓缩后污泥浓度 25kg/m^3,固体负荷34.25kg DS/(m^2 · d),贮泥时间 21h 。

(9) 污泥脱水机房

脱水机房长 30.24m，宽 12.24m，分 2 层，上层为机器间，中层为污泥料仓、值班室和控制室，底层为药库、进泥泵间、出泥泵间和贮泥池等组成。设 3 台离心脱水机(2 用 1 备)，出泥由 2 台(1 用 1 备)无轴螺旋输送机收集、输送至固体输送泵的接料斗，由固体输送泵送至污泥码头装船。污泥离心脱水机为全封闭设备，污泥脱水机房内考虑通风脱臭设施。主要设计参数：污泥干固量 26 400kg/d(剩余活性污泥)＋1130kg/d(化学污泥)；设备内径 500mm；工作时间 18～24h；脱水后污泥含水率 78%～80%；污泥料仓 2 座，有效容积 200m^3/座，最大贮泥时间 3～3.5d。

4. 运行效果

广州市大坦沙污水处理厂扩建(三期)工程污水处理厂工程自 2004 年 6 月 28 日试运行以来，运行可靠，处理量稳定，处理效果显著，各项出水指标均低于或远低于环评要求的污水处理排放标准。大坦沙污水处理厂三期工程近期的运行参数详见表 5-17。

表 5-17　大坦沙污水处理厂 2005 年处理水质和水量报表　(单位：mg/L)

时间	BOD_5		COD		NH_4^+-N		TN		TP		SS		三期水处理量/(万 m^3)	污泥处理量/t
	进水	出水	进水	出水	进水	出水	进水	出水	进水	出水	进水	出水		
1 月	107	9	148	25	25.3	2.9	27.9	15.7	1.78	0.72	84	18	758	8154
2 月	86	9	142	26	24.7	3.2	28.4	17.3	1.87	0.68	96	16	648	8414
3 月	65	9	136	25	26.1	5.0	27.8	15.2	1.84	0.53	107	18	706	10 219
4 月	55	7	113	21	18.1	0.5	19.2	10.6	1.02	0.64	124	21	7511	9409
5 月	60	5	135	14	19.4	2.6	20.1	8.8	0.92	0.32	90	13	723	7625
6 月	45	4	123	15	17.3	0.8	19.3	7.2	0.78	0.04	88	12	737	8482
7 月	59	5	131	16	20.7	2.5	22.4	10.1	1.29	0.04	92	11	891	7922
8 月	43	5	99	14	17.1	1.0	19.1	9.8	1.62	0.2	95	8	731	8442
9 月	65	7	138	20	25.4	1.1	26.3	11.5	1.68	0.08	72	9	755	7386
10 月	79	7	13	26	25.8	2.0	27.3	13.3	1.81	0.11	123	16		
11 月	83	8			27.3	1.6	28	13.8	1.85	0.11	111	13		
平均值	68	7	130	20	22.5	2.1	24.2	12.1	1.50	0.32	98	14		

5.6.4　成都第三污水处理厂

1. 进水水质与排放标准

成都市中心城区第四排水区的污水分别汇集到成都第一污水处理厂(三瓦窑污水处理厂一、二期工程)和本工程进行处理。本工程主要接纳第四排水区西部地区的污水,根据有关方面统计,该区生活污水约占 60%,工业污水约占 40%;随着城市的发展和布局的调整,工业污水所占比重将会减小。此外,随着城市环境治理力度的加强,要求工业污水限期达标排放,对城市污水水质的改善十分有利。从第四排水区的城市布局来分析,该区汇入第一污水处理厂的污水水质与汇入第三污水处理厂的污水水质基本类同。第一污水处理厂一、二期建成后,在 1994、1995、1996、2002 年对进厂水质做了水质监测。对比分析表明,各项水质指标的浓度值均呈上升趋势,逐渐接近原设计进水水质。在分析第一污水处理厂实测资料的基础上,通过类比分析全国部分城市污水厂的进水水质设计值及实测值,最终确定第三污水处理厂的设计进水水质指标与一、二期工程类同,即:COD 400mg/L、BOD_5 200 mg/L、SS 240 mg/L、TN 40 mg/L、TP 4 mg/L、NH_4^+-N 30 mg/L;最高水温 25℃ ,最低水温 12 ℃ 。本污水处理厂执行《城镇污水处理厂污染物排放标准》(GB18918—2002)的一级标准 B 标准,出水水质要求为:COD≤60 mg/L、BOD_5≤20mg/L、SS≤20mg/L、NH_4^+-N≤8mg/L、TN≤20mg/L、TP≤1.5 mg/L。

2. 污水处理工艺方案

根据给定的进水水质和出水要求,采用以改良型 A/A/O 工艺为三体的二级强化生物处理方案,工艺流程如图 5-26 所示。

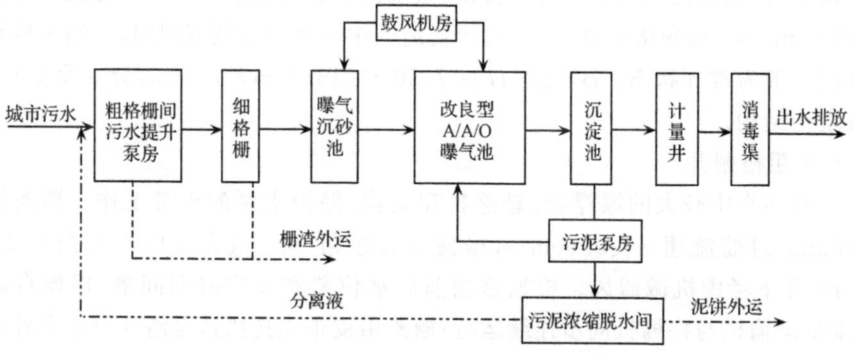

图 5-26　成都第三污水处理厂流程

该改良型 A^2/O 工艺方案的主要特点为:①针对不同的处理目标,恰当设置各区,曝气池分厌氧区(包括预脱氮区)、缺氧区、好氧区。②设有 2 个进水点(可调)、回流污泥和混合液回流。污水处理在稳定状态下运行,反应条件易控制。在生化处理过程中,随污水在池内的推流,污水中有机物的浓度、混合液 DO 值梯度大,依次在缺氧、厌氧、好氧条件下运行,可抑制丝状菌生长,防止污泥膨胀,SVI 值一般小于 100,有利于二沉池的泥水分离,有利于各种微生物的选择生长。③回流污泥首先进入厌氧区的预脱氮段进行反硝化,降低厌氧区硝态氮浓度,提高系统的除磷能力。④回流活性污泥中的硝酸盐氮靠分配部分进水中的碳源进行反硝化,其反硝化速率高于靠内源呼吸作用进行的反硝化,需要的反硝化停留时间短、容积小。⑤分段进水可以控制和满足厌氧区、缺氧区对碳源的基本要求,在碳源偏低的情况下使除磷脱氮的效果都较好。⑥运行模式灵活,便于根据进水水质特性和 TP、TN、NH_4^+-N 等处理目标进行改变,调整反应池的运行模式(包括改良 A/A/O、传统 A/A/O、倒置 A/A/O、改良型 A/O 等)在各种情况下都能最大限度的发挥处理构筑物的能力和作用。⑦当出水对 TN、TP 都有较高要求的情况下,除氮靠混合液回流和污泥回流携带的硝态氮至缺氧区进行反硝化来完成。污泥回流量在运行过程中随多种因素而变,一般回流比为 50%～100%。⑧生化单元运行时,系统内生物量的平衡主要靠活性污泥回流来实现,反硝化所需的硝态氮主要靠混合液回流来实现。而同等流量的污泥回流所需的能耗远远高于混合液回流所需的能耗。为此,为既保持生化系统内的生物量,又达到除氮的目的,需合理调整、控制这两个回流率。

3. 主要构筑物及设计参数

(1) 节流溢流井

调节、控制进污水处理厂进水流量,城市污水超量或事故时应急溢流。设计规模 35 万 m^3/d ,总变化系数 1.3。每个流道的中间闸门为调节闸门,二侧为检修切断闸门一般为常开状态。$B\times L\times H=7.50\text{m}\times16.20\text{m}\times7.44\text{m}$,分 3 个流道,钢筋混凝土结构。

(2) 粗格栅井

拦截污水中较大的漂浮物、悬浮物和渣物,保护水泵的正常工作。栅条间隙 b=25mm,过栅流速 $v\leqslant0.60$m/s,格栅安装倾角 80°,最大过栅水头损失 $\Delta h=0.20$m,井下考虑机械通风。根据格栅前后水位差和设定时间间隔,格栅自动开停,皮带运输机与格栅机同步连续运行;栅渣由皮带输送机送至渣斗再装车外运。

(3) 污水提升泵房

设计现模 10 万 m^3/d,总变化系数 $K_Z=1.3$,设计扬程 $H=11$～13m,以中水位为效率最高点选泵。根据污水泵站流量变化大、扬程变化小的特点,采用多台定速泵，通过水泵的启停台数，来适应流量的变化。泵井下机械通风。各台水泵出水采用单管出水井方式，可取消单向阀，节省能耗，单管出水井设于细格栅前端。根据泵井内液位信号综合控制水泵启停，并采用先开先停、先停先开的方式轮换运行。

(4) 细格栅

细格栅与曝气沉砂池组合在一起，两座构筑物由渠道相连。细格栅前端设有污水提升泵的单管出水井。过栅流速 $V=0.7m/s$，栅条间隙 $b=5mm$，栅前水深 $h=1.40m$，最大过栅水头损失 $\Delta h=0.2m$。

设进厂水质监测仪表：pH/温度计、SS 仪、NH_4^+-N 仪、COD 仪各 1 套，其中 pH/温度计在线设置，NH_4^+-N 仪、COD 仪置于综合楼仪表间，由取样器送进厂水和出水的水样至仪表间分别轮换测试。

(5) 曝气沉砂池

去除污水中粒径 $d\geqslant 0.2mm$ 的砂粒，使无机砂粒与有机物分离开，便于后续生物处理。此外，在去除砂的同时，在除油、除渣区还可除浮渣和油。设计除砂效率 $d\geqslant 0.297mm$，$\eta\geqslant 95\%$；$d\geqslant 0.211mm$，$\eta\geqslant 85\%$；$d\geqslant 0.149mm$，$\eta\geqslant 65\%$。沉砂有机物分离效率 $\eta\geqslant 95\%$，总停留时间 3.42min，水平流速 0.11m/s，供气量 0.20m^3空气/m^3 污水。除砂机连续运转，砂水分离器与提砂泵同步运转延时停机。为除去水中的砂、油及浮渣，设曝气沉砂池 1 组，分 2 池。供沉砂池压缩空气的鼓风机设在鼓风机房内。该池设有沉砂区、除油区。除砂机具有排砂、刮油刮渣的功能，排出的砂经砂水分离后外运。该单元包括曝气沉砂池、除油除砂机、砂水分离机、鼓风机(设于鼓风机房内)。每组曝气沉砂池平面尺寸 9.20m×27.46m，分 2 池，池深 4.00m，水深 3.65m，钢筋混凝土结构。

(6) 改良型 A/A/O 曝气池

利用厌氧、缺氧、好氧各区的不同功能，进行生物除磷脱氮，同时降解有机物。设计规模 10 万 m^3/d；污泥浓度 3000～4000mg/L，泥龄 15d，水力停留时间 11h，其中厌氧区 1.5h (预脱氮区 0.5h，厌氧区 1.0h)、缺氧区 1.5h、好氧区 8.0h。综合产泥率 0.69kgDS/$kgBOD_5$(考虑 13%余量为 0.78kgDS/$kgBOD_5$)。剩余泥量 12.3t/d，污泥浓缩脱水单元设计时按 14t/d 设计，留有 13%余量。缺氧区反硝化速率为 0.06～0.07 gNO_3^--N/(kgVSS · d)。计算供气量 23 340m^3/h，配用风机风量为(3532～7850N m^3/h)×3；气水比 5.6∶1，污泥回流比 100%(可按 33%、66%和 10%运行)；混合液回流比 100%。采用棕刚玉微孔曝气器，空气利用率 $E_A=29\%$。曝气池供风量，根据池内 ORP 值(或 DO 值)，通过空气调节阀自动调节供风量。

改良型 A/A/O 曝气池，共 1 组，分 2 池。每组平面尺寸 93.7m×87.0m，总深 6.8m，有效水深 6.0m，钢筋混凝土结构，回流污泥泵井设在曝气池一端。每座曝气池设有进水渠、出水槽、出水井、曝气管等，每个曝气池设 1 条回流污泥渠和污泥培养上清液排放管，回流污泥渠上设超声波明渠流量计和放空管，2 座曝气池的末端设回流污泥泵井 1 座。在每座曝气池的厌氧区、缺氧区都设有水下搅拌器或水下推进器，好氧区设有微孔曝气器。

预厌氧区设潜水搅拌器，每池 1 台，共 3 台（2 用 1 备），2 座池共备用 1 台，备用于库房。搅拌器叶片 $\Phi=580\text{mm}$，$n=475\text{r/min}$，轴功率 $N=5.5\text{kW}$。厌氧区水下推进器每池 2 台，共 5 台（4 用 1 备），2 座池共备用 1 台，备于库房。水下推进器叶片 $\Phi=2500\text{mm}$，$n=27\text{r/min}$，轴功率 $N=2.3\text{kW}$。缺氧区水下推进器每池 2 台，共 5 台（4 用 1 备），2 座池共备 1 台，备于库房。水下推进器叶片 $\Phi=2500\text{mm}$，$n=40\text{r/min}$，轴功率 $N=4.3\text{kW}$。棕刚玉微孔曝气头 5940 只，每只通气量 $Q=4\text{m}^3/\text{h}$，空气利用率>29%。电动空气调节阀 2 只（引进），每池 1 只，DN600。混合液回流泵 5 台（4 用 1 备），每池设 2 台，2 池共备用 1 台，备于库房。采用螺旋式回流泵，每台泵 $Q=290\text{L/s}$，$H=0.7\text{m}$，$N=7.3\text{kW}$。预厌氧区设氧化还原电位计（ORP 计）2 套；每池 1 套。厌氧区设氧化还原电位计（ORP 计）2 套；每池 1 套。好氧区设溶解氧测定仪（DO 仪）2 套，每池 1 套，氧化还原电位计 2 套，每池 1 套。好氧区设污泥浓度计（SS 计）2 套，每池 1 套。

（7）回流污泥泵井

共 1 座，每个回流污泥泵井服务于 1 组曝气池。最大回流率 $R=100\%$，可按 33%、66%和 100%运行。剩余污泥设计提升量 $73\text{m}^3/\text{h}$，可启动备用泵使提升达到 $110\text{m}^3/\text{h}$。回流污泥泵连续运行，运行台数根据污水量、曝气池内的混合液浓度（MLSS）和沉淀池进行调节。剩余污泥泵根据污泥浓缩脱水间贮泥池的泥位自动开停。回流污泥经潜水轴流泵提升至回流污泥渠，剩余污泥则经潜污泵提升至污泥浓缩脱水间贮泥池。每座泵井平面尺寸 $6.0\text{m}\times6.8\text{m}$，总高 9.8m，地下深 7.2m。

（8）沉淀池及集配水井

沉淀池、集配水井单元，由 4 座沉淀池和 1 集配水井组成，集配水井服务于 4 座沉淀池。沉淀池采用周边进水、周边出水辐流式沉淀池，排泥采用单管吸、刮泥机和电动套筒排泥，排泥量由电动套筒排泥阀进行调节。在设计条件下，回流比 100%的情况下，污泥含固率 0.8%。集配水井分 3 层，沉淀池的进水、出水、泥排管道分别与井内各环形渠相连。设计表面负荷 $q=1.2\ \text{m}^3/(\text{m}^2\cdot\text{h})$，理论回流污泥浓度 $X_s=8.00\text{g/L}$，有效泥水分离时间 $T=2.0\text{h}$。

（9）鼓风机房

鼓风机房主要供曝气池、曝气沉砂池用气，共 1 幢。曝气池供气采用单级高速离心机，采用进口导叶片和出口扩散器自动调节供风量。沉砂池供气采用罗茨风机。风机房平面尺寸：$B\times L=10.2\text{m}\times27.0\text{m}$，层高 7.2m，框架结构。鼓风机房主要供曝气池用气，平面尺寸 26.4m×13.80m，层高 7.5m，框架结构。高压配电室设在风机房的一端。风量调节：根据 ORP（DO）值，自动调节曝气池供气调节阀的开启度，从而影响风机泵房总出风管的压力，风机根据风管压力自动调节风机进、出口导叶片的开启度，调节供风量以维持风管压力的恒定。消声减振：风机房采用封闭式建筑，减少噪声对外界的干扰。机房内设吸声吊顶、吸声墙板。风机基座设橡胶减振装置，车间内的管道采取消声包扎处理。每台风机配进气消声器、放空消声器，风机基础作减振处理，管道与风机连接处设补偿减振器。空气净化：风机房设有进风室，设有粗效过滤器；曝气池空气扩散器采用微孔曝气器，空气先经粗效过滤后.再经与风机配套的空气净化装置随鼓风机配套采购的过滤后送曝气池，以满足微孔曝气器对空气净化度的要求。鼓风机冷却方式：油冷加风冷。鼓风机房的通风：设机械排风、送风系统，采用轴流风机经风道侧送风，屋顶排风机排风。值班室设分体式柜式空调机。风机控制方法：就地控制和集中控制，并设有微机自动监控、集中仪表显示、信号报警及自动保护等装置。风量计量：在 2 根总出风管上各设 1 套插入式威力巴均速流量计，计量供风量。

4. 运行效果

经过运行人员精心管理，对污水处理设施进行反复运行调试，现在出水水质均达到设计排放标准，即《城镇污水厂污染物排放标准(GB 18918-2002)中的一级 B 标准。目前为止各种主要机械设备、仪器仪表和自动化控制系统运转正常，运行效果良好。

5.6.5　纪庄子污水处理厂

1. 纪庄子污水处理厂介绍

1984 年 4 月 28 日投产运行的天津市纪庄子污水处理厂，是我国第一座大型城市污水处理厂。它位于天津市市区西南部，占地 525 亩，日处理污水 26 万 m^3。随着城市排水设施的不断完善，服务面积的不断增大，服务人口的不断增多，上游来水水量大大超过了纪庄子污水处理厂的处理能力。根据天津市排水规划，纪庄子污水处理厂于 2000 年开始进行改扩建工程的设计施工，扩建后的纪庄子污水处理厂占地 550 亩，处理规模为 54 万 t/d，其服务面积为 4140hm^2，人口约为 118 万。考虑到常规的二级活性污泥处理工艺达不到对氨氮和总磷的有效去除，故扩建后的污水处理由原来普通活性污泥法改为 A/O 工艺和 A^2/O 工艺。执行《城镇污水处理厂污染物排放标准》(GB18918-2002）的二级排放标准。水区工艺流程见图 5-27。

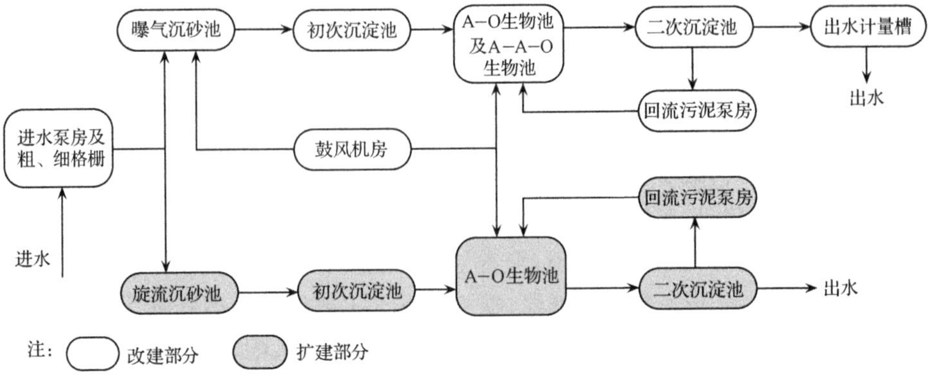

图 5-27 纪庄子污水处理厂工艺流程图

2. 纪庄子污水处理厂 A^2/O 工艺设计参数

改建部分共有 4 座生物池，其中 2 座为 A^2/O 生物池，其设计最大处理水量为 8.5 万 m^3/d。单座 A^2/O 生物池为 54.7m×80.7m×6.3m。2 座 A^2/O 生物池中的厌氧段为 2 个廊道容积为 5880m^3；缺氧段为 6 个廊道容积为 17 640m^3；好氧段为 6 个廊道容积为 17 640m^3。A^2/O 生物池各段参数为：①厌氧段：理论停留时间为 1.78 小时；②缺氧段：池容积为 17 640m^3；污泥浓度为 3.3g/L；泥龄为 10.9d；③好氧段：池容积为 17 640m^3；污泥浓度为 3.3g/L；泥龄为 10.9d；空气量为 15 200m^3/h。

3. 纪庄子污水处理厂执行标准

A^2/O 工艺设计出水水质的氨氮和总氮执行《城镇污水处理厂污染物排放标准》(GB18918-2002)的一级 A 标准，其他指标执行上述标准的二级排放标准。即：悬浮物 SS≤30mg/L；生化需氧量 BOD_5≤30mg/L；化学需氧量 COD_{Cr}≤100mg/L；总氮 TN≤15mg/L；氨氮 NH_4^+-N≤5mg/L；总磷 TP≤3mg/L。纪庄子污水处理厂实际执行的是《城镇污水处理厂污染物排放标准》(GB18918-2002)的二级排放标准。即：悬浮物 SS≤30mg/L；生化需氧量 BOD_5≤30mg/L；化学需氧量 COD_{Cr}≤100mg/L；氨氮 NH_4^+-N≤25mg/L(水温>12℃时)，≤30mg/L(水温<12℃时)；总磷 TP≤3g/L。

4. 纪庄子污水处理厂 A^2/O 工艺运行效果

纪庄子污水处理厂于 2005 年 12 月份开始运行 A^2/O 系统，2005 年 12 月～2006 年 4 月的平均进出水水质、出水水质及去除率见表 5-18。由表 5-18 可得，2005 年 12 月～2006 年 4 月之间，BOD 的去除率平均为 89.15%，COD 的去除率平均为 85.93%，SS 的去除率平均为 85.19%，氨氮去除率平均为 71.16%，总磷的去除率平均为 73.14%。当进水 COD 大于 350mg/L 时，去除率仍然大于 80%；BOD 大于 160mg/L 时，去除率仍然大于 90%。

表 5-18 纪庄子污水处理厂进出水水质及去除率

分析项目 \ 取样点 \ 月份	2005 年 12 月平均值			2006 年 1 月平均值			2006 年 2 月平均值			2006 年 3 月平均值			2006 年 4 月平均值		
	进水	改建系统		进水	改建系统		进水	改建系统		进水	改建系统		进水	改建系统	
		出水	去除率/%		出水	去除率/%		出水	去除率/%		出水	去除率/%		出水	去除率/%
BOD/(mg/L)	120.95	15.96	84.55	143.91	14.21	89.63	112.72	11.98	89.47	195.27	16.83	90.3	188.83	13.3	91.8
COD/(mg/L)	282	48.87	81.96	369.52	49.42	85.58	317.69	42.77	85.07	523.81	56.45	86.87	577.41	49.24	90.16
SS/(mg/L)	81	11	83.37	73	11	83.2	73	14	75	292	13	91.14	289	15	93.26
氨氮/(mg/L)	27.04	4.27	84.21	29.76	2.33	92.17	29.38	2.09	92.87	34.33	18.51	46.08	40.49	24.1	40.48
硝酸盐氮/(mg/L)	1.3	7.83		1.12	14.52		0.98	19.25		1.2	9.58		1.36	3.26	
亚硝酸盐氮/(mg/L)	0.08	0.35		0.16	0.38		0.09	0.56		0.12	0.89		0.08	0.96	
总氮/(mg/L)	37.29	13.94	62.62	42.49	21.07	50.41	40.16	25.82	35.71	51.31	34.74	32.29	62.74	50.34	19.76
凯氏氮/(mg/L)	34.19	15.08		38.1	7.03		37.62	3.73		48.51	22.99		56.62	29.19	
有机氮/(mg/L)	7.15	2.34		8.12	1.75		8.33	1.64		15.1	4.48		16.12	5.09	
总磷/(mg/L)	2.92	0.68	76.71	3.57	0.92	74.23	3.74	2.48	33.69	6.56	0.82	87.5	8.7	0.56	93.56
磷酸盐/(mg/L)	1.81	0.43		2.47	0.66		2.03	1.88		2.36	0.51		3.75	0.2	
pH	7.61	7.29		7.62	7.32		7.52	7.3		7.54	7.33		7.69	7.66	

5. A^2/O 工艺的控制及异常问题的排除

纪庄子污水处理厂 A^2/O 工艺，在运行中是兼顾除磷脱氮的。因此，对其良好的工艺控制及对异常问题的有效排出，显得尤为重要。

(1) ORP 的控制

A^2/O 生物脱氮除磷过程，本质上是一系列生物氧化还原反应的综合，因而工艺控制比较复杂。近年来，国外一些污水处理厂采用氧化还原电位计 ORP 作为 A^2/O 系统的一个工艺控制参数，收到了良好效果。纪庄子污水处理厂也安装了 ORP 在线测定仪表。混合液中的 DO 浓度越高，ORP 值越高。要保证良好的脱氮除磷效果，厌氧段混合液的 ORP 应小于－250mV，缺氧段应控制在－100 mV 左右，好氧段应控制在 40 mV 以上。

(2) 剩余污泥排放系统的控制

剩余污泥排放宜根据泥龄 SRT 进行控制。由于 A^2/O 法中不同的微生物均参与到系统的循环中，因此在系统内要达到所有微生物的最佳生长条件是不可能的事。好氧段中要实现硝化作用，必然需要维持较高的硝化菌数量。硝化菌基本上属于自养型专性好氧细菌，其突出的特点是生长速率慢、世代期长，在系统内要保持较高浓度的硝化菌，就要求在较长的泥龄下运行。A^2/O 法的除磷是通过排泥实现的，这就要求尽可能采用短的泥龄来增加剩余污泥排放量。系统除磷的主体—聚磷菌为短世代微生物，可以在较短的泥龄下正常生长，因此在较短的泥龄下运行时可获得较高的除磷效率。另外，较长的泥龄还会导致系统内糖原累积、非聚磷微生物的增长而使除磷效率大幅度降低。由此看出，控制好剩余污泥排放量，是达到良好的脱氮除磷效果的关键因素之一。依据经验，当泥龄控制在 16d 左右，既有一定的除磷效果，也能保证一定的脱氮效果，但效率都不会太高。

(3) 曝气系统的控制

A^2/O 工艺的曝气量可用式(5-16)进行估算：

$$Q_a = \frac{f_0(BOD_1 - BOD_e)\cdot Q + f_1\cdot(TKN_1 - NH_3 - N_e) - f_2\cdot(TKN_1 - TN_e)}{300E_a} \tag{5-16}$$

式中，f_2 为反硝化产氧系数，取值 2.6；TN_e 为二沉池出水总氮的浓度；f_1 为硝化耗氧系数，一般为 4.57；TKN_i 为入流污水中 TKN 浓度；NH_3-N_e 为出水中 TKN 浓度；BOD_i 为生物池入流污水的 BOD (mg/L)；Q 为入流污水量(m^3/d 或 m^3/h)；f_0 为耗氧系数，与 F/M 有关(当 F/M 在 0.2～0.5kgBOD/(kgMLSS·d)时，f_0 可取 1.0；当 F/M<0.15kgBOD/(kgMLSS·d)时，f_0 可取 1.1～1.2)；E_a 为曝气效率，它与生物池水深、入流水质、混合液溶解氧值、温度等因素有关。

(4) 回流污泥系统的控制

控制外回流比 r 时，应首先保证不使污泥在二沉池内停留时间过长，导致反硝化或磷的二次释放，因此需要保证足够大的回流比；其次，外回流比 r 不能太大，以防将过量的 NO_3^--N 带入厌氧段，影响除磷。

(5) 内回流的控制

内回流比 R 与脱氮效率直接相关。假设脱氮效率为 E_{DN}：

$$E_{DN} = \frac{R + r}{1 + R + r} \times 100\% \tag{5-17}$$

R 越大，系统总的脱氮效率越高，出水 TN 越低。但从另一方面看，R 太高，对脱氮率有不利影响。因为 R 越高，通过内回流自好氧段带至缺氧段的溶解氧越多，会干扰反硝化的进行，使总脱氮率下降。另外，内回流系统会提高污水处理厂的运行成本，因此，在满足《城镇污水处理厂污染物排放标准》(GB18918-2002)二级标准的情况下，可以暂时关闭内回流。

6. 异常问题的排除

(1) 进水 BOD 偏低

在运行中，经常会遇到进水 BOD_5 偏低的情况。由于进水 BOD_5 较低会造成 BOD 负荷过低，聚磷菌不能充分进行同化作用，降低了对磷的摄取能力。因此，纪庄子污水处理厂制定了一个标准，当进水 BOD_5 低于 100mg/L 时，超越初沉池，以保证 A^2/O 生物池内具有足够的营养物供给聚磷菌。在超越初沉池的运行中，不一定要完全超越，一般情况下可以部分超越，应根据进水 BOD 和 A^2/O 生物中的污泥浓度以及二沉池出水的 TP 来综合考虑，并兼顾到剩余污泥的排放量。

(2) 潜水搅拌器的安装角度

安装于厌氧段、缺氧段的搅拌器的运行是否正常，以及安装角度是否合适非常重要。由于污泥在厌氧区发生反硝化作用，在池面产生少量浮泥是正常现象。但如果搅拌器运行不正常或安装角度不合适，不但影响微生物在水体中的均匀分布，使其不能很好的处于悬浮状态与污水充分接触，而产生大量浮泥。因此，调节好搅拌器的角度，将会大大减少浮泥的产生。

(3) 生物浮沫的问题

纪庄子污水处理厂运行近半年来，偶尔会受到生物浮沫的困扰，生物浮沫对污水厂的运行是非常不利的：在生物池或二沉池中出现大量丝状微生物，水面上积聚、漂浮大量泡沫；造成出水有机物浓度和悬浮固体升高。为了从根本上解决问题，在运行中降低初沉池的水力停留时间，减少初沉池对无机以及有机悬浮物的截留，提高生物处理系统的有机负荷，增加悬浮污泥的比重，在解决生物浮沫问题的同时解决了脱氮除磷的系统的碳源问题，提高了系统的脱氮除磷效率。

(4) ORP 的调整

在运行中，如发现厌氧段 ORP 升高，则预示着除磷效果已经或将降低。应立即分析原因：①回流污泥带入太多的 NO_3^--N ；②搅拌强度太大，产生空气复氧。解决措施：降低回流污泥量或暂时关闭潜水搅拌器。如缺氧段 ORP 升高，则预示内回流比太大，搅拌强度太大，产生空气复氧。好氧段 ORP 降低，则说明曝气量不足，均应采取相应措施予以解决。

7. 纪庄子 A^2/O 工艺单元的节能降耗措施

在污水处理工艺中，生物反应单元是其核心，这一部分工艺控制的好坏直接关系到整个污水处理厂的水质处理效果。而生物反应单元又是污水处理过程中耗能最大的单元之一，因此合理协调和控制其中的各个组成部分，可以在满足运行效果的同时，达到节能降耗、降低运行成本、提高污水处理效率的目的。

(1) 溶解氧的控制

生物池 DO 值的运行控制是污水处理厂中至为重要的环节，该运行控制品质的好坏，直接关系到出水质量和污水厂的能耗的高低。溶解氧控制的主要目标是：确保供氧量满足有机物氧化分解过程动态变化的需要并且维持一个期望的混合液

DO 浓度;有效的控制氧气的传输以最大限度的减小曝气能耗;最大限度地减少实现这一目标所需的人力。

需氧量的变化使得操作人员很难手动控制空气流速和空气分配量,自动控制是曝气系统运行控制的最佳方式,它可以最大限度地减小与曝气不足或过量有关的运行问题,最大限度地减少曝气能量消耗。一般来说,采用自动控制曝气的方式节能可达 25%~40%。在生物反应过程中,溶解氧的变化率可用式(5-18)来表示:

$$\frac{\mathrm{d}c}{\mathrm{d}t} = \alpha K_{\mathrm{La}}(\beta C_{\mathrm{s}} - C) - \gamma \tag{5-18}$$

式中,$\mathrm{d}c/\mathrm{d}t$ 为溶解氧的变化率,mg/(L·h);K_{La} 为氧在清水中的总转移系数,h^{-1};α 为修正系数;C_{s} 为氧在清水中的溶解度,mg/L;β 为修正系数;C 为氧在污水中的实际浓度,mg/L;γ 为生物池中氧的消耗速率,mg/(L·h)。

纪庄子污水处理厂的曝气量控制分两个环节(图 5-28):①根据好氧出水廊道的溶解氧值调节生物池的空气阀门开度;②根据空气总管压力,调节鼓风机导叶片。

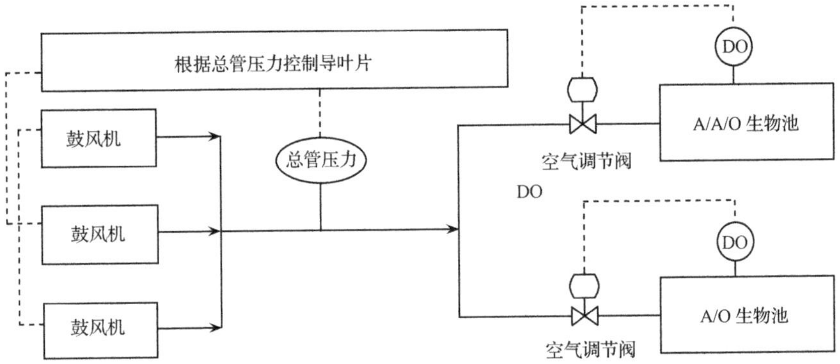

图 5-28　纪庄子污水处理厂溶解氧及鼓风机控制流程

溶解氧值偏高:这时应调节鼓风机的导叶片,降低风量。如果此时有多台鼓风机在运行,应调节累计运行时间长的两台鼓风机的导叶片,使其流量降低,当这两台鼓风机流量之和再加上一预先设定值后小于单台鼓风机气量时,关闭运行时间最长的鼓风机。设定值的作用是设置了一个缓冲区,以避免鼓风机的频繁启停。

溶解氧分配不均:生物池的溶氧值有的偏高,有的偏低。这时应先根据溶氧值调节出口阀门,进行气量的重新分配,鼓风机则根据空气总管的压力调节导叶片,以维持总管压力的稳定,如果阀门开度均已达到最大,而溶氧值还未达到目标,则应调节鼓风机导叶片增加鼓风机的流量。

溶解氧值偏低:所有生物池的溶氧值均偏低。这时应逐步增加阀门的开度,减小管网阻力，当阀门开度达到最大时，溶氧值还未达标，则应调节鼓风机的导叶片增加流量。如果在设定时间内，溶氧值还未达标，应增加开启一台鼓风机。此设定时间为溶解氧测量系统的时间常数，一般约为 10～30min。

(2) 风机的运行控制

曝气系统中最为重要的是鼓风机的控制和空气分配系统的控制，鼓风机是污水处理厂中的能耗大户，如何提高鼓风机的运行效率、降低其能耗是一个重要的研究课题。鼓风机在工况点的效率并不完全取决于鼓风机本身，而是和整个曝气系统密切相关。

污水处理厂污水处理量日均变化范围大，亦即需氧量变化大，要求鼓风机的风量调节范围宽。鼓风机的调节控制方法主要有鼓风机出口节流调节、进口流量调节、鼓风机进口导叶片调节和出口扩压器调节等方式，或几种方式共同调节。进口导叶片调节：进口导向控制组件装配在鼓风机上，导向叶在鼓风机叶轮入口处呈辐射状均匀分布，在气体进入叶轮产生一定程度的预旋，在同一流量下改变鼓风机产生的能头，从而改变鼓风机的性能曲线。进口导叶片的功能就是使流经导叶片的气体产生不同程度的旋转，当产生正旋转时，鼓风机性能曲线下移，能头减少，压比降低，流量下降；当产生负旋转时，鼓风机性能曲线上移，能头增加，压比增大，流量增加。这样，在鼓风机转速不变的情况下，通过调节导叶片可以改变鼓风机的性能曲线。

(3) 鼓风机的配置方式

大型城市污水处理厂需氧量大，往往需要几台鼓风机并联运行，以提高送风量。这就需要研究鼓风机并联时其性能曲线的变化。图 5-29 描述了两台并联运行的鼓风机工作曲线，其中曲线 3、4 是并联工作的第一台和第二台鼓风机，曲线 5 是并联后的总性能曲线。曲线 1 是压力容器的特性线，曲线 2 是普通管网的特性线。点 a、b、c 和点 a'、b'、c' 是鼓风机在两种条件下并联后的工况点。从图 5-28 中可以看出：

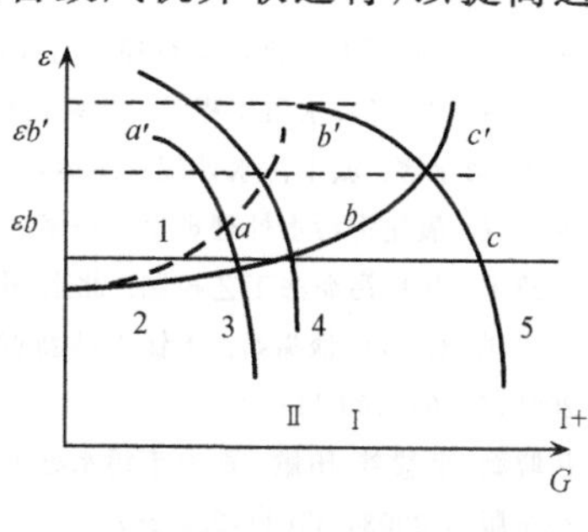

图 5-29　鼓风机并联工作曲线

① 并联后鼓风机的工况点参数中，流量为在此种工况下两台鼓风机流量之和：$Q_c = Q_a + Q_b$，$P_c = P_a = P_b$ 和 $Q'_c = Q'_a + Q'_b$，$P'_c - P'_a = P'_b$。

② 鼓风机并联工作时，每台鼓风机的工况点与单独工作时的工况点是不同的。由于流量增加，管网阻力也同时增加，每台鼓风机在相同压力下的流量要比并联前小，所以并联工作的总流量比每台鼓风机单独工作时的流量之和要小。

③ 鼓风机并联工作时，如果管网阻力增加，管网性能曲线上移，鼓风机曲线 4

达到喘振点，这说明，为了使并联工作时鼓风机有较宽的稳定工况范围，鼓风机Ⅱ的稳定工况范围要尽可能大些。

④ 当需要较大流量，一台鼓风机不能满足工艺要求时，或者流程中用气量经常变动，可以把一台作为主要鼓风机，另外一台作为辅助鼓风机（在需气量大时工作，在需气量小时停机），这种情况适合鼓风机并联工作。其控制原则是，只允许最少数量的鼓风机运转来满足风量的需求。在运行的几台鼓风机中平均分配负荷，以达到每台鼓风机长时间高负荷运转，保持最高的效率的目的。

(4) 变频泵的运行控制

纪庄子污水处理厂 A^2/O 生物池的回流污泥泵房设有一台变频泵，采用变频器驱动具有很高的节能空间。它可以根据安装在回流污泥泵房的超声波液位计提供的当前液位值，控制开泵台数及流量，从而在工艺需求的基础上，达到节能降耗的目的。由流体力学可知，P(功率)$=Q$(流量)$\times H$(压力)，流量 Q 与转速 N 的一次方成正比，压力 H 与转速 N 的平方成正比，功率 P 与转速 N 的立方成正比，如果水泵的效率一定，当要求调节流量下降时，转速 N 可成比例的下降，而此时轴输出功率 P 成立方关系下降。即水泵电机的耗电功率与转速近似成立方比的关系。纪庄子污水处理厂一台回流污泥泵电机功率为55kW，当转速下降到原转速的4/5时，其耗电量为28. 16kW，省电48. 8%，当转速下降到原转速的1/2时，其耗电量为6. 875kW，省电87.5%。

参考文献

[1] 王洪臣. 城市污水处理厂运行控制与维护管理. 北京：科学出版社，2002

[2] 李圭白，张杰等. 水质工程学. 北京：中国建筑工业出版社，2005

[3] 马勇，彭永臻. 城市污水处理系统运行及过程控制。北京：科学出版社，2007

[4] 邓荣森. 氧化沟污水处理理论与技术. 北京：化学工业出版社，2006

[5] 张建丰. 活性污泥法工艺控制. 北京：中国电力出版社，2006

[6] 蒋岚岚，刘学红，谈振娇. 无锡太湖新城污水处理厂改良型 A²/O 工艺的调试与运行. 污染防治技术，2007，20(6)：109-111

[7] 岳晓勤，李慧君，田敏. 西安市污水处理厂改扩建工程工艺及其系统调试. 西安建筑科技大学学报(自然科学版)，2003，35(3)：264-267

[8] 娄金生，谢水波. 提高 A²/O 工艺总体处理效果的措施. 中国给水排水，1998，14(3)：27-31

[9] 仝恩丛，郭会杰，赵福欣，郁伟杰. 保定市污水处理总厂 A²O 工艺运行管理. 给水排水，2000，26(2)：6-10

[10] 王凯军. 活性污泥膨胀的机理与控制. 北京：中国环境科学出版社，1992

[11] 郝晓地，朱景义，曹秀芹. 污泥膨胀形成机理及控制措施研究现状和进展. 环境污染治理技术与设备，2006，7(5)：1-9

[12] 巫晶晶，陈素艳，邓清莲，林建清. 污泥膨胀的诱因及控制措施. 净水技术，2006，25(1)：49-52

[13] 崔和平，钟艳萍. 丝状菌污泥膨胀的原因及其控制方法. 中国给水排水，2004，20(6)：99-101

[14] 郝晓地. 可持续污水-废物处理技术. 北京：中国建工出版社，2006

[15] Palm J C, Jenkins D, Parker D S Relationship between organic loadings, dissolved oxygen concentration and sludge settle-ability in the completely mixed activated sludge process. J Wat Pollut Control Fed, 1980, 52 (10) : 2484-2506

[16] Kappeler J, Gujer W. Verification and applications of a mathematical model for"aerobic bulking". Wat Res, 1994, 28 (2): 311-322

[17] Sezgin M, Jenkins D, Parker D S. A unified theory of filamentous activated sludge bulking. J Wat Pollut Control Fed, 1978, 50 (2) : 362-381

[18] Jenkins D. Towards a comprehensive model of activated sludge bulking and foaming. Wat Sci Tech, 1992, 25 (6):215-230

[19] Kruit J, Hulsbeek J, Visser A. Bulking sludge solved? Wat Sci Tech, 2002, 46 (1~2): 457-464

[20] Eikelboom D H, Andreadakis A, Andreasen K Survey of filamentous populations in nutrient removal plants in four European countries. Wat Sci Tech, 1998, 37 (4/5) : 281-289

[21] Wanner J, Grau P Filamentous bulking in nutrient removal activated sludge systems. Wat Sci Tech, 1988, 20 (4/5) : 1-8

[22] BualiA M, Horan N J. Variable morphology in certain filamentous bacteria and implications of this for theories of activated sludge bulking. Environ Tech Lett, 1989, 10(11) : 941-950

[23] Lau O A, Strom P F, Jenkins D. Growth kinetics of *Sphaerotilusnatans* and a floc former in pure and continuous culture. J Wat Pollut Control Fed, 1984, 56 (1) : 41-51

[24] Van LoosdrechtM. C M, Eikelboom D, Gjaltema A, et al. Biofilm structures. Wat Sci Tech, 1995, 32 (8) : 35-43

[25] MartinsA M P, Van LoosdrechtM C M, Heijnen J J. Effect of feeding pattern and storage on the sludge settle ability under aerobic conditions. Wat Res, 2003, 37(11): 2555-2570

[26] Chudoba J, Ottova V, Madera V. Control of activated sludge filamentous bulking-Ⅰ. Effect of the hydraulic regime or degree of mixing in an aeration tank. Wat Res, 1973, 7 (9): 1163-1182

[27] Chudoba J, Grau P, Ottovla V. Control of activated sludge filamentous bulking-Ⅱ. Selection of microorganisms by means of a selector. Wat Res, 1973, 7 (10): 1398-1406

[28] Van Niekerk A M, Jenkins D, RichardM G. The competitive growth of Zoogloea ramigera and Type 021N in activated sludge and pure culture: A model for low F /M bulking. J Wat Pollut Control Fed, 1987, 59 (5) : 262-273

[29] Casey T G, Wentzel M C, Ekama G A biochemical/microbiological model for proliferation of anoxic-aerobic (AA) filamentous organisms. Wat S A, 1999, 25 (4): 443-451

[30] Horan N J, Bu AliA M, Eccles C R. Isolation, identification and characterisation of filamentous and floc-forming bacteria from activated sludge flocs. Environ Tech Lett, 1988, 9 (5) : 449-457

[31] Martins A M P, Van Loosdrecht M C M, Heijnen J J. Effect of dissolved oxygen concentration on sludge settle ability. Appl Microbiol Biotechnol, 2003, 62 (5/6) :586-593

[32] Martins A M P. Bulking sludge control: Kinetics, substrate storage, and process design aspects. Enschede: Printpartners Ipskamp, 2004.

[33] Martins A M P, Van Loosdrecht M C M, Heijnen J J. Bulking sludge in biological nutrient removal systems. Biotechnol Bioeng, 2003, 86 (2) : 125-135

[34] Takacs I, Fleit E. Modelling of the micromorphology of the activated sludge floc: Low DO, low *F/M* bulking. Wat Sci Tech, 1995, 31 (2): 235-243

[35] Cenens C, Smets I Y, Van Impe J F. Modelling the competition between floc-forming and filamentous bacteria in activated sludge waste water treatment systems I. Evaluation of mathematical models based on kinetic selection theory. Wat Res, 2000, 34 (9): 2525-2534

[36] Cenens C, Smets I Y, Van Impe J F. A prototype mathematical model based on kinetic selection and filamentous backbone theory. Wat Res, 2000, 34(9): 2535-2541

[37] StillD A, Ekama G A, Wentzel M C, et al. Stimulation of the selector effect under aerobic conditions. Wat S A, 1996, 22 (2): 97-118

[38] Daigger G T, Robbins M H, Marshall B R The design of a selector to control low *F/M* filamentous bulking. J Wat Pollut Control Fed, 1985, 56 (3) : 220-226

[39] Wilderer P A, Irvine R L, Goronszy M C. Sequencing batch reactor technology. Scientific and Technical Report No. 10. Great Britain: IWA Publishing, 2001

[40] Lakay M T, Hulsman A, Ketley D, et al. Exploratory experimental investigations. Wat. S. A. , 1999, 25 (4): 383-396

[41] Shao Y J, Jenkins D. The use of anoxic selectors for the control of low *F/M* activated sludge bulking. Wat Sci Tech, 1989, 21 (6/7): 609-619

[42] Chiesa S C. Growth, control of filamentous organisms in activated sludge systems. Ph D Dissertation. Notre Dame: University of Notre Dame, 1982

[43] Randall C W, Barnard J L, Stensel H D. Design and retrofit of wastewater treatment plants for biological nutrient removal. Lancaster, PA: Technomic Publishing Co. Inc. , 1992

[44] Mino T, Van Loosdrecht M C M, Heijnen J J. Microbiology and biochemistry of the enhanced biological phosphate removal process. Wat. Res. , 1998, 32 (11): 3193-3207

[45] Albertson O E. The control of bulking sludges: From the early innovators to current practice. J Wat Pollut Control Fed, 1987, 59 (4) : 172-182

[46] Van Loosdrecht M C M, Brandse F A, De Vries A C Upgrading of waste water treatment processes for integrated nutrient removal: The BCFS process. Wat Sci Tech, 1998, 37 (9): 209-217

[47] Ekama G A, Wentzel M C, Casey T G, et al. Filamentous organism bulking in nutrient removal activated sludge systems. Paper 6: Review, evaluation and consolidation of results. Wat S A, 1996, 22 (2): 147-152

[48] Ekama G A, Marais GvR. The implications on the IAWPRC hydrolysis hypothesis on low *F/M* bulking. Wat. Sci. Tech. , 1986, 18 (6): 11-19

[49] 崔福义，彭永臻，南军. 给排水工程仪表与控制(第二版). 北京：中国建筑工业出版社，2006

[50] 李亚峰，晋文学. 城市污水处理厂运行管理. 北京：化学工业出版社，2005

[51] 卜秋平，陆少鸣，曾科. 城市污水处理厂的建设与管理. 北京：化学工业出版社，2002

[52] Olsson G, Newell R B. Wastewater Treatment Systems-Modeling, Diagnosis and Control. London, United Kingdom: IWA Publishing, 1999

[53] Spanjers H, Vanrolleghem P A, Olsson G, Dold P L. Respirometry in Control of the Activated Sludge Process: Principles. IAWQ Scientific and Technical Report No. 7, 1998b

[54] Spanjers H, Vanrolleghem P, Nguyen K, Vanhooren H, Patry G G. Towards a Simulation-Benchmark for Evaluating Respirometry-Based Control Strategies. Wat Sci Tech, 1998, 37(12): 219-226

[55] 施汉昌，张杰远，张伟，陈吉宁. 快速生物活性测定仪的发展. 环境污染治理技术与设备. 2001, 2(3): 87-95

[56] 马勇，彭永臻. 城市污水处理系统仪表、控制和自动化. 北京：中国建工出版社，2007
[57] 高景峰、彭永臻. 污水处理系统的建模、诊断和控制. 北京：化学工业出版社，2005 年
[58] 陈曦，戴兴春，黄民生. PHB 和 OUR 在城市污水 A^2/O 处理系统监测和预警中的作用. 2007，水世界-中国城镇水网，http://www.chinacitywater.org/xsdt/xslw/czgps/wfscl/18208.shtml
[59] 朱明权. A^2/O 法过程控制及氮磷浓度的在线测定. 给水排水. 1997，23(4)：60-65
[60] 王华丰. 基于 ASM2 的 A^2/O 工艺机理模型及自动控制研究：[硕士论文]. 杭州：浙江大学，2005
[61] Baeza J A, Gabriel D, Lafuente J. Improving the nitrogen removal efficiency of an A^2/O based WWTP by using an on-line Knowledge Based Expert System. Water Research, 36 (2002): 2109-2123
[62] 李亚新. 活性污泥法理论与技术. 北京：中国建筑工业出版社，2007
[63] 崔玉川，刘振江，张绍怡. 城市污水厂处理设施设计计算. 北京：中国建筑工业出版社，2004
[64] 周雹. 活性污泥工艺简明原理及设计计算。北京：中国建筑工业出版社，2005
[65] 李勇，黄勇. 泥龄在 A^2/O 法设计和运行中的应用. 工业用水废水，2005，36(1)：51-55
[66] 邱慎初，丁堂堂. 探讨城市污水生物处理出水的总磷达标问题. 中国给水排水，2002，18(9)：23-25
[67] 李亚新，李林永. A^2/O 工艺处理焦化废水述评. 科技情报开发与经济. 2004，14(1)：128-131
[68] 贺建忠，郝志强. 焦化废水处理工艺及运行管理效果. 科技情报开发与经济，2007，17(21)：172-174
[69] 阮文权. 废水生物处理工程设计实例详解. 北京：化学工业出版社，2006
[70] 郑兴灿. 城市污水处理技术决策与典型案例. 北京：中国建筑工业出版社，2007
[71] 韩绍瑜. A^2/O 系统高效运行技术的研究：[硕士论文]. 天津：天津大学，2006

第6章 A²/O 变形工艺及其工程应用

为解决 A^2/O 工艺碳源不足及其引起的硝酸盐进入厌氧区干扰释磷的问题，研究者们进行了三方面的工艺改进：一是解决硝酸盐干扰释磷问题而提出的工艺，如 UCT、MUCT 等工艺；二是直接针对碳源不足而采取解决措施，如补充碳源、改变进水方式，为反硝化和除磷重新分配碳源，进而形成了一些新的工艺，如 JHB 工艺、倒置 A^2/O 工艺等；三是随着反硝化除磷细菌 DPB 的发现形成了以厌氧污泥中 PHB 为反硝化碳源的工艺，如 Dephanox 工艺和双污泥系统的除磷脱氮工艺。另外为了提高生物除磷脱氮工艺处理效率，可对系统进行以下改造，从而提高进水有机物浓度。最简单的方法是关闭部分初沉池，使其余的初沉池超负荷运行，降低初沉池的处理性能，增加进入二级处理的有机物的量，或者取消初沉池或缩短初次沉淀时间，使沉砂池出水中所含大量颗粒性有机物直接进入生化反应系统。第二种方法是设置临时管线，将初沉污泥直接送入二级处理。第三种方法是补建初沉污泥发酵系统，产生挥发酸，送入二级处理系统。

6.1 倒置 A²/O 工艺

6.1.1 倒置 A²/O 工艺的提出

通过大量试验研究与机理分析，针对污水生物除磷反应机制问题，张波等人提出并验证了如下理论观点[1-3]：

(1) 聚磷菌有效释磷水平的充分与否，并不是决定系统除磷能力的必要条件。

(2) 推进聚磷菌过度吸磷的本质动力与厌氧历时和厌氧环境的程度有关。在一定范围内，厌氧历时越长，厌氧的程度越充分，该动力越大。

(3) 聚磷菌以氧作为电子受体的聚磷生成效率显著大于以 NO_3^--N 作为电子受体的生成效率。

以此为理论基础，张波等人首次提出了倒置 A^2/O 工艺，该技术利用不同水质条件的城市污水进行了现场试验研究。与传统 A^2/O、UCT、VIP 等工艺相比，倒置 A^2/O 工艺的创新点在于将厌氧、缺氧环境倒置，形成了缺氧-厌氧-好氧的流程形式，从根本上解决了生物脱氮除磷系统存在的一系列问题[4]。

传统 A^2/O 工艺内循环的存在使得部分剩余污泥实际上未经历完整的释磷、吸磷过程，影响除磷效果；由于缺氧区位于系统中部，反硝化在碳源分配上居于不利地位，因而影响了系统的脱氮效果。而实际运转经验表明，按照缺氧/好氧两段设计的脱氮工艺系统也常常表现出良好的除磷能力。

对常规脱氮除磷工艺来说，在所有参与内外循环的污泥中，通常只有占总数不到一半的回流污泥经历了完整的释磷、吸磷过程，而大部分污泥实际上没有经过厌氧阶段而直接进入缺氧和好氧环境。相应地，其所排放的剩余污泥中富磷污泥的含量实际上也只占一少部分，因而影响了系统的除磷效果。与此不同，倒置 A^2/O 工艺允许参与回流的所有污泥全部经历完整的释磷、吸磷过程，故其排放的剩余污泥含磷更高，系统的除磷效果也更好，具有一种"群体效应"优势[5, 6]。在倒置 A^2/O 工艺中，缺氧段优先得到碳源，故其脱氮能力得到明显增强。而且由于污泥回流至缺氧段，缺氧段污泥浓度可较好氧段高出 50%左右，单位池容的反硝化速率明显提高，反硝化作用能够得到有效保证。

6.1.2　倒置 A^2/O 工艺脱氮除磷原理与特点

1. 倒置 A^2/O 工艺脱氮除磷原理

倒置 A^2/O 工艺生化反应流程如图 6-1 所示。进入生化反应系统的污水和循环污泥一起进入缺氧区，污泥中的硝酸盐，在反硝化菌的作用下进行反硝化反应，将硝酸盐氮转化为氮气，实现了系统的前置脱氮。在不同进水方式下，系统进水全部或大部分直接进入缺氧区，优先满足了反硝化的碳源要求，故提高了处理系统的脱氮效率[7]。

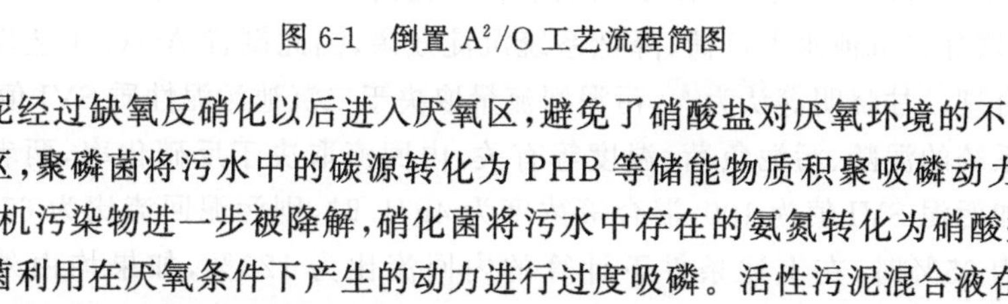

图 6-1　倒置 A^2/O 工艺流程简图

污泥经过缺氧反硝化以后进入厌氧区，避免了硝酸盐对厌氧环境的不利影响。在厌氧区，聚磷菌将污水中的碳源转化为 PHB 等储能物质积聚吸磷动力。在好氧区，有机污染物进一步被降解，硝化菌将污水中存在的氨氮转化为硝酸盐氮，同时聚磷菌利用在厌氧条件下产生的动力进行过度吸磷。活性污泥混合液在二沉池进行泥水分离，一部分污泥回流到系统前端，另一部分富含磷的剩余污泥从系统中排出，从而实现生物除磷的目的。

2. 倒置 A^2/O 工艺技术特点

(1) 系统优先满足微生物脱氮的碳源要求，反硝化容量充分，系统脱氮能力得到显著加强，同时也避免了回流污泥中携带的硝酸盐对厌氧区的不利影响；

(2) 聚磷微生物经历厌氧环境之后直接进入生化效率较高的好氧段，其在厌氧环境下形成的吸磷动力得到了更有效率的利用；

(3) 参与循环的微生物全部经历了完整的厌氧-好氧过程，具有“群体效应”，因而显著提高了系统的氮磷脱除能力；

(4) 通过取消或缩短初沉池的时间，改善了活性污泥的沉降性能，提高了活性污泥浓度，为硝化和反硝化同步进行提供了有利条件，系统的脱氮效率进一步提高；

(5) 倒置 A^2/O 工艺延长了非曝气历时，将常规 A^2/O 工艺的污泥回流系统与混合液内循环系统合二为一，流程简捷，便于管理，节省了基建投资与运行费用。

此外，系统进水可以采用分点进水方式，在满足反硝化碳源需求的同时，部分污水直接进入厌氧区，增强厌氧压抑状态，聚磷菌的过度吸磷动力得到加强，可以进一步强化系统除磷功能。

3. 倒置 A^2/O 工艺存在主要问题

(1) 在倒置 A^2/O 工艺中，为了保证除磷效果，必须在倒置缺氧池中去掉回流污泥中的高浓度硝态氮，这需要有大量的碳源和相当大的缺氧池容积，这两个条件都很难满足。

(2) 倒置缺氧池带来的主要问题仍然是反硝化与释磷对碳源有机物的竞争。原污水先进入缺氧池再进入厌氧池，污水中的易生物降解有机物将优先被反硝化菌利用，聚磷菌将得不到足够碳源，影响除磷效果。为了解决这个矛盾，可将原污水分配给缺氧池和厌氧池，分别为脱氮和除磷提供碳源，这导致进入缺氧池和厌氧池的可利用碳源都比一般 A^2/O 工艺要少。由于倒置缺氧池的氮负荷很高，提供的碳源又少，其脱氮效率也很难保证。

(3) 倒置 A^2/O 工艺仅采用外回流，为了提高系统脱氮率，需要增加污泥回流量，这会增加二沉池水力负荷，降低系统沉淀效果，因此倒置 A^2/O 工艺取消内回流并不合理。甘晓明等认为[8]，污泥回流量取决于二沉池污泥性质 SVI 值，而 SVI 值又与系统的泥龄、污泥负荷、温度等有关，内回流取决于反硝化率，两者不可混淆。假如污泥 SVI 值为 100，混合液浓度为 4g/L 时，则污泥回流比为 67%，当反硝化率为 65%时，在上述条件下计算的内回流比为 120%，如果均由外回流承担，则回流量为 1.87Q。试想二沉池中，进入池中流量为 2.87Q，其中 1.87Q 由池底回流，这种情况下二沉池的稳定性成问题；同时，当水质水量变化或在不同的季节、不同的工况条件下，无法随时调节回流比，因为每次调节回流比都会改变二沉池的固体通量，污泥的 SVI 值也相应改变，引起二沉池流态的变化，影响出水的效果。

(4) 我国的城市污水 COD/TN 比值普遍较低，则随回流污泥进入厌氧区的硝酸盐对除磷的不利影响尤为明显。高廷耀、张波等(1997)年提出倒置型 A^2/O 工艺时[5]，我国城市污水处理厂执行《污水综合排放标准》(GB 8978-1996)，该标准对城市污水处理厂除磷的要求较高，一、二级标准分别为磷酸盐(以 P 计)≤0.5mg/L 和 1.0mg/L，而对氨氮的排放标准则要求较低，一、二级标准 NH_4^+-N 分别为 15mg/L 和 25mg/L。对总氮指标没有限制。换句话说，只要求硝化和除磷，不要求脱氮。应该说，倒置 A^2/O 工艺非常适合这种要求。要求硝化、除磷而不要求脱氮时，没有必要对全部污水进行脱氮处理，只需对回流污泥脱氮，这样可以消除回流污泥中硝态氮对除磷的不利影响提高除磷效率。回流污泥是返回厌氧池的，需要在进入厌氧池前脱氮，厌氧池后边并不要求脱氮，也就是说缺氧池理应设在厌氧池前而不是在厌氧池后，倒置 A^2/O 工艺正是只对回流污泥脱氮。从 2003 年 7 月 1 日起城市污水处理厂执行《城镇污水处理厂污染物排放标准》(GB18918-2002)，对氨氮、总氮和总磷都有严格要求，换句话说，不但要求硝化和除磷，还要求反硝化脱氮。此时应用倒置 A^2/O 工艺就不能同时满足氮磷的去除，应用该工艺需要慎重。

4. 倒置 A^2/O 和传统 A^2/O 工艺的对比

张波等人以上海市某污水处理厂沉砂池出水作为处理对象[7]。实验水质特征：COD 350～800mg/L；BOD_5 150～400mg/L；NH_4^+-N 17～30mg/L；TKN 50～75mg/L；TP 8.0～14.0mg/L。实验采用两套完全平行的小型试验工艺系统进行对比研究。一套以常规 A^2/O 工艺的 A1/A2/O(厌氧/缺氧/好氧)方式运行，另一套以倒置 A^2/O 工艺的 A2/A1/O(缺氧/厌氧/好氧)方式运行。系统生化反应装置的有效容积为 77.2L，各反应区段由隔板隔开，其体积比为 A2 (A1)∶A1 (A2)∶O ＝ 1∶1∶2 。两装置的水力停留时间均为 8h，二沉池沉淀时间为 2.1h，SRT 为 12d。污水由沉砂池出水区引下，进入生化反应装置。其好氧区采用穿孔管曝气，非曝气区采用机械搅拌浆搅拌。试验采用的工艺参数和运行结果见表 6-1。由于倒置 A^2/O 工艺取消了内循环，因此其回流系统只有一个，总回流比也比常规 A^2/O 工艺减少了 20 %。

表 6-1　倒置 A^2/O 和常规 A^2/O 运行参数与处理效果

	DO /(mg/L)	回流比		MLVSS /(mg/L)	COD/(mg/L)			TN/(mg/L)			TP/(mg/L)		
		污泥回流比	内循环		进水	出水	去除率	进水	出水	去除率	进水	出水	去除率
倒置 A^2/O	1.8	2.0	0	2117	446	39.9	91.1	58.1	8.9	84.7	9.6	0.67	93
常规 A^2/O	2.0	0.7	1.8	1960	446	38.7	91.3	58.1	14.9	74.4	9.6	1.5	84.3

从表6-1中可知，两种工艺的COD去除能力相当，并均高达90%以上，出水最高COD均在50mg/L以下。可以说，倒置A^2/O工艺在COD去除能力方面与常规A^2/O工艺相当，是令人满意的。但是值得注意的是，两个系统的氮磷脱除功能有明显差异。倒置A^2/O工艺的出水TN是8.9mg/L，去除率为84.7%；常规A^2/O工艺的出水TN是14.9mg/L，去除率为74.4 %。倒置A^2/O工艺的出水TP仅为0.67mg/L，其TP去除率比常规A^2/O工艺高出近9%。系统出水水质的这种显著差异说明倒置A^2/O工艺的氮磷脱除功能的确优于常规工艺。

倒置A^2/O工艺与常规A^2/O工艺最根本的区别是把缺氧段提前，在碳源上，变优先满足微生物释磷为优先满足微生物脱氮。由于反硝化能够优先获得易降解COD，因此倒置A^2/O工艺缺氧区的反硝化速率得以大幅度提高，系统的脱氮功能也由此得到加强。现场测定表明，倒置A^2/O工艺缺氧区的比反硝化速率可比常规A^2/O工艺A2区高40%～50%。通常人们感到比较担心的是，倒置A^2/O工艺把缺氧段提前，实际上是把微生物释磷置于碳源不利的位置，如此做法，系统的除磷功能果真能够提高而不是下降吗？应该说，这种担心是合理的。事实上，实验表明，无论水质怎样变化，倒置A^2/O工艺厌氧区的有效释磷水平总是低于常规A^2/O工艺。与传统理论关于生物除磷机理的认识不同，倒置A^2/O工艺认为，聚磷微生物在厌氧条件下的释磷，是微生物当环境中存在某些易降解基质(如VFA等)时的一种自然的代谢现象。即使是在缺氧或好氧状态，只要有较多的此类物质存在，微生物同样会表现出释磷行为。就聚磷微生物过度吸磷能力而言，厌氧环境是必要的，而且具有十分重要的作用。在一定范围内，厌氧历时越长，厌氧的程度越充分，微生物过度吸磷的动力越大。而微生物厌氧有效释磷水平本身并不对其过度吸磷能力具有决定性影响。按照这种认识，倒置A^2/O工艺把厌氧区置于缺氧区之后，既提高了缺氧区的反硝化速率，又避免了回流污泥中硝酸盐和微量的溶解氧对厌氧区的不利影响。这种布置方式使倒置A^2/O工艺厌氧区的厌氧程度更加充分，从而强化了微生物的过度吸磷能力。微生物经历厌氧区后直接进入生化效率较高的好氧区，其在厌氧环境下形成的吸磷动力可以得到更有效的利用。因此，尽管倒置A^2/O工艺中微生物释磷水平较低，但由于厌氧环境充分，微生物过度吸磷动力大，其生物除磷功能反而优于常规A^2/O工艺，此外，在倒置A^2/O工艺中参与回流的全部污泥均经历了完整的厌氧-好氧过程，在除磷方面具有一种“群体效应”，也是十分有利的。由于将内循环和污泥回流合二为一，倒置A^2/O工艺的工艺流程较常规A^2/O工艺更为简捷，建设和运行费用也会相应降低。传统活性污泥法工艺系统如欲改造成倒置A^2/O工艺，只需要在适当位置进行分隔，在非曝气区增设混合设备并适当提高污泥回流比就可以了。因此该工艺较常规A^2/O工艺更宜于推广应用。

甘晓明在江苏某污水处理厂现场进行了倒置 A^2/O 工艺中试试验[8]。研究获得在设备运行稳定后，出水 COD 达到 90mg/L 以下，去除率在 86%以上，满足了 100mg/L 的出水标准要求。BOD 有 90%以上的去除率，出水达到 10mg/L 以下。出水 TN 在温度较低不易处理的情况下仍可以控制到 9mg/L 以下，去除率基本为 80%左右。出水 TP 在 0.5 mg/L 左右，去除率稳定在 85%以上。

6.1.3　倒置 A^2/O 工艺在实际生产中的应用

可以说倒置 A^2/O 工艺在实际生产中获得了较广泛的应用。如常州市城北污水处理厂设计总规模已达 $15\times10^4m^3/d$ ，一期原采用活性污泥工艺，二期原采用 A^2/O 工艺，后均改为倒置 A^2/O 工艺。常州市清潭污水处理厂始建于 1981 年，总规模为 $2.5\times10^4m^3/d$，现改造为倒置 A^2/O 工艺。常州市丽华污水处理厂总规模为 $2.0\times10^4m^3/d$，采用倒置 A^2/O 工艺。青岛李村河污水处理厂按 VIP 工艺设计，也可按 A/O 工艺或 A^2/O 工艺运行，后改为倒置 A^2/O 工艺。青岛团岛污水处理厂设计规模为 $10\times10^4m^3/d$，原按 A ＋ A^2/O 工艺设计，后改为倒置 A^2/O 工艺。北京清河污水处理厂工程总规模为 $40\times10^4m^3/d$，一期为 $20\times10^4m^3/d$，采用倒置 A^2/O 工艺。

1. 李村河污水处理厂和团岛污水处理厂

青岛李村河污水处理厂，一期工程设计规模为 8 万 m^3/d，远期污水处理厂总规模达到 17 万 m^3/d。李村河污水处理厂所接纳的污水约 70%为工业废水，工业废水以化工、造纸、棉纺印染、食品加工为主，反应温度≥15℃，其实际生产处理效果如表 6-2。

表 6-2　李村河污水处理厂采用倒置 A^2/O 工艺处理效果

	COD	BOD_5	NH_4^+-N	TN	PO_4^{3-}-P	TP
进水/(mg/L)	650～1100	300～480	35～55	65～90	4.5～12	6.5～18
出水/(mg/L)	40～70	8～19	0.5～6	11～20	0.4～1.0	0.5～1.5
平均去除率/%	93.7	96.5	92.8	80	91.5	91.8

倒置 A^2/O 工艺在李村河污水处理厂生产应用结果表明，对于以工业废水为主的城市污水，其有机物(COD)、氮(TN)、磷(TP)去除率分别达到 90%、80%和 90%以上。同时通过对李村河污水处理厂长期运行统计数据的分析，在原有工艺运行条件下(VIP/UCT 结合工艺)，其实际生产运行能耗为 0.396 (kW·h)/m^3，而在倒置 A^2O 工艺运行条件下，其实际生产运行能耗仅为 0.348 (kW·h)/m^3，其综合节能达到 12%左右，同时作为污水处理厂生化处理核心的鼓风曝气系统的

能耗方面，倒置 A^2/O 工艺较 VIP/UCT 结合工艺的运行能耗降低 12.3 %。

青岛团岛污水处理厂，工程设计规模 10 万 t/d，目前实际污水量仅为 4～6 万 t/d。团岛污水处理厂所接纳的污水 80%以上为生活污水，少量工业废水主要为食品加工废水，反应温度>15℃，其实际生产处理效果如表 6-3。倒置 A^2/O 工艺在团岛污水处理厂生产应用结果表明，对于以生活污水为主的城市污水，其有机物（COD）、氮（TN）、磷（TP）去除率分别达到 90%、80%和 90%以上。同时通过对团岛污水处理厂长期运行统计数据的分析，在原有工艺运行条件下（改良 A^2/O 工艺），其实际生产运行能耗为 0.570 (kW · h)/m^3，而在倒置 A^2/O 工艺运行条件下，其实际生产运行能耗仅为 0.460(kW · h)/m^3，其综合节能达到 19%左右，同时在作为污水处理厂生化处理核心的鼓风曝气系统的能耗方面，倒置 A^2/O 工艺较改良 A^2/O 工艺运行能耗降低 19.4 %。

表 6-3　团岛污水处理厂采用倒置 A^2/O 工艺处理效果

	COD	BOD_5	NH_4^+-N	TN	PO_4^{3-}-P	TP
进水/(mg/L)	790～1360	380～690	55～85	89～135	5.5～15	8.5～24
出水/(mg/L)	45～85	7.5～23	1.5～13	14～25	0.45～1.25	0.75～1.55
平均去除率/%	94	98.1	89.6	82.6	91.7	92.9

尽管与其他生物脱氮除磷工艺一样，低温是影响倒置 A^2/O 工艺脱氮效率的重要因素，在处理系统稳定运行的基础上，通过延长活性污泥泥龄、提高溶解氧浓度等对处理系统的运行条件的适当调整，可以保证倒置 A^2/O 工艺在低温条件下的稳定运行，并具有较好的脱氮效果，其脱氮效率达到 75 %以上。

2. 常州市清潭污水处理厂改造为倒置 A^2/O 工艺

2000 年，常州市清潭污水厂进行了第四期扩建，新增污水处理能力 15 000 m^3/d，按照常规 A^2/O 工艺设计并建造。由于停止内回流的倒置 A^2/O 工艺在城北污水处理厂取得了较好的处理效果，并且还可以使污水处理成本下降 4.5%。因此，四期建成投产后，就停止了内回流，同时将污泥回流比增加到现在的 100%左右，成为现在的倒置 A^2/O 工艺运行[9]。因受所征场地的限制，第四期工程充分利用了原来二、三期的处理设施，只是另外增加了辐流式初沉池、生化反应池和二沉池等构筑物，工艺流程见图 6-2。

四期采用的倒置 A^2/O 工艺在流程上的特点：

(1) 取消内回流，同时增大污泥回流比。常规 A^2/O 工艺典型的混合液回流比一般取值 100%～400%，污泥回流比 10%～50%，然而设计时采用最大内回流比 200%，最大污泥回流比为 100%。建成后由于按倒置 A^2/O 工艺运行，拆除了内回流泵，同时将污泥回流比控制在 100%左右。

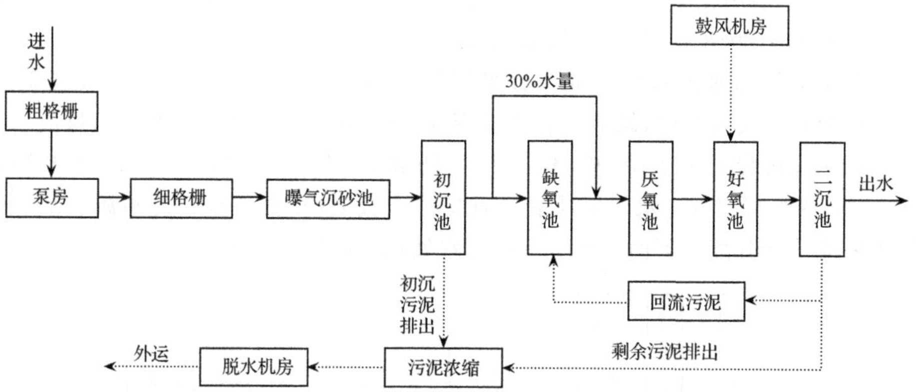

图 6-2 常州市清潭污水处理厂四期工艺流程图

(2) 进入反应池水量的分配。在反硝化过程中，用易降解有机物(如 VFAs)作为反硝化的碳源与用内源代谢产物相比，前者反硝化速率高出一个数量级，因此反硝化菌会大量消耗水中易降解有机物。在释磷过程中，易降解有机物也是聚磷菌合成碳源贮存物的必需物质之一。然而反硝化菌与聚磷菌竞争易降解有机物，前者的竞争能力大于后者，并且厌氧池在缺氧池之后，处于竞争劣势。因此该工程将经过初次沉淀后的出水进行分配，大约 70%水量进入反应池的第 1 格，其余的水量进入第 2 格，主要是为了解决两个过程中对易降解有机物的需求矛盾。

四期扩建工程的设计进水水质，即 COD 600mg/L，BOD_5 225mg/L，SS 300 mg/L，NH_4^+-N 35mg/L，TP 3mg/L。出水达到二级排放标准。四期工程的生物反应池分 8 格，回流污泥从池底进入第 1 格，好氧区混合液回流进入第 2 格，厌氧、缺氧和好氧三区容积比为 1 : 2 : 5。反应池其他设计参数：有效容积为 8272m^3，停留时间为 13.2 h，污泥负荷为 0.14kg BOD_5/(kgMLSS · d)，污泥产率为 0.64 kgMLSS/kgBOD_5，污泥浓度为 3.5g/L，泥龄为 15 d。自 2001 年投产以来，经过两年多的运行，四期二沉池出水稳定。在 MLSS 为 3.5～4.5g/L；SVI 为80～140 mL/g；污泥负荷为 0.08～0.15 kgBOD_5/(kgMLSS · d)；有机负荷为 0.20～0.35 kgCOD/(kgMLSS · d)，泥龄 11～20 d 条件下，污水 COD、BOD_5、SS、NH_4^+-N 和 TP 的去除率分别高达 97.6%、94.4%、95.9%、98.0% 和 93.3%，出水水质符合 GB18918-2002 中一级排放标准的要求。

3. 北京清河污水处理厂倒置 A^2/O 工艺调控的实例分析

北京清河污水处理厂一期工程(20×10^4 m^3/d)设计要求出水 NH_4^+-N≤15mg/L、TP≤1.0 mg/L(设化学除磷时为 0.3 mg/L)。实践表明，只要加强运行管理，即使不启用化学除磷，也能使上述两项指标达到《城镇污水处理厂污染物排放标准》(GB18918-2002)的一级B标准。

北京清河污水处理厂一期工程采用倒置A^2/O工艺，工艺流程见图6-3[10]。曝气池为推流式并分格，缺氧段有效池容为3060 m^3，厌氧段为5034 m^3，好氧段为19 886 m^3，每段设挡墙隔开，相对独立防止返混。采用两点进水，进水端的DN1000钢管将部分进水超越缺氧段直接进入厌氧段，使进水中的碳源在缺氧段和厌氧段重新分配。下面介绍一下该污水处理厂的运行优化。

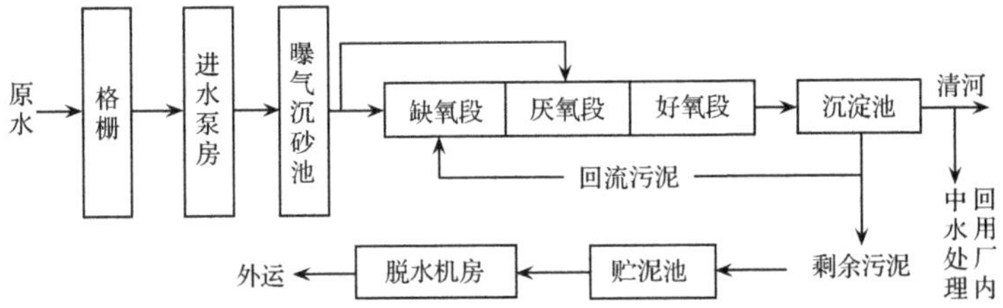

图6-3 北京清河污水处理厂一期工程倒置A^2/O工艺流程

(1) 控制剩余污泥排放和污泥龄

排泥是污水处理厂维持曝气池生物系统动态平衡的关键操作，是控制污泥龄进而实现高效除磷的重要途径。剩余污泥的排放通过调节剩余污泥泵的运转台数来控制，最少运转台数为2台，最多4台，24 h运转，PLC将污泥泵的数据传送至中控室，排泥量为$(0.66 \sim 1.15) \times 10^4$ m^3/d，以此计算污泥龄一般为6～7d。2002年9月污水厂运行初期磷达标率很低，2003年8月减少排泥量时出水TP仍超标，2003年10月增加排泥量，剩余污泥泵满负荷运转，TP由调整前的2.34 mg/L降至0.8 mg/L，有7个月出水TP<0.3 mg/L，全年在1.0 mg/L内波动。在运行中发现硝化菌、聚磷菌对污泥排放和碳源争夺很敏感。2003年10月、2004年2月初及9月对排泥有较大调整造成出水TP波动，2004年8月排泥量为1.022×10^4 m^3/d、9月减至$0.966 \times 10^4 m^3/d$。出水TP与排泥量呈负相关，排泥量增加时污泥龄降低，硝化细菌减少，有利于除磷，出水TP、NO_3-N降低，NH_3-N升高。若曝气池污泥浓度降低，则需氧量降低，应及时调节鼓风机减少供气量，过分曝气只会造成浪费并不利于除磷。

(2) 不能将某项指标控制过低

图6-4是2003年～2004年出水TP和NH_4^+-N的月相关曲线，图6-5是2003年8月20日～2004年1月26日出水TP、NH_4^+-N的日相关曲线。由图6-5可知，2003年10月16日前出水TP长期不达标，经分析认为是氨氮控制过低引起的，增加排泥量后污泥龄由7 d减为6 d，调整后连续2月出水氮、磷基本同步达标。调整前3个月内出水TP达标率为48%，调整后3个月内为92%。由此可知，若某

项出水指标控制过低，会引起另一出水指标升高甚至超标。例如，2003 年 8 月 20 日～9 月 10 日、2003 年 9 月 28 日～10 月 28 日 TP 超标，2003 年 12 月 18 日～2004 年 1 月 17 日 NH_3-N 超标。如单纯高效除磷（控制出水 TP ＜ 0.30 mg/L），引起氨氮大幅升高时应及时对系统干预调控，若剩余污泥泵依然开启，则会破坏曝气池内生物系统的动态平衡，导致除磷一方占优势，势必要抑制硝化，反之亦然。只有在最佳调控时对曝气池生物系统进行干预才能取得最佳处理效果，使曝气池内的生物化学反应朝需要的方向进行。是硝化还是除磷，取决于硝化菌和除磷菌谁占优势，若运转控制不当，生化反应将偏向某一方进行，不能实现同步去除氨氮、TP，故需要循序渐进调整工艺，做到两者兼顾。2003 年 12 月 12 日错过最佳工艺调整时机，导致随后 1 个月氨氮超标。TP 随工艺调整变化显著，氨氮则变化缓慢，这与聚磷菌和硝化菌的世代周期有关。

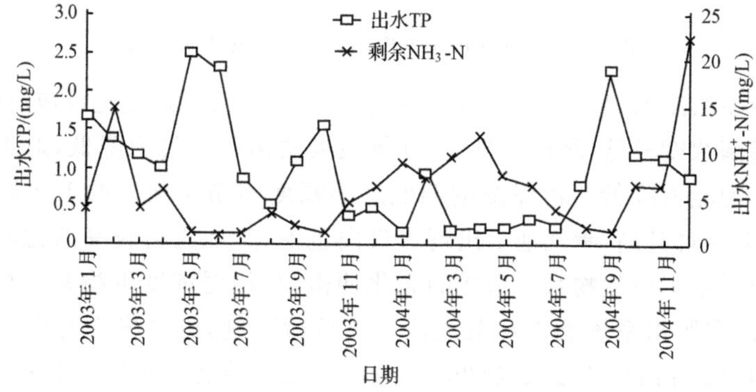

图 6-4　2003～2004 年出水 TP、NH_4^+-N 月相关曲线

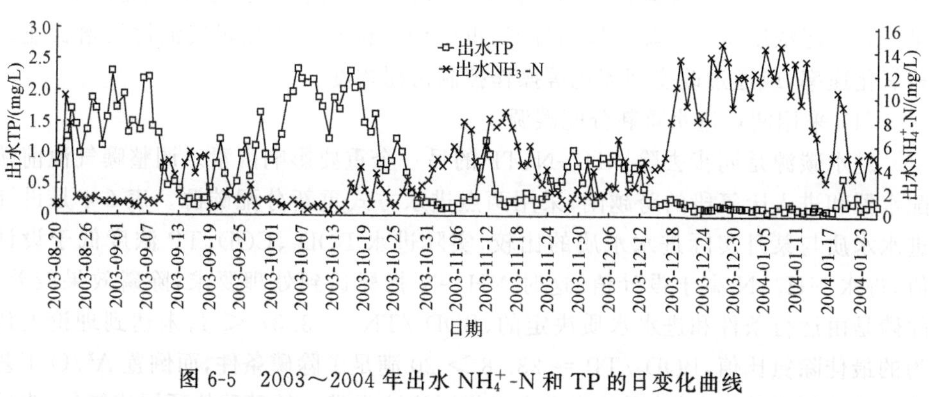

图 6-5　2003～2004 年出水 NH_4^+-N 和 TP 的日变化曲线

(3) 维持曝气池污泥浓度＞1500 mg/L

在运行中发现倒置 A^2/O 工艺硝化除磷有一个污泥浓度的适用范围，当污泥浓度＜ 1500 mg/L 则经典理论不适用。图 6-6 是 2004 年 5 月 26 日～2005 年 2

月2日出水TP和曝气池污泥浓度的相关曲线，污泥浓度＜1500 mg/L时除磷效果降低，出水NH_4^+-N也超标。12月初污泥浓度增长至1600～1700mg/L，系统重新处于受控状态。实践表明，维持系统正常运行的污泥浓度为1600～2200 mg/L。

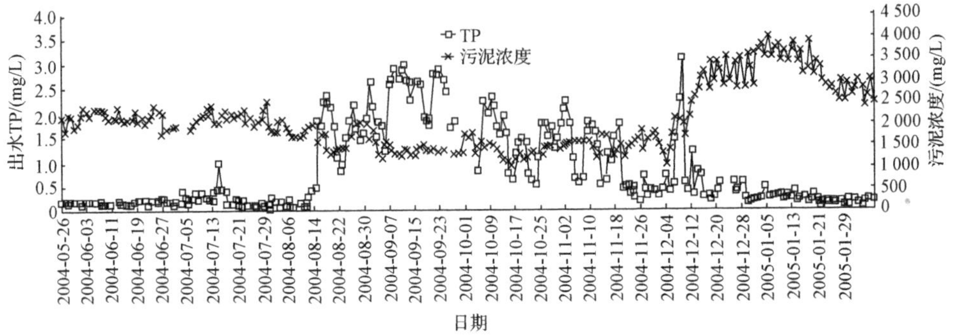

图6-6　曝气池污泥浓度和出水TP的相关曲线

因为污泥浓度低，生物量减少，生物化学反应速率降低，生化反应时间增加，厌氧段的聚磷菌浓度较低，释磷效果差，好氧段聚磷菌吸磷能力降低，对生物系统干预调控的影响能力降低。污泥浓度偏低后小幅度的循序渐进的工艺调整不易掌握，污泥负荷相对升高，曝气池上出现大量白色泡沫，而维持较高的污泥浓度运行能缓冲由调控不当对生物系统造成的恶化冲击，高污泥浓度生物系统相对不易瓦解，但受到污泥脱水系统能力和沉淀池固体负荷限制，也会失去对生物系统的控制。2002年12月污泥浓度较高(2500 mg/L)，低负荷运行时曝气池出现大量褐色泡沫，加大排泥量、增加脱水机房干泥产量，污泥浓度降低后该现象消失。为避免降低污泥浓度对硝化除磷产生不利影响，建议在污泥脱水能力允许的情况下，尽量保持高污泥浓度运行。除了控制排泥，也可调节供氧量改变曝气池污泥增长速率和氧化速率，或通过改变回流比等操作控制污泥浓度。

(4) 采用两点进水重新分配碳源

进水碳源是同步去除NH_4^+-N、TP的另一个重要影响因素。调整曝气池前端配水器和进入厌氧段的跨越闸，采用两点进水方式重新分配碳源。表6-4是设计进水水质与某月实际进水水质的比较，实际进水BOD_5、COD、TP浓度低于设计值，进水NH_4^+-N高于设计值，这时NH_4^+-N指标达到处理要求，除磷效果较差。除磷是由运行条件和进水水质决定的，$BOD_5/TN = 3.37 < 4$，未达到理论上认为的最佳除氮比值，$BOD_5/TP = 23.8 > 20$满足了除磷条件，而倒置A^2/O工艺特点是缺氧段前置，对除磷的意义在于将回流液中带入的硝酸盐还原成氮气，为后续厌氧段的聚磷菌释磷创造良好的厌氧环境，但是缺氧段反硝化过程首先利用了曝气池进水中大部分碳源，使后续除磷过程碳源不足，反硝化与除磷争夺碳源，是除磷效果差的原因之一。针对这一问题采取如下措施：一是调整曝气池进水段配水器，二是调整进入厌氧段跨越闸，使进水碳源在缺氧段和厌氧段重新分配。

表 6-4　设计与实际进水水质比较

	COD/(mg/L)	BOD_5/(mg/L)	SS/(mg/L)	NH_4^+-N/(mg/L)	TP/(mg/L)
设计进水	400	200	250	25	8
实际进水	362	169	224	35.5	7.1

(5) 降低曝气池 DO 有利于生物除磷

影响硝化除磷的因素很多，DO 的调整同样对除磷有着重要影响。调节鼓风机开启度、运转台数、台时对曝气池的 DO 进行控制，用鼓风机耗电量进行定量，厂内鼓风机主要供往曝气池，只有极少量供往曝气沉砂池使用，可以认为鼓风机的运转台数和台时与耗电量、曝气池供氧量呈正相关。实践证明过分曝气会严重影响生物除磷效率，会导致聚磷菌对磷酸盐的吸收停止。鼓风机的调整对除磷的影响见图 6-7。2003 年 5 月鼓风机平均耗电量为 3.1×10^4(kW·h)/d，此后减少向曝气池供氧，鼓风机耗电量下降，出水 TP 受到其他因素影响出现波动，但随着供氧量减少达标趋势明显。用便携式溶解氧仪测定曝气池末端 DO 值，由调整前的 7.0～8.0 mg/L 变化至 2.0～3.0 mg/L，曝气池中段 DO 为 1.0～2.0 mg/L 时除磷效果最好。鼓风机调整前 6 个月出水 TP 达标率仅为 22%，调整后 6 个月达标率为 66%。

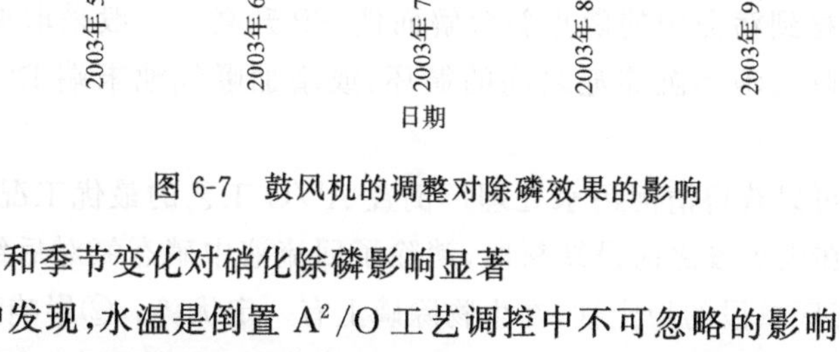

图 6-7　鼓风机的调整对除磷效果的影响

(6) 温度和季节变化对硝化除磷影响显著

在运行中发现，水温是倒置 A^2/O 工艺调控中不可忽略的影响因素。清河污水厂曝气池混合液的温度四季变化幅度为 15～25℃，夏季温度高，硝化效果好，出水氨氮降低，冬季水温低，出水氨氮升高，对 TP 处理效果好。

(7) 利用生物相观察结果辅助控制

仅通过生产数据来控制变化多端的运行状况难以捕捉到工艺调整的关键时机和调整尺度，污水处理厂不具备鉴定、计数等生物控制条件时，连续观察曝气池活性污泥的状况可及时指导生产运行，原生动物数量和形态的相对变化远比绝对数据来得重要。观察细菌和分类鉴定需时较长，原生动物与细菌之间存在相互依存关系，原生动物捕食细菌，个体大，便于观察，对环境变化敏感，能反映曝气池生物系统的变化。用放大倍数为16×10倍或16×40倍的显微镜观察原生动物的种类组成、数量、生长和变化状况，与标准图谱对照判断曝气池运行工况是硝化还是除磷，或者居中间状态，结合生产数据在工艺运行管理中有很强的指示作用。

倒置A^2/O工艺原生动物异常丰富，清河污水厂曝气池中钟虫、轮虫、漫游虫、纤虫、鞭毛虫、斜管虫等原生动物长年存在。运行两年来丝状菌较少，即使曝气池中DO较低时也未见大量出现，只在每年3、4月份和10、11月份会短期出现，此时曝气池表面出现浅黄色浓厚泡沫。倒置A^2/O工艺中以纤虫的数量变化对运行状态的指示功能最强，纤虫剧增并大量存在时曝气池处于向除磷方向转化，这时负荷升高，除磷效果增强；纤虫数量锐减时曝气池运行工况一般不好，应引起重视。可能是DO降低或逢雨季、雨水对运行产生一定影响，而微生物对雨水反应敏感。钟虫和轮虫的数量能反映曝气池运行工况。若钟虫数量较轮虫占优势，则曝气池生物系统处于除磷状态，此时还有较多斜管虫出现，反之处于硝化增强状态。用16×40倍显微镜观察好氧段池面出现的褐色泡沫，发现大量轮虫，表明污泥老化需要及时排泥。

(8) 沉淀池运行工况影响出水TP

有数据表明，沉淀池出水端絮体增多会影响除磷效果。活性污泥老化后沉降性能好，但絮凝性差，一些小的絮体脱离菌胶团从出水堰流出，缺氧反硝化也可使密度小的污泥附着于气泡上浮，这些将导致污泥流失及出水SS升高，而SS中携带生物处理阶段转移到污泥中的磷。另外沉淀池的厌氧条件也可导致在生物处理阶段转移到污泥中的磷重新溶解而使TP升高。一般采取调整回流比加速活性污泥在曝气池和沉淀池之间的循环，或增加曝气池末端DO的措施防止反硝化。

综上所述可以获得清河污水处理厂倒置A^2/O工艺的最优工况和特点：①倒置A^2/O工艺在厌氧段之前设缺氧段，消除了回流液中硝态氮对后续厌氧池的不利影响，保证了厌氧段的稳定性，在生物除磷上有一定优势。②影响硝化除磷的因素很多，污泥排放可引起污泥浓度、DO、污泥龄、污泥负荷等因素一系列的变化，是工艺调控的重中之重。③将某一项指标控制过低会引起负相关的另一方指标大幅度升高甚至超标，同步达标应两者兼顾、循序渐进调整工艺。④曝气池污泥浓度>1500 mg/L是正常运行的必要条件，低溶解氧运行和温度变化都是影响硝化除磷的重要因素。⑤微生物有一个驯化适应过程，工频泵不能适应倒置A^2/O工艺的调整，有必要将其改成变频泵；通过降低曝气池污泥浓度可以部分缓解脱水系统处理能力不足的问题，但若不能满足因工艺调整的排泥需求时，会对除磷产生不利影响，此时有必要增加脱水系统的处理能力。⑥连续观察曝气池内原生动物的相对变化趋势可及时指导生产。

6.2　UCT 工艺及其工程应用

6.2.1　UCT 及其变形工艺

1. Bardenpho 工艺系列[11]

Barnard(1974)开发的 Bardenpho 工艺属于早期生物脱氮(除磷)工艺，其目的是不投加外部碳源的情况下脱氮率达到 90%以上。如图 6-8 所示，在第一个缺氧段，来自硝化段的混合液内回流中含有大量的硝态氮，在进水有机物的代谢过程中，硝态氮替代溶解氧作为电子受体，其本身异化还原为氮气，在该段去除的硝态氮约占 70%。BOD 去除、氨氮氧化和磷的吸收都是在硝化(第一好氧池)段完成的。第二缺氧段提供足够的停留时间，通过混合液的内源呼吸作用，进一步去除残余的硝态氮。最终好氧段为混合液提供短暂的曝气时间，以降低二沉池出现厌氧状态和释放磷的可能性。

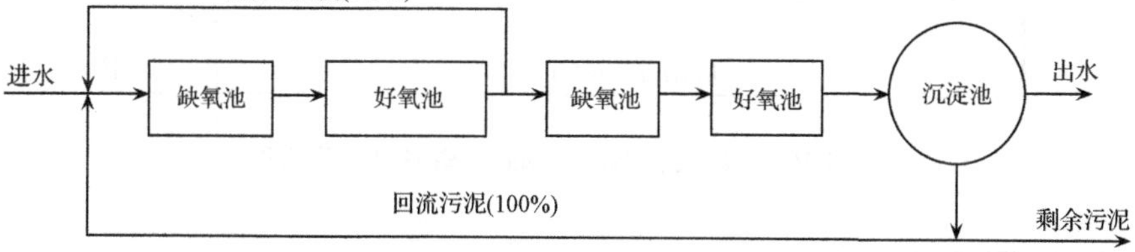

图 6-8　4 段 Bardenpho 脱氮工艺流程

由于发现混合液回流中的硝酸盐对生物除磷有非常不利的影响，通过 Bardenpho 工艺的中试研究，Barnard (1976)提出真正意义上的生物除磷脱氮工艺流程(见图 6-9)，即 Bardenpho 工艺的前端增设一个厌氧区，反应器的排序为厌氧/缺氧/好氧/缺氧/好氧，混合液从第一好氧区回流到第一缺氧区，污泥回流到厌氧区的进水端。这一工艺流程在南非称为五段 Phoredox 工艺(简称 Phoredox 工艺)，在美国称为改良型 Bardenpho 工艺。改良 Bardenpho 工艺通常按低污泥负荷(较长泥龄)方式设计和运行，目的是提高脱氮率。约翰内斯堡污水处理厂 15 万 m^3/d 的改良 Bardenpho 系统于 1978 年开始运行。

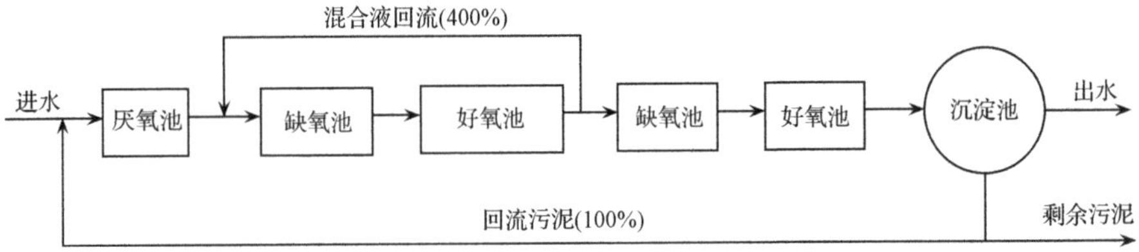

图 6-9　5 段改良 Bardenpho 除磷脱氮工艺流程

五段 Bardenpho 工艺使用的 SRT 比 A^2/O 工艺更长(10～20d),其他设计参数为 MLSS＝3000～4000mg/L;厌氧区 HRT＝0.5～1h,第一缺氧区 HRT＝1～3h,第二缺氧区 HRT＝2～4h,第一好氧区 HRT＝4～12h,第二好氧区 HRT＝0.5～1h;污泥回流比为 50%～100%,内循环比为 200%～400%。

测试表明,5 段改良 BardenPho 工艺并不能将硝酸盐含量降低到零;与第一缺氧池相比,第二缺氧池的单位容积反硝化速率相当低。第二缺氧池的低效促使 Simpkins 和 McLaren(1978)提出,在某些情况下可取消第二缺氧池,适当加大第一缺氧池,以获得最大的反硝化处理效果和最低的回流污泥硝酸盐浓度,即 3 段改良 BardenPho 工艺(图 6-10)。

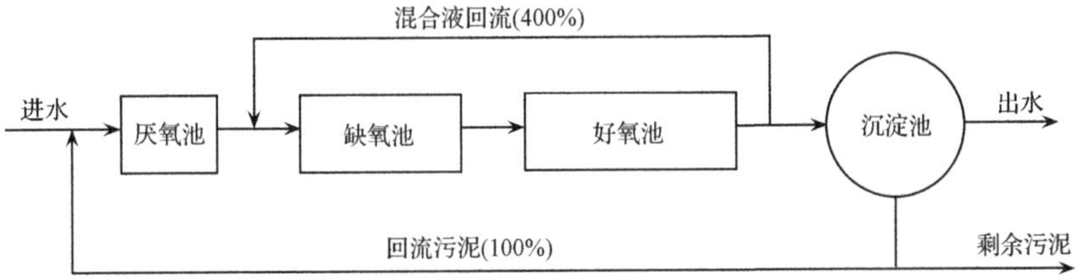

图 6-10　3 段改良 Bardenpho 除磷脱氮工艺流程

2. UCT 工艺[11-13]

根据改良 Bardenpho 工艺的研究,南非开普敦大学 Marais 研究组的结论为,影响磷吸收去除的最重要因素是回流污泥中出现的硝酸盐。如果把回流污泥中的硝酸盐含量控制在相当低的水平,就可以期望得到较好的除磷效果。在改良 Bardenpho 工艺中,进入厌氧反应池的硝酸盐浓度直接与出水硝酸盐浓度有关。如果由于某种原因在 COD 保持不变的情况下增加了硝酸盐的浓度,例如,进水 COD/TKN 比值降低,则该工艺通过调整操作方式来降低硝酸盐浓度的选择余地就很小。作为改良 Bardenpho 工艺的进一步改进,20 世纪 80 年代初南非开普顿大学 Marais 研究组开发了如图 6-11 所示的 UCT 工艺(University of Cape Town)流程。

这种工艺与 A^2/O 工艺不同之处在于最终沉淀池回流污泥不是回流到 A^2/O 工艺的厌氧池而是回流到缺氧池，这样可以防止由于硝酸盐氮进入厌氧池，破坏厌氧池的厌氧状态而影响系统的除磷效率。增加从缺氧池到厌氧池的缺氧池混合液回流。由于缺氧池中反硝化作用已使 NO_3-N 浓度大大降低了，缺氧池混合液回流不会破坏厌氧池的厌氧状态。UCT 工艺的一般设计参数为：SRT＝10～25d；MLSS＝3000～4000mg/L；厌氧区 HRT＝1～2h，缺氧区 HRT＝2～4h，好氧区 HRT＝4～12h；污泥回流比为 80%～100%；缺氧区到厌氧区回流比为 200%～400%，好氧区到缺氧区回流比为 100%～300%。

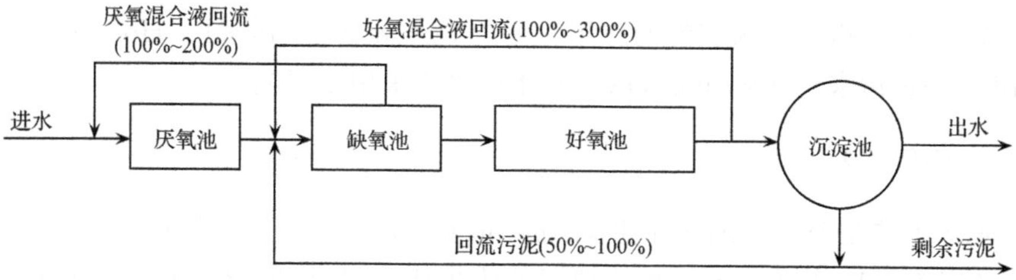

图 6-11　UCT 脱氮除磷工艺流程

图 6-12 所示为改良型 UCT(MUCT)工艺。在图 6-11 所示的 UCT 工艺流程中厌氧池和好氧池中间再增加一个缺氧池。系统中包括两个内回流。其中一个是从好氧池至第二缺氧池的内回流，另外一个是从第一缺氧池至厌氧池的内回流。这种工艺旨在减少进入厌氧池 NO_3^--N 数量。改良型 UCT 工艺虽然与 Bardenpho 工艺同样有两个缺氧池，但第二缺氧池并不是利用内源代谢作反硝化碳源，只是对由好氧池回流进入第二缺氧池中的 NO_3^--N 进行反硝化。第一缺氧池利用废水中的含碳有机物作碳源对回流污泥带入第一缺氧池中的 NO_3^--N 进行反硝化。这种工艺形式可以通过提高好氧池至第二缺氧池混合液回流比提高系统脱氮率，也通过第一缺氧池至厌氧池的回流减少 NO_3-N 对除磷功能的干扰。

改良型 UCT 工艺与五阶段 Bardenpho 工艺有两点不同。改良型 UCT 工艺目的在于优化除磷效果；改良型 UCT 工艺中第二缺氧池并不是利用内源代谢物质为碳源进行反硝化，因此改良型 UCT 工艺最终出水 TN 浓度一般不会小于 5mg/L。改良型 UCT 工艺中进入第二缺氧池中含碳有机物浓度比进入第一缺氧池含碳有机物浓度低。而且容易生物降解含碳有机物在第一缺氧池中一部分为反硝化所消耗，所以第二缺氧池反硝化速率比第一缺氧池低，但比利用内源碳进行反硝化的 Bardenpho 工艺中第二缺氧池反硝化速率要高。UCT 工艺减少了厌氧区的硝酸盐负荷，从而增加了除磷能量，脱氮除磷效果好，但由于增加了回流系统，操作运行复杂。

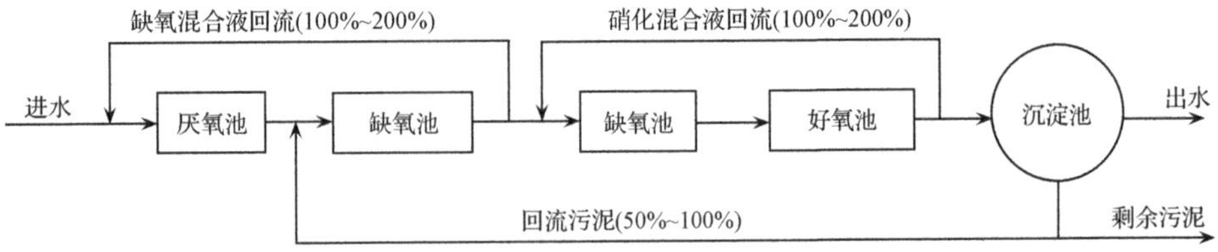

图 6-12　改良型 UCT 工艺流程

在各种生物法去除营养物质工艺（biological nutrient removal，BNR）中，UCT 工艺由于消除了硝酸盐氮对厌氧释磷过程的影响，强化了 BNR 工艺脱氮除磷的功能，从而得到较为广泛的应用。荷兰 Genemuiden 污水厂、Holten 污水厂、Hardenberg 污水厂、Oresudsverket 污水厂等均采用该工艺。

3. VIP 工艺[11-13]

VIP 工艺是美国 Virginia 州 Hampton Roads 公共卫生区与 CH2M HILL 公司为该区 Lamberts Point 污水处理厂的改扩建而设计的，该改扩建工程被称为 Virginia Initiative Plant（VIP），并获得专利。由于 VIP 工艺具有普遍适用性，在污水处理厂也得到了应用。VIP 工艺与 UCT 工艺相似，VIP 工艺负荷和泥龄都低于 UCT 工艺，系统总容积也比 UCT 工艺小，两者的对比见表 6-5。反应池采用分格方式可以充分发挥聚磷菌的作用，与单个大体积的完全混合式反应池相比，由一系列体积较小的完全混合式反应格串联组成的反应池具有更高的除磷效果，其原因在于有机物的梯度分布、提高了厌氧池的磷释放和好氧池的磷吸收速度。由于大部分反硝化都发生在缺氧池的前几格，进入缺氧池最后一格的硝酸盐量就极少，基本上没有硝酸盐通过缺氧回流液进入厌氧池。VIP 工艺采用高负荷方式运行，混合液中活性微生物所占的比例较高。对于给定的去除率，活性微生物比例越大，除磷效果越好，反应池的容积也可以相应减小。VIP 工艺厌氧区和缺氧区的综合 SRT 一般取 1.5～3d，厌氧和缺氧区每格的 HRT 为 60～90min。好氧区按硝化设计。

表 6-5　VIP 工艺与 UCT 工艺的比较

VIP 工艺	UCT 工艺
(1) 多个完全混合型反应格组成	(1) 厌氧、缺氧、好氧区是单个反应器
(2) 流程采用分区方式，每区由 2～4 格组成	(2) 每个反应区都是完全混合的
(3) SRT 4～12d	(3) SRT 13～25d，通常 20d，污泥得到稳定
(4) 污泥回流与混合液回流通常混合在一起	(4) 污泥直接回流到缺氧区
(5) 来自缺氧区的缺氧混合液回流与进水混合	(5) 从完全混合的缺氧区将混合液直接回流到厌氧区
(6) 工艺过程的典型水力停留时间为 6～7h	(6) 工艺过程的典型水力停留时间为 24h

VIP 工艺与 UCT 工艺很相似，但存在着两个显著的不同点：①沿水流的推进方向，采用多个混合充分的分格作用为厌氧、缺氧、好氧处理单元。采用这一方法的目的在于充分利用第一个好氧池内残余有机物浓度较高的有利条件，提高磷的吸收率。②采用较高的运行负荷以提高混合液中活性生物量的比率。由于活性生物量的比率较高，其磷的去除率较高，从而减少了反应池的总容积。VIP 工艺的设计总 SRT 值在 5～10d(侧重于除磷，如兼顾脱氮应相应加长)，而 UCT 工艺的通常的设计 SRT 值在 13～25d。VIP 工艺的初创者侧重于除磷，季节性脱氧。专利 VIP 工艺(现已解除专利保护)厌氧区的 HRT 设计值通常取 2h，厌氧及缺氧区占二级生物反应池总容积的 34%，F/M 值 0.15～0.7kgBOD_5/(kgMLVSS · d)。另外两者在池型构造和运行参数方面也存在差别。VIP 工艺的反应池由多个完全混合型反应格串联组成，采用分区方式，每区由 2～4 格组成，通常采用空气曝气，泥龄 4～12d，工艺过程的典型水力停留时间为 6～7h。UCT 工艺的厌氧、缺氧、好氧区是单个反应器，通常采用机械曝气，完全混合流态、串联组合，泥龄 13～25d，通常≥20d，工艺过程的典型水力停留时间为 24h。

4. 约翰内斯堡(Johannesburg)脱氮除磷工艺[12,13]

本法源自南非约翰内斯堡，为 UCT 或 UCT 变型的工艺，为的是尽量减少硝酸盐进入厌氧区，提高较低浓度废水生物除磷的效率。回流活性污泥直接进入缺氧区，该区有足够停留时间去还原混合液中的硝酸盐，然后再进入厌氧区。硝酸盐的还原是靠混合液的内源呼吸率的驱动，而缺氧区的停留时间则取决于混合液的浓度、温度和回流污泥液中的硝酸盐浓度。与 UCT 法相比它在厌氧区可保持较高的 MLSS 浓度，厌氧区的停留时间大约为 1h。约翰内斯堡工艺也称 JHB 工艺，流程示于图 6-13。

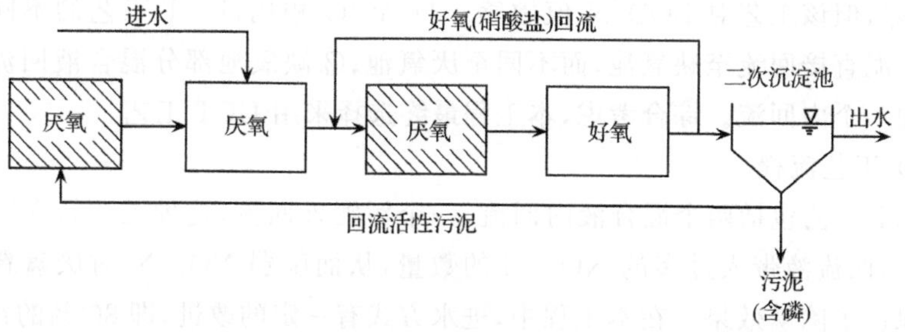

图 6-13　约翰内斯堡工艺

6.2.2 UCT 工艺在污水处理工程中的应用

1. 深圳市坂雪岗污水处理厂[14]

(1) 工程概况

深圳市坂雪岗污水处理厂位于深圳市北部，占地 2.97hm²，主要接纳和处理坂田、雪象、岗头片区的生活污水和工业废水。工程设计规模 8 万 m^3/d，一期规模 4 万m^3/d，采用 UCT 除磷脱氮工艺，设计进出水水质见表 6-6。该厂是 2001 年深圳市第一个采用 BOT 方式建设的污水处理厂，经过两年多的稳定运行，各设备运转正常，出水水质远好于设计标准，基本达到了 GB18918-2002 一级 A 标准。

表 6-6　污水处理厂进出水水质　　（单位：mg/L）

项目	BOD_5	COD	SS	NH_4^+-N	TN	TP
设计进水	130	290	180	25	35	4.5
设计出水	20	60	20	10		1
实际出水	5～8	16～26	5～15	2～5		0.3～0.8
GB18918-2000(一级 A 标准)	10	50	10	5(8)	15	1

(2) UCT 工艺特点

由于坂雪岗污水处理厂服务区域内工业废水的特征，造成原水 TN 和 TP 较高，TP 有时甚至高达 6～7 mg/L，因此除磷脱氮成为选择工艺时首要考虑的问题。A^2/O 工艺在系统上是最简单、效果最稳定的同步除磷脱氮工艺，在厌氧(缺氧)、好氧交替运行的条件下可抑制丝状菌繁殖，克服污泥膨胀，有利于处理后污水与污泥的分离，运行中在厌氧池和缺氧池内只需轻缓搅拌，运行费用低。由于厌氧、缺氧和好氧三个区严格分开，有利于不同微生物菌群的繁殖生长，因此除磷脱氮效果好，但该工艺对 BOD/N 值敏感。与 A^2/O 相比，UCT 工艺的不同之处在于：①污泥直接回流至缺氧池，而不回至厌氧池；②缺氧池部分混合液回流至厌氧池，增加一个内回流。综合考虑，本工程最终选择采用 UCT 工艺。

(3) 工艺流程

UCT 工艺包括两个混合液内回流，一个污泥外回流，这种工艺旨在减少进入厌氧池的回流液带入过多的 NO_3^--N 的数量，从而削弱 NO_3^--N 对厌氧释放磷的影响，保证了除磷效果。在本工程中，进水方式有一定的改进，即 80 %的污水进入厌氧池，20 %的污水进入缺氧池。进水通过前面的配水井分别进入厌氧池和缺氧池，达到了碳源的合理分配，提高了除磷脱氮效果。污水处理厂的工艺流程见图 6-14。

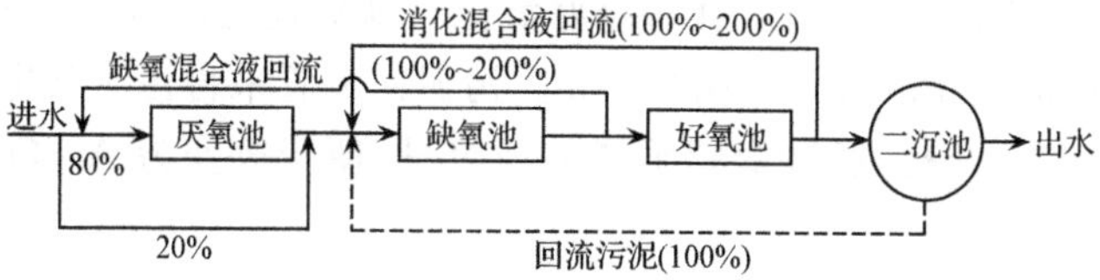

图 6-14　深圳市坂雪岗污水处理厂 UCT 工艺流程

(4) 主要处理构筑物设计参数

本工程主要构筑物有：粗格栅、进水泵房、细格栅、涡流沉砂池、生物处理池、鼓风机房、二沉池、消毒池、污泥泵房、浓缩脱水机房等。构筑物设计参数如下：

1) 粗格栅。本工程粗格栅采用国产钢丝绳格栅除污机，2 台，宽 1.2m，格栅间隙 20 mm，栅条宽 10 mm，过栅流速 0.8 m/s。

2) 进水泵房。采用德国 KSB 泵 3 台，2 用 1 备，1 台采用变频，$Q=1167\ m^3/h$，$H=10.5$ m，N=55kW。

3) 细格栅。细格栅与涡流沉砂池合建，采用进口沃特林克阶梯格栅，2 座，渠宽 1.2 m，栅条间隙 5mm。过栅流速 0.8 m/s，配用电机 1.1 kW。

4) 沉砂池。采用涡流（比氏）沉砂池，2 座，每座直径 3.6m，池深 2.17m，砂斗直径 1.52 m，砂斗深 2.03 m，搅拌机采用进口，提砂方式为气提。

(5) UCT 生物处理池

生物处理池是污水处理厂内的主体处理构筑物，根据工艺方案的选择，结合布置成两点进水改良 UCT 工艺、两点进泥改良 A^2/O 工艺、常规 A^2/O 工艺、常规 A/O 工艺 4 种方式运行。池型好氧区采用传统的推流式矩形池型，采用微孔曝气，设有单独的厌氧区（包括一个预缺氧区），与好氧区、缺氧区分开。混合液内回流采用低扬程螺旋浆泵来实现。

主要设计参数如下：①生物处理池 2 座。单座尺寸：41.8m×36.2m×7m，总设计流量 4 万 m^3/d，单池流量 2 万 m^3/d，设计水温 15～30 ℃。②污泥负荷：0.113 kg BOD_5/(kg MLSS · d)；容积负荷：0.339 kg $BOD_5/(m^3 \cdot d)$；MLSS：3 g/ L；MLVSS：2.25 g/ L 。③总 HRT：9.2 h；SRT：6.63 d。④预缺氧区 HRT 0.6 h，单座有效容积 500 m^3；厌氧区 HRT 为 1.2 h，单座有效容积 1000 m^3；缺氧区 HRT 为 1.8h；单座有效容积 1500 m^3。好氧区 HRT 为 5.6 h，单座有效容积 4667 m^3。⑤$V_{(预缺氧区+厌氧区)}:V_{缺氧区}:V_{好氧区}=1:1:3.1$，好氧区有效水深 6 m。⑥缺氧区和好氧区反硝化速率分别为 0.1 g NO_3^--N/(gMLSS · d) 和 0.038 g NO_3^--N/(gMLSS · d)。⑦供气总量：180 Nm^3/h；气水比：6.48 : 1。⑧预缺氧区设 1 台潜水搅拌器，功率 3 kW；缺氧区内设 2 台潜水搅拌器，单台功率 3 kW；缺氧区内设 3 台潜水搅拌器，单台功率 3 kW。⑨好氧池曝气器进口橡胶膜盘式微孔曝气器，单个直径 192 mm，出气量 2 Nm^3/ h。曝气器共 5400 个。⑩好氧池至缺氧

池的混合液内回流比取200 %,在每座好氧池与缺氧池之间墙壁上安装2台淹没式回流泵,单台流量$1667m^3/h$,扬程1 m。污泥回流管来自污泥泵房,分别在厌氧池与缺氧池池壁上开孔,通过变频泵调节回流量,便于改变为A^2/O与A/O工艺的灵活运行。

(6) 二沉池

采用2座周边进水、周边出水辐流式沉淀池。每座池内径34 m,池深4.3 m。平均表面负荷$1m^3/(m^2 \cdot h)$。沉淀池出水采用环形集水槽,单侧溢流堰出水,最大堰上负荷为2.9 L/(s · m)。每座沉淀池内设1台中心传动管式吸泥机,采用美国USFLL TER的产品。吸泥机桥架上还附带有刮除表面浮渣的刮板,随着桥的移动,将池表面浮渣刮至排渣斗内。每座池底部设1根吸泥管,将吸泥机的污泥接出,通过套筒阀排至中心集泥井。

(7) 鼓风机房

设计总供气量:10 800m^3/h,供气压力:68 kPa 。选用进口高速单级离心鼓风机(丹麦 HVOTVRBO 产品),3台(2 用 1 备),单台风量为90Nm^3/min,压差68 kPa,转速3000 r/min,配套电机功率160 kW。根据好氧池DO控制电动调节阀,通过总风管的压力传感控制机组开停及调节风量。鼓风机的出风量可通过调节进出口导流叶片角度进行调节。

(8) 污泥浓缩、脱水机房

脱水机房平面尺寸11.4 m ×22.38 m,室外安装两个污泥斗,单斗有效容积$30m^3$,可储存两天脱水污泥。每天需处理脱水污泥743 m^3/d,含水率99.3 %。选用进口离心浓缩脱水机2台(Aifalaval,1用1备),处理能力35 m^3/h,运行时间每天24 h,配用电机功率55 kW。配套辅助设备包括:污泥切割机2台,流量8～40 m^3/h,电机功率5.5 kW;污泥进料泵2台,流量8～40 m^3/h,扬程0.2 MPa,电机功率7.5 kW;絮凝剂制配系统1套。

(9) 加药系统

考虑到进水TP较高,而且污水处理厂初期污水BOD_5较低,所以设计考虑了预留化学辅助除磷措施,投加药剂为固态$FeCl_3$,投加量约为25 mg/L。投加方式采用湿式,设隔膜计量泵2台,1用1备,Q = 400 L/ h,H = 0.3 MPa,N = 0.55 kW。隔膜泵压力原液与厂区自用水混合后,以浓度约5 %投加。

(10) 调试和运转

各设备经充水试验和单机调试后,进入联合试运转,活性污泥采用深圳市罗芳污水处理厂污泥经过培养驯化后进入原水运转,运转两个月后达到设计进水水量和要求的出水国家排放标准。实际运行中,采用2台鼓风机运转(1台备用),夏季单台设备空气量为70～80 Nm^3/min,冬季为50～60 Nm^3/min,鼓风机风量根据曝气池中溶解氧量来调节。污泥排放量约为20t/d,含水率80%左右,SRT 8～

9d。综上所述，深圳市坂雪岗污水处理厂采用 UCT 工艺设计，在实际运行中改变了传统的进水方式，并能实现 4 种工艺的转换，除磷脱氮效果好，运行稳定，出水水质优于设计标准。

2. 深圳市南山污水处理厂除磷脱氮工艺[15]

为了严格控制污染物排放总量以确保污水排海不致引起控制范围外的水质降级。中国市政工程西南设计研究院承担了深圳市南山污水处理厂脱氮除磷工程及中水利用工程的设计工作，其除磷脱氮工程总规模为 73.6×10^4 m^3/d，中水利用工程规模为 10×10^4 m^3/d，设计用地总面积为 34.30 hm^2。

(1) 进出水水质

南山污水处理厂进水 BOD_5 为 150mg/L、COD 为 300 mg/L、SS 为 150 mg/L、无机氮(以 NH_4^+-N 为主)为 40 mg/L、活性磷酸盐为 3.5 mg/L。其中要求出水无机氮≤10 mg/L、活性磷酸盐≤1.5 mg/L。

(2) 工艺流程

在工程设计中主要研究了具有生物除磷脱氮功能的 MUCT 工艺和 A^2/O 工艺，经过技术经济比较后决定采用 MUCT 工艺(见图 6-15)。在分期建设和运转管理方面 MUCT 工艺具有如下的灵活性：

1) MUCT 可调节分配至厌氧段和缺氧段的进水比例，以便为同时生物除磷脱氮提供最优的碳源；

2) MUCT 可根据进水碳氮比将一个或两个缺氧单元转换为好氧单元，即使是在冬季也能得到令人满意的脱氮效果；

3) 污泥回流采用二级回流，回流污泥在第一个缺氧单元内就消耗掉了溶解氧和硝态氮，这使得回流至厌氧段的污泥中硝态氧为零，保证了厌氧池的厌氧状态，从而可以减小厌氧池的容积、提高生物除磷效果；

4) 根据实际水质情况也可直接将活性污泥回流至厌氧段使 MUCT 按 A^2/O 方式运行，此时可以省掉第一级回流、节省能耗；

5) 不需根据进水 TKN/COD 值对回流硝酸盐量进行实时控制。

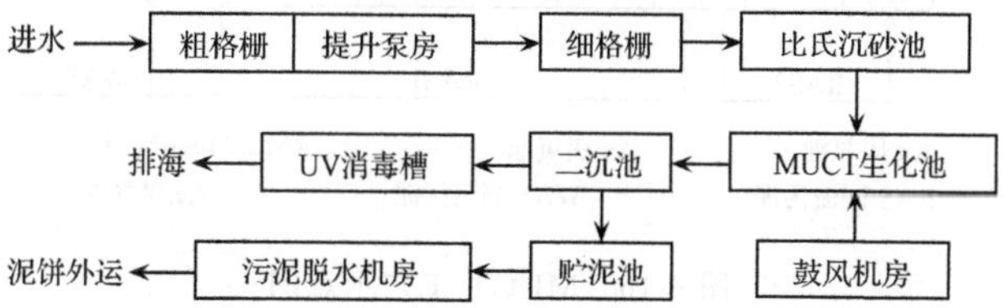

图 6-15　南山污水处理厂工艺流程

(3) 主要构筑物

南山污水处理厂分二套系统进行建设,第一套系统规模为35.2×10^4 m^3/d,第二套系统的建设规模为38.4×10^4 m^3/d。下面主要介绍第二套系统主要构筑物的设计。

1) 提升泵房。提升泵房设计规模为38.4×10^4 m^3/d,峰值系数为1.3。土建一次建成,设备可分批安装。泵房为圆形(粗格栅间与提升泵房合建)钢筋混凝土结构,直径为18.00m,地下部分深为9.30 m,地上部分高为9.00 m。粗格栅采用2台钢绳牵引式格栅除污机,栅槽宽度为2.50 m,栅条间隙为20 mm,由格栅前后液位差或时间控制粗格栅的启停。提升泵采用潜污泵(5用1备),单台最大流量为1.156 m^3/s,扬程为122 kPa,配套电机功率为170 kW,由液位自动控制水泵的运行。

2) 细格栅井。细格栅设计规模为38.4×10^4 m^3/d,峰值系数为1.3。格栅井每格槽宽为2.65 m,槽深为2.10m,内设回转式格栅除污机2台,格栅间隙为6mm;螺旋格栅机2台,格栅机直径2.60 m,格栅间隙为9mm。

3) 比氏沉砂池。共4座70A型比氏沉砂池,每座直径为6.1 m。

4) MUCT生化池。MUCT生化池设计规模为38.4×10^4 m^3/d,峰值系数采用1.2,共设2组,每组分2座。单组尺寸$L\times B\times H$ = 99.65 m×104.80 m×7.20 m,有效水深为6.50 m。其主要设计参数为:停留时间为8.27h(厌氧段、缺氧段、好氧段分别为1.11、2.34、4.82 h),污泥负荷为0.135 $kgBOD_5/(kgMLSS\cdot d)$,混合液浓度为3~3.5gMLSS/L,夏、冬季的污泥泥龄分别为10、15 d,一级污泥回流比为77 %,二级污泥回流比为105 %,曝气池混合液回流比为250 %,最大需气总量为2070 m^3/min,最大气水比为7.8∶1 。

MUCT生化池通过变频调速泵来调整各段混合液及污泥的回流比以适应各种水质条件下对除磷、脱氮的要求。同时,在最后两格缺氧单元布置了曝气管以增强曝气池硝化功能的灵活性,在推流式曝气池按需氧量分布情况布置曝气器。本工程MUCT工艺见图6-16。

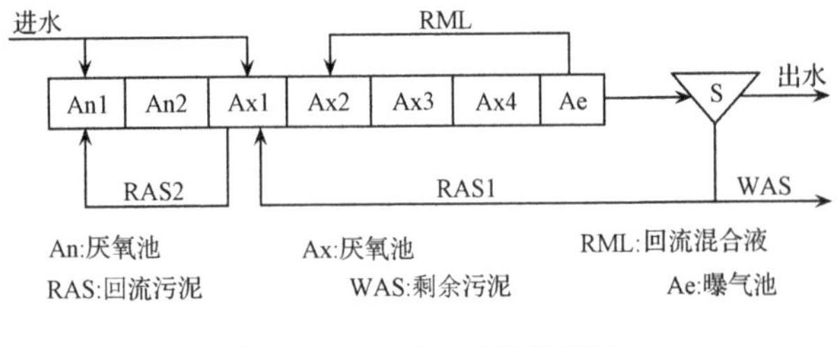

图6-16　MUCT工艺示意图

5) 二沉池。二沉池设计规模为38.4×10^4 m^3/d,峰值系数为1.3,设计表面负荷为1.00 $m^3/(m^2\cdot h)$,采用Trans-Flo式平流矩形二沉池。该池进水和出水均在沿池长方向的同一侧布置,其原理类似于周进周出圆形沉淀池,能够较好地解决矩形沉淀池的出水堰负荷较大的问题,并且可以采用较大的表面负荷。二沉池共 2 组,每组 9 格,单格宽度为 11.00m,沉淀区长度为 81.00 m,有效水深为 3.60 m,总深为 4.00 m,单组沉淀池平面尺寸为 88.05m×102.26m,采用链式刮泥机刮泥、穿孔管排泥,在污泥回流比为 0.77 的情况下排泥浓度为 0.6 %~0.8 %。

6.3　回流污泥反硝化 A^2/O 工艺及其应用

针对进水碳源不足,为反硝化和除磷重新分配碳源,同时为了降低回流污泥中硝酸盐对厌氧放磷的影响,采取一些措施,如回流污泥反硝化、改变进水和回流污泥方式,进而形成了一些新的 A^2/O 工艺,如改良式 A^2/O 工艺、多点回流的传统 A^2/O 工艺、倒置 A^2/O 工艺、多点进出水倒置 A^2/O 工艺等[11-13]。

6.3.1　回流污泥反硝化 A^2/O 工艺

1. 改良式 A^2/O 工艺

为了避免改良 UCT 工艺增加一套回流系统和厌氧池污泥浓度偏低的弱点,以及避免 A^2/O 工艺抵御回流硝酸盐影响能力不够强的弱点,通过综合 A^2/O 工艺和改良 UCT 的优点,中国市政工程华北设计研究院于 1988 年开发了如图 6-17 所示的回流污泥反硝化生物除磷脱氮工艺(简称改良 A^2/O 工艺),在 A^2/O 工艺的厌氧池之前增设厌氧/缺氧调节池,来自二沉池的回流污泥和 10%左右进水流量的进入该池(实际运行中可在较大的范围内调整,水力停留时间为 20~30min,微生物利用少量进水中的有机物和内源反硝化去除所有回流的硝态氮,消除硝态氮对厌氧池的不利影响,从而保证厌氧池的稳定性。与改良 UCT 工艺相比,该工艺节省了一个回流系统,反应效率更高,除磷效果更加稳定。

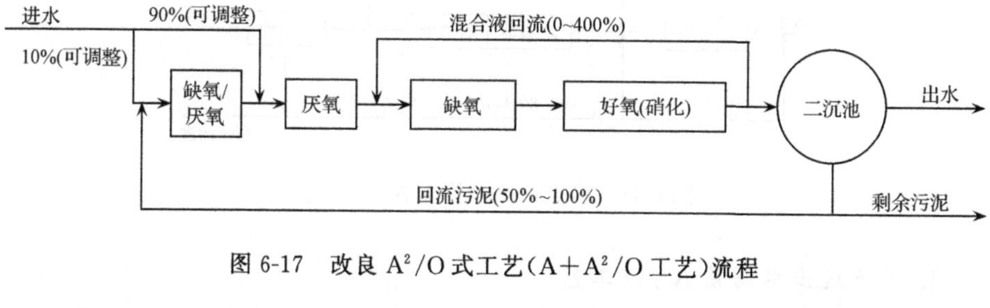

图 6-17　改良 A^2/O 式工艺($A+A^2/O$ 工艺)流程

改良 A^2/O 工艺流程于 1989 年 3 月首先应用于泰安污水处理厂的工程设计和建设,随后青岛、温州、深圳、广州、菏泽、张家口、宣化、无锡、天津等地的一大批污水处理厂工程也采用了该工艺流程,使其成为国内城市污水处理的主流除磷脱氮工艺流程之一。其中,部分污水处理厂的缺氧段和好氧段采用了氧化沟实施形式,有助于抵御进水水量和TKN浓度的波动,使处理系统的运行效果更加稳定。

总的来说,该工艺流程具有以下几个方面的技术特点:①工艺流程中反应池的设计和布置综合了已有除磷脱氮工艺的优点,具有相对独立的厌氧、缺氧、好氧区域以及回流污泥反硝化区域,功能分区明确、协调;②在厌氧池之前设缺氧/厌氧反应池(停留时间为20～30min),来自二沉池的回流污泥和10%左右的进水进入该池,活性污泥利用约10%进水中的有机物和活性污泥本身的有机物(内源反硝化)彻底去除回流污泥中的所有硝态氮,从而保证厌氧池的稳定性和生物除磷效果;③采用多点进水设计,取消反硝化混合液回流,具有工艺流程简单、运行灵活性强等特点,可以根据进水水量水质特性和环境条件的变化,灵活调整工艺运行方式,降低工程投资和运行费用;④由于回流污泥反硝化反应池内的污泥浓度接近于回流污泥浓度,单位池容的反硝化率明显提高,能够稳定、高效、可靠地去除回流污泥中的硝酸盐,除磷效果及稳定性得到明显改进;⑤污水生物处理反应池的池型设计采用推流式池型构造、反应池分格,明显提高运行方式的调节和控制灵活简便、稳定可靠;该工艺还可以与氧化沟工艺灵活组合;⑥附加协同沉淀法化学除磷,满足出水TP小于0.5mg/L的处理要求,处理效果稳定、可靠,药剂消耗量低,构筑物与设备少,运行简便。

2. 多点回流的传统A^2/O工艺

多点回流的A^2/O工艺示于图6-18。该工艺在污泥回流位置上作了一些改变,只有10%～20%的污泥回流到缺氧池,其余80%～90%的污泥回流到缺氧池,从而减轻了硝酸盐对释磷的影响。由于只有小部分污泥经历了完整的厌氧—好氧过程,大部分污泥没有经过厌氧阶段就直接进入缺氧和好氧环境,反而对除磷不利。昆明第二污水处理厂和汕头东区污水处理厂就采用了这种污泥回流方式。

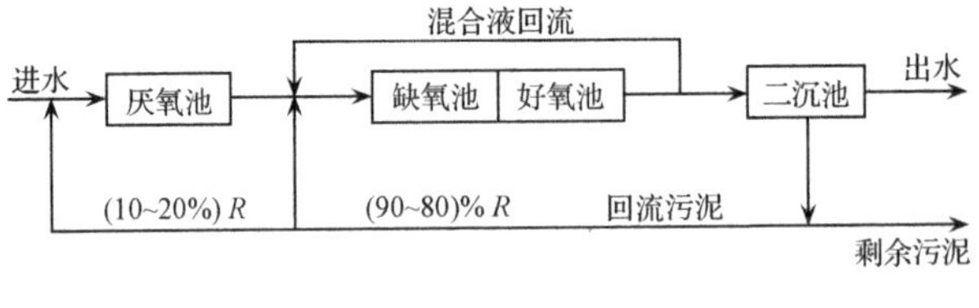

图6-18　多点回流的传统A^2/O工艺

3. 多点进出水倒置A^2/O工艺

多点进出水倒置A^2/O工艺如图6-19所示。多点进出水倒置A^2/O工艺是天津市政工程设计研究院周雹(2002)针对《污水综合排放标准》(GB 8978-1996)对城市污水处理厂除磷的要求较高,而对氨氮的排放标准则要求较低,对总氮指标没有限制的情况提出的[16]。

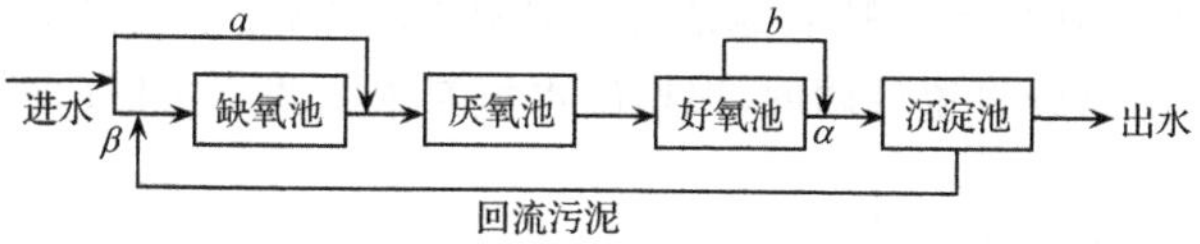

图 6-19　多点进出水倒置 A^2/O 工艺流程示意

该工艺的特点如下：

(1) 缺氧池和厌氧池倒置。一般 A^2/O 工艺厌氧池在前，本工艺将缺氧池放在厌氧池前面，回流污泥和部分污水先进入缺氧池，回流污泥中的硝酸盐在此反硝化，确保后边的厌氧池处于绝对厌氧状态，对提高除磷效率十分有利。

(2) 部分污水完全硝化，部分污水不硝化，使混合出水水质达到氨氮出水指标。由于硝化反应主要取决于泥龄，在泥龄足够长时硝化反应就会发生，这时要控制硝化的程度却比较困难，所以一般不是按完全硝化设计，就是按不硝化设计。为了实现部分硝化，好氧区按部分污水 b 不硝化，部分污水 a 完全硝化设计，分配系数 α 和 β 根据进水水质和出水氨氮指标计算确定，污水 a 经过完全硝化从池末端流出，污水 b 未经硝化从池中部流出，混合后成为氨氮指标合格的部分硝化的出水。

(3) 不需要混合液内回流。混合液内回流是为了提高污水反硝化效率，而我国污水排放标准并未要求脱氮，所以内回流没有必要。

(4) 部分污水(b)进入缺氧池，部分(a)进入厌氧池，分别为反硝化和生物除磷提供碳源。污水分配系数 α 和 β 根据水质条件计算确定，基本原则是使除磷效果最佳。

对于只要求部分硝化和除磷而不要求脱氮的情况，采用多点进出水倒置 A^2/O 工艺是适宜的，它具有很强的针对性，在满足部分硝化的基础上还能最经济地达到最佳除磷效果。如果采用其它 A^2/O 工艺，不仅需要增加基建投资和运行费用，而且回流污泥中仍然不可避免地存在一定量的硝酸盐，影响除磷效果。如果采用 A/O 生物除磷工艺，由于有硝化的要求，回流污泥中存在大量硝酸盐，将严重干扰厌氧池的厌氧环境，显著降低除磷效果。多点进出水倒置 A^2/O 工艺的技术关键之一是合理确定进水分配系数 α 和 β。它们不是固定的数值，而是根据不同的进水水质和出水水质要求确定的。如果 α 过小，分配给厌氧池的水量过小，C/P 过低，影响除磷效果；如果 α 过大，β 过小，分配给缺氧池的水量过小，C/N 将过低，缺氧池容积要加大，增加基建投资。进水水质是多变的，为了适应水质的变化，在厌氧池或缺氧池进水处设置可调堰，根据实际进水水质调节 α 和 β，可优化除磷效果。

合理确定硝化分配系数 α 和 β 是本工艺另一个技术关键。如果硝化的污水分量

α 过小，出水氨氮将超标；如果 α 过大，不仅会加大好氧池容，还会使出水和回流污泥中硝酸盐浓度增加，从而加大缺氧池池容，影响除磷效果。为了适应水质的变化，在污水分量 α 或 β 出口处设置可调堰，根据出水氨氮浓度调节 α 和 β，可优化处理效果。

4. 多点进水倒置 A^2/O 工艺

1997 年颁布实施的《污水综合排放标准》(GB 8979-1996)对 TP 的去除要求很高，对 NH_4^+-N 的去除也有要求，但总氮的去除并没有要求。为了适应 GB 8979-1996 的新要求，加上尽可能降低工程投资和运行费用的考虑，中国市政工程华北设计研究院结合实际工程设计，通过吸收改良 A^2/O 工艺的优点，降低处理工艺的总体反硝化水平，开发了多点进水倒置 A^2/O 工艺(见图 6-20)，即取消改良 A^2/O 工艺的缺氧反硝化池，并适当降低处理系统的泥龄，达到生物除磷、硝化和部分反硝化的目的。

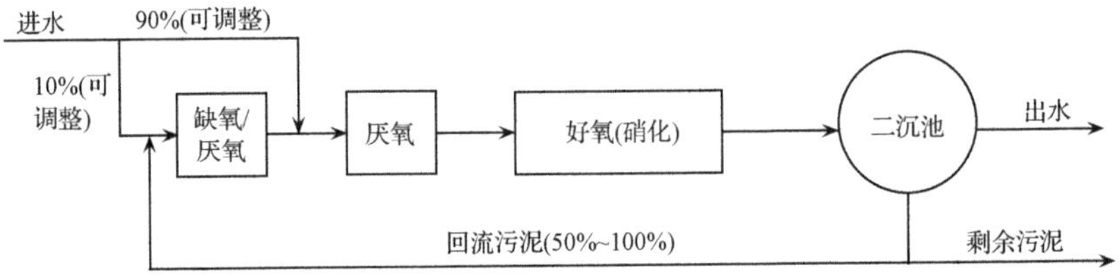

图 6-20　多点进水倒置 A^2/O 工艺

多点进水倒置 A^2/O 工艺方案于 1998 年首先在天津北仓污水处理厂工程初步设计中应用，在其他省市的一些污水处理厂设计建设中也有一些应用，最早投入运行的是北京清河污水处理厂一期工程。通过采用较短的设计泥龄和取消专门的反硝化池，该工艺方案使工程费用得到降低、除磷效果得到提高，但其整体运行稳定性和可靠性有所下降，TN 去除率仅 50%～60 %，冬季氨氮硝化效果容易出现波动，对工艺运行参数调整和管理控制有较高的要求。对于稳定达到《城镇污水处理厂污染物排放标准》(GB18918-2002)的一级标准，该工艺存在一定的风险和控制难度，尤其是总氮的去除，今后选用时需要根据进水水质特性和出水水质要求，慎重考虑。

5. TRIZON 工艺

法国得利满公司提交的国内某工程的技术方案中推荐了 TRIZON 工艺(见图 6-21)。该工艺的显著特点是不在污水主流路上设缺氧区，而是在回流污泥流路上设污泥活化区，在该区内污泥交替经历缺氧和好氧两种状态；第二个特点是污泥活化区、厌氧区、好氧区集中在一个池子内(称为 TRIZON 生化池)，因而占地面积较小；第三个特点是取消了混合液回流。它对生活污水中 BOD_5、TN 、TP 的去除效率分别为 95%～98%、70 %～90 %、60 %～85 %。

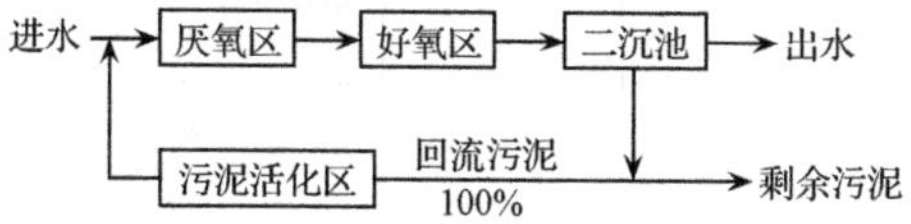

图 6-21　TRIZON 工艺流程

6.3.2　某改良型 A^2/O 工艺的除磷脱氮运行效果

南方某城市污水处理厂采用的多点进水的改良 A^2/O 工艺，下面对该工程的运行进行探讨，以期获得此类污水处理厂的管理经验[17]。该污水处理厂一期规模 20×10^4 t/d，工程于 2004 年正式运行。由于厂外配套管网尚未完善，目前该厂的处理量只有 10×10^4 t/d。该厂自运行以来，取得了较好的脱氮除磷效果。

1. 工艺流程

该工艺流程如图 6-22 所示。

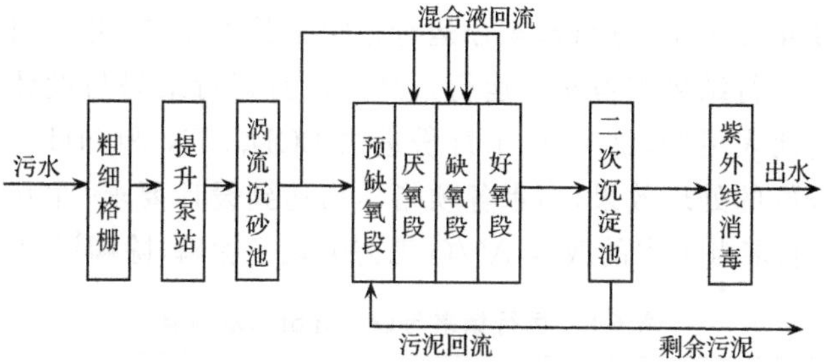

图 6-22　污水处理工艺流程

2. 主要处理构筑物及设备

主要处理构筑物及设备如表 6-7 所示。其中生化池的预缺氧段、厌氧段、缺氧段和好氧段的容积分别为：1420m^3、5760 m^3、7180 m^3 和 34 580m^3，各段的平面布置如图 6-23 所示。

表 6-7　主要处理构筑物及设备

名称	规格	数量	备注
粗格栅	格栅宽 4m，栅距 50mm	1 台	人工清渣
阶梯式细格栅	阶梯高度约 30mm，栅距 6mm	2 台	
涡流沉砂池	直径 7.3m，深 6m	2 座	
生化池	每组池总容积 48 940m^3	2 组	
二次沉淀池	直径 50.0m，周边处水深 6m	4 座	
紫外线消毒槽	中压紫外灯 200 支	1 座	

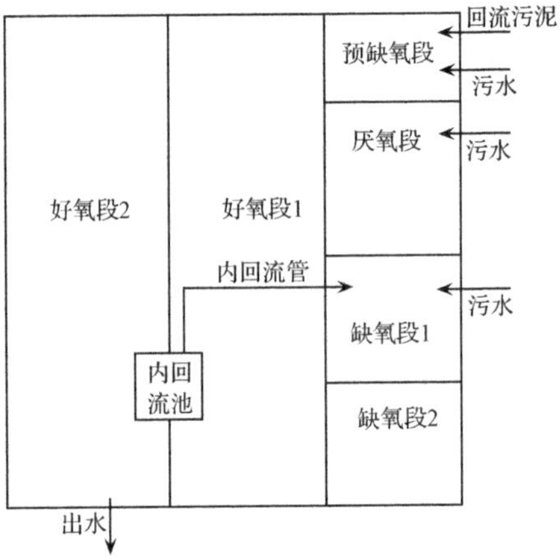

图 6-23　生化池各反应单元的平面布置

3. 运行效果

该厂 2004 年开始正式运行，至今运行正常。其中，2005 年 1 月份进水水质较差，故以该月的运行结果来考察其运行效果。该月运行结果与设计进出水水质如表 6-8 所示，由此表可知，2005 年 1 月份进水 BOD_5、TN 和 NH_4^+-N 均超出设计值，但仍取得较好的处理效果，出水各项指标均达到设计要求，尤其总磷的去除率达 84.04%，说明多点进水的改良 A^2/O 工艺强化了除磷，除磷脱氮效果较好。

表 6-8　运行结果与设计进出水水质表

	项 目	BOD_5 /(mg/L)	SS /(mg/L)	TN /(mg/L)	NH_4^+-N /(mg/L)	TP /(mg/L)
设计进出水水质	进水	127	170	28	20	5.0
	出水	≤20	≤20	≤15	≤8	≤1.5
2005 年 1 月均值	进水	142	149	34.9	23.9	3.32
	出水	8.49	9.7	14.7	2.13	0.53
	去除率/%	94.02	93.49	57.88	91.09	84.04

4. 主要运行参数的调控

要获得良好的脱氮除磷效果，关键是对工艺中生化池各脱氮除磷反应单元的氧环境控制得当，以满足脱氮与除磷分别要求的缺氧/好氧和厌氧/好氧状态，还需要对工艺的其他主要运行参数进行控制，以取得较好的运行效果。

（1）溶解氧

改良 A^2/O 工艺生化池中各脱氮除磷的反应单元的溶解氧控制是工艺控制的难点。首先，预缺氧段的溶解氧控制与好氧 2 段的溶解氧控制存在矛盾。为保证好氧段的硝化效果和为聚磷菌提供一个有氧环境以利于聚磷菌超量吸收磷，同时也使混合液进入二次沉淀池后不会因为缺氧反硝化而导致污泥上浮，一般好氧 2 段的 DO 要求在 2.0mg/L 以上。但是，富含溶解氧的污泥从二次沉淀池回流至预缺氧段后会提高预缺氧段的溶解氧，抑制了预缺氧段的反硝化反应，当混合液进入后续的厌氧段时，带入的硝酸盐和溶解氧破坏厌氧段的厌氧环境，影响聚磷菌对磷的释放，不利于除磷。

其次，好氧 2 段的溶解氧控制和缺氧 1 段的溶解氧控制存在矛盾。为了降低出水氨氮，需加大内回流比，但这样将使好氧 2 段中的溶解氧过多地带入缺氧 1 段，从而影响了缺氧段的反硝化反应。在工艺运行管理中，解决生化池预缺氧段与好氧 2 段溶解氧控制矛盾的措施是延长预缺氧段的水力停留时间。在运行中发现，预缺氧段中的溶解氧和停留时间相关，溶解氧随着停留时间延长而降低。因而通过调节进入预缺氧段的原污水的比例，使预缺氧段的原污水进水比例从设计的 15%降至 11%左右，就可以延长预缺氧段的水力停留时间，从而降低溶解氧浓度。同样，厌氧段的原污水进水比例也从设计的 70%降至 67%左右。而缺氧 1 段的进水量提高至 22%左右，污泥回流比保持不变，此时，关闭缺氧 2 段与好氧 1 段交接处的 2 根供气支管，用以增大缺氧段容积。

为了解决好氧 2 段与缺氧 1 段溶解氧控制的矛盾，在运行中采取在好氧 2 段中内回流水池附近实行递减供氧的措施，以减少回流水池内的溶解氧。在运行管理中摸索得到的较好的溶解氧调控范围为：预缺氧段、厌氧段和缺氧段宜在0.2 mg/L以下；好氧 2 段控制在 1.0 mg/L 以上，好氧 1 段控制在 2.0 mg/L 以上。

（2）BOD_5 污泥负荷

生物除磷属高污泥负荷（F/M）、低污泥龄。这是因为磷的去除是通过排泥完成的。F/M 较高时，SRT 较小，剩余污泥排放量较多，因而在污泥含磷量一定的条件下，除磷量也较多。而生物硝化属于低负荷工艺。负荷越低，硝化反应就进行得越充分，NH_4^+-N 向 NO_3^--N 转化的效率就越高。生物硝化是生物反硝化的前提，只有良好的硝化才能获得高效而稳定的反硝化。也就是说，生物脱氮属低污泥负荷系统。同步生物脱氮与除磷工艺所要求的污泥负荷存在矛盾。但脱氮除磷工艺可以以脱氮为重点，也可以以除磷为重点，当然也可以两者兼顾。在两者兼顾时，F/M 一般应控制在 0.1～0.15 kg BOD_5/(kgMLVSS · d)。该污水厂采用的改良 A^2/O 工艺，污泥负荷（F/M）的较好运行范围与上述一致。当污泥负荷处在 0.17～0.26 kg BOD_5/(kgMLVSS · d)时，就必须控制好溶解氧和污泥龄。在该范围内污泥负荷越高，所需要的氧供应速率也就越高，目的是为了避免微生物在降解大量的有机物时好氧池中的溶解氧骤降而影响硝化反应以及聚磷菌的吸磷；同时，在该污泥负荷范围内，要控制得当的污泥龄，理论上高污泥负荷需要较短的污泥龄，以排放较多的剩余污泥量，从而获得较高的除磷量，但也可以适当延长污泥龄，以通过减少排泥提高曝气池中的污泥浓度，降低污泥负荷。当污泥负荷在 0.17～0.26 kg BOD_5/(kgMLVSS · d)时，好氧 2 段溶解氧最好控制在 1.0 mg/L 以上，污泥龄至少大于 7 d。

(3) 污泥龄

生物除磷需要短的污泥龄，但不能太短。而生物脱氮需要长的污泥龄。同步生物脱氮除磷工艺当以除磷为重点时，污泥龄一般控制在 7～10 d，当以脱氮为重点时，污泥龄一般控制在至少 8 d 以上，若两者兼顾，污泥龄一般控制在 8～12 d。该污水厂的改良 A^2/O 工艺运行的较好的污泥龄范围为 6～12d。如果污泥龄处在 13～15 d 且运行效果不好，就该注意污泥负荷和溶解氧的控制。若是负荷过高而影响了处理效果，则不能通过减少排泥来增长污泥龄以降低污泥负荷，因为 13～15 d 的污泥龄已经偏长且不在污泥龄最佳的范围，此时，需对供氧速率进行调控。

(4) 内回流比与外回流比

内回流比与脱氮效率有关。内回流比越大，回流至缺氧段的硝酸盐越多，系统总的脱氮效率就越高，出水 TN 就越低。但从另一方面来看，内回流比太高，通过内回流自好氧段的混合液带至缺氧段的溶解氧就多，造成缺氧段溶解氧升高，影响反硝化反应的进行，对脱氮不利。此外，内回流比高，回流泵的能耗也大[18]。理论上内回流比一般在 200%～500%之间。该污水厂的运行内回流比采用 200%，此时已达到设计所要求的脱氮效率。外回流的污泥回流至预缺氧段，回流污泥维持着生化反应池各段的污泥浓度，从而保证生化反应的顺利进行。当好氧池中溶解氧不富裕时，如果外回流比 R 太小，会使活性污泥在二次沉淀池中的停留时间增长，容易导致二次沉淀池内反硝化引起污泥上浮或聚磷菌在二次沉淀池内遇到厌氧环境引起磷的二次释放；相反，当好氧池中溶解氧充足时，如果外回流比 R 太大时，一方面回流污泥中携带的溶解氧增多，影响了预缺氧段和厌氧段的氧环境；另一方面，较大的外回流比缩短了污泥在厌氧段的实际停留时间，从而影响厌氧段中聚磷菌对磷的释放。该污水厂改良 A^2/O 工艺运行外回流比调控范围在 45%～50%之间。

6.4 其他 A^2/O 变形工艺

6.4.1 三环式 A^2/O 工艺

1. 概述

三环式 A^2/O 工艺的池体型式如下图 6-24 所示，本工艺由同济大学环境科学与工程学院研制开发，并且现在已经在江苏等地的化工园区和经济开发区的广泛应用。污水与回流污泥进入厌氧池（A1 段），依次流经缺氧池（A2 段）、好氧池（O 段），流程上与传统的 A^2/O 工艺相同，但是池内水体流态非传统的完全混合，也非传统的完全推流式，而是将完全混合反应器和循环反应器组合起来。厌氧段是通过搅拌器进行搅拌和混合的，可以调节搅拌器的搅拌速度以控制溶解氧保持厌氧状态；而缺氧段和好氧段采用循环反应器即类似氧化沟的推流，通过水下大叶轮低速推进器控制循环速度[21,22]。

2. 改良三环式 A^2/O 工艺的主要特点

在工艺运行上，摒弃了传统 A^2/O 工艺单一的推流型式，采用多种类型的反应器组合，池型上则选用了均匀对称的圆形结构，三环嵌套的方式简化了池型，方便了运行管理，优化了反应技术，主要表现在：①通过反应器的优化组合，极大提高了系统的抗冲击负荷能力；②控制有机物浓度的梯度分布，提高了生物反应速率；③改善了水流流态，减少了短流、返流及死区发生的可能性；④运行方式更为灵活，扩大了混合液回流方式的可选择余地；⑤省去了进水、进泥及回流管道的分配系统，简化了反应系统的管道分配；⑥利用较低的容积推动力，为反应器中的生物絮凝提供了有利条件；⑦借用了氧化沟运行方式，将各种混合方式有机结合起来，提高了系统处理不同水质的适用性。

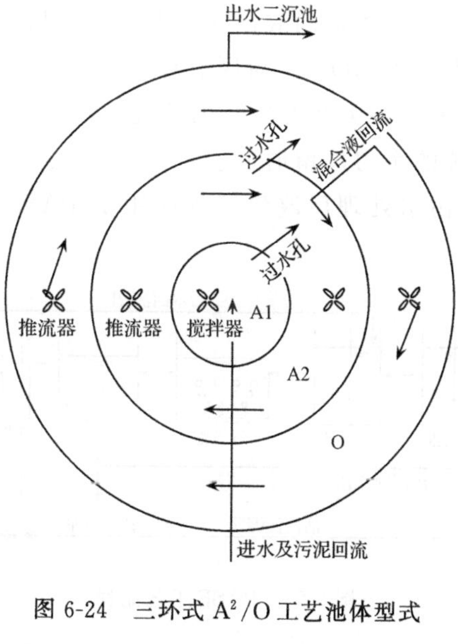

图 6-24　三环式 A^2/O 工艺池体型式

3. 工艺的应用

改良的三环式 A^2/O 工艺污水处理厂在江苏省的经济开发区和化工园区已经得到广泛应用，到目前为止包括在建和设计的共有 10 座。该工艺结合了传统 A^2/O 工艺和氧化沟工艺的特点，优化了反应技术。大量实例表明该工艺不仅可以用于生活污水的处理，而且处理高浓度和高色度的工业废水也是切实可行的。

6.4.2 PASF 工艺

针对 A^2/O 工艺中各菌群间泥龄需求矛盾的问题，近几年有很多研究提出将活性污泥法与生物膜法相结合以缓解这一矛盾，这时系统中就存在两类菌群：短泥龄悬浮态活性污泥菌群和长泥龄的生物膜上附着的菌群，这样就很好地解决了硝化细菌与聚磷细菌间的泥龄矛盾。在此基础上发展起来的工艺其中有 PASF 双污泥脱氮除磷(remove Phosphorus and nitrogen combined Activated Sludge and bioFilm technology，PASF)工艺(见图 6-25)。该工艺分前后两段，前段采用活性污泥法，主要由厌氧池、缺氧池、短泥龄好氧池、沉淀池等组成；后段为生物膜法，主要采用曝气生物滤池。系统回流包括污水回流和污泥回流，污水回流是将部分生物滤池出水回流至缺氧池，以保证脱氮效果；污泥回流则是将沉淀池污泥部分回流到厌氧池，其余富含磷的剩余污泥被排掉。

这样的工艺设计具有较稳定的处理效果和较高的处理效率。硝化作用主要在曝气生物滤池中完成，大量硝酸盐在污泥回流之后完成，避免了硝酸盐进入到厌氧池中，从而消除了 NO_3^--N 对厌氧释磷的影响。硝化细菌和聚磷细菌的分开更利于营造最适宜各类菌群生长的环境。由于细菌各自处于较好的环境中，可减少整个系统的水力停留时间。PASF 工艺适合于处理 COD/TN 较低的污水。上海曲阳污水处理厂改建工程应用了 PASF 工艺(改建工程规模为 $6\times10^4 m^3/d$)。

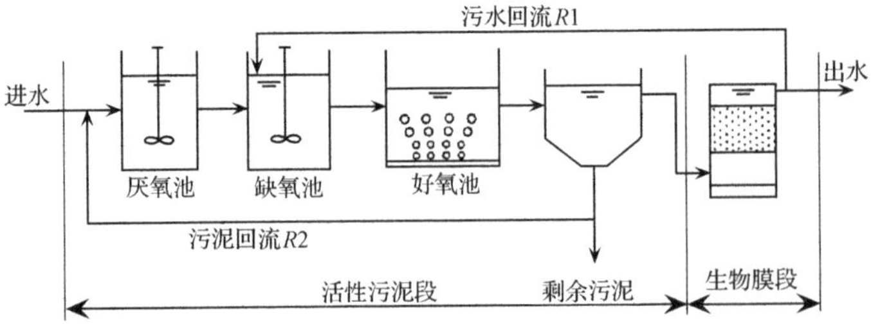

图 6-25　PASF 工艺流程

参考文献

[1] 张波. 倒置 A^2/O 工艺的原理与特点研究. 中国给水排水，2000 ,16 (7) :11-15

[2] 张波. 生物脱氮除磷工艺厌氧/缺氧环境倒置效应. 中国给水排水,1997，13(3):7-9

[3] Bo Zhang. An Anoxic/Anaerobic/Aerobic Process for the Removal of Nitrogen and Phosphorus from Wastewater. Journal of Environmental Science and Health，2000，35(10):1797-1801

[4] 毕学军，张波. 倒置 A^2/O 工艺生物脱氮除磷原理及其生产应用. 环境工程. 2006，26(3):29-32

[5] 张波,高廷耀.生物脱氮除磷工艺厌氧/缺氧环境倒置效应. 中国给水排水,1997,13 (3) :7-10

[6] 张波,苏玉民. 倒置 A^2/O 工艺的氮磷脱除功能. 环境工程，1997，17(2):7-10

[7] 张波,高廷耀. 倒置 A^2/O 工艺的原理与特点研究. 中国给水排水，2000，16(7):11-15

[8] 甘晓明,邢绍文,徐高田,李波,邹伟国.倒置 A^2/O 污水处理工艺的特点及应用实例. 环境工程学报，2007,6(1):69-71

[9] 苗纪伟,何群彪,周增炎。倒置 A^2/O 工艺在城市污水处理中的生产性应用。河南师范大学学报(自然科学版),2004，32(1):56-59

[10] 张静. 倒置 A^2/O 工艺硝化除磷调控的实例分析. 中国给水排水,2007，23(20):93-97

[11] 郑兴灿. 城市污水处理技术决策与典型案例。北京:中国建筑工业出版社,2007,32-35

[12] 张忠祥. 废水生物处理新技术. 北京:清华大学出版社,2004

[13] 李亚新. 活性污泥法理论与技术. 北京:中国建筑工业出版社,2007

[14] 穆亚东，俞晶，穆瑞林. UCT 工艺在污水处理工程设计中的应用. 给水排水，2007，33(3):30-33

[15] 聂福胜，罗万申. 深圳市南山污水处理厂除磷脱氮工艺设计. 中国给水排水，2002，18(8): 53-55

[16] 周雹,周丹. 多点进出水倒置 A^2/O 工艺. 给水排水，2002,28(1):39-42

[17] 李绍秀,谢晖,郭玉. 改良 A^2/O 工艺的工程实践. 环境污染治理技术与设备，2006,7(5):132-134

[18] 娄金生,谢水波. 提高 A^2/O 工艺总体处理效果的措施. 中国给水排水，1998，14 (3) : 27-30

[19] 朱敏,党清平,李理. 一种多级 A/O 污水处理系统——百乐克(Biolak)工艺. 西南给排水，2006，28(3):10-12

[20] 杨红红,牟洪礼,齐立新. Biolak 工艺处理城市污水的设计及运行. 给水排水，2005，31 (5) , 24-26

[21] 张大鹏,钱进,宋乐平. 改良三环式 A^2/O 工艺污水处理厂工程实例. 给水排水，2006,32(5):55-58

[22] 李彤,张大鹏,周琪. 完全混合—循环推流环型 A^2/O 工艺设计. 中国给水排水,2005 ,21 (2) :71-73

符 号 说 明

A^2/O:厌氧-缺氧-好氧
BNR:生物营养物去除
EBPR:强化生物除磷
A/O:缺氧-好氧
SBR:间歇式反应器
PAO:聚磷菌
GAO:聚糖菌
PHB:聚-β-羟基丁酸酯
PHA:聚-β-羟基-链烷酸酯
K_{La}:氧总转移系数
VFA:挥发性脂肪酸
DNPAOs;反硝化除磷菌
DPB:反硝化除磷菌
AOB:氨氮氧化菌
NOB:亚硝酸盐氧化菌
OHOs:反硝化异养菌
SND:同步硝化反硝化
Nitrosomonas:亚硝酸菌
Nitrobacter:硝酸菌
FA:游离氨
FNA:分子态亚硝酸
ANAMMOX:厌氧氨氧化
ATP:三磷酸腺酐
ADP:二磷酸腺酐
NDBEPR:硝化反硝化生物除磷
DO:溶解氧
ORP:氧化还原电位
NH_4^+-N:氨氮
NO_3^--N:硝酸盐氮
NO_2^--N:亚硝酸盐氮
PO_4^{3-}-P:正磷酸盐
TN:总氮
TKN:总凯式氮
NO_x^--N:硝态氮(NO_3^--N+ NO_2^--N)
TP:总磷
TIN:总无机氮
SCFAs:短链脂肪酸
R:内循环比
r:污泥回流比
η:去除率
HRT:水力停留时间
DO:溶解氧
μ:细胞比增长速率
SRT:污泥龄
COD:化学需氧量
SCOD:溶解性 COD
RBCOD:易于生物降解 COD
BOD:生化需氧量
BOD_5:5 日生化需氧量
VFA:挥发性脂肪酸
SS:出水悬浮物浓度
MLSS:混合液悬浮固体浓度
MLVSS:挥发性悬浮固体浓度
SV%:污泥沉降比
FISH:荧光原位杂交
K_{ano}:缺氧吸磷速率
K_{aer}:好氧吸磷速率
K:缺氧/好氧吸磷速率比
SCOD:溶解性化学需氧量
C/N:进水 COD 与总氮之比

C/P:进水 COD 与总磷之比
WAS:剩余污泥量
Y_{obs}:表观产率系数
R_n:硝化速率
D_n:反硝化速率
SOUR:比氧吸收速率
SVI:污泥容积指数
PLC:可编程控制器